贾植芳 ◎ 著

陈思和 ◎ 主编

卷四·

理论卷

贾植芳 全集

山西出版传媒集团

北岳文艺出版社

图书在版编目（CIP）数据

贾植芳全集 / 贾植芳著；陈思和主编 . — 太原：
北岳文艺出版社 , 2020.1
 ISBN 978-7-5378-4988-3

Ⅰ . ①贾… Ⅱ . ①贾… ②陈… Ⅲ . ①贾植芳（
1916-2008）—全集 Ⅳ . ① C52

中国版本图书馆 CIP 数据核字（2017）第 253948 号

贾植芳全集·理论卷

贾植芳◎著　陈思和◎主编

选题策划
续小强
刘文飞
范戈

项目负责人
范戈

责任编辑
范戈

助理编辑
畅浩

书籍设计
张永文

印装监制
巩璠

出版发行：山西出版传媒集团·北岳文艺出版社
地址：山西省太原市并州南路 57 号　邮编：030012
电话：0351-5628696（发行部）　0351-5628688（总编室）
传真：0351-5628680
网址：http://www.bywy.com　E-mail：bywycbs@163.com
经销商：新华书店
印刷装订：山西人民印刷有限责任公司

开本：710mm×1000mm　　1/16
总字数：4850 千字
总印张：297.5
版次：2020 年 1 月第 1 版
印次：2020 年 1 月山西第 1 次印刷
书号：ISBN 978-7-5378-4988-3
总定价：498.00 元（全 10 卷）

1979 年 12 月，贾植芳
赴京开会期间，在北海留影

1979 年，
贾植芳在资料
室（当时仍未
平反）

1985 年 9 月，贾植芳在香港中文大学召开的国际学术讨论会上

1990 年 10 月，贾植芳夫妇在日本东京

编者说明

———————————

一、本卷为卷四《理论卷》，分"专论"和"专书"两部分，收入贾植芳先生的各种文集所收录的和散见于集外的相关文章，以及早年的社会学著作《近代中国经济社会》。

二、"专论"部分，此前《历史的背面——贾植芳自选集》（山东教育出版社 1998 年）、《贾植芳文集·理论卷》（上海社会科学院出版社 2004年）收文较为集中，且两书重合度较高。本卷以两书为基础，同时从《劫后文存——贾植芳序跋集》《雕虫杂技》《老人老事》《暮年杂笔》中吸收多篇加以调整，按学科属性分为《论中国现当代文学》《论世界文学与比较文学》和《杂论》三辑，辑内按写作或发表时间排序。

三、凡集外文收录于各种书刊，均在文章后面加以说明。

四、"专书"部分收入《近代中国经济社会》，棠棣出版社 1949 年初版，2003 年由辽宁教育出版社收入《新世纪万有文库·第 6 辑·近世文化书系》再版。本次以初版为底本收入全集。

目 录

论中国现当代文学

闻捷小传 ·· 003

《郭沫若研究资料》审读意见 ····························· 007

赵树理在国外

　　——在赵树理学术讨论会上的发言 ··············· 013

覃子豪小传 ··· 017

《巴金研究资料专集》后记 ····························· 021

《巴金作品评论集》编后记 ····························· 024

《中国现代文学作品选》序 ····························· 027

一点感想和祝愿 ·· 033

瞿秋白对中国无产阶级文艺理论和文艺批评的开拓性贡献 ········ 036

他的文学生命就是真实

　　——在赵树理诞辰八十周年纪念大会暨第二届赵树理学术讨论会上

　　的发言 ·· 045

《中国现代文学大辞典》序 ····························· 048

《中国当代短篇小说选》英译本序言 ···················· 052

《三十年代在上海的"左联"作家》序 ················· 056

《中国现代文学社团流派》序 ··························· 061

我看电视剧《春蚕》《秋收》《残冬》

    ——兼谈名著改编的若干问题 ……………………… 065

《报告文学春秋》序 …………………………………… 068

《五四爱情小说选》序 ………………………………… 072

《中国现代文学作者笔名录》序 ……………………… 076

《巴金年谱》序 ………………………………………… 079

中国新文学与传统文学 ………………………………… 083

《中国左翼文学思潮探源》学术评议 ………………… 096

《中国现代文学史参考资料》出版百种纪念 ………… 098

《中国现代通俗文学文库》总序 ……………………… 100

《中国现代十大流派诗选》序 ………………………… 105

《新月散文十八家》序言 ……………………………… 109

从清理重灾区入手 ……………………………………… 112

与查志华谈"现代都市小说" ………………………… 115

关于胡风的文艺思想 …………………………………… 121

六十年来中国现代文学史研究一瞥 …………………… 128

十年来中国小说之发达 ………………………………… 142

《中国近代文学大系》编辑通讯三则

    ——编委贾植芳先生来信摘录 ………………… 154

通俗趣味里的严肃意蕴

    ——读一九九一年第一期《传奇故事》 ………… 158

《中国现代文学总书目》序 …………………………… 161

当代文学研究的新高度

    ——读《新中国文学词典》 …………………… 166

征服者的悲哀

    ——谈长篇小说《海王》 ……………………… 169

应当全面地认识王礼锡 ………………………………… 171

旧话重提 ………………………………………… 176

别具一格的"教授小说"

　　——读智量的《饥饿的山村》 …………… 178

开掘现代通俗文学的研究宝库 ………………… 181

还小说以本来面目 ……………………………… 183

中国留日学生与中国现代文学 ………………… 185

他从生活的深处走来

　　——介绍郑伟平的三本书 ………………… 200

《中国近代文学大系》出版感言 ……………… 202

认识鲁迅 ………………………………………… 205

《二十世纪中国文学研究丛书》总序 ………… 207

找回另一只翅膀

　　——《鸳鸯蝴蝶派散文大系》再版感言 … 211

"纪念胡风诞辰 100 周年暨第二届胡风研究学术讨论会"致辞

　　………………………………………………… 214

现代中国知识分子"小资"化历程 …………… 216

论世界文学与比较文学

果戈理和我们 …………………………………… 221

伟大的人文主义者拉伯雷 ……………………… 225

"用爱和信念劳动"

　　——纪念契诃夫逝世五十周年 …………… 229

中国新文学作家与外国文学的关系

　　——以茅盾为例 …………………………… 235

《外来思潮和理论对中国现代文学的影响资料（1928—1949）》

　　审读意见 …………………………………… 244

《比较文学导论》序 …………………………… 265

中国比较文学研究的过去、现在与将来 ……………………………… 269

博采众花　以酿己蜜

　　——《中国现代文学研究译丛》总序 ……………………… 276

比较文学的由来和发展 ………………………………………… 281

范译《中国孤儿》中译本序 …………………………………… 286

中外所见略同又不可同论 ……………………………………… 292

我看陀思妥耶夫斯基

　　——在陀思妥耶夫斯基讨论会上的讲话 …………………… 294

《比较文学的理论与实践》译文集序 ………………………… 299

《中国比较文学年鉴》寄语 …………………………………… 302

《屠格涅夫与中国——二十世纪中外文学关系研究》序 …… 303

开放与交流 ……………………………………………………… 306

中国比较文学第三届年会暨国际学术会议开幕词 …………… 308

《新文学作家与外国文化》序 ………………………………… 311

《洋教士看中国朝廷》译序 …………………………………… 316

在"中国文化与世界"学术研讨会开幕式上的致词 ………… 320

赵景深先生没有译错

　　——也谈"牛奶路" …………………………………………… 322

《危机与复兴——白银时代俄国文学论稿》序 ……………… 324

《比较文学》序 ………………………………………………… 326

我的感想与感谢

　　——祝贺《中国比较文学》改刊一周年 …………………… 329

我的祝贺与祝福

　　——为韩国《国际中国学研究》而序 ……………………… 332

我与比较文学

　　——应《中国比较文学》约稿而作 ………………………… 335

两翼丰则行之远 ………………………………………………… 339

杂论

谈利用小说作材料来改编剧本

    ——以《钢铁是这样炼成的》第六场为例 …………… 343

《中国通俗小说书目修订稿》中译本序 …………… 354

建设新时期的民间文学事业 …………… 357

中国士人之鉴

    ——读鲁迅《中国小说史略》札记 …………… 360

我的戏剧观 …………… 363

我和社会学 …………… 366

为有志于文学者进一言 …………… 373

《历代名家尺牍新钞》序 …………… 375

《中国文学大辞典》打破封闭格局 …………… 379

永远不会过时的事业

    ——在中华文学史料学学会常务理事扩大会议上的致辞 …… 381

刚强之美

    ——看杨海伦画展 …………… 384

《中华对联大典》序 …………… 386

上海通俗文艺研究会成立大会开幕词 …………… 390

向中学生推荐一本书

    ——《西游记》 …………… 393

一部拾遗补缺的力作

    ——介绍龚联寿新编著的《联话丛编》 …………… 395

近代中国经济社会

序编 清代国家之一般论述 …………… 399

  一 起点——封建军事国家 …………… 399

  二 军事费的容量 …………… 403

    三　军事费的社会经济史的意义 ………………………………… 405

第一编　清代国家之经济政策 …………………………………… 412

  第一章　产业政策 ………………………………………………… 412

    第一节　清朝开矿政策消极化的第一要因 …………………… 413

    第二节　清朝开矿政策消极化的第二要因（清朝产业政策的

           限界） ………………………………………………… 419

  第二章　租税政策 ………………………………………………… 425

    第一节　作为军事财源的矿税 ………………………………… 426

    第二节　作为军事财源的盐税 ………………………………… 441

    第三节　作为军事财源的关税 ………………………………… 453

第二编　清代社会构成 …………………………………………… 488

  第一章　清代商人之范畴 ………………………………………… 488

    第一节　清代商人之类型及其致富与伦理 …………………… 488

    第二节　广东十三行 …………………………………………… 491

    第三节　买办 …………………………………………………… 504

  第二章　清朝的政治形态 ………………………………………… 512

    第一节　起点 …………………………………………………… 512

    第二节　清代政治骚动的三种型态 …………………………… 515

    第三节　清代官吏论 …………………………………………… 526

    第四节　官吏企业体与民间资本（官界对于民间资本的

           本质的嫌忌） ……………………………………… 541

第三编　清末产业的诸系列 ……………………………………… 557

  第一章　清末的制造业 …………………………………………… 557

    第一节　茶业 …………………………………………………… 557

    第二节　棉业 …………………………………………………… 574

    第三节　绸业 …………………………………………………… 583

    第四节　窑业 …………………………………………………… 590

总括 制造业之型类及其发展之法则与限界 ······················ 594

补论 十八世纪中叶以降奖励农村副业＝普及家内工业的根据

······················ 598

第二章 清末的新产业 ···································· 609

第一节 近代的旋回（起点＝林则徐）·················· 609

第二节 官营军事工业的勃兴 ······················ 612

第三节 新产业的发展限界及其主体的条件 ················ 622

论中国现当代文学

闻捷小传①

　　闻捷，一九二三年六月十二日出生，原名赵文节，又名巫咸，我国当代诗人。他是江苏省丹徒县人。抗日战争前，在李庄小学毕业后，曾在南京一家煤厂当学徒，初步有了政治觉悟。抗日战争爆发后，流亡武汉，参加抗日救亡的演剧工作。一九四〇年到了延安，经过在陕北公学学习，到陕北文工团工作，后来一直做报纸的编辑、记者。他从一九四四年开始写作活动，发表了不少战地通讯、散文。最初还写剧本，反映陕甘宁边区土地革命的大型历史歌剧《翻天覆地的人们》、秧歌剧《加强自卫队》都出过单行本。以后又写短篇小说、杂文和特写，短篇小说《肉体治疗和精神治疗》《最后的突击》等等，散见于《解放日报》《边区群众报》的副刊。总之，在他的诗人生涯开始以前的战争岁月，他尝试过各种文艺形式的习作，同时也开始显露出他的写作才华。经过了近十年，他正式以诗人身份进入文坛以后，在全力从事诗歌创作的努力中，他也写些杂论、短篇小说、特写。他是作为一个革命的文艺战士走入创作生活的。

　　一九四五年在《群众日报》任编辑、记者组组长。后来他参加了解放西北的战斗，一九四九年随军到了新疆，任新华社西北总社采访部主任。新中国成立后，于一九五二年任新华社新疆分社社长。从此时开始，他着手写作后来收集在他的第一部诗集《天山牧歌》里的那些抒情诗篇，如《吐鲁番情歌》《博斯腾湖滨》《果子沟山谣》等。在这些诗篇里，他以火焰般的热情，和富于民歌性的格调，抒写了多姿多彩的兄弟民族生活景色和少男少女清澈、美丽的心灵。这些题材新颖、主题鲜明、音节响亮的抒情诗篇，给人以清新明丽的感觉。这是我国当代文学史中第一部反映边疆民族新生活的诗集，他立即赢得了人们的注目和喜爱。

一九五三年，任《文艺报》记者、《人民日报》特约记者。他曾到东南海岸，和水兵一起生活，又访问了东南一带的老革命根据地。这些生活和感受都在他的诗篇中得到了反映和抒写。

一九五七年，调中国作家协会从事专业创作。一九五八年任中国作家协会兰州分会副主席。一九五七年以后，他长期在甘肃地区投身于各项运动，继一九五六年出版《天山牧歌》之后，又陆续出版了诗集《祖国！光辉的十月》（一九五八年）、叙事诗《东风催动黄河浪》(一九五八年)。一九五八年写完的《河西走廊行》(一九五九年出版)，曾被誉为"大跃进的战鼓"。同年，和李季合写了报头诗第一辑《第一声春雷》和第二辑《我们遍插红旗》，都先后出版。在这些为运动即兴而作的诗篇中，虽然不乏抒写诗人内心感受的动人佳作，但其中也有相当大量的作品，由于受到错误思潮的干扰和影响，作者往往以高涨的主观政治热情和需要代替诗人对生活的真实感受和理解，借用诗的形式，图解或阐明某种思想要义、政策条文，以至新闻报道。因此，这些所谓"写中心""唱中心"的诗歌，内容浮夸、虚妄，违背生活真实，破坏了诗歌的艺术性能，自然就成为难以避免的了。

一九五九年，闻捷开始发表长篇叙事诗《复仇的火焰》第一部《动荡的年代》，一九六二年又出版了第二部《叛乱的草原》。第三部《觉醒的人们》，则只发表了若干片段，因余稿的失散无存而成为诗苑一大憾事。

《复仇的火焰》是一部一万数千行的史诗，是闻捷诗歌创作上的新的突进和收获，也可以说是我国新诗发展史上的新的突破和收获。长诗不仅出色地描绘了哈萨克民族的生活风尚和巴里坤草原的壮丽风光，而且通过多种多样的矛盾的产生、激化和解决这些复杂纠葛的情节，塑造了巴哈尔、布鲁巴、苏丽亚等众多性格鲜明的人物形象，诗篇给人以气势雄伟的感觉，显示了诗人更趋成熟的创作才能和他在诗歌领域里的鲜明的独创性格。至于诗人为写作叙事诗或史诗，在格律上的着意探求，也不失为一种有意义的创新之举。闻捷的诗歌风格由《天山牧歌》的细腻、柔巧的轻歌浅唱，至此发展而为调子高昂、画面壮阔、一泄如奔的史诗气势。茅盾在第三次全国文代大会上的报告中，曾对《动荡的年代》做了历史性的评价，称之为叙事长诗的"另一种形式"的"代表"。（见《反映社会主义跃进的时代，推动社会主义时代的跃进》）。

　　国庆十周年时，他又出版了由胡采作序的诗选集《生活的赞歌》。一九六〇年六月出席了全国群英会。这以后，他与诗人袁鹰联袂出国访问，一九六三年出版了他们访问巴基斯坦的诗合集《花环》。一九六四年又出版了他们的散文合集《非洲的火炬》。

　　六十年代初，诗人回到他的久别的故乡，酝酿构思他的另一部叙事长诗《万里长江行》，意在展现长江两岸人民壮丽的斗争生活。这是一部主题积极、结构宏大、气势磅礴的史诗式的作品，可惜只发表了几个片段，"十年动乱"的风暴就横空而来，竟使诗人的歌声成为绝唱，直至赍志以殁。

　　"文化大革命"中，"四人帮"反革命集团在上海的余党秉承他们的头目张春桥的旨意，硬给他扣上莫须有的"叛徒"罪名，投入监狱。其后，他又被送到杭州湾海滨的一个"五七"干校劳动，他虽然患有心脏病，但劳动的势头仍不减当年在延安深山密林中开荒的干劲。"四人帮"对他的迫害并不因此有所"宽大"，他们又捏造了新的罪名，把他当"反革命""阶级敌人"进行残酷的批斗和侮辱，以致在一九七一年一月十三日含冤死去。在他被迫身死后，不仅被开除了党籍，留下的三个小女儿被赶出门外，四处流落，而且连他的骨灰也不知去向。他的好妻子陕北女儿杜芳梅则早在他身死以前就不堪受辱，坠楼而死了。

　　粉碎"四人帮"后，有关党组织于一九七七年十月恢复了他的党籍，上海市文化局在一九七八年八月八日为他平反昭雪，恢复名誉，"四人帮"横加给他的那些诬蔑不实之词全部推倒。一九七八年十二月三十日上海市文学艺术界联合会和中国作家协会上海分会在上海龙华革命公墓举行了闻捷骨灰安放仪式。为纪念我国当代的优秀诗人，人民文学出版社一九七九年编印出版了《闻捷诗选》。

闻捷是一位才华横溢、热情奔放的革命诗人，自一九五四年出现在我国诗坛以来，就受到了文艺界的重视和读者的喜爱，他的诗作有些已被译为外文，也得到国际文艺界朋友的赞赏。

一九八〇年九月

注：

①本文选自何火任主编《中国当代名作家小传》，文化艺术出版社一九九〇年版，署名"贾植芳等"。

《郭沫若研究资料》①审读意见

一、关于郭氏自述性选文目录

1. 按文章体裁（表现形式）分类排列。a.诗歌，b.戏剧，c.文艺论、历史论、政治和社会论文（包括翻译作品的前言、文艺上的论战和斗争论文），这种分类方法，便于读者，但似太偏重形式。按一般编例，应打破样式，按写作年代顺序排列，显示作者的文艺政治社会思想的发展线索，因为作家的思想是一个整体，有机体，他表现自己的观点，不论文艺创作、学术研究、政治态度、社会观点，所用形式（样式）尽管有别，但从思想上说，是一致的；或者，按内容排列（不以表现样式分类），也易于表现统一的社会历史背景。

2. 这一栏目，应包括生活和创作、思想三个方面，此处缺乏作家关于生活的自述。

3. 如果为了避免与四川本②冲突，可以用现行办法排列，但 a.每类之中的文章必须按写作或发表的时间顺序排列，b.必须补足生活自述的部分。

4. 这部分选文，在选文内容上应比较客观、全面，应打破"三讳说"③，从学术研究、历史观点的严格要求出发。这里已有一些体现了此一要求的选文，如署名杜荃的《文艺战线上的封建余孽》，此前的《卖淫妇的饶舌》等，但做得还不够。郭在"文化大革命"前后的有关言论，曾发生重大的政治社会作用，如一九六六年四月二十八日《光明日报》所载《向工农兵群众学习，为工农兵群众服务》一文，其中自认自己过去的著作"严格地说，应该全部把它烧掉，没有一点价值"，他的这一倡议，震惊中外，社会政治效果很大，就应该选入。选文应该延伸到逝世为止，使他的政治、社会、文化思想的发展过程更全面、更丰富、更完整、更富于血肉。

（原稿目录中收入了一九六六年四月二十八日"烧书"文，及反胡风的《斥胡风的反社会主义纲领》文，修改稿删去，应保留。包括《科学的春天》亦不应删去。又如反胡风时，他写的另一篇有重大政治社会影响和历史文献意义的《必须严厉镇压胡风反革命集团》，亦应收入，以存历史真实）

5. 这部分包括别人的印象、访问、追悼及评论，应以关于"人的郭沫若"为中心；评论研究文章，最好放在评介栏内；追悼文章，应该选取有过交游的人的悼文，有实质性内容，一般表态文章，尽量不选，党政首脑文章，适当选一些，它有历史政治意义。（如沈从文、钱杏邨以及王锦厚、伍加伦的《郭沫若是怎样走上文学道路的?》这些文章，属于研究、评论或与郭氏并无直接交往、友谊的人的文章，可以选入评论栏内。外国人的文章亦应如此）总之，此栏的目的，是为了说明郭氏之为人，对郭氏在各个时期的形象做出具体描绘，应避免与其他栏目混淆。现在的编排方法显得有点乱，导致"自述"类所附各文（别人的）与"评论文章选辑"界限不清。"自述"类附文，重在论人；"评论"类文章则重在论文，尺度应把握好。另外，此栏中的追悼文和记叙文似乎选得少了一些，可以增加几篇。

6. 郭氏自述文章发表时如系用笔名，应保持原状。此处目录上保持了，但文前一律删去，不妥。

又，全部目录所选各文，无论自述或他人文章，都应在标题上加标写作年份，这样历史因素（时间观念）更加明确，易于辨认；选入的文章，应尽最大可能采用原始版本，如原始版本与通行版本文字出入较大，最好能以附注形式加以校勘，现在有些文章采用的是《文集》版本，又未经与原始版本对校，是不妥的（如"通讯"中之《致宗白华》《〈王昭君〉后记》之类）；选自专书的文章，如《蔡文姬》序》之类，仅注明出版社及书名，而无版次说明，也是不妥的。

二、关于评介文章选文部分

应按编例，第一部分总论、总评，其次分评（专题研究）；应按历史程序，选辑各个历史时期出现的代表不同思想甚至政治倾向的评文。

此处选辑分 a.诗歌及诗集，b.历史剧及历史剧本，c.小说、散文、自传，d.历史研究及考古。仍是不太理想的分类方法。关于评《武则天》的文章，当时（一九六二年）引起争论，正反两面有代表性的都应选一些。评解放后的诗歌，评文下限延至一九八一年最好。这二年关于郭的诗歌（如《百花齐放》《东风第一枝》等）及剧本《蔡文姬》等颇有一些新的评论，甚至关于《甲申三百年祭》，也应适当选一些，以使这套资料不要离开现实太远。因这二三年内，对郭的评论，又有一些新的开展。又如《李白与杜甫》的评文（正反两面），这二年报刊每有所见，亦应收录。总之，应充分体现出全面的观点、科学的观点、历史的观点。

三、关于评论文章目录索引

首先应注意原始材料。在二三十年代的评文中，许多未注明原文出处，如美蒂的《郭沫若印象记》，只注明收入黄人影编的《文坛印象记》；张资平、王独清、徐祖正等人论创造社的文章，只注明收入一九三二年光华版的《创造社论》；而一九三六年开明版的《郭沫若评传》及黄人影编的《郭沫若论》（一九三六年大光书局版）所收录各家文章，多半无原出处，属第二手材料；又如关于"马克思进文庙"问题，原是在《时事新报》开展的，但收在本书内，仅从国民党陶其情编的《矛盾集》中转录，未从原载处着手，未能全面反映历史情况。如在这个论争中，李芾甘④写过一篇《马克思主义的卖淫妇》，郭作为答辩才写了《卖淫妇的饶舌》，但芾甘此文，却未见收录。

又如鲁迅的《上海文艺界之一瞥》，只注明原载处的《文艺新闻》（一九三一年），但未提收录情况。

体例必须统一。先应注明原出处，再注明收入和被收入情况。如系专著，应列出细目（《郭沫若评传》《郭沫若论》二书已有细目），如《创造社论》《胡适与郭沫若》二书，应就有关郭的部分，列一细目，不必单篇抽出，每篇列一个条目。一篇文章有多处收录的，只需在该条目下注明历次收录情况就行，而不必每被录一次，就单列一个条目。（如沈从文的《论郭沫若》一文，就重复写了三条）

有的书如《抗战中的郭沫若》，未注明出版时间，但该书所收录的各家五篇论郭的文章，却分列五条写，这就与《郭沫若评传》等书的著录体例不一致了。

有的条目语焉不详，如杨殷天写的《郭沫若传》，注"收入一九三八年上海《民众》"，"民众"似乎是个杂志名称，但称"收入"，又无出版处所、版次或刊物卷期。

又如一九四一年十一月十六日重庆《新华日报》为庆祝郭五十寿辰和创作二十五周年，出过专刊或特刊名称的专页，刊登名流祝文，这里按文章篇目分条写出，每条后详注出处，似无必要，只需在"××专刊"或"特刊"条下列出文章篇目，一总注明出处即可。

所列刊物，有的注明了编者，如凡遇《抗战文艺》皆注明姚蓬子编，但更多未注，尤其是《上海周报》《社会新闻》之类反动报刊。其实可以一律不注。《抗战文艺》系"文协"机关刊物，更无须注明了。

总之，体例须统一，尤忌互异；分类标准亦应明确，要避免同一材料见于多处的重复情况。如《索引》(1)内已收有洪为法、钱杏邨、朱湘等人论郭沫若的文章（收在《评传》及《论》二书内），但在原稿第二本论诗部分又重复收录，此例甚多，应予删减。应分清评文性质（总论或专题），以类相从，每篇文章只记初见及收录情况，不必每见每出。

总的看来，这个编目在资料搜集方面做得也还不够深入，解放前的部分，尤其是二十至四十年代的有关文章，收录得不够全面。如一九三八年北新书局出版有金祖同的《郭沫若归国秘记》一书，即未见收录；郭流亡日本期间，留日学生办的《留东新闻》上有不少关于郭的记载，亦应收录；又如抗战中佐藤富子（郭的夫人）曾写有《我的丈夫郭沫若》，原载日本《文艺春秋》，中国曾有译文，应查出；（此文不知是否即此编中的《怀外子郭沫若先生》？此处无原出处，只写"收入《抗战中的郭沫若》一书"）一九四六年或一九四七年上海各报如《时代日报》《文汇报》等所载有关郭的文章，亦以查出补收为好。

本《索引》（1）原稿第二十页收入日本平凡社《世界历史大事典》及《世界大百科事典》郭沫若、创造社等条，国外材料是否考虑列一专栏？此类材料很多，举凡外国百科全书、人名辞典中几乎都有。如三十年代日本桥川时雄在北平出版的中文本《中华文化人物总鉴》等。倘若外文材料不能全面访查，只偶尔一见，则不如不收（中译转载者除外）。

在关于中国现代文学史章节一部分内，仅从李何林的《近二十年中国文艺思潮论》选起，是不够的。往前推，同类著作还有一九二九年光明版的谭正璧《中国文学进化史》、一九三三年王哲甫的《中国新文学运动史》（北平版）、一九三六年商务版的郭箴一《中国小说史》、赵景深的《中国新文学小史》《中国文学史纲要》等；往后也还有一九四七年李一鸣的《中国新文学史讲话》、王丰园的《中国新文学述评》等，一九四八年北平辅仁大学出过一种《1500 种现代中国小说和戏剧》，善秉仁编，苏雪林、李燕声参与其事，这些著作中涉及郭氏的篇章，都应收入。

这一部分还收入了"现代作品选"书籍有关郭氏的内容，这不属于文学史一类，而属于作品传播情况；如选文之前有说明文字，亦属于评介类型，应列入评介目录索引内。

四、关于著译系年（解放后部分）

除原写作、发表时间及发表地照录外，此部分内容须注意分清郭氏自行收入文集和被他人编入书籍这两种不同情形的界限。自行收入专集文集为收录，他人所编为被收录。后一种情况在此部分内有的地方注解不明。如一九五七年郭作《念奴娇·小汤山》项下，除注明载于一九五七年二月四日《人民日报》外，又注"收入一九五八年作家出版社的诗选"，此注即殊为含混。这里的"诗选"，易被人误认为是郭氏自己的诗选集，其实不是，而是出版社编的一种多人合集，属于"被收录"。此外，这条注解仅注明出版年份，未注月份及版次，此类情况在本部分里较普遍，应予改进。又同条注"见《试和毛主席韵》"，亦未注明出版处所及时间、版次。郭氏解放后的许多文章，被收入各种书籍以至《新华月报》者甚多，如各次政治运动中所写文章，多被收入各种批判文章专集（此处有的已注出，如"反右"），甚至出自《新华活叶文选》，凡此情形，皆应注明，借以观其社会政治影响。

约作于一九八二年四月

注：

①《郭沫若研究资料》（上、中、下），王训昭、卢正言、林明华、邵华、萧斌如合编，收入《中国现代作家作品研究资料丛书》，中国社会科学出版社一九八六年八月版。本文是作者作为丛书编委，为该书初稿写的审稿意见。

②四川本，指王训昭、方仁念等编《中国当代文学研究资料·郭沫若专集》（一至二），四川人民出版社一九八四年八月版。

③指"为尊者讳，为长者讳，为贤者讳"的传统儒家伦理观。

④即巴金。

赵树理在国外

——在赵树理学术讨论会上的发言①

　　我是山西人，大概有四十多年没有回来过了。现在回到家乡很激动。我一九二八年在太原上中学，一九三二年离开太原，现在回来看到故乡变化很大。我想起了鲁迅的《故乡》，当然，他那时回故乡的精神状态和我回故乡完全不同，是两个时代，两个社会。

　　我接到学术讨论会的通知较晚，又有些教学和家务事，没有准备，不像大家写出专业性论文。我感到赵树理的研究工作，以咱们山西为中心，有很大发展，很大变化，思路比较开阔，题目更有学术性和专业性，比"文化大革命"前的十六年的赵树理评论工作水平有很大提高。我解放后就在大学里教中国现代文学（上海复旦大学）。那时，解放区的作品，如陈登科、赵树理、周立波、丁玲等描写老区生活和斗争的作品，在教会学校中有新鲜之感。我比较深入地接触了一些解放区的作家和作品，后来，不做这工作了。打倒"四人帮"以后，我们学校为了做些教材建设，和外地兄弟院校合作编了一些教材和资料书。我们复旦大学也编了一套赵树理的资料书，现在已出版。在编辑过程中，我也比较深入地读了些赵树理同志的作品，看了这些年的一些评论文章，回顾了一下。同时，我们有这么一个想法，就是赵树理同志在毛主席延安座谈会讲话之后，是个旗帜性的作家，也是最有成就、最有风格、最有个性的一个作家。因此，我们也接触了一些外国人对赵树理的翻译、评论和研究工作。新中国成立初期，一些苏联评论家，《新时代》杂志，对《李家庄的变迁》《小二黑结婚》的评论，我国的《人民日报》《光明日报》都有报道，甚至有翻译文章。到五十年代后期，我们对外国研究中国现代文学的文章，介绍得比较少一些，慢慢地陌生了，以致我们找一些外文报刊和书籍，难度都较大。

赵树理同志作品的翻译和介绍是全世界性的。我们接触了许多材料，在编写资料的过程中，写了《赵树理小传》，在《小传》上加了"赵树理同志是个有国际影响和国际声誉的现代作家"。我们查了许多书，查了外国出版的大百科全书，人名辞典和文学字典，还查了些外国出版的中国现代文学史著作。我们从材料上看到，日本从四十年代后期起，对中国现代文学研究和中国古典文学并重，甚至形成了热潮。这是因为我们建立了人民共和国，强大了起来，国际政治地位不断提高。日本翻译介绍了我国"左联"时期的作品，介绍了鲁迅、郁达夫、茅盾、老舍、丁玲、巴金，并把新时期的赵树理同这些作家并列，列入重点研究对象。现在，我给大家讲些我看到的材料，提供些资料性的东西。

我们看到的外国百科全书，如日本的《世界百科大字典》《万有百科大字典》《新时期百科辞典》《人名辞典·外国篇》《中国人名辞典》《中国艺术大字典》《中国文学小辞典》等都有赵树理同志的条文。这就说明赵树理不仅是新中国的文学家，也是中国的名人。我们知道，四十年代后期和五十年代中期，苏联对我们中国文学作品的翻译、评介和研究比较多，包括东欧一些国家。后来，由于国际政治的影响，我们和苏联的关系切断了，但是在一九六二年苏联出版的《简明文艺百科全书》，一九七〇年出版的《苏联大百科全书》，都有赵树理的条文。捷克有个汉学家，叫普实克，他翻译过鲁迅的小说，写过一些关于中国文学的文章，他在美国出版的《东方文学辞典》也有赵树理的条文。美国哥伦比亚大学出版社一九六七年至一九七一年出版了四大卷《中国名人大辞典》，全书有六百多个中国现代名人，包括政治的、军事的、文化的、科学的，各行各业、各个方面的代表人物，其中有专门篇幅介绍了赵树理。香港联合研究中心一九六六年至一九六七年出版了《共产党中国人名录》《中国当代人名录》，里边也有赵树理同志。至于其他外国人写的中国现代文学史，也列了相当篇幅的赵树理同志作品的评论和介绍。这些外国百科辞典、百科全书、人名辞典、文学艺术字典等对赵树理的介绍，除过对生平大事和重要作品的介绍，对赵树理的历史地位和艺术价值也有他们自己的介绍，有他们自己的看法、认识和评价。在外国出版的文学史著作里，日本一九五二年出版的《中国新文学入门》就用了很大篇幅介绍了赵树理同志的作品，还登了他的照片。一九五三年日本出版了《中国现代文学史》，后经重新改写，名为《中国革命文学运动史》，也用了一定的篇幅介绍了赵树理同志的生平和著作。还有日本泽同惠秀写的《中国新文学发展史》，是日本比较流行的著作，也是比较权威性的中国文学史著作。美籍华人徐再荣在美国是研究中国现代文学的权威，他在印第安纳大学出版了《中华人民共和国文学》一书，有一千多页。他的文学史编法和我们不同。我们现在大学教学和研究，一般把新中国成立以前列入现代范畴，把新中国成立以后列为当代范畴。他则从一九四二年编起，一九四二年至一九五六年是一个部分，反右是一个部分，"大跃进"、社会主义教育运动是一个部分，"文化大革命"是一个部分，打倒"四人帮"是一个部分。每个部分的前面有一个序，写上他的介绍和态度，同时，按六个阶段，选择一些作家作品来介绍，对作家有比较详细的传记和评论。同时翻译一篇作品，包括理论文章，戏剧，电影剧本，长、短篇小说，诗歌，甚至相声都有。在这本书里，选了赵树理同志一九六〇年的《套不住的手》。法国巴黎大学东亚中心，一九七八年出版了林曼殊的《中国当代文学史稿·大陆部分》。（他还出版过《中国当代作家小传》）在他出的这本书中，对赵树理同志做了重点介绍，并且把赵树理的《李家庄的变迁》和周立波的《暴风骤雨》做了比较研究。另外，美国耶鲁大学出版的夏志清的《中国现代小说史》，香港司马长风等编写的《中国六百作家小传》，对赵树理都有介绍。

听外国人讲，外国研究中国现代文学，以外籍华人为主要力量。总的看，外国对中国现代文学研究有个队伍，有个风气。当然，研究是各式各样的，有的想通过我们的文学作品，从政治角度研究，有的从社会学的角度研究，有的从民族学的角度研究，有的从语言学的角度研究。但是，赵树理也是在外国人写的研究中国文学的著作里，是重要的被介绍的对象。这就说明了赵树理同志在国际上的影响和地位。另一方面，外国对赵树理作品的翻译，有两个特别的现象，如六十年代，英国牛津大学出版了《赵树理小说选》。英国人一般比较保守，尤其是牛津大学，是个比较古老的学府，他们选世界文学名著很严格，尤其对外国作品的选择，但他也不能不承认赵树理的创作在世界上的地位，在新中国的代表意义。再就是在日本出版有《文谱》，只收集世界各国的经典文学著作，中国现代作家只收进了鲁迅先生的选集，后来又收进巴金和赵树理等少量作家的作品，这说明赵树理同志的作品在世界上的地位。所以赵树理的研究工作不仅在国内理应投入这么多的人力，大张旗鼓地来进行，同时，在国际上也开始了研究。我赞同吴奔星的提议，在大学里召开赵树理的学术讨论会。自打倒"四人帮"以后，政治环境的安定，才揭开了对赵树理研究的序幕，这对研究工作的深入发展是一个很好的历史条件和环境。但是，我认为，在研究工作中，我们还要注意国外的研究，对国外研究及时进行介绍，看他们的选材、态度、观点、评价、取舍、角度，这对打开我们的眼界，活跃我们的思路，丰富我们的研究工作很有益处。当然，这些东西中有许多糟粕，我们要剔除，而那些有分量的文章，还是应该借鉴的。我们大学正在努力做这种工作。今天会上，算是我的一个倡议，大家都来搞好这次研究工作。

我对赵树理的作品没有进行过细的研究，今天许多中年评论家都提交了专门评论文章，我很感动。但我对赵树理的研究还有一种看法。记得贺拉斯说过，真实和朴素就是风格的本身。我觉得把这个评语用在赵树理身上恰如其分，赵树理同志是一个现实主义作家，他对现实有他自己的认识和理解，而这种认识和理解是建筑于他自己对人生的认识和理解，也就是说他有坚定的政治方向和立场。一九六四年赵树理在曲艺座谈会上发了言，题目是《要首先做一个革命者》。他希望文艺工作者应该记住这句话，这是根本的前提。我读赵树理的作品，始终感到一个乐观主义的气概，他的乐观主义来源于对社会主义前途坚定的信心。这使他能认识生活中正确的东西，错误的东西，积极的东西，消极的东西，所以，在历史走向曲折的时候，他也能保持高度的清醒，并在作品中反映出来。赵树理同志的这种文风和品格在今天对我们很有教育意义和现实意义。

我就讲到这里。感谢主人，感谢大家热情的招待。

（根据录音整理）

注：

①本文选自《赵树理学术讨论会纪念文集》，中国作家协会山西分会一九八二年版。原副标题为"贾植芳同志的发言"。

覃子豪小传

　　覃子豪，一九一四年出生于四川广汉县，我国当代诗人。他自幼酷爱诗歌。尤其崇奉李白。在成都上中学时，即颇有才名。少年时代的覃子豪，以性情豪迈见称，他痛恨当时混战的四川军阀，深切同情人民的苦难与不幸。

　　一九三二年在成都成城中学毕业后，他只身出川赴北平，就学于中法大学孔德学院高中部，开始接触到法国十九世纪浪漫派诗人雨果以及象征派诗人凡尔哈仑、波特莱尔、马拉美、兰波等人的著作，并终身蒙受其影响。此时他开始进行新诗创作，与同学朱颜（锡侯）、贾芝、沈毅、周麟结为诗伴，成立诗社，临分手时，五人合刊诗集《剪影集》，以为纪念。贾芝曾写有《给覃子豪》一诗，收入其在一九三六年出版的诗集《水磨集》。他们发表的诗作，虽然风格各异，但从思想和艺术倾向来看，这些作品，在风格上明显地受到当时的新月派和现代派的影响，在追求心灵美和艺术美这种耽于空幻的人生境界中，抒写着纯真的青年人的个人感情。同时，覃子豪还特别喜欢和崇敬英国浪漫派诗人拜伦，常吟诵拜伦的《哀希腊》。诗人柯仲平在北京出狱后，从狱中带出来他不久前才写的一首《铁窗之歌》，第一个传抄了这首反抗之歌的就是覃子豪。这都可以看出他当时的思想有倾向革命的志愿。

覃子豪于一九三五年东渡日本，就学于东京中央大学法科，他从此走出法国式的孔德学院。在这个日益法西斯化的东方帝国主义国家里，日寇加紧侵华的残酷现实和中国人民在共产党领导下的如火如荼的民族解放斗争浪潮，彻底冲破了他的天真的人生梦幻。他投身于进步留日学生的文化政治活动的圈子里，接近了索居在东京近郊千叶县的郭沫若，他的爽朗热情的诗人才质，深为已届中年的诗人郭沫若所赞赏，同时他又接近了日本的左翼文化斗士如秋田雨雀诸人。他曾以当时的生活和感受为题材，写过一篇小说《饿》，发表于一九三六年的《国闻周报》。他与在日本就学的雷石榆、林林、柳倩、王亚平等人一起从事新诗歌运动，并在一九三六年与李春潮、贾植芳等人组成了文艺团体文海社，出版了大型文艺刊物《文海》，仅出了一期，便被日本警察没收，他们也都陷入东京警视厅亚细亚特高系的刑事（特务）的监视网中，经常受到这些不速之客的诘问和干扰。

覃子豪在东京时代，除了继续从事诗歌创作，还翻译过法国浪漫派大师雨果的《惩罚集》——这部雨果因反对拿破仑第三称帝在流放中写成的充满对专制政治的愤怒的诗篇；又从日文转译了匈牙利爱国民主诗人裴多菲的诗集。他这个时期的诗作，充满了民族解放斗争和民主主义的时代激情，从见于左翼文艺刊物《光明》第二卷十号（一九三七年四月二十五日出版）上的《黑暗的六日》一诗，足可窥见他那时的诗风之一斑。这首诗曾被香港文学研究社收入《中国新文学大系续编》的《诗集》里（一九六七年出版）。抗战后期，他曾将这个时期前后的作品，题名为《自由旗》在东南地区结集印行。这种对生活和人生的崭新而执着的理解和追求，贯穿在他三四十年代所写的诗篇当中。他是个自觉的为人民和时代而歌唱的爱国民主诗人。那个死于哥萨克枪尖下的匈牙利爱国诗人裴多菲，成为他的思想上和感情上的先知和楷模。他在旅居东京时所译的这个诗人的诗集，在抗战进入艰苦时期的四十年代初，曾在东南地区公开出版发行，就是一个例证。

一九三七年抗战爆发前夕，他离开东京回到上海，投身于进步文化运动的浪潮中，抗战爆发后，他参加了留日学生训练班。一九三八年秋间，由郭沫若主持的国民党政府军事委员会政治部第三厅派赴浙江前线充任《扫荡简报》编辑，当时他还创办了《东方周报》这一小型报刊，积极宣传抗战，倡导新诗歌运动。前此，在武汉时期，他就参与了新成立的中华全国文艺界抗敌协会的活动，并在该会会刊《抗战文艺》发表诗作。他到东南前线工作期间，曾在宦乡主持的《前线日报》上主编《诗时代周刊》，以讫抗战胜利。这个周刊，为东南地区的民主爱国的新诗运动培养了不少新秀，颇具影响。

抗战时期，他在永安还出版了回忆性的散文集《东京漫忆》，叙述他两年多的东京生活时期的学习、交游和斗争，颇富于文献价值。

一九四五年抗战胜利后，他流浪到福建，创办了《太平洋日报》，为报刊写作诗歌和政论文章。他离开厦门到上海后，又投入当时的民主文化运动，在进步报刊作诗撰文。由于友人贾植芳夫妇被国民党中统局逮捕关押，他在上海不能立足，于一九四七年逃亡台湾，经商自活，从此即定居台湾，于一九六三年病逝台北，享年仅四十九岁。

据港台书刊所载，覃子豪在台湾居留期间，仍继续从事诗歌活动，他是当地兰星诗社发起人之一，并先后主办《新诗周刊》《兰星周刊》《兰星诗季刊》等杂志，自成流派。他的诗作和诗论曾出版有下列各集：《海洋诗抄》（诗集，一九五三年）；《向日葵》（诗集，一九五五年）；《画廊》（诗集，一九六二年）；《诗的解剖》（诗评集，一九五八年）；《论现代诗》（诗评集，一九五八年）。《诗的表现方法》（诗评集，一九六七年）；《覃子豪全集》（共三卷，第一卷一九六五年，第二卷一九六八年，第三卷一九七四年，由《覃子豪全集》委员会编辑出版）。

覃子豪后期旅居台湾时的诗作，与前期截然不相同，如果说，他的前期诗作，格调高昂，诗情豪迈，与现实斗争生活息息相关，充满了时代的激情；那么，他的后期的作品却是格调低沉，对人生陷于迷惑和虚空，他由积极的浪漫主义走向象征主义以至神秘主义。文学历史说明，象征主义都是神秘主义者，或者具有神秘主义的特质。法国象征主义者凡尔哈仑、波特莱尔、马拉美是这样，后期的梵乐希，立体派的阿波里奈尔、高克多等亦无不如此。这是作者的内在精神世界与外部世界相抗争相矛盾的结果；是对现实世界的一种抗议式的逃亡，他们从原来的由现实中发现自我，退到了从自我中发现世界，实际上是在精神上处于一种空幻的冬眠状态，一种生命的微弱跳动，一种近似自我嘲弄又嘲弄现实世界的可悲的精神状态。对覃子豪来说，他早年在北平求学时所受的法国象征派影响，在一种特定的社会历史环境里，得到了恶性的苏醒和发展，他从生活现实背过脸去，而退缩在"螺蛳壳里做道场"，但他始终坚持自己的人的价值，并且在诗学的领域里进行了细致的美学构思和探索；他在人生和诗歌的圣殿里，仍然保持了出于淤泥而不染的对人生的真挚态度。因此，这种消极的面具，只能是一种对抗外界恶浊和不义的世界的掩护，一种形式歪曲的悲剧斗争。他并没有背叛和出卖了自己。他的人生道路，是一支激荡不息的凄婉的哀歌。

《巴金研究资料专集》后记

　　这部《巴金研究资料专集》，是我们从一九七九年间开始着手编辑的，中间曾就选文部分，印过一次油印本（共四册），作为我们的工作本，并分送有关兄弟院校中文系和有关人士，广泛征求意见。那里所用的材料，无论是作家自述性的作品，还是别人的评介文章，大半是以现在市面上流行的书刊为依据，比如巴金自己的作品，就是以解放后五十年代中期以来出版的十四卷本《巴金文集》中的印文为准的。经过同志们的建议和我们自己的认真考虑，我们觉得这部资料既然是研究性的书籍，就应该从文献学的角度，或者说从历史的观点从事编辑工作。无论是作家自己的自述性作品的选录或是评论家的评介文章的收用，都应该严格地采用初次发表时的印文，这对探讨和研究对我国现、当代文学做出巨大贡献和努力的这位作家的生活、思想和艺术道路以及检阅这许多年代以来我国评论界对他的评介研究工作的成绩或失误，那条弯弯曲曲的历史过程和内涵，才有真正的学术意义和历史价值，也符合古往今来编辑研究性资料书籍的一般惯例。因为这部《巴金研究资料专集》，理应是巴金的文学生活历程和我国巴金评介研究工作的历史性的回顾和总结。有鉴于此，在这次公开出版的版本中，我们在编辑体例和要求上，做了新的努力，无论选用作家自述性的作品或他人的评介文章，我们都尽力选用初次发表时的印文；对于同一篇文章，如作者或评论者在不同的时期做过重大改动或注释的，我们也一并按文章出现的年代加以选用。我们尊重作家改动自己作品的权利，只是作为新的材料予以收录，用以显示历史的发展线索和时代风貌，它和这篇文章初次发表时的印文，并不是对立的存在，而是历史发展的新的表现。众所周知，我国现、当代文学研究工作中，也存在着版本学、校勘学、辨伪学、目录学和考据学的问题，如我国古典文学研究领域中一直存在着和研究着的同一性质的问题一样，这也可以说是我国文学研究工作中的一个历史性特点。这样，在编辑这部研究性资料集的过程中，比如评介文章部分，关于解放前的那个历史时期，我们力求选录各个不同历史阶段不同思想政治倾向和要求与不同文艺观点的评文，用以反映当时的社会历史背景和时代特点，以及错综复杂的中国思想文艺界的具体态势；解放后近三十多年的评文，亦复如此。比如一九五八年刮起的文艺学术界中的"拔白旗、插红旗"运动中的"批判"巴金的文章，我们就选用了姚文元的两篇和一些在这股风浪中出现的有代表性的评文；至于"文化大革命"中，在林彪、"四人帮"兴妖作孽时期出现的"革命大批判"声中"批倒批臭"巴金的那些"旗帜鲜明"的宏宏大文，我们也征得巴金先生和各方面的同意，选用了三篇"无产阶级革命造反派"的文章，用以说明这次"文化大革命"所制造的灾害，在一个老作家身上的具体表现，那种疯狂性的迫害劲头。罗曼·罗兰说："屠杀灵魂的凶手是最大的凶手。"林彪、"四人帮"一伙，就是历史上的最凶恶的灵魂屠杀者。作为范例，选出几篇收在这里，实在具有刻碑立石的功用，不仅便利研究者的参照，更作为历史的鉴证，使我们这一代及后世子孙永远铭记这场"史无前例"的惨重教训。

作家自己的作品，我们也力求做到采用最初的印文，比如：一九六二年发表在《上海文学》上的那篇讲话《作家的勇气和责任心》，发表时多有所删节，这里利用的则是经过巴金先生鉴定的发言原文，这就是历史的真实。

巴金的文字生涯已逾半个世纪以上，对他的评介研究工作，也几乎从他开始走上文坛时就开始了。历史跨度这么大，他的著译等身，数量众多，内容丰富；评介研究著作和论文，也随着年月的积累，范围广泛，材料比比皆是。这里收录的选文和著译系年部分，虽然经过巴金先生的校阅、纠正了我们那些失误不周之处，但全书的定稿，因为经过较长时间的反复修订和增补，谬误和遗漏，仍不可免，只能就我们的学养和力量所及，做出这样的努力而已。至于选文和著译系年编目与评介文章的编目，我们现时基本上以一九八〇年为下限，一九八一年以后的资料，我们准备在本专集的第四册内独立收录和选辑。

巴金作品的外文译本及国外评介研究巴金及其作品的专著和论文，早在四十年代初间，就开始发端，我们就目力所及，分类做了两个尝试性的编目工作，它离整体地反映客观实际，我们知道还有很大差距，收录在这里，只能算是聊备此格的存在。国外评介文章的选文方面，我们也就手头现有的材料当中选用了两篇，一篇是法国 O. 白礼哀的《中国现代小说家巴金》，（O. Brière, *Un Romancier Chinois Contemporain：Pa Kin*），它出现于一九四二年，是外国学人研究巴金和他的作品的最早论文之一，富于文献意义，我们这里收录的是经过删节的已有的译文，我们并已着手翻译全文，准备用在我们正在编译的《国外论中国现代文学》一书内，以存全貌；另一篇是请陈思和、李辉两位同学译的美国奥尔加·朗的那本出名的著作《巴金和他的作品——两次革命中的中国青年》（Olga Lang, *Pa Chin and His Writing—Chinese Youth Between the Two Revolution*）一书之一章《巴金与西方》中的有关俄国文学对巴金影响部分，也是聊示一般的意思。

我们在编辑这部资料集的过程中，除得到巴金先生的大力支持和帮助外，并得到上海图书馆、本校图书馆以及本校中文系资料室的同志们的全力支援，其他有关兄弟院校和单位图书资料部门以及各方友好同志，也纷纷支持我们的工作，大力提供资料，江苏人民出版社的同志们，更为本书的出版花费了巨大的精力，我们在这里谨致谢意。现在呈献在读者面前的这部三卷本的《巴金专集》就是各方同志努力协作的成果。至于在编辑上存在的失误和不足之处，我们热切地希望能得到国内外的专家读者的指正。

一九八三年夏，在复旦大学

《巴金作品评论集》①编后记

巴金，作为一个有独特的个人思想风格和艺术特色的作家，从他走上文坛以来，已逾半个世纪以上。无论从作品题材的开拓性和使用文学样式的多样性，或者说，从作品的思想意义和艺术成就而论，他都是为中国现当代文学做出重大贡献的重要作家之一。他的处女作《灭亡》，在一九二八年问世时，当时《小说月报》的编者叶绍钧就在该杂志的《最后一页》上予以引人注目的荐引，从而使巴金受到广大读者和文学评论界的重视。也可以说，从这时起，他的作品开始成为我国文学批评界的一个研究课题。随着他的文学事业的发展，评论文章亦层出不穷，虽无鸿文巨制，但亦不乏富有见地的论述。三十年代中期鲁迅对巴金的评价（见《答徐懋庸并关于抗日统一战线问题》）、四十年代中期郭沫若对巴金的论述（见《想起了樱桃树的故事》），都应该属于我们新文学批评史上对巴金创作的意义和价值的经典性的评价，为我们的巴金研究工作的深入发展，提供了真正的马克思主义的价值观念。

在将近七十年的我国新文学运动的历史过程中，被称为"十年浩劫"的"文化大革命"时期，是一个特定的历史过程，它是人民和文学同时受难的时期。它的真正意义和价值，就在于它"史无前例"的严峻教训。在艺术沦为神学的奴婢的时代，就像欧洲的中世纪，那里的人间生活实际上是一个"神、鬼、兽"的世界，没有文学，也没有文学批评可言。所以这一时期的所谓"巴金批判"的文章我们一概不收。直到粉碎了万恶的"四人帮"，尤其是三中全会以来，我国步入了新的历史时期，随着革命事业的复苏，我们的社会主义文学事业才呈现出真正的生命力和欣欣向荣的风貌，我们的文学评论研究工作才从吃足苦头的"左"的陷坑中站立起来，克服了和克服着那种随心所欲的主观主义和从一时的政治需要出发的实用主义的文风，回到了面向历史和现实，实事求是的马克思主义文风上来，从那种长期形成的评论工作中的程式化、单一化和概念化的痼疾中解脱了出来，巴金研究的发展也出现了一派开拓性的学术景象，不仅研究课题更加深入和多样，评论方法也更合乎科学要求，既能从政治大处着眼，又能从艺术规律上探求，不仅有专论，更有专著。从一个侧面反映了我国社会主义文学事业兴旺发达的非凡气概。

我们从一九七八年起，组织力量，着手编辑《巴金研究资料专集》，使我们有机会与必要对巴金的著译事业和我国评论研究巴金工作的历史和现状，进行较有系统的细致的发掘和整理工作。现在中国文联出版公司编印我国现当代著名作家的作品评论集，我们不揣浅陋，承担了巴金评论集的编辑工作。我们已出版的三卷本《巴金研究资料专集》，由于编的时间较早，所收材料以一九八〇年为下限。事实上，这近四年来我国的巴金评介研究工作，更趋活跃，收获更多，在我国已开始形成一支以中青年的研究者为主干的巴金研究专业队伍，有些高等院校已开设了巴金研究专题讲座。鉴于这种迅猛发展的新形势，现在这本评论集除选用了少量的发表于三十、四十、五十年代的有学术意义的论文外，更着重选用了七十年代末和八十年代发表的巴金研究新成果。我们希望通过这本评论集，既可看出我国巴金研究的历史成绩，有线索可寻，更可看出我国巴金研究的现实面貌和它的前进势头。我们希望通过对前天、昨天和今天的回顾，获得走向明天的信息。如果中外研究工作者和广大读者，通过这本选集，能历史地又现实地窥见我国巴金研究的成绩，那就是我们的最大的愉快和满足。

巴金又是一个世界性的作家。据我们所知，早在四十年代以来，世界范围的巴金译介研究工作，也获得了颇可注目的成就。为了反映这方面的实际，我们从手头上的材料中，选译了三篇论文收录在这里，也是借一斑以窥全豹的意思。其中西方的两篇，日本的一篇。两篇选自刊物，一篇选自专著。

由于学养所限，我们的选本的选录标准，可能有很大的主观性和局限性。为此，我们编了一份《巴金作品主要评论目录》和一份《巴金年谱简编》附在书末，为读者提供一些参考材料。

感谢巴金先生的热情帮助和我校图书馆和中文系资料室的同志的大力支援，使我们这个选本能出现在读书界。我们希望中外专家和广大读者给我们的工作以指正。

一九八四年七月在复旦大学

注：

①本书由中国文联出版公司一九八五年出版。

《中国现代文学作品选》①序

　　发轫于"五四"时期的中国现代文学，在它的漫长的三十年来的历史过程中，就不断出现各种各类的作家作品选本，或由作家选定，或由书肆主人代庖，真是五色杂陈，种类繁多。由于我们的现代文学，是以中国人民的反帝反封建的历史要求作为它的创作总主题的，因此遭到旧中国各式反动统治者的忌刻和仇视，尤其是在中国共产党领导和影响下的左翼文学和进步文学，更被那些愚昧而野蛮的封建的、买办的反动统治者视之为洪水猛兽，禁止唯恐不绝。作为它所遭受到的严重的政治社会迫害的一种内容，是它不容于旧社会的高等学府，被排斥于大学讲坛之外，从而在社会上形成一种无形的舆论，造成一种错觉和偏见，好像它不入流，上不了台盘似的。回顾这种腥风血雨的历史实际，我们更觉得那些在旧中国书籍市场上出现的各式中国现代文学选本的重大意义，即或那些由书肆主人代选的出版物，我们称之为"盗版书"的选本，从作为一种传播新思潮新文学的媒介力量这点说来，也是值得称道和纪念的。而这些选本，在那种历史条件下，只能是以一般社会为对象，当时没有可能为大学的现代文学课程选编一套教材性的选本，这就是历史的限制和不幸。

　　一九四九年，随着我国人民革命事业的全面胜利，我国的现代文学才正式成为一门学科，堂堂正正地进入大学课堂，成为文学专业学生的必修课。这就真实地说明，中国现代文学与中国人民是苦乐相共，命运相通的。也因此，编选现代文学作品选本，就成为当务之需。新中国成立三十多年来，甚至在"文化大革命"的"复课闹革命"时期，全国各高等学校纷纷根据自己的理解和需要，审时度势地自选自编自用地出了不少这一科目的教材，我们这里也不例外。

我在这里谈到新中国成立以来我们编选这一科目的教材时，用了"审时度势"这个旧词语，来说明我们过去对编选工作的一贯要求，或者说，它是我们已往编选工作的出发点和归宿。我们总是根据一时的政治风色来进行编选工作，决定教材的取舍内容的。而在这里面，却存在着严重的教训，值得我们认真的思考和认识。

古往今来，无论哪个阶级和社会集团，都不能否定政治和文学的密切关系。魏晋时代的曹丕在《典论·论文》中说："夫文章，经国之大业，不朽之盛事。"在我国的文学发展史上，儒家"文以载道""诗以言志"的思想深入人心，成为传统力量，它表现了我国对文学的性质和功用的正统观念；到了二十世纪的二十年代后期，即我们的"文学革命"发展到"革命文学"的创建时期，我们又输入了苏联在二十年代中期批判托派和资产阶级文艺思想时所提出的"文学的党性原则"，被我们演绎为"文艺为政治服务"或"文艺从属于政治"这样性质的理论作为我们的革命文艺运动的基石。对我们革命文艺工作者说来，"文以载革命之道"，就是我们的奋斗目标、努力方向，多少年来，我们就是这么走过来或战斗过来并取得了辉煌的业绩的。但正如列宁所说，"真理再往前跨一小步，就会陷入谬误"。正由于这种对文艺的意义和性质的观点和认识，往往又会造成一种错觉和误解：好像文艺的全部功能，就是充当简单的政治工具，甚至一时的政策法令的工具。文艺就是政治。在我们这个古老的农业国家里，小农经济所形成的思想意识上的实用性和狭隘性，长期结合，互为影响，反映在我们的革命文学事业上，就是在"文艺为政治服务"和"文艺从属于政治"的震天口号下，"左"的思潮和力量愈来愈膨胀，也愈演愈烈，给我们的革命事业和文学专业，给我们的一切工作带来了消极影响，腐蚀作用。新中国成立以来的一浪高过一浪的历次政治运动，多是从文艺领域开刀，其根源和根据就在这里。表现在我们这些年来的现代文学史编写工作，现代文学作品的选材工作，以至整个文艺创作和文艺评论研究工作上，就呈现出一派随心所欲的主观主义和从一时政治需要出发的实用主义文风，所谓唯心论盛行，形而上学猖獗的生活实际。这种背离历史，脱离真正的党性和科学性的学风，实在和实事求是的马克思主义严谨的科学态度南辕而北辙。这种"左"的旋风，终于刮出一个"文化大革命"而登峰造极，林彪、江青这帮反革命正是利用这种"左"的历史环境和不正常的社会心理，制造了一场"史无前例"的"十年浩劫"。在那些苦难的岁月里，甚至我国几十年来在党的领导教育下，惨淡经营而建立起来的整个左翼文艺运动和力量也被归纳成所谓"一条又粗又长的文艺黑线"，成为进行毁灭性打击的主要对象，遭到"彻底砸烂"的命运。

正是在这股越刮越猛的"左"的旋风的旋涡中，我们这些年屡编屡废、屡废屡编的有关中国现代文学史和中国现代文学作品选教材，入选作家人数也越来越少，我们从"五四"以来形成的浩浩荡荡的文艺大军，被压缩成"小国寡民"的"现实"，形成了只有红花没有绿叶的单调局面。到了"史无前例"时期，这寥寥可数的几枝红花，一夜之间又变成"毒草"，批来斗去的结果，中国现代文学中只剩下鲁迅一个人，而且还是经过梳妆打扮后的新形象，鲁迅成了鲁迅晚年所讥讽的"现代中国的孔夫子"的形状。其结果，反映在教材编选和教学内容上，不仅呈现出单调、空洞，而且造成一片喧嚣和混乱，造成了学生对中国现代文学，现代作家和作品，知之不多甚至非常无知的严重后果。

"前事不忘，后事之师"，在粉碎了万恶的"四人帮"，尤其三中全会以后，经过了一系列拨乱反正的斗争和努力，随着我国社会主义事业的复苏，我国正进入稳步发展的历史新时期，正是在这些严重的历史教训面前，在痛定思痛之余，我们又着手另起炉灶，重新编选这部四卷本的《中国现代文学作品选》。我们首先想到的和必须坚持的一个原则，就是在生活和工作的实践中回到历史唯物主义的正路上来，尊重历史，面向实际，坚持实事求是的马克思主义学风，我们所要坚持的党性，必须与科学性相结合，它才会有生命力，才会真正认识和评价事物。我国现代文学是以党所领导的和影响的左翼文学和进步文学为主流的，这个历史实际无从否定，谁也否定不了，贬低不了，因为它是历史的真实。这就是中国现代文学史上的主心骨，它的"正宗"力量。但历史运动的内部是复杂的和丰富的，在中国现代文学的领域里，随着人们的政治态度和艺术观点的接近和迥异，又呈现出一派流派纷纭，风格各异的历史景象，对于那些"正宗"力量以外的"旁宗"，或"正宗"内部的支流，对这类的作家作品，我们不能视而不见，或有意回避，甚至设置禁区，而是尊重史实，给以择要选用，给以应有的历史评价。既要从政治大处上着眼，又要注意艺术上的成就，二者不可偏废；既应顾及史的线索，又应注意面的完整，才能显示历史的全貌。只有坚决贯彻这样的选材要求，才能引导专业学生开阔眼界，增长思考能力。因为只有看到事物的全体，才能从它们之间的区别和关系中认识和评价他们。换言之，只有对于我国现代文学运动的全面认识和了解中，才能真正认识我国左翼文学和进步文学的历史地位与力量，从而才能掌握我国现代文学的发展规律和特点。我们的倾向性应该表现在科学的历史真实中，表现在对事物的科学认识和评价当中。我们不需要用拔高什么贬低什么，以至回避什么和禁止什么来显示自己的立场。在我们现在编的这部作品选的选材上，我们可以说采用了"兼收并蓄"的办法，既突出了作为历史主流的我国左翼文艺运动中和在它的影响下的广大作家群和他们主要的或代表性的作品，以它们为全书的主干力量，又注意搜求和发掘这些年来被湮没无闻或半被湮没无闻，在历史上有一定贡献和影响，在艺术上具有自己的风格和成就，在各个历史阶段出现和存在的作家作品。不言而喻，我们对于一切作家和作品，包括左翼作家作品，我们在选用时，作为衡文的标准，既注意它们的思想价值和社会影响，也要求它们的艺术质量。总之，从作品本身出发，而不是以"人"或"派"来衡量。那也是自然的，我们也警惕近几年出现的另一股风头，另一种对中国现代文学作家与作品的偏颇的评价表现，把那些由于过去的历史失误而被湮没或被有意贬低的作家作品，一下子抬到九天之上，盲目加以吹捧的风气。这股"右"的倾向，固然是对多年来积渐成习的"左"的思潮的一种反动和惩罚，但它同样也违反历史唯物主义的文风，同样不是严肃的治学态度，也是主观随意性在那里作怪，因此也是站不住脚的，同样会受到历史的谴责的。这是另一种形式的"单打一"，同样是失误和荒谬。

作为艺术品的文学作品，在它的历史表现中，总是从各个侧面或角度用多种艺术手段和方法来反映和体现生活本身的丰富的复杂性的。因此，我们的选材在注意作品的主题题材等这些领域内的广泛性的同时，也注意选取文体上或体裁上的多样性的作品。限于篇幅，我们不可能选用长篇小说、多幕剧、叙事诗这类长篇大幅式的作品，虽然这类作品中有不少是现代文学史上扛鼎之作，但是我们总是力求注意这几个方面的多样性，不仅在全书的总体构成上注意这一要求，也要在某些作家的创作实践上来体现这一要求，我认为只有如此，才能从作品的题材、主题、文学样式（小说、戏剧、诗歌、散文等），以及艺术风格上的千姿百态的反映中，即从内容到形式的多样性上，全面而深刻地反映我国现代文学的全局，它的历史内容与时代风貌，它的艺术品质。

现代中国是一个变革中前进的国家。由于时代的风云变幻，作为社会现实生活中的作家，他的思想境界和艺术风格也必然呈现出各自的变异性和探索性。为了反映历史运动在某个作家生活和心灵上的投射和反映，一般说来，对一些重要作家或变动性较大的作家，我们也应注意到选用他在各个不同时期的创作表现的作品，他的不同的思想要求与艺术风格的作品。

又由于同一原因，在我们现代文学史上，众多的作家，也往往随着时势的变迁，用新的认识和感情来改动他们的旧作，这种无可避免的历史现象，必然为我们的现代文学研究、文学史的编写以至选本的编选工作带来了一个必须注意的课题。众多的事实说明，正如在古典文学和外国文学研究中那样，在我国现代文学的领域中，也同样存在着目录学、版本学、考据学、校勘学等类的问题。这恐怕是一个世界性的历史现象，不足为异。作为专业教材用的这套选本，不同于供一般读者或中小学生学习和鉴赏用的范文选本，我们在注意选品的思想艺术质量，社会影响和文学史上的地位的同时，也注意到它们的史料价值。就是说，所选对象，不只有范文的意义，也是研究对象，只有这样，才便于考察作家的思想和艺术的变迁和当时的社会影响，因为它们在文学史上的地位和贡献，取决于它们问世的当时，而不是以后。它们是一种历史的存在。为了引导学生走向广阔的文学世界，必须从现代文学的整体性和发展性上来认识和研究现代文学的历史面貌。因此，我们原则上都选用发表时的印文，而避免选用经过改动后成为"定本"的印文，以利开拓学生的专业眼界，而避免造成史实概念上的混乱和失误。

中国现代文学，是中国传统文学的继承和发展，在它身上既有传统的印记，又有外来文学思潮和艺术方法上的影响力量。因此，我们希望能通过这个选本，启发专业学生养成统一性的文学观，以利于破除多少年来流行的孤立地和静止地研究中国现代文学的老套旧习，真正认识中国现代文学在整个中国文学历史演变过程中，在世界文学的发展中，它的地位和力量，成就和贡献。

趁这套选本出版的机会，我信笔抒写了一些自己的随感式的观感，权作这个选本的序言。

一九八四年七月，在复旦大学

注：

①本书由复旦大学出版社一九八七年出版，共四卷。

一点感想和祝愿①

　　中国现代文学，作为一门独立的学科进入我国高等院校的讲坛，是新中国成立以后的创举。在旧社会，它是排不进大学的课程表的，一般只是在讲述中国文学史时，在结尾部分语焉不详地讲一点"五四"开端时的文学情况，讲题并没有伸入到我国现代文学的"现实"中去。因为伸入到中国现代文学的"现实"中来，也就是伸入到中国社会政治的"现实"中去，这是当时的反动统治者所不能容忍的。他们的反动神经，对这点特别灵敏。他们在利用手中的政治、经济、法律以至特务手段等统治权力，宁滥毋缺地扼杀中国现代文学的生产者———一切有良知、关怀祖国和人民命运的作家，同时在一切力所能及的范围内，对他们的作品加以排斥和限制。大学是他们的世袭领地和禁苑，当然没有生存的权利和余地。只是在党的领导下，人民推翻了这些凶残暴毒的统治者，中国现代文学才正式地进入了中国大学的讲坛，并成为一门独立的学科，我国现代文学的研究才真正得到"开放"和繁荣，茁壮地成长起来。中国现代文学和祖国与人民的命运息息相关，血肉相连，这一历史现实，经过林彪、"四人帮"两个反革命集团肆虐的"文化大革命"的浩劫，被人们看得更加清楚了。

　　一门学科能得到生存和发展，我认为一般通过三个渠道或途径：1.专门刊物；2.专门著作；3.大学讲坛。中国现代文学研究在解放前，虽有各种散见的研究论文（主要是作家作品评论），也不乏有分量有见地的专门著作（如文学史类，三四十年代就有王哲甫、王丰园、李何林、李一鸣等的论著好几种），但始终没有建立专门刊物，研究论著只能在一般文学刊物和综合性期刊上以很小的比例而存在。如前所述，在大学讲坛，更无存在的权利。新中国成立以后，我们的出版单位和文学刊物，无论在数量和质量方面都有了飞跃的发展，全国高等院校也在一九五二年院系调整后正式地建立了现代文学教研室，从事专业的教学和研究。中国现代文学研究作为一门独立的学科，通过三条畅通的渠道，正式地建立了起来，呈现出一种"翻身"的胜利情况。我们的研究工作不仅取得了明显的成就，而且更培养了一支兵多将广的专业队伍，这些都是值得我们骄傲的所在。美中不足的是，由于"左"的干扰，由于这一从一九二八年以后我们的左翼文艺运动开展以来所出现的历史现象，没有得到克服，以致我们的研究工作，无论在研究课题或研究方法上以至资料的引用上，往往存在着单一化、狭隘化、模式化和教条化的倾向，甚至作者们的语言词汇也往往彼此肖似，缺少明朗的个性风格。忽视或离开文学艺术的规律和特点而研究文学现象，只能离题越来越远，南辕而北辙，甚至陷入荒谬状态。"四人帮"的帮文艺，那种所谓"大批判"的恶声恶调，显然就是这种"左"的历史因素的恶性发展的极峰，它不仅"彻底砸烂"了我们的文学研究，也"彻底砸烂"了文学。这种骇人听闻的暴行的出现，真是一种"史无前例"的惨重历史教训。只是在党的三中全会以后，经过一系列拨乱反正的措施，随着我们整个社会主义文学事业的复苏和中兴，我们的现代文学研究工作，才重新得到更生和发展，开拓和前进。值得注目的是，我们陆续发刊了好几种专业杂志。这就意味着研究阵地的不断扩大。仅就这一点来说，就标志着我国现代文学研究的新的前进的势头，它的光辉灿烂的历史前景。

我校现在创刊的这个丛刊式的现代文学专业刊物，应该是我国现代文学研究刊物的一个新伙伴和生力军。它的诞生，不仅为活跃和加强我校的学术空气提供地盘，更应该把我校的现代文学教学和研究工作推向一个新的历史水平，为我国的现代文学研究工作的开展，为我国社会主义文学建设事业，做出我们自己的更多更大的贡献。我衷心祝愿它的茁壮成长，也坚决相信它一定会茁壮的长成，以至蔚为大观，呈光放彩。

注：

①《中国新文学研究》第一辑,原载复旦大学中国语言文学研究所编,复旦大学出版社一九八六年版。

瞿秋白对中国无产阶级文艺理论和文艺批评的开拓性贡献①

　　瞿秋白同志是党的创建时期的主要领导人，是我国杰出的马克思主义理论家和实践家，也是我国的无产阶级革命文艺运动的主要奠基人之一。他是革命先烈，在他短暂的一生中，他毕生孜孜不倦追求真理的精神，无私无畏地献身于人民和革命的崇高品质，以及在文化、文学园地上辛勤的播种和耕耘的努力，都永远是我们学习的楷模、伟大的榜样。他在我国现代史和文学史上的光辉业绩，将永远为我国人民和全世界进步人类所感激和纪念。

　　他对人民和革命的贡献，他在学术上的建树，是多方面的。恩格斯在《自然辩证法》一书《导言》中论到文艺复兴时代的人物时说："这是一个需要巨人而且产生了巨人——在思维能力、热情和性格方面，在多才多艺和学识渊博方面的巨人时代……他们的特征是他们几乎全都处在时代运动中，在实际斗争中生活着和活动着，站在这一方面或那一方面进行斗争，一些人用笔和舌，一些人用剑，一些人两者并用。因此就有了使他们成为完人的那种性格上的完整和坚强。""五四"以来，我国所处的正是类乎欧洲文艺复兴那样光辉的时代，瞿秋白同志正是这个伟大历史变革时期的产儿，他正是恩格斯笔下那样的充满时代色彩、富于活力的历史人物。他毕生主要精力和时间用在党的工作和实际政治斗争上面，但他留给我们的文化遗产，仍然为数可观，除过政治和社会科学的著译外，他在文学的著译方面，也成绩卓著，蔚为大观，是中国现代文学史中的一笔宝贵财富，它们仍然在我们今天的社会主义文学事业中保持着生命力，闪耀着历史的光辉。

我国对瞿秋白同志的评价研究工作，也可以说是源远流长。众所周知，在瞿秋白同志于一九三五年英勇就义后，鲁迅先生在逝世前夕，亲手编定了他的遗文两大卷，题名《海上述林》。鲁迅先生是用"诸夏怀霜社"名义出版的，这个社名本身不仅表现了中国人民对瞿秋白同志强烈的怀念、感激心情，也是对瞿秋白同志的正确历史评价。一九四五年，党中央在《关于若干历史问题的决议》这一重要历史文献中，更是对瞿秋白同志的壮烈一生做了明确的历史肯定和决议。但从历史发展过程的总体说来，我国的瞿秋白研究评价工作，正像我国的历史是在曲折中前进那样，也是复杂多变，起伏不一的。这就说明，对他的评价研究活动，仍旧是中国现代史和文学史中的一个重要课题。解放前，敌人对他歪曲侮蔑；解放后，在"十年浩劫"时期，林彪、江青一伙又对他百般诋毁，用上吃奶的力气给他身上抹黑，正从反面说明了他是一个伟大的历史存在，一根高入云表的擎天大柱。总体来说，我们的评价研究工作，凡是遵循了历史唯物主义，即实事求是的严谨学风的，就接近或符合真理和真实；凡是背离了这个学风或原则的，就发生失误，甚至路子荒谬绝伦的地步，徒然添造历史笑柄。这也应该是我们的学术研究工作中的一条历史教训。

我现在就瞿秋白同志在我国无产阶级文艺运动中的理论建设和文艺批评方面所做的开拓性贡献，做一些史料性的探索，提供一些国外研究信息，也谈谈我自己的体会与认识，求教于诸位。

1. 瞿秋白同志对翻译介绍马克思主义文艺理论的贡献。

中国的"五四"新文学运动，是与苏联十月社会主义革命的伟大胜利紧密相连的。"五四"前后，马克思主义就开始进入中国，影响和教育了"五四"一代的知识分子，成为他们观察和认识人类和祖国命运和前途的理论武器，李大钊、陈独秀、瞿秋白、毛泽东、周恩来等先辈，都是在五四运动中接受了马克思主义的先进的中国知识分子。

如果说，马克思主义的政治思想理论很早就成为我国革命运动的指导思想，发挥了极大的战斗作用和力量，我们认真考察一下，就会看出，在

"五四"新文学运动中，马克思主义文艺理论，传播得就比较慢。虽然"五四"时期，李大钊、邓中夏、恽代英等先烈运用马克思主义的基本哲学观点，从经济基础与上层建筑的关系为出发点，谈到一些历史唯物主义的文艺观点，做了一些文艺评论工作，但总的说来，只是零星片断的，没有形成系统的马克思主义文艺理论。

举一个例子："五四"新文学运动初期的重要文艺理论家和批评家沈雁冰（茅盾）同志，他早在二十年代初期，就接受了马克思主义，并成为党的早期创建人之一。但沈雁冰在主编《小说月报》期间，他虽然政治上是一个马克思主义者，但是他在文艺理论上，主要接受的是西方资产阶级的文艺理论和思想，基本上是泰纳的实证主义和左拉的自然主义文艺观，虽然他已注意到对新兴的苏联文艺动态的介绍，作为世界地平线上涌现出来的新兴事物加以赞扬和宣传。

从二十年代马克思主义文艺理论在我国传播的情况看，主要出现两条体系或两条路线。一条是太阳社和后期创造社的一些同志，如蒋光慈、钱杏邨、成仿吾、李初梨、冯乃超、彭康、朱镜我等人，他们在一九二八年开始提倡"革命文学"的时候，开始提倡马克思主义文艺理论，但是他们的理论根据或来源，主要是从日本无产阶级文艺理论家藏原惟人、青野季吉、川口浩等人那儿来的，而这些日本无产阶级理论，主要是吸取了苏联"拉普"派、波格达诺夫等人的文艺理论。因为无产阶级的文艺运动，带有国际性质，在彼此互为影响的过程中，当然会形成以取得社会主义革命胜利的苏联的马首是瞻的情况。质言之，日本的运动是在苏联文艺理论的引导下得到发生和发展的，我们的中国同志，接受苏联文艺理论是经过日本转口而来，并且带有日本文艺理论家的自我色彩的影响。也就是说，我们的运动主要是从日本接受苏联影响而发生和发展起来的，或者如捷克的汉学家加立克（Marian Galik）所说，中国从苏联接受文艺理论影响，是通过日本的"中介"而来的（见《中国现代文学批评的起源》，伦敦，一九八〇年版）。因为这些同志当时都正在日本学习或居留，又正值盛年，置身在日本无产阶级文艺运动的潮流里面。或和日本的无产阶级文艺运动的组织——无产阶级作家同盟，有连带关系，受到思想感染或影响，正是情理之常。也正因为如此，日本的无产阶级文艺运动也受到太阳社、后期创造社的观点影响。比如一九三〇年日本出版了一部《无产阶级文学辞典》，被列入的中国作家只有蒋光慈和郭沫若二位，因为当时太阳社、创造社的同志，已经"批判"了鲁迅、茅盾、叶圣陶、郁达夫、冰心等人，正如苏联的"拉普"派"批判"了高尔基、马耶克夫斯基、阿·托尔斯泰等人那样，前后如出一辙。五十年代中期，日本东京大学东洋文化研究所附设的东洋文献中心，曾陆续出版了一套《东洋学文献丛刊》，其中有一本是《在中国左翼文艺理论中翻译、引用文献目录》，就是将这个专题——苏、日、中三方面在文艺理论上的引进、应用和影响的材料，经过搜集考证汇编成册的。无论从昨天或今天看来，当时这些以极"左"面目出现的就是在社会主义的苏联也显得不合时宜的"马克思主义文艺理论"，虽然在二十年代末，在反对国民党白色恐怖这一点上起过积极的战斗作用，并在中国大地上首先揭起无产阶级文艺革命的旗帜上，有着启蒙性的功绩，但对国内健康地发展无产阶级文艺理论和创作，建立真正的无产阶级文艺队伍，却又是一种干扰力量，有其消极性的一面。历史就是如此。

另一条传播马克思主义文艺理论的体系或路线，是以鲁迅、冯雪峰、柔石以及未名社的一些成员为代表的文艺工作者，他们对于苏联早期的无产阶级文艺理论和争论，采取客观的态度进行翻译和介绍，如一九二五年，任国桢编译的《苏俄文艺论战》一书，就是客观地将苏联国内三种关于无产阶级文艺理论的观点做了介绍，鲁迅还为这本书作了序言，称赞它做了一个开创工作。一九二六年，冯雪峰用画室的笔名翻译了日本研究苏联新文艺运动的专家升曙梦的《新俄文学的曙光期》一书，系统地介绍了苏联各种新兴文艺。鲁迅自己也在一九二九年翻译了日本片上伸的《现代新兴文学诸问题》一书。此文原题为《无产阶级文学的诸问题》，写于一九二六年一月，结集出版于一九二七年，书名《文学评论》。片上伸于一九一五年至一九一八年在俄国留学，目睹了苏联十月社会主义革命，回国后，在早稻田大学建立了俄国文学系，一九二四年至一九二五年又重访苏联，研究俄国文学，此书当系他对于当时苏联有关无产阶级文学会议和论争的论述。一九三〇年陈雪帆（陈望道）也译了日本冈泽秀虎的《苏联文学理论》一书。凡此，都对了解苏联当时的文艺理论态势有所裨益。在客观介绍的同时，鲁迅他们比较多地倾向于反对"拉普"派的文艺主张。鲁迅又翻译了普列汉诺夫、卢那察尔斯基的文学理论著作，未名社的李霁野、韦漱园还译了托洛茨基的《文学与革命》。这些理论著作，现在看来，都不是真正的马克思主义文艺理论，有的还是反马克思列宁主义的（如托洛茨基）。但在当时，我们可以看出，它是中国二十年代产生的另一条与太阳社、创造社的"拉普"派文艺主张相对立的介绍马克思主义文艺理论的途径。

这两条体系的共同特点，是他们都不是从马克思主义的经典作家那儿获得马克思主义文艺理论的，但在二十年代，在中国左翼文艺运动的草创时期，它们都产生了很大的影响，使中国许多作家和文艺青年，都把这些理论当成了马克思主义文艺理论，奉之为圭臬。这里显然有着主客观上的原因。从主观上说，当时的作家和知识分子还没有真正理解马克思主义，或者说，对马克思主义的认识还不够成熟，还没有识别真假马克思主义的认识能力；从客观上说，在当时整个世界范围来说，马克思主义文艺理论还没有引起人们广泛的注意。当马克思主义在政治、经济、哲学、科学社会主义各个方面都成为世界革命的指导思想时，马克思、恩格斯的文艺论著，却没有受到应有的重视和出版。人们一般只是把马克思主义文艺理论的重要阐述者拉法格、普列汉诺夫的理论，当作马克思主义的文艺理论。直到一九三二年，马克思、恩格斯的《德意志意识形态》在苏联首次出版，马、恩给拉萨尔的信以及恩格斯给敏娜·考茨基的信和致哈克奈斯的信也首次在苏联公开发表，打这以后，马克思主义文艺理论才在世界范围内引起人们的重视和研究，走上正轨。所以，在中国，二十年代没有系统的马克思主义文艺理论著作的出版，是有其必然性的原因的。从我们查到的资料来看，我国二十年代最早的马列文论的翻译，是一九二五年二月，发表在《民国日报·觉悟》上的列宁的《托尔斯泰与现代工人运动》，译者郑超麟（此人后来成为托派），其次是一九二六年发表在《中国青年》上的列宁的《党的出版物与文学》（即后来流行的《党的组织与文学》一文的最初译文）。

从这段历史来看，瞿秋白同志在中国直接介绍翻译马克思主义文艺理论的贡献，厥功甚伟，其历史意义是很明显的。恩格斯的两封信在苏联公开发表才半年，瞿秋白同志就把它们翻译过来。他的俄文中文都好，译笔准确，文字流畅，被鲁迅誉为"信达且雅，并世无俩"。这些贡献，对于在中国传播马克思主义文艺理论，正确阐述现实主义的真谛，都具有开创性的历史意义。是他首先把马克思主义的经典文艺论著引入中国，这是一个划时代的历史脚印。

2. 瞿秋白同志对于无产阶级大众文艺理论的贡献。

瞿秋白同志在三十年代，围绕着大众文艺理论的讨论，就马克思主义文艺理论"中国化"的工作，做了一系列深刻的理论探索和论述。他在三十年代这一历史时期的文艺理论和论争中的理论核心，就是要使无产阶级掌握文艺的领导权，要使"五四"以来的新文艺能够真正为人民大众所理解，能够真正地表现人民大众的意志和利益。从这一点出发，他提出了文艺要为人民大众服务，把描写工农兵生活和斗争作为创作的主要题材，作家首先要向群众学习，改变自己小资产阶级的立足点，即首先解决立场问题；并且提出了要利用旧的民间艺术，对文化遗产应取的态度，以至语言大众化、普及与提高等一系列的文艺理论和实践上的问题。这些富有创见的论点，为后来在延安解放区所形成的马克思主义文艺理论和实践开了先河，打下了理论基础。

同时，我们在研究瞿秋白同志的文艺理论的同时，还应该注意瞿秋白同志在苏区领导的文艺实践所取得的成绩。瞿秋白同志在中央苏区任人民教育委员，正像苏联的卢那察尔斯基在苏联建国初期所负责的同类性质的职务。他亲自领导工农文艺运动，创办了高尔基戏剧学校，培养了大批的工农创作人员与演出队伍。当时苏区成立了三个演出剧团，经常下乡，到部队巡回演出，并且从群众生活中提炼了创作素材，编出了许多话剧节目，受到了苏区人民和战士的欢迎，成绩卓著。瞿秋白同志在这方面的实践活动，现在还没有做出系统的研究。我觉得这是一个很重要的方面，国外已经早注意到这方面资料的搜集与整理。前面提到的日本东京大学东洋研究所附属的东洋文化中心所刊行的《东洋学文献丛刊》，在一九七六年曾出版了一本《江西苏区文学运动资料集》，就是一个反映。从发掘和收集史料的观点看，我们占有绝对的优势，如果我们组织力量，从事这一工作，我相信必然会形成外国研究者唯我们马首是瞻的状况，也有利于国内外研究工作的深入开展。

如果说，瞿秋白同志三十年代的理论著述，为以后毛泽东同志发表《在延安文艺座谈会上的讲话》，做了理论上的准备，毛泽东同志在新的历史环境下，对之进行了科学性的总结与提高，使之形成一个整体性的马克思主义文艺理论体系和学说，那么瞿秋白同志早年在苏区所进行的文艺实践活动，也为后来的解放区文艺活动积累了实践上的经验，树立了样板。

3. 瞿秋白同志第一个用马克思主义的观点，对"五四"新文学运动做了评价。

瞿秋白同志对鲁迅先生的思想与杂文做了全面的深刻评价，他的《〈鲁迅杂感选集〉序言》（一九三三年），把鲁迅作为一个从旧民主主义革命到新民主主义革命发展中走过来的知识分子典型，进行了充满马克思主义观点的分析与评价。它不仅有助于澄清我国无产阶级文艺运动初期对鲁迅的庸俗社会学式的论点，而且把对鲁迅研究提高到一个历史新水平，开创了用马克思主义观点对具体事物进行具体分析的先例。而且这一评价本身，正是对"五四"新文学运动发展史的评价。我们过去一谈到瞿秋白同志对"五四"新文学运动的评价，往往看多了他对"五四"新文学运动否定的一面，其实他的这种评论中，包含着正确的部分。我们应该把问题提到一定的历史范围内去考察，而不能脱离历史实际去要求前人。"五四"新文学运动是新民主主义文学运动，它的性质是无产阶级领导下的人民大众反帝反封建运动，但是"五四"初期的作家，绝大多数是出身于小资产阶级的知识分子，对新民主主义革命的主力军工人、农民的生活缺乏了解或不够了解，反映得不够或不真实，这显然是一种历史限制，但从理论上说来，从无产阶级文学运动本身的要求说来，瞿秋白同志的严苛的批评，主要是击中了这个新文学发展史上的要害问题，值得我们加以重视和思考。因为理论家的责任，就是从实际出发，提出前进的方向，矫枉而正之。美国七十年代有个汉学家保尔·匹克维支（Paul G.Pickowicz），他是瞿秋白研究家，他研究瞿秋白就是把瞿秋白放在马克思主义文艺理论在中国传播的背景下进行研究的，他在《瞿秋白对五四一代的批评：中国早期的马克思主义文学批评》（收入米尔·高德曼编的《五四时代的中国现代文学》论文集内，哈佛大学出版社，一九七七年版），就认为，瞿秋白对"五四"一代新文学的批评，是马克思主义文艺理论与中国实际情况相结合的成熟标志。这种观点，我们国内还没有人这样提出，我觉得颇值得我们作为参考。说到这里，我还想附带说说，我们研究中国文学和作家，不论古代还是现当代的中国文学和作家，我们还必须注意国外的研究成果和动向，做些必要的翻译介绍工作，为我们的文学和学术研究打开一个新的窗户，这也是文化交流的一个环节，有利于开阔我们的视野。因为各国各民族的文学，本来是世界总体文学的一个部分或支流，早在"五四"前后，我们的前人，如苏曼殊、王国维、鲁迅、茅盾、郑振铎等，就把我国的文学现象和世界文学的发展情况联系起来加以认识和比较，研究和考察，国外研究中国文学，正像我们也研究外国文学一样。大约从四十年代以来，外国的汉学家对中国文学的研究，已开始由中国古典文学世界渐次转移到对中国现代文学的研究方面，出版了不少专著和专论，形成了队伍和流派。比如对瞿秋白的研究，据我们所见，也有不少值得注意的成果；比如前述的那位保尔·匹克维支，他一九七三年在美国威斯康辛大学的哲学博士论文题目，就是《瞿秋白和中国马克思主义文学批评的起源》，以论述瞿秋白的文学批评为专题；关于瞿秋白的生平和著作的研究，有谢尼德（M.E. Shneiden）的《瞿秋白的创作道路》(莫斯科科学院出版局一九六四年版)，关于瞿秋白的传记研究，有李幼宁（Li, Yu-ning）一九六七年在美国哥伦比亚大学哲学博士论文《瞿秋白传记：从青年时代到党的领导》。至于西方有关中国研究的著作中论述瞿秋白章节的，也有不少材料，如捷克加里克（M.Gálik）一九七六年发表的《中国现代知识分子历史的研究》中有一个专章《年青的瞿秋白——一九一五—一九二二》，同氏的《现代中国文学批评的起源一九一七—一九三〇》(伦敦，一九八〇年版) 一书的第九章，专门研究瞿从一九一七到一九三〇年的文学思想和批评活动，题名为《以俄国为榜样的瞿秋白和他对文艺的真实性的概念》。至于马雷士·米斯诺（Mauvice Meisnev）的《李大钊和中国马克思主义的起源》(纽约，一九七三年版)、夏济安（T. A. Hsia）的《黑暗之门：中国左翼文艺运动研究》(华盛顿大学出版社，一九六八年版) 等著作中也有大量论述瞿秋白的篇幅。又如前述的美国波士顿大学教授米尔·高德曼（Mevle Goldman）编的《五四时代的中国现代文学》一书中还收有爱伦·魏迪密（Ellen Widmen）的《瞿秋白和俄国文学》的专论等等。关于日本瞿秋白研究工作，据有关资料的不完全统计，从一九四五年到一九七七年，专题论文计有十七篇，其中如前田利昭发表在《东洋文化》(一九七二年三月出版) 上的《瞿秋白与左联——关于"第三次文学革命"与"文艺大众化"为中心的主张》、阪口直树的《瞿秋白的"大众文艺论"的理论及其发展》(见大阪市立大学出版的《中研札记》第十二期，一九七二年二月)、丸尾常喜于一九七六年发表在《东洋文化》上的《〈鲁迅杂感选集〉序言）的理论前提——瞿秋白文艺理论在左联前期的地位》等文，都值得注目。当然外国汉学家（包括那些外籍华人学者）对于我国文学，尤其是中国现代文学的研究，可以说是情况复杂，流品不一，但我们必须予以研究，注意其动态，才能加以分析鉴别，识其精粹而弃其蹄毛，不能视而不见。须知我们的研究成果和动态，也在他们密切注视之中，并引发了他们的研究课题。尤其是发端于二十世纪初期，以苏联十月社会主义革命为标帜的无产阶级文艺运动，更具有浓厚的国际意味。可以说，各国的运动息息相关，影响密切，因此我们研究中国的无产阶级文艺运动，更必须立足中国历史和现实，放眼世界，才能对我们的运动，由开始到发展，由理论到实践，有更清楚、更全面、更完整的认识与了解。一九七四年日本东京的三一书房编译出版了六卷本的《世界无产阶级文学运动》这一大型的文献资料书籍，以年代、国别以及各个专题为角度，编译了一套专题性的研究资料。这类工作，应当引起我们的注目和研究。瞿秋白同志和他那一代"五四"时期的先进知识分子，都可以说是开放型的知识分子，他们继承了我们民族从远古以来就勇于和善于摄取异族异域的文化知识素养来丰富和发展自己的民族文化文学的历史传统，并加以革新和开拓，他对人民革命事业上的多方面的建树和贡献，正是一个生动的范例，这种精神应该为我们继承和学习。我相信，在我们现在所发现的文献资料和研究成果的基础上，我国的瞿秋白研究工作，必然会达到新的高度，出现新的丰硕成果，而且会更趋于学术化和专业化，以至形成一门"瞿秋白学"。

　　　　　　　　　　　一九八四年十月九日写，十月二十三日改定

　　注：
　　① 本文为作者据一九八四年十月九日在"江苏第二届瞿秋白学术讨论会"上的讲稿修订而成。原载《江海学刊》，一九八五年第四期。

他的文学生命就是真实①

——在赵树理诞辰八十周年纪念大会暨第二届赵树理学术
讨论会上的发言

　　这是我第二次回咱们山西参加赵树理学术讨论会。这次讨论会是在赵树理同志八十诞辰的时候召开的。前一个星期，我在上海参加了上海作协召开的纪念在"文革"中死难的作家叶以群同志和傅雷同志的座谈会。叶以群同志在我们左翼文艺运动的理论建设上做出过贡献，傅雷同志是我国现代杰出的法国文学翻译家，他们都像赵树理同志那样，不应该过早地去世，但他们都在"文革"中悲惨地死了。今天，我参加赵树理同志的八十诞辰纪念会，就与前个星期参加叶、傅二位同志的死难纪念会一样，有很深的感触。

　　我国在解放以后，由于人民生活安定，生活条件也得到一定的改善，医药设施比较普及，人民的寿命平均都延长了。据统计，解放前中国人的平均寿数是三十六岁，所以有"人生七十古来稀"之说，但现在这句话过时了，我有不少同事都已年过八十、九十，还在继续工作，我也年过六十七了，不是还坐在这里讲话吗？所以说，赵树理同志是死于他不应该死的年龄。这就充分说明了极"左"思潮发展到了顶峰的"文化大革命"对我国的社会进步和文艺繁荣带来了多么严重的破坏。这个惨重的历史教训，我们应该铭记在心。

　　我国古人评价人物，总是道德文章并重。文人无文，固然不能称作文人，但文人无德，就连做一个人的资格都不配。国外有一句话，叫作风格即人格，也说出了做人与作文的密切关系。一个文人首先应该具有正直高贵的品质，讲究做人的道德。记得在八十年代初，周扬同志为工人出版社写的《〈赵树理文集〉序》里说到，他四十年代所写的《论赵树理的创作》中没有指出赵树理创作中一个很重要的特色，那就是当时没有注意到，赵树理在初期作品中就写到了农村基层组织的严重不纯，描绘了有些基层干部是混入党内的坏分子。这是赵树理同志深入生活的发现。经过了"文化大革命"的风暴，周扬同志也体会到这一点。这说明什么问题呢？我认为，这说明了作为一个革命的现实主义作家，赵树理继承和发展了鲁迅先生所开创的那个清醒的、严肃的直面人生、直面现实生活的文学战斗传统。赵树理同志总是本能地站在中国农民的立场上，同时又用马克思主义的观点，去分析生活、研究生活。他敢于揭发我们生活中一切消极的阴暗的东西，敢于讲真话，而不说违心话。我想，这也成了他历来所遭受到的悲剧命运的起因与根源吧。这是赵树理同志的思想艺术特色。他的作品不仅具有很大的认识价值，具有重大的政治社会意义，对于我们认识生活中存在的问题，改进我们的工作，也有很大的作用；同时，从真实这一点上说，它也具有很高的美学意义。艺术的生命在于真实。五十年代中期以后，极"左"的文艺思潮开始风行，其创作原则是反现实主义和伪现实主义——用空洞浮夸的"革命的浪漫主义"取代真实的严峻的现实主义。而赵树理同志却本能地抵制了这股文学创作上的不正之风，他使用的武器就是真实。作为一个真正的革命作家，赵树理的人格与风格是一致的。

　　我以前在学校里教中国现代文学，前些年又参加《赵树理专集》的研究资料汇编工作，曾阅读了所能找到的赵树理的各类作品和这些年来关于赵树理研究的文章，我觉得有一点还是值得谈一下的。这就是在五十年代开始的历次政治运动当中，文艺界总是首当其冲，每一次运动都要伤害不少作家，这对文艺界每个人都是一个考验。我读赵树理在这时期写的文章时感到，虽然他在历次政治运动中也不得不写一些表态性的批判文章，但都写得简简单单，履行公事一般，没有那一种"义愤填膺"的声色俱厉状。我认为这些文章都是对事不对人，表现了赵树理同志对信仰的纯洁态度。他绝不像一些风流文人那样，总是想趁政治运动来为自己捞一把，踏在别人的身体上往上爬。这一点，在那个"左"的思潮膨胀的环境中是非常难能可贵的，也是赵树理崇高人品的一种表现。

我们研究、评价赵树理和他的作品，正像研究和评价任何一位有成就的历史人物一样，他的功业只能产生在一定的历史条件下，每个人都是历史的产儿，受到历史环境的限制，他是一个模范，而不应该是模式，他们的功业只能达到其所生活的时代的最高度。我们要尊重历史，不能用今天的历史发展所达到的高度来苛求前人，以今天的水平要求前人。但也不应该把前人的成就当作一个框框和模式来限制后人。社会是在发展前进的，作为生活的艺术表现的文学，也是发展前进的。客观世界和自身的认识不断丰富与成熟，正像赵树理曾经继承和发展了我国新旧文学传统，创造了他自己独特的文学成果一样，他的作品作为一种历史财富，是我们今天文学事业的新起点，我们应该从这里超越过去，创造出自己时代的文学艺术。列宁曾评价托尔斯泰说，一个伟大的艺术家，他的作品里总是能够反映出他的时代的某些本质的方面。赵树理正是这样一位伟大的艺术家，他的正直、严肃的生活态度，他的清醒的、真诚的认识与分析、描绘生活的现实主义文风，他的创造性的艺术手法，在语言运用上的杰出成就等等，是永远值得我们学习的。他开创了一个富有时代和个人特色的艺术世界，只有从我们整个文学史的角度才能真正认识和评价这种存在价值。

托尔斯泰说过，一个人一生为人类写一本书是最高尚的德行。我认为赵树理一生的创作达到了托尔斯泰这句格言所要求的水准。我作为一个山西人，以有赵树理同志这样的有骨气、有成就的作家为同乡而感到高兴；这次学术讨论会除了国内各地的专家外，还有许多来自日本、美国等国和香港地区的专家、同行们参加，我相信，这次讨论会对国际性的赵树理研究事业将起到一种推动作用。最后，我祝贺大会取得圆满成功！

一九八六年九月

注：

① 原载中国赵树理研究会编《赵树理研究文集》上卷，中国文联出版公司一九九六年八月版。

《中国现代文学大辞典》^①序

　　中国现代文学，作为一门独立的专业学科，新中国成立以后随着高等院校建立专业教研室和开设专业课程，正式建立了起来。但由于它和现实关系最为贴近等复杂的历史和社会因素，因此，正如茅盾同志所说，由于"'文化大革命'前……文艺界始终动荡不宁，……后来'四人帮'的十年浩劫又把所有的作家赶进了'牛棚'，几乎全部作品都送进了废品站"。（《中国当代文学研究资料·序》）它作为一门专业学科，正常化的学术建设事业，包括资料建设事业，只有在粉碎"四人帮"，我国进入新的历史时期，克服了极"左"思潮以后，才迈上了正轨，呈现出全新的局面。所以，要编纂一部资料信息丰富、词条详尽确实、观点客观公允的《中国现代文学大辞典》，补足我国辞书建设中的这个一大缺门，也只有这时，才具备了成熟的历史条件。

　　一九七八年，由于中国社会科学院文学研究所的倡议和主持，结集了全国六十多个高等院校和科研单位的专业力量，召开了中国现代文学史资料会议，制定了规模空前的中国现代文学资料建设规划，决定以分工合作的方式，着手编纂和出版三大门类的《中国现代文学史资料汇编》系列性丛书，后来并被列为国家重点科研项目。眼下这部由徐迺翔同志主编的《中国现代文学大辞典》，就是在这套资料丛书的基础上编纂而成的；它的编写人员，大都也是以参加这套资料丛书编写工作的同志为班底组织而成，这就天然地赋予它以绝对优势条件。因为这些同志，都在原始资料的海洋里浮沉了三四年，摸遍了该专题各领域里的角角落落，而且都已出了自己的成果。同时，这些同志，又多值盛年，他们经受过历史风暴的严峻锻炼，善于汲取历史中的积极因素和总结它的消极影响，因而，又能以今天的思想水平，审视历史，面对时代。有人说，文学创作要有火山般的热情，辞书著述要有雪峰般的冷静思考。在他们身上正蕴含着这样的精神素质。这些主客观条件的结合，充分地保证了这部开创性大型辞典的编纂工作在质量上的应有要求。

从这部辞典本身的编辑体例和成果来看，可以说，它收罗宏富，视角辽阔，词条面宽广，足以真实而全面地反映三十多年来中国现代文学的历史风貌。全书共分为六大部类，举凡重要的文学运动、论争、思潮、事件、文学社团流派、作家（包括评论家）、作品（包括作品集、有代表性的名篇、有典型意义的人物形象）、主要的文学报刊、文学体裁（包括各种文体发展、演变进程中有重大影响的评论文章等），靡不网罗殆尽，全收眼底。对于过去研究工作或资料收集工作中尚未接触或接触不够、不深，而为现代文学这一历史范畴内不应缺少或薄弱的环节，如鸳鸯蝴蝶派文学，老苏区及解放区文学、东北沦陷区文学、上海"孤岛"及抗战期敌占区文学、港台文学、马华文学等，以及过去在"左"的影响下，受到疏忽或不公正待遇，因而被历史尘沙湮没无着或半被湮没以至评价虚假、失之偏颇或扭歪变形的运动论争、社团流派、作家作品、文艺报刊等类，这里都能从深入发掘第一手资料出发，经过搜集、整理、鉴别、厘订功夫，披拣摄取，淘澄提炼，撰成词条。或钩沉故实，拾遗补阙；或校正失误，更易旧说。即或对于过去的研究和资料成果，他们也一一查对原件，进行了核校补正。在释文上，更能排除多年来积淀于人们头脑中的"左"的条条框框，做到言必有据，注意观点与材料的结合，既避免了不反映观点的盲目性的资料堆积，又能克服了只有观点而缺乏实际知识的空洞说教。对于一切有争议的人和事，又能取公允的审慎态度，做出尊重历史事实的客观性的描述和评价。同时，又善于在词条设置和事实叙述中，保持应有的倾向性，并能把革命的、进步的文学现象、作家作品，这一中国现代文学发展中的主流力量，摆在应有的历史地位。

因此，作为一部专业知识广博、资料精确、释文谨严、行文简明、体例严密而又具有实用价值的专业辞书，它应该是一部有历史意义的学术成果，正足以填补我国辞书建设事业中的一个重要缺门。为此，我们非常乐意把我们的同业同志们这部心血产物推荐给广大中外读者和研究家。因为它对初入此门的从业者说来，足以胜任愉快地充当一个合格的业务向导。手此一编，无异身入宝山玉海，实有指津引迷，左右逢源，无师自通之便；对于研究家说来，它也可备为咨询之用，因为它不只是中国现代文学这门专门学科的知识总汇和资料仓库，它实际上也是中国现代文学研究成果的学术总结性的结集。中国现代文学，是中国现代这一历史时期的经济形态和政治形态、文化形态的艺术反映和表现，因此，对于治中国现代史的学者说来，它又不啻是一部内涵丰富的思想资料仓库，应有其特有的参考意义和使用价值。

人类编纂辞书，已具有三千多年的历史，我国第一部辞书《尔雅》成书于西汉，距今已两千年左右，我国也是世界上编纂辞书最早的国家之一。进入二十世纪下半叶，人类面临"知识爆炸"的时代，全世界范围内各类辞书更是层出不穷，呈现出一派繁花似锦的繁荣局面。同时，五十年代以来，由于中华人民共和国的建立，和我国国际地位的不断增强，东西方汉学界也更注意于"中国学"的研究，中国现代文学研究和教学也作为"中国学"的分枝，逐渐形成一门独立的研究学科，出现了一代一代的专业学者。仅就有关中国现代文学专业辞书来说，据我们所见，日本河出书房一九五五年就出版了竹内好、冈崎俊夫监修，中国文学研究会编的《中国新文学事典》，高文堂一九七八年出版的藤野岩友等编的《中国文学小事典》，大修馆同年出版的近藤春雄编的《中国文艺大事典》，捷克J.普什克一九七四年在纽约出版的《东方文学辞典》等，也都收有大量有关中国现代文学词目，至于包括中国现代文学词目在内的国外各类百科全书、文学辞典、人名辞典，我们也多有所接触。我国是中国现代文学的故乡，现在徐迺翔同志主编的这部五卷本《中国现代文学大辞典》的出版，不仅填补了我国现代文学研究的一个巨大空白，它也应该说是目前世界范围内同类出版物中的后来居上的权威性存在。因为对于中国现代文学我们最有发言权。我们相信，随着这部专业辞书的出版，不仅将引出我国现代文学研究工作的新高潮，有助于我们研究和教学工作质量的提高和专题的开拓；

对于已成为国际性学科的东西方汉学界的中国现代文学研究家说来，他们也必然有如获至宝的感觉，有助于他们解决由于资料的缺乏和不足在研究工作和教学工作中所存在的那些困难和局限；也因此，它对于促进世界性的中国现代文学研究工作的深入发展，加强国际间的学术文化交流，也将是一个很有益处的贡献。

一九八七年四月下旬，上海

注：

① 《中国现代文学大辞典》由广西人民出版社于一九八九年——一九九一年分卷出版。全书四百余万字，分为小说卷、诗歌卷、戏剧卷、散文卷、综合卷共五卷。

（本文发表时，与钱谷融教授共同署名）

《中国当代短篇小说选》①英译本序言

　　这里选出来的小说作品，它们以编年史的方式，从各种方面或侧面，形象而系列地记录了我们这个伟大的国家，从获得解放的一九四九年到今天——我们称之为历史新时期的三十年来的社会现实和生活情态，我们所走过来的艰辛而曲折的胜利的历史道路。

　　从据有数千年之久的我国文学史角度来说，一九一七年发端的"五四"新文化运动——或者更精确地说，从二十世纪的前叶以后，中国文学经历了一次巨大的变革，跨入一个新的世代。即是说，从这个历史时刻开始，西方的文学和社会思潮被引入中国，它们和中国传统文化与文学的相撞击和融汇的结果，产生了作为中国现代文学的主潮的现实主义文学。一九四九年中国大地解放以后的文学，就是这股文学力量的延续和发展，这就是我们文学的新传统，我们又称之为鲁迅传统，因为鲁迅是中国现代文学史上的第一个伟人，也是现代意义上的中国现实主义的开创者。以后的作家都是他所开创的这一新文学传统的继承者和开拓者。

　　三十多年来，中国的现实主义文学运动，正像中国的整个社会生活那样，曾经历了一段迂回曲折的复杂历史过程。从五十年代中期以后，一浪高过一浪的文艺运动的政治风暴，我们称之为"左"倾教条主义的思潮的连续袭击，使中国的现实主义文学力量，经常处在风雨飘摇的凄苦境遇之中，但它们仍不绝为缕地在克尽自己的文学职能。到了六十年代中期，这种"左"倾教条主义思潮终于演化出一出史无前例的"文化大革命"而登峰造极。与人民受难的同时，文学中的现实主义也遭到被彻底"砸烂"的厄运。那是中国有史以来一段没有文学的黑暗时代。经过漫长的十年，直到粉碎了中国人民的公敌——"四人帮"以后，尤其是中国共产党的十一届三中全会以后，这条长期危害中国社会和文学发展的"左"的路线，才得到克服和扭转，经过一系列拨乱反正的努力和斗争，随着中国社会主义的复苏，现实主义的文学才从长期被禁锢和被歪曲之中解放了出来，渐次苏醒了过来。它找到了失去的自我后，更作为一种历史反拨力量，以空前的蓬勃气势发展开来，被人们称之为文学的春天的来临。它是"五四"所开创的现实主义新文学传统，在新的历史环境下的恢复和发扬。加之，随着对外开放政策的实施和贯彻，中外文化交流的正常化，受到长期禁锢的西方世界的哲学和文学思潮，作为中国文学史上的第三次冲击波，它们再次和中国新旧文化传统相接触和汇融，以它特有的民族素质和时代色彩，把中国的现实主义文学推向一个从未有过的新的历史高潮，呈现出千姿百态、红花柳绿的盛况。

正是在这样的曲折艰辛的历史背景下，出现了这部短篇小说选集中的作者和他们的作品——作家们在走入生活的同时，又以他们各自的方式，从不同年代，依次地进入他们的文学创作事业。这里入选的作者，基本上属于中青年一代。他们当中，有的在旧中国就开始执笔，并写出了他们的成名作，如路翎、汪曾祺、赵树理、西戎等人；有的在新中国成立初期就开始崭露头角，旋又因文得祸，蒙受灾难，被"整"了下去，而在新的历史时期，东山再起，以更加成熟的笔锋和气势，彩绘了我们的时代和社会，如王蒙、高晓声、陆文夫、方之等人；但更多的是通过泥泞的生活道路，在新时代涌现出来的数不清的青年一代的文学新人。这里入选的不过是其中的一些代表者，他们应该是一个群体，我们的历史和未来，通过他们的心灵的映射，已呈现出和将要呈现出异样的艺术光辉，因为他们都是从生活的深层走进文学创作世界的，这就天然地赋予他们的作品以更为深广的历史内涵和艺术素质，从而使他们的起点或成就，远远超过了新的现实主义文学起步的"五四"时期，而更是新中国成立初期的五十年代所望尘莫及的历史高度。

我们这里的选材标准，是分别从作品的主题、题材以至艺术风格的角度，选出了我们认为具有自己的独特创作个性和艺术风味的作家们真诚地反映我们时代和生活各个方面或侧面的作品，既注意题材或主题的广泛性、开拓性、多样性和它们的认识功能；也更重视作品的艺术质量，尊重作家的艺术个性，作品的审美价值，当然也顾及它们的社会影响以及读者的评价。

我们的选文排列，以其所出现的年代为顺序，目的是使外国读者依次读来，借此可以在理念上形成一个有程序的认识层次和历史整体感。更准确地说来，我们希望我们的选材和编辑方法，有助于形象地认识我们这个古老国家在走向新生活中的自我觉醒意识和她的艰辛而曲折的历史过程，她的痛苦和欢乐、挫折和胜利。因为这些作品概括地反映了三十多年来中国人民的生活经历，他们的真挚的理想和感情被历史惰力所扭歪的悲剧，以及他们从历史的泥坑里重新崛起和昂首前进的雄姿；它们也揭露了给生活本身带来伤害的历史过程中的生活真实，而这些所谓生活阴暗面，正是作家们健康心理和向上超越的新的心理素质的表露，是自我觉醒的强烈意识，这应该是我国"五四"新文学运动的起点，在新的历史环境里的恢复和发展所形成的一种时代思潮力量，这正是我国的希望和力量所在，也是作为历史乐观主义者的我们时代人的哲学思维。我们这点认识和体会，我希望也能得到读者的公正的理解和评价。

对于入选的作者，我们都一一做了一些简要的介绍，帮助读者对他们有一个较为清晰的理解，或者为进一步欣赏和研究他们的作品，提供一些有迹可循的线索。

我的助手陈思和副教授，在这本选集的编选过程中，花了大的力气，做出了重大贡献。他是这里所入选的青年作家的同时代人。他比我更能了解他们，他本人也是我国文学理论界和批评界新崛起的一个代表，他和这些入选的青年小说家一样，都是我们这些文艺老兵寄予希望的对象。因为在他们身上，正体现了我们伟大国家文学事业的光辉未来。

唐诺德·吉卜斯教授（Donald Gibbs）和他的夫人罗里特·吉卜斯女士（Loretta Gibbs）他们作为美国的闻名汉学家，已早为中国的知识界所熟识。吉卜斯先生的论文《〈文心雕龙〉一书中的文学理论》（*Literary Theory in the Wen-Hsin Tiao Lung*, 1970），他们夫妇合编的《中国现代文学书目》

（*A Biography of Modern Chinese Literature*, Combridge, Harvard University Press，1975）等，都是驰誉国际汉学界的重大学术成果。尤其是《中国现代文学书目》一书，它不仅为西方汉学界提供了一把打开研究中国现代文学门户的钥匙，对我国的现代文学研究者说来，它对于我们了解和研究国外汉学界近半个世纪以来翻译、介绍和研究中国现代文学的历史与现状，作家与作品，更是一部很有价值的文献资料性著作。我相信，由他们夫妇负责翻译的这部《中国当代短篇小说选》，对中、美两国人民的精神和文化交流，对西方研究和欣赏中国当代文学，都将是一种很有益处的贡献。他们的劳绩，也必将作为中、美文学交流关系史之一章而进入史册。

一九八六年，上海

注：
① 本文是为美国出版印行的英译本撰写的，本书后未出版。

《三十年代在上海的"左联"作家》①序

　　三十年代的中国左翼文艺运动，被史家称之为中国现代文学史上最光辉的一页。事实也正是这样。因为它标志着"五四"建立的新文化大军队伍的发展壮大和素质的提高与改变，它在我国现代文学史上处于承先启后的历史地位。这个以鲁迅为旗手、以一九三○年三月二日在上海成立的中国左翼作家联盟为核心的波澜壮阔的革命文学运动，是在中国共产党直接领导下所建成的第一个革命文学社团的文学活动，它具有自己明确的理论纲领和组织原则，它团结了当时信仰或同情共产主义的广大作家群和文学青年，把"五四"所开创的以反帝反封建为标帜的新文学运动推向了一个新的历史高度。它的广大成员，紧跟中国人民的革命步伐，在它的领导下，以集体的智慧和力量，配合革命根据地的反蒋介石国民党的反革命军事"围剿"，在文化战线上，取得了粉碎国民党反动派的反革命文化"围剿"的伟大胜利。它在传播和建立马克思主义文学理论、文艺创作、翻译介绍外国革命文学理论和作品、团结进步作家、建立与世界革命和进步作家的联系和友谊、培养文艺新军等方面，都取得了辉煌的成果，建立了伟大的历史功勋。它的不少优秀成员，为中国人民的解放事业，甚至献出了自己宝贵的生命。它积累了丰富的经验，也留下了不少深刻的历史教训。它的影响深远，历久不衰。它的基本成员和在它的教育下成长的文学青年，在以后半个世纪以来，无论在解放前的发展我国革命文学运动斗争中或在解放后的我国社会主义文学建设事业中，仍然起着主要的领导和骨干力量的作用。

对于这个在中国现代文学史上占有划时代意义的文艺运动或文学社团的研究和评论，新中国成立以后，虽然著述很多，但由于"左"的干扰，尤其是五十年代以后历次掀起的文艺界的政治运动，又多半是以三十年代左翼文艺运动的参加者和影响者为主要对象（由一九五五年的反"胡风反革命集团"的斗争，一九五七年的对"丁玲、冯雪峰反党集团"的批判，发展到"文化大革命"，又由批判所谓"四条汉子"到"彻底砸烂""三十年代的文艺黑线"），这就必然使我们评论界对这个与中国人民革命事业息息相关的文艺运动或社团的研究和评价，长期陷于发疟疾似的摇摆多变状态，只是在历史的上空里，留下一片喧嚣混乱的噪音，徒然使读者处于茫然费解和无所适从的困境。这个新的历史教训，性质是严峻的，因此也是宝贵的。

党的十一届三中全会以后，随着我们国家的伟大的历史性转折，从对给中国社会进步和文学繁荣带来莫大灾害的"左"的危害的惊醒中，经过一系列拨乱反正的努力，平反改正了文艺界的大小冤假错案，从而解放了文艺生产力，也给完全陷入绝境的中国现代文学研究，尤其是对左翼文艺运动的研究带来了生机和起色。几年内，我们先后出版了《三十年代左翼文艺资料汇编》（马良春、张大明编，四川人民出版社一九八〇年版）、《左联回忆录》（上、下二册，中国社会科学院文学研究所编，中国社会科学出版社一九八二年版），以及为数众多的有关作家的研究资料专集、作家的个人回忆录等史料性著作。这是随着实事求是的马克思主义学风回到学术界后，出现的一种新气象：我们开始注重从文献史料的收集、发掘、整理和鉴别着手，为把我们的研究工作建立在真实可靠的史实基础之上，做出了认真的努力，也取得了可喜的成绩。这一事实充分说明了资料建设是学术建设或学科建设的最基本的工作这一道理，是坚持和发扬马克思主义学风的根本之图，值得大书特书。同时，经过社会的大震动，读者对我们的研究工作的要求，也发生了深刻的变化。历史的反思，促使我们开始摆脱了把学术研究工作等同于政治斗争工具的老套旧习，在充分肯定研究对象本身的独特价值的认识前提下，力求把学术研究真正纳入辩证唯物主义和历史唯物主义的正确轨道；尊重科学研究自身独立价值的新观念，日益深入人心，成为新时代的学术标帜。

现在上海社会科学院文学研究所结集所内外三十五位专业同志的力量，合作编写的这部《三十年代在上海的"左联"作家》，便是从一个新的认识角度，把对三十年代的左翼文艺运动的研究推向一个新的境界的专著。历史的主体是人，人创造历史，历史又创造了人。每个历史运动和事件，都离不开人的因素。因此，从人物角度观察和研究历史运动现象，通过对历史人物事迹的描绘，认识一个时代所具有的历史意义和影响，应该是历史研究的一个重要的方法和途径。这部新著《三十年代在上海的"左联"作家》，就是一部以人物为体裁，通过对三十年代生活和战斗在上海的六十七位"左联"盟员的历史生涯的描述，展现了一个时代的政治社会面貌和文坛风云的传记体著作。作为一个战斗的革命集体或文学社团，这里收录的对象，既有党的领导干部、联盟的主持者，也有首批盟员和从一九三〇年三月至一九三五年底入盟的成员；既有始终忠于自己的历史性选择的坚定的革命作家，也有个别的在激烈的阶级斗争中走入他途的人物，这就充分体现了历史本身的复杂性和完整性，达到了把历史研究作为认识手段的目的。而前些年来，我们却总是惯于用感情的色彩，从一时的政治风色出发，把历史研究作为单纯的宣传手段来运用，集中于歌颂甚至拔高正面人物，对于历史上的反面角色，政治运动中受到批判的对象，取不屑一顾地否定其存在的鄙夷态度；而且随着阶级斗争的扩大化，这种所谓"有问题"的人物越揪越多，研究工作也就越来越少用武之地，以至历史这面清如水的镜子，被涂抹得模糊不堪，面目日非。在眼前的这部新著中，作者们尊重历史，客观审视历史的治学态度，却克服了积弊，充分体现了历史的真实性，从而必然为它在学术界取得了应有的存在价值和学术地位。

另外，我对于本书的选题眼光，也十分钦佩。因为众所周知，三十年代的上海，是中国文化出版中心，这里既是中国左翼文艺运动的策源地和领导中心、进步作家的驰骋场所，也是鼓吹民族主义文学、三民主义文学的国民党反动派的文探特务猖狂肆虐、行凶作恶的地方，各种资产阶级文学流派，也都把上海作为安营扎寨的福地。因此，通过对"左联"成员个人事迹的描述和分析，实际上就是掌握了这个时代的主旋律，抓住了历史运动的中枢神经，既深入具体，又生动实际。这六十七位"左联"盟员个人生活经历和活动内容——他们在文艺创作上的成败得失，翻译介绍苏联和其他国家的革命文学理论与作品的情况，他们在传播和建立马克思主义文学理论过程中和其他文学社团流派（包括国民党反动派的御用文学、民族主义文学、三民主义文学和其他资产阶级文学流派——新月派、"自由人"、"第三种人"、论语派等）的斗争和论争，他们的编辑出版活动，政治社会斗争，以及从他们的交游中所反映的当时各种复杂的社会和文坛的人际关系等等，实际上集中反映了三十年代中国文坛的历史全貌，而从作者们笔下所写的对中国左翼文艺运动的成长过程，历史特点的认识和分析中，又使我们充分体味到中国现代文学的历史发展规律和特点，它的前进势头，这对于提高我们对历史的洞察力，也应该是一种很有益处的帮助。

总的说来，我觉得这部新著的最大价值和意义所在，就在于作者们能从尊重历史真实的认识出发，以丰富的史料为基础，在把问题提到一定的历史条件之下来观察和品评这个文学运动或社团的历史意义的同时，又能力图从新的时代高度，结合近半个世纪以来，尤其是新中国成立以后在建立社会主义文学工程过程中的丰富的历史实践所提供的经验教训，以新的思想水平，重新审视和把握这个历史时期的全部内容，努力进行新的认识和发掘，从这些创造历史的人物所参与的那个历史过程和事件以及他们的思想和行动中，提示这段文学历史实践对我们今天现实所能提供的实际意义和真正认识价值，它的丰富的历史和思想含义，从而使我们在创造"历史"的前进中，在提高对自己事业的正义性的认识和信心的同时，头脑更加清醒些，更富有理性思维能力。因此，我觉得呈现在读者面前的这部新著，不但具有重要的文献史料价值，而且具有深刻的指导现实的意义。通过这部新著，前人们用他们的劳动和智慧以及鲜血和生命所创造和积累的这笔历史财富才真正成为我们自己手中的运用自如的财富，在建设社会主义文学事业中，发挥它应有的功能和效益。

正是由于这点肤浅的认识体会，我乐意向读者社会推荐这本书，并愿以此文求教于海内外贤达。

一九八七年二月中旬在复旦大学

注：

① 《三十年代在上海的“左联”作家》（上、下卷），由上海社会科学院出版社一九八八年出版。

《中国现代文学社团流派》①序

　　"五四"兴起的中国新文学运动，它的一个重要的历史特色，是从发轫性刊物《新青年》起始，随着运动的深入开展，相继涌现出各式各类的文学社团和文学流派，而这些文学社团和流派之所以成为文学社团和流派，又往往以一个刊物为中心而成名或得名。刊物在这里起了一种有力的组织动员作用。它们有各自的发起人和基干成员，又有大量从读者中涌现出来的新生力量作补充，从而形成一种文学力量，在文坛上造成自己的声势和影响。各类文学社团和流派，虽然在初始时期，大都各有鲜明的旗号，具有自己的思想倾向、文学主张和艺术追求，并以此形成自己的文学风格和艺术素质，从而在社会上取得了自己的文学影响，但又如鲁迅先生所说："文学团体不是豆荚，包含在里面的始终都是豆。大约结成时，本已各个不同，后来更各有种种变化。"由于现代中国是一个在激变中前进的国家，文学作为一种社会意识形态，它的发展和前进，必然受到其他意识形态，尤其是作为上层建筑的主体的政治力量的制约和影响，这就不仅造成文坛上的各文学社团或流派相互之间的竞争和消长，也造成文学社团或流派自身内部的变异、分化和消亡。

　　"五四"新文学运动在组织形式上的多元化性质，正标志着我国新文学运动在思想艺术风格上的多样性和丰富性。这种多姿多彩的丰满的发展态势，又应该是我国新文学运动的另一个历史特点。从一九一七年到一九四九年的三十多年间，我们现在称之为中国现代文学的历史时期，其所以能在我国文学史上开辟出一个历史新纪元，并取得自己的历史性成就和影响，应该说，是与三十多年来文学社团或流派的不断兴起、演化和发展有着直接的关联和影响的。正如我国春秋战国时期，在历史激变的形势下，形成百家竞说，诸子争鸣，九流十家，相继并作那样一种思想学术上的黄金时代一样。这两个历史时期，前后辉映，它们顺应历史发展趋势，所向披靡，为中国社会的发展和前进，民族文化和学术的发达和繁荣，开辟了新的通路，做出了伟大的历史贡献。

对于中国现代文学发展史上这一突出的历史特点和发展规律，早在新中国成立以前，当中国现代文学研究尚处于草创阶段时期，就被当时的研究家作为观察和评说中国现代文学史的一个出发点和研究视角。新中国成立以后，中国现代文学作为一个独立的学科，建立了起来。但由于"左"的思潮的不断干扰，在历次掀起的文艺界政治运动中，往往把政治与学术混为一体，在排斥了文学本身的发展规律与艺术特点的同时，更从庸俗社会学的角度，来看待复杂的文学现象，往往把文学上的社团或流派活动视之为敌对政党组织活动，以至谈派变色，从而在现代文学研究领域里，无论思维方式，研究格局以至研究方法，都呈现出单向思维模式，以论代史之风，盛极一时。演至"文化大革命"，整个现代文学研究更陷于全军覆没的破灭境地。只是在我国进入新的历史时期以后，由于"四人帮"的覆灭，"左"的干扰逐渐排除，随着生活本身的巨大变革，我们在文学观念，思维方式，研究格局，研究方法诸方面，才出现了焕然一新的景象，现代文学研究才日益走上学科建设的正常化轨道，呈现出空前活跃和健康发展的繁荣局面。

正是在这种新的历史形势下，我们根据自己对中国现代文学本身所具有的发展规律和历史特点的认识与理解，在江苏教育出版社热情赞助和大力支持下，邀请近几年参加《中国现代文学史资料丛书》等几套大型专业资料书编写工作的同志，以分工合作的方式，着手撰写这部《中国现代文学社团流派》，以贡献于新时代的读者和研究家。

根据有关资料统计，仅"五四"以后第一个十年期间，就有一百五十四个大小文学社团或流派在全国各地涌现和活动。我们这里根据中国现代文学发展的全局，只选取了三十三个社团和流派作为研究对象，这是由于我们是以其在中国现代文学史上有代表性的文学主张、艺术特点，对于中国现代文学运动有其一定的贡献或影响的社团、流派，作为自己选材标准的，因为它们正是建立中国现代文学这座文学大厦的大小支柱和力量。

按照我们设想的编辑体例，我们要求撰稿同志，在严格尊重历史事实的认识前提下，以充足翔实的资料为基础，注意从纵向方面追溯每一社团、流派的历史渊源，考查其发展脉络及其流变以至消亡过程的同时，更注意从横向方面，在广阔的现代文学范围内，来观察描述各该社团、流派的思想倾向、文学观点、艺术特质，对其主要构成人员以及他们各自在文学创作、理论研究、翻译介绍外国文学、编辑出版活动诸方面的业绩，一一进行分析，评述；对于每一社团流派与其他社团流派之间的历史关系，它们之间的论争和纠葛，该社团或流派在文学史上的贡献和影响，以及它在文学实践中所积累的经验教训等等，自然更应该是搜罗在我们研究视界内的材料。中国现代文学作为一种社会意识形态的体现，又是和产生它的特定的历史社会条件密切联系在一起的。在它的长成过程中，除过受传统文化背景的制约和影响，作为文学现象，它之不同于我国古典文学的最大特色，是它在诸种外国哲学、社会科学和文学的思潮、理论、流派以至艺术方法，文学样式的影响和借鉴之下，在变革中继承和发展了中国文学，从而在中国文学史上开辟了一个新纪元的新的文学实体。因此，在研究这一历史时期的文学现象、社团流派、作家作品时，必须把这些形成中国现代文学独特的文化、文学性格的各种复杂纷纭的因素和条件列入研究视线之内，才能真实而完整地描绘出中国现代文学全景和实质，做出真正的历史分析和美学评价。而这一符合历史真实的要求，却是在过去"左"的文艺路线和政策的干扰和影响下，在封闭性的研究体系内，除过分强调社会政治历史背景这一点外，都是有意回避或少有接触的重要内容。

抗日战争和解放战争时期出现的地区性的文学社团、流派活动，即本书内列出的"抗日民主根据地和解放区文学社团""上海华北沦陷区文学社团""东北沦陷区文学社团"等，都是构成我国现代文学历史全局，而又是我们多少年来的文学史研究和资料收辑工作接触不足甚至付之阙如的薄弱环节。因此，为了使我们这部专题论著在构造内容上的完整性和充实性，我们也邀请有关同志，在现在已掌握的资料基础上，概观性地对这些题材进行历史描述和评价。正如本书收录的某些社团或流派，多年来由于我们的疏忽，或由于"左"的干扰，也被历史尘沙所湮没或评价失之偏颇以至扭歪变形的，我们也在这里加以列目，重新予以发掘和评定那样。这些编辑体例上的考虑，无非是使我国的现代文学史中的这一重要历史特征——社团、流派活动，得到更真实、更完整地反映它的历史风貌和科学地予以认识和评价而已。

感谢撰稿同志们的通力合作，辛勤劳动，这部约九十万言的专书，现在终于可以付之梨枣了。我在翻阅全稿的过程中，喜悦地看到：撰稿同志们能在尊重前人和今人资料和研究成果的基础上，又有许多新的发掘和认识，抒发了不少新见；对历史上那些有争议的人和事，又能取公允的审慎态度，做出尊重客观史实的理性陈述和评价，既未从主观感情角度上看人论事，又能避免那种直观武断的立论恶习；更能以今天的思想水平、从新的认识层次上，来审视和分析那些复杂万端、纠葛重重的历史上的文学现象，把历史研究作为一种认识手段，在冷静地描绘和认识这些文学社团、流派各自的历史活动全貌的同时，更能从这些历史上的文学社团、流派的思想活动和艺术实践所积累的丰富的经验教训之中，来汲取对我们今天建设社会主义文学事业所可提供的真正认识价值、理论意义和艺术营养，为我们的专业研究者提供了一部既有丰富的史料价值，又有一定新的学术深度的专题论著。从这个意义上来说，它正是一部新编中国现代文学史。

这里要特别提一提的是范伯群和曾华鹏两位同志。在本书的成书过程中，他们不仅是撰稿人，更是出力最大、用力最勤的组织者。我和他们两位都是五十年代开初以来的老相识了，在一九五五年文艺界那次反胡风运动的政治风暴中，他们两位还因为受到我的株连，走过一段充满泥泞和荆棘的艰辛生活路程。现在，我在生命的残年，还有机会和他们两位一起，为我们共同的专业建设做些努力。同时，又可以借此为我们那段患难情谊留个纪念，对我来说，更是值得庆幸和高兴的大好事。作为序文，我只是在这里拉杂地抒写了一些自己的认识和体会。仁智之见，全在贤明的读者了。

一九八七年三月下旬，在上海

注：

①本书由江苏教育出版社一九八九年五月出版。

我看电视剧《春蚕》《秋收》《残冬》①

——兼谈名著改编的若干问题

浙江电视台根据茅盾描写三十年代初期中国农村生活和斗争的"农村三部曲"《春蚕》《秋收》《残冬》改编摄制的同名电视剧，是出现在我国电视荧屏上的第一部现代中国文学名著。这说明了茅盾的这部小说具有重大的社会意义和认识价值，同时也具有很强的艺术魅力和欣赏价值。

现在被搬上电视荧屏的《春蚕》《秋收》《残冬》，与作者同时代发表的《子夜》《多角关系》《林家铺子》《当铺前》等长篇、中篇、短篇小说，都是围绕着一个中心主题，以当时的城市、乡镇、农村各方面错综复杂的社会生活为背景，来表现在帝国主义加紧军事经济侵略和国民党反动派封建法西斯独裁政权的残酷统治下，中国城乡经济日益凋敝、民不聊生、社会骚动、山雨欲来风满楼的动荡局面的。对于小说中出现的农民破产和饥饿的命运的特殊经济现象，对今天的观众说来，是无从理解的历史景象，因为在我们今天的生活中，已消灭了这种灾祸现象。如何让今天的观众理解这种已成为历史陈迹的现象，并由此去触动他们的思绪，从而更深入地去认识那个反动的历史时代，这是改编者的一大难题，也是他们进行艺术再创作首先要逾越的障碍。这不禁使我想起了如何把名著改编成其他文学样式的一些问题。

把一种文学样式改编成一种电视剧样式，实际上就是一个艺术再创造的过程。这除了受制于文学样式各自的特殊表现性能和方式外，更由于对电视剧的编导者说来，他们和原作者是处在完全不同的历史环境里生活和工作的，这必然使他们处于不同的创作心境和艺术追求状态。这同时也提供了一个机会，使电视剧的编导者能以今天的思想水平，从更高的认识层次上，冷静地审视和把握小说所反映的全部生活内容，在艺术上进行新的发掘和探索。就拿浙江电视台改编拍摄的"农村三部曲"来说，作为一种新的艺术尝试，荧屏上所映出的画面场景，一方面表现了编导者在严格尊重历史真实的思想认识基础上，深入体味了原作所蕴含的思想艺术要求，充分反映了它忠实于原著所体现的时代精神和主题思想，另一方面则通过对人物形象和情节发展上的某些改动和加工，使这部有连续性的电视剧，在主题的开掘、情节的发展中更趋完整一致，丰富多彩，从而呈现出它的新的艺术光度。

名著改编中有一对很突出的矛盾，那就是一方面不能放开原著本身所具有的并得到几代读者所承认的艺术韵味，使之"走调失音"；另一方面又必须大胆地运用新的改编样式的艺术手段和功能，使名著在新的文学样式中获得新的生命力，从而博得今天的观众承认。这就要求改编者必须细细体会并掌握原作者在创作中所表现出来的艺术创作手法，加以利用和发挥。茅盾在这部连续性的系列小说中，创造了众多的有血有肉的鲜明的人物形象，各种类型的农民个体，尤其是作为小说主人公的老通宝，更是被塑造得有声有色，成为我国现代文学人物画廊里的一个有高度艺术真实的成功典型。茅盾小说创作的一个重要特色，就是通过对人物的细腻的心理描写来揭示人物丰富的精神世界。电视剧编导者充分掌握和领会了作家这个艺术表现手法，它把老通宝之死由《秋收》移植到《残冬》的结尾，以贫病交加的老通宝跌倒在雪地里，声嘶力竭地呼喊他的已和同伴们走向革命的小儿子阿多，带着希望和悔恨离开这个多灾多难的世界作结束，使这部连续性的系列小说情节的发展更加前后连贯，首尾相应。此外，编导者还很注意通过演员精湛的演技，在故事情节的连续发展过程中，努力反映出老通宝这个典型的个体农民身上所体现的中国旧式农民所具有的传统美德和种种落后愚昧的心理意识。这种通过人物形象和故事情节对农民的复杂的精神世界的深入发掘和描绘，大大加深了这部作品在今天的思想价值和认识意义。

茅盾在一九二八年所写的《欢迎〈太阳〉》一文中，曾就作品主题的提炼问题提出了一个现实主义的创作原则。他说，他希望作者先把自己从实在材料里得到的实感加以"细细咀嚼，从那里边榨出一些精英、灵魂"，这样才能在作品里头提出"别人看不见的""新的发现""新的启示"。我以为，这条现实主义的创作原则对于名著的改编者同样是适用的。古今中外凡是成功的改编先例，无一不在改编样式中榨出了原著的精英和灵魂，有新的发现和启示。名著改编是一项很宏大的艺术工程，无论从横的方面把外国的改编为本国的，还是从纵的方面把历史的改编为现代的，改编者都必须牢牢把握住原著文学性和改编样式的艺术性关系，在输入现代意识的同时，发挥二度创作的优势。这其中有许多问题值得探讨，《文汇报》开展名著改编的讨论是很及时必要的。同时希望有更多的电视台来从事把名著改编成电视剧的工作，为人民提供更丰富的精神食粮。

注：
① 原载《文汇报》，一九八七年三月十日第二版。

067

《报告文学春秋》①序

　　报告文学作为一种独立的文体，对今天的读者说来，已不算是生疏的东西了。从文体学的角度来考查，可以说，它也是一种古已有之的文体。传统的文学观念，把它列入游记、写人记事之类的散文范围内，直到二十世纪五十年代，我们有些编辑同志，还把它当作散文划分文类，便是一个明证。但从这一事象也说明了两点：其一，是传统的文学观念根深蒂固，先入为主；同时，却也从另一方面说明了：它作为一种独立的文体，还没有真正站立起来，用自己特具的艺术魅力证明自己是一种与众不同的独立的文学存在。这种现象的发生，其实是有一定的复杂的社会历史原因的。报告文学作为一种新兴的文体，是三十年代初间，我国左翼文艺运动兴起时期，我们把它当作国际无产阶级文艺运动中所发现的一种新式文艺武器介绍进来并学习运用的。因此，横贯三十—四十年代的历史时空，在当时动乱和战争的环境里，我们除过翻译介绍了国外有关报告文学的理论文章和作品外，自己也开手创作了称为报告文学的作品。其中也很有一些名篇，直到现在还有生命力。它作为一种埋葬旧世界，催生新时代的政治斗争性很强烈，而又以迅速反映现实生活见长的文艺尖兵，活跃在战斗生活的前沿阵地，充分发挥了它的政治战斗功能，因而受到热烈的注目和欢迎。但它到底是一种文学样式，因此从严格意义上的艺术标准来要求，总的说来，它还没有达到前辈的报告文学家基希所说的"艺术的文告"的要求。它应不同于新闻记事，更不同于一般的政治宣传品，它应该在如实而及时地反映和报道发生在生活中的人物、事变时，更具有自己的文学气质及风格、艺术上的审美价值。从当时的创作的成品看，它们多半是即兴之作，写于动乱的社会和战争环境里，作者还来不及对自己所掌握的素材进行深入的剖析和思考，在艺术处理上更没有精雕细琢的余裕；因此，从创作的主体作家来说，也还不可能造成独立门户的专业作家。至于理论研究，当然尚处于草创阶段。新中国成立以后，它在创作上虽然呈现出新的旺势，优秀的作家作品也大幅度地涌现，在理论研究上也很有新的起色，却又由于我们文艺指导思想的偏误，"左"的思潮对文艺界的严重干扰，在封闭性的社会条件下，它的写作题材范围却越来越变得狭小，它的批判性能也逐渐消失于无形，有些以歌颂为主的作品，又越来越多地掺杂了"假大空"的水分，作为一切文学作品，尤其是报告文学的真实生命力之所依的写真实的要求，更被视为所谓修正主义谬论，一再受到毁灭性的批判和讨伐。到了"十年浩劫"时期，文学沦为神学的奴婢，它只是"四人帮"掌上的政治玩具，当时称为报告文学的作品，已堕落为替"四人帮"篡党夺权政治阴谋效劳的驯服工具，它的真实的文学生命，事实上已彻底宣告死亡了。

因此，从历史发展看来，我国报告文学的真正崛起，作为一种独立的文体，真正得到确立起自己独特的文学性格和社会地位，应该说，是从我国进入新的历史时期以后才重新开始的。这是由于生活本身的巨大变革，价值观念的更新，尤其是对"四人帮"的清算，对"左"的思潮的排除，由此，通过报告文学创作实践本身的检验，我们对报告文学的认识，也突破了传统的理论和方法——那种就事论事地对事物的表层现象的描述和报道的旧程式，那种强调它的宣传意识、政治要求而忽视客观事物的真实价值、报告文学应具有的文学性能的理论准则。随着报告文学观念的更新，它的题材领域也得到无尽的开拓和发展，在创作实践中打破了过去极"左"路线所设置的一个个禁区；它的主题开掘也日益得到深化。至于在艺术手法和技巧的运用上，更有很多的突破和创新，它更注意吸取和借鉴别种文学和艺术门类的长处和优点，来丰富自己的艺术表现能力，开拓自己新的艺术境界。因此，它成为新时代最活跃和最受欢迎的一种文学品种；因为它和生活最贴近，往往成为一种社会舆论力量，它的新闻信息价值也更为突出。它的许多名篇，传诵全国，名扬海外，也确实涌现出一批又一批从各种生活深层来的作者，造就了一批各有特色的专业作家。作为一种独立的文体，它在学术界，有了自己的学术研究会；在出版界，出现了专业刊物和众多的丛书与专集；在国家设置的文学奖内，它也作为文学的一个分支得到认可，获得奖励。对它的理论研究和学术建设，也正式形成一个专门课题，并且进入高等院校课堂和研究室。眼下范培松同志的这部《报告文学春秋》，便是在新的历史环境里写就的一部值得欢迎的有关报告文学理论研究专著。作者在本书内，不仅对报告文学这一新文体进行了新的历史回顾与总结，作者更着眼于我国进入新的历史时期以后，随着报告文学在创作实践上所反映的从理论到方法上的许多深刻的变化和发展，对它所积累的那些丰富而新鲜的经验和教训以及它的发展势头，进行全面而深入的历史分析和理论上的概括与探索。这里我只是拉杂地抒写一些自己读后的观感和认识，就教于同好。

作者把全书分为四大块，这种块状式结构，形式上各成体统，实际上又是一个有机整体。在每一个大块里，作者集中一个专题，从尊重客观实际出发，广征博引，抒发了自己独到的新见。因此，全书从结构形式到内容论点，又可说是作者自己独树一帜的一家之言。

第一大块，作者题名《报告文学春秋》，顾名思义，它主要论述了报告文学这一文体的发展变迁史。作者把视野伸向广阔的世界范围内，着眼于从这一文体的历史发展和变化，进行观察和思考。因此，通过考证，作者提出报告文学是从"文学与游记的结缘"产生的新论点，同时，也借以说明了这一独立文体与传统文学体裁的历史渊源关系，它并不是无本之木，无源之水，它正是在历史激变的形势下，从传统文类脱颖而出，自成门户的一种新兴文体。从新时期报告文学创作的艺术实践经验出发，作者对报告文学写作的真实性问题，又提出了它的真实性应该是一个"近似值"的新论点，这正是文学创作和新闻报道根本区别之所在。语云："论从史出。"我认为，作者在这里提出了两个新论点，正是他严肃地凝视史实，视力和思考力深化的结果。同时，也从总体上说明了，报告文学作为一门独立学科或边缘学科，它应该是在不断的创作实践和理论探索中，发现自己、开拓自己的过程。任何一门学科或文体，如果只是作为一个凝固模式而存在，它就没有生命力了。整部文学史，讲的正是这个道理。

在第二大块里，作者对报告文学的主体进行了全面的论述，而这一论题，却是近几年出版的有关报告文学论著中未曾接触到的一个空白点。作者在这里充分论证了在报告文学创作中，作家主体意识的重要性。我认为，这正是创作论中的一个重要论题。因为，在文学创作中，不管题材如何真实动人，如果没有和作家的思想和情绪相结合，没有通过作者自己的深入感受、理解、消融的过程，作品就不会有真实的生命光泽。而这一点，却是多年来在"左"的机械反映论盛行时期，被忽视甚至遭到严厉批判和彻底否定的问题，因而也成为多年来的文学批评和研究论著中未曾接触的问题。但是，客观真理是不以人的意志为转移的，如果深入研究创作问题，必然要碰到这块礁石。范培松同志在他的这部新著中，首次接触到这个议题，而且正视它，并对之做了理性的分析和论证。我认为，这是一个进步，也是对报告文学在理论建设上的一个突破和提高，从而对报告文学的创作和研究，也将会发生积极的启迪意义。

本书的第三块，在"报告文学艺术论"里，作者对于报告文学创作过程中的一些关键性问题，通过自己的归纳、分析和研究，分别进行了有的放矢的论述。

本书的第四块是"点将台"，是作者对我国二十位报告文学家所进行的客观、公允、全面的论述和评价，是二十篇报告文学家论。作者在进行评价时，一不虚美拔高；二不隐恶扬善或隐善扬恶；三不胡乱吹捧；四更不打棍子。显示了作者在人格上的真实和学风上的严谨朴实。

总的说来，此书自成体例，自成一说，既不人云亦云，而又绝无新旧方巾八股腐气；既能一切从实际出发，做到有的放矢，又能具有一定的理论深度和创新意义。它浸透着作者的历史深情、时代灵感，也渗透着作者在治学上的开阔眼光、求实精神和在理论上勇于探索的胆识。

我喜欢这样入情达理的理论著作，因为它除过给人以思想的启迪，也给人以精神上的美感享受。也因此，我很乐意把它推荐给新时代的读者。我相信，它的出版，对于我国报告文学的创作、研究和教学，将会带来一些积极的帮助和影响。

一九八七年五月初于复旦大学

注：

①本书由吉林文史出版社一九八九年出版。

《五四爱情小说选》①序

"五四"新文学是"人的文学",它是以人性的张扬和人道原则的确立为主要标志的。当时大多数知识分子刚刚从封建礼教和习俗的桎梏之下挣扎出来,在那自觉的人性面前,感到一阵眩惑和狂喜。他们将自己的心灵毫无掩饰地陈露在时代面前,嫩稚的歌唱,坦率的哭泣,无论是欢歌还有悲声,都带着一种发自生命底处的生气与力量。因此,"五四"初期的文学创作中,爱情的主题总是伴随着人对自身价值的确认与自我认识的进步,伴随着对灵与肉之间和谐、完美的结合的自觉的追求。总之,它通过爱情这个角度,强烈地表现了人的自我发现和觉醒,表现了对压迫和摧残人性的封建制度的历史性挑战和否定。

在郁达夫的小说里,最为生动,也最为深刻地表现了中国现代知识分子的这种感情和心理特征。郁达夫所创造的主人公,常常困扰于婚姻、爱情、性欲三者无法和谐统一的痛苦之中。关于这种痛苦的沉重的描述,在刚刚从封建婚姻制度下开始觉醒的广大青年人心中,能够激起汹涌的感情波涛,产生巨大的精神共鸣。

然而,随着二十年代大革命的兴起,个人的解放已不能满足广大知识分子的社会责任感与自我价值的进一步追求。他们从革命形势的高涨中,认识到济世救民,通过革命来实现自我价值的可能性。同时,他们意识到，个人的解放离不开社会的改造这个大前提，没有社会的根本改造，没有现代化的国家，个人的解放只能是虚假的幻影。因此，进而使辛亥革命失败后潜藏于他们心底深处的政治热忱又一次被唤醒。对于当时的革命作家来说，虽然最直接的困扰依然来自个人的感情世界，但社会的责任与社会的需要却难以容许他们一味地沉溺在个人爱情悲欢的小圈子里，于是出现了"革命加恋爱"的时髦的革命文艺公式。蒋光慈的作品，可以说是这个时期，这种倾向的代表。在蒋光慈的小说里，主人公们（他们通常是穿了革命衣服的郁达夫式的沉郁的知识分子）显然也常为恋爱事件所苦恼，他们在个人价值和社会价值之间仍然纠缠不清，但这种故事往往发生在大革命背景之下，表现了人物的爱情态度与革命态度间的密切关系，也反映了现代知识分子在革命时代的心理特征。

从郁达夫到蒋光慈，他们的小说创作里显示出一种转折，即"五四"初期占主要地位的个性主义开始向更高层次的集体主义思潮转化。与这种社会思潮相应的，是文学对感情价值的追求，开始转向对社会价值的追求。作为一种纯粹意义上的爱情主题，在三十年代以后，就渐渐地减少了。这种社会进步所趋，也是中国文学发展的必然归趋。

半个多世纪过去了，"五四"初期到二十年代的爱情小说，除过鲁迅的《伤逝》，郁达夫、蒋光慈的几个短篇以外，一般描写爱情的小说，大半已被人所遗忘，为历史尘沙所湮没，对今天的读者说来，更成为陌生的存在了。而这种遗忘或陌生本身也反映了某种社会心理的历史惰性：二十年代的问题小说、社会小说、乡土小说，从艺术质量上看，虽也属于二三流者，至今多少尚有人作为一种历史遗产在研究，文学史上也多少给以一定的评价和地位，而唯独对于爱情小说又何其冷漠若斯！其实，人的爱情生活不单单是人的整个生活的一个不可或缺的组成部分，也是对整个社会生活具有重要作用的力量。它既是"肉"的需要，也是"灵"的追求。而婚姻与爱情相离异，爱情与性欲相离异，正是封建社会对人性压抑的一个重要方面，是一份沉重的历史遗产。更何况正如一位革命伟人所批判的那样，在封建体制下，"对被统治者的禁欲要求，往往是与统治者的纵欲行为互为补充的"。正因为如此，无论中外——欧洲的文艺复兴，中国的五四运动，作为反封建统治政治斗争的前奏，往往出现对禁欲主义的斗争，伴随着对人性复归的呼唤的斗争。

长江文艺出版社的陈东华、孙国光同志此次来沪组稿相访时，告诉我说，他们已编选了一部《五四爱情小说选》的集子，并希望我写几句话。东华同志原系复旦老同学，我喜欢凑热闹的脾气，虽是多年不相见，他大概还没有忘怀。这部选集所收的篇目，有的我过去没有读过，就是大部分过去读过的，随着岁月的流逝，现在也印象很模糊了。只是从选目看，都是二十年代，介于郁达夫与蒋光慈之间的那一段时期的作品。显然，它们也都多少地反映了一个历史时代的文学创作的真情实况。而且，近些年来，随着我国迈入新的历史时代，在社会的巨大变革中，被称为文学创作中的"永恒的主题"，即以爱情为题材的小说作品，又重新涌现在读者的眼前了。这也是"五四"所呼喊的"人的文学"的声音，重新得到接应和回响的一种表现。而且更值得发人深思的是，不少这类作品所频繁接触的题材和深入发掘的主题，仍然是"五四"时期勃发的反抗封建礼教和习俗的悲剧性斗争的同一类型的题材和主题。因此，通过这部选集，从湮没多年的历史泥沙里，钩沉出当年文苑中的这类作品，对今天的读者说，我看，无论从认识价值或美学思想来看，都不是毫无意义的事。但是谈起二十年代那个历史时期的爱情小说，我倒想起当时还有一些格调不俗，内容充实的作品，如杨振声的《玉君》、徐祖正的《兰生弟的日记》等，都是值得重新评价，重新认识的小说作品。希望它们也有机会与今天的读者见面。

　　最后，关于张资平其人，我还想说几句话。张资平是早期留日学生，创造社发起人之一。在他初期的小说创作中，他比较自觉地模仿和追求日本当时流行的自然主义小说（日本称之为"私小说"）的表现手法。他描写人的遗传因素、乱伦关系等，在当时反封建的狂潮中，颇有名气。因此，直到三十年代还有评论家把他比之为法国的左拉。但是实际说来，张资平缺乏欧洲自然主义作家所具备的博大的知识结构，以及对人自身的深刻认识能力。他的小说与当时也是创造社成员的郁达夫创作相比，他尚未超越郁达夫式的"个人抒情性"的格局（有位海外评论家，也把郁达夫小说的艺术表现，认为是日本"私小说"的直接影响下的一种中国式反映），而又缺乏郁达夫那种强烈而真挚的感情力量，那种洋溢在作品中的作者人格上的真实。他只是用写实的笔调描绘一些男女性本能要求以至性行为，写出人的"肉"的一面，却写不出人的"灵"的一面，故而格调不算高。

到了后来，随着中国社会政治斗争的日趋激化，他就每况愈下，他的小说创作愈益追求市场价值，向商品化方向发展，鲁迅曾讥之为"小说商"，最后堕落为色情文化。到了抗战时期，他更出任伪职，以至其人其文都不足挂齿。但他前期小说作品中，某些表现下层人民生活和男女之爱的篇什，还是有其一定的社会历史意义的，倒不必因人而废言。这里选录他的两篇作品，从二十年代中国爱情小说艺术表现的历史布局看，还是有其必要的。

一九八七年五月，于上海

注：

①本书由长江文艺出版社一九八八年出版。

《中国现代文学作者笔名录》①序

　　笔名的来历，说来话长，我国古人称之为"别号"，据说始于周、秦之际。但称为"笔名"，据我的推测，大约是来源于西文的 Pen Name 的译名，那就应该是清末海禁洞开之后，西风东渐的结果。因为随着新式印刷出版事业的出现，杂志报章的兴起，科举制度的废除，中国产生了真正以卖文为生的职业文人。因此，它应该既是我国传统的"别号"的一种新式继承，又是一定历史时代的新产物。

　　我国传统的文学观念，以"经世致用"为目的。因此，凡俗谣俳文、戏剧小说一类文学作品，都被目为不登大雅之堂的小道，受到冷遇和歧视，为官绅社会所不齿，这就是这类作品的作者，大都署用别名的根本原因。但从历史上考察起来，中国文人使用别名别号，大抵又有两种情况，其一是，中国传统文人，往往以风雅自命，以不求闻达为高尚，因此，别号就成为一种自我标榜的旗号；其二是，因其不容于时世，郁郁不得志，因此假言托喻，借以明志见性的。但这种文化现象，对于后世的研究者来说，却是一个必须解开才成的难题。因为要了解其文必须知道其人。所以我们古人也编有《别号录》《异号类编》一类的书，为解决这个亘古以来就有的难题，而提供资料或线索。

　　现代中国是一个在激变中前进的国家，政治思想斗争特别剧烈，而旧中国的各代统治者，神经又特别衰弱。因此，作者用笔名发表作品，情况就特别复杂。除了传统的风雅自况或顾影自怜的旧式文人，以及在作品本质上成为商品的社会环境下，有些如马克思所讽喻的"三个便士式的文人"，为了招徕顾客，也用争奇斗妍的笔名招摇上市，以取悦于读者；从现代中国作者使用笔名的主流情况来看，大体可以分为两类，其一是那些革命的进步的忧国忧民的作者，为了逃避当权者的迫害，作为一种斗争方式，常常使用笔名，并且名目多变，换易频繁，鲁迅先生便是一个突出的例子。其次是混迹于文场的敌探文特，以及那些才子加流氓式的文人，我们通称之为"文痞"的，他们为了行凶作恶，或挟嫌诬陷之便，又要掩人耳目，混淆视听，也常以花样百出的笔名出现。总之，作者用笔名写作，情况虽有千差万别，各有其需要或苦衷，但都是为了隐蔽自己，所以才化装上场，这个使用目的却是一致的。

因之，为了现代文学研究的深入开展，给读者和研究家提供方便，必须揭开这些斯芬克司式的谜语。早在三十年代，当时在北平图书馆工作的袁涌进先生，便对这个课题做了开创性的努力，编出了一部《现代中国作家笔名录》。但它收录的范围一般限于知名的作家，而且成书于一九三六年初间，就是说，它收录的下限时间，只及于中国现代文学史的中期。新中国成立以后，中国现代文学作为一门独立的学科，在我国高等院校建立了起来，开设了专业课程，有了教研室；在全国范围内，相应的研究机构和学会，也纷纷成立。从四十年代后期开始，它又逐渐形成一门世界性的学科，东西方汉学家中出现了一批又一批的中国现代文学翻译家和研究家。各国不少大学，从六十年代起，也纷纷成立了中文系（或包括中国语言文学在内的东方语言文学系科），建立专门的研究机关，以至建立各种学会，发刊大小型专门杂志，等等。面对这一新的历史形势，对漫长的三十多年来出现在中国现代文学史上的广大作者群的笔名，做一次系统而精确的历史统计和查核工作，编纂一部收罗完备、材料翔实的《中国现代文学作者笔名录》，便成为现时深入开展中国现代文学史研究工作的一个重要而迫切的历史课题。

徐迺翔和钦鸿两位同志编纂的这部百万字左右的《中国现代文学作者笔名录》，正是完成这个历史任务的专书。全书收录了近七千个作者的三万余个笔名，可以说是一部集其大成的中国现代文学作者笔名大全。

徐迺翔同志早在六十年代初间，就开始注意搜集和积累这方面的资料，他当时已到文学研究所工作，这就为他的搜集工作提供了方便的环境和条件。钦鸿同志从一九八一年起，与闻彬同志一起，在边远的黑龙江克山地区，由于从事专业教学之需，开始了他们的收录查访工作，获得了大量的宝贵的第一手资料。他们从文字资料的搜集、发掘到利用函询和走访方式，进行调查核实，经过几年持续不断的努力，终于完成了这部覆盖面广、收录齐全、内容比较精确可靠而又检索方便的专著。尤其可贵的是，他们在工作中坚持唯物主义的历史观点，面对历史，对于过去由于复杂的历史原因，久已湮没无闻或受到不公正待遇，在这些年出版的现代文学史论著中消失的那些作家群，也广为搜求和发掘。因此，眼下这部《中国现代文学作者笔名录》，可以说是用笔名形式勾画出来的一部中国现代文学全史，它对于开阔我们的文学视野，开掘研究工作的广度和深度，都是一个值得称道的重大贡献。

　　我国自进入新的历史时期以后，现代文学研究工作出现了全新的局面。如果说，资料建设是研究工作赖以发展和前进的基础，那么，徐迺翔和钦鸿同志编纂的这部《中国现代文学作者笔名录》就是构成这个基础的一块重要基石。

　　我作为一个厕身于这个专业研究系列内的成员，深深地为这部书的编纂工作的竣工感到由衷的喜悦。现在能执笔写这篇称为序的小文，有机会把该书推荐给中外广大读者，更是感到格外的兴奋。

　　　　　　　　　　　　　　　　一九八七年六月上旬于复旦大学

　　注：
　①本书由湖南文艺出版社一九八八年出版。

《巴金年谱》^①序

　　近年来，运用年谱这一我国传统的文学体裁编写人物年谱，已由古典文学领域引向现代文学范围，先后就出版了《鲁迅年谱》《郭沫若年谱》《茅盾年谱》和《叶圣陶年谱》等，这也是我国进入新的历史时期以后，一种新的文学研究动向，反映了我国现代文学学科建设事业，正在走向更深入更广阔的认识层次，非常令人高兴。现在呈现在读者面前的这部由唐金海等同志负责编著的《巴金年谱》，又是一部值得注目的年谱新著。

　　趁着写这篇小文的机会，我想先说一说我对年谱的性质和意义的一些看法。因为目前在我们的学术文化界，有些同志简单地把它等同于资料书、工具书，对它的独立的学术价值估计不足。我认为，这起码是一种误解。其实，年谱的编写工作，并不是简单的资料堆积和排比，而是一种严正的学术研究。它要求编著者在充分掌握原始资料的基础上，以胸有全局的历史透视力和求真求实的科学精神，在消化资料的过程中，来审视在历史演变中谱主的生活和言行，再给以客观的历史分析、处理和著录，不必溢美，不必掩丑。其目的，不仅是使读者明了谱主的生平事迹，而且是通过他的行状来认识历史、评价人生，从生活中体味生命的真正意义和价值。对于一部以作家为谱主的年谱说来，则应在描述出他的生活史，创作史的过程中，显示出他的人格成长史，突出他在思想和艺术上所达到的独自境界；"风格即人格"，以人而及于文，人是第一义的，文则是第二义的，重在反映他的人格的素质和人格的特色。胡适把年谱看成是传记的一大进化，他认为最高的年谱应该是最高等的传记的观点，如果不因人废言的话，我认为他倒是真正体味到了年谱的真实意义和价值的。因此，年谱既是一部切要的工具书，也是具有自己独特价值的学术著作。它的编著者，不仅应具有开阔的文化视野，充足的专业知识素养，严肃认真的科学态度，更应该具有历史学家的史识、史见与史德。

近数年来，我国的巴金研究，在中青年一代学者中间，已形成一股颇有声势的专业力量，无论在资料收辑工作或学术研究方面，都取得了丰硕的成果。就以我所看到的而论，已成书出版的，前者如李存光同志编的三卷本《巴金研究资料》（《中国现代文学史资料汇编》[乙种]之一，一九八五年），后者如陈丹晨同志的《巴金评传》（一九八二年），李存光同志的《巴金民主革命时期的文学道路》（一九八二年），张慧珠同志的《巴金创作论》（一九八三年），谭兴国同志的《巴金的生平和创作》（一九八三年），汪应果（曼生）同志的《巴金论》（一九八五年），陈思和、李辉同志的《巴金论稿》（一九八六年）等，它们都各自在巴金研究上有所深入、有所开拓、有所突破，它们都是各有千秋，自成风格的专著。国外的巴金研究论著，也开始进入我们的学术视野，如艾晓明同志，她在攻读硕士研究生期间，除已发表了多篇有关巴金研究的专题论文外，还全文翻译了美国内森·K·茅的《巴金》一书和部分地选译了美国奥尔加·朗的《巴金和他的作品——两次革命中的中国青年》一书的内容。如此等等，都充分说明了清除了极"左"思潮的干扰后，我国学术界面目一新的兴旺气概。现在四川文艺出版社又将出版唐金海等同志负责编著的《巴金年谱》一书，可谓又为巴金研究贡献了新的学术成果，填补了巴金研究中的一个重要的空缺。

我觉得这部《巴金年谱》的最大成就，是它编出了自己的风格和特色。编著者们在沿袭传统的年谱写作方式进行编订时，在体例上又多有所开创。这里不仅按年月顺序翔实地记载了谱主的生平大事，为了深入认识谱主的生活和文学道路以及他的思想修养、文化性格、心理气质、艺术风格等赖以形成的他所生活的历史社会和文化环境，作为历史背景材料，《年谱》也简要地记载了谱主从出生年代（一九〇四年）到一九八六年八月写完他的《随想录》的压卷之作《怀念胡风》，"怀着感激的心情"，向读者告别为止期间，这漫长的八十多年来的中国和世界的政坛的大小事变以及中外文坛的重要人物和事件；为了从另一个侧面了解谱主的心性和气质，这里也一一记载了他的交游范围的人与事；为了更具体而深入地了解谱主的著述和创作活动，这里又用摘要的形式记录了谱主那些主要作品和论著的主要内容或基本论点。对于谱主的某些重要作品在不同的历史时期内的版本的改动情况以及他的某些作品被改编为其他文艺样式（如戏剧、电影、电视、曲艺以至连环图画之类）的现象，也都做了必要的发掘和记载，前者有助于了解谱主的思想观点和审美趣味的演变，后者有助于认识谱主作品的社会影响和艺术作用。《巴金年谱》的编著者们为了进一步反映谱主的文学活动在国内和国外的影响，他在中国现当代文学史上的历史作用和地位，更重要的是为了有助于了解他的文学作品的时代意义和美学价值，这里也用了大量的篇幅，不仅用摘录的形式记载了从他从事文学活动以来各个历史时期内国内评论界对他的著述的评介研究论著的主要论点和内容（包括"四人帮"横行时期，它的余党的那些连篇累牍的所谓"揭发批判"的有关报道和文章的内容要点），也在按发表或出版的时间顺序记载了东西方各国有关谱主的作品的翻译情况的同时，用摘要形式记录了国外学者对谱主及其作品的评介研究论著的基本论点和主要内容。因此，这部《巴金年谱》，不仅是一个作家的生活史和创作史的历史叙述，也是一个中国现代知识分子的人格成长史的真实记录；它既是八十多年来我国的巴金研究史，也是半个多世纪以来，国际间的巴金作品的翻译史和评论史，因而构成了这部《巴金年谱》的与众不同的自我特色。

我在这里扬其所长，并不是意在护短。我作为他们的一个同行和朋友，在这里应该说的是，唐金海、张晓云同志，以及孙桂森和李仁和同志是把这部《巴金年谱》的编著工作当作严肃的学术研究来从事的，他们也都做了尽其在我的主观努力。至于它所存在的不足与贻误之处，我相信，通过读者的鉴定，从读者的反应和议论中，他们一定会受到启发，得到教益，这就有可能在本书再版时，通过编著者们的再接再厉的努力，使它进一步地走向更加完善的境界。

老托尔斯泰说："人一生的幸福是能为人类写一部书。"我在生命的暮年时刻，有幸读到巴金先生用他颤抖的手，蘸着自己的血和泪所写的那部大书——《随想录》，这部在内容和意境上远远超过卢梭的《忏悔录》的巨著，感到无比的慰藉和兴奋，因为我看到了一个灵魂里淌着血的负伤的中国知识分子的伟大形象，它既是中国良心的真实表露，也是人类理性胜利的生动记录。现在趁我这篇小文收笔之际，我在这里谨向巴金老人致上我的衷心的感激和祝愿之情，并希望他不要就此"搁笔"！

一九八七年十一月初于复旦大学

注：
①本书由四川文艺出版社一九八九年出版。

中国新文学与传统文学①

　　比较文学，在世界上也许有一个多世纪的历史了，可是在中国，它还是刚刚开始，是一门新起的学科。作为一门新学科，我们把研究的注意力集中在两个方面：一是对中外文学关系的研究，我们搜集大量的资料，力图勾勒出西方、印度以及日本等地的文学对中国文学所产生的影响。二是通过平行比较的方法，将中外文学中相类似题材的文学作品进行比较研究，以图从两种不同文化背景的关系中寻找人类精神现象的异同来。这两方面的工作在我们国内都取得了一定的成绩。但是由此也产生一种偏向，即我们比较文学的研究重点始终是对国与国之间文学关系的研究。我们都还没有从方法论本身的角度将比较文学再提高一步，对"比较"的意义做抽象的探讨。如果能这样的话，比较文学的研究范围将会进一步扩大，"比较"的方法不仅是在不同空间下有存在的意义，在不同的时间下也同样具有存在的意义。

　　在不同时间背景下的文学现象同样有比较的价值，我所指的是，在一种民族文化发展的不同时期所产生的文学作品，同样具有可比性。它可以说明许多问题：如民族文化自身发展变迁的状况，一个民族在不同历史环境下的精神特征等等。它们之间的异同，也许能够说明文化的凝聚力与它的开放性特征。这种比较研究的可行性如何，它在比较文学学科中具有什么样的地位和价值？这些问题将取决于我们在方法论的意义上对"比较"这个范畴做深入的理论探讨——但这个问题，已经超出了本文的范围，我想还是留给适当的机会再讨论。本文只是从实际出发，具体谈谈中国传统文化与中国新文学之间的关系，因为中国新文学与传统文学由于历史所形成的差别，所以有可比性，它们之间也存在着同异关系。

一

中国新文学，通常指一九一七年开始的，在文学观念、文学内容、文学语言以及艺术形式等各方面都与传统的中国文学相对立的文学。新文学最初是从语言革命着手，很快就涉及一切文学领域，诗歌、小说、理论、戏剧……各种文学样式都发生了新与旧的冲突。代表新文学的一方，是一批大部分在日本、美国留过学、接受过西方思潮的知识分子，他们的武器就是西方的人道主义、启蒙主义、浪漫主义等等，也有个别的先觉者接受了尼采、柏格森、叔本华等人的学术思想；代表旧的一方，是守护中国传统文化的知识分子，他们继续用传统的语言方式和叙事方式来进行创作，或者从事翻译，如著名的桐城派文人和林琴南、梅光迪、吴宓等人；还有以徐枕亚为代表的一大批通俗作家。因此，那个时期中国文学的新旧之争壁垒很森严，凡拥护西方文化，模仿西方文学的表现方法来进行创作的，是新文学；凡拥护传统文化，坚持古典文学的表现方法的，是守旧派。结果，在二十世纪中外文化大撞击的时代潮流中，新文学很快就战胜了旧文学。这以后，传统文学就成了新文学的对立面，受到现代作家的唾弃，新文学成了中国现代文学的主流。

回顾这一段历史，可以使我们注意到，中国现代文学（新文学）与中国传统文学始终是处于一种相当微妙的关系，它们之间既是对立的，互相排斥的，又确实存在着千丝万缕的联系，这里似乎还存在着一种更为深刻的联系。新文学初期反传统的中国知识分子，如同西方二十世纪初的先锋派一样，要求破除一切文化传统的束缚与控制，以便在赤裸裸的真相中认识世界与认识自己。可是双方的参照系并不一样。中国的反传统知识分子依赖的思想武器和追求的新目标正是西方先锋派知识分子所想竭力摆脱的西方传统的文化价值观念。时间在这里发生了错位。但是也存在着另外一种现象，中国知识分子在广泛吸取西方外来文化时，也注意到与中国新文学几乎是同步发生的西方先锋派的某些文化思潮，以及它们的价值观念。我以为，西方二十世纪兴起的许多文学新思潮中，有些精神现象同中国古典文化精神有十分相似之处。它们那种旨在破除一切传统陈规的束缚，追求生命深处的创造能力的自觉爆发，那种追求人类精神发展过程中每一瞬间都充满着创新意义的精神状态，正应和了中国古典经籍中一个十分宝贵的思想：苟日新，日日新，又日新。中国真正的文化传统，不应该是那种在长期封建专制制度压抑下形成的守旧、颟顸和封闭性，封建性的儒家教条像重重尘土掩住了中国文化的精神内核，——而这种精神内核，就如"五四"时期郭沫若所描绘的，具有一种生生不息、不断自励、不断向上和更新的精神特征②。有人把中国的"五四"新文化运动看作是一场类似西方"文化复兴"的革命，这是有道理的。它在中国文化发展史上可能有这样的意义，即否定了几千年的黑暗"中世纪"式的封建专制制度与其文化，而真正地发扬光大中国文化中的精神内核，使东方文化在现代科学的基础上，为世界文明的发展做出自己独有的贡献。这就形成了新文化阵营里的中国知识分子对待传统文化的两种态度。一种态度是以反对传统的封建文化为目标。他们所运用的武器，主要是西方"文艺复兴"以来的思想武器——人文主义与理性主义；另一种态度是力图超越封建文化的局限去重新认识，发现传统文化的积极的精神内核，他们并不像当时的守旧者那样一味守护封建文化道德，而是把眼光转向了西方二十世纪初才逐渐引人注意的现代文化思想。西方现代先锋派们反对西方文化的传统价值观念这一点也使他们感到兴奋。因为他们在破除中国封建文化的理性主义束缚的同时，也不愿意被西方文化的理性主义所束缚，他们要求在文化选择中张扬自己的性灵，以赤裸裸的生命去拥抱现实，在生命与现实的撞击中，在这种撞击所迸发出来的火花中，唤醒沉淀在生命深处的民族文化的精神内核。持这种态度的知识分子尽管他们在主观上大多数没有注意到这一点，但他们确实都处于一种比较高的文化层次上，他们对于西方现代文化与中国传统文化之间的感应都有相通的灵犀。一九二四年，印度诗人泰戈尔来华访问，曾给这一批知识分子唤起这种文化职责的自觉性带来了一次机会，但这次机会由于客观上的各种原因，中国的知识分子并没有很好地利用。直到二十年代末，冯文炳等一批作家的出现，才初步形成这样一种较普遍的文化现象。

除了上述这一种较为深刻的关系以外，"五四"新文学同传统文化之间还存在着另外一种较为表层的关系，那就是中国的传统文化在中国现代生活的各个领域都仍然占着绝对的优势，它既是新文学的知识分子所抨击的对象，又是他们不可摆脱的制约力。文学创作只能从现实生活中寻求源泉，而对滔滔皆是的传统文化的势力，中国现代作家无法逃避这种现实。他所描写的人、事物、风俗，无不与中国传统文化相联系，这种描写对象反过来也制约了作家的表现方式。更何况，传统文化作为一种文学修养，对所有的现代作家都发生制约作用，我们"五四"一代的作家，都是在良好的古典文化教育中成长起来的，他们无法彻底割断这种文化上的血缘关系。到了抗战以后，在民族战争中又成长起一批来自民间的作家、艺术家（尤其是解放区的文学艺术家），他们的文化修养主要来自民间艺术和传统文化中的平民文学，而这种文化修养多半是传统文化的产物。这就造成了新文学发展了二十多年与传统文学的关系不仅没有日益疏远，相反是越来越接近了。新文化初期的反叛传统的理性觉悟终于没能敌得住潜移默化的传统文化的影响力。

应该指出这两种关系并不是在一个层次上的，它们作为两种不同的存在方式，本身就形成了某种历史时期的中外文化交流特征，随着中国现代政治、社会等方面的变化，时而互为交替，时而同时出现，基本上构成了中国现代文学同中国传统文学之间近七十年的关系史。

二

从表面上看，站在世界现代文化高度重新认识传统文化，同引进西方文化思潮来否定传统封建文化，是两种互相对立的态度，这种对立，在思想方式比较片面的现代中国思想界里表现得特别尖锐，甚至可以说，从"五四"时期一直延续到今天。这就造成了我们理论界长期以来对这种旨在重新发扬民族文化传统的努力持简单化的否定态度，常把这种努力与封建复古主义混为一谈。这里似乎首先应分清一个基本概念：中国传统文化同封建文化并不是一回事，封建专制制度及其文化虽然在中国具有两千年的历史，但在漫长的历史长河中不过是一个阶段，而中华民族的文化传统则更加源远流长，早在三代（夏、商、周）以前就形成了。而且封建文化主要是反映统治集团利益的文化，虽然这种文化也深深地渗透到下层市民和农民中间，但是中国是一个多民族的国家，地域辽阔，有许多封建专制势力无法达到的僻远地区，俗话称"天高皇帝远"，那些地区里封建文化势力并不大。所以无论从时间上还是空间上讲，把封建文化等同于中国传统文化都是片面的。"五四"初期，这种片面的文化思想一时占了优势，新文学的倡导者采取了对传统文化一律排斥的态度，譬如陈独秀、胡适之等人，都采取了极端的态度。当时一个颇活跃的知识界人士吴稚晖曾大叫把一切线装书丢到粪坑里去。鲁迅也沉重地呼吁青年们不要读中国书，钱玄同走得更加远，他甚至提倡废除汉字，采用拼音，（这个主张后来得到鲁迅、瞿秋白等左派人士的继承与发挥）。这种片面的做法在当时是有意义的，因为中国的封建保守势力太大，太顽固了，不以猛烈的、彻底的态度来否定传统，新的文化就无法诞生。这正如中国俗语说的"矫枉必须过正，不过正不能矫枉"。再说，当时封建专制文化已经走上末路，它不但严重地腐蚀了民族，以至十九世纪末的清帝国，在列强的侵略下陷于土崩瓦解的局面；而且也窒息了中华民族文化积极的精神内核。不把这种"奥吉亚斯牛圈"彻底打扫干净，中国无法蜕变，也无法自新。因此，二十世纪初的中国急需要有这么个矫枉过正的反传统运动，或者准确地说，是一场反封建运动。它的意义在郭沫若凤凰涅槃的意象中描绘得很清楚，一对凤凰在烈火中自焚，烧去旧我，以求新生。

但是，如果我们仔细查寻，那么，即使在"五四"初期的一片反传统声浪里，也并不是所有的知识分子都对传统文化持片面的态度。正如我在前面所分析的中国新文学与传统文学的两种关系，在当时隐隐约约地制约着中国的新文学战士，一种是来自西方文化的影响，一种是来自他们个人的古典文化修养，仿佛像两根红丝带，暗暗地将中国现代文学与传统文化联结在一起。相比之下，后一种联系更为深刻一些，也更具有生命力，虽然在当时并不能看出这种趋向，但随着中国现代文化日益走向开放，走向世界，它的生命力也日益展示出来。在"五四"以后的几代年轻作家中，由于古典文化修养而维持着与传统文化的关系已经不太多了，但由于吸取了西方现代文化，努力用现代意识来重新认识，发挥传统文化的积极性因素，以求在审美意义上与民族文化达成新的融会，这个倾向直到近年来中国文坛上出现的"文化寻根热"的现象中，还是一再有所表现。

这种较高层次的传统文化观念最初表现在二十世纪初的著名学者王国维的著作里。王国维是近代中国第一个吸取西方现代文化的知识分子，尽管他本人自身还带有浓厚的古典气味，但在文学美学研究中，他是自觉地运用康德的哲学思想和叔本华的美学思想来重新评价中国的传统文学，他以反传统的态度重新解释了中国古典文学名著《红楼梦》，以及古典诗词、戏曲等等，这种启蒙性质的学术活动，对"五四"新文学以后的知识分子产生了积极的影响。

在"五四"文学初期，第一个站在现代文化观念的角度对传统文化重新评价的是郭沫若。在《中国文化之传统精神》以及《论中德文化》等一系列早期论文中，郭沫若都表达了这样一个观念：中国早在三代以前就有一种自由思想与自然哲学支配着思想界，有一种以"易"为代表的宇宙观，那是中国思想史上足以与古希腊相媲美的一个黄金时代。三代以后，黑潮汹涌，宗教迷信神权支配了思想界，犹如欧洲黑暗的"中世纪"，直到先秦时代，以老庄与孔孟为代表的两大文化代表，企图重新复兴三代以前的文化思想，因此他认为老庄与孔孟的思想都是积极的，向上的，代表着中国文化传统的优秀精神。郭沫若把中国先秦诸子时代比作欧洲的文艺复兴时代，把"五四"看作是第二次文艺复兴，如果以这样的时间参照系来看"五四"新文学，那么，它的现代性质就很清楚了。而不像胡适，把"五四"新文化比作欧洲文艺复兴，比来比去，中国在时间上总比欧洲落后几百年。当然，郭沫若对先秦儒道两家代表人物的解释，与"五四"时期一般新文学者不同，与一般守旧者也不同，他是用现代西方的文化观念来肯定孔孟与老庄，也可以说是复兴了孔孟与老庄。这种思想同他反对封建传统的束缚，反佛教文化的虚无，反道学家的礼教等一系列思想达到了内在的和谐与统一。郭沫若早期的诗歌里，外来文化影响很复杂，有西方十八、十九世纪启蒙主义和泛神论思想，有浪漫主义精神，也有现代西方文学的成分——诸如德国表现主义戏剧、爱尔兰的象征主义诗歌、日本的私小说等等。更有意思的是，在他作品里还一再出现了东方文化的影响：孔孟、老庄以及印度的《奥义书》。这就形成了他将世界文化的最高精华视为一体的文化观念。他歌颂了歌德，也歌颂了屈原，又是"五四"时期第一个运用古典历史题材写诗剧的作家，在《湘累》《孤竹君之二子》《棠棣之花》等作品里，都留下了传统文化对他的积极影响。

郭沫若接触王国维的学术思想很迟，大约到了二十年代末他亡命日本时，才对这位文学前辈产生了钦慕之情。但郭沫若前期所走的学术道路，与王国维很相似。他们都留学日本，都受过德国浪漫派文艺和现代思潮的影响。王国维用叔本华学术观解释《红楼梦》，郭沫若则用弗洛伊德的观点解释《西厢记》，这两人后来都去从事史学、金文甲骨等方面的学术研究，于文艺就显得比较疏远了。当然，郭沫若后期也写过一些诗和剧本，古典传统文化的影响仍然比较明显。

与郭沫若作品里所反映的传统文化影响不一样，"五四"时期的另外一些作家如鲁迅、郁达夫、周作人等人作品中的古典传统文化因素，主要是表现在作家本人具备的优厚的古典文化修养方面。他们在理性上都是传统文化的反叛者，是西方人文主义思潮最热烈的拥护者。鲁迅接受过西方现代思潮，他的接受范围主要是尼采这一派反传统反偶像的思想，这些思想促使他对西方资本主义的民主政体持怀疑态度，但同时也加剧了反传统的思想。鲁迅的一生，都是在批判中国传统文化的战斗中度过。在鲁迅后期的杂文可以证明。但是鲁迅又是个真正的现实主义者，他始终是把批判的锋芒指向了"现在时"——即在当代社会生活中依然发生影响的传统文化，他在小说里斥责传统礼教是"吃人"的，是因为至今社会上还是有"人肉宴席"，他写阿Q精神上的种种文化消极面，也是因为阿Q还活着。鲁迅的后期，他在杂文中挖苦孔子，嘲笑庄子，揭露明代皇权专制，甚至借用张献忠杀人的掌故，都是为了发挥当代的战斗思想。而真正过去时态的"传统文化"，鲁迅则是用学术的眼光去看待它，既不特别颂扬，也不特别反对，只是把它看作是科学研究的对象。众所周知，鲁迅是《中国小说史略》的作者，这本小说史在中国古代小说研究领域是开山之作。

鲁迅的小说创作中自然地流露出古典文学的修养——当然与他小说中的西方文学影响相比，这仅仅是次要的一面，但在审视社会的角度上，在对统治集团人物和旧知识分子的讽刺方面，都流露出古典小说《儒林外史》以及谴责小说的影响。在小说创作方面，鲁迅一方面是第一个改变了传统小说视角的革新家，自《狂人日记》开始，几乎每一篇小说都有新的表现视角，都截取了不同的生活横截面。这些新的表现视角的出现，多半来自西方的小说作品。而另一方面，在刻画人物的手法上，在处理背景的衬托上，都吸取了传统小说的合理因素，这使他的小说读起来感到了简洁、有力，充满了动感，富有新的民族气味。

这种古典文学的修养，在鲁迅的兄弟，也是新文学初期的重要散文家周作人的作品里也表现得十分明显。周作人对"五四"新文学抱有一个观念，认为"话怎么说，就怎么写"的白话文学，正是明代末年公安派所主张的"独抒性灵，不拘格套"和"信腕信口，皆成律度"的复活③。因此，中国新文学的源流，可以追溯到公安派。周作人所开创的小品文流派，在形式上多少是对晚明小品的一种借鉴。当然思想是很不一样了，周作人受过现代西方文化的熏陶，提倡过"人的文学"，是以西方人文主义思想来批判封建礼教和传统文化的，他对传统文化所抱的这种态度，从积极的方面看，他对传统文化没有做形式主义的片面否定，能够具体地区分传统文化中封建性的糟粕和民主性的精华，并把"五四"新文学与传统文学做了某种血缘上的探索，也是有意义的；但从消极的方面看，他在研究新文学与晚明文学之间的关系时，只注意到两者的相似之处，都忽略了时间环境不同所造成的根本差异。他被自己的研究所迷惑，进而推至把三十年代外祸内乱交集的旧中国与晚明时代做简单的比附，陷入了历史的循环论，这种消极的历史观，不但唤起了他身上所潜在的传统文人的消极气质，诸如"独善其身"之类的隐逸风，而且进一步导致了他对国家民族失去信心，在民族存亡的关头走了歪路。

传统文化对于"五四"一代作家的影响是多方面的，但比较突出的是对这一代知识分子的人格修养与气质方面的影响。这里有积极的，也有消极的：有积极入世，关心现实，以天下兴亡为己任等中国知识分子的好传统；也有洁身自好，独善其身的名士风、隐逸风、才子风等等。有些人是多种因素结合为一体的，如郁达夫。在他的气质里，既有清代诗人黄仲则的狂狷，又有传统才子式的多愁善感，也有旧士大夫的出世观与隐逸观。其他如田汉、蒋光慈、俞平伯、朱自清、闻一多等人的作品里，也总是能够看到这样或那样的传统文人气质的痕迹。

三

在"五四"新文学时期的一代知识分子中间，绝大多数都在创作中吸取了西方文学的营养——从思想观念、人生态度到艺术表现手段和形式，而对中国传统文学的影响，并不自觉，它们主要是通过这些作家自身所具有的修养，流露到创作构思中去的。当时的知识分子，几乎都怀着批判旧文化，创造新文化的历史使命感，着眼于文化整体的取舍。还很少有人从文学自身的特性，从审美的把握与传统方面去吸取古典文学的营养。到了二十年代中期以后，这种情况才逐渐地转变了。一九二八年，胡适出版的《白话文学史》上卷，这部著作的主要宗旨是要在中国文学史传统中寻找出白话文学的正宗地位。胡适在论述各个历史朝代的白话文学创作中都能够注意到文学自身的审美功能。也就是说，他强调了白话文学是有生命的，是美的。这个观点与新文学初期钱玄同把旧小说一概说成"诲淫诲盗"的理论相比，有了很大的进步。

在文学创作方面，对传统文学中意境、语言、方法的自觉继承，大约也是在二十年代末开始的。这与我在本文第一节所谈的中国新文学与传统文化的两种关系也是相对应的。一种继承关系来自一部分作者对西方现代文学的借鉴与学习，在这种学习过程中，他们逐步地发现，西方现代文学的有些表现手法与特点，同中国古典文学中的一部分诗歌有相通之处。最初发现这种联系的，是被称作中国"诗怪"的象征主义诗人李金发。李金发是雕塑家，留法学生，他是中国第一个自觉学习法国象征主义诗歌，并把这种诗风引进中国的。按理说，他是中国新文学史上最典型的现代派诗人，但这位诗人在他的第二本诗集《食客与凶年》的《自跋》中说："余每怪异何以数年来关于中国古代诗人之作品，既无人过问，一意向外采辑，一唱百和，以为文学革命后，他们是荒唐极了的，但从无人着实批评过，其实东西作家随处有同一之思想、气息、眼光和取材，稍为留意，也不敢否认，余于他们的根本处，都不敢有所轻重，唯每欲把两家所有，试为沟通或即调和之意。"这个思想的重要意义即在于诗人是从自身所具有的西方现代文学修养的角度来重新认识中国古典文学的，他不仅注意到思想，还注意到气息、眼光和取材等艺术表现范畴中的中西文学相似性。李金发在他的诗歌创作中也力图去"沟通"它们的相似性，他故意运用文言文的语言，掺之拗口的欧化结构，使一个个诗的意象互为独立，形成了如朱自清先生当年所评价的，李金发的诗仿佛大大小小红红绿绿一串珠儿，却藏起了串儿，无法把它串起来④的美学风格。李金发的诗，与当时诗坛上流行的"明白如话"的胡适之体、行云流水的小诗以及充满哲理的说教的白话诗都不一样，他的诗中一个个意象之间，缺乏内在的联系，使人读起来不太好懂，所以他的那种力图使东西文化沟通起来的尝试也失败了。但熟悉中国古典诗歌的人一定知道，中国有一部分古典诗词也有将一连串彼此独立的意象陈列于诗中，不用逻辑，不用联系，只是借各种各样的感觉形成一首诗的总体气氛的，譬如唐代诗人李贺，有些诗就是这样的。

古典文学对新文学发生影响是在二十年代末，那时候有一批诗人都以晚唐诗风，从李商隐、杜牧、温庭筠等人的作品中汲取了婉约、含蓄、朦胧的抒情方法，并将这种方法与欧洲现代主义诗歌的某些特点糅合在一起，形成了一个特殊的创作现象。这部分诗人并不是属于同一个地区，或者同一流派的，他们有的在北京的高等学府里执教或求学，如冯至、冯文炳、何其芳等等；也有的在上海文艺界从事创作，如戴望舒等，因此可以把他们的出现看作是新文学发展过程中的一个普遍现象。在这些人中间，冯文炳（即废名）也许更典型一些。据现有的资料看，冯文炳所接受过的西方影响，主要是英国哈代、乔治·爱略特等人的田园乡土小说；而中国古典文学对他的影响更为深刻一些，他有意模仿陶渊明、王维等人的田园山水诗的境界，并把这种境界注入小说创作中去。在这两方面的影响上，形成了他最初期的田园抒情小说的特色。可是到了二十年代末和三十年代初，他的创作越来越怪，连续发表了两个中篇：《桥》和《莫须有先生传》。这两部作品在中国国内都是以晦涩而著称，但在近年却越来越受到创作界的注意。在这两部作品里，作者完全抛弃了小说外在叙事形式的逻辑性与连贯性，而力求表达出寄寓在创作中的内心世界的绝对自由与真实。尤其是最后一部小说，有个别章节与西方现代意识流的作品十分相似，但我们现在却无法证实冯文炳是否读过乔伊斯、伍尔夫等人的作品，唯一能确证的是，他曾经很深入地研究过佛学，很可能是禅宗的一些思想，对他的创作发生了影响，而这种影响，在审美传达上又达到了与西方现代主义文学的某种暗合。

我刚才说了，冯文炳所代表的创作倾向，在新文学发展过程中是一种带有普遍性的现象，但由于当时中国社会政治的关系，以及当时左翼文学制约着文学发展的主流影响，这种政治意识比较淡薄，浸透着古典美学境界，以晦涩含蓄、朦胧文风为主要特征的创作，未能得到长足的发展。而相反，中国文学中另外一种对传统文学的继承方式倒是有了更为强大的生命力。那就是有一批作家由于出身环境的缘故，与社会下层流行的民间文学保持着深厚的关系，当他们从事创作时，这种文学修养开始自觉地流露在作品中，成为他们创作的主要美学风格。这种现象在抗日战争爆发后得到了迅速发展。这是因为当时的作家都意识到文学应该为民族救亡服务，应该成为向民众宣传的武器。他们探索着一种尽可能地被人民群众，尤其是广大文化落后的农民所喜闻乐见的艺术表现形式。一些来自民间的艺术家（如赵树理、李季等）找到了用武机会。他们从民间的传统文艺形式，如民歌、秧歌、说书、梆子等文艺样式中寻找健康、活泼的民间表达情绪的方式，在当时的环境下，他们获得了成功。这条道路，后来长期被我们理论界认为是民族化的道路。

如果从历史的眼光来看这个问题，我们可以发现，使中国新文学与民间文学相结合的道路，正反映了"五四"新文学长期以来所追求的一个目标。"五四"初期，新文学的倡导者们就提出了"平民文学""社会文学"的主张，要求文学为人生服务。提倡白话文学的宗旨之一，就是要通过语言文字通俗化，来打破文学被贵族官僚所垄断的局面，使文学真正地为普通人民所接受，所拥有。可是实际情况正相反，由于新文学的倡导者们引进了大量的西方新的表现形式（是指语言范围与叙事模式），使广大文化程度较低的农民、市民都无法接受它们，新文学成了知识分子的文学；而被新文学所攻击、所批判的旧文学（如反映着市民趣味的鸳鸯蝴蝶派文学），却转移了阵地，成为通俗文学而在下层市民和农民中间广泛流传。新文学要与一批拥有大量读者的传统通俗文学做较量相当艰难，自二十年代末开始，新文学作家们就一次次倡导"大众文学"，讨论如何使新文学深入民众，真正地起到为民众服务的作用，鲁迅、瞿秋白、茅盾等著名作家、理论家都发表过很好的意见。但是由于当时条件尚不成熟，这些讨论基本上都没有收到什么实际的效果。抗战爆发，为这种结合创造了有利的条件。实际上，在四十年代民族化的道路上，新文学与传统的民间文学都做了适当的让步：新文学减少了欧化的因素，减少了"五四"以来已经成为新传统的西方文化因素；传统的民间文学改变了原始粗劣的艺术形式并部分地剔除了封建性糟粕。它们双方在宽容精神下得到了新的融会，形成了中国新文学的第二个阶段。

但是这一种新文学与传统文学的继承关系又不是没有缺陷的，它至少包含了两个方面：其一，即使在民族解放战争最高潮时期，就有人注意到这种现象内部所存在的偏向，即有一种理论，人为地把"五四"新文学中的欧化因素与民族形式对立起来，以唯有民族形式才是新文学的"中心源泉"，借着肯定民族形式，全盘否定了"五四"新文学的传统。这种理论虽然遭到过以胡风先生为代表的进步批评界的批判，但在以后几十年的实践中，仍然留下不小的影响。民族形式绝不是一个抽象的东西，一定的形式只是具体思想感情的符号，民间文艺在二十年代的广大农村之所以能够广泛流传，与这种形式在一定程度上反映了农民在低下的生产关系中所形成的封建性的思想意识和审美趣味有关。如果是一味地颂扬，而不是批判地继承传统民间文学营养，那就有可能降低新文学的素质。其二，它在利用了民间的传统文学的同时，没有注意到对其他古典文学也作同样的批判继承，而是把民间文学当作是唯一的民族传统，这就缩小了民族传统文学的范围，以偏代全，使后来几代作家在古典文学以至整个传统文化的修养方面变得十分贫乏。

四

我大致勾勒了一个中国新文学同传统文学的关系的略图。这当然是很粗糙的。因为这是一个十分复杂，而又必须做深入研究的课题，如果要认真探讨的话，几乎每一个重要的中国现代作家都与古典文学具有复杂的渊源关系，这显然不是本文所能胜任的，好在国内近几年来，对这方面已经有一些学者在进行研究了。在对鲁迅、郭沫若、茅盾、周作人、胡适、老舍、巴金、沈从文、林语堂等一些重要作家的研究中，也多有涉及他们与传统文化关系的论述。我期望在这个课题上有更多更新的成果出现；同时，我也想凭借对这个题目的一些粗浅的探讨，来说明一个在比较文学研究理论上值得注意的问题：在一个民族文学内部，由于历史形成的差别，它们之间的可比性在实际上是存在的。

一九八七年十二月发表

注：

① 原载《学术研究》，一九八七年第六期。

② 郭沫若:《中国文化之传统精神》,《创造周报》第二号，一九二三年五月。

③ 周作人:《中国新文学的源流》，北平人文书局一九三二年九月初版。

④ 见《新文学大系·诗集·导言》，原话是:"仿佛大大小小红红绿绿一串珠儿,他却藏起那串儿,你得自己串着瞧。"

《中国左翼文学思潮探源》 ①学术评议

　　这是一篇很有理论深度和学术价值的论文。作者能运用马克思主义基本原理和方法，从历史实际出发，从中外文学影响关系这个比较文学研究的角度，把中国现代左翼文学运动放在世界文学思潮的总体框架中来审视和观察，在纵向上结合鲁迅所开创的"五四"新文学战斗传统，在横向上结合苏联以及日本的无产阶级文艺运动的思潮和实践对中国的直接影响，系统而全面地考察了中国左翼文学运动的史实，论证了马克思主义文学理论和批评在中国传播和发展的曲折历程，既有翔实的史实考证，又有深入实际的理论分析。它对于我国左翼文学运动的研究，尤其是它和国际无产阶级文艺运动的影响关系的研究做了认真的钻研，填补了我国现代文学研究中的一个重要缺门，是一种有开拓意义的学术成就。

　　尤其值得注目的是，论文的第六部分以《中外两种社会主义现实主义理论辨异——以胡风和卢卡契为代表》为题，从胡风和卢卡契在现实主义理论上的关系和影响的角度，深入接触了我国现实主义理论建设中的那些重要课题：如世界观和创作方法的关系，对社会主义现实主义内涵意义的理解，对鲁迅所开创的"五四"文学战斗传统对左翼文学创作和批评的传承关系等，即多少年来在"左"的思潮的干扰下困惑我国理论批评界的重大问题，都提出了许多具有真知灼见的见解。与此同类，论文对胡风现实主义文学理论体系中的那些理论概念或观点，如"写真实""主观战斗精神""人格力量""精神奴役创伤"，以至他在民族形式论争中的观点等，都一一做了求实的论证和评价，有力地澄清了过去在这些问题上的政治大批判式的虚浮不实之论。论文在第七章结尾部分，对胡风现实主义文学理论产生的历史原因和背景的分析，对他在中国左翼文学运动和现实主义文学理论建设上的理论成就和贡献以及受制于中国特有的历史和文学背景，他在理论上的历史局限和不足之处的描述和评价，也显示了作者坚持实事求是的马克思主义学风的重要表现和成就。

正如论文在评述中国现代左翼文学运动和苏联与日本的无产阶级文学运动在理论和论争中的异同那样，论文在分析胡风和卢卡契在现实主义文学理论上的关系和影响时，也是从具体对象出发，既指出了他们在理论上的某些契合点和重合之处，指出了卢卡契对胡风影响的性质和程度，也着重指出由于历史社会条件和文化背景的不同，他们各自的独特的理论品格和成就贡献。论文在这里就中外文学影响关系的研究所提出的下列论点，我认为对我国目前的中外文学比较研究具有现实和普遍的理论意义："夸大外来因素的影响会使我们忽视中国左翼文学理论自身内部生成的历史，这势必会湮没胡风文艺思想最重要的来源和独立的品格。"

论文视野开阔，内容丰富，资料翔实，论证确切，它在对我国现代左翼文学运动，对胡风文艺思想的研究上，都取得了突破性的成绩，做出了可喜的贡献。作者敢于知难而上，对我国现代左翼文学运动的重大历史和理论课题，经过深入钻研，提出自己的认识和见解，这种开拓性的学术胆识，求实的严谨学风，更属难能可贵。作者艾晓明同学的研究工作已达到博士研究生应具有的学术水平，我同意她的研究生答辩。并建议授予艾晓明同学文学博士学位。

一九八七年十二月十九日，上海

注：
① 本书由湖南文艺出版社一九九一年七月出版。

《中国现代文学史参考资料》出版百种纪念①

听说上海书店选印的《中国现代文学史参考资料》这套丛书将出到一百种，真是可喜可贺！人活到百岁高龄称之为"人瑞"，丛书出到一百种，也应该是一种吉祥的兆头，反映了它的旺盛的生命力足以延年而益寿，足以说明它的需求价值和学术意义。

众所周知，"五四"发端的中国现代文学，在新中国成立以后，作为一门独立的学科，进入了高等学校。三十多年来，我们不仅培养了一批又一批的专业毕业生，也培养了一批又一批的硕士和博士研究生，它已有了一支庞大的专业教学和研究人员队伍。五十年代以来，随着中华人民共和国的诞生和我国国际地位和世界影响日益增长，从十八世纪兴起的西方汉学界，包括早在古时接受中国文化、文学影响的东方汉学界越来越注意对"中国学"或"汉学"的研究，对中国现代文学的研究，也作为"中国学"的一个分支，而发展起来，出现了一代又一代的中国现代文学翻译家和研究家，并开始作为一门专业进入东西方各国的高等学校。但由于复杂的历史和社会原因，中国现代文学各类文献资料，其中包括众多的社团流派的作家文集、作家传记和评论、文学论争文献、研究论著等类，流失情况严重，加之多年来的极"左"思潮的干扰，这就大大地限制了研究课题的开拓和深入，也影响了教学质量的提高。我国进入新的历史时期以后，随着整个学科建设事业的正常开展与对外文化交流的正常化，这种历史所造成的矛盾，也日益显得突出。换句话说，文献资料的缺乏，成为横在学科研究和教学道路上的一个不易克服的难题。因此，上海书店出于历史责任感，选印出版这套《中国现代文学史参考资料》丛书，可以说是起了"及时雨"的"抗旱"作用，大大缓和了中国现代文学教学和研究工作的"旱情"，这真是一件功德无量、惠及子孙、泽及中外的历史盛举。我作为一个长期厕身于这个学科的教学和研究的人员，也是这套丛书的受惠者，首先应该在这里表示我的深深的感谢之忱！同时，我更希望上海书店继续发扬这种拾遗补阙的出版风格，继续把这套丛书选印下去，选题还应该更加开拓，品种应该更加丰富，务使这套丛书足以真实而完整地把三十多年来的中国现代文学历史面貌显示出来；不仅应该继续选印那些流传稀少或久已湮没无闻的作家文集和研究文献，也应该选印那些重要作家作品的初刊本，为学术界撰写中国现代文学全史提供充足的原始材料，为把我国现代文学教学和研究事业推向新的历史高度，为中国现代文学走向世界，做出一个新中国革命出版工作者义不容辞的贡献。

一九八八年二月发表

注：
① 原载上海书店《古旧书讯》，一九八八年第二期。

《中国现代通俗文学文库》 ①总序

    中国一贯地把小说笔记这类文学作品称为"闲书"。由此，从晚清到"五四"一代，也就是这类作品大量涌现于文化消费市场的旺盛时期。当时那些被称为"鸳鸯蝴蝶派"或"礼拜六派"的通俗作家，也自认不讳地把自己的作品看成是供读者茶余酒后消闲解闷的东西，是一种"游戏文学"；也因而遭到了新文学家的迎头痛击，斥之为"文丐""文娼"等。由于种种原因，今天的读者对他们已经相当陌生。然而从文学史研究的角度来看，完全忽视这些作家作品作为一种文化现象的存在，却是不甚科学的。这类作品也总或多或少、或强或弱地反映了一定的社会生活内容和时代信息，有其一定的历史认识价值。即便是他们的文学观点，我认为也反映了某种文化价值观念：它看重文艺的欣赏价值和娱乐性质这种艺术功能，从市民文化的角度对传统文学中占统治地位的儒家"文以载道""诗以言志"的正统文艺观加以否定，这正是中国社会由长期的封闭状态走向开放这个历史特征的反映，也是商品经济社会所形成的文化市场开始出现后的一种标志，从晚清海禁洞开以后，随着西风东渐，而贯穿中国近代史的全过程。这类在传统文化哺育下成长起来的通俗作家，思想意识上虽然有较为严重的封建性的历史负担，但作为一个作家，他们只是一个卖文求生的文人，而并非为虎作伥的官府爪牙；他的衣食父母是读者大众，即所谓"看官"，而非"帝王家"。他们把自己的作品看成人们的消遣品，这也说明了他们已经自觉或不自觉地意识到了商品社会的价值观念。换句话说，随着新式印刷出版事业和报纸杂志事业的兴起，中国才开始有了职业作家，他们开始摆脱了在封闭性的农业经济社会里作家对官府的由人身依附到人格依附的附庸地位，成为具有自己独立人格和自食其力的社会个体，这是一种历史的进步。同纯文学作家一样，近现代的中国通俗作家也是这种历史环境里的产物。同时，他们作为平头百姓，也在"生活的地狱"里饱受煎熬之苦，因此在他们的作品里，也多少接触到历史事变、时局动态以及纷纭复杂的社会人生百态。有的也抉发了时弊和积习，甚至对国家民族的前途，对美好的生活前景，怀有某种模糊的憧憬和渴求。因此这类作品虽有传统文化中的儒家伦理道德观念的束缚，在审美情趣上有其庸俗性的一面，但总的看来，也自有一定的社会认识意义和娱乐欣赏的艺术价值。在我们这个生产落后、社会文化素质低下的国家里，由于这类作品在语言运用、叙事模式和情绪表达方面，一般都继承了我国古典小说的传统体式，适合于中下层民众的文化接受能力和习惯性的审美需求。因此，它始终据有广大的社会读者层。作者的队伍也越来越扩大，作品的种类和数量也数不胜数。更何况从二十年代以来，由于时代的发展，生活的变化，新思潮的激荡，在新文学力量影响之下，这类作品由思想意识到艺术表现形式上都发生了一些新的变化，就思想意识而言，相对地减少了封建性的糟粕，作家的队伍也开始从旧一代封建遗老遗少的圈子里蜕化了出来，作品更具有市民意识或平民意识；在艺术表现形式上，从语言规范到叙事方式以至文体结构，也开始接近新文学境界，更近于现代型的文学形态。

如前所云，从清末以迄新中国成立前，在这个漫长的历史时间里，它一直处于兴旺发达状态，和新文学的发展同步而行，而作品的市场销售数量却是新文学作品不能望其项背的。"凡是合理的才能存在"，这个历史唯物主义的观点，我看也适用于观察和认识这种文学现象。它是在中国特定的社会文化背景之下出现的一种文学现象。它既是对传统的民间文学和通俗小说的继承，又是某种新的尝试。它和历史上存在过的一切文学现象一样，都需要我们进行认真切实的研究和分析。我想，这应该是北方文艺出版社选编重印这套《中国现代通俗文学文库》的基本根据。

"五四"开始的中国新文学运动，虽然一开始就提出"社会文学""平民文学"的口号，都是为了通过语言革命的手段，而企图达到文学为人生服务，为普通人所接受这个"文学革命"或"革命文学"的目的。但由于它的作家群基本上都是接受西方文化思潮和文学观念与艺术方法的新式知识分子，他们接受的西方对人生和社会的认识态度和艺术表现手法远离中国平民百姓所喜闻乐见的传统民族文学（尤其是民间文学和通俗文学）的规范，因而它的作品流行的范围还常常只能停留在知识分子的圈子里。观乎鲁迅先生的老母亲，她除过遍读中国旧的通俗小说之外，还喜欢读张恨水、程瞻庐等人的通俗小说，而不喜欢看她儿子的小说，便可窥见此中信息。更由于新文学作家的出身教养和生活世界的局限性，他们作品的取材面也比较显得过于狭小和单薄。从所反映的生活场合与人物类型看来，最成功的往往是知识分子与农民这两大类形象。而对于范围广阔、结构复杂的中国社会的各式各种生活领域，由于接触面不广不深，而留下了许多空白之处，这大约也是他们在文化消费市场上不如通俗小说容易吸引读者的原因之一。而通俗小说的作者却是另一类的人们，他们出身教养和求职谋生手段的复杂性和多样性，正像他们所涉足的社会生活领域的复杂性和多样性一样。一般说来，他们从事文学生涯之前或以后，只是作为芸芸众生中的一员，在人海中随俗浮沉，因此他们继续遍及于生活的各个角落——由上层社会、中层社会到下层社会以至黑社会，都曾出现过他们的身影和足迹。或者说得细一些，他们或曾寄身于军旅，或曾游幕于官衙，或浪迹于江湖，或求食于市廛，或是家道中落的富家子弟，如此等等。总之，他们的社会成分真是三教九流，应有尽有。他们往往是在饱经世变，历尽沧桑之后，或是到了穷途潦倒，无他路可循之时，才下海卖文求生。用我们的语言来说，他们都是一些从生活前线溃退下来的人们，因此对他们说来，卖文往往被看成"贱业"，是所谓壮夫不为的雕虫小技，是一种生活的"下策"。他们是进入文化消费市场从事文化商品贸易的"个体户"，需要迎合社会文化消费需要的风气，投读者之所好与所望，原不过是为了换取较多的生活资料，用以养家活口和吃喝玩乐。其实他们的心境是阴暗的，精神是空虚的。因此他们从不忌讳把自己作品视为供人们的业余消遣品，以"游戏文学"自居。但作为一个小说作者，他们由于了解各种生活，又由于阅历的丰富，对于中国社会的人情世态、风俗习惯都比较

102

熟悉，这就为他们的作品取材开拓了广阔的领域，因此他们笔下出现的生活场景和人物形象的多样性、丰富性和复杂性往往为新文学作家所望尘莫及。比如我们看通俗小说的南派作家，如周瘦鹃、秦瘦鸥、桑旦华、王小逸、周天籁等人的社会言情小说，不仅可以深入窥探江南地区风土民情，对于上海这个"十里洋场"的五光十色光怪陆离的生活和人物，也能尽收眼底。读通俗小说北派作家如李薰风、陈慎言、凫公、张恨水、刘云若等人的同类作品，对于古典型的北方社会，尤其是京津地区由官场到商场，由家庭到社会的人间百态，也可了如指掌，明白如画。从他们笔下塑造的人物形象看，真是上至军阀官僚、富商巨贾、地主豪绅、洋奴买办，下至市井细民、流氓瘪三、欢场儿女、江湖异人等等。总之，凡构成当时中国这个半封建半殖民地社会的各阶级、各阶层以至各种类型的家庭与职业场合的男男女女，城乡居民，无不应有尽有。他们广阔的生活视野，多层次地剖析社会生活的能力，深刻的世态人物描画，有助于我们比较全面和整体、生动而形象地认识和了解我们这个民族那个历史时期的生活现实、社会动态和人情风物。加之这类作者大多有一定的旧学根底，他们的文体自有其独特性，可读性很强，有它自己的艺术价值。所以光从题材学的角度来看，我认为这类作品也有重新出版的价值。自然，这类作者流品不一，鱼龙混杂，正像我们的新文学队伍中，也往往羼入文痞和市侩一样。他们作品的质量也因人因时而异，正像古今中外的一切文学作品那样。因此，在今天收入这部文库时，也必须经过严格的筛选工作才行。

我年逾古稀，自幼杂读成性，而这类通俗小说，以至通俗报刊，多年来也成为我的杂读对象之一，因为我从它们那里往往学习到我在有关中国近现代历史和经济史、社会史等的专门著作里所得不到的知识和认识，可谓获益匪浅。因此，我很赞成北方文艺出版社花些力气编选这套《中国现代通俗文学文库》。借此保存那些应该保存的文化资料，自然也是题中之义。至于我写的称为序言的这篇短文，则只能算是凑凑热闹。信口开河之处，只能请求读者原谅我这个老人的糊涂了。

一九八八年二月，于上海

注：

①本书由北方文艺出版社出版，现已出版《七杀碑》等。

《中国现代十大流派诗选》①序

　　我在灯下展读吴欢章同志主持编选的这部《中国现代十大流派诗选》的目录，深有如遇故人之感。这里入选的近二百位诗人，大部分都是我所熟知的前辈或同代人，其中有不少人还是我的朋友。这里入选的作品，在过去的岁月里，大部分我都阅读过，有些篇章直到现在我还感到喜爱，不能忘却。同时，我在展读之余，更觉得欢章同志他们确是完成了一件很有价值的文化建设工程。这不仅是因为从流派的角度选辑中国现代诗人合集，这还是头一次；更其要紧的是，这里入选的绝大部分各流派诗人及其作品，经过新中国成立以后的历次政治运动，尤其是"文革"这样的历史浩劫，大多已湮没无闻，风流云散，现在要使这些作品起死回生，重见天日，是很需要花一番手脚的。因此，它作为一部从流派角度选辑的中国现代诗人选集，不仅具有重大的文献史料价值；从选本学的角度看，它也是一部收罗宏富而又选材比较精当的选本，从中可以窥测到中国现代诗特有的多元性艺术品格，具有它的欣赏价值。

　　文学上之有流派，是一个文学史上的普遍现象。但是在过去很长的一个时期里，我们往往谈派色变，只是近几年以来，人们才敢于涉足这个中国现代文学史上的危险地带，一探究竟了。其实，文学上的流派，并不同于政治上的党派；文学规律更不等于行政上的纪律。从"五四"开始的中国新诗运动，是在当时特定的历史社会条件之下，由于外国诗的刺激和冲击，而宣告诞生的。正如朱自清先生所说："旧诗已成强弩之末，新诗终于起而代之。新文学大部分是外国文学的影响，新诗自然也如此。"换句话说，在"五四"以前及其以后漫长时期内，世界文学上的不同历史时代，不同国家，不同文学观念和不同艺术形式的诗歌流派，如浪漫派、意象派、象征派、唯美派、未来派以至社会主义现实主义派等等，纷至沓来，先后进入我国，被具有不同思想教养、不同人生态度、不同政治趋向、不同艺术追求和不同美学价值标准的我国诗人所接受和借鉴，从而形成了中国新民主主义革命时期这一历史过程中我国不同的诗歌流派，它们相生相克，此消彼长，构成了中国现代诗史的实质性内容，奠定了新诗在中国现代文学史上的历史地位。

从中国现代诗流派的形成来说，它总是在一定的时空条件下，世界观、人生观、政治观、艺术观相近或相似的人们自然而然所形成的一种以共同的思想要求和艺术情趣为基础的自觉的结合体，有的流派是以刊物为中心，以社团为形式出现的，如创造社、新月社、现代派、中国诗歌会派、七月派等；有的流派并没有中心刊物或社团形式，只是在艺术倾向上形成的一种共同的创作风格，如九叶诗派；有的流派的成员却又分属于不同的文学社团，如归入象征派的李金发是文学研究会成员，王独清、穆木天、冯乃超等则属于创造社；有的流派以地域来分类，如这里收录的晋察冀诗派等。但就是同属一个流派内的诗人，在艺术表现上也各有其自己的个人风格，并不是众人一面，而是人各一面，彼此之间各有其自我特色。因为文学既然是人们通过对生活的内在要求与主观感受，通过个人的审美把握来表现和反映客观世界的一种精神现象，它绝对离不开个性化的主体意识，诗人在创作中，无论在构思、意象、韵律上都是各有千秋，也可以说，没有个性，就不会有诗，不会有文学。因此，就是同属于一个流派的诗人，在艺术表现上也必然会有明显的个性化艺术风格。这也就是我在前面说的，文学流派不同于政治上的党派，文学规律不同于行政上的纪律的原因之所在。正如列宁所说的："无可争议，文学事业最不能作机械的平均、划一，少数服从多数。无可争议，在这个事业中，绝对必须保证有个人的创造性和个人爱好的广阔天地，有思想和幻想、形式和内容的广阔天地。"

我在前面说过，中国现代诗流派，是在外国诗歌流派影响和借鉴之下长成起来的，但绝不能理解为它们只是对外国诗派的机械模仿或简单的"横移"运动，还必须看到中国传统文化和旧体诗词对它们的天然影响和制约性作用。外国诗派是在中国这个有"诗的王国"之称的国家里被引进来的，它们所面对的是一个有着悠久的文化积累和灿烂的诗歌传统的民族，而我们这个民族又是一个在文化上有着强大的凝聚力的民族，她的开放性，正是形成她的文化上的凝聚力的前提。所谓"有容乃大"，她是一个善于不断吸取外来文化来丰富和发展自己文化的民族。因此外国文化进入中国同中国传统文化发生撞击时，必然要经过陶冶和改造的过程，由融会而产生变异，形成一种新的民族文化素质，进入本民族文化系统。从历史来看，"五四"初期的启蒙家，在竭力鼓吹和介绍外国文学时，又着力于用科学方法整理中国的传统文学，发掘民间文学宝藏，注意于吸取和运用民歌、民谣的艺术表现形式来从事诗歌创作，如早期的刘大白、刘半农等人的诗作中都有这种特色。以三十年代左翼文艺运动为背景的中国新诗歌派的创作，尤其在抗战期间，在解放区提出"民族形式"问题以后，这种民族化的倾向更有明显的表现（如这里选录的晋察冀诗派的创作），以后并形成一种文学创作中的主潮力量。即使早期的象征派诗人李金发以及三十年代的现代派诗人如戴望舒、冯文炳（废名）、何其芳等，也都是从晚唐诗风中吸取艺术营养，在艺术表现范畴上，把晚唐诗人的婉约、含蓄和朦胧的抒情手法与欧洲现代派的表现方法互相糅合在一起来从事自己的诗歌艺术创造的。外来文化和传统文化就是在这样的撞击融会中形成一种新的文化素质，充实和丰富了民族文化，诗歌上的外来影响也不例外。

总而言之，中国现代诗或新诗是中国社会大变革时代的历史产物，也是中外文化交流中的新的艺术成果，它在中国诗史上开辟了一个新时代，走出了一条新路子，它与中国现代史同步发展，并以自己的现代化和民族化的艺术创造，丰富和发展了民族文学传统，并对世界文学的发展做出了自己的新贡献。

我国进入新的改革开放时期以来，外国社会思潮和文学思潮又作为一种新的文学冲击波进入了我们的文学世界，在中外文化重新汇合的新的历史形势下，欢章同志他们编选的这部《中国现代十大流派诗选》，从中国现代各流派诗人的诗歌创作实践中，或许还可以为今天从事诗歌创作和研究的人们，提供一些有益的历史启示，从这个意义上说，这部《中国现代十大流派诗选》在今天编选出版，有其现实的使用价值。

一九八八年三月下旬在上海

注：

①本书由上海文艺出版社一九八九年出版。

《新月散文十八家》[①]序言

　　中国现代意义上的散文，正是以科学和民主为旗帜的"五四"新文化运动的产物，因为这个以反封建专制主义文化传统为其历史任务的思想解放运动，正是在中外文化撞击和融会中，中国知识分子面对世界和自己生身的现实，精神觉醒后的历史运动。因此，也正如史家所说，这次思想启蒙运动，它的最大历史功绩，就是人的发现，或个性的发现。而散文则是最能体现作者的个人主体意识的文体，它的体裁，无论是写实、抒情或议论，无不带有鲜明的作者的个性特色；作者的身世、思想、信仰、理想、情感、性格、趣味以至他的精神世界深处的波涛浪花和他的审美观念，在这里无不展示无余。他们笔下抒写的正是他们生活经验中得来的认识和感受，他们对生活的态度和评价、理解与追求。他们的"灵感"来自个人的生活世界。正因为如此，散文才被众多的史家称之为"五四"新文化运动中成就最大，最能体现"五四"新文化运动思想性格的一种文体。

　　二十年代出现的新月派，是中国现代文学史上的重要文学流派之一，也是"五四"新文化精神所开拓的文学社团流派之一。由于它的构成人员，大都是受过西方文化教育熏陶，而又居于中国上层社会的文人学者阶层，他们对现实世界的认识、感受和评价，他们的人生理想和追求以至生活态度和审美趣味，必然与当时处于文坛主流地位的左翼文学运动发生摩擦和矛盾，甚至激烈的争吵，因而受到声势浩大的前者的激烈批判与排斥。因此，新中国成立以后，由于文艺指导思想的某些失误，"左"的思潮的每况愈烈，"罢黜百家，独尊儒术"的大一统的文化观念的回潮，包括新月派的非左翼文艺的文学社团流派只能在历次出版的现代文学史著作中处于受审判的历史地位，它们所属的作家作品自然也就都从读者的文学视界中消失了。

历史终于历经曲折和艰险地进入八十年代，我国走向了改革开放的历史新时期。在开放性的文化环境下，结合粉碎"四人帮"以前的一浪高过一浪的文艺界的政治运动的丰富的历史经验和教训，中国知识分子在新的历史觉醒中，在反思中开始了重写中国现代文学史的热潮。重新审视、认识和评价从二十年代末以后，中国文艺运动中的一切社团流派之间的论争，以及多年来因政治原因受到查禁和湮没的作家作品。同时，以充分发挥作家的主体意识、最具有个性色彩的散文，也从多年来的奄奄一息、一蹶不振中，得到了复苏，重又得到了正常的发展和繁荣。人们仿佛又回到了"五四"初期对文学功能多元性的认识境界。因为文学本来应具有自己的独立性格和价值，除去它的认识意义，还有审美价值和娱乐功能。它是一种复杂的精神现象的升华。那种把文学仅仅看成是政治经济的机械呆板反映的庸俗唯物主义的单向视点，最终必然导致扼杀文艺的真实生命的后果，这已是今天有目共睹的一条颠扑不破的历史经验。因此，新月派作为一个中国新文学运动中有重要影响的流派，也自然引起学术界注意和成为研究的新课题。这个流派的重要作家的作品，也重新陆续问世，出现在文化市场上。但一般眼界都集中注意于这个流派在诗歌领域里的成果，对于它在小说以至散文上的贡献和成就则比较忽视。其实，就以它的散文创作来讲，其成就亦颇为可观，自有其特色。它的许多名篇，不仅当时引人注目，影响深远，虽然经历了历史风雨的冲击，今天仍然保持着它的特有的艺术光彩。作为新月派发源地之一的上海，现在选编出版这部《新月散文十八家》，我认为它实在填补了新文学选本中的一个空白。它不仅保存了一些应该保藏的文献史料，也为人们研究和鉴赏这一流派的散文成就，提供了一个比较理想的选本。因为这个选本的作者面较广，又经过编者严格的筛选，不仅选入了那些久已脍炙人口的名家名篇，更选入了不少足以反映这个流派的文学性格、审美观念和个性色彩，而又多年来被遗忘和疏忽的作家作品，也充分反映了这个以上层知识分子为骨干的文学流派的散文特色和成就。

上海书店前几年重印了由新月派重要诗人，后来改行研究甲骨文，并在"文革"中受难身亡的陈梦家三十年代编选的《新月诗选》。这里入选的诗家有十八人，和王孙同志现在选编的《新月散文十八家》，可谓不谋而合，各有千秋，它们分别集中反映了这个文学流派在诗歌和散文领域里的丰硕成果。

我与王孙同志已有近四十年的交谊了。一九五五年反胡风运动中，他因受我株连，曾蒙受不白之冤，受到批斗。他胸襟开阔坦白，为人直爽热诚，因此在一九五七年又成为"扩大化"对象，身陷难境。但他终于在漫长的历史风雨中，在到处是陷坑和泥泞的坎坷的人生道路上走了过来，在原来的文学编辑岗位上继续为新时期的文学事业，做出自己应有的努力。这本《新月散文十八家》，正是他努力的成果之一。我乐意向新时期的读者推荐这个颇有特色的散文选本，同时也是为了纪念我和王孙之间那段患难的情谊，而写了这篇称之为序的小文。

一九八九年二月下旬，于复旦大学

注：
①本书由上海文艺出版社一九八九年出版。

从清理重灾区入手①

　　对中国现当代文学史进行重新审视和反思的进程早在拨乱反正时期就已经开始了，不过，当时研究者所使用的评价标准在很大程度上还是旧的一套。因此，往往容易从一个极端走向另一个极端。尽管前些年已有同志从事重新审视和反思中国现当代文学史的工作，但大多处于散兵游勇状态。现在，一些报刊明确打出了旗号，造成了声势，这样做效果是不一样的，这是一件非常有益的事情。而且，我还认为：这项工作应该更多地由年轻一代人来承担，他们没有历史恩怨，更没有个人的利害关系，就如同戈尔巴乔夫对斯大林的清算比起赫鲁晓夫来要彻底得多一样。

　　我觉得，对中国现当代文学史的重新审视和反思首先应该从清理重灾区入手。所谓重灾区，在我看来，主要表现为以下几个方面：

　　其一，文学史观的狭隘和偏颇。由于种种原因，长期以来，我们在文学史研究中缺乏科学的文学史观，而常常将革命史与文学史混为一谈，因此造成了文学史研究中的许多空白或遗漏，这样一种褊狭的文学史观致使我们以往的文学史研究有两点明显缺陷，即在整个文学活动中以政治立场画线，非左翼不要；而在左翼文艺内部，又以宗派画线，排斥和贬低不同意见。这样一来，现当代文学史就出现了不少缺门和失误。其实，"五四"时期开始的新文学本身就是多元的，"五四"接受西方文化的影响也是多元的，但由于文学史观的褊狭，使得我们过去的文学史著作留下了许多空白点，如通俗文学、"伪满洲国"的文学、沦陷区的文学、港台文学、海外华人文学、京派海派文学等，社团、流派的研究也不多。而这些空白点有的则已被外国人注意到了，例如美国学者写出了《不受欢迎的缪斯——1937—1945年的上海、北京文学》；又如对我国现代的通俗文学或市民文学，日本、美国都进行了深入的专题研究，甚至成立学会。如此种种文学现象本来是客观存在着的，你可以有不同意见的评价，但不能因为政治观点的不同而加以排斥或置之不提，这不是马克思主义的历史唯物主义精神。

其二，由文学史观的褊狭而带来的对具体作品、作家评价的失误。有的明显偏高，有的则明显偏低。例如，对"左联"五烈士，他们对中国的革命当然有自己杰出的贡献，这在中国革命史上是应当予以充分肯定的，但他们的文学成就究竟有多高这就需要重新评价了，有的连作品都很少。再如，对施蛰存主办的《现代》杂志的评论就明显偏低，即使以政治观点而论，在《现代》上，也经常出现左派阵营内的文章。

除去清理重灾区外，在重新审视和反思中国现当代文学史的工作中，也还有一些重要的理论问题及文化现象需要认真思考和讨论。例如：许多跨现当两代的作家都是从反封建起家，而最终又回到了封建思想的窠臼，这是为什么？又例如：对中国现当代文学的研究不仅要注意它和西方文化的联系，同时也应重视它和中国文化传统的联系，我们后来所出现的大一统式的文化专制主义实际上和封建文化传统有着紧密联系。再例如：作家自身的人格问题，对这个问题的研究不妨从小地方、不经眼处着手。在过去频繁的政治运动中，有些作家在年轻时偏激、易变尚可理解，但成了老头子了还要落井下石，推波助澜，这不能不考虑他们的人格素质。顺便说一句，不仅中国现当代文学史需要重新审视反思，古代文学史亦然，诸如"武则天文学""儒法斗争文学"之类的说法都是很荒唐的。因此，我们的工作面需要广一些、点需要深入一些。总之，对中国现当代文学史的重新审视和反思是为了清扫垃圾，还历史本来面目。褊狭的文学史不仅误人子弟，同时也对当前文学发展有危害。当然，我们目前正处于一个新老交替的历史时期，这项工作受到有些人的诘难和抵触也是必然的，但作为一项科学的研究大可不必顾忌，历史终究是无情的。马克思认为"科学的入口，正像地狱的入口一样"，因此，他用但丁的两句诗来要求自己："在这里一切的疑惧都须抛弃，一切怯懦的念头都须化除。"经典作家的这种治学精神，值得我们永远奉为信条。

一九八九年五月二十七日发表

注：

① 本文是作者应《文艺报》编者采访，就"重写文学史"问题发表看法的谈话摘要，经作者审定后，交该报在《老教授三人谈》总题之下发表。另两位教授是钱谷融、徐中玉。原载《文艺报》，一九八九年五月二十七日第三版。

与查志华谈"现代都市小说"①

查志华（以下简称查）：贾先生，由您主编的《现代都市小说专辑》最近由上海书店影印出版了，我已读到了刘呐鸥的《都市风景线》、穆时英的《白金的女体塑像》、黑婴的《帝国的女儿》。即将出版的听说还有施蛰存的《将军底头》、穆时英的《圣处女的感情》、徐霞村的《古国的人们》、杜衡的《漩涡里外》、叶灵凤的《红的天使》、徐訏的《精神病患者的悲歌》和无名氏的《塔里的女人》等。

中国人的头顶上，至今照着的还是徐志摩先生当年说过的"月亮也是外国的圆"的那一轮明月。"今人不见古时月，古月依旧照今人"，是一个恒久的定律。国人说起外国的现代派来是那样地眉飞色舞，如数家珍，卡夫卡、普鲁斯特、乔伊斯、伍尔夫、劳伦斯、福尔纳、萨特、加缪等等，真有着"直把杭州作汴州"的感情，精神的家园在西方。对中国自己的现代派作家，我们都不约而同地保持着缄默。此次您和上海书店通力合作，扮着考古学家、出版商和古董贩子的角色，终于把被长久尘封的中国自己的现代派作家请了出来，和读者见了面。

贾植芳（以下简称贾）：中国人编《中国现代文学史》，有一种很奇怪的现象，越编人越少，许多作家消失了，不见了，文学史变成了政治史，一切的取舍都由政治观点来决定。现代派作家，长期受着不公正的历史审判，被鲁迅先生等说成是"第三种人"，甚至是"满脸擦着雪花膏的洋场恶少""卖淫书的瘪三"，所以名声一直不好。其实，左翼作家的好多文章，如鲁迅先生的《为了忘却的记念》，都是在现代派的主要阵地——施蛰存先生编的《现代》杂志上发表的。施先生早年在震旦大学时参加了进步的社会活动，被校方除了名。这样看来施先生倒是名副其实的第一种人，而不是"第三种人"。但是因为毛泽东讲过鲁迅先生"三个伟大"，所以在当时的历史情况下，鲁迅先生的话往往能左右一个人的政治命运。这样到五十年代"大鸣大放"时，施蛰存先生为自己做了一些辩护和解释，结果反而就被打成"右派"。

当年西方现代主义文学思潮的传入，对我国新文学的发展产生过影响。二十年代末上海有几位青年作家在这方面做了探索，形成了一个表现现代都市生活的小说流派。现代都市小说以吸收西方现代小说技巧为手段，着重反映现代都市的生活节奏，揭示现代都市人的生活方式、心态及其种种精神现象，是新文学发展中的一个重要环节。

上海作为世界性大都市的地位，早在二十世纪初就已得到确认。后来发展更快，大饭店、大商行、大银行、大公司、大工厂以至酒吧、舞厅、咖啡馆、电影院越来越多，大老板、大经理、大商人、大少爷、大小姐和姨太太、交际花、舞女、电影明星、小开不断出现，英国人、美国人、东洋人、犹太人、白俄、红头阿三、安南巡捕、欧仆走马灯似的到来，好莱坞电影、留声机、爵士音乐、霓虹灯、广告牌、飞机、汽车、狐步舞、摩天楼、国际资本主义势力的介入、半殖民地半封建的经济格局、异域的文化思想、异国情调的生活方式，五光十色，光怪陆离，使上海名副其实地成了"东方的魔都""东方的巴黎"。三十年代我在香港住过，那时香港虽是个自由港，但一没有自己的工业，二没有自己的文化，远远不能和上海比。那时的东京也不如上海，所以那时的日本文人有的都要来上海领略一番世界文化的最新气息，看几部最新的电影。

（查志华心里嘀咕但一直没有说出口的话）：怪不得有一年胡适在香港发表了好像是以"南粤文化的重镇"为标题的讲话，回来后就遭到了广州人好一阵"嘘"声。那时候，连广州人都看不起香港人，更不用说上海人了。

贾：作为一个国际性的都市，那时的上海与世界文化是同步的，真可谓"国际上刮什么风，上海就起什么浪"。那时的一批作家，外文好，中国古典文学的底子又厚，可谓学贯东西，博古通今，每个人身兼几职，有几副笔墨，又搞外国文学翻译，又搞中国文学创作，又搞学术研究，又办杂志，又开书店。外国文坛上的最新信息，上海的报刊上很快就有介绍。在茅盾主编的《小说月报》上，茅盾先生自己就写了二百七十多条有关外国文学的报道，赵景深先生也写过不少。外国文学创作中的新思潮、新方法、新理论，什么意识流、新感觉派、心理分析，无一遗漏地得到了介绍。

大都市上海提供了最现代、最时髦的都市生活经验，刘呐鸥、穆时英、施蛰存等这批作家又都有着非常现代的文化结构和创作意识。这样，在二十年代末期至三十年代中期，就在上海形成了一个现代都市小说流派，形成了一个现代都市小说创作的作家群。

查：现代都市小说流派的出现，对中国的现代文学发展有何意义？

贾：现代都市小说是正在成熟的都市文明的产物，是以上海为代表的大都市高度发展后的产物。它的主要特征是都市性和现代性。中国的现代文学传统历来重视农业文明，乡土文学是"五四"以后文学发展的主调。在中国现代作家的心灵上，永远负荷着一个愚昧、落后的乡村阴影。鲁迅先生的小说《阿Q正传》《故乡》《祝福》就是这种压力的代表性作品。一部中国现代文学史多少可以说是"乡土中国"的缩影。都市文学非但不开展，还很不受重视，常常被打入冷宫，一笔勾销。

照理说社会的进步，是从农业社会向工业社会转化，可是我们五六十年代搞了《霓虹灯下的哨兵》，连霓虹灯和南京路，这些都市文明的表征也作为敌对的东西批判了，看上去是马列主义，实际上却是农民意识。这以后老的现代派没有了，新的现代派也出不来。八十年代开始，又重新拿了出来，波德莱尔、尼采、叔本华，青年人都以为是新事物，其实是炒冷饭，早来过了，清朝末年以后就纷纷来了。

西方工业革命的成功，形成了以城市为中心的社会生活格局。西方现代文学艺术的产生离不开城市。抽去了巴黎、伦敦、维也纳、柏林这些大城市，西方现代文学艺术也就无由产生。而当时中国能和世界大都市对应的只有一个上海，能和西方现代主义文学思潮直接对话的基本上也只有这一个都市小说流派。只是这个现代派带有强烈的中国色彩，是半封建半殖民地的产物。它里面出现的人物，如姨太太和买办，就是这种经济格局的产物。

现代都市小说的重新出版，可以提醒我们将现代文学史补齐，同时也可给现在的青年人借鉴。现代文学史不仅残缺不齐，许多地方还面目全非，把一些成就不高的人拔得太高。所以我非常赞成"重写文学史"。过去我们常常根据政治斗争的需要来解释文学现象，来褒贬作家的创作成就。真正的作家、学者出不来，倒造就了不少大批判专家。

查：您对眼下的现代派作家及其小说创作印象如何？

贾：我觉得他们不如二三十年代那帮人。所谓现代都市小说流派，需要有两大条件。首先他们描写的内容是都市的，是现代的；再则他们的创作技巧又是非常新的，非常现代的，是直接借鉴于西方现代小说技巧的。刘呐鸥那批作家就是在那种生活中长大的。他们写酒吧，写舞厅，很顺手。我们现在是个体户有钱跑酒吧，但有钱不一定有文化，不一定会写。他们写汽车，不厌其烦地写汽车的牌子、生产的年份。因为汽车实际上是都市文明的一种象征和符号。他们那时候开车的和坐车的是一种人，是一种文化体系，我们现在开车的和坐车的是两种文化体系。就文化素养和知识格局来讲，现在的现代派小说作家也不如施蛰存先生他们。施先生他们外文好，能直接阅读和翻译原著，现在的作家大多只是通过别人的译本读些外国作品，这样写起来就不深，不自然，模仿到的只是一些皮毛。

查：照您的分析，新的现代都市小说什么时候能够产生？

贾：现代都市小说是工业社会和现代文化的产物。我们现在基本上还是农业社会，没有这样的文化背景和心理感受，暂时还不具备产生这样的作品的土壤。二三十年代曾经那么昙花一现地有过，那和国际资本主义势力的介入及上海这个国际大都市的形成分不开，同时它又带着强烈的半封建半殖民地色彩。

在一种生活中泡大，同为了去了解素材而深入生活，感受是大不一样的。前几年白先勇先生来访，他对我说，茅盾先生写《子夜》，《子夜》里的资产阶级和白先勇亲眼见到的资产阶级是很不一样的。因为白先勇有那样的生活，茅盾却没有。

《上海的早晨》中写下午三点钟，资本家叫用人出去买生煎馒头，这哪里是资本家，是上海石库门房子里的阿姨。上海的资本家，不少家里都是有点心师傅的。

没在这种生活中泡过，绝不会有这种文化意识、文化格局。

（查志华在心里嘀咕而没有说出来的话）：上海现在多的是潮水般滚动的自行车文化和站台上黑压压一片的公共汽车文化（至此，突然对刘心武的《公共汽车咏叹调》的象征意义有了新的领悟）。上海人不仅比不上香港人，就是比广州人、福州人、厦门人、海南人、深圳人、珠海人乃至石狮人、晋江人、温州人都一律地矮了半截。甲肝的爆发性流行、陆家嘴死难事故的发生，更使上海人伤了元气。上海这个中国的最大城市，和国际性的大都市相比，多少有点像"都市里的村庄"。当我们大谈特谈纽约的自由女神像、巴黎的埃菲尔铁塔、悉尼的歌剧院、多伦多的电视发射台时，我总感到一种深深的悲哀，就好像苏北盐城人津津乐道上海的南京路、淮海路、大世界、华联商厦而上海人却对苏北盐城有几条马路一无所知一样，上海人成了国际上的苏北人。

贾：在目前的作家中，程乃珊还是具备这方面生活素养的。她的《蓝屋》可以算是近年来第一部描写都市生活的小说，虽然小说中的物质生活还只是停留在三四十年代的水平上，但作品还算成功的。《花园街五号》也可算是都市小说，通过一幢房子，描写了一个家庭的变迁。但这两部小说用的都是现实主义的创作手法，不能归入现代都市小说这一流派中去，只能算是社会主义现实主义文学中的都市小说。

查：您怎样评价中国当代作家？

贾：从生活的积累上看，当代中国作家比前辈作家强。他们中不少是"右派"和插兄插妹，曾经被抛到过生活的底层，对人生体验的深度和广度，胜过前辈作家。他们的缺点是文化素养不高，文化视野不够开阔。"五四"以后的作家，又搞创作，又搞翻译，又研究中国古典文学，知识面很宽，是多面手。我们现在的有些作家，知识结构不完整，知识面又不开阔，就那么多生活积累，作品写完了，生活积累用光了，人却流到了上层社会，不愿再去当插兄插妹，就只能胡编乱造，变成精神贵族，这是一种悲剧。

查：您对大陆文坛和台湾文坛怎么看？

贾：大陆目前是出史诗的时代。改革开放，时代在转轨，在动荡，生活感受已有，但目前好像还出不来大作品，这跟文化政策、作家的创作心态、文化素养都有关。经济的冲击，使得大家心里都不宁静，坐不下来。

按理眼下应该是出大作家的时候，但就是出不来。

台湾的小说有的写得很精致，但缺乏思想力度，是在食堂里排队买饭的大陆人无论如何也看不进去的。

多年来，大陆上的现代文学史弄得残缺不全，敌占区文学、孤岛文学、伪满时期文学、海外华人文学都是空白，外国人也看出来了，一个美国人就写了一本书，书名就叫作《不受欢迎的缪斯——1937—1945年的上海、北京文学》，另外对张资平创作的初期，我觉得还应该肯定，他还是一家，李长之曾撰文称他为"中国的左拉"。张资平后期越来越不行，专写色情文学。

对八十年代涌现出来的文学青年，我觉得可以有所指望。他们大都注重自己的外文修养，他们的知识结构比较全面，文化视野也比较开阔，生活比较稳定，如果他们能从容地有选择、有批判地接触西方文化，同时又能比较客观地看待中国的事情，他们中可能会有人写出一些好作品来。

一九八九年六月发表

注：
① 原载《文学角》双月刊，一九八九年第三期。

120

关于胡风的文艺思想①

　　胡风是个文艺理论家，他因为他的文艺思想而受难，也因为他的文艺思想而永生。在中国，五十年代以后的受难者有许许多多，现在大多数人都已获得平反昭雪，但对胡风来说，他的冤案的平反不仅仅意味着他个人在政治上、品性上的清白得以证明，也不仅仅意味着因他的关系而受株连的上千个善良无辜者的灵魂得以安息，还有，胡风的平反意味着胡风的文艺思想将重新引起人们的注意。他在一九四九年以前写的九本著作重新由人民文学出版社出版，他在五十年代向中央最高领导人提交的"三十万言书"，于一九八八年也由《新文学史料》重新刊发，胡风的文艺思想三十年以来第一次不带一点"罪孽"色彩地袒露在当代年轻人的面前，使人们终于发现，文艺史上许多因为后来的历史大劫难和血的教训迫使当代人认真反思的尖锐问题，譬如如何区分现实主义与政治工具？如何在创作中体现大写的人的力量？如何借鉴与引进外来进步文艺的营养和批判传统文化的封建糟粕？如何反对庸俗社会学对文艺创作的腐蚀？如何冲破"重大题材"的理论束缚而深入日常生活？如何从生活中去把握活生生的、有血有肉的人物真实性而反对去写神化的英雄人物？等等，这些问题都是当代文坛上的理论工作者迫切、严肃地思考的问题。但是，早在这位蒙冤含辱的老人三十年以前的文艺思想里，这些问题就已经引起了足够的深思，并在理论范围内给予了深刻的揭露与探讨。某种意义上看，胡风文艺思想给当代文坛带来的震动，比胡风本人以及胡风冤案的传奇性与动人性更要壮观得多，也正是这个原因，胡风文艺思想比胡风本人更不容易获得某些人的宽容，以致使胡风文艺思想的平反比他在政治上的平反要整整迟到八年之久。

　　一九八八年六月十八日，中共中央办公厅发出了〔1988〕6 号文件，在一九八〇年对胡风集团做政治平反的基础上，又对他的文艺思想、宗派诸问题做了进一步的澄清和新的说明。文件宣布撤销原来文件上对胡风关于"五把刀子"的说法的指责，并明确指出，胡风文艺思想问题完全可以按照宪法关于学术自由、批评自由的规定和"双百"方针，让人们通过文艺批评进行正常的讨论。这就意味着胡风文艺思想又可以作为一种学术思想在国内的理论界展开平等的自由的讨论了。但是我们，特别是作为胡风的朋友，又同是受难者的我们，又不能不由衷感到这个文件来得太迟一些了，因为作为当事人的胡风在这个文件下达时已经去世三个年头了。如果他能够活着知道他的文艺思想已经取得了他一贯视为精神支柱的党的理解与谅解，他该会有多么高兴。

　　不过，广大的理论工作者并没有因这个文件的迟到而停止他们在学术上的探索和思考。早自一九八一年起，陆陆续续的，国内学术界就开始发表重新评价胡风文艺思想的文章，最早是在江苏的《雨花》杂志上，发表了吴调公的《关于胡风现实主义文艺思想》的文章，介绍了胡风的现实主义理论；第二年，北京《中国现代文学研究丛刊》上陆续发表了关于胡风"民族形式"理论的争鸣，到第三年（一九八三年），《苏州大学学报》发表胡铸的《论胡风的主观战斗精神》，总算正面接触到胡风文艺思想的核心。当然，这些文章基本上还是属于"拨乱反正"，为胡风洗冤性质的。以后又出了许多研究、阐释胡风文艺思想，并且通过对胡风文艺思想的研究，来总结中国新文学史的经验教训，深入揭露理论上的教条主义给文学创作带来的严重危害。有些文章谈得很深入。譬如《文学评论》一九八八年第五期上发表的支克坚的《胡风与中国现代文艺思潮》、钱理群的《胡风与五四文学关系》、艾晓明的《胡风与卢卡契》以及一个关于胡风文艺思想座谈会上的一些与会者的发言。《上海文论》一九八八年第六期上发表的陈思和的《胡风文艺理论的遗产》，以及辽宁大学出版社出版的梁振儒、顾荣佳编著的《披荆治林者的足迹》，收入了从一九八五年到一九八八年间有关胡风文艺思想研究的理论文章；此外，湖北出版的《湖北作家论集》，三辑里每辑都收入了一些关于胡风文艺思想研究的文章；这一些文章，都可以看作是这一时期国内学术界对胡风文艺思想研究的初步成果。

对于胡风文艺思想的面面观，这些论文已经有了很好的阐释，我在此不必重复。我就以个人感受简单地谈一些对胡风文艺理论的解释。胡风的文艺思想比较复杂，又多是针对了三十年代到五十年代文坛上的实际斗争而发的，所以非局内人或者非专门搞理论研究的人，一般不一定弄得清楚。特别是因为胡风不是个纯粹的理论家，他是一个诗人气质很重的人，在他的理论表述中，夹杂着许多他自己创造的，没有经过严格的科学界定，却带有很浓重的主观愿望色彩的词汇，像"自我扩张""自我斗争""主观战斗精神""精神奴役创伤""血肉的现实的人生搏斗"，等等。本来一个理论家创造出特殊意义的词汇来丰富自己的理论体系，使自己的理论表达得更准确，并没有什么坏处。可是胡风所处的年代，正是文化水准普遍低下，教条主义盛行的年代，一般人，甚至是文化工作者，面对着从抗战到建立新的政权这一时代的大变动，根本无法从直感上把握住时代，他们只能紧紧依靠一些流行的理论术语和理论的"本本"，按图索骥地去摸索时代到了怎样的一步。这样的情况下，一些理论的术语都被注入了固定的政治含义，像"无产阶级"就代表好的，"资产阶级"就代表坏的，"唯物主义"就代表正确，"唯心主义"就代表错误，这样就很容易记住。按照这些含义简单的名词来思考问题，一方面使人人都变得懂政治，懂哲学，懂文艺；另一方面，政治、哲学、文艺的复杂内涵都被简单化、庸俗化了。而胡风所创造的一系列含义特殊的新名词、新概念，完全不属于当时所流行的这套理论术语系统，所以它们无法被一般的人，甚至是担任各种领导工作的人所理解和认同。于是，人们就把这套新名词新概念以及它们所表达的文艺思想，都视之为异己。就好像古代有一个寓言，一个地方的猪都是白颜色的，于是当地人人都认为猪只能是白色的。后来有客人从别的地方带来一头黑猪，尽管它确实是猪，却谁也不承认它是猪，反把它视作妖孽。胡风的文艺思想当时就有这种被人们认为黑猪不是猪的处境。尽管无论在主观上还是客观上，胡风都是一个努力的马克思主义理论家，他始终努力地要把自己的文艺思想与当时时代以及共产党对文艺的要求融合起来。

譬如说，胡风的"主观战斗精神"是什么呢？通俗些讲，就是作家的一种战斗的人生观，一种战士的"人格力量"；从创作实践来说，就是作家在认识和表现现实生活时的立场和思想感情，它包含着作家对人生的强烈的爱憎态度。胡风所指的"战斗精神"也是有特定含义的，是指"从无产阶级先锋队所发动所领导的历史大斗争爆发出来的产物"②。也就是指人民大众反帝反封建的现实环境下的伟大实践精神。如果用这样的话来表达，一般人都会认同，但胡风偏偏用只属于他个人的语言来说出这个意思，就遭到了很多人的误解。因为胡风提倡文学创作要高扬"主观战斗精神"，这里面有"主观"两个字，人们就认为你提倡"主观"，就必然反对文学反映客观现实生活，你既然提倡"主观"，那就是提倡"唯心主义"，唯心主义就是错误的，那么所谓"主观战斗精神"就是错误的，这种荒诞的解释和荒诞的引申，在当时却顺理成章。

还有，胡风曾提出文学要写出人的"精神奴役创伤"，什么是"精神奴役创伤"呢？其实就是"缺点错误"，文学要写出生活中活生生的人，当然要写人的缺点。广大生活在底层的劳动人民，特别是农民，受着上千年封建主义的物质压迫和精神压迫，受着小生产私有观念的影响，在他们精神上造成了极其深重的被奴役的痕迹。像阿Q，当他被人出卖，将送上法场时，他还在努力地画一个签押的圆圈，还为画得不圆而伤心，这种麻木、愚昧、自卑，集中地表达出封建意识形态对一个落后农民的毒害，把这个细节写出来，产生了震撼人心的艺术效果。鲁迅把这种缺点概括成"国民性"，胡风进一步具体化，称之为"精神奴役创伤"。为什么要用这个词呢？胡风自己有个解释，他说："在科学分析上用'缺点'去指明，但在创作上一定要用'创伤'去感受。"③胡风用的是形象思维，他的概括集中表达了鲁迅在著名杂文《春末闲谈》里描绘的一种现象。鲁迅说，有一种细腰蜂，它用毒针刺在小青虫身上，让小青虫处于不死不活麻木状态，然后就在小青虫身上产卵，等卵变成幼虫时，就靠食小青虫为生。鲁迅认为数千年来统治者就是这样用封建意识毒化了人民，使人民处于不死不活的状态，为统治者所奴役。胡风正是从这一形象延伸出"精神奴役创伤"，认为在劳动人民身上，有着几千年封建统治的"精神奴役"所造成的"创伤"，进步文艺就应该像鲁迅那样，挖掘出这种创伤，使人惊醒，克服这种"创伤"而走向新的人。这本来是一个常识，就连毛泽东也说过，对人民群众的缺点错误不是不能表现。当时鲁迅对"国民性"的批判正受到成千成万的研究者颂扬，但是胡风这个提法却受到了许多人无情的攻击。他们认为，胡风既然提出要写人民的"精神奴役创伤"，那么就是反对写劳动人民的英雄形象，就是丑化人民。

这样一些例子还有很多，胡风的每一个观点当时几乎都受到了严厉的批判。现在仔细看起来，胡风的理论和当时处于正统地位的马克思主义文学理论并不是根本对立的体系。五十年代的一些批判胡风的文章，大多数都是在概念术语上望文生义的错误解释，任意地夸大本来就是由批判者自己造成的理解上的错误，并把这种错误强加到胡风身上，这看上去很荒诞。但在当时，这场荒诞剧是用很严肃的态度去演出的。其实，胡风在理论表述上运用大量新的名词概念并不是胡风的错。正相反，这表现了一个理论工作者的特点，胡风自觉地在实践中学习和接受马克思主义，努力去把握时代的本质，但他从没有把这些新获得的理论感受立刻照搬到他的理论中去，按一般的本本主义者那样，照抄一些教条了事。当胡风亲身感受了时代的进步与理论的进步以后，他就努力从自己活生生的感受出发，创造出活生生的理论语言，让他尽了力而获得的马克思主义理论融化到个性化的文学语言中表述出来。因此，胡风的理论，既阐释了马克思主义的文学基本原理，又融合了他自己独特的理解与体会。他是将一个时代的统一的政治语言转化为富有个性的文学语言表述出来。可是，令人遗憾的是，他所处的时代的文化要求恰恰相反，那是一个走向统一的时代，文化上要求千姿百态的个性统一到一个时代声音中去，而不是将一个时代声音转化成千姿百态的个性加以表达。时代对个人的文化要求与胡风对时代精神的独特追求逆流而行，这就使本来很正常很富有个性的文学理论语言变得非常刺耳，其结果是胡风成了他的语言的牺牲品。

这里还有一个潜在的原因，胡风的文学理论语言的与众不同，正暗示了他的理论本身也潜藏着内在的矛盾。因为胡风自始至终认为自己是马克思主义文艺理论家，他追随的是马克思主义经典作家所指引的、由苏联以高尔基为代表的革命作家实践了的社会主义现实主义道路，这一点他与大多数中国的马克思主义理论家别无二致。正因为这样，中国马克思主义文艺理论在发展中所经历的曲折，苏联初期"拉普"派给中国左翼文学所带来的教条主义影响，抗战以后日益趋向正统地位的政治工具论，等等，都不能不对胡风的文艺思想发生影响。但这时候胡风就表现出他独特的个性：他没有在服从并献身于一个伟大革命实践的同时，完全放弃对人格独立性的追求。他需要从自己独有的感受中来理解这个世界，宁可在感情上经历可怕的甚至是痛苦的折磨，也不轻易放弃思想的权利来换取个人前途的辉煌。这种矛盾冲突对一个真诚的人来说是相当痛苦的。他要表达出这种不同于时代风气的声音，只能选取那些与众不同、饱含着个人感情色彩的、而在政治明确性上又措辞含混的新名词概念，企图把他的感受通过文学语言直接地表述出来。正如前面所举的两个例子，他不用"作家对生活的立场、态度和思想感情"而取"主观战斗精神"，不用"劳动人民的缺点错误"而用"精神奴役创伤"，很明显，前二种术语是政治语汇，而后两种术语是文学语汇，前两种术语在政治批判上是清晰的，但在个人感受上缺乏情感色彩，而后两种术语在政治定义上较模糊，但在文学上感情是强烈的。以后一组对比作例子，"缺点"是一个抽象的客观现象，而"创伤"则是一种看得见摸得着、甚至会产生痛感的一个名词，主观性就突出了。胡风正是通过这种名词语言上的革命，力图使自己，也使文艺理论，从冷冰冰的政治教条的阴影下解脱出来，成为活灵灵的与时代、与人民呼吸与共，但又保持了鲜明文学特性的"这一个"。

　　这就是胡风的文艺思想和文艺理论与当时占时代正统地位的文艺思想、文艺理论所不同的地方。如果从历史渊源上说，也就是马克思主义文艺队伍中的两种现实主义理论长期冲突的结果。胡风曾说过："从我开始评论工作以来，我追求的中心问题是现实主义（社会主义现实主义）的原则、实践道路和发展过程。"④但是，现实主义在中国现代文论史上有着各种各样的解释，以三十年代左翼文学内部而言，现实主义就出现了两种倾向，一种是在二十年代"革命文学"中形成的，又被三十年代左翼文学所继承了的现实主义，认为文学的任务就是"文学者应当描写民族解放斗争的事件和人物，努力创造民族英雄和卖国者的正负典型"⑤。或可以说，这种现实主义所关心的是现实的政治斗争，是为了更好地为现实斗争服务，这条现实主义的路，从理论上讲也就是所谓反映"本质"论；另一种倾向的现实主义则是胡风所主张的，虽然他并不反对文学要反映现实的斗争，但他考虑更多的是人的因素，即怎样在现实主义创作中进一步发挥人的主体性的能动作用。从理论上讲，这条现实主义的路也就是体现了"主观战斗精神",批判"精神奴役创伤"的道路。两条现实主义的道路,一条出发点是政治,另一条出发点是人学。胡风把人的强烈因素注入了文学,注入了现实主义,这恐怕就是他的理论至今仍有生命力的原因所在。

所以看来,胡风的文艺思想是相当有意思的,从胡风主观上来说,他努力将马克思主义和时代的文化要求融化到自己独特、真实的感受中去,并用独特的文学理论语言把它表述出来;但客观上,恰恰是这种独特的表述,使他的理论与时代的文化要求格格不入,被视作异己,为此他付出了沉重的代价。但反过来看,也正是这些以人为出发点的独特感受,使胡风的理论至今仍有价值,今天的人们总是把胡风的名字与"主观战斗精神""精神奴役创伤"等理论联系在一起来讨论,这是现代文艺理论史上很少有的荣誉。胡风的文艺思想给他本人带来的究竟是灾难还是幸运,这个问题只能交给以后的文学史去讨论。

胡风的文艺理论是很丰富的,它对知识分子如何在群众的斗争中改造自己的思想,对"题材决定论"的批判,对写真实的呼吁,对民族形式的讨论,都有独到的见解。这些内容,在我前面介绍过的一些学术文章和论集里都有详细介绍,如果诸位有兴趣,可以自己去找来看。我这里就不一一介绍了。

一九九〇年十月

注:

① 这是作者一九九〇年十月赴日访问讲学时的讲稿之一。后刊于《历史的背面——贾植芳自选集》,山东教育出版社一九九八年十月版。

②《关于解放以来文艺实践情况的报告》,收入《新文学史料》,一九八八年第四期。

③《论现实主义的路》,收入《胡风评论集》(下),第三百五十一页,人民文学出版社一九八五年版。

④《胡风评论集·后记》,《胡风评论集》(下),第四百〇七页,人民文学出版社一九八五年版。

⑤《周扬文集》第一卷,第一百六十八页,人民文学出版社一九八四年版。

六十年来中国现代文学史研究一瞥^①

诸位朋友，今天我要做的演讲题目是关于国内近六十年来中国现代文学史研究的状况。关于中国现代文学研究，大致可以分作三类：一类是史料学，着重于中国新文学资料的发现和考证，采访作家及对作家回忆、史料订正等；第二类是作家作品研究，是有关个别作家的评传、创作道路及重要作品的研究；第三类是文学史，是在广泛吸收上面两类研究成果的基础上，从文学史发展的角度来重新估定文学现象、创作思潮以及作家的品位、价值及其影响。这一类研究除了正式的文学史著作以外，还包括对文学史现象做宏观研究的论著。我在这里要讲的，是第三类文学史研究的发展状况。

一、"现代文学史"研究的雏形

中国现代文学史研究的起步，晚于中国现代文学的发展。在"五四"新文学初期，许多文学史家都把工作重点放在为新文学定位，他们竭力证明，新文学不是一种想入非非的产物，而是中国古典文学发展的必然趋势，那个时期的文学史著作，都极力寻找新文学在历史上的渊源。如胡适的《白话文学史》，是从白话角度来重新整合中国文学史，以便确立白话文运动在文学史上的正宗地位。他原来的计划中，最后一章是"国语文学的运动"，顺理成章地讲到新文学。可是这部著作没有写完，一九二八年新月书店出版了《白话文学史》的上部，只写到唐代的白话文学；但在胡适的另一本著作《五十年来中国之文学》中，从晚清文学讲到新文学，最后一节是"略述文学革命的历史和新文学的大概"（一九二二年）。陈子展在《中国近代文学之变迁》（一九二九年，中华书局）也是从戊戌变法、诗界革命写到"五四"新文学，最后一章是"十年以来的文学革命运动"。周作人在《中国新文学的源流》（一九三三年，北平人文书店）则是从中国文学的"言志"和"载道"两派的发展来探讨中国新文学的由来，新文学的篇幅只占最后一节中的一部分。或可以说，到一九三二年为止，新文学在文学史著作中只是作为中国文学发展到二十世纪以后的一部分，并没有独立成体系的意思。但不难看出，当时这些著作的立足点都站在新文学运动的基础上，用"五四"的新精神、新眼光来整合古代或者近代的文学，使新文学运动成为中国文学的合法继承者。

　　第一本以新文学为研究对象的文学史著作是王哲甫的《中国新文学运动史》（一九三三年，杰成印书局）。这部著作探讨了一九一七年的文学革命到一九三〇年前后的文学创作，第一章开宗明义地对"什么是新文学"做出界定，指出"新文学的取义，不过是对昔日传统的旧文学而言，是中国文学史上的一种革命运动"。并强调了新文学与传统文学的区别，在于"它们所含的内容本质的不同"。②这是第一次把新文学放在传统文学的对立面上，突出新文学在文学史上的独立地位与革命性的意义。这本著作还第一次对新文学发展做了分期，以五卅运动为区别作为"第一期"和"第二期"的界线。书共十章，第九章是"新文学作家略传"，第十章是有关各种社团、期刊、书目等的附录，二章均含史料性质，占全书篇幅的五分之二，在论述部分中也多陈述事实经过，保持原始材料的风貌，还论及"翻译文学""整理国故""儿童文学"等，用今天的眼光看，这本书基本上是属于史料性的著作。这以后，有一九三五年良友图书公司编撰出版十卷的《中国新文学大系》，约请了胡适、郑振铎、茅盾、鲁迅、郑伯奇、周作人、郁达夫、朱自清、洪深、阿英十位名家写出各分卷的长篇导言。这十位作家都是新文学的开创者或主要作家，又是文学史的学者，对新文学头十年的发展历史不但有深刻的理解，而且有史的批评眼光，这十篇导言的合集，可以看作当时最权威的一部"新文学十年史"。再往后，三十年代末李何林编写了《近二十年中国文艺思潮论》(生活书店一九三九年版)，这是一部站在左翼作家立场上对新文学运动中的思想斗争和理论斗争做了综合的回顾和总结的著作，虽然那时的理论在现在看来"未免失当"③，也虽然这部著作仍以收集保持"原始史料"为主要特色，但它已经开始了以政治观点来勾勒、整合文学史料的方法。此外，新文学史著作还有王丰园的《中国新文学运动述评》(新新学社一九三五年版)、吴文祺的《新文学概要》(上海亚细亚书局一九三六年版)、李一鸣的《中国新文学史讲话》(世界书局一九四三年版)等。上述著作中，有许多是作者在高校开设的课程或者讲演的讲义，经修订后当作文学史著作出版。譬如陈子展的书稿是根据在南国艺术学院的讲稿改编，周作人的书稿是在辅仁大学的讲演，王哲甫的书稿是在山西省立教育学院开课的讲稿。这说明从三十年代末起，中国新文学史已经进入了少数高等院校的讲坛，成为一门课程。尤其应该提出的是著名诗人朱自清在清华大学、北京师范大学和燕京大学开设的《中国新文学研究》课程。一九八一年上海《文艺论丛》第十四辑发表了朱自清的这份讲义大纲，是根据作者一九三三年在清华大学讲课的讲义整理的。这份大纲虽然没有详细的论述内容，但从提纲的内容看也是很有意思的。作者是学者又是诗人，具有很细腻的艺术感受，他的讲稿着重分析新文学作品的成形、技巧和创作特点，很有特色。譬如对郁达夫作品，分作八点：一、病的青年心理的解剖；二、现代人的苦闷；三、对于性的非游戏态度；四、社会苦闷和经济苦闷；五、时代精神与都市生活；六、爽直坦白真率；七、主观的即兴的态度；八、自然的婉细的表现。这八点其实把郁达夫的创作思想、艺术都分析到了，按这提纲讲下来，一定是比现在的一些文学史著作里讲郁达夫的更有趣。

从上面简单的回顾中可以看到，中国新文学作为一门研究学科的雏形，在一九四九年以前就形成了，尽管当时新文学还在蓬勃地发展着，表现出无穷的生命力，尽管那时的新文学史研究还没有一个明显的时间概念，而且在当时具体条件的局限下，研究者也不可能对文学史做出很全面的把握。但这些著作表现出一些共同的特征：其一，所有的文学史著作都是个人的著作，代表着著作者个人的理论修养、思想水平以及艺术鉴赏力。尽管个别地看有些著作者也难免受到当时一些流行观念的影响，如王哲甫的许多观念明显受了胡适的影响，李何林的许多观念受了瞿秋白的影响。但即使这些较为流行的观念，当时也不绝对支配研究者的学术研究，这些著作基本上各人唱各人的调，表现出各人的治学风格（这一点在十篇《新文学大系》导言中表现得最明显）。其二，那时的"新文学"概念，类似现在的"当代文学"，是与时代同步发展着的文学现象，研究者与文学史的关系比较贴切，保存了许多不为后人注意的史料，如王哲甫的书中介绍的许多新文学作家都不为以后的文学史提及，其中有侯曜、孙俍工、濮舜卿、白采、顾仲起、谷剑尘、邵冠华、卢冀野、徐霞村等。在李何林的书中，专门有一节介绍二十年代末中国安那其主义者的文艺观点，也是后来的研究者所忽略的。其三，当时的研究者视野较宽，在时间上一直追溯到明、清文学对新文学的影响，在空间上都注意到世界文学的影响，有的文学史还专门设了"翻译文学"章节，与创作并举。即使在朱自清的讲义里，也有专门一章谈外国文学影响。这种情况在一九四九年以后的文学史中反而没有了。其四，除了上述文学史著作外，在一九四九年以前也出现了一些专门范围的文学史研究，如兰海（田仲济）的《中国抗战文艺史》等。

二、现代文学史的"定本"出现

上面介绍了中国现代文学史作为一门学科的雏形时期，由于那时基本是由个人编撰文学史，没有某种统一的观念支配他们的思想和看法，也由于新文学当时尚属初期，文学运动的价值、作家作品的定位、艺术成就的高下都还没有定论，个个都是凭自己的研究来发表见解，因此学术上是百家争鸣的，不存在有"定本"的问题。一九四九年以后，新文学史在高等院校正式成为一门课程，并被定为二类学科，与古代文学、外国文学鼎足三分而立，现代文学的规格、地位都一下子被提高了，成为一门正式的学科。从那时起，为了配合学科建设，陆续出现一批文学史著作。推算起来，第一本有关新文学史研究的书是一九五一年新建设杂志社出版的《中国新文学史研究》论集，其中收入老舍、蔡仪、王瑶、李何林一起拟定的《"中国新文学史"教学大纲》。这份大纲对全国各高校开设新文学史课程具有指导意义。紧接着，王瑶的《中国新文学史稿》（上册）由开明书店出版，后转入新文艺出版社重印；下册一九五三年出版。这部新文学史可以说是中国现代文学史这门学科的奠基之作。它第一次以完整的形式展示了从一九一七年到一九四九年这三十多年的现代文学发展历史，从而确立了中国现代文学的特定时间界限。这部著作出版在五十年代初期，当时整个时代气氛是欢乐的、宽容的，在知识分子的思想观念上还没有紧张的阶级斗争火药味，也没有"套中人"式的自我束缚。作者王瑶曾经师从朱自清，他的治学方法基本上延续了朱自清《新文学研究大纲》中那种严谨、博学、注重创作成果的风格，以各体裁的文学创作为经纬，分门别类地评析现代文学创作。这部文学史虽然出版得比较早，许多史料还不完整，但它内容比较丰富，保留了许多重要的新文学书目，介绍也比较客观，没有后来一些文学史著作的大批判味道。但是王瑶这部著作在一九五八年所谓"拔白旗"运动中受到了批判，直到一九八二年才获重新出版。在五十年代上半期，陆续还出版了蔡仪的《中国新文学讲话》(新文艺出版社，一九五二年)、丁易的《中国现代文学史略》（作家出版社，一九五五年）以及张毕来为研究生准备的讲稿《新文学史纲》（第一卷）（作家出版社，一九五五年）。这一批文学史著作都出版在一九五五年"胡风反革命集团"的冤案发生之前，对左翼作家的介绍还比较齐全，但已经有了明显的划一的指导思想。譬如丁易的《中国现代文学史略》，谈作家时已经划分了"革命作家""进步作家"和"没落的资产阶级文学流派"三个层次。在"资产阶级文学流派"里又分两类。一类是"反动作家"，批判性地介绍了徐志摩和沈从文；另一类是"没落的作家"，提到了李金发和戴望舒。现在来看，对这四位作家做出这样的评价是极不公平的，但这种"冤假错案"却一直到现在还没有完全肃清。当时出现这种情况是很正常的，因为中国现代文学之所以成为二类学科与古代文学、外国文学并举，不是因为它自身有了很丰富的内容，而是中国现代文学与现实政治斗争，特别是中国三十年来的革命历史有着密切的关系。一九四九年全国解放以后，新成立的政权需要有强大的意识形态来教育人民，影响人民，使人民头脑里树立起革命斗争历史的观念，现代文学史被作为高校的一门重要课程，它义不容辞地必须承担起这种意识形态的任务。当时有许多理论来解释中国现代文学的性质，如茅盾曾提出，"'五四'以来中国革命的文学运动，就是在工人阶级思想指导下沿着社会主义现实主义方向发展过来的。"④这就不能不把现代文学史往"社会主义现实主义"的发展轨道上去整合，出现上述"以阶级斗争为纲"的文学史标准也不奇怪了。那一时期的文学史著作，相对王瑶的《新文学史稿》来说是一次"超越"，但它们起步的立场不在个人，而是在一个统一的政治要求之下。

一九五五年"胡风反革命集团"和"潘汉年反革命集团"两起大冤案发生，株连了一大批人，主要是左翼的作家。再接着是一九五七年的反右运动，以及一直延续到"文化大革命"的断断续续的"反对资产阶级""反对修正主义"的政治运动，受到冲击的主要是左翼革命作家，丁玲、冯雪峰、艾青……一直到"四条汉子"（周扬、夏衍、田汉、阳翰笙），现代文学史上的革命文艺运动的历史几乎被全部否定，左翼作家除鲁迅、"左联"五烈士等少数作家外几乎被一网打尽，在这十几年的时间里，中国现代文学不能不一而再、再而三地被篡改。一九五七年以后，现代文学史已经被规定为"文艺上的无产阶级路线和资产阶级路线的斗争"⑤。在这种政治力量的干扰下，现代文学史著作一次又一次地为适应不断变化的政治要求而被更改。一九五五年以后，除刘绶松的《中国新文学史初稿》（人民文学出版社，一九五六年）署了个人的名字以外，其他文学史都成了集体编写的产物。事实上，在当时的形势下个人署名已经变得毫无意义，除了按照政治斗争的需要给现代作家加罪名以外，个人在文学史编撰中已经变得没有任何作为。一九五八年出版了几部由高校学生编写的文学史，对作品的分析被取消，斗争意识被强化，一部中国新文学史成了"文艺思想斗争史"。

研究者的个性意识被抹杀的过程，也是新文学史走向"定本"的过程。因为"定本"的本质意义不在于它有没有一个成型的样板，而在于它对于研究者主体意志的无条件摧毁，迫使文学史编撰者无条件地按政治要求去编造历史。尽管五六十年代中国现代文学史的数量不断增加（据统计，各高等院校编写的文学史有十三四种），但研究者的个性意识始终处于萎缩状态，不要说个人见解、个人风格不允许存在，连史料考证的热情也荡然无存。撰写者对文学史中允许编写的部分，也仅仅满足于抄录前人著作中被"认可"的成果，没有新的发现，也不敢有创新。这里可以举一个例子，上海的文学史家丁景唐先生一九六二年就指出过的⑥，王瑶在《中国新文学史稿》的上册中，有这样一段话："三月二日中国左翼作家联盟就正式成立了。加入者有鲁迅、茅盾、郁达夫、田汉、沈端先……"这段话从语法上说没有错，因为两句话中间是用句号断开的，前一句话是说"左联"在三月二日成立，后一句是说加入"左联"的有鲁迅、茅盾、郁达夫等人。可是后来的好几本文学史的编撰者在抄的时候都理解错了，两句话并作一句抄，结果把茅盾也列入了参加"左联"成立大会的人员里面。如一本《中国现代文学史》中就变成这样的话："一九三〇年三月二日中国左翼作家联盟在上海成立了。参加成立大会的有鲁迅、茅盾、冯雪峰、沈端先、蒋光慈……"⑦茅盾是一九三〇年四月由日本回到上海才参加"左联"，他没有参加成立大会，是不难发现的事实，可是在以讹传讹的情况下，文学史的编撰者很少再去找第一手资料认真考辨，更不用说对文学作品持独立见解了。我们由此认识到，中国现代文学史毕竟不同于古代文学史，也不同于外国文学史，它与现代政治斗争非常紧密地交织在一起，政治斗争的复杂和残酷，使它无法产生出比较稳定比较严谨的科学精神，它不断地被修改，不断地被否定、被重写。但它的所有改动都不是个人意识的产物，而是服从于一定历史阶段的政治需要。政治就是它的"定本"。因此，一九四九年以后，胡适、徐志摩、沈从文等作家对文学的贡献就消失了；一九五五年，胡风以及七月派的作家在文学史上也消失了；一九五七年以后，丁玲、冯雪峰、艾青等人的名字也没有了；到"文革"时期，"三十年代文艺黑线"终于被确定，一部现代文学史也成了由鲁迅直接跳到"样板戏"的简史。当时（"文革"）还有一部以"阶级斗争为纲"的小说叫《金光大道》，鲁迅又是经过政治改造了的"新鲁迅形象"，当时有句戏言，叫"鲁迅走在金光大道上"。

三、走出定本，提倡重写

我前面说到，现代文学史的"定本"出现是和五六十年代中国政治上极"左"路线有关系，但又不能完全等同起来。因为现代文学史上的"定本"不是一个定形的样板，它是无形的，在思想方法上制约研究者。所以，在一九七八年三中全会以后，政治上的极"左"路线受到了清算，但这种思想方法仍然会存在下去，只要有这个"定本"的概念，个性的文学史就不会出现，编写"文学史"只能是抄写、复写，不能重写。就是因为这个原因，一九七八年到现在尽管出版了十几种由不同大专院校联合编写的"中国现代文学史"教科书，但基本上是大同小异，互相复写，没有根本性的突破。唐弢、严家炎主编的《中国现代文学史》（人民文学出版社一九七九年出版第一、二册，一九八〇年出版第三册）是近十年中影响最大、质量也比较高的一本文学史，但其性质仍然是集体编写的产物，个人的风格也很难体现出来。它基本上是按照政治的定论亦步亦趋地评价作家，在审美趣味上也基本延续了"文革"前的局限，因此对过去未入文学史或受到批判的作家作品，要么忽略不提（如对三十年代新感觉派作家、对四十年代张爱玲、徐訏等作家），要么轻描淡写地带过（如对三十年代京派作家、抗战时期的七月派诗歌），在研究的空间上也有许多遗缺。关于这些，唐湜在《关于中国现代文学史的一些看法与设想》一文中曾经指出过。⑧

所以，要走出现代文学史的这个政治"定本"，不是在文学史上多加上几个作家就能解决问题，也不是要求一部文学史在任何观点上都正确，它实际上要求的是研究者个性的恢复，摆脱人云亦云，提倡独立思考、独立感受。如果离开了这个前提，思想方法上的"定本"就不会消失，学术上也不会出现百家争鸣的自由局面，也不可能出现科学意义上的文学史著作。我顺便举一个例子，一九八八年现代著名作家沈从文去世，海外立刻用专辑专号的形式给以报道，可是国内报刊上却连一个讣告也发不出，据说原因就是官方对沈从文没有做过重新评价的结论（沈从文在政治上没有级别），报刊不知按什么规格来报道。这就是"定本"的无形威力，平时它似乎消失得干干净净，但一旦有事它立刻就在人们的头脑中出现，连死了人都不敢越雷池一步，遑论"文学史"上给作家"定位"？沈从文生前在一封信中发牢骚，说有一本现代文学史把关于他的介绍放在萧军和蒋牧良的中间，感到不伦不类。⑨其实现在沈从文的地位已经得到越来越多的人的认可，关于沈从文的研究著作也出了不少，他在文学上的成就总不至于在萧军后面。可是在文学史上这个关口就通不过。这是什么原因？就是现代文学史上"定本"在发挥它潜在的威慑力。所以，近十年中，虽然现代文学研究这门学科建设取得了很大发展，但这种政治上的"定本"在无形之中仍然支配了现代文学史的观念、思维方式以及基本模式，主要表现在以下几个方面：

第一，把现代文学史看作是现代政治斗争史在文学上的表现，也就是通过文学发展历史的描述去总结、说明中国革命的历史面貌。这是个潜在的现代文学史观念，从这个观念出发，文学史的编写不可能不以政治标准来衡量现代作家作品，而文学本身的价值，作家对艺术形式的创造，对美感意识的贡献，都被挤到了可有可无或者点缀的地位。也正因为是以政治观念去贯穿文学史，所以这一套标准也绝对不允许被颠覆，甚至直接把它看作是对政治利益的维护。

第二，把现代文学史看作是一份现代作家在文学史上的座次表，而且认为这座次表是不可更动、不容置疑的，类似《水浒》里的梁山泊农民起义后获得的那块天赐石碣碑。在这种观念支配下，文学史的编撰者把每个作家的文学地位都与现实政治需要挂起钩来，"文学史"的责任，不再是对作家作品的分析、阐释，更不是审美的把握，而是一种"定位"，是决定"抬高"还是"贬低"作家。因此，这个座次表是不允许被触犯的。那就造成了刚才我说的在文学史上找不到沈从文位置的现象。

第三，虽然目前国内有许多种版本的中国现代文学史，但文学史的基本模式仍然是一类，就好像黑格尔的绝对观念一样，现代文学史根本精神则有一个无形但又无所不在的"定本"，各种文学史不过是这个"定本"的投射。这样编出来的文学史，在方法上只能是复写出来的。

这种个性萎缩的局面一天得不到纠正，现代文学史不仅无法取得根本性的改观，也不可能成为一门真正具有科学精神的独立学科。正是针对了这种局面，中国国内的年轻的学者在近年来提出了"重写文学史"的口号，并且引起了社会上很大的反响和争论。

四、关于"重写文学史"

这篇讲演的最后一个内容，就是想给日本朋友介绍一下关于"重写文学史"的情况。这在中国也是一个热门话题。

上海有个文学理论刊物，叫《上海文论》，一九八八年第四期（八月号）上开辟了一个专栏，叫"重写文学史"。这是正式提出"重写文学史"的口号。专栏的主持人是上海两位年轻学者陈思和、王晓明，他们在第一期的"主持人的话"中说明，这个专栏是以"重新研究、评估中国新文学重要作家、作品和文学思潮"为内容的，是"希望能刺激文学批评气氛之活跃，冲击那些似乎已成定论的文学史结论，并且在这个过程中激起人们重新思考昨天的兴趣和热情。自然目的是为了今天"。态度是很明确的。第一期发表了两篇文章，一篇是《"柳青现象"的启示》，一篇是《关于"赵树理方向"的再认识》。现在国内评论界有些误会，一些人受"文革"

影响太深，用惯了政治标准去评论文学，一讲作家缺点，马上就认为是"否定""贬低"那个作家。其实不是那么一回事。专栏主持人在"对话"里说得很清楚："赵树理和柳青都是有代表性的作家。纪念他们的最好方法，却不该再是那种一味的赞扬，而应切实地分析他们创作的得失，从中总结出一些带有普遍性的特点和规律来。在某种意义上，历史人物正是通过后人的这种总结才对当代生活继续发生影响的，至于那些硬造出来的完人，只会被后人迅速地遗忘。"这两篇文章都是摆事实、讲道理的学术论文，并没有要"否定"前人的意思。关于柳青的论文，比较了《创业史》的几个版本的修改，指出那种按政治定义去图解生活的创作方法对柳青这样一个有才华的作家的危害。关于赵树理的那篇论文，也不是"否定"赵树理，作者是分析过去有人提倡的"赵树理方向"的理论局限性，当然也谈到了赵树理创作中的局限性。作者是位研究赵树理的专家，写过一本厚厚的《赵树理传》，他对赵树理创作得失的批评，是从审美角度提出的，并不是政治大批判。在学术空气正常的环境里，这样的观点平和的学术论文不过是代表了研究者个人对文学史现象的一些想法，是不值得大惊小怪的。但在当时出现了一些非学术性的因素——我说的是商品化倾向，刊物利用新闻媒介对这个专栏做了许多广告式的报道，报道者为了制造新闻热点，使用的语言都带有暗示性，给人造成了一种这个专栏是做翻案文章的印象。这个专栏共办了九期，前后共发表学术论文二十一篇，短论十篇，国内中青年学者纷纷为它写稿，影响很大。已故的现代文学史专家王瑶生前曾为它写了热情洋溢的文章，支持它办下去。但是从一九八九年下半年起，这个专栏受到了一些非学术性的批评，不过它仍然办下去，直到一九八九年年底，才按照预定计划以专辑形式结束。在最后一期"主持人对话"中，两位年轻学者阐释了他们"重写文学史"的观念，归纳起来大约这样三点：一、什么是"重写"。重写不是要把"颠倒的历史再颠倒过去"，而只是研究者把个人对文学史的新的理解、不同于前人结论的想法写下来，这就是"重写"。"正常的文学研究，必然包括着各种各样的重读、重写和重新阐释"。二、什么是"文学史"。文学史"既有政治的一面，更有艺术本身的一面，以及与此有关的其他许多方面"。因此要"区分两种不同的文学史研究，一种是侧重政治性的，一种是审美的综合性的"。两者不能混淆。三、什么是"重写文学史"。重写文学史不是要"写出一部'最好'的文学史来取代旧的文学史，而是要提供一种思路，即对原来现代文学史上的各种结论提出某种质疑，或者说提供一种怀疑的可能性"⑩。可以看得出，重写文学史的基本观点，是与按照"定本"来复写文学史的传统编撰方法在观念上、标准上、方法上都是不一样的。或可以说，"重写文学史"不是孤立的，由几个年轻人随心所欲提出来的一个口号，"重写文学史"的提出本身，反映了近十年现代文学研究在三中全会以后取得的巨大成果和革命性的飞跃。一九七八年召开的中国共产党十一届三中全会，确定了"实践是检验真理的唯一标准"的正确思想路线，指出了"一个党，一个国家，一个民族，如果一切从本本出发，思想僵化，那它就不能前进，它的生机就停止了，就要亡党亡国"⑪。在这样一个政治民主局面上，文学研究领域开始出现了新的生机。中国现代文学研究就是在这种良好的政治环境下发展起来。我前面说过，中国现代文学研究包括三个方面，在现代文学史料学方面，近年来取得了很大的成绩。由中国社会科学院领衔，组织了全国各大专院校的科研力量，通力合作，编出了两套大型资料丛书，一套是《中国现代文学史资料汇编丛书》，一套是《中国当代文学研究资料丛书》，每一套都有一百多种专集，为中国现当代作家建立个人资料档案，每本资料集包括了作家生平著作年表、作家著译系年目录、作家研究论文目录、作家创作谈和主要作家研究、作品评论文章选，为研究者初步提供了研究作家的第一手材料，从而摆脱了对文学史的依赖。此外，近年来出版了大量的作家作品选集、文集以至全集，出版了大量作家传记以及多卷本的文学大系，恢复了文学史的原来面貌。在现代作家作品研究方面，也取得了丰硕的成果。一大批中青年学者都在各自的研究领域里崭露头角，像王富仁、钱理群、汪晖等新人对鲁迅的研究，钱理群对周作人的研究，陈平原对许地山、林语堂的研究，陈思和、李辉、汪应果等对巴金的研究，宋永毅对老舍的研究，万同林对胡风的研究，朱文华对胡适的研究，凌宇对沈从文的研究，赵园对路翎等小说家的研究，蓝棣之对现代派诗人的研究，应国靖对新感觉派小说的研究，等等，都取得了引人注目的成果。这些成果有的改变了原来文学史上的政治偏见，有的填补了空白，相形之下，对比出同一时期文学史著作的贫乏和单调。

但是，到了一九八五年前后，文学史的变革也开始酝酿。最先的信号是一九八五年第六期《文学评论》上发表了黄子平、陈平原、钱理群三位教师合写的论文《论"二十世纪文学"》，第一次提出了一个新概念，即"二十世纪文学"的概念。接着，这三位学者又在《读书》杂志上连续发表六篇对话，从世界眼光、民族意识、文化角度、艺术思维、方法等各个侧面为"中国二十世纪文学"做出界定，作者认为："二十世纪文学"概念的提出，不仅仅是一个文学史的分期问题，它代表了一种"文学史理论"的调整。"二十世纪文学""不是一个物理时间，而是一个文学史时间"。

我想用简单的话来说明，在传统的用政治观念去编写文学史的时候，中国近代（一八四〇——九一七）、现代（一九一七——九四九）和当代（一九四九以后）的分期都是根据中国政治事件来划分的，属于历史学概念，因此每一段文学史背后都有一个政治的"定本"。而中国二十世纪文学虽然与中国政治历史有不可分割的密切联系，但它毕竟是文学，应该有文学自己的规律。文学史的分期，应该从文学本身的发展中去寻找规律。现在"二十世纪文学"概念的提出，首先打破了原来制约近代文学史、现代文学史和当代文学史的"定本"的束缚，在一个新的意义上重新讨论文学发展历史的规律与特征。尽管这篇论文的构想还相当粗糙，但它初步为"中国二十世纪文学"提供了一些新的思路，譬如："'二十世纪文学'是走向'世界文学'的中国文学，以'改造民族的灵魂'为总主题的文学；以'悲凉'为基本核心的现代美感特征；由文学语言结构表现出来的艺术思维的现代进程。"[2]等等。

"二十世纪文学"的概念在学术界引起很大反响，促使许多研究者摆脱了"现代文学三十年"的狭隘眼光，在纵向上将近百年的文学历史作为一个整体来考察，在横向上将中国文学置于世界文学格局下加以论述，研究视野获得了一次解放。一九八五年以后，学术界出现了一批新的文学史研究成果。如上海复旦大学教师陈思和写出了《中国新文学整体观》（上海文艺出版社，一九八七年），上海华东师范大学教师王晓明写了一组关于"二十世纪中国文学局限性"的论文（该论文集即将由中国社会科学出版社出版），都是将二十世纪中国文学的各种现象（包括思潮、理论和作家创作）综合起来，放在文学史的框架下加以考察，提出许多发人深省的新文学史观念。

"二十世纪文学"的研究也推动了现代文学史研究工作，原来按"定本"来复写文学史的方法越来越遭到人们的抛弃，多视角的研究文学史方法逐渐形成。一九八四年广州中山大学教师黄修己著的《中国现代文学简史》（中国青年出版社，一九八四年）恢复了以个人名义编写文学史的传统，虽然那本书在框架上未脱传统的局限，但已经明显吸取了许多新的研究成果，反映的面也比较宽。一九八八年，作者在原有基础上重新修改、补足，写出了《中国现代文学发展史》，内容较原来又有了较丰富的充实。钱理群、吴福辉等四位学者合作的《中国现代文学三十年》（上海文艺出版社，一九八七年），也是国内较有影响的一部文学史，虽然是集体合作成果，但也表现出四位学者各自不同的研究个性。其他如严家炎的《中国现代小说流派史》（人民文学出版社，一九八九年），贾植芳、曾华鹏、范伯群主编的《中国现代文学社团流派》（江苏教育出版社，一九八九年），陈平原的《二十世纪中国小说史》第一卷（北京大学出版社，一九九〇年），陈玉刚主编的《中国翻译文学史稿》（中国对外翻译出版公司，一九八九年），俞元桂主编的《中国现代散文史》（福建人民出版社，一九八九年）等等，从各个不同角度，或对思潮流派，或对文学体裁，都做了不同角度的历史整合。许多在有"定本"的文学史里暂时还写不进去的作家作品，如徐訏、无名氏的小说，吴稚晖的散文，东北、华北、上海沦陷区的文学社团等等，在相应专题范围内的文学史中都有详略不同的介绍。以地区为单位的文学史也在陆续地编写，就我所见的，已有《台湾文学史》（辽宁人民出版社，一九八八年）、《岭南现代文学史》（广东高等教育出版社，一九八九年），等等。

目前中国虽然还没有出现比较理想的现代文学史著作，但在一些专题性的文学史著作里，已经表现出多元化的编写方法，研究者开始摆脱狭隘的"政治—社会—文学"模式，开始注意到文学本身的规律和特征，譬如严家炎的《中国现代小说流派史》就是从流派的角度来整合现代小说发展历史，陈平原的《二十世纪中国小说史》第一卷是从小说形式、文体、叙事的角度来讨论新小说的兴起。这些研究方法都打破了教科书式的求大求全求稳的编写原则，研究者可以按自己的理论选择来整合文学史材料，为多视角、多元化的文学史研究摸索了道路。

"重写文学史"就是在这样的学术基础上提出来的文学史理论，当我们看到这几年现代文学、当代文学、文学理论等领域发生的变化，我们就不难理解，在文学史领域中提出"重写文学史"是势在必然的事。虽然它暂时还没有结出具体的果实，但它表示了文学史革命的一种潜在的可能性。最近我读到一些材料，知道这个想法在海外也引起了反响。在最近一期台湾出版的《台湾文学观察》杂志上，淡江大学中文系主任龚鹏程著文《重写与复写》，指出"这些企划，标示了彼岸学人在面对整个文学传统时新的企图与眼光，希望突破旧有文学论述成规的束缚，重新发展文学的历史诠释和现实实践"，作者针对台湾学界的研究现状说，"反观我们自己在这方面的表现，却不免令人汗颜。"最近还听说，这个口号在日本的学术界也有过一些反响。[13]对此，我愿为它向朋友们做如上这些介绍。

一九九〇年十月

注：

① 这是作者一九九〇年十月赴日访问讲学时的讲稿之一。后刊于《历史的背面——贾植芳自选集》，山东教育出版社一九九八年十月版。

② 王哲甫：《中国新文学运动史》第一页，杰成印书局一九三三年版。

③ 李何林：《近二十年文艺思潮论》第三页，陕西人民出版社一九八一年版。

④ 茅盾：《新的现实和新的任务》，载《人民日报》，一九五三年九月二十五日。

⑤ 邵荃麟：《扫清道路，奋勇前进——〈文艺战线上的一场大辩论〉读后》。

⑥ 丁景唐：《关于参加中国左翼作家联盟成立大会的盟员名单》，载《中国现代文艺资料丛刊》第一辑，一九六二年三月。

⑦《中国现代文学史》，吉林人民出版社一九五七年版。

⑧ 载《上海文论》，一九八九年第一期。

⑨ 沈从文致王渝信，载《文学角》，一九八八年第五期。

⑩ 陈思和、王晓明：《关于重写文学史专栏的对话》，见《上海文论》，一九八九年第五期。

⑪《十一届三中全会公报》，收入《十一届三中全会以来有关重要文献摘编》，第三千一百一十四页。

⑫ 黄子平：《论"二十世纪文学"》，收入《二十世纪中国文学三人谈》，第二页，人民文学出版社一九八八年版。

⑬ 陈骏涛：《访日学术印象》，载《上海文论》，一九八九年第五期。

十年来中国小说之发达①

　　诸位朋友，我今天讲的题目是"十年来中国小说之发达"，向诸位介绍一点中国小说发展的信息。这题目里的"十年"，是个大概的数字，指的是从一九七八年到现在，算起来已经有十二年了，但近两年的小说我读得不多，能讲的只到一九八八年为止，这样正好就是十年。

　　在这十年里，中国小说的发达，是相比其他体裁的创作而言的。"文革"以后，头几年是诗歌创作领先，一九七六年天安门事件爆发的"四·五"诗抄，以《今天》杂志为滥觞的"朦胧诗"，都曾经开一文学时代的风气之先。但渐渐的，诗歌创作就寂寞下去了，后来虽然也有不少诗人从事实验，但影响总是不大。散文和戏剧也是这样，头几年揭批"四人帮"和控诉"文化大革命"给人民带来的灾难，散文和戏剧都起过作用，后来，当文学的政治使命结束了，由文学本体的美学发生作用的时候，散文与戏剧始终没有开创出既能熔铸时代精神，又适宜人们欣赏习惯的形式，所以影响也愈来愈小。唯独小说，在一九八五年以来有了独占鳌头的趋势。要了解这十年间中国人的思想感情的变化，读小说是一个好的办法。

　　讲小说要从一九七八年讲起。在这以前，因为"文化大革命"把"文化"的命"革"掉了，整个中国就没有文学作品，要看只能看八个"样板戏"，那是江青一伙人搞出来的，强迫全国八亿人民反复看这八个戏。这

142

八个戏中，有五个是京戏。京戏是中国传统的一个剧种，它在一百多年的发展历史中，形成了一套固定的表演程式。譬如，每个人物都代表着一定的伦理观念，有的是忠、勇、善，有的是奸、昏、恶。这些观念通过固定的脸谱表达出来。每个角色在舞台上也都有一定的位置，主要角色总是占据舞台的当中，其他角色都要衬托主要角色，等等。江青搞样板戏，就把这套程式化的东西继承过来加以教条化，总结出所谓"样板戏"经验，然后强迫别人用这套写戏的方法去写小说，结果写出来的东西，根本没有作家个人的风格，只不过是千篇一律、形式呆板的宣传品。"文革"结束后，这种呆板的小说形式依然支配了部分文艺工作者的头脑，在最初一个时期里，也出版了一些写反"四人帮"的小说，但写出来的仍然是呆板的宣传品，没有文学性。

到了一九七八年夏天，这情况变了。五月份，中国理论界开始讨论"实践是检验真理的唯一标准"问题，思想文化界开始摆脱教条主义的束缚，从实践出发来思考问题。人的真实情感被压抑了十几年之久，也开始慢慢恢复和苏醒过来，有了发泄的欲望。八月份，就在我工作的上海复旦大学中文系，有个学生叫卢新华，写了一篇作文《伤痕》——我说这篇《伤痕》是作文，还不是真正意义的小说，是因为它在技术上还很幼稚。另外一面，作者当初也真是把它当作课堂作业写，写了以后贴在壁报上，引起了同学们的议论，有的说它好，有的说它不好。说它不好的是因为它在写法上摆脱了过去正统的文学概论的教条。结果争来争去，这篇小说争出了名，让上海的一家大报《文汇报》拿去发表了，引起了社会轰动，成千上万的读者给作者写信，或者传阅这篇很幼稚的作文。当时一些搞理论的专家还争论它是积极的还是消极的，可是读者已经接受了它。这篇小说发表时间是八月十一日，过了一个月，北京文艺理论界召开了座谈会，讨论两个作品，一个就是《伤痕》，还有一个是北京中学教师刘心武写的《班主任》，肯定了这两个作品的存在意义。从这时起，文坛上就有了"伤痕文学"的说法。

《伤痕》这个作品，写了一个女孩子，在"文革"中母亲被人诬陷为坏人，她出于单纯，相信了这个谎言，就与母亲断绝来往，到农村去。因为她的"成分"不好，工作、恋爱都受到歧视，但她还是相信"四人帮"统治时代的"党"是不会错的。直到"四人帮"倒台，她母亲的冤案被平反昭雪，她才醒悟到自己受骗，可这时候她的母亲已经患病死去，再也听不到她的忏悔了。你们看得出来，这个作品的内容仍然是政治味十足的，但是它冲破了当时的几个戒律，第一是它正面写了"文革"的悲剧，写了"文革"造成了人们心灵上永远无法弥补的缺憾。第二是它写出了"文革"中人们在精神上受了封建文化专制主义的控制，人变得愚昧而麻木，那个女孩子说得好听些是愚忠，说得不好听就是愚昧，愚昧得连母女感情都麻木掉了，这就是胡风曾指出过的"精神奴役创伤"。第三它写出了信仰的破产。这三条在当时都是犯忌讳的，它这么写了，读者——主要读者都是"文革"中成千成万遭受过迫害，被逼得家破人亡的普通人民，他们读这个作品受了感动，欢迎它，于是，理论家们才追认了它的存在价值。但这一追认就像阿拉伯神话里那个所罗门瓶子放出了魔鬼一样，从此就一发而不可收，全国人民在"文革"中积压下来的悲愤感情，如同火山爆发一样，通过文艺作品，特别是小说，尽情地发泄出来，那些过时的理论教条再也约束不住了。

"伤痕文学"主要是用文艺作品来揭批"四人帮"在"文革"中犯下的罪恶，但是人们发现"文化大革命"并不是从天上掉下来的，残害中国人民、把国家拖到崩溃边缘的极"左"路线也不是突然形成的，它有一个历史，就是五十年代以后，一步一步地形成的。文艺作品要总结"文化大革命"的教训，就要表现这极"左"路线是如何形成的。这光靠揭"伤痕"就不够满足读者思考的要求了，于是，"伤痕文学"慢慢地就引出了"反思文学"。

反思文学的出现，是跟中国共产党的十一届三中全会相呼应的。一九七八年十一月十五日，北京市委宣布为一九七六年的"天安门事件"平反，过了一天（十六日），新华社正式报道，中央决定一九五七年被错误划为"右派"分子的人一律摘帽，予以平反。这两个决定，为以后的文学创作带来了关键性的影响。十二月五日，北京两家主要文艺刊物《文艺报》和《文学评论》联合召开文艺作品落实政策的座谈会，为过去三十年里被错误批判的文艺作品平反，其中就有王蒙的《组织部新来的年轻人》、李建彤的《刘志丹》、吴晗的《海瑞罢官》等作品；那一年十二月十八日到二十二日，三中全会召开，提出"解放思想、开动脑筋、实事求是、团结一致向前看"的基本思想路线。到了十一届六中全会，中央又通过了

144

《关于建国以来党的若干历史问题的决议》，承认了五十年代中期以来各种政治运动中的失误。这就为文学界的"反思文学"提供了一个理论思维前提和政治环境。我之所以罗列这许多材料，只想说明一个道理，中国文学界的反思运动不是孤立的，它是和一系列的国策联系在一起的。如果国家没有一条开放的路线、政策、方针，文学创作要兴盛繁荣是不可能的。

在这样一种"解放思想"的局面下，反思文学开始发展起来。写这批作品的小说家，大都是一九五七年被打成"右派"的年轻知识分子，经过了三十年的磨难，他们对历史、对生活的思考更加成熟起来，他们写小说，不再把灾难的范围局限在"文革"时期，而是追根溯源，一直延伸到一九五七年的反右运动。他们中间最出色的代表是王蒙，他写了《蝴蝶》《布礼》这样一些小说，把一九五七年的反右与一九六六年的"文革"置于同一个背景下加以描绘，表现知识分子和干部在这两个灾难性的政治运动中的沉浮变化。反思小说是全国性的，因为当年被迫害的"右派"也是全国性的，于是安徽鲁彦周写了《天云山传奇》，江苏的方之写了《内奸》，宁夏的张贤亮写了《灵与肉》等等。反思的浪潮也波及了一九五八年的"大跃进浮夸风"，于是又有了江苏的高晓声写的《李顺大造屋》，上海的茹志鹃写了《剪辑错了的故事》等等。——顺便说一下，方之的《内奸》是写抗日战争时期一个商人，为共产党帮过忙，出过力，但"文革"中他却为此遭受了迫害的故事，反思的内容更广阔了。方之是个很有才华的作家，可惜不久就去世了。还有一个要说明一下，茹志鹃不是"右派"，但她的丈夫，一个话剧导演，也曾经是个"右派"。

反思小说使一批过去长期受迫害的知识分子感到扬眉吐气，他们找到了宣泄悲愤的途径，并且在这种宣泄中，他们又重新受到了读者的欢迎和尊重。渐渐地，他们发现，他们在作品中倾吐的悲愤和思考，也都是广大读者所具有的。这样，他们一方面恢复了为民请命的自信心，一种由"五四"新文学传下来的"为人生"的社会责任感又充塞在他们的笔下；另一方面，在自我感觉良好的情况下他们开始思考起自己的问题来——诸如个性的追求、个人的欲望、自我的重新认识，等等。于是，小说就出现了两个分支：为人生的干预生活，和为自我的人性追求。这二者原本也是"五四"文学的老传统，不过被中断了几十年，现在重新拾起来，又变成了新东西，广泛地受到欢迎。

先说说为人生的干预生活。这本来是由"五四"新文学中鲁迅为代表的现实战斗精神发展而来，中经胡风提倡"主观战斗精神"，明确地竖起了鲁迅那面旗帜。一九五五年以后，胡风的话不能用了，知识分子又提出干预生活，意思仍是一样，却是表示出知识分子要敢于直面惨淡的人生，要"真诚地、深入地、大胆地看待人生并写出它的血和肉来"。一九五七年以后，干预生活的话也不能提了，鲁迅这一传统便中断了二十年。现在作家们又重新张起旗帜，提倡作家的勇气、社会责任感，提出文学要回答人民的问题。在这一派创作中，还分出两类：以现实主义态度去干预生活和以理想主义态度去干预生活。前一类作家多半是皱着眉头去看生活，他们强调生活的真实性，要求无畏地揭露生活的阴暗面，要求触及时弊，以求解决实际生活中的问题。因此，他们多取纪实的手法，强调作品的针对性，这类作品，一般不称作小说，而叫报告文学，几年后才改称纪实体小说或新闻体小说，这类作品受到老百姓的欢迎，但文学性多少不如新闻效果。一九八五年以后，刘心武的《五·一九长镜头》《公共汽车咏叹调》等，可以算作这类作品的代表。后一类作品则发展了现实主义小说，如蒋子龙的《乔厂长上任记》《一个工厂秘书的日记》《过年》等，多写工厂题材，写工业领域改革过程中遇到的各种阻力，以及改革家的理想和困境；如谌容的《人到中年》，写知识分子的献身精神以及他们可悲的生活待遇；如高晓声，写农民在经济体制改革以后的种种可悲可笑的境遇；又如陆文夫，写江南市镇的普通市民在改革中所遭遇的各种悲喜剧。这些作家都是来自生活的底层，对普通人民的疾苦有深厚的同情心，敢于直面生活中的阴暗面，但又保持了对生活的信心，坚信改革会给生活带来希望。所以尽管他们的作品都怀着一定的理想成分，还是能够比较尖锐地反映了生活的实际情况。特别是高晓声笔下的中国江南农民系列形象，那种可怜又可爱的模样，再现了"五四"时期鲁迅《阿Q正传》的艺术精魂。

　　再说关于为自我的人性小说。我这里说的"为自我"，不是带贬义的个人主义的意思，也不是日本的私小说或者郁达夫式的伤感小说，我指的这类小说多半围绕着人的个性觉醒与个性欲望等困扰而展开故事，代表者是张洁的《爱，是不能忘记的》《方舟》等，这位作家在小说中以一个命运多难的女性的身份，对女人的爱情、婚姻、事业以及在社会上承受不该有的压力，做了一系列反应强烈的描述。——这位作家与众不同，她的写作并不以思考问题为出发点，而是以她个人对生活的真切感受为起点，她第一个不为他人，只为自己写作。在她的作品里，清晰地留下了作家主观感情对生活的强烈的渗透力。可以说，张洁为中国的女性作家开辟了一条道路，在她为代表的旗帜下，有张辛欣、张抗抗、遇罗锦以及稍后的铁凝等一大批女性作家。

这种种小说，在一九八五年以前是占着主流的位置。此外还有两股不为人注意，或刚刚兴起，人们虽注意但还不太重视的小说思潮，一类是以老作家汪曾祺为代表的"京派"余味，默默地写着淡雅的、精致的、唯美的短篇小说，像《受戒》《异秉》《岁寒三友》《大淖记事》等；还有一派是知青小说，写知识青年上山下乡中的遭遇。这两派小说到了一九八五年以后有了更大的发展。

一九八五年可以说是中国小说出现转折的时刻，虽然种种变化的迹象早就在个别作家身上出现。这首先是表现在小说体裁上。在一九八五年以前，小说中最发达、最完整的形式是中篇小说，这也是在"文革"后出现的新形式，"文革"前小说形式主要是短篇和长篇。但"文革"后的头几年里，由伤痕到反思，作家大都怀着对社会的强烈责任感去写小说，力图表达社会发展的一个历史过程，这些万把字的短篇形式实在不容易说清楚；另一方面作家的生活积累、感情积累都毕竟有限，写几十万字的长篇又才力不达，所以创造出三万至十万字为限度的中篇小说，是最合适的表现形式。到了一九八五年以后，中国政治生活进一步民主化，社会科学逐渐复苏，各学科门类也逐渐恢复和建立起来，特别是社会学、经济学、管理学、法学的兴盛，使各类特定社会问题可以通过各自的渠道得以解决。文学，特别是小说，已经不需要以包打天下的面貌出现，到处去为民请命了。这时候，文学的审美要求开始引起作家们的重视，这审美要求，包括了小说形式和小说语言。小说形式开始向散文靠拢，即放弃了对社会问题的抨击，转向民风民俗等文化描写。相应的，在形态上也出现了模仿古典小说笔记体与话本体的尝试。在一九八三年前后，陕西商洛山区有个青年作家贾平凹写了一组笔记体小说《商州初录》，即以记叙民俗为主，这组作品到一九八五年引起文坛轰动，被视为小说形式的一种革命。贾平凹后来又写了《商州再录》《商州三录》，继续发展这种有意思的形式尝试。在一九八五年初，北京作家钟阿城以《遍地风流》为总题发表了十来篇语言精练、形式凝重的短篇，多以少数民族地区的民情风俗为对象，以描写取胜于故事。这以后，短篇小说渐渐离开了反映重大题材或社会问题的传统路线，偏重对文化民俗的审美观照。这种观照多半也是零碎的、片断的、即兴的，作家们故意地追求故事情节的不完整，迫使读者把兴趣由情节转移到描写本身上来，因此这一派小说创作又特别地注重语言的讲究。原先不甚引人注意的汪曾祺，这时候特别地受到欢迎。汪曾祺是苏北高邮人，原是西南联大的学生，著名作家沈从文教过他，他也自觉地依循着废名（冯文炳）、沈从文一派风格发展。在别人热热闹闹的时候，他自甘淡泊地实验着小说语言的审美效力，写出了晚饭花"发疯一样，喊叫着，把自己开在傍晚的空气里"（《晚饭花》），"来了一船瓜，一船颜色和欲望"（《复仇》）这样奇怪的句子，他还喜欢写中学生在雪地里看见红的河水，在秋天的蓝空里看见一只鹤飞来飞去，这样一些反常，但又很美的意象。与其说他学沈从文，不如说他是学废名，有人说汪曾祺是"生活现象的美学家"，这话也是不错的。汪曾祺的风格又有年轻人去模仿，像湖南的何立伟、杭州的李庆西等。北京还有一个作家林斤澜，是浙江温州人，他的小说如《矮凳桥风情》，多以温州地区民俗为背景，语言风格，也与汪曾祺有些相同。天津的老作家孙犁近年来也写了不少笔记体的短篇小说，忆故里旧闻，写老境寂寞，风格也与汪、林相似，不过语言更质朴一些。

一九八五年以后，长篇小说也开始探索其形式的审美意义。在一九八五年以前，中篇小说和长篇小说在形式上没有什么太大的区别，无非就是字数多少的差别。像古华的《芙蓉镇》，后来王兆军的《拂晓前的葬礼》，都是又把它当中篇，又把它当长篇的。但在一九八五年以后，渐渐地长篇小说创作中熔铸了强烈的历史意识，小说形式也出现了多视角、多方位的叙事特点。近年来长篇小说中比较优秀的有张承志的《金牧场》，他用共时态的方式来叙述在历时不同空间中发生的故事，他把西部新疆地区历史上发生的一桩民族血案与东部日本的现代学术界对这宗历史的研究加以对照，把"文革"中红卫兵在南部大串联的狂热与知青在北方草原所经历的民族大迁徙加以对照，出现了长篇小说独有的方位感。山东作家张炜的《古船》也是一部很有深度的长篇小说，作者写了一个镇子，两大家族在四十年里的兴衰历史，是近年来分量最重的一部长篇。这些长篇已经不单单是放大了的中篇，已经具有了现代长篇的新的历史意识和审美内容。

除了在形式上语言上出现了新的探索以外，一九八五年的小说在表现技巧上也发生了很大的变化，传统的写实方法开始衰弱，取而代之的是新的叙事形式。这种变化，如果往上推的话，在一九八〇年前后就出现了。就在反思文学兴盛的时候，作家王蒙首先打破了情节连贯性和时间的连贯性的传统写法，开始模仿西方现代小说的意识流的部分技巧，以颠倒时空、偏重主观心理独白的手法，将"故国八千里，风雨三十年"的历史变迁通过人物内心世界的披露来反映，如《布礼》就是将主人公在一九四九年参加革命，一九五七年打成"右派"，一九六六年经历"文革"，一九七九年获得平反等几个人生和历史的关键时刻的遭遇拆成各个片断，互相穿插地加以表现，实际上将一个长篇的历史内容浓缩成中篇形式来表现。王蒙这种尝试是有意识的，他在一九七九年到一九八〇年，一连发表六篇这样的写法的小说，引起了评论界和创作界广泛的注意。作家刘心武当时还在报上发表了一篇短文，题目是《他在吃蜗牛》，意思是说蜗牛是外国人喜欢吃的东西，中国人只喜欢吃窝窝头，不喜欢吃蜗牛，但王蒙敢于尝试意识流的技术，就是敢吃蜗牛，这是个勇士。当然现在上海北京的法式西餐馆里也有蜗牛这道菜，中国人也渐渐习惯吃蜗牛了。于是意识流等西方现代派的手法，也开始慢慢流行起来。在一九八〇年九月，《文艺报》在北京召开座谈会，讨论文学表现手法探索，王蒙、刘心武、李陀、宗璞、张洁等作家都发言支持小说形式的探索。这就开始了中国文坛上关于西方现代派的争论。这个争论后来一直深入到政治领域，惊动了政界人士，这当然是后话了。不过小说的形式探索从那时起就一直有人在尝试，如女作家宗璞，写了短篇小说《我是谁》，写一个知识分子"文革"中被迫害，被诬蔑是牛鬼蛇神，后来她自己也幻想自己变成了一条蛇。这小说是模仿了卡夫卡的《变形记》。还有李陀写了《自由落体》《七奶奶》等意识流小说，在当时也有一定的影响。但总的来说，一九八五年以前，现代小说的技巧还处于模仿阶段。

　　但一九八四年起，小说真的出现了成熟的迹象。这一年发表了三部中篇小说，一部是张贤亮的《绿化树》，一部是张承志的《北方的河》，还有一部是钟阿城的《棋王》，这三部小说从不同角度写到了人的生命意识，从一般的人道主义深入到对人本体存在的意义探寻。《绿化树》写在六十年代西北的劳改队里，犯人们因为饥饿而发生了人性的变异。这部小说在政治上有些庸俗的地方，但它能真实地写出大墙内幕，写出人的生理本能的要求，都是很出色的。这位作家后来又写了续篇《男人的一半是女人》和《习惯死亡》，进一步探讨了"性"（Sex）和"死"的问题，但从艺术上看不如前一本完美。张承志和钟阿城的都是知青小说，他们在"文革"时都当过知青，一个到内蒙古草原，一个到云南地区，他们在与少数民族人民的共同生活中，都感受到一种非汉族文化所能涵盖的文化生命力，特别是张承志，他本人是穆斯林，信仰伊斯兰教，对那种质朴、强悍的宗教伟力有特殊的感受。钟阿城出身于知识分子家庭，他父亲是著名的电影评论家钟惦棐，因为写《电影的锣鼓》被打成"右派"。钟阿城在"文革"插队期间读过中国古代哲学著作《庄子》等，自有一套对人生的看法。有了这些文化作背景，他们的知青小说，都达到了前所未有的高度。

这里我想插进去，简单地介绍一下知青小说。知青小说在八十年代初就开始了。作家大都是知识青年，他们在二十岁前后的六七年岁月，都是在农村度过的。因此，他们了解中国农村生活的疾苦，因为自己曾经在农村牺牲了青春，所以对农村的那一段光阴也多少有一些留恋。知青作家很多，比较有名的有梁晓声、张承志、王安忆、陆星儿、史铁生、叶辛、陈村、李晓、孔捷生、铁凝等等。一九八五年以前，知青小说大致有两个阶段，第一个阶段是诉说上山下乡给青年带来的灾难，譬如上海女作家竹林，她早期写过一部长篇小说《生活的路》，就是写女学生到农村被人强奸的故事；贵州作家叶辛，写了《蹉跎岁月》，是反映贵州山区下乡学生的遭遇，也曾轰动一时。这些作品，都可以列入"伤痕文学"。第二个阶段是那批知青已经回城了，到了城里以后，发现他们最宝贵的年龄时间已经过去了，上大学，进厂工作，都不及别人，而且城里住房挤，他们回到家后，也不受欢迎，这样他们反过来想想，还是下乡那段时期里活得最有价值。代表这种恋旧倾向的，有黑龙江知青作家梁晓声的《今夜有暴风雪》《雪城》，和广东知青作家孔捷生的《南方的岸》。这两个阶段，不管是控诉文学还是英雄主义的，都未脱离知青生活的本身范围。到了《北方的河》和《棋王》就不同了，知青下乡不过是一个背景，作家在这样一个背景上，写出了青年人对自身价值的追求，而这种追求又是通过对民族文化之根的力量寻求来获得的。张承志找到了宗教，阿城找到了老庄。于是，文坛上出现了轰动一时的"文化寻根"小说。

"文化寻根"小说在一九八五、一九八六两年中独领风骚，它的基本特征是以文化的涵盖面来取代政治的涵盖面，文化寻根小说的兴起，标志了一九八五年以前各类小说的终结，小说的形式、技巧、功能，都出现了新的审美意义。寻根小说的作家，大都是知青作家，他们本身对文化之根也不甚清楚，故而要去寻找，而寻找的方向，又是根据各人的经验局限而定。如湖南的韩少功，提出了楚文化的根；浙江富春江边上的李杭育，提出了吴越文化的根；北京的郑万隆，特意跑到家乡黑龙江去转了一圈，寻找素材，后来写了一组《异乡异闻》。还有一些少数民族作家也崭露头角，像西藏的扎西达娃、东北的乌热尔图，等等。寻根小说强调民俗民情的审美意义，着重表现下层人民（特别是农民）的生活原貌，这比过去依循政治思想路线去图解生活，是一大进步。而且他们在小说形态上也不一味追求西方文化，反而更多地追求民族传统的小说形式和小说语言，如阿城的《棋王》《孩子王》《树王》都明显学了宋、元话本的形式。

与"文化寻根"小说同时兴起的，是一个更精致地模仿西方现代小说的流派，这一派在青年读者中影响很大，但评论界对此意见分歧，有的说它是真正的现代派，有的说它是伪的现代派，众说纷纭。这一派的代表作家，有张辛欣、刘索拉，稍后一点还有湖南女作家残雪。张辛欣是一九八五年以前就很出名的女作家，她的《在同一地平线上》，写青年一代为了事业不得不在社会上不择手段地竞争，导致家庭与婚姻的破裂。这篇强调人的生存意义的小说在当时很受一般正统派人士的攻击，不过她依然拥有大量读者。刘索拉是一九八五年崛起于文坛的女作家，她是音乐学院的学生，以音乐学院或者歌坛为背景，写出了《你别无选择》《蓝天绿海》《寻找歌王》等小说。第一篇小说有模仿塞林格《麦田守望者》的痕迹，但也获得成功，其成功之处是写出了新一代年轻人在失掉了传统信仰以后的人生观和行为准则。如果说，张辛欣写的是年轻人失掉信仰以后的孤独拼搏，刘索拉写的是年轻人失掉信仰以后对传统准则的消极抗拒，那么，再稍后出现在文坛上的残雪，她笔下的主人公带着神经官能症的敏感和恐怖。残雪的骨子里有一种深刻的现实主义，表达中国人的生存现状，但她使用的手段比张辛欣、刘索拉更具有现代意味，更趋向荒诞与恐怖。残雪作品主要有短篇《山上的小屋》、中篇《苍老的浮云》《黄泥街》和长篇《突围表演》。

这两个流派维持了两年左右的盛况，一九八七年以后渐渐平息下来，以后就没有形成过明显的思潮流派。不过有几个比较独特的作家依然在走着自己的探索路子。一个是上海的女作家王安忆，她在还不够成熟的时候，得到好几个全国大奖。一九八五年她发表了《小鲍庄》，名重一时，一般评论家企图把她归为寻根一类，其实她并不属于这一派。王安忆的小说具有很重的自然主义的成分，她有意地写人的生理本能，人的遗传因子对人的行为的支配作用，在当时文坛上别具一格。一九八六年起，她开始在小说里探讨性的意义，这一年她一连发表了三个著名中篇：《荒山之恋》《小城之恋》和《锦绣谷之恋》，俗称"三恋"，她故意违背评论界的传统思维方法，故意淡化社会背景意义，突出描写了性的本能对人的行为方式的支配，这三部小说被人视作是"性"文学的代表，受到攻击。但作家探讨、描写性的行为和性的意义是很严肃的。这"严肃"包括两层意思，一是作家把"性"视作自然本性，把它放在科学的地位上，不回避它，不轻薄它，而是用很纯粹的态度来描写它；二是把"性"看作一种艺术品，用小说语言把性行为转化成审美形态加以表现。古今中外，涉及性描写的有很多，但毋庸讳言多带有粗俗的笔调，或是用暗示挑逗的笔调，而在王安忆的现代汉语创作中，它变得非常的庄严，非常的美好。这可以从她后来写作的中篇小说《岗上的世纪》中体现出来。

另一个比较特别的作家是莫言，山东籍的军人，据说他出身于很穷苦的山区，远离现代都市的文明，但他与自然保持了密切的感情交流，能感觉到鱼在水里游动时呼吸的声音，也能感觉到头发落地时的声音，他把这种种奇异的感觉写进带有幻想色彩的小说《透明的红萝卜》，发表后风靡一时。莫言对声音，对色彩，都有特殊的敏感，这个特征帮助他在小说里营造各种奇异的意象，在他以后的长篇小说《红高粱家族》里，继续发挥了这一个特点。莫言是军人，他以《红高粱》为代表的一系列小说里，写了历史上山东地区抗日的故事。但莫言小说的又一个特点是，他淡化了历史题材的政治意识，一反过去历史战争题材的固定政治模式，突出民间的原始、正义的战斗力量，而党派之间、政治之间的传统冲突模式，都被虚拟化了。莫言的《红高粱》把长期以来公式化的历史题材重新做了艺术处理，这在当时也似乎成了军旅文学的一种新的倾向，如乔良的《灵旗》（是写长征中的一场战役），黎汝青的《皖南事变》，朱苏进的《第三只眼》《欲飞》(写海峡两岸的军事冲突)，都因突破传统公式化而取得令人耳目一新的效果。

我们回顾一下，从一九七八年的"伤痕文学"起，到一九八八年已经是十个年头了。其中一九八五年是一道分界，前面是围绕着政治社会改革而出现"伤痕""反思"等各种小说流派，旨向是为人生和追求个性解放。一九八五年以后的小说思潮则围绕着小说的审美形态而发展，接着又渐渐过渡到追求个人风格的时代。到一九八七年以后，思潮流派的概念基本消解，只出现一些年轻小说家个性各异的探索，从整个小说创作趋向而言，北京的刘恒、湖北的方方及池莉等人的小说比较倾向于自然主义，即强调表现人的生存本能，不避日常生活中恶俗细节的真实性，作家感情冷漠等特点；上海的孙甘露、南京的苏童等作家则继承了一九八五年前后马原、洪峰等人的新潮小说，更多地追求叙事本身的审美意义。其余如南京的叶兆言、浙江的余华、上海的格非、北京的王朔和查建英等人，均自成一体，各人头上一片天，谁也不学谁。

从划一的政治社会思潮到多元的文学本体思潮再到个性化的作家个人风格形成，十年来的小说创作就走完了这个历史的过渡。文学史上无数例子证明：只有作家充分个性化了，才能形成一个真正繁荣、大家林立的文艺时代。中国小说在近四十年里，头三十年被沦为政治宣传工具，文学丧失了自己的声音和自己的美，"文革"后的十年里，它在政治环境比较宽松的形势下，终于一步一步极其艰难地走出这个误区，回到了文学自身，恢复了个人的风格，但是当作家一旦拥有了自己以后，他还有一个怎么走的问题。中国小说下一步该怎样发展，那还要过段时期再看看。

拉拉扯扯，就这样向诸位介绍这十年中国小说的一个大概，因时间关系，我的介绍是很粗的，我希望它能给有志于研究中国当代小说的诸位提供一个简单的索引，真正要研究中国当代小说，还是应该去看这些作品。

一九九〇年十月

注：

① 这是作者一九九〇年十月赴日访问讲学时的讲稿之一。后刊于《历史的背面——贾植芳自选集》，山东教育出版社一九九八年十月版。

《中国近代文学大系》编辑通讯三则①
——编委贾植芳先生来信摘录

一、时代特点和编选原则

二月五日来信：

　　我就《编辑工作信息》第五号中《编者的话》提出的四个问题（主要是第一、二个问题），多少谈一些我的认识和感想。这里因为时间仓促，我只想谈谈关于各集的选文原则问题，就教于各位同好。

　　我赞同季镇淮先生和伍蠡甫先生提出的不要以"文选"的尺度编选"文学作品选"这个原则性意见。因为我国传统的编选工作，总以文体或文章本身的优劣为准，以大作家或重要作家为选文对象。而近多少年来，更以对"文学为政治服务"的庸俗化和实用主义的态度从作品的政治思想价值，它之是否有进步和革命的意义，作家本人是否进步或反动，作为唯一的选文标准。总之，"文选"的意义在于文章的认识价值或文章本身的成就而定，它是一种精选的学习性或欣赏性读物，作为范文而存在。而"文学作品选"则重要的目的，在于能较全面而真实地反映一个历史时代的特点和文风，包括各种文学流派的文学观点，作品的体裁和主题，以至艺术表现形式和特色诸方面的多样性和丰富性的反映，通过它足以概括地认识一个历史时代的生活事变和思想动态、文体变化在文学上的反映和表现。因之，它的选题面应该更宽广、更丰富。它的文献史料价值重于它的美文欣赏意义，更不必拘泥于非大作家不选这个传统标准。尤其是近代这样一个动乱的历史过渡时期，更应如此。说到这里，我认为对《俗文学集》应该予以必要的重视，应给以容量较大的篇幅，因为这个历史时代的重大事变和历史事件，在民间文学的演唱中当能得到更及时、更真实、更广阔的历史反映，代表了那个时代的市民意识或人民意识。

还有我向您提及的另一点：正是这个时期，中国开始有了近代化的文化物质装备——如印刷厂、报纸、杂志、出版社；随着科举制的废除，东西方留学生的出入，文学作品开始作为一种近代化的商品在市场流通。开始有了以卖文为生的职业文人，而脱离了传统作家依附于王朝，在朝为官在野为绅的附庸地位，而开始成为有独立人格的社会群体。这点我认为也应该在"大系"中有所反映或说明。

就拉杂地写这些，请您和同仁指教。

同日另一页信

写好上面那些话，想到还应该提出一点，供您参考。我赞成鲁迅先生为《中国新文学大系》在编选观念上提出的一个原则性意见：选文应该依据第一次发表或出版的文字为依据，不能辗转依赖于第二手或第三手材料，或作家经过校改而编定的文集本，应该从版本学的角度进行编选工作（文中一些由于手书之误、错、漏、别字、别句，应该在原件后加括号改正）。

一九八八年二月七日

二、谈"选刊"和《民间文学集》的编选

编辑室曾经征询编委贾植芳先生关于编辑出版"选刊"以及将"民间文学"从《俗文学集》三卷中分出一卷，独立编为一集等问题，承于四月十八日复示，摘录如下：

关于"选刊"书名、版式以及第一辑选文内容和设想等，我完全同意你们编辑室同志商议的结果。这样，它就能比较系统而真实、全面地反映"大系"这一重大文化工程的编辑过程及其基本内容，不仅有其纪念意义，而且更有其学术和文献价值，在我国的编辑史上也有其贡献。

关于《俗文学集》三卷中抽出一卷独立成《民间文学集》一事，既然是我国民间文学界前辈钟敬文先生建议并由他挂帅任主编之职，而且《俗文学集》主编之一金名先生已表示赞同，想来范伯群同志不会有什么异议（编者按：范伯群先生已同时来信表示同意），因为它有利于"大系"编纂工作的学术质量和价值。实际上，我也曾有过一种模糊的概念，认为所谓"通俗文学"，就是我们新文学运动中的"大众文学"，它以文人创作为准；而"俗文学"，应该是采撷自民间口头创作，所谓"口传文学"，二者严格说来，应有其各自界定的。您们在"大系"建设过程中，能有博采众议、择其善者而从之的精神和作风，我深为敬佩。

一九八九年六月二十四日

三、可以拿到国外去

总的印象，编印得好，可以拿到国外去。

近代时期，中外文化开始汇合，是中国文学的转型期。外国文学是近代时期开始介绍进来的，比如周瘦鹃，他就是第一个翻译了高尔基的小说。当时的不少小说，这几年还在流传。

上海书店不怕亏本，出这套文献性的大书不容易。现在图书造价高，书价不得不涨，但图书经费却不增加。国外很注意图书建设。尤其是日本，比如东京大学，去年十月我去了一次，看到有很多中国书。外国很多汉学家渴望买到这类图书，上海书店为他们提供了很好的历史文献，应该说是立了大功。

一九九一年二月一日

注:

① 本文选自范泉主编《〈中国近代文学大系〉争鸣录》,上海书店出版社二
〇一二年版。

通俗趣味里的严肃意蕴①

——读一九九一年第一期《传奇故事》

　　大众文学一般来说首先考虑在赢得读者数量的优势上下功夫，这几乎成了它的宿命：它必须在较大程度上采取迎合大众读者的文学姿态，为满足普遍性的心理愿望用百般手段做各种各样的设计。但是，仅仅因此就把大众文学和严肃的精神追求绝对地割裂开来，人为地固执雅、俗之间的界限，并非明智。事实上，在优秀作品的通俗趣味里，并不一定就缺乏人性内涵和深度，倒是常常因为并不做出刻意追求的样子反而更加自然地流露和表现出来。

　　读一九九一年第一期《传奇故事》，引起了我上面那样的想法。

　　《无情的情网》（刘松林、薛洪钧）是一篇市民趣味的曲折故事，把人性的美德、弱点和人性恶在恋爱的纠纷里呈现出来。世萍的母亲留给世萍一个祖传玉坠，谁拥有了这个玉坠等于拥有了世萍的爱情。世萍先后把它交给四个人，可四个人都没能经受住"考验"。当天平的一端是爱情，另一端分别是世俗的荣耀、出国的诱惑、生命的安全时，他们都向后者屈服了，以背叛爱情为代价。在一个个"考验"的情节里，流露出的是一种市民的机智和价值取向。后三个人的"考验"并非是事情自然发展过程中所遇到的，而是苦恋着世萍的嘉清或纪厚出于好心人为设置的。类似的"考验"在民间故事或传统戏曲中并不鲜见，作者的翻新在最浅的层次上看是换了时空背景，因而融进了当代历史的变迁和目前社会的特殊内容。从我个人的感受来说，这篇作品最值得称道的是作者对人性表现的新的思考：是不是人性的弱点就真是那么不可宽恕？是不是"好心"总是应该肯定？结尾，世萍爱情梦幻全部破灭，砸碎玉坠，欲以刀自尽，作者借一个人物指着嘉清、纪厚的骂提出一种怀疑："是你们害死了她！你们就完美无缺吗？你们就没有私心吗？要你们管世萍姐什么事，买什么'权'，考什么'验'啊，……"我不知道作者是否特别有意识地表达这样的怀疑和新的思考，在实际效果上，这层未能得到充分展开的意思在价值判断上几乎是前面行文的否定：既然人性的弱点是一种普遍性的存在，那么又有谁有权自以为能站在一个绝对的道德高度来"考验"指责别人呢？况且，那种一厢情愿的好心行为常反而导致一种事与愿违的结果，那么谁又能把所谓的美德绝对化呢？在我也许可能是超出了作者的意识层面的理解里，结尾不仅仅消解了传统的神圣的"人性"观神话，进而消解神圣"爱情"的神话，同时也消解了故事本身。

《血火情剑》(陈心豪)是篇武侠小说，不管从叙述语言还是从情节结构来看，都显得十分熟练、拿手。像一般为读者熟悉的武侠小说一样，这篇小说同样把人性的道德内容推向相反的两个极端：善与恶。用大白话来表达一种读武侠小说的感受，就是那里面的"好人"好得比常理认定的"好人"要好得多，为了某种道德信仰，不惜重新受苦甚至牺牲生命；也正因此，在另一个极端，"坏人"比你能够想象的坏还要坏。武侠小说的情节一般特别复杂，一波未平一波又起，实质上是这种人性表现的需要，否则就不能充分地接近特定的道德企图，同时也不能把唤起读者的爱与憎的感情推向最强烈的顶点。这样的观点也可以用更自然的眼光来看，即复杂情节的展开，即使在无意间，也一步步地趋向人性表现的极端化。在几千年的中国文化里，真正深入人心的有这样一种意识：世事无限复杂，人心险恶且不可测度，个人常常就处在险恶人心、别人的算计和利用的包围之中。这种意识对中国人的深层影响留待别处讨论。我们只说，武侠小说常常表现这样一种意识，并把这种危险意识加以极端的强化，人性善的表现，在骨子里常常就是为了人性恶的充分暴露而设的。虽然结局常常是正义对邪恶的胜利，但邪恶在诡计中显露的过程不可能不在人的心理深层投下一丝阴影。《血火情剑》就可以划入这一类，唐少自、徐天宇这类人物就是这种意识的标征。如果作者没有过分地强调套在人物和情节上的时代背景，有点生硬地去迎合历史和政治的意义，我想，作品在上述意识的表现上会更具普遍性和深度。

我们在上面所说的两篇作品里有意识地"读出"严肃性来，并不意味着我们特别强调大众文学的这一面，我们只是觉得，通俗趣味、喜闻乐见和较强的娱乐功能是不言而喻的。事实上，对大众文学，我们更愿意它能够在娱乐性上有新的突进和开掘，严肃内涵可以在娱乐性中自然而然地表现出来，一定要逼着自己搞出某种严肃意蕴来，常适得其反。比如《无情的情网》里，有一节写林伟衣着的寒酸，有个美国人要拍他的照，为了不丢国家的脸他拼命逃脱，最后在菜场拎了一条二十来斤的鱼，立即觉得神气活现，而大伙儿也觉得"扬眉吐气"。我个人觉得，这样的"爱国主义"实在是很虚假、很别扭的。

这期《传奇故事》其余诸篇，《黑色追杀》《残酷的婚礼》《清河湾的桃色事件》《赌徒与凶手》《疯女有座无字碑》，尽管有这样那样的不足和遗憾，但都讲求娱乐的品位，不诉诸低级的感官和变态欲望的宣泄与满足，在趣味性的表现中包含着严肃的意蕴，且常见超出平常作品的深度，这大概也是刊物本身追求的风格吧。而一种能见出健康风格、能感觉到积极追求精神的刊物，也应该是一种有前途的刊物。

一九九一年

注：
① 原载《传奇故事》，一九九一年第三期，署名贾植芳、张新颖。

160

《中国现代文学总书目》^①序

前两年，我为一位青年朋友的一本有关中国现代文学研究的专著写了一篇序文，那里交代了我和资料工作的历史姻缘和我对资料工作的认识与思考。

我说："七十年代末，我虽然头上还戴着那顶戴了二十多年的政治帽子，但在当时新的政治形势下，有关方面以'未再发现新的罪行'为由，让我告别了十多年的体力劳动，回到原单位资料室上班。那时候，文艺界开始复苏，出于教学和研究的需要，人们从历史教训中深刻地认识到，资料建设是学术建设的基础工作这个颠扑不破的历史真理。为了摆脱和肃清多少年来'左'倾教条主义对文学事业的干扰和危害，以及那种以非文学的观点对文学现象指手画脚的怪现象，批判从单一的政治功利主义出发，即从一时的政治需要出发，不惜歪曲甚至捏造历史，以至'以论代史'的大批判开路式的学术风气，学术界不约而同地把眼光集中在对现代文学资料建设上来了。当时，我回到资料室，面对这一新形势，我也参加了这一资料建设活动……"我在这篇序文里又说："再观乎近十多年来，我们在中国现代文学研究和论著中，逐渐形成的那种独立的学术品格，和欣欣向荣的发展态势，便不难从一个侧面说明了我们这些年在资料建设上的努力的实际效应和影响。因此也可以说，资料建设促进了我国学风的端正，而

161

形成一代尊重历史，面向实际，从实际出发的新学风。"

现在，面对这部卷帙浩繁的《中国现代文学总书目》的出版，我不禁想起了我说过的那些老话。而这部《中国现代文学总书目》，应该说是中国现代文学资料建设工程中的重大成果，它不仅填补了中国现代文学建设事业的一个重大缺口，从某一方面说，它也是用目录形式编写了一部中国现代文学全史。我之所以称其为"全史"，是因为它是以早年郑振铎先生所倡导的"统一的文学观"的观念，从事查阅、搜集、鉴别和著录中国现代文学全部成果的，其中既包括新文学作家作品，也包括通俗文学作家作品，伪满洲国时期的作家作品，或者抗战时期敌占区的作家作品，以及台港、海外华人作家作品。它的覆盖面广泛，是由于我们的文化视野辽阔，我们把它作为一种历史上的文学现象来考查和认识，也可以说，我们坚持了历史唯物主义。

其次，我们认为中国现代文学的历史，除理论外，就作家作品而言，应由小说、诗歌、散文、翻译文学四个单元组成。曾有人把中国现代文学的创作和翻译文学看成是如车之两轮，鸟之两翼。外国文学作品是由中国翻译家用汉语译出，以汉文形式存在的，它在创造和丰富中国现代文学史上其贡献与创作具有同等重要的意义与价值。在中国现代文学发展史上，创作与翻译并列并重。这只要翻开当时的文学期刊，以至报纸副刊，都可以看到这个历史景象。甚至当时的作家文集，也兼收创作与翻译文学。如一九三八年出版的二十卷本《鲁迅全集》，便是一个显著的事例。再往深里说，如果没有清末海禁的被迫打开，中国知识分子开始接触和接受西方文化与文学，并开始翻译与介绍包括东西方在内的外国文学，并对西方文学进行由内容到形式的"创造性的模仿"（周作人语），就是说，如果没有对外国文学的引进与借鉴，很难设想会有文学革命和由此开始的中国新文学史，即现在我们通称之为中国现代文学史。关于这一点，鲁迅先生曾有一段夫子之道的话，可以作为我们立论的依据："在这里发表了创作的短篇小说的，是鲁迅。从一九一八年五月起，《狂人日记》《孔乙己》《药》等，陆续地出现了，算是显示了'文学革命'的实绩，又因为那时的认为'表现的深切和格式的特别'，颇激动了一部分青年读者的心。然而这激动，却是向来怠慢了绍介欧洲大陆文学的缘故。一八三四年顷，俄国的果戈理（N.Gogol）就已经写了《狂人日记》；一八八三年顷，尼采

（Fr.Nietzsche）也早借了苏鲁支（Zarathustra）的嘴，说过'你们已经走了从虫豸到人的路，在你们里面还有许多份是虫豸。你们做过猴子，到了现在，人还尤其猴子，无论比哪一个猴子'的。而且《药》的收束，也分明地留着安特莱夫（L.Andreev）式的阴冷。但后起的《狂人日记》意在暴露家族制度和礼教的弊害，却比果戈理的忧愤深广，也不如尼采的超人的渺茫。"这里就以事实充分地说明了中国现代文学所以异于传统文学的基本历史特点，和外国作家作品与中国现代作家作品之间的影响和关系。早期的中国现代文学史著作，如一九二九年及一九三〇年初出版的陈子展的《中国近代文学之变迁》《最近三十年中国文学史》，一九三六年出版的《中国新文学大系一九一七——一九二七年》，由蔡元培所写的《总序》，由胡适、郑振铎、鲁迅、郑伯奇、周作人、郁达夫、朱自清、洪深和阿英为各分卷所写的《导言》，以至一九三三年出版的王哲甫的《中国新文学运动史》等，也都把翻译文学，以及中国现代文学接受和借鉴外国文学，作为治史立论的出发点。但在新中国成立以后，在封闭性的政治环境里，大约由于小农经济所形成的一种褊狭、保守、自私、排外的心理积淀，加上儒家的"非我族类其心必异"的传统意识的影响，翻译文学也被贬低为次等文学，只作为可有可无的东西，聊备一格。外国文学翻译家在文学出版界只好敬陪末座。这种片面的观念，也在中国现代文学史的编写和研究工作中反映了出来。这就好比鸟被折断了一翼，车轮缺了一个轮子，使中国现代文学的历史形象残缺不齐。而这种随意涂改历史的行动本身，又构成了历史的一部分，从中可以窥见中国现代文化史某一方面的特色。为此，我们在编纂本书目时，有意纠正这个历史所造成的谬误。为了恢复历史本身的真实，我们把翻译文学又正式作为中国现代文学的一个有机体部分进行编目。但我国接触和翻译介绍外国文学，并不是一刀切地从中国现代文学发端时间的一九一七年开始，而是始于二十世纪之初。为此，为了照应历史本身的完整性，本书目将一九一七年以前，即由现在有史可查的光绪八年即一八八二年译印的威尔通女士的小说《安乐家》开始，以迄一九一六年之间的翻译文学，单独立目，作为附录，附于卷末。

其次，又由于现代中国是一个战乱频繁，社会动荡不宁的社会，文学作为一种社会意识形态，必然要受到其他社会意识形态的影响，尤其是对我们这个基本以农立国的社会说来，政治权力往往成为社会生活中的杠杆。中国现代文学由于干预现代社会生活，是现代社会生活的反映和写照，因此，它成了一个敏感区，甚至是一个触雷区，在它生长发展的进程中，总是不断受到政治权力者的猜疑、干预、骚扰和破坏。因此，资料流失、损毁现象严重。新中国成立以后，中国现代文学虽然作为一个独立的学科建立起来，又由于"左"的抬头和每况愈烈，它由于和现实关系最为贴近等复杂的历史原因，还依然是个敏感或触雷区。加上文艺界政治运动的一浪高于一浪，一批又一批的作家在文坛上消失，他们的作品在书店、图书馆被封存，以至销毁。直到"文化大革命"，史料被清除、查禁、销毁的情况也可称之为"史无前例"。加之，现代文学版本变动情况复杂，尤其是新中国成立后仍然健在的跨代作家，往往为了适应"适者生存"这个天演公理，随时依照政治的变动和需要，涂改旧作。这种很有时代特色的文化现象，作为中国现代文学史研究的新课题，实在值得深深地思考和回味。但从编纂书目的角度来说，这就大大加重了目录、版本、考订工作，即中国现代文学资料建设的历史负担，更加突出了中国现代文学资料建设工作的重要性和必要性。

现在趁这部《中国现代文学总书目》问世之际，我这些基于自己主观体验的感受和思考，或许可以为翻阅和应用本书目时的一些参考。

近人梁启超说："治一学，第一步，先将此学的真相弄清楚；第二步，乃批评其是非得失。"这部《中国现代文学总书目》，就是做了梁氏所说的文学史研究的"第一步"工作，即弄明白"真相"的工作。我们的先人和前人一贯重视文学史料的收辑、整理、校勘这个治学的"第一步"工作，即文学史料的建设工作，因为它是做学问的基本功。而保持历史本身的真实性、严肃性、客观性和完整性，为当代人提供一份真实的史料，为子孙后代留一份真实的历史文献，是我国历史悠久的一个学术传统。我认为，这其实也是个如何对待历史的态度问题，往深里说，这也是一个关于知识分子本身形象的问题。

现在，从事这部大型书目的编纂出版工作，也就是我们这些人继承祖宗和前人的这份传统，在现有的历史条件下，尽其所能地做了一些分内的工作。限于主客观条件，其中漏失、错误和不足之处，当所难免。现在通过以出版形式公诸社会，也就是希望通过公众检验、议论和指正，加上我们自己的主观努力，使它能通过补订修正，臻于完善，即更加全面真实地反映这一时代中国文学伟大成果的理想境界。我们的工作并不是一次性的。

　　最后，在这部大型书目即将问世之际，我不禁又深深地怀念始终关怀着这部书目的编纂工作的王瑶、唐弢、马良春诸位先生，他们不幸过早地离开了这个世界，但他们在中国现代文学学科建设上的业绩，将在人间留下永恒的记忆！对于参加本书目的编纂工作的我的同行朋友们，尤其是为本书的审稿、统稿和定稿投入了大量的时间、花费了很大的心血的徐迺翔先生、汪文鼎先生，以及和我们通力合作，为这部卷帙浩繁的工具书提供了出版方便的福建教育出版社的有关领导、编辑与有关工作部门的朋友们，我和俞元桂先生在此谨致以崇高的敬意和衷心的谢意！

一九九三年八月，上海

注：

①本书由福建教育出版社一九九三年十二月出版。

当代文学研究的新高度

——读《新中国文学词典》①

　　辞书编撰是一时显学，但是全面展现中国当代文学整体风貌的专业词典则一向为空白。个中缘由，大家不难心领神会。如果说写文学史以当代的部分为最难，恐怕编当代文学词典就要算是难上加难了。眼下，潘旭澜教授主编的《新中国文学词典》已经面世，凡一百八十万字，四千二百个词目，精装一巨册。即使是随便翻翻里面的一些条目，亦可看出编写者着实花了一番大气力，走的是一条诚实、谨严、知难而上的路子。

　　编撰当代文学词典这一类的工作，最难的是要有独立的学术精神，不为时尚所左右。在这一点上，编者有胆识、有气魄，能够做到尊重历史，不因人废言，不为尊者讳。为后人及时地保留了许多公正客观的历史材料。这里自然也就涉及怎样破除"左"的观念与学术研究上的其他陈规陋习的问题。在现当代文学的研究领域，常有这样的情形，好像一部文学史有那么几十个作家，上百部作品就行了，结果是把多姿多彩的文学现象弄得异常空虚贫乏。打开一些文学词典，往往是你想查的词条怎么也查不到，你不想查的词条却收了一大串。其实。文学工具书查阅率最高的词目，并非"鲁迅""郭沫若""茅盾"这一类，倒是一些比较偏僻、人们不太熟知的人物、现象，以及有争议的事件和一些热点等等。《新中国文学词典》在词目的选择上可谓别具匠心，取材范围涵盖文学机构、会议、主要文件、运动、论争、现象、人物、作品、评论、研究、工具书等各个方面，既广泛收罗，照顾全面，又能够突出重点，对既往研究工作或资料收集工作中较少触及或接触不深的空白处，皆有所填补。

一部当代文学史同时也就是一部当代的政治风云史和文化变迁史。想必当年的过来人与未来的求知者都会以种种不同的情感与态度对"一刊两报""文艺大跃进运动""沈从文热""重写文学史""大写十三年""文艺战线上的一场大辩论"这样的词条发生兴趣。这种忠实再现历史原貌的工作本也是非辞书莫属的。即使在那些"熟"的词条中，我们亦每每能发现出陌生的材料，而生出耳目一新的感觉。例如"三结合"创作方法，我们一般都能知道个大概，但是它究竟是怎样一个来龙去脉，则未必有多少人能说得很清楚。而该词典就精要地勾勒出这种荒唐的创作法的来历和前后发展过程，给人以丰富而密集的信息。

一部好的文学词典必然也是一部好的文学史，这部词典在词条的总体配置上充分体现了"史"的眼光和"史"的精神。对当代文学史上的一些重大事件，读者既可在总评概述性的词条中得到总体的把握，又可在许多与之密切相关的条目中获知进一步的不同类别的细节，这些各有侧重点而又相互联结的条目配合起来，有纲有目，错落有致，疏密相宜，彼此印证，从不同的侧面反映出中国当代历史与文化的精神风貌，罗织成当代文学史的一张立体的网络。从词典编撰学的角度来看，这种"交互参见"（Cross-reference）正是编者成竹在胸、精心策划的见证，当可令读者有左右逢源之感。

编词典原是一项极严肃的工作。这些年来，各类词典委实已经泛滥成灾，其中不乏辗转相抄的急就章，不要说是第二手的材料，就是三四手的货色也是不稀奇的。与此相对照，《新中国文学词典》谨严的编撰态度弥足称道。该词典的编写工作历经五六年，材料、词条均经过反复核对校订，琢磨良久，力求客观、坚实、可靠，决不人云亦云，如此下来，其工程量是相当浩大的。考虑到这是一项自发的民间学术工程，其间并未受到外界资助，不禁令人想起当年约翰逊博士的艰巨工作。在学术上的颓堕偷懒习气日甚一日的今天，《新中国文学词典》的编撰者们所花的心血与气力有着超乎辞书编撰的意义。

相信这部辞书将会把当代文学的研究推向一个新的高度。

一九九三年九月，上海

注：

①本书由江苏文艺出版社一九九三年三月出版。

征服者的悲哀

——谈长篇小说《海王》①

　　张锦江同志的新作《海王》，是一部能让人读出点味道的长篇小说，骆海宝是一个善良干练的渔民，被当地海匪搞得家破人亡，于是拉起一帮人，组织了"海上自卫队"。但是他们的行为很快就超出了复仇的范围，故事耐人寻味的地方就是从这里开始的。为了复仇，当然就要借助于暴力，但是暴力从开始就是一个没法掌握分寸的东西。在使用暴力的同时，也就悄悄打开了人性那荒蛮黑暗的一面。骆海宝终于成了彻头彻尾的海匪，人性遭到彻底的沦丧。这正是一个人性的异化过程。在并不漫长的人类历史上，暴力与征服几乎是个唱不完的老调。在旧时代，不仅统治者靠暴力来维持权力，应该说还普遍地存在着对暴力由畏服而生的崇拜和迷信。在一定的条件下，被迫害者也会转化成迫害者，对暴力的不加节制的使用和对权力的无止境的追求，正是这种转化的契机。然而，"以力服人者非心服也"，这位骆海宝并未获得预期的成功，最终还是落得一个可悲的结局。这是骆海宝的悲剧，也是生生不息的人类悲剧的缩影。可以看得出来，作者是要以一个非常特殊的人物和非常特殊的环境，来表达某种普遍的哲理。

　　在发掘人性、揭示普遍哲理的同时，作者向我们打开了一幅海文化的鲜丽图卷。作品细致描绘了黄海海域的渔村生活和当地海盗的活动方式。

可以看得出，作者对海洋是很有感情的，在他的笔下，海几乎是拟人化了，作者有厚实的生活底蕴，在刻画当地渔村的民情民俗方面很是得心应手。从"变衣"、庙会中的"踩街""醉汉舞"这样的当地风俗，到骆老头吃粥这样微小的细节，都能绘声绘色地写来，很富有生活气息和实感。

作品在写作手法上也是很花了一番气力的。作品呈现出多种文学体裁相融合的特征，给人以丰富多变、耳目一新的感觉，很有可读性，书中的一些插叙和交代令人想起扬州评弹中经常出现的插白。开首几章跳跃性的短句与频繁分行颇类台湾武侠名家古龙的风格。

值得一提的是作者写作态度十分严谨。此书写作过程长达八年，作者在这上面倾注了自己的心血，并长期深入苏北体验生活。我想，他的努力是成功而有益的。

一九九四年四月在上海寓所

注：
①本书由漓江出版社一九九三年出版。

应当全面地认识王礼锡①

　　十多年前，一般人还不知道王礼锡，就连大学中文系个别现代文学教授竟然也不知道他。这种情况说它怪，其实也不怪，它是由于过去长期"左"的政治路线造成的。现在，随着《王礼锡文集》《王礼锡诗文集》的先后出版，知道他的人逐渐多起来了。但是，知道他不等于全面地认识了他。我们如果仅仅将他看作爱国诗人，那还是远远不够的。王礼锡在中国现代史上的贡献是多方面的。因此，我们应当全面地认识王礼锡。

　　的确，王礼锡是一位杰出的爱国诗人。三十年代，面对日本帝国主义的侵略，他奔走呼号，力主抗日。"一·二八"淞沪战争爆发的第二天，他就与胡秋原、彭芳草、梅龚彬等人一起创办了《抗日战争号外》，热情地宣传抗日。淞沪战争期间，他与上海文化界的抗日爱国志士，于二月七日召开了中国著作者抗日会筹委会，并被推选为执行委员，与丁玲、戈公振、巴金等一百多人一起在这次筹委会通过的《中国著作者为日军进攻上海屠杀民众宣言》上签了名。一九三三年至一九三八年，他在流亡英国期间，虽然远离祖国，但仍继续积极从事抗日救亡运动。一九三六年五、六月间，他先后撰写了《论准备》《再论准备》，痛斥国民党当局的不抵抗政策，热诚拥护中国共产党的"八·一"宣言。一九三六年九月，他出席了在比利时首都布鲁塞尔召开的世界和平大会（亦称国际反侵略运动大

171

会），他在致辞中提出了停止内战与建立全民战线的主张，反映了他的爱国主义思想。抗日战争爆发后，他在英国积极投入国际反侵略援华运动。

我们不必一一细述他在流亡海外的五年多时间里对国际反侵略援华运动所做出的种种贡献。只要吟诵一下他一九三八年十月间与夫人陆晶清先生回国前夕，在全英援华会秘书长伍德门女士、英国《新政治家》周刊编者马丁先生为他们夫妇俩举办的送别宴会上他所即席朗诵的诗作《再会，英国的朋友们!》："我去了，／我去加一滴赤血，／加一颗火热的心。／不是长城缺不了我，／是我与长城相依为命。／没有我，无碍中华的新生，／没有中华，世界就塌了一座长城。／我要归去了，／归去赶上中国的春。"就从这里节引的寥寥几行诗句，我们也足以体会他深厚的爱国主义感情了。

王礼锡又是我国现代著名的社会科学家。一九二九年下半年起，他应陈铭枢之邀，主持神州国光社编务。陈铭枢回忆说："我接办'神州'时，王礼锡向我建议说'这个书店应当帮助左翼作家（包括共产党的作家），为他们提供一个写作的园地'。"（《"神州国光社"后半部史略》，《陈铭枢纪念文集》）在王礼锡主持神州国光社编辑部的短短两三年时间里，神州国光社由原先的出版碑帖书画与古典文学艺术书籍为主，一变而为以出版社会科学、进步文艺作品与美学、文艺理论书籍为主。在社会科学书籍方面，先后出版了马克思的《政治经济学批判》、马克思和恩格斯的《德意志意识形态》（郭沫若译）、列宁的《唯物论与经验批判论》（傅东华译）、普列汉诺夫的《战斗的唯物主义》（杜畏之译）、德波林的《斯宾诺莎与辩证唯物主义》（杨东莼译）、河上肇的《通俗剩余价值论》、高昌素之的《资本论大纲》（施复亮译）、李嘉图的《政治经济学和赋税原理》（郭大力、王亚南合译）等书。在外国文学译介方面，出版了鲁迅主编的《现代文艺丛书》，其中有伊凡诺夫的《铁甲列车》（侍桁译）、卢那卡尔斯基的《浮士德与城》（柔石译）、高尔基的《没落》（程小航译）、芥川龙之介的《败北》（沈端先译）、萧洛霍夫的《静静的顿河》（贺费陀译）等等。在美学、文艺理论书籍方面，以《物观美术丛书》集其大成，其中有《康德席勒之美学及其批评》（冯雪峰译）、《黑格尔之美学》（胡秋原译）、《卢那卡尔斯基之美学》（陈望道译）、《普列汉诺夫之美学》（贺费陀译）等等。神州国光社出版大量进步的社会科学书籍、文艺作品以及美学、文艺理论方面的书籍，推动了中国现代社会科学、文艺创作以及美学、文艺理论的发展。这当中，王礼锡是做出了很大贡献的。

尤其值得大书一笔的是，王礼锡在主持神州国光社编辑部期间，创办了《读书杂志》，并于该刊第一卷四、五期合刊，第二卷二、三期合刊，第二卷七、八期合刊，第三卷三、四期合刊出版了四辑《中国社会史论战》。这场中国社会史论战是我国现代革命史和思想文化史上的一件大事，它对于我国现代革命实践活动、中国社会与历史的研究都具有深远的意义。而王礼锡作为这场论战的发动者和组织者，为推动这场论战，做出了巨大的贡献。他在《中国社会史论战》第一辑上发表了《中国社会史论战序幕》，其中说："关于中国经济性质问题，现在已经逼着任何阶级的学者要求答复。任何阶级的学者为着要确定或辩护他自己的阶级的前途，也非解答这个问题不可。""像这样严重复杂的问题，一面应当从斗争中鼓励思想界的研究热，一面应作有组织的合作研究，以增加研究的效率。"当年这场中国社会史论战，涉及中国应当进行什么性质的革命，依靠谁来革命，革命往哪里发展等一系列重大理论问题。这场论战，产生了很大的影响，当时有五十余家期刊发表论战文章。其中《读书杂志》为这场论战提供的篇幅、发表的文章最多，其影响也最大。每一专辑出版后，都很快销售一空，再版乃至三版，以应学术界与广大读者的需要。王礼锡曾在《读书杂志》创刊号上发表《读书杂志发刊的一个告白》，表明他的办刊宗旨是："我们不主观地标榜一个固定的主张，不确定一个呆板的公式去套住一切学问。资本主义的经济学说和社会主义的经济学说一般地忠实介绍，革命文学家的作品和趣味文学作家的作品一样地登载。"在编辑《读书杂志》过程中，他实践了这一办刊宗旨。四辑《中国社会史论战》发表了大量的各家各派的论战文章，例如第一辑上发表了中国共产党领导人张闻天化名为刘梦云的《中国经济之性质问题的研究》一文，第三辑上发表了进步学者刘苏华的《唯物辩证法与严灵峰》等文章。虽然后来由于王礼锡遭到国民党政府的迫害而流亡英国，中国社会史论战未能继续进行下去，论战所提出的许多问题，没有能继续进行深入的探讨。但是，王礼锡所发动的这场论战，有效地推动了中国社会性质的研究向纵深发展，促进了中国现代历史科学的发展。

作为社会科学家，王礼锡是我国较早地倡导用马克思主义的辩证唯物主义研究历史与现实的著名学者。三十年代初，他就尝试用辩证唯物主义来研究中国古典作家与作品，在神州国光社出版了《物观文学史丛稿》，其中之一便是他自己写的、于一九三〇年十月出版的学术专著《李长吉评传》。王礼锡对李贺做了比较深入的研究。对李贺诗作的内容与风格的形成做出了比较科学的阐释。书中的《李长吉年谱》填补了这方面的空白，受到了朱自清、周阆风等著名学者的推重，在他们各自撰写的李贺年谱中吸收了他的研究成果。

王礼锡又是我国三十年代杰出的人民外交家。他在流亡英国期间，做了大量对外文化交流和人民友好的工作，难以一一缕述，就以他在英国发起成立的英国"中国人民之友社"来说吧，该社成立宣言称，该社的目的是：（一）传播关于中国之正确观念，促进对中国文明之了解；（二）援助中国之自由斗争；（三）援助中国抵抗外敌；（四）影响英国政府与中国订立平等条约；（五）救济中国天灾人祸；（六）与其他同性质团体合作，促进旅英华侨与英国人民之间的友谊。后来英国"中国人民之友社"在促进中、英两国人民之间的友谊、发动英国各阶级、各阶层人士援助中国人民的抗日斗争方面做了大量工作，发挥了很大的作用。吴玉章曾提出："他（指王礼锡）是一位诗人，一员热爱祖国、反对侵略的队员，中国在国外从事国民外交工作不可多得的一个人物。"（《悼王礼锡先生》，一九三九年十月八日《新华日报》）

王礼锡的大量人民外交工作，不但促进了中国与西欧各国的文化交流，更重要的是，在日本帝国主义侵略中国、中华民族处在存亡绝续的危急关头，王礼锡在西欧积极开展国际援华工作，使西欧各国人民认识了中国人民反抗日本帝国主义侵略的正义性，认清了日本侵略中国、中国人民惨遭蹂躏的真相，从而极大地调动了西欧各国人民援华抗日的积极性，赢得了西欧各国人民对中国人民抗日的物质上、精神上的巨大支持与援助。抗日战争的伟大胜利，有王礼锡从事人民外交的一份贡献。

限于篇幅，我们不再具体地论说王礼锡旧体诗的高深造诣、新诗的艺术特色、散文的独特贡献以及翻译方面的成就，即此上述数端，人们就可看到，早在三十年代就蜚声海内外的杰出爱国诗人王礼锡，在中国现代政治史、外交史、学术史、文学史、出版史上占有重要的历史地位。然而，由于长期以来"左"的政治路线的影响，其事迹竟湮没无闻。这种状况现

174

在有了些改变，但是，与他为中华民族做出的贡献相比，与他当年在海内外的巨大影响相比，还是远远不够的。全面地认识王礼锡，从而全面地恢复他应有的历史地位，以促进今天的社会主义精神文明建设，是我们这一代学人不可推诿的历史责任。

一九九五年一月于复旦大学

注：

① 原载《中国现代作家作品研究资料丛书·王礼锡研究资料》，潘颂德编，天津社会科学院出版社，一九九五年。

旧话重提

　　中国一贯地把小说笔记这类文学作品称为"闲书"。由此，从晚清到"五四"一代，也就是这类作品大量涌现于文化消费市场的旺盛时期。当时那些被称为"鸳鸯蝴蝶派"或"礼拜六派"的通俗作家，也自认不讳地把自己的作品看成是供读者茶余酒后消闲解闷的东西，是一种"游戏文学"；也因而遭到了新文学家的迎头痛击，斥之为"文丐""文娼"等。由于种种原因，今天的读者对他们已经相当陌生。然而从文学史研究的角度来看，完全忽视这些作家作品作为一种文化现象的存在，却是不甚科学的。这类作品也总或多或少、或强或弱地反映了一定的社会生活内容和时代信息，有其一定的历史认识价值。即便是他们的文学观点，我认为也反映了某种文化价值观点，它看重文艺的欣赏价值和娱乐性质这种艺术功能，从市民文化的角度对传统文学中占统治地位的儒家"文以载道""诗以言志"的正统文艺观加以否定，这正是中国社会由长期的封闭状态走向开放这个历史特征的反映，也是商品经济社会所形成的文化市场开始出现后的一种标志，从晚清海禁洞开以后，随着西风东渐，而贯穿中国近代史的全过程。这类在传统文化哺育下成长起来的通俗作家，思想意识上虽然有较为严重的封建性的历史负担，但作为一个作家，他们只是一个个卖文求生的文人，而并非为虎作伥的官府爪牙；他们的衣食父母是读者大众，

176

即所谓"看官"，而非"帝王家"。他们把自己的作品看成人们的消遣品，这也说明了他们已经自觉或不自觉地意识到了商品社会的价值观念。换句话说，随着新式印刷出版事业和报纸杂志事业的兴起，中国才开始有了职业作家，他们开始摆脱了在封闭性的农业经济社会里作家对官府的由人身依附到人格依附的附庸地位，成为具有自己独立人格和自食其力的社会个体，这是一种历史的进步。同纯文学作家一样，近现代的中国通俗作家也是这种历史环境里的产物。同时，他们作为平民百姓，也在"生活的地狱"里饱受煎熬之苦，因此在他们的作品里，也多少接触到历史事变、时间动态以及纷纭复杂的社会人生百态。有的也抉发了时弊和积习，甚至对国家民族的前途，对美好的生活前景，怀有某种模糊的憧憬和渴求。因此这类作品虽有传统文化中的儒家伦理道德观念的束缚，在审美情趣上有其庸俗性的一面，但总的看来，也自有一定的社会认识意义和娱乐欣赏的艺术价值。

不知我前几年的这些观点，是否可以移来有助于我们对现在大众阅读和通俗读物的认识？

一九九四年冬在上海寓所

177

别具一格的"教授小说"

——读智量的《饥饿的山村》①

　　前几年有学者提出作家学者化的口号，这是鉴于新时期文坛的现状而提出的一种呼吁。新时期文学的作家群主要有两部分组成，即五十年代初出现的一代和七十年代末八十年代初出现的一代。虽然由于命运多舛，他们都沉入过生活的最底层，或者长成于"文革"时期，饱尝了人生滋味，有比较丰富的生活积累，这对文学创作题材的开拓有着重要意义。但和"五四"一代作家相比，他们又都具有学养不足、文化视野狭小及知识储备相对单一的历史局限，即或借鉴外国文学，也基本上依赖于中文译本。从这个意义上说，智量的这部《饥饿的山村》就特别显眼了。因为作者在五十年代接受过系统性的专业正规教育，后来又在高等学校教授和研究外国文学，同时他又是一个苏俄文学翻译家和研究家，在这之前就出版和发表过不少俄国作家如普希金、托尔斯泰等经典作品的中译，并因此为世所称道。所以当我捧读这部小说时，感受就特别深切，也想借此说几句话。

　　这部以沉郁的笔调写就的长篇小说，是以天灾加人祸所造成的史称为"三年自然灾害"期间西北边远地区的农村生活为素材的。它叙述了一个被划为"右派"的知识分子，被发配到这个偏僻荒凉的小山村"接受贫下中农再教育"期间所目睹的当时农村在饥饿的死亡线上挣扎着的男女老少，是一个负伤的知识分子所亲历的生活场景。它写了在天灾与人祸的逼

178

迫下，人性与兽性的搏斗，希望与绝望的交织，黑暗与光明的对照。而主人公却又是以"恶毒攻击"的罪行被划入异类的知识分子，这是一种特殊形式的"知识分子与工农结合"的方式。他看到了真实的生活，却又限于身份而噤口难言：在他的思想深处，同样也产生了是非善恶的斗争，这不禁更加深了他的内心痛苦。尤其使他感动的是，这些"愚而贫"的农民并未把他当作"敌人"对待，而是以同情和怜悯的心情来接待他、关心他、帮助他，这又从另一个方面表明，他们都是在同一命运下挣扎求生的不幸的人们，他们倒是真正的"阶级兄弟"！这是一种历史的反讽，是生活的真实，因为事实是最有说服力的，这就更触发了人们的深思。

记得周扬在八十年代初复出后，在为《赵树理文集》所写的序文中曾说，赵在创作的农村小说中的一个巨大功绩，就是揭露了一些地方农民政权为一群地痞流氓所掌握，农民在他们的淫威下敢怒而不敢言。这大约是周扬在"文革"十年的监狱生活中反思历史及现实后的悔悟所得。智量的这部小说也是以生活真实揭露了存在于某些地方农村革命政权中的这一阴暗面。虽然他所接触的农民与赵树理描绘的四五十年代的时空距离颇大，但作为一种生活真实，却又有着多么惊人的相似之处！

小说在主题发掘和艺术表现上所获得的成功，应归因于作家丰富的生活体验与积累，他以充沛的感情投入对生活的审视，又以理性思维揭示生活的底蕴。他笔下的生活事件和人物是平凡的，但既有特定的时代与历史色彩，又充满地方特色和人物个性。它反映了有几千年历史沉积的封建主义，又以怎样的新面目即革命的面目出现的历史真实，这是历史的不幸，同时又是巨大的精神财富，它可以启发人们认识我们这个仍然基本上是农业国的社会，在摆脱历史重负的努力中所具有的长期性、复杂性和尖锐性的矛盾，使人们警醒和警惕，从而认识到今天的开放改革，走向市场经济的方针的历史意义和自身的责任感，这就是它作为精神财富的本质意义。

在中国新文学发展中，"教授小说"是有一定传统的，但智量的这部长篇小说，却又不同于普通意义上的"教授小说"。它在反映生活的广度、深度和力度上已大大超越了通常的教授小说的闲适与飘逸的境界，而是既能再现生活的原始面貌，挖出了生活的血与肉，又能超越现实，达到一种哲理性思考的深刻境界，从而明显地区别于那些坐在书斋里的"不食人间烟火"式的"教授小说"，使作品具有一种清新动人的艺术风貌和文学价值。而作者的深湛的俄国文学素养，又锻炼了他的艺术描写功力，使作品更富于独特的文化和美学意蕴。

　　我的这些读后感式的零星想法，就以我读过的一句名言作结束："凡是真正有价值的作品，总是经得起时间考验的。"我相信，这部《饥饿的山村》是经得起历史审查的，因为我确信它有真实的艺术生命。

一九九五年三月下旬于上海寓所

注：
①本书由漓江出版社一九九四年出版。

开掘现代通俗文学的研究宝库

　　近些年来，由于我国的改革开放事业的发展，随着人们物质生活的改善与优化，沉寂多年的通俗文学创作与翻译出版又呈勃兴之势，在文化消费市场上，它的发展势头、销售情况甚至压倒高雅文学，日益走向繁荣与昌盛。这种文化现象，从历史文化背景来看，并不足为奇。正如我国传统观念上将小说戏曲称为"闲书"一样，人们除过必需的物质生活条件之外，也必然有着精神文化生活的需要。文化生活的物化形态就是戏曲小说，它们在人们的物质消费需要得到基本满足之后，也可谓须臾不可离的精神享受。通俗文学由于它是人们业余的消闲的读物，正满足了各式人们的文化生活需要，它们的价值取向依归，也正在这里。

　　从二十世纪这个历史范畴说来，中国近现代通俗文学创作与翻译活动，追本溯源的话，应该是在清末海禁洞开，欧风东渐的时势下，随着上海这个工商金融城市的建立与发展，新式印刷出版及报纸杂志的引进，文化市场形成后所出现的一种新的文化现象，这就是我们文学史习惯上称为"鸳鸯蝴蝶派"或"礼拜六派"的作家群忽焉而兴的历史社会条件。随着工商业职工阶层的涌现和市民社会的形成，催生了这一类以卖文为生的新兴的作家群体的出现。他们虽然受到"五四"新文学作家的迎头痛击，但在历史进入现代之后，仍然盛行不衰，与新文学作品并行发展。由于他们作品的价值取向定位在以市民社会为消费对象之上，这类作品在文化市场上的消费量大大超乎新文学作品。更值得注意的是，初期的一些新文学作家，如鲁迅、叶圣陶、刘半农等，在他们的文学创作事业起步时期，也曾一度接受通俗文学作家的影响。

从文学史的观点来看，从鸦片战争以后至"五四"前的近代文学与随"五四"新文化运动兴起的新文学同属一个大的历史范畴，应看作是"五四"新文学的先声或酝酿时期。令人遗憾的是，近代文学多年来本是我国文学史研究中一个比较薄弱的环节，由于"五四"作家对通俗文学的批判和排斥，近现代通俗文学更被人为地摈除在文学史研究范畴之外，通俗文学作家作品便成为不入史、不入流的存在，这不能不说是一种历史遗憾。也正因为如此，这类作家作品长久湮没无闻。历史进入八十年代以后，随着我国时势的变化，通俗文学在整个社会由封闭走向开放的历史进程中重新崛起，日益勃兴，成为新的历史时期的一大文化景观，也终于以自己的顽强存在重新赢得了文学评论界和文学史家的关注和重视。

范伯群教授与苏州大学中文系的同事们，倾注全力投入近现代通俗文学的研究与教学。这就是现在出版的《中国近现代通俗作家评价丛书》（第一辑十二种，南京出版社）这套大型资料书的由来。按他们的研究规划，正是要在这一巨大的资料建设工程基础之上，建立他们的研究基地，深入从事他们的专项研究与教学，并进而撰写《中国近现代通俗文学史》，最终把这一领域整合进我国近现代文学研究与教学的范畴，以便使我们的近现代文学史的反映面更真实，更丰富，更完整，更符合历史实际。

这套丛书不仅是我国近现代通俗文学研究的重要资料积累，同时也为今天的广大读者提供了一套有认识和欣赏价值的系列性读物。

一九九五年七月中旬在上海

还小说以本来面目①

　　小说是城市生活的产物。没有城市，没有城市居民，就没有现代意义上的小说。

　　中国自宋代以后，随着家庭手工业的发展，开始出现最初意义上的城市市民阶层。到了明、清之际，商业、手工业一度发展迅速，某种程度上还比较繁荣，像扬州、南京和苏州这些地方，有了资本主义最早的萌芽。这样，市民人数大幅度增长，他们这部分人一天劳作之余，就有消闲的愿望和需要，这就是小说诞生的社会基础。起先，是茶馆说书人的口头创作，为了维持生计，吸引更多的茶客，他们力求说得动人，叫座，卖点小小的关子，讲到紧要处，且听下回分解。后来，一些失意文人也加入进去整理提炼，逐渐就有了文人小说。中国古代的几部文学名著，如《三国演义》《水浒传》《西游记》包括《红楼梦》，都是那种时代背景的产物。而印刷业的发展，又为小说的传播提供了可能性。

　　从近现代史上来看，以文化中心上海为例，这座城市自开埠以来，现代轻纺工业、金融业等迅猛发展，外国资本不断涌入，这就产生了一个我们今天所说的白领阶层。他们希望有现代都市的娱乐生活，电影院、跳舞厅、西餐馆主要就是为这些人准备的，当然，他们也需要文化消费，上海的报业、杂志业、出版业就这样发展起来了。这就是文化市场。小说，作为文化消费品的一种，在这个时期有了较大程度的繁荣。这一时期，从事小说创作的人也为数不少。在中国漫长的封建农业社会里，文人的唯一心愿也许就是读书做官，但到了二十世纪初，科举制度被废除了，很多读书人一下子就失去了生活的希望，路被堵死了，他们不能种田，又不会做工，也没法经商，有人就跑到上海滩卖文为生，不第秀才写小说。他们中的一些人还读过点洋文，就尝试着翻译，将西方的一些通俗小说介绍了进来。这样，在当时的上海滩，就出现了一个休闲文化、休闲小说繁荣的局面。

所以，从小说的产生、小说的发展历程来看，它的本质从其问世开始就是大众的，通俗的，为市民百姓所普遍接受的文化消费形式，这和士大夫文学不一样。它的功能更多的是消闲、娱乐和游戏，属于俗文学的范畴。

当然，在文人小说的创作实践中，一些作家主要是一些有着较高艺术追求的知识分子，他们不满足于现状，开始尝试更高层次上的人的精神领域的探索，研究人，研究人性。这样，就有了我们今天一些人们说的所谓纯文学的概念。它当然也是有些市场的，但主要还是局限在一些知识分子圈内。纯文学和通俗文学之间，并没有什么严格的界定，而且，随着人们受教育程度的提高，文化水准的提高，它们之间的差距也在缩小，也可能逐渐合二为一，也可能就成为一回事。

多年以来，由于中国社会历史变革的特殊性，文学的非文学功能被无限地扩大了，文学成了某种政治需要甚至是某项政策需要的附属品。作家笔下的人物，都是一个个死的概念，而不再是有血有肉的活的人。文学离文学本身越来越远。今天，在建设社会主义市场经济体制的进程中，社会又一次呈现了多元化趋势，社会生活丰富多彩，这就为小说创作的繁荣提供了历史性的机遇，历史性的舞台。当然，今天人们的文化休闲形式较之过去年代又要丰富许多，但小说依然应该有自己的一席之地，关键在于作家自己怎么做。

因此，我们如今说要繁荣文学创作、小说创作，首先就要繁荣通俗文学的创作、通俗小说的创作。

注：
① 原载《上海小说》，一九九六年第一期。

中国留日学生与中国现代文学①

提要：中国留日学生与中国现代文学有着密切的渊源关系。他们那种反封建传统，向往民主，追求理想的激进思想和行为，推动了新文学运动和现代文学运动的发展和进步。与留学英、美的学生注重文学形式的探索不同，留日学生更注重文学内容的探索，从而形成了中国现代文学中启蒙和唯美两种文学风格。

五十五年前，我与许多留日学生一样，也加入了中国从晚清以来浩浩荡荡的留日行列，成了一名留日学生。当时到日本留学的中国学生很多，经济来源也是各种各样的，主要的有两类：一类是拿了官费公派来的，他们当中除过当时的国民党政权派来的以外，还有各省政权派来的；一类是自己家里出钱自费来的，我是属于第二种。在来日本之前，我在北京一家美国人办的教会学校读书。一九三五年底北京发生了著名的"一二·九"学生运动，我也参加进去了，被当时的公安机关逮捕，关了近三个月，才由家里花钱托人把我保释出来。但公安局还给我留了一条"随传随到"的尾巴。于是，我只好由家里出钱逃到日本来了。查考起来，中国从一八九八年维新变法的政治运动失败，康有为、梁启超等一批维新派人士东渡日本避祸以来，日本因和中国是一衣带水之隔，一向成为中国知识分子的通逃薮，正像俄国历代知识分子和革命者以西欧为逋逃薮一样。我当时十九岁，就成了政治流亡分子，半是逃亡，半是留学，孑然一身到了日本。先进东亚高等预备学校继续读日文，旋即考进了日本大学社会科，师事园谷弘教授研究中国社会问题，开始了留学生的生涯。我在日本待了近一年半时间，因为中日战争爆发而回国。但这一年多一些的留学生活，给我以后的生活道路留下了深刻的影响。虽然我在出国前就早已学习创作文学作品，并向报上投稿，但我是在这个时候才开始与国内的新文学运动直接发生关系，开始向继承了鲁迅战斗传统的新文学刊物《学习与工作丛刊》投稿。这个刊物的主编是鲁迅的学生、著名的左翼文艺评论家胡风先生。从那时候起，我与胡风先生有了通信联系，成了朋友，并在他的鼓励下，一步一步地正式投入了中国新文学运动。因此可以说，我的人生道路发生转折，就是从留学日本开始的。胡风先生本人也是留日学生，他来日本留学的时间比我早，走得也早。他是因为参加了一九二五年的中国大革命运动，后来在蒋介石国民党的白色恐怖中，于一九二九年流亡到日本留学，并在庆应大学英文科学习。我们虽然是不同时代的留日学生，但都算是亡命兼留学，在这一点上则是相似的，这也是我们后来成了朋友的根本原因。又因为他留学时期参加了当时的日本左翼文艺运动和日本共产党，被日本警察逮捕关押后，于一九三三年被驱逐回国，在上海正式投入了中国的左翼文艺运动，成为职业作家。因此也可以说，留学日本是他生命史上的一大转折点，以此为契机，他和中国的左翼文艺运动才正式发生联系。

其实，从二十世纪初算起，到日本后才开始搞文学运动的人并不是少数。中国新文学运动即"五四"新文学运动是从一九一七年开始的，当时主要的作家、诗人和评论家大都是留学生。一类是从欧美回来的留学生，像胡适、刘半农，人数比较少；另一类就是从日本回来的留学生，那是一大帮人。像《新青年》的主要作家中，陈独秀是东京高等师范的学生，李大钊是早稻田大学的学生，鲁迅先入东京弘文学院，后转仙台医学专门学校学医，周作人是立教大学学生，沈尹默和钱玄同是日本京都帝国大学的学生，高一涵是明治大学的学生，陈望道先后在日本早稻田大学、东洋大学、中央大学等学习文学与社会科学。而且他们中有许多人原先去日本留学时，不是搞文艺的，都是在日本改变了生活道路，转向新文艺运动了。鲁迅就是其中很著名的例子。

一九二八年，新文学著名的诗人郭沫若开始转向"革命文学"，写了一篇文章叫作《桌子的跳舞》。在文章中他很自负地宣称："中国文坛大半是日本留学生建筑成的。创造社的主要作家是日本留学生，语丝派的也是一样。此外有些从欧美回来的慧星和国内奋起的新人，他们的努力和他们的建树，总还没有前两派的势力浩大，而且多是受了前两派的影响。"②郭沫若的这个说法，未免有些以偏概全，因为他所指的"中国文坛大半"，其实是指由他和郁达夫、成仿吾等留日学生组成的创造社。创造社除留欧学生王独清外，当然以留日学生为主，郭沫若自己是福岗九州帝国大学医科出身，郁达夫是东京帝国大学经济科出身，成仿吾是东京帝国大学造兵科出身，张资平是东京帝国大学地质科出身，田汉是东京高等师范英文科出身，陶晶孙是郭沫若福岗九州大学医科的同学，郑伯奇是京都帝国大学心理学科出身。这与早在二十年代就已成立的文学研究会显然不同。文学研究会的基本成员是一些土生土长的中国知识分子，如叶圣陶、沈雁冰、郑振铎、王统照、王鲁彦、朱自清等人，当时都没有出国留过学。把文学研究会的十二个发起人算上，那也只是周作人、朱希祖和蒋百里三人是留日学生。除周作人外，其他二人都与文学没什么关系。朱希祖是早稻田大学出身，是个历史学家，蒋百里出身于日本士官学校，虽然早期用蒋方震本名写过一本《欧洲文艺复兴史》，但他主要从事军事学方面的著作，他本人是著名的军事学家。文学研究会只有少数作家是留日学生。如著名的日本文学翻译家和散文家夏丏尊与谢六逸。夏丏尊是日本东京高等工业学校出身，谢六逸则是早稻田大学出身。另外，语丝社也并不都是留日学生组成，除了《新青年》社的一帮老人马以外，废名、林语堂、川岛、章衣萍、孙伏园等年轻一辈的作家都不是留日学生。二十年代另外一些重要的文学团体，除太阳社以外〔(太阳社的主要成员林伯修（即杜国庠）、楼建南（适夷）、冯宪章、森堡（任钧）等则是留日学生。一九二九年，他们还伙同在日本旅居的蒋光慈成立了太阳社东京支部，吸收留学生伍劲锋、左公亮、胡晓春等人参加]，如新月社、现代评论社、浅草社、莽原社、未名社、狂飙社等，也都不是以留日学生为主体。所以郭沫若的话是值得商榷的。除了有自我吹嘘、暗示创造社为中国新文坛正宗的用意外，还包括另外一层意思，那就是当时创造社正吸收了一批新的成员，如李一氓、冯乃超、李初梨、彭康、王学文、朱镜我等，这些人大都是东京或京都帝

187

国出身，都是清一色的留日学生。他们带来了"革命文学"的理论武器，正要雄心勃勃地在文坛上开展一个"无产阶级文学"运动。一向不甘心落后于新形势的郭沫若以老留日学生的身份说这段话，正是暗示了这两代人之间的认同。

不过，郭氏的话中仍然包含了一个明显的事实：留日学生与中国现代文学确实有密切的关系，至少在一九三七年中日战争爆发前是这样的。美国夏志清教授在《中国现代小说史》里有一段话倒说出了几分道理，他说："当时较具有吸引力的作家，几乎清一色的是留学生。他们的文章和见解，难免受到留学所在地时髦的思想或偏见所感染。说真的，我们即使把自由派与激进派的纷争看作留美、留英学生与留日学生的纷争也不为过。"③夏氏这段话除了"清一色"这个词用得太武断以外，大致观点是可取的。他把留美、留英与留日学生看作是新文学阵营中的两派，并把留学英美的学生说成是自由派，把留日学生说成是激进派，这大致也是对的，合乎历史实际的。因为前者的代表先有学衡派，后有新月派和现代评论派；后者的代表是《新青年》中的大部分成员以及创造社，用"激进"来形容留日学生，大致不为过。

或许我们可以这么说：中国新文学初期有一大批作家是留日学生，他们以激进的姿态投入并推动了新文学运动。这里所说的"激进"，不是指新文学的形式探索，而是指政治态度。在"五四"初期，留日学生激进地主张批孔、批三纲五常，反对封建传统，向往朦胧的社会主义理想（包括无政府主义理想）；二十年代以后，留日学生激进地提倡马克思主义，提倡"普罗文学"，反对国内国民党的独裁专制和白色恐怖，推动了左翼文学运动。这其中包括创造社的前后期主要人物，三十年代"左联"以鲁迅先生为首的主要领导干部周扬、夏衍、田汉、胡风等人。他们在文学创作上，敢于大胆地暴露个性的真实，敢于发表惊世骇俗的言论，批评现状无所顾忌——这些当然只是指大致的创作倾向而言，并不是每个留日学生出身的作家都是如此。像"五四"退潮以后的周作人以及写过《兰生弟的日记》、又译过岛崎藤村的《新生》、先后在东京高等师范学校和东京帝国大学学习的徐祖正等一批京派教授作家，都是自由派。

相反，留美学生似乎更注意新文学形式的探索。胡适提出"八不主义"，发表《文学改良刍议》，最重要的一点就是强调国语的文学，强调废除古典文学的一切清规戒律。我们只须将胡适与周作人在"五四"初期的论文比较一下就可以看出：胡适的《论短篇小说》《谈新诗》《建设的文学革命论》《易卜生主义》等，几乎对小说、诗歌、戏剧、语体等各领域的形式改革都奠定了理论基础；而周作人这一时期最著名的论文，如《人的文学》《平民文学》《日本近三十年小说之发达》等，几乎都是着眼于文学思想概念的改变，即使介绍日本文学也着眼于创作特点方面，对于日本借鉴西方文学的特点创造现代文学，还提出了一个著名的论点"创造性的模仿"。我们还可以比较一下三十年代的两个诗人——留日学生郭沫若与留美学生闻一多对新诗的贡献。郭沫若是逞才气，不管三七二十一地大喊大叫，突破一切诗歌的规律，将古今中外的经验全部写到诗歌里去。首先是在诗的精神内容上，奠定了浪漫主义诗风。而闻一多的诗虽也是浪漫主义，但他更注重的是诗歌形式的探索，更讲究格律布局。所以诗的气魄要比郭沫若小得多，但诗风却要更高雅一些。另一个留学英、美的诗人徐志摩，抒情诗写得比闻一多洒脱，但他的诗也相当注重形式的探索，与郭沫若诗的粗犷也不一样——这大概就是留学英、美的学生与留日学生对新文学所贡献的不同侧重点，他们之间不同的文化性格与文学气质。

他们之间还有一个不同，留学英国的作家，基本上都崇尚英国浪漫主义文学，他们身处保守的英国文化环境中，对于新崛起的现代艺术几乎没有什么感受，徐志摩是唯一受过乔伊斯的《尤利西斯》影响的作家，但他的模仿仅限于不用标点符号④。另一个让徐志摩钟情的是英国女作家曼殊斐儿的温情脉脉的小说，但对于更为敏感地表达着现代人感受的弗吉尼亚、伍尔芙却没有能充分地注意到。至于留美学生中，有一大批人都受到哈佛大学教授、新人文主义者白璧德的影响，他们崇尚古典主义，卢梭以下就不屑一顾，因此对"五四"时期流行的浪漫主义思想颇不以为然。这批人中有学衡派的梅光迪、胡先骕、吴宓，稍后还有新月派的梁实秋。只有胡适例外，他倒是注意到美国新崛起的意象派诗歌。他的"八不主义"与意象派诗人罗威尔女士在《意象派宣言》中推出的六条标准有很多相似的地方。这是胡适善于吸收国外先锋艺术来推动国内文学改革的一个聪明例子。但有趣的是，尽管当时许多人都看出了这两者之间的关系——比如朱自清、刘延陵、梁实秋、梅光迪都指出过这一点，可是胡适却始终不曾承认。他宁肯说他的文学改良主张是受但丁、乔叟这些古典作家的语体革命的影响。正如有的研究者所说，胡适之所以这么做是因为他考虑到意象派诗歌在美国也是刚刚崛起的新思潮，还未得到美国正统文学界的认可，他不敢因此而失去国人对白话文运动的信任。他假托自己是受了但丁、乔叟这些古典艺术大师的影响，也正是想借助这些成功的例子来抬高自己⑤。从这些例子来看，留学英、美的学生确实受到他们所在国的文化环境影响，在对外来文学的选择上，态度是保守的，或者是暧昧的。而留日学生正相反，也许日本当时正处于欧风美雨的侵袭下。十九世纪末到二十世纪初，日本文坛上也演出了各种欧洲文艺思潮，从浪漫主义到自然主义，又流行着世纪末的各种现代思潮，诸如表现派、象征派、未来派等等。正如创造社主要成员之一的郑伯奇所指出的："创造社的浪漫主义从开始就接触到世纪末的种种流派。"⑥也就是说，留日学生所接受的浪漫主义思潮不是很纯粹的，它总是和各种现代思潮联系在一起，带上了现代思潮的烙印，这种状况并非创造社所独有。再推前一点，鲁迅一九〇七年写《摩罗诗力说》的时候，也毫不例外地将介绍拜伦、雪莱、普希金和介绍尼采、叔本华夹杂在一起。周作人在一九二一年写的《三个文学家的纪念》中，把福楼拜、陀思妥耶夫斯基和波德莱尔放在一起加以论述，视为一体。大致说来，留日学生在吸收外来影响方面是相当庞杂的、混乱的，也可以说是多元化的；但相比起留学英、美的学生来看，他们比较不保守，多吸取了与二十世纪精神相通的现代思潮。光凭这一点来说，他们有了这份精神，后来他们中的一部分人皈依马克思主义并走向革命，也是顺理成章的事情。他们在文学上的生命力，确实比留学英、美的作家更强有力一些。

那么，为什么留日学生在中国现代文学上能够形成上述两个特征？为什么他们在政治态度上比较激进，在文学上更加具有强烈的二十世纪现代精神？这似乎要从留日学生的处境与环境说起。

当时有一本写留日学生的通俗小说叫《留东外史》，作者是向恺然，在二十年代曾经以平江不肖生的笔名写过一些很出色的武侠小说作家。他在这本小说中从一个侧面讽刺了民国初年留学界的腐败情况。他说："原来我国的人现在在日本的虽有一万多，然除了公使馆各职员，及各省经理员外，大约可分为四种：第一种是公费或自费在这里实心求学的；第二种是将着资本在这里经商；第三种是使着国家公费，在这里也不经商，也不求学，专一讲嫖经、谈食谱的；第四种是二次革命失败，亡命来的。"⑦这话虽出于小说家言，而且语多讥讽，不足为信，不过他对这四种人的概括，倒是十分有趣的。如果我们把它改造一下，不妨改成以下四种：

一、正经求学，学习各类政治军事工商科学，以求毕业后谋个正经职业。

二、投着资本或者没有资本，只是在日本经商赚钱的，名曰"留学"，实为"扒分"（打工）者。

三、无心学习专业，借留学为名追求个人的欲望——说好的，是个性的追求；说坏的，专讲嫖经食谱。

四、流亡到日本的革命志士，有爱国的，也有颓废的。（辛亥以后，清朝的遗老也亡命过日本，如王国维）

如果不带贬义地看这四种赴日人士，大概与文学有关的只能是后两种人。因为前两种人中，正经读书的多半不忙文学，说好听些，于救国有直接关系，说难听些，可以谋个好饭碗，学政治的可以当政客，学军事的可以当个军阀，学工商经济的可以办实业，学科学的至少能找个薪水很高的技术工作。至于学文学的人，在当时恐怕不会像现在这样受人尊敬吧？我曾大约统计了一下，新文学初期至二十年代的留日作家中，几乎都是半路出家搞文艺的，真正科班学文学出身的，先前只有钱玄同，他是早稻田大学文学系的学生，但那时候的文学大约与文学创作也非一回事，钱玄同也从没搞过创作，他是个著名的语言学家。再后一些学文学的是创造社的冯乃超和穆木天，一个在东京帝国大学学过美学和美术史，一个在京都帝国大学学过法国文学，他们都创作过象征诗歌。但似乎后劲也不足，很快就改行去搞政治或者搞翻译了。所以正经求学而想当作家的，实在没有什么人。第二种人是为了"扒分"才去日本经商的，与文学更无缘分。所以，剩下来的只能是第三种和第四种了。

我指的第三种人，绝不是向恺然在《留东外史》里写的那些只会嫖女人的不学无术之徒，也不是鲁迅笔下的那些把辫子盘在头顶上，跳舞跳得咚咚响的"清国留学生"。这种留学生在国内时多半出身旧式家庭，精神受着传统礼教的压抑，个性处于委顿状态。他们一到了日本，除了每月的开销多少要家里补贴一些外，其他方面都摆脱了日常的束缚，不再需要低眉顺眼去讨长辈的喜欢，也不需要整天跟自己并不相爱的旧式妻子厮守在一起，甚至也没有中国社会环境对年轻人的种种有形无形的压迫。他们在新的生活环境里自由地接受着来自全世界的各种新思想，慢慢地个性从沉睡中醒来，有了追求自身幸福的欲望。对年轻人来说，最现实的幸福莫过于恋爱自由，这在国内是被视为大逆不道的。一九二二年，湖畔诗人汪静之在一首诗中说，他要"冒犯了人们的指责"，才能够"一步一回头地瞟我意中人"⑧。而留学生在国外，这个禁忌打破了。那时离婚法还没有，但不管家里有没有妻子，他们都可以自由放任地去寻找意中人。这一点，我们从一些留日学生后来的自白中都不难找出例证。周作人就这样说，他到东京后："在伏见馆（周的住宿处）第一个遇见的人，是馆主人的妹子兼做下女工作的乾荣子，是个十五六岁的少女，来给客人搬运皮包，和拿茶水来的。最是特别的是赤着脚，在府里走来走去。"于是惹得这位莘莘学子赞美了一番女子的"天足"，并得出结论是日本人"生活上的爱好天然，与崇尚俭朴"⑨，这个结论可以说是支配了周作人的一生。他不久就娶了日本女子羽太信子做妻子，这位日本女人也支配了周作人的一生。周作人对日本很有好感，直到晚年，他还重申自己在东京的这几年留学生活"是过得颇为愉快的"。"没有遇见公寓老板或是警察的欺侮"，"也没有受过大的国际事件的刺激"⑩。这种对日本的良好感觉，应该与他在那儿轻而易举地找到了个人幸福有关，以至后来影响了他的政治命运。再举一个反面的例子，是郁达夫。郁达夫也是一到日本就关心日本的女人的，他在回忆录里这样说："独自一个在东京住定以后，于旅舍寒灯的底下，我街头漫步的时候，最恼乱我心灵的，是男女两性间的种种牵引，以及国际地位落后的大悲哀。"⑪郁达夫在这里所说的"国际地位"问题，无疑是指他由于是中国人而受到日本少女的轻侮。他们叫他"支那人"，那种轻蔑的语气，使神经敏感的郁达夫自尊心受到极大的伤害。出于一种报复，也是出于一种自卑，他终于去了一次日本的妓院，出卖了自己的童贞。关于这一些，郁达夫后来都变态地把它写进他的代表作《沉沦》里面。郁达夫没有周作人那么幸运，他始终对日本民族歧视抱着恨恨的态度，终于在一九四五年九月十七日被日本宪兵杀害于苏门答腊的武吉丁宜附近。他是一九三八年底在抗战中到南洋从事抗日爱国文化活动的（铃木正夫先生为此做过切实的考证，对郁的研究很有贡献）。

上述例子似乎也不能够概括这一类的留日学生，各人的情况总是多种多样的，但这里似乎说明了一个倾向，即后来投入新文艺运动的那些留学生，几乎都不安心于他们从事学习的专业，而是在一个相对自由开放的社会环境里寻找着远比求专业更为宝贵的东西，那就是个性自由发展，个人欲望获得满足。为了追求这一点。他们宁可放弃专业学习，放弃有保障的社会地位，而从事那充满着骚动与宣泄的文学事业。或者可以说，从事新文艺正是他们追求个性的一个必然结果。他们的恋爱、浪漫、创造，用弗洛伊德的观点来看，多少有点关系，这在他们的作品中也可看出。这些留日学生几乎无一例外地喜欢在创作中袒露自己内心的隐秘，把宣泄个人隐私视作一种艺术要求。所不同的只不过是有些人直率一些（如郁达夫小说、郭沫若的诗），有的含蓄一些（如鲁迅的《野草》），也有的喜欢借第三人称来完成这种宣泄（如张资平的小说、田汉的戏剧），还有的尽管不搞创作，但在理论上坚持维护这种自我暴露的权利（如周作人的批评）。

再说第四种人，即是广大的革命者。有的是因受到政治压迫流亡到日本去的，也并非以留学生为限，如梁启超就可以说是第一代从日本转而搞文学的知识分子。梁启超原来是搞政治的，跟着康有为搞变法，变法失败后他亡命日本，看出了文艺是宣传改良思想的有力手段，于是转而鼓吹文艺。当时日本知识分子在明治维新的鼓舞下，追求政治上的进一步民主化，一再发起自由民权运动，争取民主权利，反对君主政体；另一方面就利用小说的形式，对人民进行思想启蒙教育，这就出现了许多政治小说。梁启超当时的处境与这些日本的民主战士差不多，从他失败中感悟到利用通俗形式向民众启蒙的重要性。因此他翻译了日本政治小说《经国美谈》（矢野龙溪著）和《佳人奇遇》（柴四郎著）。他自己也写政治小说，如《新中国未来记》等。一九〇二年梁启超在横滨创办《新小说》杂志，公开号召"小说界革命"。他说："欲新道德、新宗教、新政治、新风俗、新学艺乃至新人心、新人格，必新其小说。"在《论小说与群治之关系》中，提出了"欲新民，必先新一国之小说"的观点。很显然，梁启超这种功利主义的启蒙文学论，既是对中国儒家文学功利观的继承和发展，又对以后的新文艺运动发生过极其深刻的影响。有的论者把他比之为日本明治维新第一个最杰出的提倡"文明开化"的福泽谕吉，我看倒有些相似之处。第四种留学生不管他是因为政治原因逃到日本的，还是自觉寻求救国真理的，都受过这种观点的影响。鲁迅在日本弃医从文，筹办《新生》杂志，翻译《域外小说集》，介绍被压迫民族的文学，大都出于这种启蒙主义的文学观。陈独秀在二次革命以后亡命回到上海，准备筹办《新青年》时，也同样怀着这一想法⑫。

我们似乎应看到，这两种人是留日学生中投入新文学运动的主要力量。由于他们出发点不尽相同，一是出于启蒙的目的，一是追求个性的发展，这导致了新文学的两种文学观念，启蒙的文学和唯美的文学，前者以《新青年》为代表，后者以创造社为代表。但由于他们的唯美是以个性的伸张为基础的，所以又与反社会的革命运动极易产生共鸣。在这个基点上，创造社成员后来由唯美倾向革命文学，以至参加实际革命斗争，也是很自然、很典型的事。

另外，如果从外部环境来看，留日学生与留英、美的学生也是不同的。后者可能是生活在一个比较安宁、富裕的社会环境里，西方民主政体的优越性表现得特别明显，这对中国留学生来说是一个相当成功的榜样。所以留英、美的作家在心目中都有一个理想社会的模式，他们深信中国只要彻底实行民主，走欧美民主道路，一定会带来光明的前途。他们是带着一个现成的样板回国的，所以他们比较坚定，自有主张。在黑暗如磐的中国社会里，他们往往两面不讨好，既反对国民党的独裁专制，也反对共产党的暴力革命。而留日学生则不同，日本国本身没有给他们提供什么可行的样板。日本当时即处于动荡改革之中，它在留学生眼中是一个成功地学习了西方的榜样，至于学什么和如何学，对留学生来说还是模糊的。当时在政治上接受了一点民主主义，也接受了一点社会主义和无政府主义，也有个别人读过几本马克思主义的书。在文学上也接受了一大堆各种各样的思潮，根本无法找出一个现成的方案或样板来。这就决定了留日学生回国以后，在政治上和文学上的态度，基本上是不稳定的。他们总是处于不断探索、不断否定自我、不断追求、不断接受一个比一个更新的思潮的阶段。从人生的磨炼上看，留日学生比留英、美学生所走的心路历程和人生历程要坎坷得多，艰难得多。

另一方面，在国内的社会环境与文化环境中，留日学生的处境也比留英、美学生不安定得多。当时留学英、美的知识分子，回国后很容易进入上流社会，待遇也较优厚；而留日学生一来是人太多，而且杂，二来当时国内对日本的印象不太好，总以为日本文化是模仿了欧洲，从日本学来的欧洲文化科学总是二手货，比不上从欧美学来的。当时有一句话，把留学英、美的称为镀金，留学日本的称作镀银。银子虽然在赔款的时候也值钱，但跟金子比总要差一点。所以镀银回国的学生在找工作上、待遇上都不如镀金的学生。举一个例子，当时商务印书馆编译所里，进了一个留英、美的学生，每月薪水是三百五十大洋；进一个留日学生，每月薪水只有二百四十大洋，多少是受了歧视。我们在新文学历史上也可以看到，留英、美回国的知识分子，几乎都有很安定的生活保障，大都当上了大学教授——大约只有朱湘，因为脾气不好，才弄得走投无路，离开安徽大学外文系主任的职位跳长江自杀了。然而留日回来的知识分子，大约除了《新青年》的一批人马以外，生活大都是动荡不安的，连大名鼎鼎的郭沫若、郁达夫都始终摆脱不了卖文为生的清苦生活。这其实也倒不见得是坏事，倒是促使了这些作家拼命写作，写得多，名声也渐渐大起来。今天看来，留英、美的作家在创作数量上是无论如何也比不过留日出身的作家的。当然，因为穷，因为生活不安定，留日学生也比留英、美学生更勤奋，更倾向革命，那更是自然的事。

我们可以回顾一下，从清末起，到日本去过的作家大约有四代人。第一代从一八九八年戊戌变法失败开始陆续东渡日本，由寻找救国真理转向从事文艺运动。这代人中，除梁启超、章太炎外，大多数都是在日本留过学的，如王国维（一九〇二）、鲁迅（一九〇二）、周作人（一九〇六）、苏曼殊（一九〇三）、陈独秀（一九〇二）、钱玄同（一九〇六）、欧阳予倩（一九〇二）、夏丏尊（一九〇五）、杜国庠（一九〇七）等。王国维似乎可以不算，因为他只在日本待了不到半年就因患脚气病回国了，日本对他似乎没有什么太大的影响，他第二次去日本是作为遗老身份去的。第二代是一九一一年辛亥前后赴日本的，由从事各种专业学习转向搞文艺，如郭沫若（一九一四）、郁达夫（一九一三）、成仿吾（一九一〇）、张资平（一九一二）、田汉（一九一六）、郑伯奇（一九一七）等。第三批是在"五四"以后去日本留学的，他们已经受着新文艺的洗礼。到日本以后决定了自己的人生道路，如穆木天（一九二〇）、夏衍（一九二〇）、丰子恺（一九二一）、谢六逸（一九二〇）、彭康（一九二〇）、朱镜我（一九二〇）等。第四代是在大革命失败以后去日本，或为流亡、或为留学，继而从事文艺运动的，如任钧（一九二八）、胡风（一九二九）、周扬（一九二九）、楼适夷（一九二九）等。蒋光慈和茅盾在那段时期也到日本避过一阵子，然后回国参加了"左联"。第一代人从日本回国发起了新文学运动，第二代人回国推进了新文学运动，第三代人回国后一部分继续从事文学运动，一部分则由提倡"革命文学"而转向搞政治，第四代人回国后一律参加"左联"——从文学革命到革命文学，再进而左翼文学运动。留日学生所起到的作用以及他们的特点，是很一贯的。

　　说到第五代——大约就是像我这样，在三十年代中期前后来日本留学的，这批人数量也不算少，文学生活也很活跃，和国内文艺界联系也很密切，可谓声气相通。那时候"左联"还有个东京支部，它是由卢森堡（任钧）、华蒂（叶以群）、张光人（胡风）等人在一九三一年冬建成的。一九三五年末由于"左联"的解散，一九三六年又有了"两个口号"的论争，才无形解散，但它对日本的中国留学生文化活动，影响是积极的、深远的。那时由留学生组成的文艺社团也颇活跃，如杂文社（它的刊物《杂文》出版三期后，被日方警察查禁，又改为《质文》，继续在东京出版，不仅刊登了留日学生文章，也刊登过当时流亡日本的郭沫若、邱东平等人的文章，以及国内重要作家鲁迅、茅盾等人的文章）、东流社、文海社、新诗歌会、演剧协会等，刊物除前述的《杂文》外，还有《东流》《文海》《新诗歌》以及《留东新闻》的副刊。东京"左联"支部解散前后，还出版过文艺理论杂志《文艺科学》和文艺理论丛书。一九三七年抗战爆发后都先后回国。现在在大陆还健在并继续从事文学创作、研究和教学的，据我所知还有林林、杜宣、林焕平、雷石榆、谢挺宇等人。我当时在东京最亲近的朋友覃子豪，他早我一年来日本，是中央大学法科学生，也是诗人，台湾光复后到台湾，一九六二年病逝于台北，留有三卷本《覃子豪全集》。李春潮来日本时间较早，作为政治亡命者，他未进过正式大学，也是当时东京文艺界活跃分子，他回国后到延安。解放初，由老区到新解放区，在各地做文教领导工作，当时我曾帮助他出了一本他在抗日战争和解放战争时期写的诗集《自由的歌》，一九五七年反右运动时他在广西文教厅长任内投水自杀，现已平反昭雪。另一位俞鸿模在东京留学时是中央大学法科学生，东流社成员，在东京出过一本小说集《炼》，作为东流创作文库之一。回国后从事进步文化出版活动，创办海燕书店，先后印行过胡风主编的《七月新丛》和《七月文丛》，我的第一本小说集《人生赋》就是作为胡风主编的《七月文丛》之一，一九四七年由他出版。一九四七年，我因文贾祸，被国民党中统特务逮捕关押经年。一九四八年秋，他由香港到上海办理书店事务，闻讯托他的福建同乡，也是三十年代的留日学生，在国民党政权做官的骆美中以留日同学名义保释。解放初出版社公私合营，他出任新成立的新文艺出版社经理，一九五五年胡风事件发生后，他受到株连，自杀未遂，"文革"中自杀身亡，已平反昭雪。还有一个孙钿，他于一九三三年因国民党政权迫害到日本流亡兼留学，是我在日本大学的不同学科的同学，也是七月诗派重要诗人之一，因此也是我的"同案犯"，一块下过地狱。他除出版过诗集外，抗战中还写过一篇以日本侵华军队士兵为题材的反战小说《高野良雄之死》，近年还翻译出版了一部《日本当代诗选》，入选日本当代诗人五十三家。孙钿正像胡风一样，是"胡风派"中另一位介绍日本文学的翻译家。至于胡风本人，早在三十年代就译过日本左翼作家须井一的小说《棉花》，中条百合子（即宫本百合子，日共领袖宫本显治的夫人）的论文《杜格涅夫生活的道路》等。他也是中国第一个从日文翻译介绍我国台湾以及邻国朝鲜现代小说作品的人，有译品集《山灵》一册行世。我是一九三六年五月到日本，一到这里就碰上两件大事：一件是六月份高尔基的逝世，还有就是十月份鲁迅先生的逝世。在东京的留学生都举行了追悼会和纪念会。高尔基的纪念会地点在早稻田大学附近的一家中国饭馆楼上，房间里没什么东西，空荡荡的，墙上挂着《真理报》上登的高尔基遗像，四周框着黑丝边。在早稻田大学攻读苏俄文学的留学生邢桐华做了关于高尔基生平的报告，那次会议是任白戈主持的。不知怎么的，后来发言中扯到了国内文艺界关于"两个口号"的论争，马上出现了不同的意见，一方是支持"国防文学"的，竟说鲁迅破坏统一战线政策，在会上指责鲁迅；另一方起来维护鲁迅，发生了剧烈的争端，结果会议不欢而散。这是我第一次参加类似的文艺界活动。但从这里又使我真切地体会到左翼文艺运动内部的分歧，那种"反鲁迅"的阴影。过了不久，鲁迅逝世了，十一月十七日留日学生各团体举行追悼大会，地点在神田区日华学会会堂，由当时居留在东京的萧红主持会议，郭沫若和日本著名作家佐藤春夫都参加了大会。我记得那时还有下面这么一个插曲：为筹办追悼会积极奔走的留日学生李春潮，在事先曾去请郭沫若出席会议，还告诉他准备邀请佐藤春夫。因为先去请了日本左派作家秋田雨雀，秋田雨雀因自身处境困难，还在警察的监视下过日子，怕他参加会议会给同学们带来更多的麻烦，所以介绍他去找佐藤春夫。他说，佐藤是当今日本第一流的作家，又懂中文，还是收入《岩波文库》的《鲁迅选集》的日译者，郭沫若摇摇头说："佐藤春夫是资产阶级作家，有一次我去拜访他，他竟闭着眼睛听我说话，态度极为傲慢，他怎么会来参加左翼作家鲁迅的追悼会的！"那筹办追悼会的学生李春潮听了这话，将信将疑地去请佐藤，没料到佐藤一听是参加鲁迅的追悼会，立刻就答应了，而且在会上还发表了演讲，称自己是鲁迅先生的学生，他说鲁迅先生的逝世，不仅是中国的损失，也是整个东亚的损失。当时会场上坐满了日本便衣警察，佐藤春夫也毫不顾忌。从这件事上可以看出日本作家对鲁迅先生的深厚感情。当时留学生办的报纸《留东新闻》为鲁迅逝世编了个悼念特刊，但拿到会场散发时，被在场的日本警察全部没收。鲁迅先生逝世，我感到了像失掉了依靠似的悲痛，为此也写了一篇悼念文章《葬仪》，是散文诗体，也登在这期悼念特刊上。

可惜我在日本的时间不长，学业也没有完成，因为我刚到日本第二年七月就发生了卢沟桥事变，中日战争爆发了。当时许多留学生都主动放弃了学业，回国参加神圣的保卫祖国的战争。我也就这样结束了这段留学生生活。从抗战爆发后，留日学生大概依然是有的，但与新文学运动就没有多大关系了。最近几年，中国又有大批青年人涌至日本，有的是读书，有的是赚钱，也有的是边读书边赚钱。这几年我又不断在国内报刊上看到以留学生生活和日本社会生活为题材的留学生文艺作品。这次我在神户停留期间又看到在日本关西地区（神户、大阪、京都）读书的留日同学创办的大型文艺刊物《荒岛》创刊号，更是喜出望外。但愿他们能继承前人的业绩，为中国的新文学建设和繁荣，做出新的成绩和贡献，为我国的文艺创作和理论研究增加一股新生力量。（本讲稿成文过程中，曾得到陈思和同志的协助，在此顺致谢意！）

注：

① 一九九○年十月，作者应东京日本大学文理学部邀请，前往母校访问和讲学。本文是根据作者在日本大学、东京都立大学、东京大学、横滨大学、神户大学等讲学的讲稿整理而成。此文已由日本青年汉学家星名宏修氏译成日文，在大阪出版的《中国文艺研究会会友》上连载。

②《郭沫若文集》第十卷,人民文学出版社一九五四年出版,第三百三十三页。

③刘绍铭等译,台湾传记文学社一九七九年出版,第五十二页。

④《徐志摩诗集》,浙江文艺出版社一九八三年出版,第四十二页。

⑤王润华:《从新潮的内涵看中国新诗革命的起源》,见《中西文学关系》,台湾东大图书公司一九七八年出版。

⑥《中国新文学大系·小说三集》,良友图书公司一九三五年出版,第十三页。

⑦平江不肖生(向恺然):《留东外史》,岳麓书社一九三七年出版,第一页。

⑧《过伊家门口》,载《蕙的风》,亚东图书馆一九二二年出版。

⑨⑩《知堂回想录》,香港三育图书文具公司一九八〇年出版,第一百七十六页、第一百八十八页。

⑪《郁达夫文集》第四卷,花城出版社一九八二年出版,第九十四页。

⑫汪原放:《回忆亚东图书馆》,学林出版社。

他从生活的深处走来

——介绍郑伟平的三本书

文章，实际上就是作者的人格、性情、才学与见识的浑然一体的表现或反映。近读中年朋友郑伟平的三本书，使我又习惯地想到了这个老话题。

这三本书依次说来。《旅人的话》是郑伟平的散文随笔集，是他在改革开放的新的历史环境下，立足于上海这个国际性的现代工商文化城市，以自己的笔墨和心态，随手写下的日常生活散记，它取材于作者日常生活所接触的大小事物及人际往来，其中不仅描述了某一事物和人物的真实状态或面貌，而且用充满感情的笔触，抒发了作者对某一事物或人物引起的感触与思考，是作者生活深处所涌现的思想浪花，是一位学者型作家眼中在生活激流中涌动的上海万般风情的生活世界：它有诗意，又有激情，言简而意深，很有可读性和欣赏性。《林仲兴之门》是郑伟平为自学成才的上海书法家林仲兴所写的生活传记，它反映了文化对人的吸引力，以及文化改变人的气质的感染力和培养人的生活情操和道德品格的潜移默化作用。但我觉得这本传记的主要含义与存在价值是在题外。即作者通过打工出身的林仲兴为文化所吸引，通过刻苦自学，拜师访友，终于成家的人生故事给人以启发与鼓舞外，更主要的是提出了普及文化的重要性与必要性，也就是教育的作用在改造人的气质与品格方面的重要意义，这就是我国在当前抓精神文明建设的一个核心问题。人们说，日本在战败后，所以能旋踵

200

而一跃成为世界头等经济大国，就是因为它在战后的复兴事业中狠抓国民教育这个中心环节，通过教育建设改造国民的文化素质。因为人的素质，包括文化素质与道德素养，是建设现代化强国的一个基本命题。对照之下，我国从五十年代以来，搞了一系列政治运动，尤其是以革文化之命为目的的"无产阶级文化大革命"，不仅社会生产力受到严重的破坏，更严重的是人性的扭曲变形。其后果，就是人的文化素质与道德素质的严重衰退，成为我国社会前进中最大的精神负担。因此，当前我国大力推进经济建设，即社会生存的基础物质条件的同时，为了加快经济建设的步伐，必须大力抓精神文明建设，即教育建设与文化建设，借以改造与提高人民的文化素质与道德素质，即人的素质这个根本命题。郑伟平是《上海教育报》记者，他写《林仲兴之门》这本人物传记，也为我国当前的精神文明建设的必要性与重要性的意义提供了一个富有说服力的生活事例。这就是这本传记文学作品最大的时代意义与历史价值所在。但我个人更欣赏的是作者的第三本书《探骊得珠——郑伟平采访手记》，他广泛访问了上海各式文化学术界人士，具体而深入地描述了在当今新的历史形势下，在"文革"的废墟中苏醒过来的上海这个国际性工商业大城市快速的生活节奏中，上海知识分子的思想与心态，理想与追求，他们的生活处境与精神世界。通读之后，仿佛在上海文化学术海洋里做了一次有意义的思想漫游，它给人以激励与启迪，感慨与思索，而作者在这里使用的对话录这个古已有之的写作形式，它对于表达思想感情与某一论题，具有互为触发、启迪与共振的作用，在撞击中，深化了论题，开拓了论题，更便于拨动人的思维深处与感情角落里的弦索。作者在本书里较多使用这一写作形式，从它的效果看，是喜人的，它加大了文章的深度、广度与力度，正如我在本文的开头说的，"文章是作者人格、性情、才学与见识的浑然一体"，在此又得到了印证。

　　总之，我认为这三本书的总主题是以不同的表现形式写了世界的主体——人的生活世界与精神世界。而它们不仅源于生活，又高于生活，因为它们是来自作者的思想感情深处。作者透过繁复的外在世界，写出了人生体验与内心感悟，也因此，这是些有自己文学生命力的文字。它反映了作者深厚的文化底蕴；是一位新时代的学者型作家的心路历程；是三本值得推荐的优秀读物。

《中国近代文学大系》出版感言①

  由范泉教授主编与具体策划，上海书店出版的三十卷本的《中国近代文学大系》，经过编选者与出版者这几年群策群力的努力与辛勤劳动，今天终于圆满交卷，开始进入文化市场与广大读者见面。我认为，这是我国学术文化界与出版界的一件值得庆贺的盛事。

  由一八四〇年的鸦片战争到一九一九年新文化运动前夕，这八十年的文学创作与活动，多年来习惯地被称为中国文学发展史的近代时期。由于历史激变，时代转轨，面对空前的民族灾难与耻辱，在西方文化与科学的冲击和影响下，使当时的知识分子不能不经受痛苦的历史反思，因而这一个历史时期的文学创作与活动，往往呈现出一种觉醒性、开放性、蜕变性、探索性与创新性等为特色的复杂形态。历史地说来，它既是历史悠久的中国古典文学的发展与终结时期，也应该是新文学运动即现代文学的萌芽与胚胎时期，是中国文学史上承前启后的过渡阶段，因此，也是中国文学发展史上有重大历史意义的关键性时期。但遗憾的是，多年来，由于历史的失误与偏颇，近代文学又是我国文学史研究中的一个比较薄弱的环节。因此，在八十年代末、九十年代初，当我得悉上海书店的负责同志与新从青海回沪的范泉兄拟议结集全国老中青三代专业学术力量，编印这套大型丛书《中国近代文学大系》的信息时，感到非常振奋与欣喜，因为它将填补中国文学史研究中的巨大空白，应该是我们这代人义不容辞的一项重大历史责任。而资料建设又是学术建设的基础工程，所谓"大军未动，粮草先行"，"巧妇难为无米之炊"，高质量的学术成果，必须建立在完备扎实的资料基础之上，没有比较扎实、丰富的资料储备，很难设想会出现一部合格的近代文学史，同时，也必然影响中国文学通史与中国现代文学史写作的学术质量。因此，它的出版，不仅满足了海内外学者专业教学与研究工作的需要，也借此收集、发掘、整理与保存了许多弥足珍贵的历史文献材料。

从《中国近代文学大系》的编辑体例与收辑范围来看，我认为它也有自己开创性的特点与成就。它不仅设有小说、诗词、散文、戏剧这个文学创作的"四大金刚"的分卷，还有文学理论的分卷，更值得称赞的是它从这个时代的历史特色出发，对当时在开放性文化环境下，在中外文化的交流中出现的翻译文学作为分卷之一，纳入编辑体例、收集范围。同时，将一贯不被收入中国文学史研究范围的俗文学与民间文学也各设分卷。它又一反多年来习惯性地将中国文学史当作汉族文学史这个传统的民族沙文主义观念，从我国是一个多民族国家这个生活实际出发，编辑了少数民族文学的分卷等等。凡此，都充分反映了策划者与出版者的开阔的学术视野与创新性、开拓性的编辑出版思想与科学态度。

更值得称赞的是，为了保证《中国近代文学大系》应具有的学术质量，策划者与出版者不惜四处奔走，动员与结集了我国老中青三代专业的精锐学术力量，根据他们的专业与专长，分头负责各个分卷的专题编选工作。而众所周知，近百年来我国所处的又是一个外祸内乱频仍的时代环境，史料浩如烟海而又失散严重，而从目前呈现在眼前的编选成果来看，不仅选材面宽广，内容丰富而且发掘出许多被历史尘沙所湮没的作者和作品，并对入选的各位作者都写了简介。而由主持各分卷编选者所撰写卷首导言，总起来看，实际上就是一部简明扼要的中国近代文学史论的专著。如此等等都充分说明了各卷编选者朋友们的严肃的历史责任感、踏实的学风与全力以赴的敬业精神。因此，从某种意义上说来，它又是一部具有一定权威性的学术成果，它可以说是比较全面而真实地体现出中国近代文学的历史风貌与时代特色。

很值得提出来一说的是，这部洋洋两千万言的《中国近代文学大系》

的编辑出版工作，不仅编选费时吃力，而且耗资巨大；它又是一部专业性的出版物，从经济效益上说，出版这套卷帙浩繁的大型图书，真是得不偿失的赔本生意；但从社会效益来看，它又是一件功德无量的创举；既满足了今天的海内外专业人员与广大文学爱好者与读者的迫切需要，又是嘉惠子孙后代的千秋事业。从这点上说来，上海书店的负责同志这种以社会效益、学术价值为重的编辑出版方针与作风，充分体现了我国新时代的出版家应具有的历史使命感和强烈的事业责任心。

一九九六年七月上旬

注：
① 原载《解放日报》，一九九六年九月二十六日第九版。

认识鲁迅

　　鲁迅是中国现代知识分子的典范。中国现代知识分子不同于封建时代的知识分子，他们既能吸取中国传统文化的精华，又能批判中国封建文化中的糟粕，同时还能接受外来文化的营养。

　　鲁迅生活的时代，是中国社会发生深刻变化的时代。关心国家的前途和命运，成了无数知识分子迫在眉睫的问题。鲁迅早期接受达尔文的进化论，晚年接受马克思主义。——鲁迅的一生，都在追求。对敌人，鲁迅恨之入骨，提出"痛打落水狗"，态度坚决；对朋友，他爱之深切。瞿秋白牺牲后，鲁迅把他的遗文编为《海上述林》两卷，以"诸夏怀霜社"名义自费出版，把仁友的书印得精致美观。鲁迅的伟大之处，就是对中国的现状和历史了解得最深刻、最透彻。他一直呼唤"救救孩子"，这不只是一个启蒙的口号，还是呼唤新生活的号角。当时进步左派的政治思想追求，是我们的共同理想。讲究独立的人格，接受了现代文化。鲁迅的精神就是反封建、反暴力、反专制；人民是国家的主人。——鲁迅的一生，都在和旧势力战斗。

　　我们这一代知识分子，都是吃鲁迅的"奶"长大的。鲁迅逝世于一九三六年十月，我当时在日本留学，天天看报纸、听广播，心里非常难过。我参加了当时留日同学在东京举行的鲁迅追悼会，并在《留东新闻》的

《纪念鲁迅特刊》上写了悼念鲁迅的文章。我们学习鲁迅，首先要从认识鲁迅开始。鲁迅的人品、个性、思想、道德和情操，都是中国现代知识分子的楷模。毛泽东在《新民主主义论》中高度评价了鲁迅。于是，有不少人便把鲁迅神化起来。鲁迅写过一篇《中国现代的孔夫子》，就对别人神化孔子提出了批评，认为这是"颇有滑稽之感"。我认为，我们今天重读鲁迅的文章，可以说，其思想境界和艺术高度，到目前为止，还没有一个作家超过他。鲁迅的作品不仅可读，而且耐读。即使是《呐喊》《彷徨》和《野草》，我在年轻时读它和到了现在八十多岁再重读，都有新的体会和收获。

鲁迅虽然诞生在中国，但这不仅是中国的骄傲，也是世界的骄傲。

一九九六年十月在上海

《二十世纪中国文学研究丛书》①总序

　　在这个世纪转折之交，对近百年来在历史风雨中走过来的中国现当代文学中的经典性作家与重大的文学现象，做一次深入的历史回顾、反思与研究，以迎接新世纪的到来，我认为这是当前具有历史责任感与敬业精神的专业学者们应有的共识与同感。正是出于这一点心愿，所以当我听到浙江师范大学中文系的朋友们正在分头撰写这套命名为《二十世纪中国文学研究书系》的各专题的信息时，感到格外振奋与高兴，因此当他们来信约我为这套丛书写序时，虽然我已是一个进入耄耋之年的老朽，而且刚刚经历了一场大病，但我还是毫不犹豫地答应下来了。这正如"文革"中流行的一句权威名言所说的那样："他们人还在，心不死。"对我们这一代在"五四"精神培育下走上人生道路的知识分子说来，凡是有助于社会进步和文化建设，即能促进中国由旧的传统走向现代化的大小活动，总是习惯性地卷起袖子，奔上去，自觉地做些什么，即或是为之出生存身，呐喊几声，擂鼓助阵，都当成是一种义不容辞的社会职责。我这种从青年时代就形成的当一个好事之徒的本性，虽然曾为之不止一次地付出过沉重的生命代价，但仍九死而不悔，这真是又应了"文革"中流行的一句权威性名言所概括的："要改也难！"

　　浙江师大中文系的朋友们编辑的这套丛书，是在新的历史环境下，自觉地通过对自己多年的专业教学实践和著述活动，结合自己的生活体验与人生感悟，对中国近百年来的文学，尤其是现当代文学进行了一次清醒的整体性的历史反思与总结的深入研究的成果。他们摆脱了多年来在封闭性的政治文化环境里，在政治功利主义支配下所形成的那套文学史模式、文学观念和研究方法的束缚，从历史实际出发，对中国现当代文学的丰富矿藏，重新进行了发掘、审视、整理、思考和具有自己学术个性和文化品格的新的学术研究。从它的选题来看，不仅大大开拓了中国现当代文学的研究空间，而且某些选题还填补了学科研究中的某些空白，同时在研究视角、方法、论点及文风上都有所创新与发展，这是一个重大的文化建设工程，它不仅丰富了本学科研究的学术积累，也为海内外同行和读者提供了具有新的时代的学术信息，使人如沐春风，有一种清新的感受。

这套丛书分为二辑。第一辑《文体与作家论》从微观的角度，对二十世纪中国文学中四位浙江籍的经典性作家"鲁迅、茅盾、郁达夫、艾青"，从新的研究视角，对其文学创作的创造性成就进行新的发掘与研究，所涉及的文体包括小说、诗歌、戏剧和散文四种类型，它对二十世纪的中国文学有一定的涵盖面和概括性；第二辑为《思潮与流派论》，从宏观的角度，把握二十世纪中国文学的主体——现实主义和现代主义思潮，概述其发展流变的历史轨迹，探讨其规律与特点，同时又审视其与外国文学的影响与借鉴关系，并又旁及女性文学思潮、民间文学研究与美学研究等为学术界所瞩目的诸种课题。流派研究则列入该校本学科的"散文流派史"课题。但总的看来，无论是作家作品的专题研究，还是思潮流派专题研究，都是以执笔者对具体作家作品的阅读经验为依据的。因此，它又是一个有机的整体性存在，因为它无形间显示出某种文学史的结构框架，正如我在前面所述，它基本上涵盖了二十世纪中国文学的主要历史成就与艺术特色。

从中国近百年来的文学史总体来看，出身浙江籍的作家，无论从数量与素质来看，所占的比重是非常醒目的，而本丛书论及的四位浙籍作家，都是具有世界性声誉的中国现当代文学史上的旗帜性的历史存在。尤其是鲁迅，作为中国现代文学的奠基者，他的光辉人格和伟大的文学业绩，不仅向全世界宣告了一个东方民族在文化、文学上的新生，以他所创造的阿Q形象这一不朽的艺术典型为代表的中国现当代文学从此进入了世界文学的宝库，更形象而生动地向全世界介绍了这个世纪以来中华民族的觉醒和斗争的过程，进而也引起了东西方汉学家对中国现当代文学的注目、译介与研究，使这一学科走向世界并成为一个国际性的新兴学科。总之，这四位浙籍作家的人生追求、文化品格和文学业绩，在中国由传统向现代化的历史转折中，不仅推动和启发了中国近百年来的社会和文学历史进程，而且影响了一代又一代人的思想意识和精神面貌，他们都是历史性的文学存在。虽然对他们的研究，早已形成了世界性的文学课题，成果累累，但现在由他们出生和长成的家乡的中青年后辈学者进行新角度新层次的研究，使人读之感到另有一种新的亲切可信，多一层新的乡土文化气息。因为作家和研究者都是在吴越文化的土壤上长成与发育的，他们有一个共同的根基，更何况他们都是生活在中国不同历史时代的开放性的社会文化大环境里呢？我认为这就是这套丛书的撰写者的一种得天独厚的历史和时代优势。

我与浙师大中文系的同行朋友们，也算是老交情了。大约从八十年代后期起，我又受他们学校领导和朋友们的抬举，应聘为该校的兼职教授，也因此为我和上海的同行朋友们多次到金华讲学和访问，提供了难得的机遇，也使我与那里的朋友们通过学术交流建立了深厚的友谊，使我的暮年生活增添了一些新的亮色。

浙师大中文系的中国现当代文学学科，学术力量雄厚，是浙江省的重点学科，它拥有一个很有实力的学术群体。近年来，学术成果累累。目下分专题撰写的这套《二十世纪中国文学研究丛书》，就是他们在这个世纪之交，在历史经验的基础上，发挥个人的优势，用专题形式探讨二十世纪中国文学的创作、思潮、流派的特点与规律的学术硕果。这是一个宏大的学术文化建设工程，也是对我国现当代文学建设的一个重大贡献。

正是基于这样的认识与感受，我不避年老体衰，在酷暑中写了这篇称为序的小文，除了向海内外的同行和广大中国文化与中国二十世纪文学爱好者推荐这套富于历史意义和学术价值的专著外，也为我与浙师大朋友们之间的情谊留下一点文字记录。

是为序。

一九九七年八月六日于上海寓所

注：

①《二十世纪中国文学研究丛书》,浙江师范大学中文系组编,天津人民出版社一九九七年十月起陆续出版。

找回另一只翅膀

——《鸳鸯蝴蝶派散文大系》①再版感言

    自上海开埠结束海禁以后，现代西方的科学技术、工商业、金融业与教育文化进入中国，上海成为一个有别于传统农业社会的现代化工商业、金融业城市，一个人数众多的、依靠薪水维持生活的职工阶层，或曰市民阶层，也就应运而生。清政府一九〇五年废除科举制度以后，读书人"学而优则仕"的道路终断了。而西方报刊、印刷、出版事业、稿费制度在中国的确立，促成了相对宽松自由的文化环境。于是，一部分文人以新兴的市民阶层为读者对象，以满足他们的欣赏习惯、消遣需要为目标，当起了以卖文为生的职业作家，文学史上把这一批人称为鸳鸯蝴蝶派作家。

    这派作家来源比较复杂，有在上海接受新式教育的，有怀才不遇的落第秀才，也有家道中落的富家子弟，更有在官场失意或被排挤下来流落风尘的中下级官吏等等。这是一个复杂的群体。他们都有很好的旧学根底，受中国传统文化的影响比较深，少数人也懂西文，像周瘦鹃、秦瘦鸥、包天笑等还是翻译家，他们的经历也都比较复杂。他们原先都习惯以文言写作，为了让市民容易看懂，逐渐改用白话。主要写小说，在报纸上连载，此外也办杂志（如《红玫瑰》《礼拜六》等等）和书店。一时间影响很大，成为清末民初新文学兴起以前最重要的文学现象。鸳鸯蝴蝶派作家的政治意识、文学的社会功利意识较为淡漠，也没有什么高远的人生理想和追求。和后来那些宣扬文学负有改造社会人生之使命的新文学作家不同，他们直言不讳地称自己的作品是适合市民口味的消遣解闷的东西，即使对黑暗的社会现实、对消极丑恶的政治现象表示愤慨，也只点到为止，终以自己身家性命的安全为重。与新文学作家相比，该派作家多是务实的现实主义者，而非浪漫的理想主义者。这"务实"里固然不乏市侩气的庸俗，但是谁又能说其中没有几分难得的清醒？

在新文学兴起之初，鸳鸯蝴蝶派作家就被冠以"文娼""文丐"的恶谥，连同他们的作品一起，遭到严厉而彻底的批判。此后几十年，这一重要的文学流派被排斥在二十世纪中国文学史的研究范围之外，即使偶有提及，亦多为攻击和贬斥之词。这是不公正的。应该看到，这派作家虽然在思想意识上有较为沉重的封建性的历史负担，但是作为职业作家，他们摆脱了在封闭性的农业经济社会里知识分子对官府的由人身依附到人格依附的附庸地位，成为具有独立人格的自食其力的社会个体，这是历史的进步。他们以普通人的心态，用普通人的语言，写普通人的生活，看重文学的欣赏娱乐作用，从市民文化的角度对传统文学中占统治地位的"文以载道"的正统文艺观加以否定，在使文学由庙堂走向民间、从知识分子精英走向普通大众方面也具有积极意义。况且，他们的作品也从不同的角度和方面反映了近代中国社会的文化、社会现实，具有一定的文献和资料价值。这一文学流派的出现和流行本身也是中国社会由封闭走向开放、由传统走向现代的反映，其中包含着丰富的文化、历史信息，值得认真对待和研究。

这几年，随着改革开放带来的思想观念的革新，文学研究的视野扩大了，但近代文学作为文学由传统走向现代的过渡阶段，仍然是研究中的薄弱环节。我们开始承认鸳鸯蝴蝶派作为一个文学流派的历史地位，但谈到的只限于他们的小说。在中国文学里，散文是文人们除诗以外最传统的写作方式。受传统文化影响颇深的鸳鸯蝴蝶派作家虽以写小说为业，但也十分热心于更能体现个人主体意识的散文写作，这部分作品同样具有欣赏和研究的价值。由于它们大多篇幅短小，又散见于浩如烟海的报纸杂志，搜读、研究皆所不易。袁进先生主编的八卷本《鸳鸯蝴蝶派散文大系》的出版，填补了我们阅读和研究的空白，对二十世纪中国文学研究，尤其是散文研究的深入是一个重要的贡献。

这套散文大系内容十分丰富。有写个人生话、身边琐事的，有叙政坛见闻、社会名流趣事、奇人异事的，也有描绘自然风光、民情风俗的，展现了较为广阔的社会自然风貌，又都涉笔成趣，令人读来兴味盎然。同时，由于它们写的大多是都市生活，对现在兴起的都市文学而言是一个先导，具有一定的参考价值。这套书的另一个特点是精粹。它按题材内容分为八本，每本都在生动诗意的书名之下收有相应的代表性作家作品，基本反映了鸳鸯蝴蝶派作家的生活视野、生活方式、文化品位和个人的写作风格。鲁迅写过一篇文章叫《选本》，认为选家对所选的课题必须是个专家，他的选本才可看。袁进先生多年致力于近代文学研究，著有《上海近代文学史》《张恨水传》，《上海近现代文学史》中二十年代上海文学部分，以及论鸳鸯蝴蝶派的专著。以他的学力、功底，他的确是主编这套大系的理想人选。袁进先生为这套书写的序言本身也是一篇严谨的学术论文，对鸳鸯蝴蝶派散文的写作特色、文学地位和历史意义都做了深刻而精辟的论述，很值得细读。同样值得指出的是，编选者是把这项工作当作事业去做的，大到资料的收集筛选，小到书前的内容概要、书后的作者简介，处处令人感到他在治学上的严谨和扎实。

我作为袁进先生的一个同行和朋友，在这套书即将再版之际，随手写下这篇读后感式的小文，对他为二十世纪中国文学研究所做的这项富有历史意义和学术价值的填补空缺的工作，表示我的敬意和谢意！

一九九八年五月十日于上海寓所

注：

①本丛书由东方出版中心一九九七年出版。

"纪念胡风诞辰 100 周年暨第二届胡风研究学术讨论会"致辞 ^①

各位先生，各位女士，各位朋友：

首先，我要感谢复旦大学中文系的负责人陈思和先生，和苏州大学原文学院院长栾梅健先生的大力支持和帮助。我认为在上海和苏州举行第二届胡风研究学术讨论会有它的历史意义，因为一九八九年六月在武汉举行的第一届胡风文艺思想讨论会是在胡先生的家乡湖北召开的，胡先生是湖北蕲春人。这次在上海举行，上海可以说是胡先生的第二故乡。一九二八年，大革命失败后，胡先生逃亡到日本，在庆应大学英文科学习，因为参加日本普洛列塔利亚文学活动和日本共产党，被日本警察逮捕，一同被捕的还有著名作家小林多喜二，小林多喜二被活活打死，胡先生因为是外国人，被监禁拷打后，驱逐出境，他回到上海，参加"左联"活动，成为鲁迅先生晚年亲密的助手，协助编辑《海燕》杂志，继承了鲁迅先生的战斗传统。鲁迅逝世后，在冯雪峰的支持下办《工作与学习丛刊》，我当时在日本留学，投稿给这个杂志，于是就与他开始结交。抗战爆发后，创刊《七月》。一九四一年皖南事变后，因为抗议国民党的反共，跑到香港，后来从香港脱险归来，到了桂林，回到重庆后，创办杂志《希望》，出了四期，抗战胜利后在上海继续出了四期后被国民党政府查禁。上海可以说是胡先生的第二故乡。三十年代，彭柏山由于从事革命活动，一九三四年十一月在上海被国民党逮捕，送往苏州监狱关押，生病无药，只好写信向鲁迅先生寻求支援，胡风受鲁迅先生的嘱托，每月给彭柏山寄钱，并带药物亲自到苏州探监。由于鲁迅先生的介绍，彭柏山的小说《崖边》在日本的《改造》杂志发表，后来胡风将彭柏山的几篇小说编成《崖边》，交给巴金主持的文化生活出版社出版，得到的一百多元稿费分月寄给了彭柏山。抗战开始后，他去苏北参加了抗日军队。一九五一年，我在上海震旦大学任教，住在苏州三元坊，胡先生到我那里住了几天，把我介绍给华东大学的教务长刘雪苇，而且苏州是七月派重要作家路翎的出生地。所以在苏州开会也有它的历史纪念意义。我们的会议主要讨论胡风先生的文艺思想，它的历史意义和现实价值，同时，我们想不到一九五五年发生那么大的冤案，我们只是因为写文章，与胡风先生成了好朋友，在这些朋友中，有解放区的，有国统区的，解放区作家的文章都是由组织转交的，目的是为了扩大解放区文学的影响。这次会议研究胡风文艺思想，同时是要解答为什么会发生这样的冤案，这可以从历史的、社会的、文学的、文化的等各个方面或角度研究。今天的会议，也是胡风集团冤案的幸存者晚年难得的一次聚会。

我提议，全体起立，为由于胡风集团冤案，直接或者间接受到迫害而不幸去世的朋友们致哀。他们是：胡风先生，阿垅先生，郑思先生，黄若海先生，张中晓先生，满涛先生，耿庸的夫人王浩女士，方然先生，芦甸先生，彭柏山先生，路翎先生，鲁藜先生，罗洛先生，曾卓先生，等等。

请大家坐下。

今天来参加会议的朋友中，有国外的研究家、翻译家，也有八十年代以来的国内研究者。他们研究胡风先生的文艺思想和胡风事件，发表了许多专著和论文，比如李辉的《胡风冤案始末》，林希的《白色花劫》，万同林的《殉道者》，支克坚的《胡风论》，叶德浴的《七月派：新文学的骄傲》，钱理群的《胡风与五四文学传统》，陈思和的《胡风对现实主义的贡献》，等等，都有重大影响。我希望通过这次会议，能把胡风先生文艺思想和胡风事件的研究提高到新的理论高度与认识境界。

二〇〇二年十月十一日

注：

①原载《思想的尊严——胡风诞辰100周年纪念文集》，宁夏人民出版社二〇〇八年出版。

现代中国知识分子"小资"化历程

　　欣闻郑坚的新著《吊诡的新人——新文学中的小资产阶级形象研究》①于二〇〇六年一月列入由中宣部、文化部、教育部、国家新闻出版总署等九个部委联合发布的二〇〇五年知识工程推荐书目。阅读郑坚的这本书时，我不禁又回到了上个世纪五十年代，当时我被列为"胡风反革命集团"的骨干成员遭到不公正对待，批判者对我们的阶级定性，就是认定我们不是站在无产阶级立场，而是属于小资产阶级，而且是受资产阶级思想毒害得比较厉害的"坏"小资产阶级。

　　一直以来，我对自己的这个小资身份耿耿于怀，认为自己从青年时代开始，就投身革命进步事业，追求光明，而且又长期在底层炼狱，实在也应该属于更"先进"的阶级吧，为什么一定要把我归入到"小资"呢？而且我们越接受现代文明现代知识和现代精神的洗礼，地位怎么就越成为卑下渺小落后的"小资"呢？不过，这些年来，在我所生活的上海，我也渐渐听闻"小资"竟然又成了一个时尚的字眼和人群，"小资"又似乎是一个值得炫耀的身份，此小资与彼小资到底是个什么关系，也颇让我好奇。郑坚这本《吊诡的新人》是一部很有学术价值和文化个性的学术著作，可读性也非常强，书中可以说比较好地回答了我感兴趣的这些问题，为现代文学界增添了新的学术积累。在现代中国，知识分子（智识分子、知识阶

216

级）与小资产阶级（小资产者、小布尔乔亚）这两个概念是密不可分的，即归结于现代中国知识分子的小资化问题。在现代文学作品中，知识分子的小资化都有一个逐渐演变、明确的历程。郑坚在书中沿着时间脉络，在细致的文本分析基础上，探讨了中国现代知识分子是如何在一种特定的"革命的现代性"的文学历史叙事中化为小资产阶级的。这一种对于知识分子形象的小资化想象深深地影响乃至决定了中国现当代文学的很长一段时间中对于知识分子形象的定位和塑造。"五四"新文学以来，包括鲁迅、茅盾、丁玲、路翎等许多重要作家的文学创作，以及"延安文学"直至二十世纪八十年代文学中涉及知识分子的作品，都与小资（小资产阶级）形象塑造和小资文化有紧密关系。长期以来，对于小资的分析主要依据马克思、毛泽东等建立的经典的理论框架和话语模式。鉴于中国文学中小资问题的突出性、复杂性和历史延续性，这本书对此做一个整体性、专题性的梳理，将其纳入中国现代性研究的视野，考察中国文学中小资形象谱系的特征和嬗变，小资情调的美学意义和文化内涵。由此，可从一个独特的角度重新审视和反思新文学的内在演变。郑坚发现，早在毛泽东的《中国社会各阶级的分析》原稿中，对于"知识"以及"知识阶层"的认识就是非常有意思的，毛泽东心目中的知识和知识阶层是与权力、等级、阶级紧密相关的。"反动派知识阶级"如东西洋留学生、一部分大学教授学生、大律师等是"大资产阶级"的附属物。"许多高等知识分子"如"大部分东西洋留学生、大部分教授学生、小律师等"归属"中产阶级"。"以小地主子弟的资格赴东西洋资本主义国家读书的留学生"是中产阶级的右翼。而"小员司、小事务员、中学生及中小学教员、小律师等"则归属于"小知识阶级"。一九四二年文艺座谈会，毛泽东的"讲话"中，小资产阶级问题基本上被处理为革命队伍中的知识分子问题，并对被称为小资产阶级的知识分子的立场、态度、缺陷，特别是他们与革命的现代民族国家政权的关系，做了规定性的叙述。从"讲话"开始，小资产阶级问题成了知识分子问题，对于小资产阶级的批判、改造就是对于知识分子的批判、改造。中国知识分子小资化，具体表现为对知识分子的小资产阶级性的判定，革命政权对待知识分子上的处理方式——小资产阶级批判和改造，以及知识分子自己应该持有的态度——改造自己的小资产阶级立场和意识，由一个阶级变到另一个阶级。郑坚认为，新的革命政权依据"革命

217

的现代性"给小资产阶级设定了一种政治上的渺小和道德上的卑下，小资产阶级"形象"是软弱、幼稚、涣散、狂热、爱幻想也爱幻灭，至于无政府主义、自由主义、极端民主化等等都成了这一阶层特有的专利。自从"讲话"发表以来，在革命意识形态的发展过程中，对待知识分子的"批判小资产阶级"运动成为重要的"驱邪"仪式，借助于此，一步一步强化和扩张了新的国家体系和新的文化秩序。五六十年代对于电影《关连长》《我们夫妇之间》，小说《洼地上的战役》《青春之歌》《三家巷》的批判中，对于小资产阶级的规训和批判越来越激烈。"小资产阶级情调"成为文化批判、政治批判中人们能够熟练运用的话语，也为知识分子们自我批判时习惯性地运用。一直到新时期，小资化的知识分子被"人民的知识分子""工人阶级的一部分"所代替，小资产阶级才成为一个被搁置和忽略的概念，只是到了九十年代末期开始，上海"小资""小资情调"又重新浮出水面，那又牵涉另外一系列复杂的政治、经济、文化的问题，郑坚也初步对该问题进行了论述，我非常希望他将这个问题继续深入研究下去。

二〇〇六年十月十三日 《文汇读书周报》

注：
①本书由百花洲文艺出版社二〇〇五年出版。

论世界文学与比较文学

果戈理和我们①

伟大的俄罗斯诗人，现实主义作家果戈理在他的艺术劳动中，留下了一系列的不朽的典型形象。他以对祖国的坚强的爱和信心，借着他的富于魔力的笑，把一切阻碍他的祖国前进的丑恶的、贪欲的、可耻的东西，从他的祖国的各个角落搜寻了出来，把它们运到光亮处，加以暴露和展览。正如他自己所说："我把当时在俄罗斯我所知道的一切罪恶，在最要求正义的场合上的一切不正，集成一束，决心把它们嘲笑一番。"（作者的《忏悔录》）这样，他和沙皇俄罗斯的丑恶现实开始了战斗，战胜这种丑恶而产生出真实的人类，这在他成了必要的目的了。他的笑，产生了他所未曾知道的力量和目的；他的精神是和未来的俄罗斯结合了的。

因之，作为为正义、自由和进步而斗争的艺术巨匠的他，到今天还有其不朽和新鲜的意义。

但是他的伟大之处并不只此，果戈理所笑的东西，是有着普遍意义的，重要的是，果戈理和客观世界所存在的丑恶战斗的同时，也开始了和自己内心的战斗，终其一生期间。由一八二八年秋，带着青春的梦想到圣彼得堡开始他的光辉的文学生涯，到一八五二年二月十一日夜，他在痉挛中烧掉《死魂灵》第二部原稿，以至同月二十二日早晨在拒绝医药和饮食中的死亡，他都是有意识地和深深地藏在自己内心的活的敌人战斗，而做了伟大的殉难者，正如他的《给同胞的遗言》中所说："不要成为死的灵魂，而要成为活的灵魂啊！"他是为俄罗斯的未来，而付了艺术和生命的代价的。

沙皇俄罗斯的两大支柱——农奴制度和专制制度下所产生的"尾巴朝上的萝葡"（这是果戈理在《两个伊凡吵架的故事》中对伊凡诺维奇的形容；这形容对于旧社会的丑类是有概括的意义的）们，即地主、官僚、市侩是俄罗斯人民苦难的制造者、喝血的动物，作为伟大的现实主义作家果戈理，在艺术上再现生活的真实这一点上，是和这些东西们处在战斗的地位上的，但另一方面，作为人的果戈理，他是地主阶级的儿子，阶级意识的限制，和艺术上的现实主义的要求，产生了他的内心矛盾和斗争，因为"在每一个时代里统治阶级的思想，就是统治的思想，即代表社会物质力量统治的阶级，同时，也是代表它的精神统治的"（马克思、恩格斯：《德意志意识形态论》）。果戈理的思想意识，是依然停留在当时的统治阶级的意识形态圈子里，他虽然否定和嘲笑了旧世界的极端，但他看不见同旧世界斗争的真正力量和道路，他还是在自己人（他的同阶级人）中找出路（在《死魂灵》第二部和第三部的写作计划中），结果在幻灭中精神狂乱而死。在完成了对自己同阶级人的笑中，完成了对自己的笑。

但在果戈理的和自己斗争的尖锐上，我们看到了一个伟大的现实主义作家的心。虽然在这斗争的过程中，他时时陷入错误的混乱中，如在官僚的挟制中他和柏林斯基的中断友谊，写了《致友人书信选》，为反动势力张目，以致堕入宗教的泥坑等等。但，正如屠格涅夫所说，死是最有说服力的，它可以使一切喧嚣沉默下来，果戈理的精神狂乱的死，说明了这个作家一直在进行着精神苦斗的严重，就在看到柏林斯基为了指责他的《致友人书信选》而写给他的严正的信以后，他曾在给朱可夫斯基的信中说："对于我，（我的）这本书信选使我连看一眼的勇气都没有了；我羞愧的脸红了，用手遮住了我的脸，因为我是像赫莱司达阔夫②似的胡说八道了。"这是他在苦恼中的自责和自恨，至于他在写作中，在笑着沙皇俄罗斯的丑恶现实时，他对于自己的存在也感到深深的悲哀，在他创造了把说谎当作作诗一样的骗子赫莱司达阔夫后，他曾说："《巡按使》上演了，但我的灵魂是异常地被骚乱了，我的创作，对于我是混乱的，可厌恶的，简直不像是我的创作了。……我是连身心都疲惫了，完全没有一个人能明

222

白我的苦闷的。……"这显然并不是作为一个剧作家由于演员的演技而所能感到的悲哀，这正如他所说："实际上，在我这个人当中是有着赫莱司达阔夫的成分的。"而在他创作《死魂灵》时，他曾在一封信中剖白自己道："在我的读者之中，无论什么人都不知道这件事，即：他虽然嘲笑我的作品的人物，同时也便是嘲笑我的……在我的心中，那最大的丑恶，是任何人所未曾有过的那么大的存在于我的心里。……假若他们是突然显现在我面前，我将会上吊的吧。……于是我把我的丑恶开始分配给我的作品的人物了，我是像这样的做了的，我把自己的缺点取出来，把它们放在不同的位置的不同情形之下，而努力把它作为给予了自己最痛苦的侮辱的敌人显示了出来，而且以憎恶与嘲笑以及其他一切手段攻击了它。……"至于他对于自己所说："你笑什么呢，你不是在笑着自己吗？"我们听到了这声音，仿佛看到挂在他面颊上的晶莹的泪，更感到作为一个现实主义者对自己要求的严刻和深沉，和他的不能突破阶级历史限制的苦恼和悲哀。但对于中国读者，尤其是我们知识分子来说，他的这种对自己无情的鞭打和揭露的精神，对于我们还是有其现实的教育意义的，虽然我们生存时代的幸福就是果戈理终生所梦想而不能得的。

历史的脚步一如果戈理所描写的三头马车的急驰似的迅速前进了，他带着欢欣和渴望抒情地描写着祖国的进步。他在《梦中所说的真理》（见短篇《可怕的复仇》）不仅已在地上实现，而且是人类的灯塔的存在；他所暴露和嘲笑的沙皇俄罗斯的"尾巴朝上的萝葡"们早已被伟大的十月社会主义革命连根都拔掉了，乞乞可夫③们、赫莱司达阔夫们，已和他们的沙皇一道滚入历史的垃圾箱里。但是，作为中国读者的我们，果戈理所创造的这些典型形象，还是值得我们继续注目和警惕的，乞乞可夫、赫莱司达阔夫们，仍然在我们的新社会中公然出现和作恶多端，就是一个证明。因此，作为纪念这位伟大的作家，我们除了要学习他的对祖国的深厚感情，和对自己的丑恶不断的揭发和斗争的精神外，便是以更大的努力，投身于伟大的"三反运动"中，把侵蚀我们美好生活的一切"尾巴朝上的萝葡"们连根拔掉，为我们伟大祖国的民主改革和工业建设铺平道路。

223

注：

① 原载上海《大公报》，一九五二年三月四日。

② 赫莱司达阔夫，系《巡按使》中的人物，假巡按使是一个浪荡儿，招摇撞骗，腐化堕落，而且是一个说谎的能手。

③ 乞乞可夫，《死魂灵》中的主人公，也是个招摇撞骗、说谎吹牛的角色。但他不同于赫莱司达阔夫，前者是一个空想家、动摇者，为说谎而说谎，没有明确的行动目的性；乞乞可夫则是个有一定目的的冷酷的活动家，投机取巧，唯利是图，而又把自己打扮成一个正派绅士的模样，实际是一个有空就钻、无所不为的十足市侩。

伟大的人文主义者拉伯雷①

　　今年，我们响应世界和平理事会的号召，用最崇高的敬意来纪念法兰西人民的优秀儿子，伟大的作家、战士和思想家方斯华·拉伯雷的逝世四百周年。

　　法国共产党领袖多列士同志在他的光辉著作《人民的儿子》一书的结语中说：拉伯雷是法国共产党所继承的法国文化的第一个代表人物。这是一个正确的历史评价。我们在四百年后，读到拉伯雷的著作《卡刚都亚与庞大固埃》（《巨人和巨人之子传》）时，还依然能感到激动和欢乐，得到教育和提高战斗的信心。

　　伟大的历史人物的生活史应该是人民历史的一部分。通过拉伯雷艰苦而光荣、颠沛而战斗的一生事迹，使我们理解到他的光辉的著作之所以不朽，正是由于他的著作植根于人民生活的土壤中，为人民利益而战斗的结果。

　　十六世纪的法兰西人民处在遭受封建主义和教会势力的毒害和压迫的时代。出生于中产家庭的拉伯雷，在修道院中消磨了他的青春时代，后来做了牧师。教会的生活使他惊醒地认识了现实的黑暗、腐朽和对历史发展的反动阻碍作用。他逐渐成长为一个思想家和战士，一个伟大的人文主义者。他不仅研究了各种科学知识，因而建立了唯物的世界观，而且旅行了祖国各地，考察了各阶级人民的生活，参与了十六世纪三十年代的火热的政治生活，分担了当时人民的激情。正是这样深入到时代斗争、人民生活中去，才能使他看到了历史的未来，并为它而做了献身的战斗。所以《卡刚都亚与庞大固埃》便不仅是当时现实生活的再现，而且是作者对人类、历史的认识和信念的反映。

《卡刚都亚与庞大固埃》的主题思想，应该是作者对于人的价值和作用的理解和信任。人，正如高尔基所说，是用大写字母写的，是大地之花，是一切创造的泉源。拉伯雷的理解正是这样：人是万能的巨人，具有无尽的精力，人便是创造主。卡刚都亚与庞大固埃这两个形象便是这种对人的认识和赞美的夸张性的创造。他不仅身躯巨大，食量惊人，而且力大无比。如在《卡刚都亚与庞大固埃》第二部中，庞大固埃在阿尔林安大学求学时，某寺院的一个沉没二百四十年的巨钟，他只用一个小指便轻轻举起，在大街绕行一周。这种人物形象的夸张，不仅是一种简单的艺术手法上的夸张，而是根据对于人的理解和赞美这一思想而创造出来的真实的现实主义艺术形象。是人民的威力和创造气概的形象化。

正是这种对于人的高度理解和赞美，才使他对于人压迫人，人侮辱人的现象感到不能容忍，发出抗议。他认识到人民潜力的巨大，坚信人民历史的明天。他站在真理——人民的一面，在思想、艺术和行动上真诚地为人民服务，为了人——人民的尊严和权利而与一切反动、腐朽和敌视人民的旧世界的虫豸进行不调和的战斗。这是理解拉伯雷作品的基础。

由于他站在人民中间，站在历史斗争的漩涡中间，这就不仅建立了他的人文主义思想，而且成了他的坚强的乐观主义以及他的具有特色的艺术手法——讽刺的根据。只有和人民及历史建立了血肉联系的人，才能是一个真正的乐观主义者，从而才能胜利地运用这一战斗的文学武器——讽刺。因为真正的讽刺，正如俄国的革命民主主义者谢德林所说，它应该是能够传达出新生事物在精神上和政治上对于垂死的东西的进攻性和优越感，树立起新生事物必然战胜的信心的东西。拉伯雷的讽刺手法所以能够达到现实主义的境地，正是由于他的强烈的乐观主义带来了火一样的具有顽固的进攻性的力量的缘故。这是人民道德力量的优越和胜利。比如在

《卡刚都亚与庞大固埃》第三部中写到巴汝奇想结婚，却又犹疑不决，而去向各式各样的人物，如女巫、诗人、术士、神学家、医生、法官、疯子等"社会人物"请教时，这些家伙却只能哼哼唧唧，咬文嚼字，说的都是离题万里的连篇废话。这是拉伯雷对于中世纪束缚人民自由思想发展的烦琐哲学和假科学所做的毁灭性的打击和嘲笑，他揭穿了它们的虚假性和欺骗性。在第四部及第五部中，写到庞大固埃和巴汝奇在追求真理的旅程中的遭遇和见闻时，拉伯雷不仅描绘了当时法国社会各阶层的生活，而且以滑稽的谑画形式严厉无情地揭露了当时统治者——封建主和教会僧侣的凶恶和野蛮的特性，它们的可恨和可恶的形象，使讽刺的力量达到更昂扬激越的地步，鼓励了人民对自己的力量的认识和自觉，使人们向前看而不向后看，宣布了旧世界的罪恶和人类的前途。

拉伯雷的讽刺，既然是为历史前进扫清道路的东西，那就是说，在它的背后，有着坚强的建设未来世界的理想与斗志。他的对旧世界否定和斗争的出发点，也就是他的人文主义思想的具体内容：他认为人生活在世上，应当自然而圆满，生命应当充满喜悦和快乐，人应当健康而美丽地从事自由的智力和体力劳动，——这便是《卡刚都亚与庞大固埃》第一部中卡刚都亚帮助战胜侵略者有功的约翰修士在和平环境里修建的德廉美修道院的信条——"做你所愿意的！"的真实内容。这个德廉美修道院既然修建于战胜侵略者之后，也就说明了拉伯雷对于战争的光辉思想：为保卫和平自由的创造生活必须反对侵略战争，只有战胜了侵略者，才能实现理想的生活，而这正是保卫和平的伟大意义和它的庄严内容。

还有一点必须提一提：拉伯雷的独特的文学风格。他倾听和研究人民的语言，并运用到他的作品中去，因而丰富了他的作品的语言，有古语、新语也有学术语、职业语，还有雅语、俗语、方言等类。不仅如此，他还创造性地运用了人民的富于变化和生活感觉的语法。至于民间传说、寓言，也都以活生生的新的面貌出现在他的作品中，使他的作品更加充满新鲜、豪放不羁的风格。

拉伯雷离开我们四百年了。他虽然受着历史和时代的限制，不可能清楚地看到历史发展的真正道路和推动历史前进的领导力量，但是他的对人类、对人民、对历史的坚强的乐观的信心，他的勇敢而无畏的斗争精神，他的光辉的人格力量，向人民学习的努力，仍然足以鼓舞我们，教育我们前进。他的作品仍然有着它的现实性和生命力。

一九五三年八月中旬，上海

注：
① 原载天津《大公报》，一九五三年九月十六日。

"用爱和信念劳动" ①

——纪念契诃夫逝世五十周年

今年，我们响应世界和平理事会的号召，和伟大的苏联人民与全世界进步人类一起，纪念俄罗斯的伟大作家、卓越的民主主义者、农奴专制政治和资产阶级制度的不可调和的敌人，安东·巴甫洛维契·契诃夫逝世五十周年。

契诃夫生活和工作的时代，是十九世纪的八十和九十年代，那是俄罗斯人民的解放运动愈益接近胜利的前夜，也是政治上最黑暗和最反动的年代。堕落、庸俗、麻木、冷酷和阴暗，成了这个社会的普遍特征——契诃夫用艺术形象概括地表现了这个时代，表现了这个接近社会主义胜利的时代。

作为农奴的孙子和破产的杂货商人的儿子的契诃夫，在他求学于莫斯科大学的医学院时代，即是说，从一八八〇年起，便开始了他的文学生涯。他的初期文学工作，如他后来所自谦的，是"说笑话"的工作。他随意摘取生活中的一个片段、一个可笑的场面、一个平常的人，拿来"幽默"一番。使用了众多的文艺上的"小形式"，他热心地说着"笑话"。这样的东西，直到一八八五年止，写了总有一千篇。但是他的这个"说笑话"的工作，正如鲁迅先生所评价的，"它不是简单的招人笑，一读自然往往会笑，不过笑后总还剩下什么——就是问题。这可笑就是因为有病。"

229

就是说，他的笑，不仅是青年时代的对生活的敏感和喜爱热闹，而是由于对人生的有所要求和执着。他通过自己的作品，揭露了当代的黑暗生活的基础，同时表示了自己的态度。这种笑声，没有羼杂庸俗的东西、虚伪无聊的东西，不是牵强附会和假意捏造。他企图在日常的表面的生活中，探求社会的矛盾。那些妨害真正人类长成和生活前进的东西——小市民的东西、虚伪的东西、二重性的东西、妄自尊大的东西、卑屈自贱的东西和没有正义感的东西，在他看来，这些东西是荒谬的、丑恶的，因之，是可笑的，应该笑掉它才对。如《一个小官吏的死》，叙述一个小官吏在戏院里看戏，偶一不慎，一个喷嚏打在坐在前排的将军的秃头上，他跑过去再三地道歉、赔罪，结果吓破了胆，死掉了。作者用了不多的几笔，便把一个处于无权地位的小官吏的被侮辱和受压迫的心理刻画出来了。我们看后觉得滑稽，但心里马上就收缩起来了，觉得它不是可以一笑了之的。这里是一个问题。这样，他的初期作品，就不仅表现了生活的真实，也表现了作家对人生的真诚的追求。因之，从他开始走向文坛起，他便表现了强烈的爱憎是非之念，对罪恶的执着的战斗态度，和他的民主主义和乐观主义的倾向。

从八十年代末期开始，即从一八八六年起，他的作品有了明显的改变和提高。这主要是由于他对于人生的要求更趋于明确。正如高尔基所说，他不仅有了世界观，而且有着比世界观更高的东西——能够驾驭自己世界观的对于生活高度的看法。这种改变和提高，不仅表现在作品篇幅的扩大，主题的复杂，典型的丰富，而且作品的格调也有了深刻的改变。初期作品中的"讽刺和喜剧性的幽默要素，已不再起直接的、明显的作用，不再占主要的地位了，而是开始深入到作品的内部去，与抒情性的、悲剧性的和戏剧性的要素融合成一个强有力的艺术整体"（叶尔米洛夫）。就是说，他的暴露和批判的声调越来越高昂，艺术上更成熟，由于对生活冷静深入的体验和思考，作品的内容更深刻和广阔了。同时，作者对文学和作家的工作也有了更严肃正确的看法，如他自己所说，作家是有着自己一定的社会道德使命，应该提出当时激动社会的重大问题，富有正义感的人；他反对和轻视那些对生活冷笑的作家，反对那些对生活漠不关心、自私自利和灵魂空虚的作家，反对那些在文艺上寄生的无聊者。一般文学史家把这个时期——由八十年代末到他逝世（一九〇四年）为止，称为他的创作的灿烂开花期。他创作了为世界所熟知的，在思想和艺术上都达到不朽地步的作品。所谓"契诃夫式"的风格，在这个时期确定地形成了。就是说，在这个时期他以自己强大的民主主义和乐观主义力量，以一种深刻的爱国主义激情和人道主义的火光，深刻和全面地揭露了专制政治和资本主义制度在人们生活和心灵上所造成的缺陷和不幸；那种麻木和冷酷、庸俗和堕落；同时，也更显明和尖利地揭露了隐藏在被压迫人们身上的那种善良和纯洁，对幸福的渴望和对未来的信仰。他站在人民的一边，向旧世界的秩序和它的疮疤宣布自己是它的一个不可妥协的敌人。他是在人应该如何生活的认识下，忠实于生活，描写了生活。这就是他的现实主义的突出特征。

这个时期的重要作品，如有名的《六号病室》，便是一幅综合的艺术图像，它是专制重压下的俄罗斯的可怖现实的具象化：有教养、富有人生理想的伊凡被压迫而发狂，原来是宿命论者、对人生漠不关心的安得莱医生，由于和这样的"病人"接近，渐渐地认识了周围生活的庸俗、愚昧所造成的灰色之可怕，他否定了自己的消极主义，接着便被宣布为疯狂，和伊凡一同被关在"六号病室"里。当列宁读完这篇小说后，据他的姊姊安娜·乌里扬诺娃在《列宁回忆录》中说，列宁当时发表自己的感想说："当我于昨天晚间读完这篇故事时，我简直浑身发起抖来，我当时已不能停留在自己的房间里，于是我就站立起来跑到门外去了。我当时觉得自己也好像是被禁闭在第六号病室里似的。"（转引自《列宁生平事业简史》，第十九页，人民出版社）这充分地说明它的巨大的艺术力量和社会意义。又如他的《套中人》这篇小说，也是暴露达到战斗程度的作品。书中的主人公毕里科夫，正是当时反动现实的完整典型。这是个"典型的庸人，其特色是故步自封，害怕任何新事物、主动性和冒险行为，绝不顾及周围的实际生活和情况"（引自莫斯科外文局版《列宁文选》第二卷"简要注释"第六十七条）。列宁在《社会民主党在民主革命中的两个策略》和《无产阶级革命与叛徒考茨基》等文中曾经引用这一形象。斯大林在联共（布）第十六次代表大会的报告里，在批评右倾反对派时，亦引用了这一形象，认为不了解布尔什维克进展速度的右倾反对派，"他们害着毕里科夫的病"并对这一典型下了定义："毕里科夫害怕一切新的东西，一切出乎平凡日常范围之外的东西，犹如害怕瘟疫一样。"（转引自罗可托夫编

《斯大林与文化》，人民出版社）这是在新时代，对于旧的残余的概括批评。在小说中，我们看到毕里科夫最后在笑声中死掉了，他身上的旧东西已经不能支持他，他终于在生活的前进中倒下去了。这里流露了作家的乐观主义心情，但却绝不是廉价的乐观，而是出自对时代方向的深刻理解，而且也向人们提出了警惕："虽然我们埋葬了毕里科夫，可是这种装在套子里的人，却还留得有许多，而且将来不知道还会有多少哟！"在小说结尾处作者更坚决地提示我们说："一个人不能像（毕里科夫）那样地活下去！"完全显示了契诃夫的现实主义艺术的战斗意义。

当时的反动批评家，如民粹派的送葬人米哈伊洛夫斯基，认为契诃夫是一个无思想的阴沉的作家，有的说他是个悲观主义者，这是故意的侮蔑，这正表现了在契诃夫的现实主义伟大的光亮下的反动派的苦痛的叫喊。契诃夫小说的所谓阴郁色彩，正是生活本身的色调，而不是契诃夫身上主观的东西，这是专制和资本主义的罪恶的黑手涂在人们生活和心灵上的烙印，用作家自己的话来说："自己的主人公虽是阴惨惨的，但这是不知不觉地写成这个样子的，提笔的时候，我并不是想写成阴惨惨的。"这一点，正如史坦尼斯拉夫斯基所说："契诃夫是我所碰到的一个最大的乐观主义者。"也正像俄罗斯的一切伟大的现实主义作家一样，他的对于恶的深恶痛绝，无情地加以驳斥，是出发于对善的信心和热爱。契诃夫这种对善的信仰和热爱，那种乐观主义的调子，愈到后来愈明显，愈强烈，如在他的最后的小说《新娘》中，他说："当你生活改变的时候，一切都改变了。"而他的最后的、被今天苏联批评家誉为俄罗斯的过去、现在和未来的史诗《樱桃园》，则更有力地响应了即将到来的革命风暴。《新生活万岁！》作品中的学生特罗费莫夫喊道，作家用巨大的抒情力量把自己的祖国比喻为一座花园，用明朗而愉快的调子，预祝了它在即将到来的未来中的繁荣、茂盛和欢乐。这个花园的形象，正是今天的伟大苏联的形象。作家直观地看到了他的祖国光辉夺目的未来。

因之，契诃夫不仅描写了他所生活的时代，而且他把自己的精神力量刺入了未来的现实。激发和鼓舞人民为美好未来而进行战斗。

至于作为艺术形式的创造者的契诃夫，他是一个短篇小说圣手，他以前的屠格涅夫和迦尔洵虽然也写了短篇形式的作品，但就这一形式的完整意义说来，契诃夫是超过了前人的。有人把他和法国的莫泊桑相比，但不仅是在思想的意义上，他要比莫泊桑深刻和广阔得多，更富于强大的现实意义的战斗力量，而且在形式的运用上，正如高尔基在一九〇〇年所写的《论〈在峡谷中〉》所说的，他是那种"用最少的字说出最丰富的思想"的作家；契诃夫的作品题材的永远新鲜，他的抒情和心理素描的技能，表现力的简洁平易，更是莫泊桑不可比拟的。作为戏剧家的契诃夫的作品，不仅和他的众多的短篇小说一样，达到了同等辉煌的成就，而且能恰到好处地通过戏剧形式，善于把表现活人和生活过程结合起来，使我们从这种结合中感觉到社会生活的法则，那种如史坦尼斯拉夫斯基所说的"内在现实主义"的力量。他的戏剧，没有大的事变，没有人工性的曲折离奇情节，没有流行的所谓"噱头主义"，在他的平淡的日常生活的情节里，生活本身的潜流自然地涌现了出来，使你不觉得是在看戏，而是体验生活本身，自己也参加到了这种生活中去。难怪高尔基看了《万尼亚舅舅》以后，"像一个女人似的哭了"。他的戏剧推进了俄罗斯戏剧的现实主义传统，继承了戈里鲍耶多夫、果戈理和奥斯特洛夫斯基，并加以向前发展；他的戏剧艺术，建立了莫斯科艺术剧院，帮助了社会主义现实主义的演剧思想体系的长成。

但是，契诃夫这一切在思想和艺术上的成就，是离不开他的始终生活在人民当中，自觉地在生活上为人民服务这个基本原因的。作为艺术家的契诃夫，始终是一个热心的社会服务家。他的天才的强大发挥，正是他热爱生活和热爱人民的结果。如一八九〇年，他经过长途跋涉到库页岛调查囚犯生活；一八九二年起，他一直在莫斯科近郊梅里霍沃居住了七年，为农民做了许多事情：如作为医生给农民看病，修建学校，开设道路；至于他在一八九二年的大灾荒中到灾情最重的县份去参加救灾工作，为受灾的农民筹款买马，在霍乱流行中，张罗了救治工作，都可以看出社会服务家契诃夫的积极面影；至于他参加报纸工作，写作政论和社会批评文章，我们也不能过低估计它对契诃夫成长的意义和影响。

另一面，我们也回忆一下契诃夫在政治上的表现，他还不能说是一个政治上的自觉的革命家，他的作品里也没有出现真正的革命者形象，但正如苏联研究家巴鲁哈蒂所说，在凶残的反动年代，他没有在政治上失一下脚。一八九八年，由于法国德莱夫斯上尉的冤狱事件，他和当时写了《我控诉》而受到法国反动派逼害的左拉站在一边，跟反动报纸《新时代》的主持人兼评论家苏扶林，以这件事为分界，最后地决裂了；一九〇〇年，由高尔基介绍，他为马克思主义杂志《生活》写稿，而在一九〇二年，由于高尔基被沙皇的科学院取消院籍，契诃夫和柯洛连科也辞去了自己的科学院名誉院士的头衔，表示了自己的抗议和决绝。

安东·巴甫洛维契·契诃夫，这个伟大的现实主义者、八十和九十年代的风俗志作家、劳动的诗人，深刻地为革命导师列宁和斯大林、为苏联人民以及全体进步人类所喜爱，如高尔基在关于他的回忆录中所说，"回忆着这样一个人是一桩好事情，勇气马上就回到你的生活里来了，而且你的生活又重新有了一层明确的意义了。"作为民主、和平和进步的友人，他的作品不仅使我们深切地形象地认识了十九世纪最后五十年的俄国的生活现实，它的丑恶和光明，培养了我们对旧世界和它的残余的坚决的憎恶和战斗的感情，而且他的热爱劳动，对于生活及其意义的崇高和美丽的理想，为生活的幸福而战斗的乐观的生活态度，将永远鼓舞我们前进，帮助我们建设社会主义和共产主义的事业。人，要是一个内心纯洁、肉体健康、永远追求真理的人，要"用爱和信念劳动"——这就是契诃夫所留给我们的生活纲领。我们永远尊敬这位心地朴实、正直、乐观和勇敢地尽了自己的生活责任的俄罗斯的伟大现实主义作家。

一九五四年五月十六日

注：
① 原载《解放日报》，一九五四年七月十五日第三版。

234

中国新文学作家与外国文学的关系①

——以茅盾为例

在"五四"时期开始的我国现代文学的兴起过程中，外国文学的介绍和翻译，是起了显著的促进作用的。也可以说，我国现代文学是在猛烈地批判封建复古和排外倾向的同时，广泛而自觉地吸收外来的先进文艺思潮和创作流派的情况下，发生发展起来的。这个我国现代文学和外国文学的关系和影响问题，就是我国现代文学区别于古典文学的一个标志，也是现代文学史研究工作的一个重要课题。

我国的现代文学史说明，我国现代文学的开创者和建设者们有一个共同的特色，即他们差不多都是从翻译介绍和研究外国文学开始自己的文学事业，并在外国文学的影响和启发下，最终走上创作道路的。鲁迅、郭沫若和茅盾就是这方面的突出例证。鲁迅和郭沫若的有关情况，随着他们各自的全集的出版，近几年人们谈论得较多，无须另做介绍，这里准备专门谈谈茅盾。

茅盾是鲁迅开创的中国现实主义文学阵营中的伟大作家，同时也是出色的文学批评家和外国文学翻译、研究家，他不仅用自己的那些优秀的文艺作品丰富了我国现实主义文学的宝库，而且用他的文艺批评和多方面的外国文学介绍、翻译与研究，为推动我国现实主义文学的进一步发展，奋斗了毕生。他的成就和贡献，同样是值得我们认真学习和深入研究的。

茅盾的年龄分别比鲁迅和郭沫若小十五岁和四岁，他开始写作和最初接触外国文学时的情形也与他们有所不同。茅盾的写作活动开始于十月革命以后，他不是先出洋，在那里接触了外来文艺思潮，从而受其影响的。他一九一六年从北京大学预科毕业后，就到商务印书馆当编辑，因工作关系接近了文学，他的文学活动从一开始就集中于外国文学的译介和文学评论这两方面，因此在他那里，外国文学的译介工作和文艺理论的建设工作始终是互为一体的。他从一九二〇年开始进行马克思主义研究，参加了上海的马克思主义研究小组和共产主义小组，翌年成为最初的上海党小组成员，一九二五年的五卅运动，他积极地参加了政治斗争和社会活动，这以后，又直接参加了第一次大革命。因此，他的文学活动又是和他的政治社会活动结合在一起的。正是在这些革命生活实践的基础上，他从一九二七年以后起，才正式用了茅盾这个笔名从事文学创作活动。他的一系列现实主义的文学作品，都产生于一九二七年以后，早期的文学理论和外国文学的翻译介绍活动，正像他这个时期的社会政治活动一样，都为他的文学创作打下了深厚的基础，是他的文学生活的序幕。

茅盾对于吸取外国文学的经验从他开始文学活动以来就很重视。一九二〇年他就指出："我们相信现在创造中国新文学时，西洋文学和中国的旧文学都有几分的帮助……我们是想把旧的作研究材料，提出它的特质，和西洋文学的特质结合，另创一种自由的新文学来。"（《小说月报》第十一卷一号，"小说新潮"栏，未署名）同时，他在《小说新潮栏宣言》里指出急需翻译的欧洲和俄国的二十位作家的名著四十三部，他的选择标准"都是最严格的眼光"，"单注意艺术方面"。他说，"我以为总得先有了客观的艺术手段，然后做问题文学才能做得好，能动人。"接着又在《小说月报》第十一卷四号的《编辑余谈》里说，"现在中国研究文学的人，都先想从介绍入手，取西洋写实自然的主观，做个榜样，然后自己着手创造。"

茅盾的外国文学介绍翻译工作，是继承《新青年》的传统，在侧重介绍俄国文学和被损害民族文学的这一方面，他和鲁迅一脉相承。这是符合当时中国历史的现实需要的。他写的第一篇介绍外国文学的评论文章，就是发表在《学生杂志》第六卷四—六号（一九一九年）上的《托尔斯泰与今日之俄罗斯》；他译的第一篇白话小说就是契诃夫的《在家里》。介绍俄国现实主义文学和革命后的苏联文学，是茅盾的外国文学介绍翻译工作的第一个最显著的特点。他早在一九二〇年一月在《小说月报》的第十一卷二、三号上的《俄国近代文学杂谈》中，就肯定了俄国文学为人生的观点，认为那种"表现人生""有用于人生"的精神可供建设我们的新文学的借鉴和参考。他在一九一九年投登在《时事新报·学灯》上的译稿（用"冰"的笔名），有契诃夫、萨尔蒂柯夫、高尔基的小说和介绍托尔斯泰的论文《文学家的托尔斯泰》。和鲁迅一样，他在介绍外国文学时，首先也是从思想性着眼的。一九二一年在《小说月报》上就说过："介绍西洋文学的目的，一半是欲介绍他们的文学艺术，一半也为的是欲介绍世界的现代思想——而且这应是更注意些的目的。"（《新文学研究者的责任与努力》）

他从一九二〇年参加了被鸳鸯蝴蝶派掌握的《小说月报》的改革工作，先进行了一年尝试性的改革，到一九二一年才全盘革新，并使之成为文学研究会的代用刊物。在一九二一年九月，《小说月报》经他手印行了特大号《俄国文学研究》专号，大张旗鼓地宣传俄国文学。在这期专号上，发表了二十四篇有关俄国文学研究著译，和二十九篇作品翻译，其中有革命后的苏联作家作品三篇。他在这里发表了《俄国文学家三十人合传》，介绍了从莱蒙托夫到伊万诺夫共三十位俄国作家，比较全面地介绍了俄国文学的发生和发展情况，在当时的读书界引起了很大的重视。这个专号还第一次刊登了郑振铎化名C.T.与人（C.Z.）合译的《国际歌》（题名《第三国际党的颂歌》），这是在中国共产党成立三个月以后的事。据我们初步统计，茅盾先后介绍了俄国和苏联作家约六十人，写或译出了介绍俄国和苏联文学的论文约近五十篇。

茅盾翻译介绍外国文学工作的第二个显著的特点，是注意被压迫民族和弱小民族文学的介绍这一鲁迅的翻译外国文学的方向。一九二一年十月，《小说月报》出了个《被损害民族的文学》专号，这个专号如同俄国文学专号一样，都得到了鲁迅的具体支持。作为这个专号的序文，茅盾在《引言》中指出："他们中被损害而向下的灵魂感动我们，因为我们自己亦悲伤我们同是不合理的传统思想与制度的牺牲者；他们中被损害而仍旧向上的灵魂更感动我们，因为由此我们更确信人性的沙砾里有精金，更确信前途的黑暗背后就是光明！"这类文章他写过有二十余篇，如《被损害民族的文学背景的缩图》《波兰文学泰斗显克微支》《十九世纪及其后的匈牙利文学》《新犹太文学概观》《匈牙利文学史略》《二十年来的波兰文学》等。

茅盾在抗战前后以及解放战争期间，配合我国的革命战争形势，为我们的人民战争服务，翻译出版了苏联作家丹钦柯的《文凭》（一九三二年）、铁霍诺夫的《战争》（一九三六年）、巴甫连科的《复仇的火焰》（一九四三年）、格罗斯曼的《人民是不朽的》（一九四五年）、《苏联爱国战争短篇小说译丛》（一九四六年）、西蒙诺夫的《俄罗斯问题》（一九四七年）等，还撰写了两部有关苏联的散文集《苏联见闻录》（一九四八年）和《杂谈苏联》（一九四九年）。

茅盾自二十年代以来，一贯致力于被损害民族文学的介绍，在三十年代傅东华编的《文学》和一九三四年鲁迅先生与他共同负责的《译文》上都继续着这方面的译述，他出过两本弱小民族小说集，一本是《雪人》，包括十二个民族十九位作家的二十二篇作品（一九二八年）；一本是《桃园》（一九三五年），包括十个国家或民族的十四位作家的十五篇作品，这些都是他历年发表在报刊上的零星译作的结集。

在茅盾的翻译介绍工作中，也十分注意对世界各种文学流派和欧美先进文学的引进，同样写过许多这方面的文章，前者如《未来派文学的趋势》《介绍西洋文艺思潮的重要》《文学上的古典主义、浪漫主义和写实主义》《象征主义戏曲》《关于革命浪漫主义》等，后者如《脑威写实主义前驱般生》《西班牙写实文学的代表伊本纳兹》《百年纪念的济慈》《十九世纪丹麦大文豪约柯柏生》《纪念佛罗贝尔的生日》《包以尔的人生观》《霍甫特曼的自然主义作品》《新德国文学》《欧战与意大利文学》《现代世界文学家列传》《拜伦百年纪念》《法国文学对欧洲文学的影响》《欧洲大战与文学》等等，他前后写了这类文章约一百五十三篇，分别收集在《现代文学杂论》《近代文学面面观》《欧洲大战与文学》《六个欧洲文学家》等书中。

在茅盾介绍外国文学的工作中，他除过撰写和翻译有关外国文学的评介研究文章外，还注意外国文艺动态的报道，他从一九二一年一月到一九二四年六月，为《小说月报》的《海外文坛消息》写了二百零六条外国文坛消息（第十二卷一号至第十五卷六号，只有第十二卷十号及第十四卷八号未写），前后为时三年半。内容有同时代的作家作品评论，以及新的文学流派如表现主义、达达主义、无产阶级文学等的介绍，文艺杂志的创刊、停刊，作家的动向（诞生、纪念、死亡、外游等项）；所涉及的地区，除英、法、德、美、俄外，有北欧（瑞典、挪威、丹麦）、东欧（匈牙利、捷克、波兰）、南美（阿根廷、巴西）、北美以及西班牙、意大利等国，其中所报道的有关被压迫民族和女作家的新闻比重较大，尤注意介绍苏联文学及犹太作家，这不但加强了国际的文化联系，也打开了我国文学青年的眼界。

在茅盾的翻译介绍外国文学的工作中，他还对十九世纪以前的欧洲文学做过系统的研究，他认为"既要借鉴西洋，就必须穷本溯源，不能尝一脔而止"，"如此才能取精用宏，吸取他人的精华化为自己的血肉，这样才能创造划时代的新文学"（见《回忆录》，《新文学史料》一九七九年二期）。他为此曾研究了希腊神话、北欧神话、古希腊罗马文学以及骑士文学等西洋古代文学，用玄珠、方璧等笔名，出版了一系列学术著作：《骑士文学 ABC》(一九二九年四月，玄珠)、《神话杂论》(一九二九年六月，茅盾)、《希腊文学 ABC》(一九二九年六月，方璧)、《北欧神话ABC》(一九三〇年，方璧) 以及《西洋文学》(实为西洋文学史，全书从神话与传说讲到写实主义，共十一章，方璧)、《小说研究 ABC》(玄珠)、《神话论》(沈德鸿) 等。一九三四年他为《中学生》杂志连续写了七篇《世界文学名著讲话》，由《伊利亚特》和《奥德赛》讲到《战争与和平》，后由开明出了单行本（一九三六年）。同类的书，他在一九三五年还出版了《汉译西洋文学名著》，书内由荷马的《奥德赛》讲到王尔德的《莎乐美》，共二十三章，评介各国作家的名著，列举其代表性的译本。他的这一系列工作，为普及外国文学，向青年进行外国文学知识的教育，做了独特的贡献。一九四九年，他还编选了一本《现代翻译小说选》，选辑了代表作家三十人（共十个民族），他在书前写了序言《近年来介绍的外国文学》，对抗战以来的外国文学介绍工作做了回顾和评介。这说明他直到全国解放前夕仍在时刻注意我国外国文学的翻译介绍工作。至于他在各个时期所写的关于讨论翻译问题的文章，这里就不再叙及了。凡此，都反映了茅盾在翻译文学的领域内始终是一名勤勤恳恳的园丁，他为我国现代文学的建设，贡献了一切力量。

关于茅盾受外国文学的影响问题，过去评论界曾有过许多讨论，总的来说情形比较复杂。

在茅盾文学活动初期，也即是"五四"以后的几年内，欧洲资产阶级的文艺理论在我国相当盛行，也确实在我国现代文学的发展过程中留下了痕迹。茅盾在早期的文艺理论和批评工作中，提倡过法国泰纳的艺术社会学和左拉的自然主义，这些思想，在他身上产生过一定的影响。

泰纳在其《英国文学史·序言》里提出，文学具有三个要素，即人种、环境和时代，他认为正是这三要素的共同作用，才决定了各国文学的不同面貌。一九二一年，茅盾在《小说月报》第十二卷十号的《被损害民族的文学》专号《被损害民族的文学背景的缩图》一文中即认为，要解决一个民族文学产生的特质，"我们要特别注意下列几点：一、属于何人种——（民族遗传的特性）；二、因被损害而起的特别性；三、所处的特别环境——（自然的与社会的影响）。"接着，他便用泰纳的这种文学三要素说，解释了波兰、捷克、乌克兰、芬兰等国的文学面貌。在一九二二年四月出版的《小说月报》第十三卷四号的"通信"上，他又说："我现在最信仰泰纳（Taine）的纯客观批评法，此法虽有缺点，然而是正当的方法。"同年夏天，在松江一女中的讲演"文学与人生"里，他还谈到文学与人种、环境、时代和作家人格的关系。以泰纳的理论为基础的左拉自然主义对茅盾也有过一些影响。从历史的考察看来，茅盾是针对当时文艺界的缺点，即在《自然主义与中国现代小说》（《小说月报》第十三卷七号）中说的"游戏消闲的观点，不忠实的观点"，是为了学习自然主义的客观描写与实地观察，立意是出发于当时的现实斗争，是一种历史的产物。另一方面，他也指出过自然主义的缺陷："自然派只用分析的方法去观察人生，表现人生，以致见的都是罪恶，其结果是使人失望悲闷……"所以他又说，"我们要自然主义来，并不一定就是处处照它……我们现在所注意的，并不是人生观的自然主义，而是文学的自然主义，我们要采取的，是自然派技术上的长处。"（《自然主义的怀疑与解答》，《小说月报》第十三卷六号"通信"栏），而这"技术的长处"，就是"科学的描写法。见什么写什么，不想在丑恶的东西上面加套子"。他认为这才是"自然主义的真精神"，"终该被敬视"（《曹拉主义的危险性》，《文学旬刊》五十期）。其实，他所说的这种"见什么写什么"正是自然主义的在艺术上机械地再现实际生活的方法，照拉法格论左拉的文章说来，"然而，如果当作照相干片用的脑筋不大有感觉性，而且不是多方面的，那么，艺术家就要有反映不完备的残缺景象的危险；这种景象，会比不受拘束的幻想所造成的景象，还要离得实际远些……"（见《瞿秋白文集》第二卷）。后来在一九三四年，茅盾在答苏联国际文学社时说："对于布尔乔亚的文学理论，我曾经有过相当的研究，可是我知道这些旧理论不能指导我的工作，我竭力想从十月革命及其文学收获中学习，我困苦地然而坚决地脱下我的旧外套。"可见他是坚决地摆脱了这种理论的影响。然而，泰纳的艺术社会学理论，在承认文学是社会的表现这一点上，仍带有唯物主义成分，对我国当时的文艺理论和文艺批评不无一定的积极作用，它的错误，在于从生物学的观点来认识人，抽去了人的社会性，从而就排除了艺术的思想性和社会内容。

茅盾谈到他的创作实践时说："我觉得我开始写小说时的凭借，还是以前读过的一些外国小说。"（《我的研究》）又说，"我爱左拉，我亦爱托尔斯泰，我曾经热心地——虽然无效地而且很受误会和反对，鼓吹过左拉的自然主义，可是到我自己来试作小说的时候，我却更近于 Tolstoy 了。我的意思只是，虽然人家认定我是自然主义的信徒，——现在我许久不谈自然主义了，也还有那样的话，然而实在我未尝依自然主义的规律开始我的写作。"（《从牯岭到东京》）

从茅盾的《蚀》出版以来，文艺界对他的创作的批评中，往往把他比拟为自然主义者或其影响者，这个问题，一直是个有争议的问题，但大家共同承认的一点，是自然主义的弊病，确曾在他的作品里留下痕迹。

举例说，在三十年代初《子夜》出版后，瞿秋白在《〈子夜〉和国货年》一文所做的评价中，称誉它是"中国第一部写实主义的成功的长篇小说"，一方面又说，"它带着明显的左拉影响（左拉的《金钱》）"，同时又说，"然而应用真正的社会科学，在文艺上表现中国的社会关系和阶级关系，在《子夜》不能够不说是很大的成绩。茅盾不是左拉，他至少已经没有左拉那种蒲鲁东主义的蠢话。"（见《瞿秋白文集》第一卷）近人叶子铭的著作里，也有如下的评述："这种主张（——自然主义。引者）对他后来在大革命初期的创作，还发生过一定的影响，使得《蚀》和《野蔷薇》多少带些自然主义的倾向"，又说，"在这时期的创作中，也还有一个不好的倾向，就是在描写小资产阶级的狂热，暴露他的恋爱上的苦闷，以及描写两性关系时，往往做了自然主义的描绘，突出地表现在《诗与散文》以及《追求》的一些描写中，这种描写容易在读者中引起不好的副作用。在后来的一些作品中，间或也有这种倾向。"（《论茅盾四十年的文学

道路》，上海文艺出版社，一九五九年）

关于这一点——关于两性关系的描写，在二十年代的评论中，曾把他比之为俄国阿尔志巴绥夫的《沙宁》一类的作品，比之为他的描写一九〇五年革命后俄国青年由苦闷而虚无的肉的纵欲描写。关于这一点，他在《论自然主义和中国现代小说》中曾有所论列："自然派者对于一桩人生，完全用客观的冷静头脑去看，丝毫不掺入主观的心理；他们也描写性欲，但是他们对于性欲的看法，简直和孝悌义行一样看待，不以为秽亵，亦不涉轻薄，使读者只见一件悲哀的人生，忘了他描写的是性欲。这是自然主义的一个特点。"

但这些丝毫不损害他成其为我国现实主义的伟大作家之一。据外报载，一九七五年一些英、美作家曾提名茅盾和巴金为诺贝尔文学奖候选人，他们认为他们是"最出色地反映了一九四九年以前的中国社会和政治生活的作家"，茅盾的作品，是旧中国生活的"广阔的画卷，历史的真实记录"。在他六十年的文学生活中，他始终不懈地以满腔热情歌颂人民，歌颂革命，鞭打旧中国的黑暗势力，他创作的《子夜》《蚀》《虹》《林家铺子》《霜叶红似二月花》《清明前后》等大量杰出的文艺作品，刻画了中国民主革命的艰苦历程，绘制了规模宏大的历史画卷，为我国文学宝库创造了珍贵的财富，提高了现实主义文学的创作水平，在文学史上留下了不可磨灭的功绩。这就是正确的历史评价和结论。

关于茅盾所受的外国作家影响问题，过去有人把他比作屠格涅夫，这是由于他善于描写女性的心理状态，以及他的明快的笔调；也有人把他和莫泊桑相比，或和阿尔志巴绥夫相比，等等，但从茅盾自己说来，他对外国文学的经验是全面重视的，并非独专一家。他在一九三六年写的《我的研究》中说："自家写的东西写过出版后，就不愿意再去看，偶尔再看看时，心里发生了这是我写的吗的感想……夜里睡不着回想起来，便想出毛病来，但特别是夜里读着西洋文学名著读出了味的时候，更能回想起自己的毛病来。"一九七九年他对苏珊娜·贝尔娜说："……《子夜》的写作方法得益于巴尔扎克，尤得益于托尔斯泰，托氏的《战争与和平》曾数易其大纲。"谈到写作《子夜》易过三回大纲时说："这也不是我的发明，而是受欧洲文艺大师的启示……二十年代，我不曾写作，全力从事欧洲文学的研究与翻译，将它介绍到本国。"（见《走访茅盾》，《新文学史料》一他对于外国作家写作方法的研究，曾写在一九三六年的《创作的准备》一书里，他在那里比较研究了左拉和契诃夫的写作方法，这都说明了他在写作生活中十分重视对外国文学的借鉴意义。

在我国现代文学历史上，除鲁、郭、茅曾经在他们的文学和创作生活中与外国文学发生过深刻的关系之外，其他有成就的作家如巴金、老舍、曹禺、艾青等等，也莫不不同程度地受到过外来文学和作家的影响，这是不奇怪的。一个发展着的向上的民族，不仅对人类文化能够给以出色的贡献，而且总是善于和敢于接受任何有益的外来事物，从中吸取营养，丰富自己。接受外来文化并不意味着和本民族文化的经验割断联系，而是在积极地继承传统的基础上，更加促进民族文化的繁荣和发展。我们要以一切优秀的外国文学艺术为借镜，促进和推动我国无产阶级革命文学的发展，同时深入研究我国现代文学与外国文学的关系，把我国现代文学史的研究提高到一个新的历史水平。

注：

① 本篇约作于一九八一年。原载《中国比较文学》，一九九八年第二期。

《外来思潮和理论对中国现代文学的影响资料 (1928—1949)》①审读意见

一、关于选文（编例）的意见

1. 这本选文虽以译文为主，但也收录了一些我国作者的有关论文，因此，书名仍以维持原来的名称《外来思潮和理论对中国现代文学的影响》为好，不必更名改姓了。因为我国作者写的介绍外国某种理论和思潮流派的文章，是立足于中国的现实的理论介绍，它一般表示了对某种理论和思潮流派的认识和态度，带有倾向性的评价成分，虽然历史地说来，我国过去接受外来理论思潮，免不了教条主义地生搬硬套的缺点，但总归表现了外来思潮对我国文艺运动的影响作用，正如我国过去翻译出版（包括报刊译介文章）外国思潮和理论的著作，译者或编者事先都有一番选材过程，它们是以先影响译者和编者，然后在读者社会发生广泛影响的方式作用的，通过翻译的媒介作用，正是外来思潮产生影响的一个重要途径。翻译本身就是一种影响。我们从这个角度选录译文，也是本书的题中之意。但从全书的内容构成的比例上，应多收我国作者的有关论文，或以之为主，这样更有实际意义。也因此，又必然牵涉到我国现代文学思潮和批评史上一系列麻烦问题。我们编的是一本历史文献资料集，主题限于外来思潮和理论流派范围，只能就力之所及和篇幅的最大容量上，重点地有选择地选录一些我国文艺运动各个时期牵

244

涉到或触及这个题目范围内的历史资料，即和本题目有联系和对比意义的文章，至于某种思潮理论在我国的文艺理论和创作实践中所产生的广泛深入的实际影响作用（同与异，同中之异，异中之同这些实际情况），在这本资料中，不能也不必做到滴水不漏地全面深刻地反映；只能取其精粹，努力勾勒出一个历史线条而已。但在编制报刊或书籍目录索引中，应该进行深入的钩沉工作，为研究者提供足够的有用的引得材料。

2. 目前的选目，在材料选取上（尤其是左翼文艺运动部分），比较谨慎，选了一些必须选到的文章。我的意思，不妨在这个基础上再增补一些也应该考虑收入的有关篇目，使内容更扎实些。左翼文艺资料，除应增选一些有关论文外（当时对苏联、日本文艺思潮和理论的接受和论争，对中国文艺界反动流派的外来成分的理论和思潮的批判和分析），也应增加一些文件性的材料（如苏共解散"拉普"的决议、日丹诺夫和高尔基在全苏第一次作家代表大会上的发言、苏联作家协会规约、一九四六年苏共中央和苏联作家理事会对《星》和《列宁格勒》两杂志的决议等），对其他西方资产阶级文艺思潮流派的评介文章，选目范围应放宽一些，如现在时兴的意识流、存在主义之类，对它们的理论和作家远在三十年代中期就开始介绍，这些历史现象，值得选文和收目时注意。

对于西方资产阶级文学理论和流派的评介文章，除应选入中外左翼理论家的有学术和思想意义的批判性文章外，也应注意选录一些其他方面作者的有关评介文章和译文。从本书编者筛选下来的文章（"备用文章"）里，我挑选了一些可以考虑入选的篇目，另外，我也开列了一些篇目，供文研所同志和吉大编书同志定稿时参考。再增选篇目，全书篇幅似乎庞大了许多，但这样一种性质的资料集，内容如此庞杂，时间跨度又这么大，选文过于简约，似又不能充足地反映历史实况。观之国外，日本编辑印行的《世界无产阶级文艺运动》资料集共有六卷，外加《题解》一卷，每卷达五百页以上；又是他们编的《创造社资料》，也有十卷之多。不管其选材和质量如何，但属于历史文献性的资料书籍，篇幅上的限制不能过于严苛，自然，能选得严而当、少而精更好。

3. 选文范围，能不以报刊文字为限最好，这样视界更辽阔，内容就更丰富和完整了（对一些专门著译，除选用作者和译者原序跋之外，也考虑节选一些有关章节），因为从影响作用的观点看来，专门著译影响更为深远。

4.全书应编制一份包括各部分内容的《总目录》；选文部分，应按选文性质分类并加标题，但分类加题不宜过细过密，免得陷于烦琐；是否按照历史实况与选文性质和内容，全部选文分三大部分：一、马克思主义经典作家文论及有关评介文章选辑；二、无产阶级文艺理论、思潮和论争资料选辑；三、资产阶级文艺理论思潮和流派评介资料选辑。请参照。

每一部分的选文，必须严格按照发表时序排列。

5.在原稿的《编选说明》的第二页上说："内容以三十年代至四十年代初翻译介绍的……"这个提法与本书编例不合，也不符选文的实际收录情况，应是二十年代后期至四十年代后期（一九二九——一九四九），这本资料集中的《大事记》《总目录》都是按照这个历史起讫时间编排的。

附：

1.备选文中可以考虑选入的文章篇目

《现代欧洲的艺术》译者序记　雪峰

论弗里契　易嘉

普列汗诺夫批判　黄芝葳译

最近苏联的文艺论战　铁弦

普罗列塔利亚艺术的内容与形式　（日）藏原惟人

政治的价值与艺术的价值　（日）平林初之辅

关于世界观与创作方法　（苏）司帕考诺伊

论俄国的未来主义　孙席珍

未来派的诗　高明

象征主义　梁宗岱

新感觉派　谢六逸

海明威研究　赵家璧

罗兰斯　杜衡

保罗哇莱荔评传　梁宗岱

2. 建议增选的篇目

A. 有关无产阶级文艺理论和论争的材料：

自然生成性与目的意识性　李初黎

　　《思想月刊》二期（一九二八年九月）

理论与批评——无产阶级文学论　（苏）柏高根

　　林伯修译 《海风周报》一至五期（一九二九年一月—二月）

新艺术形式的探求 （日）藏原惟人

　　葛莫美译 《新文艺》一卷四期（一九二九年十二月）

艺术价值与政治价值之哲学的考察 （日）山木清

　　冯宪章译 《拓荒者》一卷三期（一九三〇年三月）

艺术理论的三四个问题 （日）藏原惟人著　许幸之译

　　《大众文艺》二卷三期（一九三〇年三月）

关于写实主义　曼曼

　　《拓荒者》一卷四、五期（一九三〇年五月）

新兴大众文艺的认识　郭沫若

　　《大众文艺》二卷三期（一九三〇年三月）

中国无产阶级革命文学的新任务（一九三一年十一月中国左翼作家联盟
　　执行委员会的决议）

　　　选录其中的"五、创作问题——题材、方法及形式"

　　《文学导报》一卷八期（一九三一年五月）

关于文学大众化　起应

　　《北斗》二卷三、四期合刊（一九三二年七月）

关于文学艺术团体的再组织——一九三二年四月二十三日苏联共产党
　　（布）中央委员会决议

日丹诺夫在苏联作家第一次代表大会上的讲话

高尔基在第一次苏联作家大会演说辞

　　原载《真理报》，《文化建设》一卷四期（一九三五年十月）

苏联作家同盟规约（一九三四年）周扬译文（见《马克思主义与文艺》）

一九四六年八月八日苏联共产党中央委员会关于《星》和《列宁格勒》
　　两杂志的决议　水夫译

　　《苏联文艺》二十四期（一九四六年）

"国防文学"　企

　　（上海）《大晚报·火炬》一九三四年十月二十七

非常时期的文学研究纲领　周立波

　　《读书生活》二卷七期一九三六年二月

一九四六年九月四日苏联作家理事会主席团的决议　水夫译

《苏联文艺》二十四期（一九四六年）

B. 其他思潮和流派的评介文章：

"民族主义文艺"的现形　石萌

《前哨》一卷四期（一九三一年九月）

文艺的自由主义与文艺家的不自由　易嘉

《现代》一卷六期（一九三二年十月）

并非浪费的论争　洛扬

《现代》二卷三期（一九三三年一月）

文学的真实性　周起应

《现代》三卷一期（一九三三年五月）

"战国"派文艺的改装　洪钟

《群众》九卷二十三、二十四期（一九四四年十二月二十五日）

王实味的文艺观与我们的文艺观　周扬

《解放日报》一九四二年七月二十八—二十九日

《生活与美学》译后记——关于车尔尼什夫斯基和他的美学　周扬

见《生活与美学》香港海洋书屋一九四七年十一月初版

德国法西斯主义文艺学　王任叔

《文学》九卷一号（一九三七年七月）

里尔克　冯至

《新诗》三期（一九三六年十二月）

伍尔夫论　雷蒙·莫蒂美著　冯亦代译

《中原》一卷三期（一九四四年三月）

詹姆斯的四杰作——兼论心理小说之短长　萧乾

《文学杂志》二卷一期（一九四七年六月）

谈劳伦斯　林语堂

《人间世》（一九三五年）

弗洛伊特主义怎样用在文学上　高觉敷

《文学百题》

所谓存在主义——国外文化述评　孙晋三

《文讯月刊》二卷六期（一九四七年十二月）

自由主义文学底理论的体系　（日）平林初之辅著　陈望道译

《文艺研究》一卷一期（一九三〇年二月）

超现实主义宣言　普利东著　赵兽译

《艺风》三卷十期（一九三五年）

二、对于《1928—1949 报刊翻译介绍外国文学作品目录》的一些意见

1. 这本翻译作品目录，收录范围较为广泛，只是抗战开始以后（一九三七）以迄一九四九年时期内，来源报纸的文章缺少，但杂志文章的收目，则颇为深入，如能再予充实，那就更加完备了。

2. 本集内收的合集性译文，如《法国象征派诗选》《海涅诗选》《英国时人小品三篇》《尼采诗抄》《黑的花环(黑人诗选)》之类，应列出所收篇目名称及作者姓名为好。如此，可使读者通过这个目录，对这个时期或某一年份内我们译介的外国文学作品，从国别、作家、作品（以及它的文学样式）各方面都有一个较确切的统计性概念，这也应该是编目的目的所在。

3. 本编目收录内容，应以文艺作品的译文为对象，凡属理论性译文，应另行收入《1928—1949 翻译介绍外国文学理论、思潮文章目录》，在此不应立目。如一九二八年五月收的李铁声译《Romanticism 的变革》，一九二八年十月收的郁达夫译美国辛克莱的《拜金艺术》(第十章)，一九二九年十月所收小泉八云的 George Borrow，一九二九年十一月所收刘穆译《到思想文化之路的暗号》，一九三〇年一月所收郑振铎译《希腊罗马神话与传说中的英雄传说》，一九三〇年二月所收侯朴译乔治·伯兰特的《维特》，一九三六年六月所收《曼海牟教授——西欧民主政治的悲剧》(渥尔夫著)，同时间收的法国法布洛克的《活的过去》，一九三八年十一月所收爱伦堡的《新的短篇小说》等等，皆属文学论文或作家评论；又如一九三三年七月所收《苏俄青年、苏俄工人旅欧印象记》这类文章，则系一般性记述文章，不应列入文艺作品范围收目。总之，收目时，必须严格掌握，分清界限，为了避免此类文不对题的收目现象发生，在编目时必须浏览一下本文才好。

4. 关于外国作家的译名，如属同姓作家，应在姓氏前加上名字或它的

外文简写（如原件没有，可用编者注的形式加上），如大、小托尔斯泰（即列夫·托尔斯泰和阿列克舍·托尔斯泰或写成 L.托尔斯泰和 A.托尔斯泰——照新中国成立前流行的以英译为准的习惯），以示区别；如一九三四年六月所收的庐隐女士的译诗《少女的哀愁》，作者标明摩尔，但爱尔兰有两个姓摩尔的诗人，一个是汤姆司·摩尔（Thomas Moore），一个是乔治·摩尔（George Moore），如果不标出名字，就很难使人分辨到底是哪个摩尔的作品。又如一九三四年五月所收《文学·弱小民族文学专号》的犹太作家 S.Liben 的小说《野宴》作者名字只标"李宾"，应在这前面加上他的名字的缩写"S"，变成"S.李宾"才好，等等。

5. 所收刊物的出版时间，应严格核对，力求正确无误，这是编目工作的一个基本要求。这本编目，在这方面应详加核校。如一九二九年七月收有《鲁迅风》十七期文章（荃麟译，高尔基小说《菲多·田亚廷》），这一条即可疑，因《鲁迅风》是一九三九年在"孤岛"上海出版的文艺刊物；又如一九三七年一月内收有《文艺科学》创刊号的三篇文章，就应移至同年四月；又如一九三九年十月收有《笔谈》的译文（《一个海涅童话》），而《笔谈》则是一九四一年九月才在香港创刊的，诸如此类。

6. 在这本编目中，由于误印或误抄，把一些人名搞错了，如一九三〇年六月项内，把瑞典剧作家 A.Strindberg 误写成 Astrindberg；一九三一年八月项下将日本女作家林芙美子写成林英美子；一九三二年十一月项下，将苏联诗人倍兹敏斯基误写成信兹敏斯基；一九三四年四月项下，将法国雨果（V.Hugo）的《活埋》译者刘小惠错写成刘山惠；一九四〇年的"本年"项下，将匈牙利作家尤利·巴基误写成尤利·巴海；一九四一年十二月项下，将英国作家 John Galsworthy 写成 Johngalsworthy；一九四七年十一月项下将苏联作家爱伦堡的英译名字 Ilya Ehrenburg 误写成 Lija Ihrenburg；一九四一年四月项下，将《魏希撒》一文的作者写成"巨哥斯拉夫作"，其实是把地名当成人名了；又如一九四〇年十二月项下，《黑人的儿子》一文的作者标明为"Native Son Richard Wright 作"，其实这是把题目的原文名称当成作者名字了；一九四六年四月项下，耶夫译的《假日烟云》的作者名字，也是把这个作品的原文题名"*Weekend at the waldorf*"当成了作者名字，等等。又在一九四六年这一年内收录的《西书精华》这个杂志上的文章，作者名字往往照抄西方写法（在原文名前加"by"字），而编者在名后又加个"作"字

（如"by He1en Nicholson 作"，"by Leo Tolstoy 作"之类），把英文词"作"（by）当成了人名的构成部分。这个"by"单词应一律划掉。

7. 对所触及的每本期刊的译文收目，必须力求完备，以不遗漏为好。如一九三七年七月收的《文学》九卷一号内的翻译作品，就只收了两篇小说，两篇散文译目，同号上登的劳荣译《斐之罗奇诗两首》、高寒译《德米尔诗抄》这两篇译诗却未入目。

8. 这本编目，在作者及其国别、译者、作品文学样式这几方面的注明上，必须大力补充和订正，使之臻于完整和正确。首先应该核对原件，除照抄原件上的写作形式外（作品名称、作家国别、姓名、译者、文章体式这些方面），如有缺门（如未标明作者国籍、姓氏前没有本名或所属文章体式）应以编者注的形式，在题下注明，这一工作是很浩繁的，也有许多想不到的困难（如有一些译文来自当时国外的一些流行报刊，作者往往是名不见经传的人物），但细心研究一般还是能得到解决的。

9. 由于本编目所收录的作家及作品的译名极不统一（即一个作家有多种译名和一篇作品有不同译名），为了便利读者查阅、研究，建议编个《作家和作品译名对照表》作为附录之一收在书后；又因中译者用名亦颇为复杂，建议再编个《中译者笔名考》作为附录之二，附在书后，这也是本资料集应该负起的一种历史任务。

我在看稿过程中，只就观感所及，随时用黑铅笔在原稿上加了些批注性意见，聊供参考。不当之处，并祈鉴谅。

三、对于《1928—1949 翻译介绍外国文学理论
思潮文章总目录》的几点意见

1. 收录对象，涉及文艺理论、思潮以及作家作品评介研究文章；收录的地域，较为广泛，战前时期不仅着眼于文化中心的少数大城市如上海、北平，也注意到一些地域性的报刊；尤其是抗战以至解放战争时期的根据地和解放区，国民党统治地区的各文化据点，抗战时期的上海、北平日伪刊物；至于所收录的各类报刊，不仅有进步和革命的报刊，也有自由主义和反动出版物；有文艺杂志副刊，也有综合性和非文艺性刊物。从整体说来，收录得较为全面、深入、细致，能充分反映历史实际，富于史料价值。

2. 二十年代末期的编目较为完备、深入；三十年代以后，尤其是抗战及解放战争时期，多以刊物为对象，报纸副刊材料较为薄弱以至缺乏。如抗战前的全国性大报刊，上海的《文艺新闻》《申报·自由谈》《时事新报》副刊、《大晚报》副刊、《社会日报》副刊，以至北平的《晨报》《京报》《华北日报》《世界日报》副刊，天津的《大公报》《益世报》《庸报》副刊，南京的《中央日报》副刊，武汉的《武汉日报》副刊等等，抗战以来的武汉、重庆、延安、永安、桂林、香港、昆明、成都等地的著名报纸副刊，都嫌收录不足，或未触及。

抗战前的一些著名大学的学报，亦多刊载有关外国文学的评介研究文章，如北平的清华大学的《清华周刊》《清华学报》、武汉大学的《珞珈月刊》《武大文哲季刊》、广州岭南大学的《岭南学报》、南京金陵大学的《金陵大学文学院季刊》、北平的《中法大学月刊》《孔德文艺》等等，如能广为收录，皆有益于充实编目工作。

3. 关于本《总目录》在编例上的一些问题：

（1）有些篇目，属于文艺作品（如王文慧（巴金）的《鲁特米娜》、巴金译的俄国赫尔琴的《回忆二则》、茅盾译的《安琪吕珈》、俄国莱蒙托夫的《鲍罗狄诺》、普式庚的《杜勃洛夫斯基》、高尔基的《意大利童话》等类），应该不在编例。

（2）有的篇目，属于中国作家的作品或有关评论（如一九二八年七月份内收录的《耶苏的吩咐》，系汪静之的小说；一九三六年八月份所收的秀亚的《玮德诗文集》，系评论新月派诗人方玮德作品的文字等）；有的篇目，如一九三四年十月份内收录的《关于写作》（载《文学》三卷四号），是一般性文艺短论，应不在收录之列。

（3）有些篇目，属于评论文艺作品译文本身的，亦不应收目，如一九三六年十一月份内的《评田译〈哈姆雷特〉》，一九三六年七月份内的《评韩侍桁译〈十九世纪文学之主潮〉》，一九三七年一月份内的《Thais 的两种汉译——黛丝和女优泰绮思》以及萧乾的《评张译〈还乡〉》，水天同的《略谈梁译莎士比亚》之类。又如取材于《人间世》的《性格的兴趣》（一九四三年一月）一文，亦属于非文艺理论性文字，应不在收列。

（4）有些篇目，本属于哲理性散文小品，不属于文艺理论文字，因此不符于编例，应加以查对后删去。如梁宗岱译的法国启蒙学者蒙田的散文

《论哲学即是学死》(一九三九年七月)、《论同样的计策底不同结果》(一九四三年八月),丰子恺译的意大利李奥柏特的两篇散文《大地与月的对话》《大自然与灵魂的对话》,均属此类。又如一九四一年十二月项下收有日本人雄远次郎的《我在战地生活》一文,这个日本人并非什么作家,文章是一般的报纸文章,更无收录必要。如此等等,说明在收录条目时,必须严加核对,分清性质,使收目对题。

(5) 同一篇译文,如出现重译,最好加以注明,以利读者。如一九二九年九月份内,有一篇译文,题目是《文学批评的观点》,作者为波里耶思基,而在同年八月已收有勺水(陈豹隐)译的题名《论文学批评的新观点》,作者为破良斯基,这两篇文章,实为同一作者同一文章之不同译名;又如英国拉斯基(Harold Laski)写的《英国文坛四画像》(一九三一年五月,钱歌川译文);在此之前,又收录了高祖武载于天津《国闻周报》的同一作者的同一文章的译文(题名为《拉斯基论英国现代四作家》),诸如此类,应在校核原件时加以鉴别并加以注明。又如,列宁的《党的组织与党的文学》一文,在本编目中是用《论新兴文学》的译名出现的,列宁则用英语 V.Ilyich,凡此,编者均应加注说明(其后一九四八年十月又收有载于《友谊》的雪原译文)。

(6) 旧社会译文,往往在中文译题后,加注原文题名,如收录在一九三五年三月份内马彦祥译的《戏剧的情景》一文,本编目在题后标明"Dramatic Situations 作"字样,这是把《戏剧的情景》的原文题名 *Dramatic Situations* 误认为原作者名字了(题后加了"作"字);同类事例,如一九三五年五月份内的《济慈的美的观念》,把原文题目 *Keats' Conception of Beauty* 作为原作者;一九二九年七月份内的《保罗哇莱荔论诗》,也把原文题名 *Poetry by Paul Valery* 误认为原作者人名等等。

旧社会报刊译文,往往用作者原文名字标出,并于名前按英语习惯加"by",如一九二九年七月份收的《挪威民族之魂伯佐逊》,题后除照抄原件"by Edwin Bjorkman"外,编者又在尾巴上加了个"作"字,成为"by Edwin Bjorkman 作"了。这个"作"字就成为多余。按我国习惯,应写成"Edwin Bjorkman 作"。此等情况多有出现,应一律勾掉"by"。又如:*Pravda* 为苏联《真理报》英语音译,Voks,为苏联对外文化协会简称英译(该会刊物,用英语出版全称为 *Voks Bulletin*,简称为 *Voks*),编目时应按

253

照我国习惯，不需要在 *Pravda* 或 *Voks* 后头再加"作"字。该删去加上的"作"字（系刊载于该报刊的文章，不是该报刊作的，应查清）。

（7）有的文章因未弄清刊物出版时间，往往摆错了地方，如三十年代左翼刊物《海风周报》由创刊至终刊共出十七期，合计十五本（其中两期为合刊），刊行时间为一九二九年一月至五月为止，而《总目录》内所收该刊各期文字，皆错列于一九三〇年年份内；又如一九二八年六月项下，有一条《在香港的鹿地亘夫妇》（载香港《大风》七期），日本作家鹿地亘夫妇到港，应是一九三七年抗战开始以后，即上海沦陷前后，恐非在一九二八年，那时他正在日本从事左翼文艺运动，此条材料来源，应核对确实，恐亦系刊物出版时间弄错之故。再如一九四二年九月项下，收有题名《最近逝世的文学家都德》（出处是《小说月报》二十四期），查 A.都德是法国十九世纪作家，死于一八九七年，如何能于"最近逝世"？恐亦是弄错出版时间所致。写作或发表时间，必须确切、无误，这是编目工作中的一个基本要求。

（8）篇目在抄写上，往往有人名误差，如一九三二年十月项下的《论弗里契》一文，署名为宋阳，实际上是易嘉，虽然这两个名字都是瞿秋白的笔名，弄错了总不好；一九二九年十一月份内的《关于剧本的考察》一文，译者应为葛何德，而不是鲁迅。又如一九三四年十月项下，误将小默（刘思慕）写成"也默"，将叶灵凤写成"叶灵灵"，某处将任白戈写成任戈白，等等。

4.几点希望和意见：

（1）本编目由于包括的时间空间范围都很广泛，要收录完备，自较复杂和困难。但各个时期的主要报刊，尤其是左翼文艺运动的重要报刊篇目，希望进一步收录齐全。而中国作者的有关文章，则应列为主要收录对象。因为翻译介绍本身固有影响作用，而国人文章，由于主客观条件与外国迥异或不尽相同，在取材和观点方面多有自己的要求和特色，即是说，在吸收或认识外国思潮和理论方面，有自己的取舍和评价，这应该是一种更主要更实际的影响表现。选文亦应以中国作者为主，或应重视中国作者文章，竭力避免成为国外译文汇编式的文集（或者两者并举，互为映照）。

（2）对重要报刊文章的收目，应更完整全面。编目不同于选文。本编目所触及的刊物，在收目上似有所取舍或疏忽，如鲁迅在三十年代编的

《奔流》，在该刊第三期出了个《H.伊勃生诞生一百年纪念增刊》，共收载了五篇有关伊勃生（即易卜生）论文，这里只收录了三篇存目，其余两文——一为丹麦的勃兰兑斯（George Brandes）的 *Henrik Ibsen*；一为英国 R.Ellis 的同名文章，都未见收。其他各期有关文章，亦收录不全。又如，一九三〇年四月出版的左翼理论杂志《文艺讲座》，共载有理论文章十九篇，这里却只收录了一篇傅利采的《艺术上的阶级斗争与阶级同化》，如此等等。应以全收为理想。因为一般说来，报刊编者在取材时已有所选择，认为它们可以各自有其代表意义或价值，方加以考虑入选。

（3）我国重要文艺刊物，二十年代以来，一般皆立有"海外文坛消息"一栏（或名之为"批评与介绍""文艺情报""补白""世界文艺运动""国外文化事业研究""资料"等等），或不设专栏，但一般都注意刊载国外文讯，所收内容极为丰富，不仅注意事实的报道，而且多有所评介。这类材料，如果搜集列目，实属理想（本编目中，亦多收有报道性文章），因为它们所提供的资料索引，不仅起了学习外国文学的媒介作用，也影响了读者对国外文艺现象的认识和态度。

（4）本编目所收篇目之外国作者译名，因受时代和环境影响，一般都是人自为译，无法统一，这就为今天的读者带来许多不便（如列宁的译名或用名就有伊里支、伊里几、乌里亚诺夫、Vladimir Ilyich 等，李卜克内希译为李卜克纳西，吉尔波丁译为吉波亭，车尔尼雪夫斯基译为车勃纳绥夫斯基，弗理契译为傅利采，保罗·梵乐希译为保罗哇莱荔，等等），建议编制一份《本书所收外国作家译名对照表》，作为本书的附录之一。

（5）本编目所收中国作者（包括译者），笔名繁多，建议再编制一份《本书所收中国作家笔名录考》，作为本书附录之二。

（6）按照我国编辑惯例，外国作家名前应加注国别，本编目亦注意及此，但留的空白不少，希望能查补注出。

（7）本编目希望再严加校核（尤其是外文部分），笔者在阅读过程中，就自己的认识和记忆所及，在原稿上用黑色铅笔写了一些批注，做了些校改工作，以供参考。这里写出的几条观感和要求，若有不当和错误之处，并请指正。

四、关于《大事记》的一些零碎意见

1. 《大事记》和《总目录》在写作要求上应有严格区别；对《大事记》里所选入的材料（文艺论著、社团流派、文艺书刊等等）应有具体而扼要的内容评价，切忌一般化（如对左翼刊物论文，只有"倡导革命文学""阐述革命文学理论"这类的说明）或只有题名、刊名而无具体内容介绍的罗列现象式的写法。

2. 对文艺理论思潮性的文章，应注意选材，真正做到如本大事记的《说明》中所要求的"选取"有代表性的"题材"，提到"大事"的水平看待。对所选录的论文或专著，应有必要的内容介绍和历史评价。如系译文，应标明作者国别；原作者名字，应一律用译名（能附上原文更好）。在这本《大事记》里，外国作者的名字写法上不统一，不仅译名不统一，而且中外文杂用，没有统一体例。如一九二八年六月项下有一条是："画室译（德）Franz Mehring 作《自然主义与新浪漫主义》"，在这里，德国的马克思主义理论家梅林的名字标用的是德文原名，而同月的又一条"画室译梅林格作《论狄更斯》"，作者名字却用的是中文译名"梅林格"（现在通译为梅林），这种体例上的不统一，是由于编者照抄原材料，而未"消化"原材料，没有经过加工。此类情况，应加以检查和纠正。如同一外国作者（或文章题目）有不同译法，亦应加注说明（同时保持原件上的译法或写法）。

3. 对重要的国内外文艺团体或流派（如这里提到的创造社、太阳社，苏联的"拉普"，日本的"纳普"等），应有较具体的评介（它的文艺观点、主要成员、代表刊物、历史影响等项）。对一些重大的历史性文艺事件，不应有所疏忽。如在这本《大事记》里，一九三五年解散"左联"（据说这也是援用了一九三三年苏共解散"拉普"的先例）、一九三六年中国文艺家协会成立和发表宣言等都未见记载。

4. 对重要的国内文艺刊物，尤其是理论性刊物或侧重外国文学介绍，以至专业的外国文学刊物，都应列有专目和具体的历史评介，如这里记载一九二九年创刊的创造社后期理论刊物《文化批判》，只讲它"倡导无产阶级革命文学"，似失之笼统，应有较深切的说明，不妨对它在创刊号的《祝词》里所表现的思想倾向和理论观点以至本期的重要论文（如冯乃超的

《艺术与社会生活》）所透露的理论内容做一简要的历史评价。又如对鲁迅所支持和参与工作的《未名》半月刊的介绍，只有一句"主要刊登译文"，并未说明它所刊载的译文的"特色"——它和未名社出版的两个丛书（《未名丛刊》和《未名社丛书》）都是以译介俄国和苏联的文艺理论和作品为其主要贡献的。这里只提了一句"未名半月刊"，而未提未名社和它的那两套丛书，显然不足以反映三十年代前后这个重要文学社团的风貌。

5. 这本《大事记》里，对这个历史时期出版的翻译文学作品，似乎未曾注意及之（在《总目录》里注意收集外国作家和作品的评文，甚至收录了一些对外国作品译文的评论文章），就是作为文艺背景来看，这方面也应有重点性的反映。

6. 这个《大事记》里，作为文艺背景介绍的我国文艺创作似乎只有《子夜》一书，应有重点性的补充（面要广，选材要精）。

7. 这本《大事记》里，对外国文艺思潮和理论流派的介绍，主要是报刊材料，对专书涉及面不够，应多加以补充。而专门性的理论著作和翻译，无论作用和影响都大于报刊文章，更有大事意义。比如二十年代末以后出版的一些专门性马克思主义文艺理论译著，如上海大江书铺一九二八——一九三二年出版的《文艺理论丛书》《艺术理论丛书》《文艺理论小丛书》，水沫书店一九二九——一九三〇年出版的《科学艺术论丛书》《马克思主义文艺论丛》，东京质文社编印的十种《文艺理论丛书》，以至一九四九年一月上海时代书报出版社刊行的《论文学、艺术与哲学诸问题》等等，《大事记》内都应有较充分的介绍和反映。

在《大事记》里，我国无产阶级文艺运动和国际无产阶级文艺运动在思潮和理论上的关系和影响问题，应该是注意点明的一条主线。（如关于创作方法问题，一九二八——一九三〇年间的"无产阶级现实主义"或称"新现实主义"，一九三一年的"辩证唯物主义的创作方法"，一九三二年以后的"社会主义现实主义"以至一九三四年以后的"国防文学"口号）有关我国左翼文艺运动在理论和实践上和国际无产阶级文艺运动（主要是苏联）的历史联系和影响，《大事记》里应反映出这段曲折的历史行程。

从三十年代中期开端的我国译介俄国十九世纪革命民主派理论家车尔尼雪夫斯基、别林斯基等著作的情况，应作为"大事"反映，给以应有的历史评价。它们大大帮助了我国年轻的左翼文艺运动在理论上的成长和发展，其影响不可低估，不能一般视之。

又如报告文学这一新的文学样式，从三十年代开始介绍以来（一九三一年七月十三日的《文艺新闻》初次发表了袁殊的《报告文学论》，翌年《北斗》二卷一期发表了沈端先译的日本川口浩的《报告文学论》），这类文体的有关理论和作家作品，我国多有介绍（如基希的《秘密的中国》《从东京到上海》，约翰里德的《震撼世界的十日间》等），为这一战斗的文学样式在我国的兴起和发展起了极大的催化作用，《大事记》中亦应有所反映（《总目录》中已注意收录这方面的材料）。

又如比较文学这一兴起于西方的文艺理论思潮，三十年代中期，我国已译出了洛里哀的《比较文学史》（傅东华译），提格亨的《比较文学论》（戴望舒译）；在这之前和以后，我国作家把它作为一种文学批评方法，在文艺研究的实践中，发表了不少有学术意义的论文，凡此，在《大事记》中亦应有所反映。

至于一般的文学思潮和理论专著、文艺思潮史、各国文学史和作家作品研究评论专著（包括翻译），这个《大事记》中亦应择其要者加以记述。

《大事记》里有些史实材料，写得缺乏客观分析态度。如一九四六年最后一条："本年至一九四八年苏共中央做出一系列无产阶级文学艺术方面的决议，捍卫了列宁的文学党性原则，批判左琴科反党反人民的创作方法和资产阶级唯美主义、颓废主义诗歌。"从历史的观点看，这段史实，在我们今天总结国际无产阶级文学运动的历史经验教训时，应该进行历史唯物主义的分析。以日丹诺夫为代表的这种极"左"的文艺思潮和观点，应该给以历史主义的清理和认识。

8. 对国内外作家来往交流情况，《大事记》里记载不够，或失之过于简略，如三十年代肖伯纳访华、世界反对帝国主义战争委员会在上海开会，在我国文艺出版界都有强烈的反映（后一个会议有法国进步作家伐扬·古久列参加），凡此等等，都需要扼要记述。又如四十年代郭沫若、茅盾先后访苏，一九四九年新中国成立前夕，以法捷耶夫和西蒙诺夫为首的苏联文艺代表团应邀来华参加我国的开国大典等，在《大事记》中都应有所反映（这里只有一条茅盾从苏联访问归来的报道）。

文化来往或交流的另一种形式是，外国作家访问记，这里只记载了一条茅盾写的《西蒙诺夫访问记》（一九四八年二月份内），但见之报刊的事实不少，如《文学》创刊号（一九三三年七月）就刊登了曹靖华的《绥拉菲莫维支访问记》，《同志》第二号（一九三三年八月）刊登了谷非（胡风）的《秋田雨雀印象记》。这类材料，如注意搜求，当多有所获。

文化交流的再一种形式是中国作者改编外国作品，如三十年代夏衍改编托尔斯泰的小说《复活》为剧本，四十年代师陀改编俄国安特列夫的剧本《吃耳光的人》为剧本《大马戏团》，高尔基的《夜店》改编，陈北鸥之改编《安娜·卡列尼娜》为剧本等，凡此，亦应在《大事记》中有所反映。

五、关于《插图样片》的一些意见

1. 所收辑的十六幅插图，都是有关译介外国文学的专业杂志或一般文艺杂志，甚至综合性杂志的封面以及目录或重要论文、译文的照片，收录的面较广，选材一般适当，切合这部资料的编辑要求。除过这类单面性的图片外，最好还增加一些重要专业杂志（如《译文》）或丛书（如郑振铎主编的《世界文库》十二卷）全体书脊的合照，这样，插图形式比较多样，不至单调。这十六幅图片的有关技术性意见，我都已在原页上用黑铅笔写出，谨供参考，此处不再赘述。

2. 除过收录杂志期刊有关图片外，更应该注意收辑一些重要的书籍图片，如这个历史时期内出版的有关马克思主义文艺理论专著以及其他一些译介或论述外国文艺思潮和理论的专书。主要是初版本封面照，用单照或合照的形式加以收辑。关于马克思主义译著或革命民主主义文艺译著，可用单照形式收录初版本封面的，建议选用下列著译：卢那恰尔斯基著鲁迅译《艺术论》，一九二九年四月大江书铺初版本；蒲列汉诺夫著冯雪峰译《艺术与社会生活》，可采用上海生活书店一九三八年二月上海再版本，或上海水沫书店一九二九年八月初版本；车尔尼雪夫斯基著周扬译《生活与美学》，香港海洋书屋一九四七年十一月初版本（或解放区版本）；周扬编《马克思主义与文艺》，延安新华书店一九四四年版；法国梵乐希著曹葆华译《现代诗论》，商务印书馆一九三七年四月初版本；日本本间久雄著沈端先译《欧洲近代文艺思潮论》，上海光华书店一九三〇年初版本（或开明书店一九四七年六版本）；美国琉威松著傅东华译《近世文学批评》，商务印书馆一九三三年三月国难后第一版本等。用合照书脊形式收辑的图片，建

259

议采用下列丛书：《文艺理论丛书》（共十种），东京质文社一九三六年一月——一九四〇年二月初版本合照；《科学的艺术论丛书》，鲁迅编，共十三种，一九二九年五月——一九三〇年十月初版本，上海水沫书店出版。外国文学史丛书合照：《英国文学史》，林惠元著，北新书局一九二九年版本；《日本文学史》，谢六逸著，北新书局一九二九年初版本；《法国文学史》，徐霞村编，北新书局一九三〇年七月初版本；《德意志文学史》，余祥森编，商务印书馆一九三三年十月初版本；《俄国文学史》，俄国克鲁泡特金著韩侍桁译，北新书局一九三〇年十二月初版本；《世界文学史纲》，李菊休、赵景深合编，上海亚细亚书局一九三三年十二月初版本。

文艺作品的译本封面不收。

六、关于《翻译书目》的一些意见

本书目题名《翻译书目》，但所收书目，只限于文艺作品（诗歌、小说、戏剧、童话之类），并未收录与本资料集有直接关系的外国文学理论思潮的介绍翻译著作书目，这是应该补充的一个重要方面。建议这本资料集的《资料目录索引》部分，分成四个单元编辑，这样眉目较为清楚：1.《1928—1949 报刊翻译介绍外国文学理论思潮文章总目录》（即吉大同志编的《1928—1949 翻译介绍外国文学理论思潮文章总目录》的改题，因为它以报刊文章为收录对象，故在标题内嵌入"报刊"字样）；2.《1928—1949翻译介绍外国文学理论思潮著作总目录》（吉大同志未编项目）；3.《1928—1949报刊翻译介绍外国文学作品目录》（吉大同志已编就）；4.《1928—1949 翻译介绍外国文学作品总书目》（即以吉大同志现在这份《翻译书目》为内容）。我们复旦大学编本资料集的一九二八年以前部分，也是照这个体例行事。两校编的这部资料集的目录索引部分，如果按照文研所同志的设想，合成一册单独出版，在编辑体例和内容要求上，应该统一进行，划一标准为好。具体细则，由文研所决定。

对现在这部《翻译书目》的一些意见：

按照一般编目体例，除应注明作者姓名、国籍、译者姓名、书籍出版年份外，应注明出版月份和版次（初版、再版、重版、增订版、改版、新版等版本变化情况），本书目内经常出现重复现象，（从印象上说来）即是由于出版月份和版次不明之故；如译本内有作者图像、插图、作者译者的序跋之类的文章，亦应列目；如系合集（这个书目此种情况繁多，如周作人译的《点滴》、潘家洵译的《易卜生集》、汤澄波译的《梅脱灵戏曲集》、郑振铎译的《新月集》、徐传霞译的《学校剧本集》、郭沫若译的《雪莱诗选》和《新俄诗选》以及众多的世界的、某国的、某作者的小说集、戏曲集、散文集之类），必须列出所收篇名、作者。因为通过这个编目，能使读者有一个统计性的概念：某个年份或这一历史时期内我国翻译介绍了哪些国家和地区的哪些作家的哪些作品，合起来有多少类、多少种，这也应该是这部资料编目的目的所在。据李凤吾同志来信说，这份书目主要依据一九五一年中央出版总署编的《一九一九——一九四九翻译书目》中的文艺部分增补而成。但按一般通例，编目必须从原件出发或查对原件，方为确实可靠，第二手资料，只能参考，不能作为依据，否则容易造成失误，以讹传讹地传下去。因为一般说来，我国的编目工作，体例上不统一，编法上繁简不一，加上误抄误排等情况严重，在利用时必须严加核对；如果实在查不到原件（这在目前是实际困难，大家都有这个经验），为了给读者提供线索也不妨照抄，但应吸取外国经验，在书目后加上"未见"或"待查"字样，以示郑重。我未见过一九五一年中央出版总署编的这本书，不明它的体例和编法，但一九八〇年中华书局出版的《翻译出版外国古典文学著作目录》（国家出版局版本图书馆编，收新中国成立以后的文学翻译书目），在编辑体例上，却一般遵照目录学的要求，而不是书名登录簿式的编目。我们不易做到它的有些要求，如译本所依据的原文版本出处和版式、页数等项（能做到更好）。但 1.作者译者名字，2.作者国籍，3.文学样式，4.出版年月，5.版次变动，6.书内细目（序跋文、插图、小标题或合集的细目）这几项，却必须具备无缺，才能使这个书目具有学术性意义，如属于丛书内，亦应标出所属丛书名称。

如在书目中，出现同一作品的不同作者译名和书名的译本，应该加以鉴别和必要的注释。如本书目在一九二八年项下收有朱偰译的德国小说家施托谟的《漪溟湖》译本（开明版），一九三〇年内又收有郭沫若、钱君胥合译的同一作品的译本，作者译名为斯托姆，作品译名为《茵梦湖》（光华版）。（又，郭、钱合译本，初版于一九二一年由泰东书局出版，在本书目一九二一年项下内未见收录；这个译本一九二三年由泰东出过改版重排六版本，列为《创造社丛书》之一；一九二七年九月又由上海创造社出版部印行初版本，列为创造社的《世界名著选译第五种》，这个目录未见收录此类情况；这里收录的光华版，为创造社出版部本的再版本）。又如一九三〇年项下先后收有俄国作家阿尔志巴绥夫的长篇小说《沙宁》的两个译本，一系潘训译本（光华版），一系伍光建译本（华通版），但伍译本书名译为《山宁》，等等，凡此种情况均应加以注明，否则读者会误以为不同的两本书（或编写一份《外国作者及书名译名对照表》，附在书后）。又《沙宁》一书，一九三〇年还有郑振铎的译本（商务版），这是个全译本，由耿济之用俄文本补译了郑所依据的英译本删节的部分，但本目录中未见记载。

书目编辑的基本要求是出版时间的确切无误。在这本书目中，这方面的出入较为突出。如一九二四年内收有施蛰存译的《域外文人日记抄》，注明天马书店出版，实误，因那时还没有这个书店，应该是一九三四年出版的；又如一九三七年内收有李霁野译的《斯达林格勒》（苏联作家涅克拉索夫著），上海文化工作社出版，实误，因这本长篇小说写的是苏联卫国战争时的题材，一九三七年这个战争还未发生，而出版者上海文化工作社一九四九年解放初才建立（这条自后来又见之于一九四九年项下，才是符合实际的）。又如一九三四年收有范之龙译美国作家法斯脱（通译法斯特）的《自由之路》，上海文化工作社出版，亦属同一性质错误，此书实际由文化工作社在一九四九年出版；又如一九三〇年内收有满涛译《樱桃园》（契诃夫剧本），标明上海文化生活出版社出版，实误，因上海文化生活出版社在一九三五年才建立，满涛按年龄说，那时还是个初小学生（该书一九四〇年七月由文化生活出版社印行初版）；又如把毕修勺译的法国左拉的小说《劳动》列入一九二二年内，由文化生活出版社出版，亦误，毕此书系解放后才由上海文化生活出版社出版；又如一九三七年项下，收有上海文化生活出版社印行的几种俄国屠格涅夫小说译本，亦误，该出版社印行的几种屠格涅夫小说，除耿济之译的《猎人日记》出版于一九三六年五月外，其余如《贵族之家》《罗亭》《父与子》《处女地》《前夜》《烟》等皆出版于抗战中的四十年代以后，如巴金译的《父与子》，出版于一九四三年，《处女地》出版于一九四四年，等等。此类情况，书目中所在多有，应认真核对查实。

又在本书目中也间或误收了些不属于外国文学的译品，而是中国少数民族文学作品的条目，如一九二八年项下，收有《狼獐情歌》（刘乾初、钟敬文合译，广州国立中山大学语言历史学研究所），一九四六年项下收有《僰民唱词集》（张镜秋译注，国立云南大学西南文化研究室），皆属此类，不该收目。

又如，有些书目，不属于文艺作品性质而被收入的，如一九四八年项下收有韬奋的《读书偶译》，同年收有美国军人《史迪威日记》，一九四九年收有中苏友协上海分会编的《我们和中国人在一起》等，都系一般社会性读物，不应作为文艺作品来收。而一九三三年内收的《肖伯纳在上海》（乐雯编）一书，本非译文，而是上海报刊上有关肖伯纳访华记载评论文章的编集，亦不应列目。凡此均说明，在收目时，必须查对原件，严加掌握，不能盲目抄录。

本书目中有些书名实为丛书名称，而非书名，如一九二一年收有《俄国戏曲集》（十种），一九三〇年项下收有赵景深译的《柴霍甫短篇杰作集》（该集共有八册，每本皆有书名，开明版），一九三一年收的程小青译《世界名家侦探小说集》（大东版），一九四七年收的朱生豪译的《莎士比亚戏剧全集》等等，应该将各丛书所有各册分别列名编目（编目后注明丛书名称）才是。

本书目中有关文学样式的注明，出入颇大（还有未注明的）。如一九二八年项下，把李霁野译的俄国安特列夫的剧本《黑面假人》，误注为小说；一九二九年项下，将李芾甘（巴金）译的俄国民粹党人克拉夫秦斯基（即斯特普尼亚克）的回忆录《地底下的俄罗斯》注成小说；巴金译的这一类回忆录，如一九三五年项下收的美国柏克曼的《狱中记》，一九〇四年项下收的俄国妃格念尔的《狱中二十年》也都被注为小说，实误。又如一九三二年项下，将袁殊译的《最初之欧罗巴之旗》（日本村山知义著）误注为小说，实为剧本，作者名字亦误写为林山知义；一九三六年将徐懋庸译的《从一个人看一个新世界》（法国巴比塞著）误写成小说，实为《斯大林传》的别称；一九四八年收的磊然译的《史千普金》实为俄国名演员史千普金的传记，但误注为"剧"；高尔基的一些剧本，如一九四九年收的焦菊隐译的《未完成的三部曲》、费明君译的《蒲雷曹夫》、李健吾译的《野蛮人》《布雷乔夫和他们》（即费明君译的《蒲雷曹夫》不同译名的译本）《瓦莎谢日诺娃》等，皆误注为小说；同年高名凯译的巴尔扎克的十种小说（如《葛兰德·欧琴尼》《单身汉家事》《发明家的苦恼》等，皆上海海燕书店出版），皆误注为"剧"。凡此等等，可能是由于根据的第二手资料有误所致。

本书目内，人名书名多有误植，应详加核对，如一九二八年内收有章克标译的法国莫泊桑小说《上水》（开明版）实为《水上》之误；同年内又收有同一译者的同一作品条目，书名为《水上》，显然编者把一本书当成了两本书编目。又在同年内将罗马古代诗人 Oridins 误写为 Oridius。一九三〇年项下收的美国辛克莱小说《屠场》《煤油》，译者署名为郭沫若，实际上当时郭署名为易坎人，而不是本名。在一九二九年收录的《屠场》译者署名为易坎人，是确实的，这是初版本（一九三〇年二月出版的是再版本，同年五月出版的是三版本）。又如一九三六年收有黎烈文译《冰岛渔夫》，将作者法国人 P.罗逊误书为维俄；同年项下收的王兆祥的法国古典主义剧作家科乃伊（即高乃依）的剧本《希德》误写为《希腊》；一九三七年收有茅盾译《弱小民族短篇集》，文化生活出版社版，实误，茅盾未有此书，实系所译《桃园》，该译本副题为《弱小民族短篇集（一）》，又如一九四六年收方重译《屈罗勒斯与克丽西德》（古今出版社版），应为莎士比亚剧作，但这里作者署名却为"Troi-ul and Cresede 作"把剧名误为作者名字。（又，该剧题目原文为 *Troilus and Cressida*，这里是错写）诸如此类。

总之，这份书目，大体上具备了这个时期内出版的文艺作品译本的书目；但无论在收录范围或编辑体例上仍须加以核校补充和整理。我在翻阅过程中，凭记忆所及，随手用黑铅笔记下些批注性的意见，很不完善，只是聊供整理修订时的参考，望能在查核以后，一一涂掉是感。

一九八三年一月五日

注：

①《外来思潮和理论对中国现代文学的影响资料(1928—1949)》，吉林大学刘柏青、李凤吾、郝长海合编，收入《中国现代文学运动、论争、社团资料丛书》，后因故未出版。本文是作者作为丛书编委，为该书初稿写的审稿意见。原刊《历史的背面——贾植芳自选集》，山东教育出版社一九九八年十月版。

《比较文学导论》^①序

摆在读者面前的，是我国介绍比较文学这门科学的第一本理论专著。读完它，不仅是青年，就是我们上了年纪的人也感到耳目一新。

我说耳目一新，这倒并非是因为这门学科很新，其实它在国外早已盛行了近一个世纪；也倒并非全因为早在四十年代以来，它受到苏联斥之为"资产阶级伪科学"这种极"左"理论的影响，在我国长期处于"落后"状态，使我们对它感到陌生和新鲜；而实在是因为本书的作者，在系统而又深入浅出地介绍国外关于这门学科的理论、方法、历史与成就的同时，能初步运用马克思主义的科学观点，又立足于我国自己的文化历史传统与当前的现实来认识和评介这门学科，既为我们打开了"门窗"，有助于我们的知识更新与开拓，又避免了纯客观主义的人云亦云，并借此对我国漫长的文学史中的有比较文学（我国古称"格义"）意味的素材做了初步的钩沉性的工作，为我们开展文学研究提供了有益的借鉴和经验。

正如许多国际比较文学学者所说，比较文学研究存在于它的名称出现之前。应该说，它是一种文学现象的历史发展和理论上升。因为用比较这一方法获得知识和交流知识，其本身和人类的思维的历史同样古老而悠久。我国有几千年的古典文化传统，它对世界文学的发展，曾做过巨大的贡献，发生过深远的影响。同时，在我国的文化历史长河中它又善于和敏于摄取异域的文化思想素养来丰富和发展自己。因此，中外文学的比较研究也同样是古已有之，源远流长。姑不论国外对中西文学比较研究的史实与现状，就我国范围来说，撇开先秦两汉、盛唐明清时的那些外来因素和成分，仅从近代的梁启超、严复、林纾、苏曼殊与王国维等人算起，从清帝国的长期闭关锁国到鸦片战争中国的大门被西方帝国主义的炮舰轰开，随着中国的步入半殖民地化与民族意识的觉醒，近代国家观念之形成，不少"先进的中国人"就已经开始了新的思考和认识——自觉不自觉地意识到中国文学是世界文学的一部分，并在着力翻译介绍外国文学思潮和作家作品的同时，进行了这方面的比较研究和探讨。之后，随着新文学运动的兴起和高涨，在二十世纪的二三十年代，也出现过这一研究和介绍的潮流。鲁迅、胡适、郭沫若、瞿秋白、许地山、郑振铎、茅盾、吴宓、陈寅恪、朱自清、朱光潜、李健吾、钱锺书等许多作家学者，都为之努力并做了各自的贡献。国外的比较文学理论专著，如法国洛里哀的《比较文学史》、梵·蒂根的《比较文学论》也分别在一九三一年和一九三七年由傅东华和戴望舒翻译出版。这就是说，我国的比较文学研究，还有那么一些新的传统积累。新中国成立以后，由于上面提到的原因，我国的这一研究一度仅限于从中外文化交流史的角度来介绍一些外国作家，而在十年浩劫中，连这点努力也被扼杀殆尽了。只是在粉碎"四人帮"后，从一九七八年起，比较文学作为一门独立的学科，才又开始得到了新的理解和评价，报刊上才不断出现有关译作和文章，呈现出一种"热门"状态。然而，从理论和实践上加以系统性的阐述与总结的专著，却迟迟未见，本书的作者卢康华、孙景尧同志，正是在这方面进行了很有意义的探索，这本《比较文学导论》就为以我为主地和更好地开展我国的比较文学研究，以至建立比较文学的中国学派，做出了值得赞许的努力和贡献。它在继承了我国那些近、现代研究传统的同时，又发扬了新的开拓精神，追溯了我国久远的文学历史传统，以至蔚然成其新著。

这门新学科的建立和它所取得的成就，应当以在高等院校开设独立课程，出版专著和发行专门刊物为其标志。就国际范围来说，在十九世纪末和二十世纪初，即比较文学的发轫时期，匈牙利在一八七七年首先创刊了《比较文学杂志》（两年后更名为《比较文学学报》），德国在一八八六年创刊了同名杂志，美国则在一九〇三年出版了《比较文学学报》，一九二一年巴当斯佩哲、哈扎、梵·第根在法国创办《比较文学评论》和主持出版该杂志丛书，英国的波斯奈特在一八八六年出版了世界第一本比较文学理论专著《比较文学》，三年以后，俄国的维谢洛夫斯基出版了他的《历史诗学三章》，美国的盖雷又在一九〇〇年出版了《文学评论方法与理论入门：美学与诗学基础》。一八九六年泰克斯特在法国里昂大学开设了比较文学讲座，一九一〇年巴黎大学也开设了讲座；一八九〇年马什在哈佛大学设立了美国第一个比较文学讲座，美国的哥伦比亚大学则在一八九九年建立了世界上第一个比较文学系科，等等。这些历史编年和事迹，都清楚地说明了这一点。本书的两位作者，就正是在我国建设两个文明的大好形势下，各自分别在我国高等院校首先开出了这门课程的。如今他们又首先将自己经过教学实践检验的辛勤劳动成果，奉献给了我国广大的读者。我作为一个先睹为快的读者，读了他们这本拓荒性著作，对于他们不畏艰险的、勇敢的开拓者的精神境界，表示衷心的祝愿和敬重。我还要略加补充的是，这两位作者都是新中国成立后我国自己培养的中年教师和文学研究者，他们同这门学科在我国所走过的路程一样，也有过他们自己的悲欢忧愤与坎坷不平的经历，但他们从不计较个人得失。为了发展我国的比较文学事业，他们毫无怨言，兢兢业业地埋头钻研，苦苦探求，遍阅了能到手的有关中外文献材料和著作，克服了种种困难，探讨了不少有意义的问题。他们虽然一个远在北疆的黑龙江，一个远在南国壮乡的广西，却能从素不相识到志同道合，这使这本著作又增添了一抹令人激动的色彩。

两位作者一再表示他们的著作是抛砖引玉。从"玉"来要求，本书自然会有其不足甚或差错之处，这就是我们俗话所说的"万事开头难"的应有内涵。然而，它的公允与直率，它的继承与探新，它的旁征与博引，它的中外杂陈与古今交织，却依然使它不失为一部良好的开山之作。

愿读者喜爱它，并随之喜爱大有用武之地的这门学科；也愿大家从中获得有益的启发和些许帮助。

长江后浪推前浪。我相信继本书之后，在方兴未艾的我国比较文学研究的园地里，必将出现佳作满目、美不胜收那样一派百卉吐蕊、群芳争艳的大好局面，为世界性的比较文学事业做出我国的贡献。这不是什么可望而不可即的事情，因为我们有了一个全新的环境，我国已经稳步地迈进了历史的新时期，这就是我国的现代化事业，从而也是我国的社会主义文学必将获得发达和兴旺的根本保证，这也就是我满怀喜悦地写这篇小序的根本信念。

一九八三年八月于复旦大学

注：

①本书由黑龙江人民出版社一九八四年出版。

中国比较文学研究的过去、现在与将来①

比较文学作为一种学科的提出和形成，是在十九世纪初期；作为一种世界性的文学现象，它的发源地是法国。一般文学史家认为，"比较文学"得名于维里曼一八二七年在巴黎大学的讲义"Littérature Comparée"的名称，但在此之前，法国的诺埃尔和普拉斯一八一六年就出版过名为《比较文学教程》的读物，虽然这本书实际上是一种外国文学作品的选集，但同时也说明这样一种文学观点：开始把本民族或本国的文学与本民族或本国以外的文学联系起来加以研究，也就是开始了对两种不同国家、民族语言系统的文学比较。这里使用"比较文学"这个名词，只是反映了对文学的世界性现象的觉醒和对这种现象进行历史研究的努力。这些初期的比较文学工作者，只是开始把对文学的认识，由本国扩展到国外的文学世界，罗列一些不同国别的文学知识，还谈不上有理论有体系的比较研究。直到十九世纪末期，比较文学作为一门真正的学科，才正式建立了起来。在这一时期内，出现了一批有分量的学术成果，如丹麦文学史家勃兰兑斯在一八七二——一八九〇年出版的六卷本《十九世纪文学主流》，英国的波斯奈特在一八八六年出版了第一部系统论述比较文学的理论和方法的专著《比较文学》，意大利的蒲西一八七九年出版了《意大利文学与比较文学之一般原理》，俄国的维谢洛夫斯基在一八八二年出版了《近代俄国文学中的西欧影响》，法国的泰克斯特一八九五年出版了《卢梭与文学上的世界主义之起源》，倍兹在同年出版了《海涅在法国》，泰克斯特一八九八年又出版了《欧洲文学研究》，阿扎尔在一九○○年出版了《意大利文艺与法国革命》等等。与此同时，继一八七七年在匈牙利创刊的《比较文学杂志》之后，德国的马克思·科赫在一八八七年创办了世界上的第二份比较文学杂志《比较文学评论》，瑞士的爱德华·罗德一八八六年在日内瓦系统讲授比较文学史，等等；到了一八九六年比较文学在法国开始成为一个独立的学科，泰克斯特在里昂大学主持比较文学讲座，成为世界上第一个比较文学教授。一九一○年，巴登斯贝格在巴黎大学也相继主持了比较文学讲座。以后，巴登斯贝格又和阿扎尔、梵·蒂根等人在巴黎大学开设了现代文学与比较文学研究所。他们著书立说，出版刊物与丛书，使巴黎蔚然成为比较文学的研究中心。比较文学作为一种独立的、有理论体系的学科到这时才开始成熟和发展起来。一八九九年出版的倍兹的《比较文学书目》中，收有三千个条目，一九○四年经过巴登斯贝格的增订，收到六千个条目，到了一九五○年，该书修订本出版时，已经收有三万三千个条目了。

从比较文学的形成历史来看，它在世界范围内作为一门独立的学科时间并不早，从这一点出发来看我们中国对现代意义上的"比较文学"这一概念的引进与发展，虽不能说与世界同步，但至少也没有落下太多的距离。

早在二十世纪初，我国一部分向西方寻求真理的知识分子，在严复、林琴南、梁启超等人翻译、介绍外国社会科学理论与文艺著作的推动下，开始把文学的概念仅止于《诗经》《楚辞》《水浒》《红楼梦》的认识水平提高到世界文学的范围上，开始注意到中外文学的对比和互证。例如，苏曼殊在翻译拜伦、雪莱诗歌的同时，将他们比之李白、李商隐、李贺；鲁迅在《摩罗诗力说》(一九○七年)中，把屈原与西方浪漫派诗人做了比较；王国维在《红楼梦评论》(一九○五年)中，运用西方文学理论与美学观点，对中国古典小说的思想意义与艺术价值重新做了解说与评论。他把贾宝玉与歌德的诗剧《浮士德》的主人公浮士德相比较，认为"在他们的最深刻的失望中隐藏着获救（即得到解脱）的端倪"。这些都应看作是我国最初运用比较文学的方法来从事文学研究的文献，虽然它们的作者在当初并不是自觉的，他们所凭借的是自己的感性认识。

"五四"前后，比较文学作为一种新鲜的治学方法广泛地引起了中国作家和学者的注意。当时出现过将老子与尼采，将陶渊明与托尔斯泰做比较的论文。尤其值得注意的是，周作人在一九一八年发表的《人的文学》一文中，将写同类题材的中国小说《九尾龟》与俄国库普林的小说《亚玛》相比，将李渔的《肉蒲团》与法国莫泊桑的小说《一生》相比。虽说比较的对象是小说，实质上则是对两种文化的异同进行了论述。相似的文章还有冰心的《中西戏剧之比较》、钟敬文的《中国与欧洲民间故事之相似》、赵景深的《中西童话之比较》等等。虽然有些论述仅属于表面现象的比较，但他们开阔了中国人的眼界，也可作为东西方文学比较之滥觞。此外，茅盾在一九一九年发表的一篇评介外国文学的文章《肖伯纳》中，分析了肖所受易卜生的影响，并对二人创作思想的异同做了比较研究；他同时期发表的另一篇《托尔斯泰与今日之俄罗斯》中有专门论述《俄国文学与古代文学之比较》《英法文学与俄国文学之比较》等章节；一九二四年茅盾与郑振铎合著的论文《法国文学对欧洲文学的影响》，耿济之的《拜伦对俄国文学的影响》等文章，都将比较研究的方法伸延到世界文学研究领域，对外国文学中不同国别和不同民族、不同时代的文学做了较细致的比较研究。虽然当时这类文章的材料来源大都是国外有关研究资料，独创性不多，但作者们在引进国外研究成果、学术观点的同时，将国外的比较文学研究方法也引进来了，丰富了我国现代文学批评在方法论上的内容。

比较文学作为一种理论概念也在"五四"初期开始被介绍到中国来。一九二〇年章锡琛译日本学者本间久雄的《新文学概论》，发表于《新中国》杂志，从此在我国首次出现"比较文学"这个名词（日本则早在明治二十二年即一八八九年，就有坪内逍遥在早稻田大学前身的东京专门学校讲授"比较文学"，坪内在讲义中介绍了在此前三年出版的波斯奈特的《比较文学》一书的要点，开创了日本的比较文学研究活动），本间久雄此书也介绍了波斯奈特此书和另一本比较文学专著，法国洛里哀的《比较文学史》——即《从文学史的发达起源到二十世纪的文学史》（一九〇四年）的内容。接着是吴宓在一九二一年春季出版的《留美学生季刊》上发表《论新文化运动》（后又以节录的形式发表于一九二二年出版的《学衡》第四期），第一次介绍了比较文学的理论观点："近世比较文学兴，取各国之文章而究其每篇每句每字之来源，今在及并世作者互受影响，考据日以精详。"这显然是介绍了在两次大战之间执比较文学牛耳的法国学派观点。

吴宓一九二一年回国后，在东南大学讲授欧洲文学史与世界文学，后又在清华大学讲授中西诗比较，也都多少带有比较文学讲座的性质。他在一九二三年发表的《希腊文学史》中，谓《伊利亚特》的题材写两军作战，类似《三国》《封神榜》；《奥德赛》写流离迁徙，类似《西游记》《镜花缘》。又把荷马比之左丘明，伊里亚之战比之我国春秋战国时期的城濮及邲之战，奥德赛比之晋公子重耳出亡。对于文艺样式，他以为荷马所作多史诗，相类似于中国之弹词。从作品的题材、主题、人物形象以迄文体都进行了对比研究。吴宓其人在新文学运动初期属于"学衡"派，思想上、文学上都有许多保守可议之处，在文学史上自有公论，但他对于比较文学在我国的介绍与引进是有开创性意义的，我们要尊重历史，更不必将其抹杀。

三十年代中国的比较文学研究又有所发展。傅东华、戴望舒关于西方比较文学的专著译本相继问世，闻一多、朱自清、钱锺书、刘西渭（李健吾）、朱光潜、杨宪益、李长之等人的文艺理论著作虽然没有对比较文学做专门论述，但都运用了比较研究的方法，既有对西方文艺理论、批评方法的介绍，也注意到东西方文化之间的异同与比较，为我们今天从事这门学科的建设积累了宝贵的经验。回顾这一段历史，无非是要我们树立起这样一种自信：在中国土地上比较文学并不是一片废墟、一片空白，在我们前辈开拓者辛勤开垦的基业里，有一份并不菲薄的遗产。我们今天所从事的比较文学研究，正是在前人的基础上发展起来的。

不过，我们也应该看到，从二十世纪初到三四十年代我国的比较文学研究较多的还是停留在方法论的运用上，始终没有形成过一门独立的学科，更不用说形成具有民族特点的学派了。这当然有种种历史的社会的原因。其中主要原因之一，就是我国革命文学运动在理论上和实际上长期受到苏联文艺理论思潮的影响。众所周知，俄国在一八七〇年就有维谢洛夫斯基在圣彼得堡大学开办比较文学讲座，对比较文学的理论建设提出过一些很好的见解。他的"阶段说"，对第二次世界大战前后发展起来的比较文学美国学派的发展也产生过影响。但从三十年代起到五十年代中期，比较文学在苏联被列为禁区。一九四六年，苏共中央决议，肃清文艺学中的资产阶级意识和影响，比较文学研究被列为批判重点，予以全盘否定。不仅当时的许多比较文学工作者受到批判，连早在一九〇六年就故世的维谢洛夫斯基的遗产也未能幸免，被批为"资产阶级的世界主义""在文学研究领域中向西方资产阶级屈膝投降",比较文学被称为是"与世界主义的反动思想体系有着密切联系的反动流派"。这种同教条主义与沙文主义联系在一起的错误观点,对于东欧与中国有很大影响,以至在五十年代后期比较文学这门学科在苏联已经恢复名誉,而我国学术界还是迟迟未能做出相应的反响。

当然,苏联的影响仅仅是造成我国比较文学落后的一个方面的原因,更主要的原因在于我们国内长期存在"左"的思想影响以及林彪、"四人帮"一伙在十年浩劫中对文艺学术领域带来的毁灭性的摧残。当近几年"比较文学"这门学科重新在我国出现时,竟被当作一件万分新奇而又时髦的东西来看待,就从反面证明了极"左"思潮和路线在我国造成的愚昧和落后。

党的十一届三中全会以后,如同农村经济发生了翻天覆地的变化一样,我国新时期的文艺创作与学术研究也出现了一派生龙活虎的繁荣景象,许多新兴学科、边缘学科都得以开创和发展。比较文学随着新时期文学领域的一派大好形势,随着中国与世界文化交往的日益增多与正常化,随着人们对于以往历史经验教训的逐步清醒的认识,理所当然地又回到了学术领域。据有关资料统计,从一九五〇——一九七八年二十九年内我国共发表比较文学研究的论文一百篇(实际上,这些文章的主题是中外文学的关系史),而从一九七七——一九八三年内,在一百〇三种学报和期刊上出现有关比较文学或比较研究的论文就达二百八十三篇(参看远浩一:《还是要从中国的实际出发——对近年来国内比较文学发展的观察和思考》,见广西大学一九八四年出版的英文本《中国比较文学研究》(*Cowrie*)一卷一期)。从一九八一年起,广西、黑龙江两地的高等学校开设了比较文学的课程,并合作编写出《比较文学导论》的教材,成为我国第一本比较文学理论专著。一九八一年北京大学建立了比较文学中心,出版刊物与丛书;复旦大学也从一九八一年起开始招收比较文学的研究生和出国研究生,并为中国社会科学院文学所承担了编纂《外来思潮和理论对中国现代文学的影响》一书的工作;又在教育部的资助下,着手编写《现代中外文学关系史》。其他如上海外国语学院、华东师大等兄弟院校也把比较文学研究列为重点项目,开设讲座。近几年来,全国召开过数次各种类型的比较文学学术讨论会,与国际上的学术交流日益频繁,我国派代表参加了一九八二年在纽约和巴黎举行的国际比较文学协会第十一次、十二次大会。国内一家专门性的《中国比较文学》杂志已经问世。一九八二年出版的《中国大百科全书》的《外国文学》卷，也收有比较文学条目。这些都预示着我国比较文学研究的辉煌前程。

回顾过去，是为了发展未来。我在去年接受两位记者的采访时曾提出，要注意形成具有中国特色的马克思主义比较文学理论体系，我认为在今天这样有利于百花齐放的时代中，要达到这一理想是完全可能的。我们今天有着新中国成立以来最为优越的政治环境，有着国际国内比较文学理论发展中长期积累起来的经验，更有着马克思列宁主义以其真实的科学面貌指引我们从事科学与教学研究。还有一批中年和青年的研究工作者以开阔的视野与恢宏的气派加入了这一研究领域，他们无论在介绍和研究西方文艺理论还是在运用比较文学研究的方法来撰写学术论文方面，都显出了新的飞跃的趋势，取得了可喜的收获。

那么，怎样才能形成具有中国特色的马克思主义比较文学学派呢？我想，这还应该结合我国的实际情况来加以考虑。目前我国的比较文学研究主要偏重于两个方面，一是介绍国外这一学科的学术观点与学术理论，这方面北大的同志做了许多有益的工作，他们编辑丛书，翻译原著，使国外比较文学的历史与现状以其真实的本来面貌呈现在中国读者面前，给读者提供了学习与思考的很好的条件。这是我国比较文学研究的基础工作，是极为有价值的。另一种是许多研究者运用超越民族与国家界限的比较方法研究中国古典文学与现代文学，甚至当代文学，把中国文学放入世界文学的框架加以研究与评价。比如王元化同志的《文心雕龙创作论》（一九七九年刊行）就是一部很有启发性的著作。读者不仅从作者对《文心雕龙》的研究中获得益处，同时也可以从其研究《文心雕龙》的方法中获得某种启发，其实后一种收获较之前一种更有意义。

我以为国外理论的介绍与方法论上的运用有助于我国这门学科的自身建设，但它们还不是这门学科建设的本身。当我们熟练地掌握了比较研究方法以后，应该将感性的经验上升到理论的高度给以总结；当我们熟练地掌握了国外比较文学的各种理论知识以后，也应当超越这种知识，使其成为我们自己理论体系的一部分，"弃其蹄毛，留其精粹"（鲁迅语），走我们自己的路。

近些年来，海外有不少比较文学工作者偏重于研究东西方文化的关系和影响（如叶维廉的《饮之太和》、刘若愚的《中国的文学理论》等），这是比较文学的一个新课题，它有助于打破西方学者所持的"欧洲中心论"的局限，开拓出比较文学领域中广阔的未经开垦的处女地。法国的洛里哀早在一九〇四年出版的《比较文学史》中说过："中国人的简册和书籍渊源极古，当其他虽已开化的民族都还不得不专凭记忆力以保存他们的法律和传统的时候，中国便有了极丰富的文学。"我国极其辉煌的古代文化和自成一家的文学艺术体系，在整个世界文明中，尤其对东方文明发挥过重要的影响。在探索建立具有我们民族特色的理论学派时，显然应把这个因素考虑进去。

不了解中国本民族的文化传统，不了解中西文化之间的不同体系、不同特点，要建立我们自己的比较文学理论是不可能的，就是连比较文学研究也容易流于形式上的比附。例如曾有人将陶渊明与英国湖畔诗人华兹华斯相比较，认为他们都是追求"自然"，因此也都是浪漫派诗人。作者没有考虑到陶渊明所追求的自然是中国道家的"自然而然"，华兹华斯所追求的是大自然的自然，前者强调"无为"的理想世界，是"出世"观念；后者追求的是纯朴的大自然的境界，是"入世"要求。各自的文化历史背景不一样，虽然同样提倡"自然"，内涵却是很不一样的。

比较文学是一门边缘学科，也是一门综合学科，它熔古今中外于一炉，是知识爆炸的一种表现，因此从事这项工作的研究人员，必须具有广阔的知识面（梵·蒂根所说的"知识装备"）和深厚的文化理论素养，对中外文史哲以及作家作品具有广博的专业知识，更要具有马克思主义的世界观和方法论，才有可能在理论思维和实际研究上有所依据，有所作为，有所突破。以上所说，仅仅是对于我国比较文学总体发展的一点感受、建议和设想。

一九八四年七月在上海

注：
① 原载《复旦学报》，一九八四年第四期。

博采众花　以酿己蜜

——《中国现代文学研究译丛》^①总序

　　产生于世界无产阶级革命与民族民主革命运动风起云涌的年代的中国现代文学，一开始就具有重要的世界性意义。正像我国的古典文学曾对世界文学的总体构成产生过重大影响和做出了巨大贡献一样，我国的现代文学也是世界现代文学总体构成中的一个重要组成部分。这不仅表现为它曾经以"拿来主义"的态度接受过马克思主义与其他外来思潮、理论和文学样式，同时还表现为它以辉煌的文学成就向全世界宣告了一个东方古老民族在文化上的新生。以鲁迅创造的阿Q这一不朽艺术典型为代表的中国新文学进入世界文学的宝库，形象而生动地向全世界介绍了近半个世纪以来中华民族觉醒和斗争的过程，从而引起了国外学术界的注意和研究。

　　早在二十世纪二十年代初，日本首先出版了大西齐、共田诰编译的《文学革命与白话诗》，选译了胡适、蔡元培、康白情、俞平伯、周作人等人的作品。桥川时雄也在同一时期译出了胡适的《五十年来中国之文学》。一九二五年春，华侨梁社乾与被称作"春燕第一只"的俄国人B.A.瓦西里耶夫（中文名王希礼）先后将《阿Q正传》译成英文和俄文（俄译本一九二九年在列宁格勒出版）。一九二六年，《阿Q正传》由敬隐渔译成法文在《欧罗巴》文艺杂志上连载，并受到罗曼·罗兰的赞扬。这些史实，大概应是中国现代文学最早获得世界印象的开端。三十年代开始，在华的美国友人史沫特莱、斯诺等人在向国外介绍中国革命斗争的同时，也介绍了中国的新文学。在日本，三十年代中期也有以东京帝国大学文学部毕业生为主干的年轻人组织的"中国文学研究会"（成员有竹内好、增田涉、松枝茂夫、冈崎俊夫等人，后来又增加了非东京大学出身的实藤惠秀），他们怀着对中国现代作家与作品的强烈兴趣，不顾当时日本军国主义的压力，出版专业研究刊物，系统地介绍翻译中国现代文学，促进了中日文学的交流。还值得一提的是，鲁迅逝世的第二年，日本改造社组织力量，翻译出版了七大卷《大鲁迅全集》，这套全集被海外学者称之为"中国现代文学被译介的一大里程碑"。四十年代以后，包括苏联在内的外国汉学家更多地把注意力集中在中国现代文学的介绍和研究上，开始形成一个世界性的潮流。这里有一个我们过去所忽略的现象，一些在中国传教办学的西欧天主教神职人员，如明兴礼（Jean Monsterleet）、布里埃（O.Brière）、文宝峰（P. Henri Van Boven）、善秉仁（Joseph Schyns）等人，从这个年代开始，也陆续向西方介绍中国现代文学。在这些介绍中包括作家作品介绍、评论及文学批评史等项，既有专著又有专论，它们都应该被看作外国学者研究中国现代文学的先声。

到了五十年代，随着中华人民共和国的诞生及我国国际地位的不断增强，东西方学者越来越关注于"中国学"的研究。对中国现代文学的研究也作为"中国学"的分支而发展起来，逐渐形成一门独立的研究学科，以至建立了专门研究机构。有研究就有流派。在五六十年代，西方曾一度出现过适应帝国主义反华需要而产生的"反共派"的一些研究著作，这些著作除了在"系统性"这一点上做出过一些开创性的工作外，其反共的政治观点和西方的军事趣味都严重地影响了研究的科学性。如夏志清（C.T. Hsia）的《现代中国小说史》（一九六一年）、米尔·戈德曼（Merle Goldman）的《共产党中国持不同政见的文学》（一九六七年）等。与这一派遥相对立的是捷克普什克（Jaroslav Prušek）所开创的"布拉格学派"，他们在研究中国现代文学上，做了许多丰富的有建设性的研究工作，这批汉学家中有些人曾来过中国，与中国作家有所交往，如普什克和鲁迅、加立克（Marien Gálik）和茅盾等人都有过直接的联系。在研究中，他们重视资料考据，着重研究中国现代文学的起源与传统文学的关系，为之钩沉史料，探根溯源，在学术上做出了很有价值的贡献。

到了六十年代末期，西方的反共潮流濒于没落，随着西方政治意识的变化，继而兴起的是一大批自由主义的"中国学家"，他们从更广泛的领域探讨了中国现代文学与中国社会、中国革命的关系，也发表了一些精湛的艺术见解。这些学者虽然也受到各种西方思想的局限，持有自己的思想观点和美学观念，但不像那些直接或间接为帝国主义战争政策效劳的反共学者那样持有强烈的政治偏见或阶级成见，他们愿意根据中国现代文学的本来面貌去理解它，评价它，对于"五四"新文学的反帝反封建性质和反对国民党政权的倾向，也大都抱有理解或同情的态度，如福克玛（Douwe W. Fokkema）的《中国文学理论和苏联的影响》（一九六五年）、麦克道格尔（Bonnie S. Mcdougall）的《西方文学理论在中国的引进》（一九七〇年）、李欧梵（Leo O. F. Lee）的《中国现代作家浪漫的一代》（一九七三年）等专著，就属于这一类著作。

　　近几年，西方对中国现代文学的研究又出现了新的趋势。一批西方学者对中国现代文学的主流左翼文艺运动和社会主义文学持肯定和同情的态度，他们力图了解我国革命时期和进入社会主义时期以来的文学情况，而且力图探索中国作家和理论家自己怎样看待文学在中国社会的地位和作用的问题，他们以同情的态度研究中国的左翼文学运动，研究马克思主义理论在中国的传播，并通过这种研究来理解中国人民和中国革命。如匹克维茨（Paul G. Pickwicz）的瞿秋白研究，伯宁豪生（T. Berninghausen）的茅盾研究，梅仪慈（Y. T. Mei Feuerwerker）的丁玲研究，奥尔加·朗（Olga Lang）的巴金研究等，都具有这种特点。还有可注意的一点是，在我们研究领域中的一些缺门或我们不够重视的领域，他们也花了力气进行研究，如关于我国二十世纪一二十年代的鸳鸯蝴蝶派文学，中国现代文学与传统文学、近代文学的渊源关系，中国抗日战争时期的沦陷区文学，中国民间文艺与通俗小说的发展等类专题，都有专著或专论出现。由此我们可以看到，国外对现代文学的研究工作在不断的发展和前进，不仅研究领域在不断扩展，而且研究工作本身也越来越接近研究的本体。这些研究成果都应该受到我国国内学术界的注意和重视。对我国现代文学研究专业工作者来说，它们开阔了我们的眼界，使我们认识到对中国现代文学研究正成为一种国际性的事业，也形成了学术思潮和流派。它从一个侧面反映了中国现代文学对世界现代文学所产生的影响力量，它的历史的国际的地位。

应该指出的是，在新中国成立前后国外的中国现代文学研究曾出现过一种不正常的趋势，那就是有一些现代的外国汉学家，尤其在苏联和日本，或因为和我们在思想上或政治上较为密切或接近的缘故，或由于地理环境的传统影响，他们的研究工作，往往以中国的理论动向为判断的标准，他们常常根据国际的和中国国内的政治风云（尤其是文化界的斗争）的变化定调，往往受制于中国文学界的"左"的思潮和政策的影响，自觉不自觉地模糊了中国现代文学的真实面貌，失去了实事求是的治学原则。这些研究者的工作缺乏稳定性与一贯性，表现出大起大落的架势。这点，尤其在苏联表现得最为明显。以五十年代中期前后为分期，他们对中国现代文学的一般研究态度和论点，往往前后判若两极，这当然是和他们机械地理解文学和政治关系的传统观点的内伸性分不开的。日本也有一些学者，因为中国国内政治气候的变化，而使他们的理论观点陷于自相矛盾的尴尬境地。凡此，都是值得我们注意和深思的教训。

国外学者研究中国文学，与我们站在本国研究中国文学相比，有着不同的角度与方法、理解与认识。一般说来，由于他们有着一般西方文学或本国文学的传统素养以及作者自己的社会实践，他们在研究中国现代文学时，比较注意中西方文学的比较研究，或本国文学与中国文学的比较研究，换言之，他们一般总是以先入为主的西方文学或本国文学的眼光，来认识和评价中国现代文学。且不说那些专门研究中国文学与外来影响的专著专论，即使是一般中国文学的研究，也常常自然地注意到西方文学或本国文学的比较。这无论在方法上或角度上，以至材料运用上，都能给我们以一定的启发和借鉴。

当然，隔岸看花，终究也有些朦胧。国外研究者对中国现状和中国现代文学的发展不容易看得清楚了然，有些论述也比较偏执，甚至不可避免地发生谬误，这都是情理之常，不足为异；同时，有些外国学者，尤其是西方学者，多少持有一种片面见解，即过分夸大了我国"五四"新文学发展中的外来影响因素，有的甚至牵强附会，把中国现代文学视为西方文学的翻版，或是把中国的革命文学视为苏联文学的分支。这些现象，虽然有时是难以避免的，但理应引起我们的注意。当然，有的国外研究者也企图以自己的真诚努力来弥补这个"天然"的缺陷。如"布拉格学派"的创始者普什克和他的男女学生们，在这方面就做了很有益的工作和建树，他们

279

把中国现代文学看成是整个中国文学发展的一个环节，强调在透彻理解中国文学的总体发展趋势中来理解中国现代文学的发展和变化，这样就可避免某些外国学者在观察和研究中的主观片面性。

伟大的鲁迅生前曾感叹说："在中国的外人，译经书、子书的是有的，但很少有认真地将现在的文化生活——无论高低，总还是文化生活——给介绍世界……"（见《〈奔流〉编校后记》）这样的时代已成为历史而过去了。中国现代文学如今已成为国外汉学研究中的一门独立学科，形成一支人数不断加多的专业队伍，这就给我们新时期的中国现代文学的研究者加重了任务，要求我们要更熟练地掌握马克思主义的立场、观点和方法，立足于我国的历史和现实，吸取外人的研究成果，博采众花，以酿己蜜，使这门学科的研究工作更快地繁荣起来，发达起来。这也就是我们不揣浅陋，编译这个"译丛"的一点由来。我们愿以此就教于海内外贤达，以求把这个工作做得更像样一些。

一九八四年十二月于上海

注：

①本译丛第一辑《中国现代文学的主潮》由复旦大学出版社一九九〇年出版。

比较文学的由来和发展①

近几年来，比较文学在我国愈来愈被更多人所注意，成为文学研究领域中的一个热门学科。这种文学热潮，反映出人们对世界文化交流和中外文学关系的浓厚兴趣，这正是恢复中外文化正常交往的积极产物。这对开阔我们的文化视野，都是很有裨益的。

什么是比较文学呢？西方学者下了不少定义。法国学派的基亚认为"比较文学是国际文学关系史"；美国学派的雷马克认为："比较文学是超越某一具体国家的局限去研究文学，研究文学与其他知识和信仰（诸如艺术、哲学、历史、社会科学、其他科学、宗教等）之间的关系。"苏联人则认为，比较文学是"研究国际联系与国际关系、研究世界各国文艺现象的相同点与不同点"。他们的话各有侧重，从不同角度表述出比较文学的基本特质。简而言之，比较文学就是打破以往狭隘的时间、地域、民族（国家）、语言局限，打开文学研究的眼界，在世界文化史的广阔时空领域里进行跨越国度或跨越学科的文学关系研究和文学规律研究。研究它们之间的同和异，找到文学的更完整更科学的含义，把人类文学现象看成一个世界性的总体观念。

运用比较的方法研究文学，决非现在才有。但是现代意义上的比较文学是十九世纪晚期的产物。一般史家认为，比较文学得名于法国的维里曼

（一七九〇——一八六七）一八二七年在巴黎大学的讲义。维里曼在他的讲义里，把他的文学视界由法国国内伸延到英国、意大利、西班牙等国，注意到它们之间的联系和影响，或者说，这是把对文学的研究，由"文学的比较"转向"比较文学"的开始，为此他被称为"比较文学之父"。但直到十九世纪末叶以后，比较文学才作为一门独立的、有理论体系的学科正式宣告诞生。比较文学作为一种国际性的文学现象，在这个历史时期内出现了一些富有理论和学术价值的著作，如丹麦勃兰兑斯的六卷本的《十九世纪文学主流》（一八七二——一八九〇）、英国波斯奈特的《比较文学》（一八八六）、俄国维谢洛夫斯基的《俄国文学中的西欧影响》（一八八二）、法国泰克斯特的《卢梭与文学上的世界主义》（一八九五）及《欧洲文学研究》（一八九八）、法国洛里哀的《从文学的历史之发达、起源到二十世纪的比较文学》（一九〇四）（此书三十年代有傅东华译本，题名为《比较文学史》）、梵·蒂根的《比较文学》（一九三一）（此书三十年代有戴望舒译本，题名《比较文学论》）等等。一般史家认为，以一八九六年泰克斯特在里昂大学正式开设比较文学讲座为标志，比较文学在法国作为一个独立的学科，才正式宣告建立。此后，阿札尔·梵·蒂根在巴黎大学创立了现代文学与比较文学研究所，他们出版丛书，编辑杂志，组织和壮大研究队伍。在这种学术气候下，法国成为比较文学中心，这就是世称的比较文学的法国学派。

第二次世界大战以后，比较文学得到了新的发展，这主要表现为美国比较文学学派的兴起。原来从十九世纪末二十世纪初，美国已注意研究本国文学和外国文学的关系和影响问题。一八九〇——一八九一年，美国的哈佛大学就设立了第一个美国比较文学讲座，一九〇四年哈佛大学建立了比较文学系，后来又创办了《比较文学研究》杂志；哥伦比亚大学先于哈佛大学（一八九七）建立了美国第一个比较文学系，一九一二年也创办了比较文学研究杂志。加利福尼亚大学、威斯康辛大学都相继开设了比较文学系科。一九六〇年，"美国比较文学协会"正式成立，它的会刊《比较文学通讯》于一九六五年创刊。据统计，到七十年代初，美国有七十所以上的高等学校设立了比较文学系科。美国早期的比较文学研究，深受法国学派的影响，但自二次大战以来，代替或平分了法国的影响，形成独树一帜的流派，这就是世称的美国学派。

这两大流派由于在观点和方法上的深刻分歧，在五十年代曾爆发了一场论争，论争的结果是两派之间的观点已开始互为接近。如法国派认为比较文学研究应扩展到欧洲以外的国度，整个比较文学研究的方向，应转向东方；美国学派也认为法国学派的实证的方法在比较文学研究中不可轻易废除，但要进行严肃的比较文学研究，只能求助于文学史和文学批评。换言之，即各自吸取了对方之所长。这次论争，对加深人们对比较文学的认识和了解，大有助益。

比较文学在苏联，却有着另一段曲折的命运和经历，虽然早在十九世纪后半期的俄国，维谢洛夫斯基（一八三八——一九〇六）就在圣彼得堡大学开设比较文学讲座，聚徒讲学，著书立说，他提出的"阶段说"为后来的比较文学美国学派所借鉴和吸收；但从三十年代起到五十年代中期，比较文学在苏联则遭到批判，被列为禁区，被判为"同世界主义的反动思想体系有联系"的"反动流派"（《苏联大百科全书》，一九五三年版）。苏联这种教条主义和民族沙文主义的观点，对我国及东欧各国的文学理论和文学研究，产生了深远的消极影响。从五十年代中期以来，苏联比较文学研究才开始"解冻"。在东欧各国，也从六十年代初期起，比较文学研究才取得公开的合法的地位。

苏联先称比较文学为"比较历史文学"，后又称之为"比较文艺学"。它强调各民族文学发展的平行性，和它所引起的各民族文学间具有规律性的历史类型学上的类似性，以及国际文学之间的相互影响。但它在批判法国学派的"欧洲中心论"的同时，又强调"苏联文学中心论"，认为苏联文学包括俄国文学是世界上一切革命文学和进步文学的"泉源"。这种否认各国文学的民族特性的观点，正如一些西方学者把中国现代文学说成是西方文学的"移植"一样，同样地缺乏科学的分析和历史根据。

中国自清末闭关自守的封建局面被打破以后，随着西方物质文明的输入，西方的精神文明也随之进入中土。一批向西方寻求真理的知识分子，在严复、梁启超、马君武、苏曼殊、林纾等翻译介绍西方哲学、社会科学思潮和理论与文学作品的影响下，开始注意到中外文学的对比和论证，也就是开始了文学的比较活动。"五四"以后，直到新中国成立以前，比较文学的理论和实践开始在我国文学研究中发生影响，被引进我们的文学活动领域，鲁迅、茅盾、郑振铎、吴宓、许地山、闻一多、朱自清、朱光潜、李健吾、陈铨、钱锺书、杨宪益诸家，在他们的研究工作中，都注意到运用比较文学的方法治学，也注意到东西方文化之间的异同与比较，但一般还停留在方法论的运用上，没有形成为一门独立的学科，更没有形成有理论体系的学派。新中国成立以后，十年动乱以前，虽然在中外文学关系上曾出现过百来篇论文，但一般止于文化交流的叙述范围。整个说来，三十年来，我国比较文学的研究陷于停滞不前状态。直到粉碎了"四人帮"，尤其是三中全会以后，批判了"左"的路线和思潮，经过一系列拨乱反正，比较文学研究才又回到我们的文学研究领域里来，呈现出一派活跃的势头。北京大学在一九八一年成立了比较文学研究中心，编译出版了有关专著和《国外文学》杂志，广西大学、黑龙江大学、上海外国语学院、华东师范大学、南京大学等高校开设了比较文学课程或讲座。复旦大学一九八一年起招收攻读比较文学的硕士研究生和出国预备生，为建立比较文学专业储备力量。近几年来，我国还陆续出版了一些比较文学专著，如钱锺书的《管锥编》、王元化的《文心雕龙创作论》等，和一些译著，如勃兰兑斯的《十九世纪文学主流》《比较文学译文集》《比较文学》等。广西大学和黑龙江大学的卢康华、孙景尧同志在他们教学实践的基础上合著的《比较文学导论》，也将在不久出书。不少报纸杂志和高等院校学报普遍地刊登比较文学研究方面的论文或带有比较研究性质的文章。据有关资料统计，从一九七七年到一九八三年内，在一百〇三种学报和期刊上出现的有关比较文学或比较研究的论文共有二百八十三篇。我国在一九八二年派代表参加了国际比较文学协会第十一和十二次大会。一九八三年六月，在天津举行全国性的比较文学会议。同年八月，中美双方在北京还举行了比较文学会议。比较文学研究的专门刊物《中国比较文学》也已在上海问世，上海的比较文学机构也业已成立。一九八二年出版的我国第一部《中国大百科全书》中的《外国文学》卷，也收了比较文学条目，等等。这些情况表明，我国比较文学正处于一个蓬勃发展的时期。

研究比较文学有哪些益处呢？通过这种比较研究，有助于认识我国文学在世界文学事业中的特色和贡献；对人类文化的整体性有着更亲切、更完整的认识，从而增进对世界各民族人民的了解和精神交流。马克思、恩格斯早在《共产党宣言》中就说过："过去那种地方的和民族的自给自足的闭关自守状态，被各民族的各方面的互相往来和各方面依赖所代替了，物质的生产如此，精神的生产也是如此。各民族的精神产品成了公共的财产。民族的片面性和局限性日益成为不可能，于是由许多种民族的和地方的文学形成了一种世界的文学。"这正揭示了比较文学发生和发展的历史必然性。

注：

① 本篇系与孙乃修合署，发表于《文学报》，一九八五年一月三十一日第三版。

范译《中国孤儿》①中译本序

比较文学作为一门具有自己的思想体系和方法论要求的独立学科，一般史家认为形成于十九世纪末端及二十世纪初间，当时执其牛耳的是以致力于各国文学间的渊源、流变、媒介、文类等影响关系的论证和研究为能事的法国学派。从我国现代文学史观念说来，早在"五四"新文化运动早期，即一九二〇年，我们就通过译介日本学者本间久雄《新文学概论》，输入了这一名词，并介绍了两部主要的比较文学理论著作波斯奈特的《比较文学》（一八八六）、洛里哀的《比较文学史》（一九四〇）的内容；翌年，我国学者吴宓著文介绍了这一学派的要点，他在《论新文化运动》一文中说："近世比较文学兴，取各国之文章而究其每篇每句每字之来源，今在及并世作者互受影响，考据日益精详。"又说，"文学之根本道理以及法术规律，中西均同，细究考证，当知其详"，"文成于摹仿（Imitation）"等等，可称为我国从理论观点上介绍西方新兴的比较文学之嚆矢。但此前和嗣后，即清末海禁被撞开以后，随欧风之东渐，我国学者在文学观念上有所转变与突破：把中国文学放在世界文学的框架内加以对比论证，用西方的文学理论和美学观点来观察和思考中国文学的历史与现实，把比较研究作为一种方法论广泛应用于文学研究和评论的实际工作之中，开创了一代新文风，为现代意义的比较文学在我国的兴起，做了开创性的努力和贡献。

故友范希衡先生早岁负笈欧陆，就学于比利时鲁文大学，专攻法国古代及近代文学及比较文学。一九三二年，以十五万言的比较文学性质的论文《伏尔泰与纪君祥——对〈中国孤儿〉的研究》(*Voltaire et Tsi Kuim-Tsiang—Etude sur L'Orphelin de. la Chine*)，获得鲁文大学的博士学位。事隔三十余载之后，范先生于垂暮之年的长期逆境之中，又苦心劳志地在翻译了伏尔泰的《中国孤儿》五幕诗剧的同时，抒笔写了《〈赵氏孤儿〉与〈中国孤儿〉》的《译序》。从我国比较文学发展史的角度看，如果说，范先生一九三二年在鲁文大学的博士学位论文《伏尔泰与纪君祥——对〈中国孤儿〉的研究》，算是中国学者首次在欧洲用欧洲文字对中外文学影响关系做了历史性的论证和分析研究，对中国文学对世界的影响和贡献做了实践性的探讨努力，为中国比较文学事业的发展做出了自己独特的贡献；那么，这篇完稿于一九六五年现在才作为遗作得到发表的《译序》，则应该是范先生对历经劫难又重新崛起的我国比较文学研究事业的一个崭新的高质量的贡献，是他身在难中仍然矢志不移地忠于所业的历史鉴证。斯人虽去，业绩长存。他在我国比较文学研究事业中的历史功绩，将永为人们所纪念！

黑格尔说："正像一句格言，从年轻人（即使他对这句格言理解完全正确）的口中说出来，总是没有那种在饱经风霜的成年人的智慧中所具有的意义和广袤性，后者能够表达出这句格言所包含的内容的全部力量。"黑格尔这句话其实可以用来评价一个文人的全部功业，即道德文章。因为"亲履艰难者知下情，备经险历者达物伪"。"艰难""险历"就是生活途程中的忧患曲折，心志与筋骨的劳与苦。这些就是亚里斯多德所说的做学问（从事"纯粹的思想"）所"必需的东西"。因为经历了这种繁杂苦难的遥远途程，人对客观事物的本质，才能在思考和认识能力上达到和接近于真实的境界，而少些凌厉虚妄之气。范先生于三十年代初间学成归国后，虽主要从事教学和文字活动，但长期身处战乱时代，辗转于流徒之中。五十年代中期以后，又长期处于"左"倾教条主义的伤害之下，尤其是十年浩劫，身心更受到严重摧残，也可谓历尽风云、饱经忧患之身了。正在这个晚年的困境中，他把青年时代就开始着手研究并作为博士论文交卷的课题《赵氏孤儿》与《中国孤儿》的比较研究，这个以历史事实为素材，以政治斗争为内容的学术题目，又重新拿起来进行研究，必然会对它产生一个全新的认识和感情，真正通过生活实践的本身达到对历史的深入其里的思考与评价，越出书本上的抽象概念世界，做出自我的研究成果，由成熟的人生高度达到真实的学术境界。这就是我在前面说的这篇《译序》是范先生对重新崛起的我国比较文学研究事业一个崭新的高质量的贡献的用意之所在。

范先生早年开始这一课题的研究时，即三十年代前后，正是比较文学的法国学派在世界范围内的全盛时期，这个学派两部重要著作洛里哀的《比较文学史》（即《从文学史的发达起源到二十世纪的文学史》），和提格亨的《比较文学论》，在我国先后翻译出版，并一再重版，由古及今的中外文学和作家作品的比较研究，亦甚嚣尘上，也算我国比较文学研究成些气象的时期。比如关于《赵氏孤儿》对欧洲文学的影响研究这个题目，就先后出现了陈受颐先生的《十八世纪欧洲文学里的〈赵氏孤儿〉》[此文原刊《岭南学报》一卷一期，一九二九年；后经作者用英文改写，易名《元剧〈赵氏孤儿〉在十八世纪欧洲戏剧里的影响》 (*The Chinese Orphan, A Yuan Play: Its Influence in European Drama of the Eighteenth Century*) 发表于《天下月刊》 (*T'ien Hsia Monthly* 一九三六年二卷二号)]；方重先生的《十八世纪的英国文学与中国》（收入《英国诗文研究集》，商务印书馆，一九三九年版）；迨至一九四二年，张若谷先生用散文体加以删节地译出伏尔泰的《中国孤儿》，并写了学术性的论文《译者跋》等等。范先生从一九二九年到一九三二年置身于法国学派影响之下的比利时高等学府，又专攻此一科目，可谓师承有自，正宗相传，也算是他的治学方法和道路的奠基时期。可惜我未能目睹他在一九三二年用法文写的学位论文《伏尔泰与纪君祥——对〈中国孤儿〉的研究》，但从现在这个《译序》看来，仍然可以窥见法国学派的治学方法对他的深刻影响力量——在作者自身具有深厚广博的有关中外文化艺术和历史哲学的素养的基础上，以充分的事实为依据，并经过严密考证，深入事实本身，甚至不放松其中最微细的迹象，追本溯源，言必有据，因而言之有物；杜绝牵强附会和以主观臆测代替客观事实的严正的实验主义态度。但他又能超越师说，不为所囿，并未停留在对文学关系的外缘研究，即单纯的史料论证研究水平上面，排斥对文学现象做文学批评与美学研究，如早期法国学派之所坚持者。这固然是由于四十年代中期以来比较文学研究由于战争环境，各国学者云集美国，因而以提倡平行研究之说的比较文学美国学派勃然兴起，并在学理上对法国学派有所补充和订正，对比较研究的范围与领域有所开拓与发展，因而形成新潮，冲击了法国学派的传统地位，并与之平分秋色。我没有任何依据，可以妄加断定说，范先生在比较文学的治学方法上，受到这一新潮的冲刷，因而治学上有所更新和发展；何况新中国成立以来，我国由于"左"的教条主义思潮在文艺战线上愈演愈烈，与西方世界的文化艺术、科学技艺处于隔绝状态，间或有以苏联为模式的主观批判，而绝少客观的引进与介绍；虽然"文革"之前，应用比较研究的方法，对中外文学和作家作品关系的研究论文，曾不绝如缕，其中甚至不乏压卷之作，但对比较文学的理论研究与探讨，则阒然无声、一片荒漠。范先生身处其境，尤其五十年代中期以后，即被置于特殊生活境遇之下，身遭厄运，学术上当更缺乏进业之机缘。但从范先生这篇写于一九六五年的《译序》看来，其所运用的治比较文学的方法，则是明显地把影响研究和平行研究互为结合的综合性研究方法，它的研究对象和范围，包括体裁、媒介、主题、人物、作家、渊源、思想动向（包括思想、感情、学说）、时代因素、历史背景、两国固有之看法与论点、国俗民情以至作品形式、艺术结构等等方面，不仅着重细密的历史文献考证，而且从历史的、民俗的、哲学的、美学的、文体的各种角度来进行综合性的研究和评论。这或许是由于范先生精于中国典籍（这是"五四"前后两代文化知识分子的共同特点，他们具有深厚的我国古典传统文化素养，在他们的文学事业中，首先立足于中国的文化历史传统和当时的现实，放眼于世界新兴思潮，从纵向和横向两方面塑造了自己的文化性格和气质，范希衡先生当属于这个历史范畴的存在），因为从我国的文学研究传统观点说来，习惯于将本国文化文学现象和异域异族的文化文学现象做相互比附的研究（以至到魏晋南北朝出现了"格义"这一专门名词），从而形成可称为中国古典型的比较文学研究法则。这种历史传统因素和"先入为主"的法国学派的治学方法，在范先生身上交互融合，推陈而出新，自成一体。观乎近几年来，重新崛起的我国比较文学研究论著中，比较值得注目的倾向，就是这种影响研究与平行研究互为结合的综合研究占主导地位，正说明了我国传统的研究方法之深入人心和源远流长。

我与范希衡先生也可以说是个老"关系户"了。三十年代初期，我就学于北平的美国教会学校，我的哥哥贾芝同志同时在北平中法大学孔德学院学习，范先生当时初从法国学成归来，就在这个大学执教，教授法国语言和文学，是我哥哥的老师。我虽早闻其名，但无缘识荆；直到五十年代初期，我在上海震旦大学文学院任教，在此无意间与范先生相遇，彼此竟是同事，所以虽属新交，倒有旧识之谊。一九五二年院系调整后，我们又彼此分手，他被分配到南京大学教书，我则转到复旦大学工作，从此天各一方，音讯茫然。一九五五年，由于所谓"众所周知的原因"，我进入井中，从此与社会隔绝有二十三年之久，直到一九七八年，我才重新回到阳光之下，恢复了人的权利和尊严。正如一个青年女作家在小说里描写的："仿佛我只不过挟着皮包到学校去开会，冗长的发言使我腻烦，我睡着了，做了一个长长的噩梦，醒来了便溜达溜达回家来一般"，开始认识了中国古代文人所说的"君威莫测""命运无常"的大道理，大大加添了对我们这个古老国家生活的认识，但我已届老之已至之年了。大约是在一九八二年，我偶然在新华书店里看到范希衡先生的译著，由外国文学出版社出版的《法国近代名家诗选》，翻开扉页，我从版权页上看到例有的内容介绍，说这是他的"遗稿"，心头不禁猛撞了一下，习惯地想到又去了一个，因为从我"解放"以来，听到朋辈成新鬼的事例实在太多了，我不断地受到物伤其类的冲击，虽然变得竟有些麻木了，但一碰到新的噩耗，又不能不黯然而伤，悲然欲泣。这时我忙翻到他的儿女为该书出版所写的《后记》，我才知道这个译本，是他在长期的人不堪其苦和忧其忧的逆境的折磨之下花了十年工夫译成的，甚至在他弥留之前，还在孜孜不倦地致力于这个译本的润色工作，没有放下自己心爱的工作……看到这里，我的湿润的眼前，恍然浮现出范先生的茁壮身材和和蔼的笑貌，我从他身上看到中国知识分子传统的安贫乐道、忠于所业、死而后已的高洁晶莹的灵魂！滚滚地迎面扑来的"左"的政治灰尘并未能闷息他的精神世界；并且得知他在一九七九年就平反昭雪，党和人民对他做了公正的历史评价，感到欣慰之余又不禁扼腕而叹……

现在范先生的遗译《中国孤儿》即将付之梨枣，范先生的长子范铮同志要我写几句话，作为后死者的责任，我毫不迟疑地应允了。写了这么一大片，不过借此聊以表示我对故人的一点哀思。这篇小文就权当作我捧献在他亡灵前的一个花圈罢。

我们的国家，已告别了梦魇般的昨日，进入了热火朝天的改革新纪元，我们的社会主义文学事业生机盎然，比较文学已正式在我国建立了学科，呈现出一派空前的大好发展劲头。范先生地下有知，亦当含笑于九泉之下了。

一九八五年春于上海

注：

① 本书以《〈赵氏孤儿〉与〈中国孤儿〉》为名，由台湾学海出版社一九九二年出版，上海古籍出版社二〇一〇年再版。

中外所见略同又不可同论

据说，国民党时代的山东军阀韩复榘为他的老太爷过生日，请了一个戏班做堂会，按照惯例，应该首先请寿星点戏才开台。当时韩老太爷点了一出戏，叫"张飞大战秦琼"。戏班头看了这个戏目，啼笑皆非，可是又不敢向老太爷声明，说这戏无法开唱，否则那就是拿自己的脑袋开玩笑，因为旧军阀的淫威，百姓们是深深领教过的，他们的话无论通与不通，都得遵办不误，这正如林彪说的"理解的要执行，不理解的也要执行"。

演员们看到班主作难，马上答应说，"我们会唱，你不要作难。"一遍锣鼓之后，两将交锋，他们先架起彼此武器，张飞向秦琼唱道："你在唐来我在汉，你我打仗为哪般？"秦琼接唱道："他教你打你就打，管他唐来管它汉！"于是彼此交锋，厮杀一场，老太爷心满意足，带头鼓掌，众贺客相和，发下赏包，真是功德圆满，皆大欢喜。

这是我上中学时，听北京西单商场后面说相声的说的，对这荒谬的笑话，直到现在还记忆犹新。

真是无独有偶，近看杂书，外国也有这类的荒谬笑话。

一七九四年伦敦出版了一本《中国孤儿》的戏剧，作者哈察忒仿照中国元剧纪君祥的《赵氏孤儿》（哈察忒依照法国耶稣会教士马若瑟的法译本改编的，法译本则刊载于一七三五年出版于巴黎的《中国志》），编了个

《中国孤儿》。元剧《赵氏孤儿》出自《史记》里的《赵世家》，写的是春秋战国晋灵公时代的文臣赵盾和武将屠岸贾不和，两家冤怨相报的故事，所以原名叫《赵氏孤儿大报仇》，又名《赵氏孤儿冤报冤》。但英文本剧中角色的名字，却都一一做了更改，它的更改原则，并不是使他们英国化，而是从前面说过的巴黎出版的法文《中国志》后面的人名索引里借过来的，而这些被改过来的中国人名字凑成一台，更荒谬绝伦，如他把剧中的晋国大将，这出戏的主角屠岸贾变成了高皇帝，把晋国的大将军韩厥变成吴三桂，把离休的晋国大夫公孙杵臼变成了老子，赵氏孤儿变成了康熙。这则荒谬笑话反映了十八世纪的欧洲对中国事情的无知，把我国春秋战国时代的故事渗入到明末清初去了。

罗马时代的希腊作家鲁斯安写过一本书叫《在死人的对话里》，把不同时代的人们拉在一起谈话。这个十八世纪英国作家和二十世纪三十年代的中国军阀老太爷真是异曲而同工，这真是中外所见略同了。他们先后竟把鲁斯安的讽刺变成了生活（艺术）中的事实。我从这略同之中看出的异样是，英国作家哈察式这么胡乱地把中国不同朝代的人组织在一起唱戏，那是因为他是洋人，不明华情，而十八世纪英国对中国的了解和研究还处在摇篮时代，不无可以原谅之处，因此虽属荒谬，我看并不可笑；而硬要叫关公和秦琼在一块打仗的，却是中国统治阶级人物的老太爷，他虽然没有起码中国历史常识，但他"父以子贵"，属于领导阶级，而在那个社会，权力就是能力，威风就是知识，他发号施令，你就得奉命唯谨，遵照不误。或曰老太爷没常识闹出笑话，陪看戏的贵客中，总该有懂得历史的人才呀？但那个圈子里的所谓"人才"，其实是些食客，真正身份不过是奴才，他们只能仰承主人的鼻息，所谓顺风承旨，才能分得残汤剩羹，养家活己，说不定其中的佼佼者，或者还会下一番正面考证功夫，引经据典，把像韩老太爷这样的歪理奉为天伦之音，加以理论化，学术化，体系化，因而邀功行赏，步步高升的。君不见，在韩老太爷驾鹤西归的多年之后，尤其在那个"史无前例"时期，这样的大小文痞不是竞显身手，进而形成一代文风，到今天还余音绕梁不绝于耳，有待于我们继续花大力气，加以拨乱反正吗？

一九八五年五月

我看陀思妥耶夫斯基①

——在陀思妥耶夫斯基讨论会上的讲话

　　这个讨论会对我有很大的吸引力。我在年轻时代，曾倾倒于陀思妥耶夫斯基的强大艺术魅力，也可以说是陀思妥耶夫斯基的狂热的爱好者和崇拜者。我从中学时代起，就开始接触他的作品的中译本，如《穷人》《罪与罚》以及短篇小说《一个诚实的贼》（记得这本书还出版过一种中英对照本）、《赌徒》等；三十年代我在日本上学，但对文学仍然狂热，我曾从旧书店零碎地买齐了英国加奈特夫人译的陀氏的作品英译本十多册，以及日本米川正夫译的日译本《陀思妥耶夫斯基全集》。当时上映法国摄制的电影《罪与罚》，我一连看了四遍；德国摄制的《卡拉玛佐夫兄弟》，看了两遍，那是因为德国演员不如法国演员。我还从旧书店买来了巨幅的陀思妥耶夫斯基的油画复制像，挂在我的陋室里。

　　陀氏是一个思想很复杂的作家。他在一八四六年，年当二十四岁时，写了处女作《穷人》，向批评家别林斯基和诗人涅克拉索夫主办的《当代人》杂志投稿，因而被别林斯基所发现，认为俄国文学界又出现了"一颗新的彗星"，以至惊喜得连睡觉也忘了，深夜去叩涅克拉索夫的门，向他报喜。涅克拉索夫在睡眠中被闹醒，很不高兴。别林斯基拿着陀思妥耶夫斯基的稿子，狂喜地奔向揉着睡眼的涅克拉索夫，声音激动地说："你看，你看，俄国文坛出现了一颗新的彗星！"仍然睡意蒙眬的涅克拉索夫听

294

到后嘴里嘟囔着："什么出现了一颗新的彗星，现在称为彗星的比蘑菇还多哩！"但他接过稿子，一口气读完后，立刻狂热地拥抱起别林斯基，像别林斯基那样惊喜地连连吆喝说："是一颗新的彗星，真正是一颗新的彗星！"这样，陀思妥耶夫斯基在别林斯基的推崇下，在俄国文坛上一举成名。

当时，陀氏在思想上是一个空想社会主义者。一八四四年，他参加了一个空想社会主义的小团体"彼得拉雪夫斯基小组"，就是说，他参加了革命活动。在一次小组会上，他因宣读了别林斯基给果戈理的信获罪被捕，在押至刑场执行绞刑时，被沙皇赦免无罪，流放到西伯利亚服苦役，直到一八五九年才得以回到彼得堡，继续从事文学活动。他本来就有癫痫病，经过了四年的劳改生活，不仅肉体被摧残，精神上也受到致命的创伤，这从他从西伯利亚回来后给他哥哥的信中可以看出，这是一封催人泪下的家书。从此以后，他的思想信仰也改变了，他成了一个神秘的斯拉夫主义者。过去的文学史家说他的世界观反动，就是以此为依据的，而他通过作品歌颂恭顺、忍从、宽恕一切，以德报怨，并把这些奴隶道德说成是俄国人的天性，他把理想和命运托付给天国，凡此等等，就是我所说的世界观的复杂性所在。

苏联的文艺批评，习惯于社会学的方法，因此对于他的为人和作品，引起了两种截然不同的评价，并在文艺批评界一再引起争议。一派认为他是社会主义的预言家，一派认为他是革命的凶恶敌人。前者以卢那恰尔斯基和后来的吉尔波丁、杜雷宁等文艺批评家为代表；后者以高尔基和后来的柴斯拉夫斯基、叶尔米洛夫等人为代表。所以在斯大林时代，没有印行过他的作品。我们过去深受苏联极"左"思潮影响，响应后者。但另一方面，双方又都承认他是一个伟大的艺术家，高尔基说："陀思妥耶夫斯基的艺术才华，只有莎士比亚可以与之媲美，但是他是一个罪恶的天才。"鲁迅先生在一九三四年为日本三笠书房出版的《陀思妥耶夫斯基全集》写序文，称他为"残酷的天才"，俄国革命前的作家又是批评家的梅林什柯夫斯基把他和托尔斯泰相比，写了厚厚的一本书，题目就是《陀思妥耶夫斯基和托尔斯泰》，书中认为陀思妥耶夫斯基为一座高山，相比之下，托尔斯泰不过是一个土丘。

我认为他的作品深刻地展现了人的内在心理世界、灵魂深处的奥秘。

他在艺术上的特点，完全出发于主观的体验，被称之为"主观的心理主义"或"内在的现实主义"。他的作品，一方面是冷酷的分析和描绘，一方面燃烧着火一样的抒情力量。与其说，他所描写的是他所认识的世界，不如说，他只描写他所感觉的世界。他的作品是丰富的社会生活画卷。他描写了贵族上层社会和资产阶级分子，更多是描写了"被侮辱和被损害"的被社会遗弃的小人物。杜勃罗留波夫在评论他的小说《被侮辱和被损害的》时说："他所指出的问题，使你无从解脱，使你战栗、感到压迫。"这种强大的艺术感染力和他的复杂的世界观相结合，造成了他的艺术的威力和文学地位。就从认识上的意义来说，通过他的作品，也能使我们认识到，处在沙皇俄国专制政治的统治下，他对他周围的私有制社会中种种腐朽丑恶的现象特别敏感，富于把捉力，如在那种剥削制度下，所出现的道德沦丧、人欲横流、极端利己主义、升官发财思想、欺骗、讹诈、损人利己等等恶行，都在他的作品中得到真实而深刻的反映。使我们看到剥削制度和专制政治如何歪曲了人的形象，践踏人的品质，扭曲了人的灵魂，把人变成非人，把人变成兽的。我认为对他的作品要进行全面的分析研究，对他的政治观点、宗教说教，不能视而不见，但不能因此忽略了他才华横溢的作品的艺术成就，忽略了他那种令人惊叹的对人的内心世界的深刻洞察力和剖解力，对人的性格中那些对其思想行为有深刻影响的方面所做的毁灭性批判，他是一个冷静到残酷的伟大的灵魂审判官。我们经过"四人帮"肆虐的所谓"文化大革命"，再读陀氏的作品，感触实深。

陀思妥耶夫斯基是一个有很大世界影响的作家。他的作品风靡全球，尤以西欧和日本受他的影响最大。法国的纪德，也是受他影响较深的一个作家，纪德还专门写了一本论著《陀思妥耶夫斯基》，书中说，"世界上一切肯定性的作家都是陀思妥耶夫斯基的弟子。"外国有的批评家说他是文学界里一个"不穿制服的将军"等等，可说誉满天下。

我国对陀思妥耶夫斯基的介绍也可谓说来话长。我做了一些资料性的研究，我国对陀氏的介绍和翻译开始于"五四"新文学勃兴以后，对他的介绍主要是由文学研究会所做。商务印书馆的《小说月报》杂志自一九二〇年一月起，开辟了《小说新潮》一栏，在这个鸳鸯蝴蝶派占领的阵地上楔入了新文学的力量。茅盾在这期《小说月报》写的《小说新潮》的"宣言"中，指出要建设中国的新文学，首先必须介绍外国文学以为借鉴之助。他在文中开列了十一个首先要介绍的外国作家的作品，其中就有陀思妥耶夫斯基的《小英雄》《地下室手记》和《白痴》，同期发表的茅盾的《俄国文学杂谈》一文中，又补充了《穷人》（当时他译为《苦人儿》）、短篇小说《贼》（即《一个诚实的贼》）。一九二一年陀思妥耶夫斯基百年纪念时，作为文学研究会的机关刊物，《小说月报》和《文学旬刊》（附上海《时事新报》发行）都出了纪念专栏，发表了有关研究论文和陀氏的介绍文章。在一九二一年九月出版的《小说月报·俄国文学研究》专号中，载有耿济之写的《俄国四大文学家合传》中，介绍了四个俄国作家，按序排列为：果戈理、托尔斯泰、陀思妥耶夫斯基，可见当时对陀氏的认识和评价。同期还刊译了他的短篇《贼》，这应该是他作品的第一个中译本。

至一九四九年解放为止，我国共翻译了他的十九种作品，其中有九种有重译（两种）本，它们是：1.《罪与罚》；2.《被侮辱与被损害的》；3.《地下室手记》；4.《白痴》；5.《白夜》；6.《房东太太》；7.《穷人》；8.《淑女》；9.《一个诚实的贼》（有三种译本，其一为英汉对照本）。这些译本，除耿济之的几种译本外，大多由英文本转译。其中最早的译本是陀氏的处女作《穷人》，由鲁迅先生主持的未名社一九二六年出版，鲁迅还为译本写了序文。

解放后，以迄"文革"前，我们也重印了他的几种作品。一九五六年，世界文化名人纪念，他被列为四名人之一，我国也有纪念活动。在五十年代，还翻译了苏联文学研究家叶尔米洛夫的专著。十一届三中全会以后，我国重出了他的几种作品：《穷人》《罪与罚》《卡拉马佐夫兄弟》《地下室手记》等。更惹人注目的是，人民文学出版社一九八三年出版了他的作品中最受批判的《群魔》全译本。我所掌握的资料说明，除《一个作家的日记》一书未有译本外，他的作品基本上都已介绍进来了。

我国进入新时期以来，外国文学的翻译研究介绍的范围也开放了。对陀氏这样一个复杂的作家，对西方现代派影响甚大的作家，我们应该进行更深入的研究，包括他对我国现代文学的影响这个题目。这对于繁荣我们社会主义文学事业应是大有好处的，无论对我们的文学理论，还是对文学批评、文学研究都有益处，也更有利于促进我们的文艺创作的发展，今天这个会议应该是一个良好的起点。

比如，陀思妥耶夫斯基的以一八六九年莫斯科的涅恰耶夫案件为背景的小说《群魔》，是他作品中过去被苏联官方认为最反动的作品，它的主旨被说成是反对革命运动，反对社会主义。这是一部政治小说。但作品中的主要人物韦尔霍文斯基父子的典型形象，就写得很成功。陀氏把涅恰耶夫作为小说人物儿子彼德的模特儿，他想通过这个人物形象来批评革命运动。然而不管陀氏塑造这个人物出于什么政治目的，但从他所塑造的人物身上所反映的现象，使我们认识了一个借革命营私利的政治骗子的真实形象。这是一个丧尽天良、恬不知耻的阴谋家，自私自利的恶魔，他在堂皇的革命和人民的名义下，肆无忌惮地干那些卑劣勾当，不择手段地欺骗人民，侮辱革命，这个政治野心家的飞黄腾达的钻营的特点，在陀氏的笔下刻画得非常真实可信，是世界文学人物画廊的杰作之一。

一九八六年二月于上海

注：
① 本文原刊《历史的背面》，山东教育出版社一九九八年十月版。

《比较文学的理论与实践》译文集序

　　近数年来，经过我国学术界同仁的持续努力，重新崛起的我国比较文学研究已经开始迈出启蒙状态，初步具备了一个学科的模式，面向更深入的理论探讨和实际研究层次前进。我们已经建立了全国性的比较文学学会和几个地方分会；除了各类地区性的和高等学校与研究机构的内部性的比较文学刊物，我们中国比较文学学会的机关刊物《中国比较文学》已出版了三期。我们有了第一部比较文学理论性的专著《比较文学导论》和近十种很有学术分量的研究专著和译本，以及散见在全国报刊和大学学报的六百多篇论文和译文。我们已有二十所高等院校开设了专业课程或讲座，七所高等院校招收了专业硕士研究生和出国预备生，有的高等院校正在积极筹备招考博士研究生。我们还召开了好几次各种类型的比较文学学术讨论会，参加过一些国际性会议。凡此种种，都反映了我国比较文学研究事业已在教学、科研（包括翻译）和出版三个主要方面齐头并进，一日千里。我们开始形成的一支老中青三结合的专业队伍，正在我国社会主义精神文明的建设中，发挥着自己独特的学术职能。

　　比较文学是一门国际性的学科，也是一门正在发展中的学科。在西方虽然已有近百年的历史，由于我们久已怠慢了此业，这种由"左"的思潮和运动的历史造成的后天失调的缺陷，首先要求我们把译介国外有关这一学科的学术观点与学术理论的著作，作为我们建立具有自己民族特色的比较文学理论体系的一个重要的项目来看待。这其中的缘故，是不言自喻的；博采众花，才能酿成己蜜；他山之石，可以攻玉嘛！

张廷琛同志新选译的这本《比较文学的理论与实践》，就是继张隆溪同志选译的《比较文学译文集》（一九八二年），干永昌、廖鸿钧、倪蕊琴三位同志选译的《比较文学研究译文集》（一九八五年）两部有分量的译文选集之后的又一部重要选译文献。如果说，前两本译文选集偏重于介绍这门学科从发轫以来在历史发展演变过程中所出现的具有重要理论价值的代表性成果，偏重于介绍比较文学这门学科本身的各类基本概念、理论和方法，各学派的基本面貌和发展流变的史实，对我们有着重大的启迪意义和参考价值，那么这部新呈现在读者面前的译文选集，则向我们提供了这门学科在当前时代的国外最新讯息和学术成果，偏重于这门学科所包含的各类专题的深层研究，把我们的视野再提到国外比较文学当前的发展水平面上，深入到这门学科内部的更深、更细的层次。

我这么说是因为这部二十多万字的译文集，所收选的文章，都是不同国别的作者，当代国外从事比较文学研究的大小知名人士，在总结前人的学术成果的基础上，就有关专题的领域，分门别类进行新的探索的成果，既有新见，又多开拓，更富于时代色彩和现实含义。有的论文是就比较文学本身的内涵意义做了深层次的剖视和探讨，有的论文则是通过实践性的专题研究，再从理论的高度上加以概括，对有关专题的本质和性能做了深一层的思考和认识。它们所接触的主题，包罗广泛，除了理论本身的深入发掘，更有关于影响和接受、主题学和题材学、文体分类与术语界定、文学史分期以至比较文学与其他学科关系的专题论述和实际研究。这里仿佛开了几扇窗口，使我们从中看到了国外的理论动向和研究焦点。因此我认为，它的成书，是对我们目前的学习和研究的一个大力支援力量。当然，我这么说，正是前文所云，意在博采和借鉴，以为己用，开拓我们的思维空间，增加我们的学术信息储藏量，绝不是意味着提倡对国外的理论动向亦步亦趋，奉为模式，照猫画虎，照搬不误，削足以适履。如果是这样，那就无异于扭歪我们自己的形象，甘当附庸，这就太没有出息，谈不上什么学术研究了。更何况史有明训，我们过去由于把外国的理论和实践奉为模式，吃的苦头实在太多太大了。

我们和西方有不同的文化，文学传统，自成一体的文论体系，更有在近七十多年来新文学运动中所积累的正反两方面的经验教训与自己的历史背景与社会条件，因此我们在建立具有自己民族特色的比较文学理论体系的过程中，其立足点应该是我们的传统、现实和未来，把摄取包括比较文学理论和方法在内的外来文化思潮的积极成果的过程，同时作为扬弃其所含杂质的改造过程。恩格斯说："只有合理的才能存在。"这就是我们的理论根据，也是我们对事业的信心所在。在我们中华民族文化、文学发展历程中，对于接收和改造外来文化为我所用曾积累了丰实的和成功的历史经验，远的为汉唐以后，近的为"五四"前后，这也是一种值得我们在新的历史时期继承和发扬的伟大传统。

现趁张廷琛同志这部新译问世之际，我写几句话，不过想借此抒写一下我对于接收外来思潮的一点历史感受，虽然不免有老调重弹之嫌。但我想，真理是不怕重复的，温故所以为知新。对于张廷琛同志在我国比较文学园地里，在专业教学和科学研究诸方面的辛勤耕耘所取得的累累成果，我更应该借此机会表示我的一点衷心的祝贺之意。因为对我国来说，比较文学作为一门新型学科，它在我国的建立和发展，虽然如我在前文所记，这几年已形成一支老中青三结合的学术力量，但这应该是一种过渡时期的历史景象，它的成熟和发展，应该依靠现在已在发挥骨干力量的中青年两代人身上。从我国的情况来说，五十岁上下的中年一代同志，他们身上虽然带着历史留下的创伤，但他们善于和勇于汲取历史经验中的积极因素，他们依旧在这门新学科的建成中奋勇向前，力担重任；三十岁上下的青年一代，则更是我们这支队伍中最活跃的力量，他们视野开阔，思想敏锐，没有受过"左"的思潮和运动的戕害，因而更富于进取和开拓精神而勤于思考和勇于创新，作为一种新生力量，它的队伍还会源源不绝地发展和扩大。这就是我为张廷琛同志的新译写序时最为振奋的一点，因为在他们身上正展示着我们这个学科的辉煌的未来。

一九八六年三月末于复旦大学

《中国比较文学年鉴》寄语①

比较文学在我国的发展形势，以全局来看，它已初步具备了一个科学学科的规模，人们对它作为一门独立的、科学学科的理论认识，正在不断得到深入和普及。更可喜的是，近年来，我们从历史实际出发，已开始重视对中西文化关系和影响的多层次研究，这就为比较文学的发展，开拓了一个广阔的地带，它不仅有助于进一步打破西方学者习惯的"欧洲中心论"的历史和地域的偏见，也是中国文学大步走向世界的一个重大标志。

书赠《中国比较文学年鉴》为念。

一九八六年三月

注：

① 原载杨周翰、乐黛云主编《中国比较文学年鉴》，北京大学出版社一九八七年版。

《屠格涅夫与中国——二十世纪中外文学关系研究》①序

　　"五四"发端的我国现代文学，与我国传统文学最大不同之处，就在于它是在当时的历史社会条件之下，在中外文化接触、撞击中，汲取和借鉴了外国文学，从而在我国文学史上开辟了一个新纪元的新的文学实体。因此，研究中国现代文学，如果不从中外文学关系入手，往往是极其片面和浮浅的，许多文学现象，更无从理解；而承认和研究外国文学对本国文学的影响关系，不但缩小不了本国文学的独创性，反而是足以说明本国文学独创性的一种有用手段。自我国进入新时期以来，随着比较文学研究的重新崛起，那种脱离历史实际、自我封闭式的研究方法，才得到改变。这些年来发表的近千篇比较文学研究论文，有关中国现代文学与外国文学影响关系的论著占有很大的比重，便是一个明证。但像孙乃修同志的这部《屠格涅夫与中国——二十世纪中外文学关系研究》，将俄国现实主义作家屠格涅夫与中国现代文学的影响关系做系统而全面的总体性研究，则可以说是一个前无古人的拓荒性尝试。

　　按照法国比较文学家梵·蒂根的描述，他把文学影响发生的途径，概括为三个层次，即："发出者""接受者"和"媒介者"。孙乃修同志的这部专著，是在中外文化汇合的背景下，把中国现代文学置于世界文学的框架内来认识，以屠格涅夫与中国现代文学的影响关系为专题，研究中外文学汇合的专著。他在本书的《导论》里，对作为"发出者"的屠格涅夫与俄国文学的现实主义优良传统关系，做了概括性的历史描述的同时，更从屠格涅夫创作个性的角度，考察了中国现代作家所面临的现实课题，分析了他们之间所存在的某些相通性和相似性，他们彼此在处境、爱好、性格与气质和对现实生活的理解与感受上的那些内在联系。而对于屠格涅夫进入中国的途径，作为主要媒介力量的翻译和评介研究，则通过深入广泛的资料搜集，做了全面而细致的历史发掘和考证。这里不仅翔实地记录了由"五四"前至八十年代的各个历史时期内屠格涅夫作品汉译和出版情况，以及活跃在各个历史时期的有贡献的屠格涅夫作品翻译家，也考察了同一历史时期内我国评介和研究屠格涅夫的历史状况。尤其值得注目的是，作者根据我国的实际历史情况，即我国老一代的作家、翻译家和俄国文学研究学者大都通过自己所熟悉的两个语种——英、日文译本的屠格涅夫作品和外国学者研究俄国文学的论著来认识和翻译屠格涅夫作品这一历史现象，在书中专辟一章，介绍了对我国读者和译介者最有影响的那些外国学者和屠格涅夫作品的英译者（前者如丹麦的勃兰兑斯、俄国的克鲁泡特金、日本的升曙梦，后者则有英国的嘎纳特女士）及其著译情况。上述这几章，可以说是一部完整的屠格涅夫进入中国的历史。而作为屠格涅夫在中国的"接受者"，作者则用了两章的篇幅，分题论述了十四位中国现代作家与屠格涅夫的文学影响关系。当然，影响产生的契机是同"发出者"的接触和交流的过程，对于"接受者"来说，则是一种识别、认同和实践的能动性反应过程。不同的环境和个性的差异，产生了不同的取舍态度和效应。作者在这里，根据各个中国现代作家的各自具体情况，运用比较文学的研究方法，即注意从事实出发，对他们各自与屠格涅夫之间的影响关系，做严谨的实证性的历史考证；更着眼于从他们各自在创作中所表现的屠格涅夫的影响关系，进行深入的思想和艺术分析与论证，突出他们各自在艺术上的创造性特色与成就，充分运用了影响研究与平行研究相结合的综合性研究方法。因此，这部专著不仅对我国的现代文学研究有着重大的开拓意义，把对这十四位现代作家的研究，推向更深层次的认识境界，更符合于他们创作的思想艺术本色；对我国的比较文学研究说来，也开辟了一个崭新的研究领域。同时，它对于世界性的屠格涅夫研究，也是一个很有价值的贡献。因为对一个有世界意义的作家说来，他获得世界认知的程度，他的世界影响程度，其关键性所在，是他的艺术魅力在世界文学发展中所起的作用。勃兰兑斯说："没有别的俄国作家曾经像屠格涅夫那样，在欧洲被那么热烈地读着。"其实，屠格涅夫也是一个在中国读者面最广泛、影响力量最大最深的外国作家。因此，从这个意义上讲，孙乃修同志这部专著，还是一部弥补了苏联以及世界性的屠格涅夫研究中的一个重要缺门的著作。

孙乃修同志一九八一年毕业于复旦大学中文系后，又考上我指导的比较文学专业研究生，并在一九八四年毕业。他是我国第一代获得学位的比较文学专业硕士研究生。乃修通晓英、法、日文。他在攻读研究生课程期间，就着意通读能到手的上述各种外文和汉译本的屠格涅夫作品和有关论著，着手搜集资料并写成了这部专著的初稿。他将其中关于鲁迅的部分，独立成章，作为他的学位论文。他到北京工作后，我每次进京相遇，或在日常通信中，他总和我谈论这部书稿的修改补充情况。现在总算定稿成书，送交出版社出版。我听到这个信息，非常喜欢。我早就答应为此书写序，中间虽然也几次动笔，但又都为临时"任务"所冲击，每每中途搁笔，这真是人在江湖，身不由己。现在匆匆成文，也只能是简要地向读者介绍一下孙乃修同志其人及其书。但我相信，这本书的出版，对于目前方兴未艾的我国比较文学、中外文学关系研究的深入开展，必将起到有力的推动作用。是为序。

一九八七年六月初于复旦大学

注：

①本书由学林出版社一九八八年出版。

开放与交流①

　　回顾历史，比较文学其实在二十世纪三十年代就已具体地介绍到中国来了。当时，傅东华翻译了法国比较文学家洛里哀的《比较文学史》，戴望舒"引进"了比较文学法国学派的代表作，梵·蒂根的《比较文学论》。与此同时，还有一批颇具名望的学者致力于比较文学的研究。然而，比较文学在当时却并未产生多少影响。何故？国家落后也。战乱频仍，饿殍遍野，正常生计都无法保证，遑论比较文学。

　　五十年代以后，社会渐趋安定，但比较文学在中国大陆这时却几近销声匿迹。何故？受苏联影响，把比较文学斥之为"反动的世界主义思潮"，固然是其原因之一；但当时我国封闭，学术思想保守，却不能不说是更主要的原因。正如鲁迅所说，看到一些"较特别的思想，较新的思想"，就会生出"各种忌顾，各种小心，各种唠叨，这么做既违了祖宗，那么做又像了夷狄，终生惴惴如在薄冰上"。于是，对于像比较文学这样的新学科（又是与西方沾边的），自然赶紧拒之于国门之外了。

　　比较文学的一个基本精神就是开放与交流：以开放的眼光去研究文学的交流。比较文学之所以产生于十九世纪的欧洲，是因为当时欧洲的主要民族文学已经打破了封闭，走向开放与交流；比较文学之所以在二十世纪得到发展，也是因为世界进入二十世纪以后，世界各国、各民族的文学也

306

都开始走向开放与交流。就如中国现代文学，一方面固然是对中国传统文学的继承，但另一方面，它还是"五四"时期开放和接受外国文学影响的结果。纪德说："一个民族要是拒绝外来文化，就会僵化，衰亡。"要是没有"五四"时期的开放和对外来文化的大量引进与吸收、借鉴，是否还会有我们今天所看到的中国现代文学，是颇可置疑的。而马克思主义也正是在当时开放性文化环境下引进来的。

因此，比较文学终于在七十年代末、八十年代初的中国大陆重新崛起，这是改革开放政策使然，也是我们国家社会发展的必然。同时，它还是我们民族有力量、有自信力的一种表现。因为比较文学研究的尽管是已有的文学现象，但它必然会带来各国文学之间的交流。而且，这种交流是双向的，即不仅有引进，还有引出。某些人对于中国文学能够走向世界，颇觉欣欣然，但一想到"外面的"文学因此也要进来，却又觉惶惶然。这种人正像鲁迅嘲讽过的"衰弱的知识阶级"，"吃牛肉怕不消化，喝茶时又要怀疑"。然而，正如鲁迅所指出的，"虽是西洋文明罢，我们能吸收时，就是西洋文明也变成我们自己的了。好像吃牛肉一样，决不会吃了牛肉自己也即变成牛肉的"。

今天，整个世界已出现东西方文化汇合，各门学科相互渗透、影响的趋势，马、恩预言的世界文学的时代已到来，作为世界文学的孪生兄弟——比较文学将在九十年代乃至下一世纪扮演什么角色？其答案是不言自明的。

注：
① 原载《读书》，一九九一年第二期。

中国比较文学第三届年会暨国际学术会议开幕词

各位代表、各位来宾：

在会议开始以前，我很抱歉，我不得不首先说几句与今天会议所洋溢的欢乐气氛不相谐调的话，那就是我代表学会对去年不幸去世的上届中国比较文学学会会长杨周翰教授表示深切的哀悼。杨周翰教授是国际比较文学学会副会长，是中国比较文学学科的奠基人之一，他的晚年曾经为中国比较文学研究事业做出了巨大的贡献。记得三年前，杨先生还亲自主持了在西安召开的第二届年会，并致了开幕词。所以，在今天新的一届年会开幕之际，我看到许多朋友再次相会山城贵阳的时刻，不能不勾起强烈的怀念故友之情。我想，经过这三年时间的努力探索和实践，这次大会一定会在各个方面取得更多的成就，各位代表一定会在这次大会上奉献出更好的成绩，来表示对已故会长杨周翰教授的纪念。

现在，我宣布，中国比较文学第三届年会暨国际学术会议正式开幕。我代表学会向参加大会的同行、来宾、朋友以及我们会议的东道主贵州省委的领导，表示热烈的欢迎。这次大会能够在山明水秀的贵阳城召开，是与贵州省委领导重视精神文明建设，重视社会主义文化事业以及具有放眼世界的胸怀是分不开的，为此谨向他们表示衷心的感谢，我还特别要向为这次会议付出巨大努力的贵州省比较文学学会、贵州省文化厅、贵州省侨务办、贵州社科院等单位表示衷心的感谢。

这次参加大会的有来自二十五个省、市、自治区大专院校、科研单位的专家学者和研究生代表一百四十名，还有来自日本、印度、南朝鲜、美国等国以及台湾、香港等地区的专家学者。他们中间有国际比较文学学会副会长、日本东京大学比较文学系主任芳贺彻教授，印度加尔各答大学阿米亚杰夫教授，南朝鲜比较文学研究会会长郑汉模先生，南朝鲜汉学研究会会长李炳汉教授，台湾大学朱立民教授，香港大学黄德伟教授等等。对此，我谨表示热烈的欢迎。

从一九八七年第二届年会以来，中国比较文学的研究工作又有了较大的发展，主要表现在以下三个方面：第一，在上届会议上，有代表提出了中国比较文学在热潮背后存在着危机的问题。针对这一个无可回避的事实，从一九八八年开始，许多研究者都以此为思考的出发点，对国内比较文学理论建设做了深刻的反省和努力开拓。在一九八八年一年中，发表出版有关比较文学理论的论著、译著共二十六种之多，这种对基础理论建设的重视，可以看作是西安会议的直接成果。第二，在过去的三年中，比较文学的研究领域开阔了。过去流行的那种简单化的影响比较和平行比较渐渐少了，而新的比较领域增多了。譬如，西方文艺理论思潮、流派的介绍和研究正在深入，关于翻译理论、译介学的研究正在兴起，对不同门类的艺术之间，文化之间的比较也正在开展，这一点，从我们这次会议的讨论选题中也可以反映出来。另外第三点，我想特别提出的是，这三年中学术界对我国著名学者钱锺书的学术思想的研究有了很大起色，特别自去年以来，《钱锺书研究》杂志创刊，《〈管锥编〉索引》《〈管锥编〉研究》等论著以及《论〈管锥编〉四种文献结构》等论文的出版或发表给全国学术界很大的震动。钱锺书先生的《管锥编》是一部站在民族文化之上，纵览西方和中国文化而成的比较文学巨著。中国比较文学要发展自己的学派，一定要首先对自己的民族文化遗产做出认真、彻底的清理，只有站在本民族文化的喜马拉雅山的顶峰，才能对世界文化梳理出另外一种格局来，否则，无论对西方文化的吸取还是对民族文化的清理，都不可能走出新的道路来。因此，我注意到国内钱锺书研究将会对比较文学研究带来新的冲击和提升，为此，我提请大会给以应有的注意。

在中国与国际比较文学的学术交流方面，这三年来也有较大的发展。

一九八八年慕尼黑会议上，中国代表首次独立筹备并主持了一个专题，讨论中国与西方的文学交流问题，同年年底，在香港中文大学主持的"东西方的交汇"讨论会上，大陆和海外学者也都深入讨论了中国比较文学的走向问题。今年，中法、中苏比较文化研究会相继成立。由华东地区与香港地区合编的《中外比较文学通讯》也以中英两种文字同时出版。这些活动都证明了中国比较文学正在迅速地走向世界。

总之，这三年来，中国比较文学无论在自身学术建设方面，还是在与国际交流方面，都取得了很大成绩。这次会议将是这些丰硕成果的一次大展览。为此，我衷心预祝大会圆满成功。

谢谢大家。

一九九〇年七月在贵阳

《新文学作家与外国文化》①序

　　一九一七年发端的中国新文化运动，以至由此开始的中国新文学运动，它与传统文学最大的一个本质的区别，就是在当时开放性的文化环境下，中国知识分子开始睁开眼睛看世界，以拿来主义的态度，对待西方从文艺复兴至二十世纪出现的各种外来文化，包括西方现代派哲学和文学思潮与理论，因为当时中国知识分子所面对的西方世界，正是现代主义哲学和文学兴起时期，正如胡适一九一九年发表的《新思潮的意义》一文对当时的新文化运动所归纳的两种趋势："一是研究问题，所涉及的有：1.孔教问题；2.文学改革问题；3.国语统一问题；4.女子解放问题；5.贞操问题；6.礼教问题；7.教育改良问题；8.婚姻问题；9.父子问题；10.戏剧改良问题。二是输入学理，被输入的有易卜生思想、马克思主义、杜威学说以及各种'现代思潮'如尼采哲学、罗素哲学、无政府主义、基尔特社会主义、全民政治和新村主义等。"胡适这里归纳的两条，从新文学运动的现实表现看来，他所说的那些"研究问题"的各种内容，正是"五四"初期小说创作的主要题材和主题（所谓"问题小说"）；他所说的"输入学理"，就是说，当时接受西方文化是多元化的。这就反映了"五四"一代知识分子文化视野的开阔性，他们多元化地接受西方文化，包括现代派哲学和文学思潮，这也就是他们的文化性格的一种特质。所以我说中国新文学运动与传统文学最大的区别是它以开放性文化心态，在继承传统的同时，革新或改造了中国传统文学，是一种新的质的飞跃。而外国文化和文学，在当时与中国传统文化文学撞击融会中，作为新的文化血液，改革和发展了传统文学，是属于一种新的历史范畴的文学现象。正因为如此，观察和研究中国新文化或文学运动，如果不以外国文化、文学为参照系，就不能真正认识中国新文化、新文学运动的基本品格。正因为如此，在新中国成立前出版的有关中国新文学史论著中，如胡适为《申报》五十周年所撰写的《五十年来中国之文学》（申报馆一九二三年十月版），一九二九年及三十年代初出版的陈子展的《中国近代文学之变迁》《最近三十年中国文学史》，一九三六年出版的《中国新文学大系》（一九一七——一九二七年），则是按各种文体分卷，分别由胡适、郑振铎、鲁迅、郑伯奇、周作人、郁达夫、朱自清、洪深和阿英执笔的《导言》以及蔡元培写的《总序》，都把借鉴和吸取外国文化、文学以改造、革新中国传统文化这个历史特征作为立论的依据，以至四十年代出现的阿英的《晚清小说史》，也注意到这种历史的真实。

新中国成立以后，我们按照中国政治历史分期，把一九一七年至一九四九年新中国成立前这一历史时期的文学称为"现代文学"，这之前，即由一八四〇年鸦片战争至一九一七年"五四"以前时期称为"近代文学"，新中国成立以后即从一九四九年开始称为"当代文学"。这种历史分期方法，生硬地割裂了文学史本身的发展规律和特点，从而陷进了形与体的矛盾，以现代这一时间概念，代替了新文学这一性质概念，而现代文学这一历史范畴所包容的，除过与旧文学相对立和区别的新文学之外，还有其他的属于旧文学范畴的文学现象，如章回体小说、旧诗词、传统戏曲、曲艺等，而这些传统文学现象，是不属于"新文学"这一历史范畴的存在，而在新中国成立以后出版的有关中国现代文学史论著中，虽然接触的也仅是"五四"新文学史内容，但在论述中国新文学史论著中，基本上把新文学借鉴外国文学改造中国旧文学这一历史特点抹去了，也等于否定了"五四"这一划时代的新文化、文学运动，这也反映了极"左"思潮对中国新文学建设的一种扭曲变形，或者说一种误解。孔子曰："必也，正名乎？名不正，则言不顺，言不顺，则事不成。"为了纠正这一历史失误，青年一代前几年提出了重写中国现代文学史的看法，并不是事出无因的。

七十年代末以来，比较文学在我国重新崛起，这一新兴学科虽然从"五四"前后，也就是从它在西方诞生不久，即被先进的中国知识分子引进我国，但从二十年代后期以后，比较文学因为来源于西方，在苏联被宣布为"禁区"，以至作为一种思想冲击波，也影响了比较文学在一些社会主义国家的历史命运。对我国来说，从七十年代末以后，即我国清除了极"左"思潮，进入改革开放的历史新时期以来，它才在我国像烈火中的凤凰似的新生了。这十多年来，我们中国比较文学界，除过注意译介西方这些年来有关这一边沿学科的概念、理论、方法、历史等范畴的论著外，就是在纵向上继续了我国"五四"新文学传统，把中国文学放在世界整体文学的框架来审视和研究，在实践性的比较文学研究中，二十世纪中外文学的影响关系研究，就成为中国比较文学界热点论题之一。

　　又由于多少年来，由于西方"欧洲中心论"这种沙文主义的观念，西方不少学者把中国"五四"新文学运动称为是对西方文学的"移植"运动，极大地歪曲了中国"五四"新文学运动。这样夸大外来因素的影响，势必会湮没民族文化自身内部生长的历史规律，湮没中国现代作家文化、文学思潮的主要来源和独立的学术品格。更何况中华民族是一个有着数千年悠久文化、文学积累的民族，正像近代学者辜鸿铭所说"我们祖宗穿绸着缎的时候，西方民族还生活在原始森林里"一样，这话虽然说的有些国粹派味道，过了头，但它也透出这个历史真实：中国并不是一个文化空白区，需要从海外移入别国文化来填补；外国文学进入中国是进入一个有悠久的民族文化、文学传统的国家，外来文化、文学进入中国后，与本土文化相会时，必然发生激烈撞击，而经过选择、改造和融会的过程，作为一种新的民族文化素质，一种新的文化营养液，进入本民族文化、文学系统，它更新和发展了本民族文化，"流水不腐，户枢不蠹"，使民族文化和文学始终保持了汹涌澎湃的前进运动的势头。

　　顾国柱同志这部新著《新文学作家与外国文化》，正是他多年研读心得的一个结集。它选取了十位中国现代文学作家，专题研究他们个人和外来某种思潮代表人物或文学现象的关系。这十位作家，除诗人艾青和穆旦外，大都是"五四"老一代作家，又除穆旦是出身于抗战时期的西南联大外语系外，其他各位都是东西方留学生出身，或到东西方国家生活过的中国新式知识分子；就连穆旦也算上，他们又都是外国文学介绍者和翻译家，这一代中国知识分子不仅文化视野开放，知识结构也比较完整，不仅有深厚的中国传统文化素养，而且接触和接受西方文化也是多元化的，而他们接收和吸取外来文化和文学的媒介体，基本不是以中译本为主。所以说，他们可谓学贯中西、博古通今；他们的文化性格，从纵向上继承了中国文化、文学传统，横向上接受了西方文化和文学，在他们身上，是中外古今文化交汇融合的一个焦点。他们是有别于中国传统的封建士大夫的新式中国知识分子或中国现代知识分子。

顾国柱同志这本专著，在每个论题上，都是多角度地审视和考察了他们和特定的外国文化、文学现象的关系，即他们是在什么历史条件下，接触或接受它们的，他们是从什么角度，从被接受者那里选择和接受了什么东西，接受影响的性质和程度，以及他们是以何种形式接受的，和它的具体表现形态，即影响表现是什么，等等。因为如前所云，接受的过程，绝不是简单的移植运动，而是经过接受者选取、改造、融合的消化过程，其中必然发生变异现象。换句话说，他们接收的已不是原型文本，而是经过改造变形的东西，在某种意义上说来，对原型文本，是一种背叛；而一切又以时间、地点、条件为转移。正如作者在谈到郭沫若与尼采一文中，所引用的郭氏在谈到他译《查拉图斯特拉如是说》时所说的："我译尼采，便是我对他的一种解释"，"我是一面镜子，我的译文只是尼采的虚像"。如果我们真有兴趣，不妨将"五四"初期中国知识分子如王国维、鲁迅、郭沫若、茅盾等对尼采接受的侧重点与四十年代出现的战国策派陈铨等人接受尼采的侧重点比较一下，便大有文章可做。

因此，我觉得顾国柱同志这本专著最大的特点是，他不仅以开放性的学术视野，运用一些新的理论、新的方法、新的视角来审视和论证他所感兴趣的一些中外文学人物或思潮之间的影响关系，更可贵的是他对这历史上的中外文学现象得出一些有自己独到见解的新阐释、新认识。对我国方兴未艾的二十世纪中外文学关系史的研究，可说是增添了一些新的历史积累、新的贡献。因此，它是以自己的存在的本身，在学苑中取得了它自己的生存权利的。在目前经济大潮的冲击下，知识贬值的时代，他能甘于清贫与寂寞，坐这条做学问的冷板凳，这种精神境界，就值得感谢和敬重。也因此，我虽然身在病中，但还是坚持写了这篇称为序的小文，除过发一些卑之无甚高见的议论外，更主要的是，我乐意把顾国柱这位年轻同志的学术成果推荐给我国的广大读书界。

一九九一年九月二十九日在上海寓所

注：

① 本书由上海文艺出版社一九九五年六月出版。

《洋教士看中国朝廷》①译序

　　近多年来，随着我国改革开放的不断深化，中西文化交流日趋正常化和频繁化，中西文化、文学的比较研究又重新在我国崛起和发展，人们也开始摆脱了过去僵化的批评模式，以开放性的文化心态客观而公允地来认识和评价十六—十八世纪西方耶稣会传教士在中国的传教事业在中西文化交流上的成就与贡献。因为研究中西文化交流史，这个历史时期的西方耶稣会传教士在中国的传教活动，他们作为一种中西文化交流的中介力量，和所起的传媒作用，都是一个重要的课题，而西方之有汉学或中国学，就是由他们创始和奠基的。正是在这个意义上，当我看到朱静先生编译的《洋教士看中国朝廷》译稿，感到分外的欣喜。据我所知，它是继八十年代初期出版的《利玛窦中国札记》译本之后的又一部有重大历史文献价值的读物。据史家说来，从西方耶稣会来华传教史的观点来看，以明末即十六世纪后期利玛窦等东来为肇始，是为西方耶稣会教士来华传教事业的第一个历史时期；利玛窦逝世以后，在清代康熙、雍正、乾隆三朝，即十七—十八世纪之间，法国教会和国王路易十四选派来华的耶稣会教士为西方来华传教史上的第二个历史时期，它被称为传教事业的黄金时期，也是奠定西方汉学研究由业余到专业化的关键时期。朱静先生的这个译本，正是侧重于这个历史时期的传教士通讯集。

一般说来，十六—十八世纪耶稣会教士络绎不绝地远涉重洋来到中国，他们深入到中国腹地，也进入了中国的朝廷，他们的整体文化素养比较高，除了传教布道，还负有报告当地政治、经济、文化以至社会民俗风情等各方面详细情况的使命。从十八世纪初期开始，法国就有人开始收辑编纂这类通讯集，它收录了各个时期法国派往各国的耶稣会传教士从所在国寄回法国公私各方面的信件。这个以期刊形式出现的通讯集，前后共有三十四卷之多，其中十六至二十六卷中收录了历次从中国寄来的通讯。这些以通讯形式出现的文章，内容丰富，涉及面广泛，它们成为后来外国学者研究汉学或称中国学与中西文化交流史的弥足珍贵的原始资料。《洋教士看中国朝廷》即是其中的主要或重要篇章的一个译文集，也应该是我们研究西方的汉学史和中西文化交流关系史的重要依据。

　　来华耶稣会教士作为异域人的目光，往往比中国人更敏锐，更深入，他们用中西文化比较的眼光看本土人司空见惯的各类现象，从中抓住值得他们借鉴的事物。如康熙、雍正、乾隆的勤政好学，体恤下情，通过科举制度广招民间贤才，充实官员队伍，就为伏尔泰等十八世纪欧洲思想先驱提供了政治上的开明专制的范例。因为科举制度有利于打破世袭贵族的政治垄断状态，符合资产阶级平民登上政治舞台的历史要求。西方近代教育制度中行之有效的学士、硕士、博士分级学位制，就有这种科举取士（秀才、举人、进士）制度的遗迹。

　　他们作为异域人的这种比较文化研究眼光，又能一针见血地击中中国本土人视而不见的社会积弊。如他们对中国上层人士和士大夫的思想文化性格和心态进行观察研究，指出他们有虚荣心、自高自大、自以为是，认为西方的基督教不能与他们的伟大的儒家学说相比拟，他们对西方宗教毫无所知、蔑视其他民族等等缺陷。与此相关的，是传教士们从中西不同的思想文化心态的比较角度入手，探讨中国的实用科学研究停滞不前的原因，认为这是因为欧洲人总是处于一种"烦躁不安"的状态，所以能在科学研究上不断进取，而中国人则有一种惰性、保守、固执、故步自封、不思进取，因而在科学研究上就不能有相应的发展；另一方面，中国的体制又促使中国士大夫安于以文章谋取进身之阶，谋取个人的富贵荣华，实用科学得不到应有的社会地位，也成了使得中国实用科学研究停滞不前的又一种历史原因。又如，他们也看到了中国积重难返的人口问题和各级官员不求有功、但求无过的消极混世的生活态度。这些议论和观点，从历史或现实的眼光来看，或许也为我们的改革开放事业提供了值得思考的思想史料，尤为我们深入考察与认识在长期的自我封闭的历史地理政治文化生活环境下所形成的中国民族生活文化性格与心态（即鲁迅先生所说的"国民性"），提供了有一定参考价值的史料。

这些通讯，也为十八世纪的法国启蒙思想家卢梭、伏尔泰、孟德斯鸠、狄德罗等人的学术思想形成，提供了有益的文化营养，他们的某些光辉论著，因此被看成是充满了这种中西文化交流、碰撞和融汇的结晶。从文学史的观点来看，移介到西方的第一部中国文艺作品，元代纪君祥的戏曲《赵氏孤儿》，也是在这个历史时期，通过耶稣会士马若瑟译介，引入西方的。

文化交流往往又以物质交流为前导。中国瓷器成为十六—十八世纪中国文化进入欧洲的开路先锋，精美无比的中国瓷器令欧洲人大为倾倒，尤其深得法国国王路易十四宫廷上下的青睐。耶稣会士通讯中详细地描述了中国瓷器大规模制作的工艺过程，分工细致、井然有序的中国瓷器生产的流水作业，不啻近代工业文明的历史雏形。

从耶稣会士通讯中还可以看到一种有趣的文化碰撞和交融现象。耶稣会士来到中国后，"入乡随俗"，身穿儒服，按中国当时的习俗，改变了自己的发式和胡须，而且艰苦地学习汉语汉文，按中国礼仪，改行跪拜礼，他们从不自在到自在，经过了一番艰苦的自我适应性改造过程。如他们在中国宫廷内为皇帝作画，既要发挥自己原有的绘画艺术技巧，又要适应中国皇帝的欣赏趣味，只有取中西合璧之画法，才能成功地完成自己的使命。这也是一种艰苦的从不自在到自在的自我把握与认同过程。不自在是由于两种迥异的文化发生激烈的碰撞，自在又是两种文化交相融汇的结果。耶稣会士为中西文化比较研究提供了大量具体而翔实的珍贵资料。因此，我深信，这部集子对中西文化比较研究是很有历史文献价值和实际意义的，它的出版也为我们方兴未艾的中西文化交流研究的资料积累，增添了新的历史财富。

我与朱静先生相识于八十年代中期，当时比较文学研究作为一门专业或学科在我国经过近半个世纪的沉寂后又重新崛起，正是这种历史因缘，使我们由相识到成了有来往的同行和朋友。当时我认为，应该矫正我国这多年来在封闭性的政治文化环境下所形成的孤立而静止的画地为牢的文学研究格局与思想心态，所以提倡搞比较文化、文学研究，用以打破自我封闭，开放眼光，更新思维方式。朱静先生八十年代中期在法国巴黎第七大学获得法国文学与比较文学博士学位，西行东归之后，在从事专业教学与科研的同时，从事著译活动，她把法国新小说派代表作家米歇尔·布托尔的《变化》译成中文介绍到中国大陆。我还先后拜读了她重译的小仲马的《茶花女》、她的纪实体散文集《西行东归》和专著《乔治·桑传》等。她具有深厚的中法语言文化的根底。我所欣赏的，更是她的朴实无华的生活性格和她的朴素而典雅的文风，正所谓文如其人。她嘱我为这部新译写几句话，我欣然提笔写了这篇称为序的小文，我为能有机会借此把这个既有历史文献价值又读来饶有趣味的译本介绍到我国的文化界与读书界而感到喜悦。

一九九五年三月中旬

注：

① 本书由上海人民出版社一九九五年六月出版。

319

在"中国文化与世界"学术研讨会开幕式上的致词①

　　这是我第二次参加上外②召开的"中国文化与世界"学术研讨会。欣逢我国走向改革开放的国策进一步深化，中外交流日益正常化、频繁化的历史时期，召开这么一个国际性的研讨会，我相信，对加深国内国外同行的交流和友谊，促进各项有关研究的纵深发展，吸收新的丰硕的学术成果，是大有裨益和影响的。我祝大会成功，祝各位友人身体健康！

　　"中国文化与世界"这个话题，内容非常广泛。举例来说，就中日文化交流而言，上次会议我做了《中国留日学生与中国现代文学》的报告，曾经讲到过，清末海禁开放，西风东渐，中西文化开始接触、碰撞和融合，中国开始向西方社会学习。甲午战争，即一百年前那次中日海战，使中国朝野都意识到，日本学习西方非常成功。中国开始大批选派留日学生，其目的，就是从日本学习向西方学习的成功经验，并且以日本为中介，学习西方的科学技术、政治文化制度。最近看到老一代日本学者增田涉先生的《西学东渐与中国事情——"杂书"札记》（中译名为《西学东渐与中日文化交流》），增田先生从原始典籍和野史笔记中获得史料，从而提出，在日本接受西方资本主义学术文化的过程中，中日之间的文化交流同样起着重要作用，也就是说，在西学东渐的过程中，许多西方学术文化是从中国传入日本的，因此，日本不仅在古代向先进的中国学习过，成为中国的弟子，就是在向西方学习的过程中，也曾以中国为中介，接受西方资本主义的学术文化。我们过去只知道增田涉先生三十年代曾在上海跟鲁迅先生学习中国小说史和现代文学，译过鲁迅的《中国小说史略》，写过《鲁迅传》，策划和翻译了日文版的《大鲁迅全集》，而对他在中日文化交流研究上的重大发现和成就，在我来说是第一次听到。所以此书的翻译出版，对我国在这一方面的研究，就有极大的学术价值，开拓了我们的学术视野，丰富了我们的知识储备。

增田涉先生认为：十九世纪以来，处于封建社会晚期的中日两国，都面临西方资本主义势力的挑战，西方殖民者力图打开两国的大门，将其纳入资本主义世界市场。西方列强的对华侵略、中英鸦片战争的消息给日本敲响了警钟。众多的汉译西方著作和中国有识之士所著睁眼看世界的作品传入日本，被广泛阅读，成为日本人了解世界大局的精神食粮，维新志士从中吸取了丰富的营养，为明治维新做了思想上的准备。明治新政府的领袖运用来自中译书籍的知识，来与西方使节打交道，明治初期使用汉译西书，作为日本各级学校的教材和参考书。这些重要史实的发掘，为我们研究近现代中日文化关系开辟了新视野。

又如中西文化交流史，最近我读了朱静女士翻译的《洋教士看中国朝廷》的手稿，大开眼界。原来在十七至十八世纪之间，法国教会和国王路易十四选派来华的耶稣会教士为西方来华传教史上的第二个历史时期，被称为传教事业的黄金时期，也是奠定西方汉学研究由业余到专业化的关键时期。朱静先生的这个译本，正是侧重于这个历史时期的传教士通讯集，也应该是我们研究西方汉学史和中西文化交流关系史的重要依据。

在我们改革开放的历史形势下，这次会议为我们和世界同行之间的交流、友谊和学术讨论提供了良好的人文环境，我祝愿以"中国文化与世界"为题的学术会议能够经常性地召开，使我们的研究不断走上新的台阶，取得新的成绩。

一九九五年五月

注：
① 原刊《历史的背面——贾植芳自选集》，山东教育出版社一九九八年十月版。
② 指上海外国语大学。

赵景深先生没有译错

　　严格地说，赵先生是我们的上一代。从二十年代接触新文化起，我就知道他的名字。他对现代文学的建设和贡献，是多方面的。他搞创作，搞翻译，也研究古代和现代文学，在古代戏曲小说研究和资料搜集整理方面，尤为突出。知识结构比较丰富，可谓学贯中西，经常介绍西方作家的动态，帮助青年开阔眼界。人也很谦虚，很实在。

　　三十年代，开明书店系统出版契诃夫的小说集。赵先生受托以英国著名翻译家伽尼特夫人的英译本为底本，译短篇小说《潘凯》(今译《万卡》)，把文中的"天河"(Milky Way)译为"牛奶路"，从而受到鲁迅先生的批评。从那时起，人们都认为赵先生译错了，甚至到八十年代还有人写文章讥刺。近年来，随着社会的发展与观念的更新，出现了对这一问题更接近本质的崭新看法。我个人很同意上海外国语大学谢天振先生《文学翻译与文化意象的传递》(见台湾出版新知丛刊《比较文学翻译研究》一书)一文中提出的论点：即赵先生并没有译错，只是有欠准确。因为《万卡》不是科学文献而是文学作品，而且是西方的文学作品，从西方的文化观念来说：天河是由许多固体星球组成的，传说为奥林匹斯山通向大地的一条路。小说中的主人公是个孩子，他按西方的意象看待天河，把它看作"路"，所以后文才有"像过节擦洗过一样"。如果按中国的传说译成"银河",那就反而成为笑话了。一则外国小孩不可能运用中国传统的意象思维,二则"河"是液体而非固体,怎能擦洗呢? 所以谢的文章指出赵先生"不仅传达原作的基本内容,而且也传达了原作的文化意象","以赵译本与他所据的英译本及英译本所据的俄文原本对照,我们却完全可以说赵景深翻译'牛奶路'基本上是正确的。"我们要从中西文化意象的比较判断,不能把权威人物的话做定论。

注:

①《赵景深先生追思会座谈纪要》,原载《上海艺术家》,一九九五年第二期;选自李平、胡忌编《赵景深印象》,学林出版社二〇〇二年版。

《危机与复兴
——白银时代俄国文学论稿》^①序

　　十九世纪末二十世纪初，是俄国文学史上的一个重要而特殊的时期，素有"白银时代"之称。这是一个流派众多，各具风采，群星灿烂，人才辈出的时期，以流派论，除了传统的现实主义，更有现代主义诸流派，如象征主义、阿克梅主义、未来主义；以作家论，除了我们早已熟知的巨匠高尔基、蒲宁、库普林、安特列夫、勃留索夫、勃洛克、叶赛宁、马雅可夫斯基，还有近年来才得到重新评价并为人所知的梅列日科夫斯基、巴尔蒙特、古米廖夫、阿赫玛托娃、茨维塔耶娃、曼德尔施塔姆、赫列勃尼科夫等一批大师。正是这些曾经在俄国文坛上各领风骚的名字，构成了俄国文学的白银时代。

　　然而，由于众所周知的原因，我们过去对这一时期的文学，尤其是对俄国现代主义文学，一直抱有偏见和成见，将之视为对正常文学状态的偏离，是俄国文学的危机与颓废，是现实主义不共戴天的死敌。片面坚持文学的意识形态标准和现实主义尺度，使我们对白银时代的非现实主义文学所取得的成就，要么视而不见，要么任意抹杀。历史已经证明，对文学遗产不做实事求是的分析和研究，而是采取随意宰割或虚无主义的态度，到头来受到损害的还是我们自己。在这方面，中俄两国的文学发展过程中都有过深刻的教训。

"五四"以来的中国新文学，受俄苏文学影响之深，是自不待言的。中国新文学与世界上任何一国文学的联系，都无法同俄苏文学相提并论。中俄文学之间的关系，可谓"剪不断，理还乱"。即便是现在，有关俄国文学的一些问题，仍不乏吸引力。我个人解放初期在震旦大学和复旦大学教授过俄苏文学，后来虽然一直从事中国现代文学教学和研究工作，但对苏联文学的兴趣却是有增无减。我始终认为，中俄两国的文学发展有不少相似之处，全面深入地研究和总结俄苏文学的历史，为人们描绘一幅真实完整的俄苏文学图像，不仅对认识俄苏文学本身是当务之急，而且对研究和总结中国现当代文学，也不失为一项具有积极意义和参考价值的基础性工作。

　　从这个角度看，郑体武先生的《危机与复兴——白银时代俄国文学论稿》无疑是一部有价值的论著。

　　郑体武先生是我国俄苏文学界公认的后起之秀。他曾两度赴俄留学和工作，前后积累了丰富的第一手研究资料。回国后，在从事俄苏文学教学之余，他专注于白银时代的俄国文学，尤其是俄国现代主义诗歌的译介和研究，相继发表了大量的论著和译著，成果丰硕，引人注目。这本论稿，结集了他多年来的系列研究成果，读后我感到，这确实是一部具有开拓意义和独到见解的论著。例如，作者对白银时代的俄国文学所做的总体评价，对高尔基受尼采影响问题的分析，对我国读者尚且陌生的洛扎诺夫的个性与创作的评述，对勃留索夫、勃洛克、赫列勃尼科夫、卡缅斯基等现代主义诗人的研究，在我国都是发前人所未发，填补了俄苏文学研究的空白，同时也反映了作者的理论眼光和语言功力。另外，作者对俄国诗歌发展史上的一条"潜流"——丘特切夫、费特和索洛维约夫诗歌传统所做的梳理，读来也使人有耳目一新之感。作者在书中说，读洛扎诺夫，使他有了需要"补课"的自知。我想，这也是我们所有爱好和关注俄国文学的人共同的感受。

　　相信本书的问世对我国的俄国文学研究，将起到积极的启迪和推动作用。

　　在本书出版之际，写了以上几句话，既是向作者表示祝贺，也是向读者郑重推荐。

一九九六年六月，在上海

　　注：

　　① 本书由四川文艺出版社一九九六年九月出版。

《比较文学》①序

　　应该是十二年多了，从我给国内出版的第一本比较文学教材写序，到今天给《比较文学》新教材再写序，足足过去了十二个寒暑。我还清楚记得当年给康华和景尧合著的那本《比较文学导论》写序的情景。那时，他们都还是中年学者，我也还未到古稀之年，社会百废俱兴，人们尊重知识，"老九"去掉"臭"字，还真是"不能走"的样子。可今天我再给《比较文学》写序时，作为主编之一的景尧已年过不惑，而写其中文类学一章的康华刚刚退休，我则更是垂垂老矣，行将就木了。虽说大家都是"不能走"，但世界的变化，使我们总有些招架不住，有时还着实把我这样的老朽给弄"懵"了。我只是感到什么都"高"了：上海的新大楼高，高架马路高，收入高，商品的标价也高，连做假冒伪劣商品的手腕都高，唯有自己，一点也没法变"高"，只得望"高"兴叹。有的高，我喜欢；有的高，我不喜欢；有的高，我不以为然；另有些高，我根本就讨厌。但坦率地说，眼前的这本《比较文学》新教材，我是实实在在喜欢和欣赏的。因为，这是一本目前国内比较文学界的一批最活跃和最有实力的学者、专家通力合作的上乘之作。无论是它的学术水平，还是合作风格，也无论是它的内容、质量，还是整体结构、表达形式，都可以当之无愧冠以"高"字。依我所见，它至少有三个贡献：个人潜心研究和同行通力合作相结合，填补学科某些空白并获得许多科学新识，使之具有很高的学术性；学科原理、概念的客观冷静阐述和研究方法的具体操作介绍相结合，使之具有教学的指导性；以及紧跟国外学术前沿发展并和中国学术研究实际相结合，使之对学科发展具有启迪性。

我想，此书之所以能获得上述成绩，其关键还在写书的人。

我很熟悉参加此书编写的好几位执笔者。像他们中年长的乐黛云、卢康华二教授，他们和我一样也经历过五十年代的政治风波，有二十年被打入"另册"，但他们从未忘记作为"知识人"的职责，也从未停下过追求知识的治学努力，以致如今都已年过花甲，依然站在国内外学术发展前沿，对他们所执笔的《文化相对主义和比较文学》和《文类学》两章，反映了有独到见解的新识。他们中年轻的几位博士生导师，像孟华、朱栋霖、刘象愚、曹顺庆等教授，他们也都经受过"文革"十年浩劫和当前商海钱浪的冲击，但他们不为所动，也不为所惑，安于做个笔耕舌耕的"知识人"，有的将其在国外攻读博士时就开始研究的"形象学"，有的将其长期专攻的"文艺思潮和流派""后现代主义和比较文学"和"比较诗学"等，全都浓缩在两万字的专章里，使其学术"含金量"较为高纯。还有些我仅有过一面之缘或仅读过他们文字的朋友，像叶舒宪、丁尔苏、严明、高旭东、杨恒达、周启超和陈跃红等教授与博士，他们有的进过厂下过乡，有的渡过海留过洋，但无论是在乡下还是在打工，他们都从未丢开过书本，也早就进入了"知识人"的角色，因此由他们所写的《文化人类学与比较文学》《符号学与比较文学》《女性主义与比较文学》《文学与哲学》《心理学与文学》《类型学》和《阐释学与比较文学》等专章，也都出手不凡，令人高兴。

至于三位主编，即陈惇、景尧和天振，则更是我所熟悉的了。他们数十年如一日，甘于寂寞，甘于淡泊，以做"知识人"为乐，与北京大学的乐黛云教授等一道，对比较文学学科建设多有贡献，是功不可没，也是为大家有目共睹和敬佩的。这次，他们既负责全书的组织安排，又认真审校各章内容和注释，同时还各自执笔撰写《比较文学原理》《译介学》《文学与宗教》等章节，再次倾注了他们长期从事比较文学教学与研究的认识和心得。就我看过的景尧所写的《文学与宗教》一章来说，其对中西宗教概念与观念的辨析，对西方现代宗教和文学关系研究的评述，对基督教与西方文学、道教与中国文学的共生关系的论述，都可谓深得其中三昧并堪许精当。尤其是对佛教与中国文学的影响共生关系，以典型和系统的资料实例，逻辑地论述和总结了转型复合的规律，这对跨文化体系的中外文学文化比较研究，既是具体认识和研究上的突破，也是理论和研究方法上的贡献。其他两位所写的章节，也同样体现出了他们扎实的学养功底和创新的学术眼光。

我对景尧、天振和我的其他学友常常讲到中国的古训之一：道德文章。从这本书的作者和他们所取得的成果之间的关系来看，古人不我欺矣！从这本书中我又看到，中国知识分子传统的敬业美德，在他们身上又有了新的发扬：他们没有文人相轻而能同心合力共编教材，这既符合比较文学者的宽广胸怀，也为这门新兴交叉综合性学科性质所必需，同时还在传统基础上谱写了做"知识人"的新篇章。

因此，我这个年过八十的老朽，虽然身在病中，仍乐于为之写序，并乐于将它推荐给海内外的广大读者。因为它为国际性的比较文学学科在我国的建设和理论研究，提供了新的信息、增添了新的学术积累，也为比较文学学科在我国的发展与繁荣做出了有特色的新的贡献。

一九九七年一月二十三日于复旦大学寓所

注：

① 本书由高等教育出版社一九九七年出版。

我的感想与感谢①

——祝贺《中国比较文学》改刊一周年

中国的比较文学学科最早起自十九、二十世纪之交的第一次中西文化大交汇之中。当这一学科在西方诞生后不久，就有二十年代的吴宓等中国学者对之予以介绍和初步研究实践，经过第一代比较文学学者的努力，在中外文学关系的研究方面也有了许多成果。五十年代后，因受苏联文艺思潮的影响，文学、学术与政治相互混淆，比较文学被视为"资产阶级学科"，从而使中国刚刚起步的比较文学研究陷于停顿，并被打入冷宫。新时期对外开放之后，随着中西文化第二次大交汇的展开，比较文学在中国重新崛起。在学科研究队伍中，有钱锺书、季羡林等我国第一代比较文学学者，也有大量的中青年后起学者。这支由老中青三代组成的学术队伍，面临着比较文学在西方迅速发展的形势和我国相对薄弱的传统，他们艰苦创业，勤奋著述，在短短的二十多年里，取得了丰硕的学术成果。

在我看来，要建立一个学科，必须具备三个方面的基础：一是要有一系列的理论著作。它是一个学科得以确立、存在和发展的基石、标志和主干；二是要进入大学的专业课堂并能形成相应的专业研究机构；三是要有研究者发表见解、交流思想成果的专业学术杂志。从这三个方面来看，我国的比较文学研究至今已具备了较好的规模。先看理论专著：从十二年前

329

由卢康华、孙景尧编著的我国第一本比较文学专业教材《比较文学导论》，到刚刚问世的，由代表了我国目前学科队伍中最精锐最有生气的中青年学者通力合作，反映了迄今为止本学科发展面貌的《比较文学》一书，仅仅从大学专业教材的角度，就可以看出新时期以来我国比较文学的发展和变化，更不用说其间问世的大量学术专著和论文了。再看大学课堂和专门研究机构：新时期开始以来，最早由复旦大学开设了比较文学课程并设立了硕士学位授予点，之后北大、黑龙江大学、上海外国语大学也相继设立了硕士点。到目前为止，几乎大部分综合性大学的文学专业都已开设了比较文学课程，很多学校都已招收本专业的硕士、博士生了；同时，许多院校也相继设立了相应的研究机构。国家和地方都成立了比较文学学会，并且我国也加入了国际比较文学学会。这样，一个多层次的学术机构网络已基本形成。第三就是专业杂志了。在新时期比较文学的发展过程中，《中国比较文学》作为全国学会的核心刊物，发挥了很大的作用。十几年来，它从不定期到定期，从浙江文艺出版社到上海外国语大学，从内部发行到公开发行，经历了艰苦的创业历程；十几年来，它一方面积极介绍国外的学科研究成果和信息；另一方面发表了国内学者大量高质量的学术论文；同时，也为中国比较文学学科发现和培养了一大批学术新人。它的栏目由初创期的相对单一走向丰富，并不断向世界同学科的发展水平靠拢，为使我国的比较文学研究作为具有中国特色的文学学术现象，进入世界同学科的行列，同时也使本学科成为中国文学"走向世界"的一个渠道和窗口做出了重要贡献。值此《中国比较文学》改刊一周年之际，我作为这支研究队伍中的一个老兵，谨借此机会向富于事业心和责任感，十几年来兢兢业业、积极开拓，为杂志的生存和发展倾注了巨大心血的编委和编辑部同仁，也向积极支持比较文学学术研究的上海外语教育出版社表示衷心的祝贺和诚挚的谢意。在学术著作和期刊出版相对困难的条件下，《中国比较文学》一直是老中青三代学者交流学术的园地，它从无到有，从草创到今天的多栏目高信息量的相当规模，杂志社与出版社的同仁们功不可没。我希望《中国比较文学》不断开拓，在已有的成就之上，在广大学者同仁的支持下，进一步提高学术水准，引导和开拓学术研究的新视域。中国的比较文学研究方兴未艾，许多领域还有待展开和深入，比如翻译文学研究等。《中国比较文学》杂志作为发表和交流学术成果的园地，可以从中起到推动和促进的作用，为我国的比较文学在下一世纪的发展做出应有的贡献。

一九九七年十月八日于上海寓所

注：
① 原载《中国比较文学》，一九九八年第一期。

我的祝贺与祝福

——为韩国《国际中国学研究》而序

朴宰雨教授自汉城来上海，在我的寓所闲谈时告知我"韩国中国学会"将创办一个大型的学术刊物《国际中国学研究》，将用中、英两种文字出版。这个消息我听了以后非常振奋，所以当他请我为这个杂志写几句话时，我就非常愉快地答应了。由于我自己是中国新文学的一个研究者与实践者，我仅就自己的专业领域说几句话吧。

从一九一七年《新青年》杂志发动"文学革命"与"新文化运动"起，中国的新文学已经有了八十多年的历史。"新文学"的名称，顾名思义，与"'五四'新文化运动"息息相关。它的特点在于不同于用古汉语写作的文言文与旧诗，它是用现代汉语写作的现代文学，同时也在于它与新文化运动提倡的"民主"与"科学"等现代思想关联甚深。十九世纪中叶以来，中国人从封闭的环境中慢慢走出来，睁开眼睛看世界。中国新文学就是在东西方现代文化的催生下，在革新中继承与发展了中国的文学传统，从"启蒙的文学"与"文学的启蒙"两个方面来推动古老的中国文学与中国文化的现代化，使得漫长的中国文学史进入了新的历史阶段，所以，它也自觉地与虽然也用白话文写作，但在思想上仍保留了相当多的传统的孑遗的民国时期旧派小说划清了界限。与大多数东亚国家一样，中国自十九世纪中叶以来就经历了一个痛苦而漫长的转型期，在这个过程中，社会生活的各方面都发生了剧烈的变化，而在西方文化影响与催生下的中国现代知识分子在这个过程中也得以萌生。中国的新文学也就是这些知识分子用现代意识观照变动中的中国历史与社会的产物。这期间自然流派繁多，但在用现代意识观察与描绘"活着的中国的魂灵"这一点上是一致的。所以，与研究中国古典文学不同，研究中国现代文学可以昭示出"活着的中国"的"面影"与"灵魂"。

"新文学革命"以后成长起来的几代作家，大体上从不同侧面继承与发展了"文学革命"先驱者的精神。他们反对传统的封建专制，引进现代意识、以促进中国文学乃至社会与文化的现代转型为己任。几代知识分子为这一目的付出了努力，虽然几经波折，可是新文化运动先驱者——如陈独秀、鲁迅、胡适等的精神传统却如薪火一样不绝流传。在新文学八十多年的发展史上，有抗争、有奋进、有喜悦，自然也有鲜血、有泪水甚至有牢狱之灾，可是在二十世纪末回头望，仍然会为近百年来中国新文学所取得的发展感到衷心的喜悦。这种喜悦不仅仅基于以鲁迅、老舍、沈从文、巴金等大师的创作为代表的文学实绩，也不仅仅由于新文学先驱者的目标已经得到了部分的实现，更在于新文学的精神传统仍然后继有人。可以说，中国新文学的发展与为之努力的几代知识分子的命运是分不开的。所以，研究中国新文学，也不能忘记与之相关的中国现代知识分子的命运。这期间的曲折与反复，经验与教训，不只是中国知识分子的精神遗产，也能为东亚国家乃至所有后发达国家的文化界提供某种借镜，还是那句老话："历史的经验值得注意。"

中国新文学研究，如果从二三十年代胡适、周作人等的讲演算起，也已有几十个年头了。一九四九年以后，它作为"中国现代文学"进入大学课堂，与古典文学一样成了正式的"二级学科"。但由于特定的历史原因，五十年代至八十年代初的中国现代文学研究，成了政治史与革命史的注脚。由于狭隘的政治标准与宗派眼光，也由于名目繁多的政治运动，致使中国现代文学史可以研究的作家越来越少，解释也越来越脱离文学史实际，在史无前例的"文化大革命"中更出现了"鲁迅走在《金光大道》上"的怪现象，丰富多彩的现代文学史也被离奇地解释为"两个阶级""两条路线斗争"的反映。现代文学研究成了政治运动与权力斗争的重灾区。所以，八十年代以后的中国现代文学研究，正是"从清理重灾区入手"，拨乱反正，以恢复历史的本来面目与丰富性为己任的。在史料发掘的基础上，许多对新文学做出了重大贡献的作家被重新发现与认识，也得到了应有的历史评价。冲破狭隘的政治标准与教科书模式、"重写文学史"也提上了议事日程，并在以后的发展中取得了巨大的成绩。研究者的丰富复杂的个人性也凸现出来，打破了现代文学史的"定本"，也使得历史的多侧面性以及它对于现在的多方面启示的意义凸现出来。这可以说是八十年代以后，大陆的中国现代文学研究界所取得的长足的进步。这期间涌现出不少年轻有为的中青年学者，他们现在是这一学科研究的中坚力量。

自二三十年代起，国外的汉学界也开始关注中国的新文学，并取得了可观的成绩。到二十世纪中叶，对中国新文学的研究已经成为一门国际性的学科，中韩人民有着深厚的友谊与悠久的交往，所以韩国对中国新文学的介绍与研究也很有历史，如果从一九二〇年《开辟》杂志译介中国的"文学革命"起，已有七十九个年头。八十年代以后更有了蓬勃的发展，介绍与研究的数量与质量也已颇为可观，到中国大陆与台湾攻读这方面学位的留学生也不断增加，可以说中国新文学研究已经成为韩国的中国学界一个不可或缺的部分。我衷心祝愿中韩两国的研究者加强交流，使中国新文学研究更上一层楼。同时也衷心祝愿《国际中国学研究》能够成为中韩学界乃至世界汉学界的一个发表的园地与交流的桥梁。

一九九九年二月一日于上海寓所

334

我与比较文学①

　　——应《中国比较文学》约稿而作

　　比较文学作为一种学科的提出和形成，是在十九世纪初，到了十九世纪末，比较文学才正式建立起来。它作为一种理论概念是在"五四"初期被介绍到中国来的。自此，从二十年代的章锡琛、吴宓，到三四十年代的傅东华、戴望舒、闻一多、朱自清、刘西渭、钱锺书、朱光潜、杨宪益、李长之、范存忠等，都在理论译介、研究实践等不同方面为中国比较文学的发展做出了独特的贡献。五十年代后，因受苏联文艺思潮的影响以及国内极"左"路线的干扰和破坏，比较文学被视为"资产阶级学科"，从而使刚刚起步的中国比较文学的研究陷入了停顿状态，但也有少数学者仍在困难的环境中坚持默默地劳动，取得了像《管锥编》这样的重大学术成就。

　　我开始忝列比较文学研究者的队伍，是在"文革"以后。七十年代末以来，随着中国由封闭走向开放，以及对极"左"思潮批判的深入，"胡风反革命集团"冤案的平反，我重新回到了相别近二十五年的教学岗位，但已垂垂老矣。八十年代初被平反以后，我参与了比较文学学科的一系列重建工作。我一直认为，一个学科的确立和成熟必须具备三个条件：一要有比较系统的专业理论著作；二要作为一个学科进入大学课堂；三要有自己的专业学术刊物。回顾过去的二十多年我为比较文学学科所尽的一点绵力，主要也是围绕着这三个方面，只是我不是学问中人。正如我在回忆录

335

《狱里狱外》中所说的那样，"我只是个浪迹江湖，努力实现自我人生价值和尽到自己的社会责任"的普通知识分子，所以忝列比较文学研究的队伍，只是勉为其难，给年轻人敲敲边鼓而已。

大约由于我在解放初就从文艺界转到高校做教授，先是在震旦大学，一九五二年院系调整后调来复旦大学，讲授苏联文学、世界文学、中国现代文学等课程，同时，也由于从四十年代后期起，我从文学创作转到文学、社科类的著作的翻译出版活动等因素，一九八一年国家教委提出要我开始招收比较文学研究生和出国预备生，由中文系和外语系联合培养。这样，复旦大学便成为我国首批有比较文学硕士学位授予权的单位。一九八六年，我被国务院学位委员会批准为中国现代文学博士生导师，专业方向是"二十世纪中外文学关系史"。后来，复旦大学中文系成立了比较文学教研室，教研室集中了陈思和、徐志啸、严锋、王宏图等一批年富力强的中青年学术骨干，我与他们一道开展比较文学的教学和科研活动。

我先后招收了六届比较文学专业研究生，我鼓励他们积极投身于学术、文化交流活动，要求他们不仅能够具有独立从事学术研究的能力，还要能够集翻译、写作、编辑与教学等多种能力于一身，继承和发扬近代以来中国现代知识分子的优良学术传统，他们中间后来有不少人去了国外，或深造，或从事学术文化的交流活动。自八十年代起，我还带国外高级进修生，如美国芝加哥大学的李欧梵先生，日本横滨大学的铃木正夫先生、关西大学的日下恒夫先生、一桥大学的坂井洋史先生等。

除了正常的教学活动之外，我还写了一系列关于比较文学专业方面的文章。一九八三年，我给我国第一部比较文学的理论读物《比较文学导论》（卢康华、孙景尧著，黑龙江人民出版社，一九八四年）写了序。为普及这门学科，一九八四年我在《复旦学报》发表了《中国比较文学研究的过去、现在与将来》一文，后来又在《文学报》发表了《比较文学的由来和发展》（一九八五年一月三十一日）。一九九一年，为排除外来干扰，澄清人们对比较文学的认识。我应北京大学乐黛云教授之邀，在《读书》杂志的《笔谈》栏目发表了《开放与交流》一文，文中指出："比较文学的一个基本精神就是开放与交流：以开放的眼光去研究文学的交流。""要是没有'五四'时期的开放和对外来文化的大量引进与吸收、借鉴，是否还会有我们今天所看到的中国现代文学，是颇可置疑的，而马克思主义也正是在当时开放性文化环境下引进来的。"此文后来被香港中文大学译成英文。"五四"接受外来文化影响，翻译文学即是中西文学交流的产物，可解放后翻译文学一直受到外界的排挤与冷落，没有引起足够的重视，鉴于此，我在为谢天振教授的专著《比较文学与翻译研究》(台湾业强出版社，一九九四年) 所写的序文中特别强调了翻译研究的重要性和该书所取得的成就。后来，我又在为谢天振著的《译介学》(上海外语教育出版社，一九九九年) 所写的序文中指出："由中国翻译家用汉语译出的，以汉字形式存在的外国文学作品，为创造和丰富中国现代文学所做出的贡献，与我们本民族的文学创作具有同等重要的意义和价值。"此外，我还给由陈惇、孙景尧、谢天振主编的国家教委指定教材《比较文学》、徐志啸著《中国比较文学简史》、张廷琛译《比较文学的理论与实践·译文集》、孙乃修著《屠格涅夫与中国——二十世纪中外文学关系研究》等著作作序。

我和陈思和等中青年学者一道，从八十年代初期起，就着手逐步地介绍、引进西方比较文学理论、方法、流派以及变化、发展与成就。我们承担了国家"七五"重点社科项目《外来思潮和理论对中国现代文学的影响资料（一九二八——一九四九)》，还计划出版《西方汉学家研究中国译丛》，后因出版困难，此套译丛仅出了一种。围绕学科建设，我们还承担了国家大型项目《中国现代文学总书目》（福建教育出版社，一九九三年)《翻译文学卷》的撰写工作，我也忝列此书的主编之列，并为之写了序文。另外，我们还承担了国家"八五"项目"中外文学关系史"，此项成果将陆续面世。

或许是我素来喜好交友的缘故，我也被邀请参与了一些地区和全国性的比较文学活动。自八十年代中期起，由全国高校比较文学教学人员为主干，组成了中国比较文学学会以及各地区比较文学学会。我是上海比较文学学会首任会长、中国比较文学学会首任会长（另一位会长是已故的杨周翰先生)。中国比较文学的专业刊物《中国比较文学》原由浙江人民出版社出版，后来经过努力，拿到了刊号，改成了季刊，由上海外语教育出版社主办。北京大学的季羡林先生和我曾是该刊的主编，现任主编是上海外国语大学的谢天振教授。

我们还邀请了海外有关专家学者来复旦大学演讲或从事学术交流，他们有香港中文大学的李达三教授（John Deeney），他演讲的题目是"圣经与西方文学"，香港中文大学的俄裔汉学家杨观海教授（Peter Glassman），他演讲的题目是"弗洛伊德与文学"，还有香港大学的黄德伟教授，香港中文大学的周英雄教授等等。

同时，我自己也走出去，参与海外的学术文化交流活动。一九八五年，我应香港中文大学外文系比较文学研究中心的邀请，参加了"中西叙事比较文学交流会"，并担任了专业评议员。一九八三年，我应香港中文大学之邀，以访问学者的身份和老伴一起赴香港从事学术交流访问，并作了"中国传统文学和现代文学"的演讲，后来经过充实和补充，在一九八六年美国普林斯顿大学举办的第二次"中美双边比较文学会议"上提交了该论文。这次会议，我因健康原因未能参加。一九九○年，我又应母校东京日本大学的邀请前往讲学，作了"中国近现代留日学生与中国新文学运动"的演讲，后在此文的基础上加以充实扩展，在一九九六年台北举行的"近百年中国文学"国际学术研讨会上提交了该文。

比较文学作为一个专业学科，已由草创走向成熟。二十多年来，涌现了一大批功底扎实深厚又年富力强的中青年学者，出版了一批高质量的学术专著，全国各地高校和科研机构中的比较文学学科基础也相继建立并巩固了起来，比较文学的专业期刊也越办越好，《中国比较文学》杂志作为全国比较文学学科的核心刊物，其在国内外的影响日益扩大，另外在北京、南京和四川等地还出现了各具特色的比较文学期刊和丛刊，使我国比较文学的教学、科研、出版和学术交流都呈现出空前活跃的景象，这是我尤其感到欣慰的。我相信，随着对外"开放和交流"的深入，中国比较文学学科必将更加焕发出勃勃生机。我虽然已是八十多岁的老人，对于中国比较文学的学术推进，有点力不从心了，但在我的有生之年，我还会继续为比较文学摇旗呐喊，为年轻力壮的后起者们加油鼓劲。祝中国比较文学事业更加繁荣兴旺。

注：
① 原载《中国比较文学》，二○○○年第一期。

两翼丰则行之远①

　　在学术研究界，早有人把中国现代文学的创作和翻译看成车之两轮、鸟之两翼。我向来赞成这样的观点。如果没有清末海禁的被迫打开，就没有中国知识分子开始接触和接受西方文化与文学，并开始翻译与介绍包括东西方在内的外国文学，对外国文学进行由内容到形式的"创造性模仿"（周作人语）。也就是说，如果没有对外国文学的引进和借鉴，很难设想会有文学革命和由此开始的中国新文学史。退一步说，中国新文学的发展进程也就决不是后来我们所看到的情形了。其实，翻开当时的文学期刊、报纸副刊和作家文集，都可以看到这个历史现象。一九三八年出版的二十卷本《鲁迅全集》就是一个显著的例子。他在《新文学大系·小说二集》的导言中那段著名的关于小说创作的夫子自道，也充分肯定了外国文学与中国现代作家作品之间的影响关系，以及中国现代文学异于传统文学的基本特点。早期的中国现代文学史著作，也都把翻译文学以及中国现代文学对外国文学的接受和借鉴作为治世立论的出发点。只是到新中国成立以后，相对封闭的文化环境和意识形态压力，才导致文学观念的相对褊狭，翻译文学的价值和地位反而被忽视，这种做法是脱离历史实际的。直到二十世纪八十年代，这一话题才重新被学界提出。二十一世纪以来，已经有许多比较文学和现代文学界的学者，从不同角度对中国百年来的翻译文学进行认真的研究，并取得了一系列可喜成果，而天振就是其中倡导最力的学者之一。天振是我多年的朋友，二十多年来，他一直投身于中国比较文学的研究工作，不仅主编《中国比较文学》季刊，而且个人著述不断，取得了丰硕的学术成果。而翻译文学研究，即比较文学的译介学研究一直是天振学术工作的一个重点，自二十世纪九十年代的《比较文学与翻译研究》以来，又先后出版了《译介学》《翻译研究新视野》和《中国现代翻译文学史》等著作，所取得的成就也为国内外学界所公认。新近又看到天振与他的弟子查明建博士一起完成的百万多字的新著《中国 20 世纪外国文学翻译史》问世，很为天振的勤奋和多产而高兴，也钦佩于他们沉潜于学术的执着精神，另外，也为有像查明建这样更年轻有朝气的朋友加入这一行列而感到欣慰。天振与查明建的新著从比较文学的立场出发，在充分占有第一手材料的基础上，对二十世纪外国文学在中国的翻译历史进行了系统梳理，这对于进一步展开翻译文学的研究功莫大焉。同时，天振对"文学翻译史"和"翻译文学史"所做出的概念区分，我认为也是富于启发性的，它有助于从不同的角度对翻译文学展开深入研究，从而体现这一学术领域在比较文学、中国现代文学和翻译学等不同学科中的意义。我作为一个退休老人，虽然已经没有精力做这样大的题目，但我仍然关注当今学术的发展，也很愿意向学界的朋友推荐这样扎实的学术成果，相信从事相关领域研究的学界朋友，对这部著作同样会有浓厚的兴趣。按照天振自己的说法，文学翻译史是翻译文学史研究的基础，这么说来，天振他们下一步的研究应当是系统的"二十世纪翻译文学史"了，我期待着它的尽快问世。

注：
① 原载《文汇读书周报》，二〇〇七年六月二十九日。

杂　论

谈利用小说作材料来改编剧本①

——以《钢铁是这样炼成的》第六场为例

　　小说作品，为了使它更具体更生动地展开在观众面前，取得更广泛的政治效果，利用它的材料来改编为剧本，是一件需要的工作。尤其是作者从血淋淋的现实生活中摄取真人真事概括而为典型形象的小说作品，因为它的丰富的斗争性和现实性，那艺术感动力更深，政治效果更大，改编为剧本，也就更加必要。

　　但是，这种改编的过程，应该也是一个创造过程，除了应该加进改编者的艺术劳动加工外，第一，改编者必须对于他所利用的小说原作，从人物到故事，都加以深刻细致的体会和发现。只有在这个基础上，改编工作本身才不会变成一种单纯的抄袭和机械的搬用，以至无意的歪曲，而使它本身成为一件有高度思想性和艺术性的统一完整的可取的艺术作品，完美地达成他的改编的任务。

　　一个剧作家，若是用这样严肃的创作态度来对待他的工作，虽然他不提明他所依据的小说作品名称，但是那小说作者，只有衷心地来感激他这一工作，因为小说作者自己的工作会因了这一成功的利用而得到进一步的提高和完成，他的为人民服务的初衷，也因此取得更广大的效果，得到贯彻。反之，他会认为是对自己的一种伤害和作践，这原是一个有良知的作者责任以内的要求。

343

我在这里，试举一例，加以说明。

前些日子有几个年轻的朋友告诉我说，剧本《钢铁是这样炼成的》（上海剧专师生集体创作，许之乔先生执笔，据《跋》上说，此稿完成于一九四九年十二月二十七日，一九五〇年五月由上海新华书店出版）的第六场，是"编用"了拙作《人的证据》（第一部，一九四九年十月一日新潮书店版）的故事、人物和场面。问我知不知道这回事，我听了茫然。因为我并不知道，但自己随即也很高兴，因为这本小书，是我在一九四九年春天的旅途中根据生活记忆信笔所写，写了第一部。由于我的创作思想发生了巨大的变动，不满足于自己写出来的东西，就把它丢置一旁，暂时也再没有写下去的勇气和兴味了。后来一家小书店愿意承印，想了想，觉得这些血的事实，本身也还有点小意思，正不必因人废事，就同意拿去印了。但当时声明，只印两千本，卖完算事，现在这本小书的内容，居然被人采纳，那可以算是"废物利用"了。随即借来《钢铁是这样炼成的》拜读，在熊佛西先生写的序及执笔者写的跋上都没有提过有此一事，当时觉得，我的年轻的朋友也许看错了。但在我读了剧本，读完第六场以后，我才发现确是如此，但不是"改编"，而是把拙作"利用"了一番（主要是第四章），不过，剧作者在利用的过程中，由于对于客观事物缺乏深入研究的实事求是精神，和在主观上对于这种生活场景和人物性格的隔阂，剧中的有些地方，在我看来，是应该提出来商讨一下的。

这第六场是描写蒋匪监狱中的情况，主题是写政治犯的监狱斗争，是承接第五场的被捕，而展开了一个监狱生活的横断面。这里的人物，除过全剧中的主题人物从事学运的同学外，还有一些其他的"犯人"老陆、老陈、老吴、阿金、密斯韩等人，以及老全（应该是负责看守的小特务）。不过，除过老全之外，这些犯人的犯罪身份，我们不大明确。换句话说，我们不明白这个监狱的性质，是一所普通监狱呢，还是专押政治犯的特务监狱？但是细味全文，这应该是一个专押政治犯的特务监狱。换言之，这些没标明身份的犯人，应该全是政治犯，要这么说，这里边的密斯韩和老陆在政治上确是大有可疑了！

戏一开场，是一个女工阿金在受刑（在场外），老陈说："谁无老小，谁无妻子，这个世界，这个国家！"（这一场面和对话是利用了拙作向女士受刑的描写，老陈的话在拙作里是这样写的［原书第六十九页］：老骆躬着腰铺被，一边叹息说："谁无父母，谁无妻子，这个世界呀！"）迨阿金被拖回女号子，老陈看见老全走了，从怀里掏出一只酒瓶，说："我们这儿有用剩下的一点药酒，你们给她擦擦腿吧，擦过了腿，扶她遛几个圈子，免得残废。"小妹接过药瓶，正替阿金擦时，老全上。全："干什么？""拿来！拿来呵！好，你不拿来，你就是她的同党！"密斯韩："全先生算了吧，这不过是她的一片好心罢了。"全："什么好心不好心，喔，我做坏人，你们做好人，天下哪有这样便宜事，拿来！（抢小妹手中瓶，小妹挣扎，老全把她推在地上）我报告上去把你们一个个铐起来！"（请参看拙作第七十页倒数第二行至七十二页……他［全吼……剧作中称作老全的——］哼着"夜光杯"，轻快地在空中耍着一连串钥匙走了……我们大家看着疲倦地靠着墙的向小姐，老骆声音发轻地说："老贾，我还有用剩下的一点没了性药酒，拿给你太太，给受刑的小姐擦擦腿，免得残废，擦擦腿，再叫她们扶她遛几个圈子，现在不能就休息不动，要不筋就僵直，腿就不作用了。"我拿了药酒瓶从窗户递给妻子，一边说了用法，她刚弯下腰，打开瓶塞，猛然被从木楼梯旁奔过来的全吼把酒夺了去，并且气势汹汹地在我们窗口发威："谁给她的？这是谁的主意？你们是同志哦？"没有人答话，眼睛都沉沉地盯着他，江特务笑着说："全先生算了，你不是讲人道主义吗？这不过是难友的好心吧。""好心？这他妈的是鼓励，我们做坏人，你们做好人？我报告上去，都铐起来，他妈的不识抬举的东西！"）从这里可以明白，老陆是政治犯，但在老全夺起药酒瓶时，密斯韩的态度和她与老全的对话，就奇怪了！这密斯韩也应该是一个政治犯（在拙作里也有一个韩小姐，是以"文萃社""娘姨"的身份被捉进去的，是一个颇憨直而坚强的小姑娘，但不见于这第四幕），但在这里她的态度和口吻有点不对劲——超然；老全对她说话的口气，也不像是对一个政治犯的口气。（在拙作里，密斯韩的对话是由一个因敲诈案子被关起来的军人出身的小特务姓江的说的，因为这是一个沉痛的斗争场面，政治犯们，在感情上人人有份，所以在全吼夺走药酒瓶时，政治犯们都"没有人答话，眼睛都沉沉地盯住他"，表示了一种无言的愤怒和抗议，空气泼辣尖锐，显示出这是一个政治犯监狱将有的性格和气概；这江特务因为在狱室中的精神孤立，并为遮掩自己，想使政治犯们不那么在精神上封锁他，仗着他的特有的受优待的身份，说这几句话，这原是惠而不实，讨好政治犯

345

的机会，但这和看守的小特务全吼的拿走药瓶的利益目的冲突了，全吼说："我们做坏人，你们做好人……不识抬举的东西！"等等，就是表示出他们身份上的相同［都是干这一路的］和在当时彼此利益上的冲突，是意在打击江特务，主要并不是对付政治犯，所以在拙作中，紧接着这，还有江特务动心剖白的一幕——那个场面的发展）这点，显然是剧作者的粗心大意，没有细致地分析这一口吻的实质内容，把张三的帽子抢下来，随手捏弄了一下，就在主观上认为合乎李四的脑袋给李四戴了上去，以至把密斯韩的身份弄模糊了，对密斯韩做了不适切的有害的描写，而且从全面地来看这场，这密斯韩偏偏只说了这一句话，并没有发展，就更增加了观众对她的怀疑。这并不是说，不可以写出密斯韩和她的那句对话，但我们必须勾出韩的明确的身份，使她比较完整才好。

这以后，在剧作中是老陆和大家凑钱，给老全送礼，老陆出面托老全买酒，全："这怎么行啊！"老陆："自己朋友，帮帮忙。"全："（摸钱）好，不过话说在头里，只给你一个人喝，上面晓得了我可吃不消。"老陆："晓得，晓得，一定，一定。"这就又奇了！老全为什么会对一个政治犯的老陆这样厚爱呢，"只给你一个人喝"？这简直是对政治犯老陆的一种侮辱！这，从文字的痕迹来看，大概是借用了拙作从第六十三页尾至六十四页第十行江特务向全吼借扑克玩的场面（拙作原文：江特务却忽然把头靠在窗上，换成一副笑容，向左边叫着："全先生，全先生！"姓全的警卫吊儿郎当地过来了，说着上海话："啥事体，老江？""唉，"老江露着牙齿笑着，"扑克借一下吧。"老全一手把在窗上，眼睛溜着女号子，转回头来说："这怎么行呀！""嗳，我一个人玩，我又不和他们玩。"他说，这里他显出和我们不同的身份了，也表示了他受着与众不同的优待身份。"好吧，"老全放了手，插在裤口袋里，"可是约法三章，不准和他们玩，上边知道了，我要吃排头。""一定，一定"，江特务敬着军礼，笑嘻嘻地说）但是把特务间的"友谊"移而为特务与政治犯之间的"友谊"，是极不适当的，是对政治犯的高尚的品格的一种歪曲，须知政治犯在监狱中，即或和看守的小特务表面上应付应付（这是限于一部分性格精密深通世故的有经验有方法的"老犯"，并非一般如此），但这也有一定的限度和限界，是绝不会和特务建立上述那种程度的"感情"的，何况，剧中明白表明，这老全又是一个凶恶至极的小特务呢？而老陆，从全场看来，绝不会是一个投机失节的叛徒，不会受到"一个人喝"酒（酒在监狱中系为厉禁）的"优待"的，小特务当着全号子的人给老陆这样说，在老陆是一种侮辱，不会说"一定，一定"的。还有，这剧中的老陆我以为是影射了我的小说中的老骆，那就更不该如此写了。老骆，是我的书中最光辉的人物之一，疾恶如仇，斗争性坚决，最后被杀于南京。所以，我认为，在写作中触及所谓"政治犯"的地方，我们必须以绝对慎重的严肃的心情来处理，绝不能随意安置，这不仅会无意间侮辱了革命者的人格，而且对我们自己也是一种残酷！

至于剧中写那个美商公司的老吴的场面，那更就是拙作的露骨的利用，兹对照抄录如下：

剧本（自一百四十页末行至一百四十三页第七行）：

陈：（拍吴肩）喂，你在写什么？

吴：（抬头）你先生贵姓？

陈：我姓陈。

吴：你也是共产党关系进来的吗？

陈：那是他们说的呀！你怎么也这样说，你是怎么进来的？

吴：我是一个美商公司的，上面要我把关系交出来，我把公司里的职员工人就我所知道的，填了一个表交了上去，上面又说不对，还说我狡猾（略停）他们还要我交共产党的组织，这我怎么知道呢？我又不是共产党！

罗：那你写什么呢？这儿又不是你的写字间！

吴：他们要我把公司里活动的工人写出来，谁爱国，谁替工人争利益，他们要的是这，我现在写的是这个。

陈：不是的，你这么一写，说不定会把他们抓来吃官司的。

吴：我又不说他们是共产党，写写有什么关系呢？

陆：你在公司里干什么？

吴：我做英文书记快十年了，那天，我到印刷所去取表册的时候，碰见他们在那儿抓人，我也给莫名其妙地抓来了。公事上还批说我是要犯，（略停）听说这个机关是专门抓共产党的，我就这么成了要犯了。

陈："中统局"真他妈的瞎了眼……

陆：（制止老陈）嘘！

347

（沉默）

冯：你好不好写呢？

吴：你先生是共产党吗？

甘：焕明，你少说两句。

冯：这不是共产党不共产党的问题，这是做人的问题，你又不是吃"中统局"的饭，你这么一写，实际上是害人害己了。

吴：害己害人？

陆：唉，你这么一来，说不定你出不去，还得把别人抓进来。你啊！简直成了人头贩子了。

吴：（不服气）上头还嫌我写得少呢，所以我想再加上几个。

陆：那么，我告诉你说，你这个泥坑可说是掉得深了，（老吴不理，仍在写）去他妈的，写吧！

冯：世界上怎么会有这种糊涂蛋哪？

……

罗：（忽然，他像发现新大陆，推开大家，直向老吴走去）吴先生，这里有你的新闻！

吴：呵！

罗：你的公司为了你，大家在罢工，要求释放你，他们包围了社会局，慰问了你的家属——你还在给他们打报告呢！

（老吴茫然地瞪着眼）……

请看我的小说原文（七十六页至七十九页）：

昨天晚上抓来的东洋头，接着被喊去了，他一直睡在铺上，曲着腿，什么也没吃，有时候抬起身来吐痰，往往吐在铺上，我们的"卫生部长"小宁波说过他，他说，他看不见，眼镜被摘去了，他有八百多度的近视，现在外面喊吴什么，他出去了，我们知道了他叫的名字。

一个多钟头，他带了几张十行纸回来了，就紧张地坐在倚在墙上的椅子前，歪着头用铅笔写字，时时歪了头沉思，一直写到吃晚饭，他又出去了，搁了半个多钟头下来，又带回了几张十行纸，坐在老地方写，始终没说一句话。

江特务跑近去说：

"老乡，你写些什么？"

他抬起头，直直地望着江特务说：

"你先生贵姓？"

"江。"

"你也是共产党关系进来的吗？"

江特务大笑着，说：

"我是本机关的人，为一点小事来休息几天。"

"我是一个美商公司的，"他招供一样地说，"上面要我把关系交出来，我把公司的职员工人，就我所知道的造了一个表交了上去，又说不对，还说我狡猾。……"

大家哄笑起来。这个人有点莫名其妙，他却是一副悲苦的认真样子，这样说：

"他还要我交共产党的组织关系，这我怎么知道，我又不是共产党!"

江特务作弄地问他：

"那你又写什么，这里又不是你的写字间。"

"他要我把公司里活动的人写出来，譬如谁爱国，谁活动，谁替工人争利益，——他要这些人，我现在正写这个。"

老吴抢上去说：

"吴先生，你这么写就害了人了。"

他强辩地说：

"我又不负责说他们都是共产党呀，写写有什么关系。"

吴说：

"不是这样，你这么一写，他们准把他当共产党的抓来吃官司了。"

他瞪直了眼，好像觉悟到这事情的严重。

江特务向他说：

"你在公司干什么？"

"我当英文书记，快十五年了，昨天去富通取印就的表册，就莫名其妙地给抓来了，公事上还批着，说我是要犯。听说这个机关是专门抓共产党的，我怎么成了要犯! ……"

"真是拿着鸡巴当脑袋，中统局人眼瞎了。"江特务笑着走开了。

他却又歪了头吃力地写去……

第二天上午这位吴先生又拿了纸回来写着；我们买的咸菜又恰巧送来了，包纸是一张当天的《申报》的本市新闻，上边登着他的公司罢工，包围了社会局，要求释放被捕职工吴姓，并举行扩大慰劳吴的家属，当地治安当局正采取有效措置云。老吴把这张半湿的报纸送去给歪了头写字的这位吴先生看去，他费力地看了一遍，茫然地瞪着眼，忽然转过身来，发现什么一样地说：

"坏了，坏了，他们这么一闹，我真成了共产党了。"

我们看这人老实糊涂得可怜，我向他说："吴先生，这是你们同人的一番好意，怎么能说坏了你的事呢？外面这么一闹，你或许就可以早出去了，你那些东西还是少写吧。"

他怀疑地看着我说："你先生是共产党吗？"

我觉得可笑，向他说：

"这不是什么共产党不共产党的问题，这是个做人问题。我们运气不好给抓来这里，只好自认倒霉，你不用说不知道人家是不是共产党就敢胡写八写，就是人家真是共产党，你也不应该写，你又没吃中统局的饭。你这么一写，害人害己，说不定你就走不了了，别人还得进来，你这简直成了人口贩子了。"

"贩卖人口！"小宁波在铺上翻筋斗，学着叫贩的口气叫着，大家乱笑着，好像是给这位吴先生的一点示威。

他不服气地说：

"我是不写不行，上头还嫌我写得太少哩，所以我今天又想写几个上去……"

老吴在一边，哈哈地说："你这泥坑掉得深了，写吧！"

他真的歪了头写去了……

我和骆、吴都挤在墙角吃烟，老吴不能忘怀似的说：

"老天爷呀，世界上怎么有这种糊涂蛋！"

剧本第一百四十三页倒数第四行起陆的话："……我相信，这几个月来，我大概明白你们几位先生，你们的案子我虽然不明白，但是，打这种官司，我有过几次经验了。吃这种官司，只有一种打法，就是给他赖掉一切，假如没有证据，你就挺住好了，受点刑罚没有关系，我们在这儿，起码要有个人格，至少将来放到外面去，不会脸红，不会对不起朋友。"这是拙作第三章，四十二页倒数第二行至四十三页第一行的利用，拙作原文是："……骆严正地说：'我大概知道你这个人，你的案子我虽然不明白，但是打这种官司，得有一种打法，第一要赖掉一切，如真的有什么证据，那就挺住好了，受点刑没有关系。我们在这里起码要争一个人格，至少放到外面去，不会脸红，不会对不起朋友。'"剧作在这里却有一个不小的错误："假如没有证据，你就挺住好了！"这却有背老陆（或老骆）的讲话原意，他的意思是，有什么证据，挺住好了，这内容是说：特务要抓到你的证据，他必要进一步地迫你交出组织关系，或带他去抓人，要你出卖一切，否则，还要拷打你，那你只可死挺。若照剧中口气说来，没有证据，应该挺住，若被抓到证据呢，那时不挺了吗？这显然是利用拙作时，没有搞清楚，以至弄巧成拙，发生了这样不必要的大错误。

剧作快到结尾写家驹的受刑（一百四十六页）是用这样的对话和动作构成的：

陈：又加上一块了。

（家驹的惨叫声）

陆：（回忆）这是搬腿了，把砖头往回一撤，冷不防地把你的腿往回一折，这才叫痛彻肺腑！

这还是利用拙作第四章向女士上老虎凳的描写，老陆的话，在拙作里是老吴咧着嘴巴说的（七十页第二行起）："这是搬腿了，——人的腿伸得直直的，砖头垫得高高的，砖头一取，他猛不防把你麻痛的腿使力猛折了回去，这才叫痛彻肺腑呀！"不过，在剧作里，却欠缺了事实的过程，陈说，加上一块了，我们接着听到了家驹的惨叫声，这是表示家驹继续在被上老虎凳，而陆接着这个惨叫声所说的话，则是上老虎凳终了的动作和惨状，这显然是剧作者没有深入了解这一动作的过程，而发生了如上的误解。自然，我不是说，我们剧作家为了写正确这一惨刑场面，他必须要有这种体验才行，那是太机械的要求，而是说，既然利用了拙作，那就应该多注意一下，因为那上面，关于这一惨刑过程，写得较为明白和具体，应该看明白了再写，不必慌忙。

关于老吴的故事，我抄了这许多书，主要的并不是意在说明剧作和小说间的雷同关系，不是的，我写这篇文章，其目的也不是和剧作者争版税的问题。今天，我们的文艺事业应该不是一种狭义的个人事业的意义了，而把这一大段文章抄出来的意思是，因为它确切证明了我在前文中的论断：这剧作里的监狱是关政治犯的监狱（"'中统局'的眼瞎了""你又没吃'中统局'的饭"），老陆、密斯韩都是政治犯的身份（"这个机关是专门抓共产党的"），尤其关于老陆，这里有许多他的对话和动作，证明了他不仅是一个政治犯，而且是一个优秀的斗士，这证明了剧作者在前半部对他处理得太不适当，以至变成了对他的侮谩，这是我所以觉得应该就商于作者的地方，也是我写这篇小文的动机和目的，尤其是我主观地以为这老陆是拙作里老骆的影射。这一人物的形象，和我在感情上有一种关联，而剧作者把特务分子的口吻，竟无动于衷地移到他的口里。他拿药酒给难友，受到小特务的侮辱而毫无表示，反回过脸来，和小特务称兄道弟（"大家朋友，帮帮忙"），而小特务又对他敢说这样的侮辱话，说："只给你一个人喝"，这太不是真正的老骆了！退步说吧，这老陆是剧作者的创造，而不是影射，但这也是一个歪曲的形象，显然剧作者对这一带着光轮的人物性格没有庄严的深入的考察和分析研究，不明白一个革命者的伟大人格力量，因为感情上没有贯通，所以处置上就歪曲了，而更重要的是这是一种有政治性的歪曲。

还有，关于利用这个落后的职工老吴的故事，在这里，似乎只有资产阶级的堕落文化所追求的"噱头"意义，对于观众和读者并没有教育的意义，或根本没有想到教育的意义，是一种低级趣味的处理。这个老吴，在拙作中也是一个真人，他因为落后自私，被特务残酷的欺骗利用，最后发了狂，直接和特务发生了斗争，向难友们检讨了自己，成了一个觉悟的职工。事实是如此。我的小说因为只写了第一部，没有把全部监狱的生活斗争写完，所以这位老吴也就没有得到发展和成长的机会，而剧作者把他在监狱生活的开始场面，作为结论机械地搬运过来，我认为是不妥当的，把这样一个"可怜人"拿来嘲笑示众一番，有什么意义呢？因为他只是一个"糊涂蛋"，而世界上的糊涂蛋，只要不是顽固分子，是不会糊涂到底的——我以为我们应该在这种认识下去处理这种类型的分子才好，落后和前进既然都不是天赋的，相反地，愈是在这种落后分子的身上才可以愈加深刻地发现和解决问题，提高作品的政治意义。

以上，是我以具体事例说明我对利用小说材料改编剧本的一点零碎意见。总之，在这里，重要的不是虚心地去利用，而是虚心地去分析，要进一步地提高和完成原作，使剧本本身成为一种创造的完整的存在才算理想。

我们工作的出发点是为人民服务，在做好工作这一要求下，对于实际上是利用了我的作品而编的这个剧本的一场，我是有责任和权利来提出我的意见的，因为只有这样，我们的工作才会有更辉煌的前景，才会有更大的进步。

一九五一年于上海

注：

① 原载文协上海分会所编《文学界》第五十六期，见一九五一年二月十九日《〈文汇报〉副刊》第二、三版。

《中国通俗小说书目修订稿》中译本序

　　中国古旧小说，或通称之为通俗小说的，本无薄录可言，自鲁迅先生于二十年代初间在北京大学开讲中国小说史课程时，为之钩沉史料，清理脉络，并按其出现年代和色类整理成专著《中国小说史略》行世之后，始开创了著录和研究中国古旧小说之先声，并蔚然成为新风。从此诸家辈出，著述渐多，而海内外学者有关中国古旧小说史料的发掘与考证研究工作，亦于焉而盛。迄至一九三二年，孙楷第先生出版了《日本东京所见小说书目》六卷，《大连图书馆所见小说书目》一卷；翌年，他又结集所有到手的中国小说材料加上日本东京所见书目，汇总为《中国通俗小说书目》十卷出版，更为中国古旧小说的版本目录之学的专业研究工作，奠定了坚实的基础，在国内外学术界产生了广泛的影响。解放以后，《中国通俗小说书目》一书，经过孙先生大规模修订增补，于一九五七年间重版出书，仍然在国内外同类著作中享有盛誉，处于翘楚地位，为中外学术界人士所瞩目，置为案头必备之重要参考类书。

　　在我国跨过毁灭文化的"文革"，步入新历史时期之后，《中国通俗小说书目》，又经过孙先生重订再版，于一九八二年重新问世。但由于以前长时期内，我国处于"左"的思潮的严重干扰之下，尤其是十年浩劫的大难，学术研究的闸门久已淤塞不通，陷入绝境，孙楷第先生以劫后年迈多病之身，因长期处于耳目闭塞的窘境，无缘接触国内外新材料（包括书类、版本、藏家、论证诸项），对于一九五七年以后海内外出版的有关资料和论著，一九八二年版的《中国通俗小说书目》，因之反映寥寥。这就是时代错误所导致的对我国的学术研究所造成的灾害的一个具体历史鉴证，而我们应引为千古教训者。

日本东京大学教授大冢秀高先生，在推崇孙楷第先生著述的高洁心境中，在参加日本一九八三年度的文部省（教育部）科研费的奖励部门——"以日本公私机关藏本为中心的中国通俗书志部门"这一工作中，就以孙楷第先生此一著作作为基础，广泛吸取一九五七年以后海内外发现和研究成果，并经过内查外调的卓绝努力，遍及日本公私机关所典藏的中国小说书类，对《中国通俗小说书目》的一九八二年版，进行了大量的修订补充工作，而成其新献《中国通俗小说书目修订稿》一书出版。因之，大冢秀高先生的这一著作，可以说是继孙楷第先生的《中国通俗小说书目》之后，对中国古旧小说版本目录之学的一大贡献，说它是一个新的历史浪头，大约并不算什么过甚之辞。

一九八四年，大冢秀高先生作为研究学者，在北京大学进修，同年底来复旦大学图书馆访书时，以此书见赠。我捧读大冢秀高先生的著作以后，深有耳目充实之感，直觉地认为，它对目前日趋蓬勃发展的我国古旧小说研究出版工作，不无增广见闻，开通耳目之助。今年初间，云南人民出版社老杨和小乔等同志来寓相访组稿，因为之推荐翻译出版，并得到了他们的慨然相允。经过邵康铭同志业余的连续奋战，完成了译稿，我又不揣浅陋，应邀为之校勘润色，协助邵康铭同志勉力完成此一译书任务。云南人民出版社同志出于对我国社会主义学术事业的建设热忱，不惜血本，大力支持，优先排印，这就是现在呈现在读者眼前的这个译本的由来。

中国的文学是世界文学的总体构成中的一个重要组成部分，它对世界文学的发展曾做出并继续做出辉煌的贡献，发生过和继续发生着深远的影响，而国外对我国文学的研究工作，从世界范围来说，也是源远流长，历久弥新，并已在历史的长河中形成为一门专业；尤其与我国一衣带水之隔的芳邻日本，更处于此中的领先地位，而为世人所称道。大冢秀高先生的新篇《中国通俗小说书目修订稿》，以其对中国古旧小说版本目录著录修订之精到详尽，以及不惮烦琐地广泛著录典藏情况为其最显著之特色。早在三十年代，我国已故的目录版本学大家郑振铎先生就指出过：版本目录之学，"尤为导路之南针，照迷的明灯。"它是治学的基本功，又是入门书。我们相信，大冢秀高先生的新献在我国的翻译出版，不仅为新时代的中日文化交流谱写了新曲，而且正如我在前文所说，它必然会对我国的古旧小说研究和出版编辑工作，产生一定的帮助和促进作用，具有重大的参考和欣赏价值。

一九八五年八月中旬于复旦大学图书馆

建设新时期的民间文学事业

从我的认识说来，把民间文学当作一门独立学科进行专题研究，应该是被史家称为中国文艺复兴的"五四"新文学运动的产物。发轫于一九一九年的我国"五四"新文学运动，在西方新思潮的冲击下，革新了我国传统的文学观念，开拓了我国知识界的文学视野，在传统文学和外来文学的交错融会中，从纵向和横向两方面塑造了自己的全新的文学性格和气质，在我国文学史上开辟了一个新时代，正像魏晋南北朝以来，在印度佛学和佛典文学的冲击和影响下，我国文学史上开始了一个新的文学纪元一样。这是中国文学史上两次划时代的外来思潮和文学对中国传统文学的冲击时代，都对中国文学的发展起了重大的历史性促进作用。

正是在这种新的文学思潮的激荡中，一贯被历代的封建统治者和士大夫所不齿的民间文学，它作为文学长成的始基和文学史上的重要成分的历史地位，才得到真正认识和评价。当时在开始对我国各民族（主要是汉民族）的民间文学宝藏的发掘、搜罗、整理和研究的同时，也开始了对外国各民族的民间文学作品和研究成果（包括对中国民间文学的研究成果）的引进和介绍。更值得注目的是，随着十九世纪末期欧洲比较文学研究的兴起，对中外民间文学作品的比较研究（包括题材、主题、人物形象、故事情节、艺术结构、文学样式以至渊源流变探讨研究之类），也同时出现于

357

我国文艺界和学术界。这里还补充说一句，在民间文学研究工作中，之所以引进比较文学研究方法，沟通中外文学关系，是因为欧洲兴起的比较文学研究首先就是从民间文学领域发端的，正像人类的文学现象起始于民间文学，而民间文学又是文学的重要组成部分那样。任何一个民族的文学现象都不是孤立的，它的发生和发展是一种普遍的历史现象，是各国各民族的生活现实的形象性反映和表现。

解放以后，我国的民间文学研究受到党和政府的高度重视和提倡，出现了空前繁荣的新局面，今胜于昔。尤其是对我国境内少数民族文学的搜集、发掘和研究工作（比如几部重要的少数民族史诗的记录、整理和翻译出版工作），更是取得了史无前例的成就，引起了国内外研究界的重视。也因此，国外对中国民间文学翻译介绍和研究工作也出现了新的热潮。同时，我国在民间文学研究中所发掘和整理出来的各民族的民间文学作品和研究成果，也对国内外的其他学科如人类学、民族学、民俗学、历史学、政治经济学、社会学、宗教学、语言学、音韵学等类的研究工作，提供了新的、丰富多彩的文献资料，对推进这些学科的发展，做出了重大的学术贡献。

但我觉得美中不足的是，在这个历史过程中，由于"左"的思潮的影响和干扰，我们忽视了甚至发展到排斥了对外国民间文学作品和研究成果的翻译介绍工作，尤其是五十年代中期以后，把认识和研究范围一般局限在本国境内，有些崇土排洋的现象。只是粉碎了"四人帮"以后，随着批判极"左"思潮的深入，我们在文学研究（包括民间文学研究）上才又由封闭型走向开放型，重新打开了国际学术交流门户，开始注意介绍、吸取和借鉴外国的民间文学作品和研究成果（包括理论和方法上的开拓和更新）。换言之，我们重新恢复和发展了"五四"时期开创的新的文学传统。历史经过一段曲折历程，才以新的时代姿态又走向历史正轨，这不能不算是一个教训。这是因为要正确认识和评价一个民族或国家的文学现象，尤其是民间文学现象，如果孤立静止地去观察研究，在方法上只停留在单一的政治认识范围，就必然产生认识上的局限性和论点上的片面性和主观性，忽视文学的审美意义。因此把"五四"时期所建立的新的统一文学观念，即把本民族或本国文学放在世界总体文学框架内加以考察，自觉地把本民族本国的文学现象看成世界文学的一个组成部分，引用比较文学研究方法进行不同民族和国家文学之间的比较研究，把文学的认识价值和美学价值都作为衡文的要求，才能正确地认识和评价本民族或本国的文学在世界文学中的地位和贡献，影响和渊源，流传和变异，以及它们之间的同异，清楚地认识文学本身的特点和规律。一般文学是如此，民间文学的研究更不例外。而我们又是一个多民族的国家，仅就国内各民族之间的民间文学比较研究来说，就是一个很大的题目，大有文章可做。只有这样，才能把我国的民间文学研究工作推向一个新的历史高峰，取得创新性的研究成果。

一九八六年一月于复旦大学

中国士人之鉴①

——读鲁迅《中国小说史略》札记

清末以迄"五四"一代的中国知识分子，由于接触西学，因而视野开阔，观念更新，尽管他们所选择的专业方向和生活气质不同，但要改造旧中国，建设新中华，促使中国走向世界，走向现代文明，则是心同理同。这一代知识分子，既不同于传统的封建士大夫，又有别于西方现代知识分子，他们是中国的，又是世界的。他们在横向上借鉴了西方文化的价值系统，在纵向上继承和革新了中国传统文化，重新塑造了自己的文化性格和人格素质。在文化建设上，他们除了创造性的著述活动外，在翻译介绍西方文化学术的同时，更花了精力，以科学态度钻研、整理中国的传统文化，分清其精华与糟粕，他们对中外文化都取"拿来主义"的实际态度。西方有些现代学者，近年来致力于对中国现代知识分子的总体性研究，把它看成一门新的研究课题，捷克的加里克，美国的戈德曼等都写了这类专门著作。

但传统文化对于清末以迄"五四"一代知识分子说来，仍然作为一种潜在的心理机制，具有制约作用。最突出的是在人格修养和气质方面的影响。这里既有积极入世，济世救民，"先天下之忧而忧""以天下为己任"的社会责任心和历史使命感这些好传统的影响，也有独善其身、洁身自好或自命清高这些消极的名士风、隐逸风和才子风的影响；更有以知识和人格作为赌注，"好官我自为之"的坏传统影响，热衷于"黄金屋""颜如玉"的追求，只求一己富贵荣华和光宗耀祖的官瘾患者，他们蝇营狗苟，钻营奔走于权贵之门，卖身投靠，无耻无行。鲁迅先生是对中国的"士"认识最深切、观察最透彻的一位清醒的作家和学者。他二十年代的小说创作，为我们描绘了清末民初这个中国社会大变革前后中国知识分子的种种色相，这里既有孔乙己、陈士成这类仕途热衷者和没落者；更有"狂人"、夏瑜、魏连殳、吕纬甫这类在封建专制重压下经历了觉醒、挣扎、追求、斗争、牺牲以至落荒而走者；也有"假洋鬼子"那样的投机者，涓生那样的"梦游者"……就是在他的学术著作《中国小说史略》里，我们仍然看到他以如炬的目光，对中国传统知识分子的鞭辟入里的分析和精当的历史评价。他高度评价了《儒林外史》，把这部作品推崇为"足称讽刺的书"，在书中，他在"清之以小说见才学者"的标题下，对夏敬渠的《野叟曝言》的论述，尤足发人深省。他以精要的笔触对中国士人的种种"富贵梦"的淋漓尽致的剖析，可谓烛照出那种"读书做官"论者所追求的整个理想人生境界。小说的主人公文素臣，位极人臣，一生富贵风流，享尽荣华。他除过"惟尚不敢希帝王"以外，"凡人臣荣显之事，为士人意想所能及者"，都在那位"抱负不凡，未得黼黻休明，至老经猷莫展"的作者夏敬渠笔下，变成了生活的真实。而这位文素臣大人，他"生平最大的本领"，取得富贵的依据，就是"止崇正学、不信异端"。由于他"排斥异端，用力尤劲"。以致儒以外的"道人释子"等异端，被他诛夷殆尽，"坛场荒凉，塔寺毁弃"，因此才博得了他"素父"及其一家，"嘉祥备具，如万流宗仰"的美满后果。鲁迅先生在这里不仅活画出这个正宗儒者——封建主义卫道士的血腥嘴脸，也无情地揭出了他所以获得尊贵显荣的手段和窍门。他在这里用力剖析了这类"理学家"的心理和行径，我认为实在是用的感时愤世之笔，因为鲁迅在大学讲课和著述此书的时代，类似夏敬渠其人，或如他的梦中化身的文素臣，仍不乏其人，只是程度有所区别而已。这类"理学家"式的"仕人"，在当时的中国并没有断子绝孙，肥沃的封建土壤，正是生产这种"正面人物"的温床。因此，这个"正面形象"实在有着很深刻的现实意蕴。

《中国小说史略》，这部成于二十年代的学术著作，是关于中国古典小说史的一部开山之作，它不仅把一向认为不入流的"街谈巷语"之作的小说抬到文学正宗的地位来认识，对中国小说发展史做了系统性的历史描述，它更以其不同凡响的见地而得到海内外学子的推崇。正如郑振铎先生所说："那样气吞斗牛，一举而奠定了研究总方向，有了那么伟大正确的指示的，还不曾有第二人。"

一九八七年十二月于上海

注：
① 原载《书讯报》，一九八八年二月一日。

我的戏剧观①

　　《上海戏剧》编者同志约我为他们刊物举办的《我与戏剧》笔谈栏写点什么，我答应下来后，提起笔来，又觉得有不知从何说起之难，感到茫然。因为从现实说来，我长期索居市郊，加以年迈体衰，腿脚不便，因此，除公务外，绝少进市区，至于逛马路、进戏院，那早是记忆中的事物了。但我又厕身文教两界，戏剧作为文学的一种艺术样式，更不能说与我无关，何况我在年轻时学习文艺创作的那些时光，也尝试过写剧本、译剧本，更不用说读剧本了。至于看戏，那更是生活中的必要节目，传统京剧，各类地方戏，中外话剧，歌剧以至"革命样板戏"，也程度不同地接触过，它们帮助我从正面、负面以至侧面认识人生、历史、政治、社会、世情、民俗以至我自己这个人生角色。盖所谓"天地大舞台，舞台小天地"也。所以还是有不少话好说，那就信笔地说下去，说到哪里就算哪里了。

　　我出生于山西南部的偏远山区。我那个小山村，民性淳厚、朴实，但又刁野、强悍，好武斗，不好文斗。那是个荒漠、贫穷、闭塞的世界。这种生活环境和民情风习，深深影响了我的生活性格和戏剧审美观念。幼小时期，逢到村里或邻村迎神赛会时演社戏——即我们晋南的"蒲剧"，它也是中国古老剧种之一，我就喜欢看武戏，不喜欢看文戏。蒲剧很有地方特色，它的音乐、唱腔都高昂、悲凉，而又热情、豪迈，因此很适合演历代

363

政治和社会悲剧，演喜剧、闹剧就有些装模作样，显得不那么真实可看了。从戏剧角色说，我喜欢武生、武旦，他们扮演的绿林好汉，行侠仗义，视死如归，讲信义，重然诺，在我看来，这是些英雄豪杰，人生楷模。但对他们扮演另一类角色，如做强盗受官府招安后（如由清朝公案小说《施公案》《彭公案》改编的这类戏）以一个"大人"为依据，为皇上尽忠出力，甘供驱使，捉拿或破获他们原来的同类——不受招安的绿林好汉，如鲁迅先生所说"捉拿别的强盗"的为虎作伥，卖友求荣的行径，又感到不齿和愤慨。对武丑，我也有好感。但多属于扮演上面说的那类绿林好汉的角色。对于文丑，那些摇小扇子的角色，无论他们陪大人或员外（即官僚或豪绅）饮酒赋诗，插科打诨，那种胁肩谄笑，拍马溜须，自轻自贱的帮闲行径，或是为官府或员外出谋划策，陷害善类和小民的阴险奸诈的帮凶嘴脸，我都感到十分厌恶和反感。对于以忠孝节义这类封建伦理道德为立身行事宗旨的道貌岸然的须生和青衣，这类舞台上的正面人物形象，假正经角色，也使我厌恶反感；当然，须生也有演好戏的时候，即他们扮演那些历史上的重气节、明大义、轻生死、为国捐躯、为民请命的光辉的历史人物形象的角色，也使我心折赞叹。对于舞台上的男仆（"家人""院子"）、丫环、使女，这类富贵人家的仆役，我可怜和同情他们，但又瞧不起他们的那股低眉顺眼的奴才相。这就是我少年时候的戏剧观，可惜年深月久，我不能举出具体的剧目和剧中人物来了。

我少年离乡后，进入城市当学生，多年在动荡的中国社会生活、飘荡，又多接触了许多剧种，比较起来，我喜欢陕西的秦腔，河南的豫剧，河北的梆子这些北方地方戏，因为它们和我那地方的蒲剧属于一个艺术系列，它们不仅有浓厚的民族风味，也各有其特有的地方色彩和艺术个性。我不喜欢看京戏，认为它是宫廷戏剧，它虽然被雕琢得精细典雅，富丽堂皇，但缺乏真实的艺术生命力，那就是说，离真正的生活世界很有距离。比较起来，我倒喜欢经过改造的诞生在上海这个工商业现代化都市的海派京戏。认为它有开放性的艺术心胸和从生活真实出发的表演特色。因为它粗放，所以它有真实的艺术生命。

我多年旅居上海，对于流行的越剧则颇看不惯，不爱看，因为它的剧情大多以男女爱情，家庭纠纷为主，哭哭啼啼，婆婆妈妈，这些感情太细腻，为我这个禀性粗犷，又历经人生坎坷的性格所不能接受，正像我从少年时期看小说看不进《红楼梦》《西厢记》这类言情作品一样。

我倒喜欢看上海的独角戏和滑稽戏。因为它以上海这个复杂的市民世界为取材对象，是一种市民文化，它很能及时反映上海弄堂市民的复杂生活和感情世界，那种颇有特色的上海社会习俗和心态。

关于话剧，我就不多说了。只提出一个具体事例，以见一斑：一九三五年唐槐秋先生领导的中国话剧旅行团在北平协和礼堂上演陈绵教授导演的法国小仲马的《茶花女》，这是当时轰动北平的一件艺术界大事。观众大都是当时北平的上层社会人士，即所谓有教养的绅士淑女们，票价要大洋壹元，这在当时算是很贵的戏票了。我哥哥是陈绵先生的学生。也替我买了一张票，我进去观赏了一番。虽然演员的阵容很整齐，都很有艺术素养，导演陈绵教授又是多年生活在法国的法国戏剧专家，但戏中主角玛格利特这个妓女的爱情悲剧却引不起我的感情震动。相比之下，一九三六年我在东京一桥堂看留日同学上演夏衍同志改编的老托尔斯泰的《复活》的演出，虽然演员都不是职业演员，但通过演出，对那个妓女玛斯洛娃却很同情和敬重，因为她在被迫沦落中，经过生活的严重打击，身陷囹圄后，在与同难的政治犯的相处中，终于认识了人生真谛，走上了追求真正人生价值的生活道路，这正像我在东京筑地小剧场看了日本新协剧团上演的高尔基的《夜店》后感到过瘾一样，剧中住在这店里的一个流氓说："你给我五个卢布，我就承认你是个大英雄！"现在说来都是半个世纪以前的往事了，但这句台词却使我印象很深，不能忘却！

注：
①原载《上海戏剧》，一九九〇年第五期。

我和社会学①

　　一九三六年春，我到了日本，这年九月考入日本大学经济科，后来进入社会科专修班，师从园谷弘先生学习社会学，我和社会学的关系，可以说是从这时候开始的。我原来准备是学经济学的，后来为什么转学社会学呢？首先是因为我原来的主要兴趣是搞文学创作，我想学点儿社会学专业知识，以便从中得到观察、分析、描写和反映社会生活的理论导引。其次，我来日本的真正兴趣并不是"为读书而读书"的，而在于从事"政治避难"。当时的中国面临的是严重的内忧外患的局面，救亡图存意识可以说是那一代中国知识分子的思想共识。我来日本以前，就因为积极参加了一九三五年的北平"一二·九"学生爱国运动，被警察逮捕关押，出狱以后，才到日本留学的。因此，我来日本，也可以说是政治亡命。进入社会科读社会学，在希望获得一些观察、分析社会的基本方法的同时，也企图以读社会学的学生身份生活，以便避免日本警察找麻烦。虽然如此，仍然遇到不少麻烦，因为当时中日关系已非常紧张，一年多之后战争就爆发了。第三，经济学科的经济专业是本科，课程多，学费也贵。几乎没有时间参加留学生的文化活动和进行文学创作。社会学是专科，园谷弘先生每周上两次课，讲授的教材是他自己的有关研究中国社会的性质、结构和组织的著作。课余时间较多。

我是在"五四"文化精神哺育下长大的文学青年，当时有意识地继承和发扬"五四"文化密切联系社会人生的传统，在鲁迅开创的文学为人生且改造这人生的文学道路上前进。我虽然不是中共党员，也没有正式加入"左联"，但我始终自觉地在"左联"的旗帜下从事文学活动。就是在日本时期，我通过投稿认识了胡风，成为以文会友的朋友，胡风当时是"左联"的重要领导成员之一，也是著名的马克思主义文艺理论家。因此，以至一九五五年的那场规模宏大的反"胡风反革命集团"斗争中，我被定性为这个所谓的"反革命黑帮"的骨干分子，受到长期的监禁和劳改的惩罚。紧密联系现实社会生活进行文学活动是中国左翼文艺运动在创作和理论批评上的重要特征。对于中国社会的历史、现状、性质、结构和组织机制等，我始终保持着不竭的探讨热望，并积极主动地介入社会现实生活。即使在日本大学读书的日子里，我不仅没有真正进入到"不闻不问窗外事"的境界，而且还经常参加留学生的各种活动。在这期间，我认识了秋田雨雀这个日本的进步作家。我参加的留学生组织的有政治色彩的活动，印象较深的有两次。一次是一九三六年六月，"左联"东京支部负责人任白戈组织的悼念高尔基逝世的活动，当时正是中国左翼文学内部"两个口号"论争较为激烈的时期，活动名义是纪念高尔基，实际上会议的议题是关于"两个口号"论战。会议的主持者在会上首先发言赞成周扬的"国防文学"口号，并且提出要"批判鲁迅"。与会的其他留学生们立刻表示反对，于是发出争执，会议不欢而散。另一次是东京留日学生各文化团体联合举办的鲁迅逝世追悼会。一九三六年十月，鲁迅逝世，我的一位写诗的朋友李春潮提议召开追悼会，任白戈借口日本警察会出面干涉，不同意召开。李春潮又去找郭沫若商量，为避免日本警方找麻烦，郭沫若建议找一些日本朋友参加，联合召开。秋田雨雀已被警方盯上，活动不便，不宜参加。于是，由他介绍，去找佐藤春夫，请他参加，他慨然应允。他是收入《岩波文库》的《鲁迅选集》的译者。追悼会在神田区日华学会举行，那天，果然警方前来干涉，会场前五排坐的全都是便衣警察，还有一些便衣警察在四周抄挽联、悼词等。在这种恐怖气氛下，这样肃穆庄重的追悼会竟没有人作主席，任白戈找我商量，要我作追悼会的主席，我一口回绝了，并不是因为我惧怕警察，我是从狱中出来的，怕什么！当时在场的留学生的资历都比我长，我一个来日本还未满一年的二十岁的年轻人，怎能不自量地出面作主席呢？这个追悼会，后来由来日旅游的作家萧红作主席。配合追悼会，东京出版的《留东新闻》发了悼念鲁迅先生的特刊，我写了一首散文诗《葬仪》，署名植芳，发表于这一期特刊上。开追悼会那天，在会场散发时，当场被警察全部没收。在日本期间，我还参加了进步留学生的文学团体《文海》社的编务，但大型文学刊物《文海》由上海印好寄到东京后就全被没收了，只出了一期后就不得不停刊了。

在日本期间，理论上我探讨和学习掌握社会学的基本原理和基础知识，实践上参加各种留学生的文化活动，同时又不忘记收集、购买日本出版的有关研究中国社会的历史、经济文化的著译。这自然是二十年代末三十年代初，即大革命失败后，左翼社会科学界展开的中国社会性质论战对我持续影响的反映，茅盾的《子夜》便是这个论争的产物。一九三七年"七七"事变后，形势紧张起来，东京和神户都待不下去了，我决定回国参加抗战。

我回到了正值抗日高潮的祖国以后，在社会上到处辗转奔波的过程中，更养成了一种习惯和嗜好，这就是广泛阅读各类关于中国社会、历史、文化的书，以便能深入地了解我们这个国家的历史和现状。可以说，我那时和社会学的关系已由课堂转入现实社会生活。这便形成了我学社会学的一个特征，即：既进行纯理论的学习思考，加强理论修养，又参加实践活动，和社会各阶层、集团的人们广泛接触，从书本里获得观察、分析社会现象和社会问题的方法手段，在实践中边应用边增进感性认识，理论和实践密切相联。这是我学社会学时中国的整个历史环境所决定的。因为当时的中国不允许一个热血青年关门读书，不允许脱离血与火的动荡现实，对"救亡图存"运动采取一种不介入态度，做一个书斋里的学者。实际上，对于我们这些在"五四"文化精神哺育下成长起来的知识青年来说，第一位的事便是革命活动和积极介入救亡和争取民主的爱国运动，这几乎是当时大部分中国青年的共识。我在一九三七年"七七"事变后从日本回国，本来准备从上海到内地去，后来因为上海战争形势紧张，船不能靠岸，迫不得已改道香港上岸回内地参加抗日运动。先是在山西南部中条山前线部队中从事对敌宣传工作，后又在西安、重庆、徐州等地为抗战辗转奔波。同时也创作和发表了一些文艺作品。

到了四十年代中后期，即抗日战争取得了完全胜利之后，我才真正以笔作战下海为文。这时期，除了要写一些文艺作品外，从四十年代后期开始，还翻译和撰写了一些社会学方面的著作。这些都是利用我过去所学的社会学知识和有关中国历史的理论以及这些年在和社会各阶层、各集团的人接触中获得的感性认识的结果。特别是我的老师园谷弘教授讲授的关于中国社会的有关理论给我很大启发和帮助。当然，三十年代初关于中国社会性质的论战以及之后的一些运用马克思主义研究中国社会的著作都直接或间接地促使、启发和帮助了我的译著工作。我在一九四八年年底走出国民党监狱后写的《近代中国经济社会》，在一九四九年九月出版后，不到一个月便销售一空，于是，当年的十一月又再版发行，以后又印了一版。这是一本论述了清朝政权的本质和经济结构及其兴亡和危机的书。正如本书前言所说，这本书中的材料来自内山完造先生送我的一些日文书，观点全出自我手。这是我在社会学方面的最初成果。当时因为刚从国民党监狱中逃出，这本书是在东奔西躲的逃难险恶条件下完成的，难免有草率之处。其实，严格地说来，这本书并非就事论事的著作，它寄托了当时我的政治感情，即对黑暗腐败的国民党政权必然灭亡的认识和对中国新政权的诞生祝愿。在这一点上，我的心态和法国文学批评家泰纳（H.Taine）撰写的《当代法国的起源》很相似。借古喻今，这是中国人文社会科学的传统，也就是中国古代帝王唐太宗所说的"以史为鉴，可知兴亡"。在中国这个具有悠久文化专制主义统治历史的封建黑暗社会里，中国知识分子往往从历史上寻找抨击和揭露现实黑暗的题材。这是一种迫不得已的手法。

　　这之后，国民党特务机构中统局依然对我纠缠不休，我们夫妇改名换姓跑到了青岛。原来准备经青岛到解放区去，后因交通封锁没能去成。到青岛住了近半年，我们就和青岛人民一起迎来了解放的曙光。在解放军到达青岛之前，一些离开青岛的外国人家的仆人在街头销售外国雇主抛弃的书籍等不便携带的杂物。我从街头的旧货摊上买了些当废纸卖的外文书，并选译了其中的恩格斯的《住宅问题》、英国传记作家奥勃伦的《晨曦的儿子——尼采传》和匈牙利作家 Ernest Vajda 的多幕剧《幻灭》。《住宅问题》是根据《岩波文库》的日译本译的，日译本是加田哲二先生从德文本译出的。在当时收入《岩波文库》的著译都是比较好的著作和译本，在读书界较有权威性。我将此书译出后于解放初的一九五一年出版。《尼采传》和匈牙利剧作家的剧本译出后，后因种种政治的人事的原因没能出版。这两本书是根据英文本译的。我为《尼采传》写的译序在解放前夕的上海《大公报》上发表。

新中国成立时，关于东欧巴尔干半岛的几个社会主义国家的情况，中国还所知甚少，更没有比较系统的介绍和研究的著作。为此，在我主持下约请了另外两个留日同学，编译了这本书。它是根据日共国际部长西泽富夫等人新编《人民民主主义的长成与发展》一书编译的，书中分别介绍和描述了东欧六个社会主义国家的成长和发展轨迹，介绍了他们的历史、社会、经济和新政权建立的情况。这六个国家是保加利亚、波兰、捷克斯洛伐克、匈牙利、罗马尼亚和南斯拉夫。这本书除了注重事实的叙述外，还做了一些理论上的研讨与印证。不仅有事实过程的描述，而且也精心研究探讨有关理论问题。因为本书在日本出版时，理论论证过程中引用的马克思主义经典作家的话和关于英美在东欧的政治活动的叙述，因受当时日本政治环境的影响，大都被删得七零八落、语焉不详。编译时我根据其他材料增补了英美在东欧的政治活动材料，充实了马克思主义经典作家的原话，添加了原书中不足的材料和统计数目。当时南斯拉夫共产党在国际共产主义运动中受到斯大林主义的攻击，为此我特地加了一篇附录，是斯大林主持的八国共产党情报局发布的《共产党情报局一九四九年十一月廿九日公布的关于铁托匪帮的决议》，原书中没有，是我根据新华社的消息增加进去的。所以出版时用了编译的名义。本书出版后是当时国际政治系学生使用的重要参考教材。当然，这本书主要是四十年代对东欧几个国家的社会情况的介绍和认识，今天只能作为文献材料来看。正如列宁所说的"历史是绕着圈子前进的"。

关于《东方专制主义》。（Karl A.Wittfogel, *Oriental Despotism*）我和《东方专制主义》的作者魏特夫的"神交"早在四十年代就开始了。那是一个偶然的机会，我从内山完造先生那里得到了他的《中国的经济和社会》一书的日译本，译者是平野义太郎，日本平凡社出版。我当时曾打算将此书翻译出版，一九五五年的那一场飞来横祸中，这本书被抄家的那些人抄走，至今下落不明。到了八十年代初，美国的中国现代文学专家李欧梵教授来访，我向他了解魏特夫的情况。李欧梵先生简要介绍了他的一些情况，并在回到美国后给我寄来了《东方专制主义》的英文版，我请两个小青年将此书译出，并为之作序，以我在日本留学时的老师之一日本社会

学者马场明男先生发表的论文《フウソクフルト研究所の人——カール.ウィットフオークル—》作为代序。后来因为出版社的出书计划及经费问题等复杂原因，一直没能出版。

《东方专制主义》的作者魏特夫是犹太人，德国共产党员，曾任德共中央委员，一九三三年被纳粹关入集中营，不久出狱，逃亡到美国，他一生主要研究中国问题，一九三五年来中国，搜集有关中国社会和经济的材料。他撰写了有关中国的大量的论文和著作。记得我还曾读过他的一本书名为《东亚的黎明》的日译本著作。他在分析中国的社会和经济问题时，采用了马克思在研究东方古代社会时创造的"亚细亚生产方式"的概念，很早在西方学术界就有一定的影响。《东方专制主义》的中心论点是"治水社会"。他说："这种社会形态主要起源于干旱和半干旱地区，在这类地区，只有当人们利用灌溉，必要时利用治水的办法来克服供水的不足和不调时，农业生产才能顺利地有效地维持下去。这样的工程时刻需要大规模地协作，这样的协作反过来需要纪律、从属关系和强有力的领导"；"要有效地管理这些工程，必须建立一个遍及全国或者至少及于全国人口重要中心的组织网。因此，控制这一组织网的人总是巧妙地准备行使最高政治权力"；于是便产生了专制君主，"东方专制主义"。魏特夫在描述古代社会时，运用了大量生动的历史资料，成为一家之言，他的著作对于研究东方古代社会的学者来说，仍具有一定的参考价值。魏特夫一九三五年至一九三七年在中国期间，曾经传布他的观点。中国古代史专家顾颉刚先生主编的《食货》半月刊一九三七年二月一日全文译载了他的《中国经济史的基础和阶段》一文，在中国广为流传。因此，魏特夫的影响早已波及中国。

我过去和现在的主要精力集中在搞文学，解放前的主要文学活动是创作，解放后上级安排转到大学的讲台上讲授文学课。这样对社会学渐渐地隔膜了，加上从五十年代中期受胡风事件的株连，过了二十五年的监禁和所谓"劳动改造"生活，与社会隔绝，不要说社会学，连文学也完全隔绝了。大体说来，中国的社会学在十九世纪末二十世纪初从西方引进后，在激烈动荡变化的中国二十世纪，走过了漫长曲折坎坷的道路。解放前的许多大学有社会学专业课，也出版了不少社会学方面的译著。当时有名的社会学家有费孝通、潘光旦、马寅初、吴景超、陈达、孙本文等。解放后，由于"左"的影响和认识上的误区，使社会学戴上了"资产阶级伪科学"的帽子，被宣布为是为资产阶级服务的"改良主义"。其实是把问题简单化了，是以政治代替科学，不懂社会学的表现。一九五二年院系调整时，社会学这门学科被取消。一九五七年再一次进行批判，致使社会学在中国学术领域中销声匿迹，成为社会科学领域中的最大禁区之一。从八十年代开始到现在的近十年间，社会学在重建中作为一门学科已初具规模。中国社会学重建的十年间的理论研究热点主要有以下五方面：一是学科理论的重建，包括社会学和历史唯物主义的关系，社会学研究的对象与范畴等。二是现代化发展理论的探索。这和中国是世界上最大的发展中国家有关，社会学发挥其整体、综合学科的特长，为研究中国的现代化发展道路，提供独特视角。三是探索中国工业化、城市化的道路。四是关于中国社会中的阶级、阶层和社会结构的研究。这有利于对症下药，使社会稳定发展。五是对于社会学调查方法的理论研究。以上这几大方面的研究实际上涉及以下各具体方面：人口问题、粮食问题、城乡差别和脑力劳动与体力劳动差别问题，还有交通、房屋、就业、婚姻、代沟等等社会问题。我因为近十年间集中精力搞文学研究和带文学方面的硕士、博士生，对社会学界的情况知道不多，不能向诸位先生做更详细的介绍，敬请大家谅解。

一九九〇年十月

注：

① 本文是作者于一九九〇年十月赴日访问讲学时的讲稿之一。

为有志于文学者进一言

据说有这么一个故事：一个法国的富孀与名作家福楼拜友善，一次，她对这位作家说，她愿意出一笔钱，希望这位作家朋友把她的儿子培养成一个像他那样有名气的作家。这位作家听了，笑着回答说："你的这笔钱，最好交给你儿子，由他到社会上混去。作家是教不出来的。"

据我的理解，这位法国大作家的意思不外是：文学来源于生活实际，必须深入生活实际，有多方面的生活积累，才能体味生活，认识人生和世界，也才能写出富有生命力的文学作品，因为文学是一种创造性的活动。观乎我国进入新时期以来，清除了极"左"思潮以后，文艺界人才辈出。其中作为主干的中青年两代作家，前者不外乎一九五七年反右时跌倒的青年作家，后者则是以"文革"中上山下乡的青年学生为主体。因为这两种人都在为生活而苦度春秋，他们的生活体验和经历，使他们对生活和人生以及我们的"国情"都有了比较深刻的认识、体会与感受，这也就为他们的创作提供了丰富的源泉。但生活本身是一个非常广阔和复杂的并富于变幻的领域，因此，又由于他们所接触的生活面的限制，人生阅历的短暂，也为他们的创作带来了负面影响，甚至有"江郎才尽"之叹。说得苛刻一些，由于他们文化素质相对说来层次较低，知识结构不够丰富，因此，对生活和人生的思考能力，在艺术上进行独特的创造活动，也受到一定的限制。我想，这大约就是前几年作家王蒙提出"作家学者化"的原因所在了。因此，作家或未来的作家，都要重视读书，不仅要读中外古今的文学名家名作，也要广泛涉猎历史、哲学、社会学、心理学、语言学、艺术以及政治经济学各类人文或社会科学著作，我们古人所谓"博览群书"是也。这对于开拓自己的文化视野，提高自己的理性思维能力，丰富自己的知识结构，都是大有必要的。中外文学史也都指出了这一点：古往今来的大作家，往往都是大学问家，或某一个学科的专家。因为这些诸种专业知识、素养，有助于我们在理性上对人生、历史、社会有更深层的认识、理解与思考；它们都是相互渗透，彼此交叉，互为表里的。我们古人把文史哲视为三位一体，我想大概就包藏着这点用意。

一九九一年四月二十二日于上海

《历代名家尺牍新钞》^①序

尺牍，现在通称为书信，在我国古代散文中是一种常见的和具有实用性质的文体，是人与人之间交流思想、互通信息的一种工具。据南朝的刘勰在《文心雕龙·书记》篇中的看法，我国书信最初大约产生于春秋时期，他说："三代政暇，文翰颇疏，春秋聘繁，书介弥盛。"汉代以前，我国的纸张还没有发明，书写材料主要是竹片简牍，以至缣帛；同时为了避免麻烦，使者往往是面受辞托，书信尚无法普及流通。又由于口授辞令，仍不足以言情达意，应酬对答，如明代徐师曾在《文体明辨序说》中所说："丰赡闳阔，似非口语能悉，意必当时笔而授之。"书信才逐渐产生，但当时应用范围很狭小，大多只限于国书。如《左传》所载："文公十七年（公元前六一〇年——笔者注，下同），晋侯不见郑伯，以为贰于楚也，郑子家使执讯而与之书，以告赵宣子"；"成公七年（公元前五八四年），巫臣自晋遗二子书"；"襄公二十四年（公元前五四九年），范宣子为政，诸侯之币重，郑人病之。二月，郑伯如晋，子产寓书于子西以告宣子"，等等。这些来往信件，以列国政务为内容，多是分析形势，指陈利害，据理驳斥，婉转陈词，对后代以辩论为主的书信影响很大。至战国时期，书信在我国才有了较大的发展，开始成为个人思想交流的工具或媒介，题材范围也由国事公务扩大至个人之间，其中著名的书信如：乐毅《报燕王书》、鲁仲连《遗燕将书》、范蠡《遗大夫种书》、荀卿《与春申君书》等。至两汉时期，由于书写材料由缣帛、简牍而发展到麻质的灞桥纸和蔡侯纸，纸简并用，成为普遍性的书写材料，书信遂有很大发展。其时的名篇如邹阳《狱中上梁王书》、枚乘《上书谏吴王》、司马相如《报文君书》、司马迁《报任安书》、杨恽《报孙会宗书》等，皆是发自内心、披露真情之作。魏晋南北朝时期，则是我国书信承前启后的重要时期，书信在内容、形式、风格上都有极大的发展与开拓，举凡军国要务、个人生活、日常交游、推举自荐、朋友酬答，以至琐事家务，皆可入书。又由于骈文的兴起，书信也由散行一变而骈偶。对仗工整，华美雅致，一些表现六朝风味的抒情小简也产生了。书信已成为一种具有独立地位的文学样式。一些作家不仅把书信作为交际手段来运用，而且超过实用意义，将其作为一种艺术作品来写作了。唐宋时期是我国古代散文发展的重要时期，书信在内容和风格上也有了较大的变化。我们说的唐宋八大家，都是散文家。韩愈、柳宗元的古文运动，以古文相号召，要求革新内容，反映时代生活，为政治服务。当时的书信也体现了这些变革，除了军国大事外，论圣道、辩学术、谈诗文，成为书信的一大内容，一些诗话、文论，通过微言宏旨，散见于书信之中，成为这一时期"文艺书简"占优势的一大特点。明清两朝的极权统治和对文艺一系列禁锢政策与举措，使文艺裹足不前，书信作为一种文人之间互通情愫的文字，更充分地反映了这一时期社会矛盾和文人在政治高压下的内心世界。值得注意的是，这一时期更是书信受到人们重视的时期，书信的辑本开始出现。如明代张居正的《张文忠公书牍》、归有光的《震川尺牍》、袁宏道的《袁中郎尺牍》、熊廷弼的《辽中书牍》、史可法的《史文正公尺牍》和清代袁枚的《小仓山房尺牍》、姚鼐的《惜抱轩尺牍》、周亮工辑的《尺牍新钞》以及曾国藩的《曾文正公家书》等等。同时，书信在语言运用上，出现了一些通俗浅近、近乎白话的作品，显示了书信在散文中的进步。至于由清末以迄民国以后，更由于西风东渐，中西文化接触与交融，新式邮电事业的建立，交通的发达，工商业的发展，新式印刷出版事业的引入，教育的趋于普及等等客观因素，书信作为一种生活中的应用文字，由内容到形式日益发展和变化，而出版古今中外名人和作家的书信，亦日益在文化出版界蔚然成风；以至作为一种文学创作的形式，在中国现代作家中广为应用，但这些都是后话了。

我们现在编选的这部《历代名家尺牍新钞》的选材范围，上自秦汉，下迄清末。选录标准则以理、情、趣为着眼点，即选取那些具有论辩性或情感性以至趣味性的尺牍，因为它们大抵概括了我国历代书信的基本内涵；兼也选取那些能反映某一朝代的政治动向、社会生活和个人心声的名篇。对于能反映某些作者在不同时期的生活处境与精神性格的书信也酌量多选几篇，以便能窥见全人。全书入选作者凡九十人，共一百一十篇，以历史顺序排列，选文多采用《四部丛刊》本或个人文集。在每一原文之末，都由编者对文内一些疑难字句、典故等，做了必要的注释；对各位入选作者的身世和各篇写作背景及书信内容，也做了一些简要的介绍和评述。在注释过程中，还参照了一些有关的选注本。

我们希望通过这个选本，使读者对我国由秦汉到清末的书信体文字，从总体上有一个历史性的认识和了解。

书信内容宏富，包罗万象，它作为历史文献材料，对于研究中国历史、政治、经济、文化、文学、艺术以及历史人物和事件，都是重要的史料根据。又因为入选作者，大都是我国历代的著名作家和诗人，大抵又都在朝为官或身历宦海，作为一种私人文字，除具有客观性的历史文献价值外，它对于认识与研究我国古代知识分子的为人与为文，他们个人的思想、感情与心态，都是最宝贵的第一手材料。因为诚如鲁迅所说，书信是"较近于真实"的文学，"从作家的日记或尺牍上，往往能得到比看他的作品更其明晰的意见，也就是他自己的简洁的注释"（《孔另境编〈当代文人尺牍钞〉序》）。至于书信作为一种实用性文体，尤其是出之于名家手笔的书信，对于我们研读、模习中国古文或旧体书信，又是一种范文性的实用性教材，正如它们之作为散文作品看，是耐人寻味的读物，具有很高的鉴赏价值一样。

书信文字，在我国具有极其丰富的历史积累，是我们民族精神文化遗产的重要组成部分，应该入选的名家名篇，绝不只仅限于我们现在这个选本所收录之数，所谓"见仁见智"，我们只是根据自己的学养和眼界，做了一次筛选，而成为现在这个样子的一种选本。主观与偏颇之处，当所难免，尚祈海内外方家和读者有以正之！

一九九一年十一月初，在上海

注：

① 本书由文汇出版社一九九二年二月出版。

《中国文学大辞典》 打破封闭格局

    历时四载有余，由中国社会科学院文学研究所前所长马良春等同志主持编撰的《中国文学大辞典》，在主持人员的精心策划、全体参加编审工作同志的埋头苦干和天津人民出版社的热情支持下，终于以一千六百余万言的宏大篇幅和精装八巨册的雄伟气势，呈现在广大读者的面前。这是我国中青年两代学者对祖国文化建设、学术发展所做出的令人敬佩的贡献。

    我国是世界文明古国之一。中国文学作为世界文学总体的一个重要组成部分，由先秦到改革开放的当代新时期，真是"江山代有才人出"，名家名篇层出不穷。面对这一人类历史上重大的文学现象，前人与今人虽然做了不少有益的发掘、整理、鉴别与著录研究工作，但由于种种主客观历史条件的局限和审美观念的差异，往往不能以严正的历史唯物主义态度审视和认识它。比如在已出版的有关中国文学史研究著作以及文学工具书中，只着眼于汉族文学的发展，而忽视少数民族文学的存在；往往忽视中国文学应贯通古今，视古今为一个历史整体这个基本点，而习惯于划疆而治，从断代史着眼，分为古代文学、近代文学、现代文学、当代文学，可谓壁垒分明，井水不犯河水。这种自我封闭性的研究格局，也反映在近几年兴起的"工具书热"中。而眼下这部《中国文学大辞典》，却扫除了多少年来的积弊和偏见。它的覆盖面广大，不仅着眼于汉族文学现象，也包罗了少数民族文学、民间文学以及台港和海外华人文学。它对于我国由古迄今的一切文学现象，包括作家、作品、社团、流派、论争、运动、理论思潮、历史事件、期刊报纸以至作品的版本变化、文学研究概况等，无不予以收录，可谓包罗殆尽，内容丰富。它还从不同国家、不同民族的文学在长期交流接触中，必然互相影响这个正确的观点出发，来观察中国文学发展史，从而纠正了过去同类文学工具书中的缺失。正如它收录了同类辞书从不收录的文学评论家、文学研究家、文学编辑家和出版家那样，它还著录了我国近代、现代、当代文学对外来文学思潮和流派的引进和受影响情况，著录了文学翻译家（包括用汉族语言和各少数民族语言互译的翻译家）。所有这些都可以说是这部大型文学工具书在体例构成上的重大特色与成就。

在对文学现象做判断时，能以历史的、发展的眼光来审视品评；本着求真求实的精神，从第一手资料出发，是这部大辞典的另一个特点。它的释文，注意科学性与资料性的结合，以准确为宗旨，以新的资料、新的观念作为撰写的依据。对文学现象，它只做客观的介绍，不做主观的发挥，既不菲薄古人，又不拔高今人，保持了事物本身的真实性和历史性，很具分寸感。如为了保持学术观点的稳定性和可靠性，这部工具书坚持了"越古越宽，越近越严"的选目准则。因为前者经过了历史的检验和筛选，一般有了定评；而当代文学，由于它们与现实的关系贴近，又由于种种复杂的历史和社会原因，迄今还是众说纷纭。主持者和编撰者的这种从严掌握、慎重从事的态度，我想是会得到读者的理解的，从辞书学的观点说来也是合理的。

总之，这部辞书的出版，对发展和繁荣我国的文学创作，对文学的研究和教学工作，必将起到不小的促进作用。

但我在为这部专业辞书的出版而欢呼鼓舞中，又不禁为它的主要策划人和主编之一的马良春同志，竟在本书出版前夕，不幸溘然早逝的噩耗而感到深深的哀痛，并借此表示深切的悼念！我相信，如果他地下有知，当会为这部他生前倾注了大量心血的大而全的文学工具书终于能及时与广大读者见面，而含笑于九泉之下的。

一九九二年一月初，上海

永远不会过时的事业①

——在中华文学史料学学会常务理事扩大会议上的致辞

各位同志，各位来宾：

中华文学史料学学会从成立至今，已经有四年了。在此期间，大家做了许多切切实实的工作，因此我首先要感谢各位同仁的努力。现在我们的学会已经初具规模，各项工作也逐步开展起来，这令我们格外地怀念已故的马良春同志，他为文学史料学的学科建设和这个学会的创立，付出了极大的努力。我们今天能有这样一个局面，与马良春同志的心血是分不开的。

我们这个学会，把关心中华文学史料建设的人联结在一道，从最根本的意义上来讲，是基于这样一种共识，即文学史料学不仅是文学研究中的一门基础学科，更是从古至今文化延续的纽带中不可或缺的重要环节。中华文化为何源远流长，一直保持了不竭的生命力？这在很大程度上要归功于我们的先人对文史资料的收集、整理和鉴别工作的重视。中华民族一贯注重文化积累，几千年来我们已经形成了这样一个良好的传统，这是一种在文化上积极进取的心态。现在迫切的问题是我们怎样承续这一传统，并将之推向一个新的阶段。

正因为文学史料研究有着超乎单纯学术研究之外的文化建设上的重要意义，我们就更应从知识分子的良心出发，本着对中华文化负责的态度，克服一切干扰，去从事这项严肃的工作。在极"左"路线统治时期，史料学研究曾遭到极大破坏，许多珍贵的史料被摧毁，搞史料的同志受迫害，结果造成主观主义与实用主义猖獗，历史被任意地歪曲和篡改，以适应政治的需要。由此带来的后果是非常严重的，这是因为，史料的散失与人为破坏固然令人痛心，那种错误的实用主义的史料观和轻视乃至歧视史料学研究的态度则更不是一天两天就可以彻底纠正过来的。这实际上是一个怎样正确对待历史的问题。今天，我们重视史料的建设工作，首先也是一种尊重历史的表现。

从八十年代以来，人们对理论的兴趣显得异常的浓厚，相比之下，史料建设虽然也有很大的发展，但看上去似乎要冷清些，不那么热闹。当然这只是问题的一个方面。在"理论热"已经降温的今天，我们重新检讨其中的得失，应该能够对这两者的关系有更成熟的认识。如果脱离了历史、脱离了现实，去片面地追求理论的发展，就容易沦为孤军深入式的冒进。这也是学术上的一种浮夸风气。应该说，不良的研究风气在现在也还是一个很大的问题。许多人置基本的研究程序于不顾，避重就轻，不愿在繁多的第一手材料上多花力气，或辗转引用，或断章取义，争走捷径。针对这些学术上的急功好利的现象和短期行为来说，诚实的史料学研究应是一服良药和清醒剂，因此，在促进大家都养成良好的学术风气和研究习惯这一点上，我们学会的工作就格外地显得有一种直接的意义。这同样不仅仅是个学术问题，它直接关系到知识分子的形象，一定要引起我们足够的重视。

文学史料学要成为一个专门的学科，迫切需要加强专业队伍的建设，我们希望更多的人能加入文学史料学研究的专业队伍中来。我们更希望并呼吁所有的文学研究者对于文学史料工作给予更多的关注，真正养成从史料出发，尊重历史的习惯。要进一步打破史料研究工作与理论研究之间的界限，搞理论的人要重视史料工作，搞史料的人也要多多提高自己的理论素养。还要加强对文学史料学自身理论的研究。从事各种断代性文学史料学研究的学者之间也应多进行相互的交流与贯通，以利于这个学科的整体性建设。

新中国成立以来，古籍的整理，包括辑佚、考订、鉴别、史料的钩沉等工作已经取得了很大的成就。与此相对照，有关近现代文学史料的工作就显得相对薄弱。特别是现代文学史料这个领域，人为的干扰和破坏十分严重。许多作家出于种种考虑，在每一个时期都根据当时的实际需要对自已以往的作品进行修改，这种涂抹历史的行为带来了新的版本学课题，一方面固然给研究者制造了许多混乱和难题，另一方面这种涂抹本身又构成了历史的一部分，从中可以窥见中国现代文化史某一方面的鲜明特色，这也是深具研究价值的。对这些"今籍"的抢救和整理，可以说是一个更为迫切的问题，我们对之动手鉴别和整理得越早，遗留给未来的研究者的麻烦就越少，交给我们子孙的那一份历史也就更真实。

众所周知，中国史料学研究有着辉煌的过去，我们当然要借鉴学习并发扬光大这个伟大的传统。特别是前人在目录、版本、校勘和考证等方面的成就，理应构成我们史料学工作的基石。我们也要注意吸收当今史料研究的新方法、新技术，以跟上时代发展的步伐。例如照相缩微技术、计算机技术等，不仅可以大大提高工作效率，更向我们展示了资料和研究工作的一种新的形态和新的观念。

要加强与海外同行的交流。我们这个学会叫"中华文学史料学学会"，既然冠以"中华"二字，便希望海内外所有从事中华文学史料建设的人都来关心它。我们希望海外的华人学者更多地参与到学会的工作中来，大家进一步密切交流，从多种不同的角度为发扬光大中华文化贡献一分力量。

要壮大我们的队伍，最关键的一点是要吸引青年一辈的研究工作者加入我们行列中来。毋庸讳言，史料工作确实存在着后继乏人的问题。搞史料研究是要有坐冷板凳的决心的，需要坚忍的毅力，容不得半点浮躁。在学术研究不景气的状况下，史料工作更需要研究者愿意付出双倍的代价。但这个代价是值得的。应该看到，我们的工作有着稳定而恒久的价值。学术上有许多东西是会速朽的，但史料工作却永远不会过时。我相信，任何一个具有献身精神的文学史料工作者都能够以他严肃而负责的工作流芳百世、青史留名。把我们的工作称之为千秋大业，那是一点也不过分的。愿各位同仁为保存中华文化维系数千年的血脉，为维护历史的真实性、严肃性和客观性，而共同努力！

谢谢大家！

注：
① 原载山东《作家报》，一九九三年六月十九日第三版。

刚强之美

——看杨海伦画展

　　这次参观杨海伦先生的画展，走进展览大厅，面对他用浑厚刚强的笔触所描绘的那一幅幅波浪汹涌、气势雄伟而又变幻多端的海景海图，我顿时感到一种心灵上的震撼和情绪上的激动，眼界心胸豁然为之开朗。画幅上勇迈无畏、奔腾向前的海浪、海潮，像是活生生的在跃动着的生命体。画家笔下的大海似乎人生化了。这里蕴藏着一种深刻的人生哲理，很值得细细欣赏和玩味。旧话说："文如其人。"推而类之，也可以说是"画如其人"。因为无论文或画，它们作为一种精神产品，本来都是作家或画家的精神世界的一种升华和跃动，是他的人生境界或生活性格的艺术体现或写照。

　　杨海伦先生笔锋所向，显示了一种内在的活力、一种丰富的想象力、一种刚强的美感。我从这里认识了他的为人——他的气质、禀赋、个性和才情，他的人生境界和精神世界。他对生活本身和人生价值的理解与追求。

　　他的画与其说是写实的，毋宁说是写意的。他师承于传统的绘画技法，而又能走出传统，自成风格，自有境界。从某些方面看，似也曾借鉴于西方现代派艺术的某些技法，富有象征和隐喻的人生意境。

　　我国虽然有漫长的海岸线，但基本上是一个内陆型的国家，又由于长期封闭型的人文环境，传统画家多习惯以山水、花鸟以至人物、器物作为绘画的取材领域，代代相袭，并在这些题材上寄托了画家自己对生命价值的理解与对艺术的追求，他们的美感是静态的、内向性的，有一种含蓄性的美。而他们笔下的"水"，一般指大河小溪，以至湖泊泽沼，以汪洋浩瀚的大海作为绘画素材，以我的孤陋寡闻，好像是绝无仅有的现象。因此，我认为，杨海伦先生的画作，对我国的绘画史来说，无论在题材或技法上，都可说是一种创新与开拓性的发展。他的画作，显示了一种动态的、外向型的美感。也因此，他在绘画上的艺术成就，也应该说是为我国的画苑增添了新的艺术财富的积累。

杨海伦先生正值盛年，他的艺术事业也可谓方兴未艾，前景光辉可期。他在这里显示了一个良好的开端，他走出了一条富有自我个性特色的艺术创作道路。

一九九三年岁末于上海

《中华对联大典》①序

　　我是一个性喜杂涉的读书人，虽然谈不上"博"，离"专"更有差距，但这个从少年时代养成的习惯，却始终伴随着我的人生旅途，就这样在文苑中流连了半个多世纪。在历史的风风雨雨里，我虽然频尝知识的苦果，在各式监狱里，作为"政治犯"进进出出，但正是"衣带渐宽终不悔"，这个从小养成的嗜书成性，喜欢旁涉博览的老毛病，却依然故我。因为，正是它们的吸引与熏陶，我才获得了观察、认识现实与历史的能力，获得了生活的力量与慰藉，当然，也加深了烦恼与痛苦。也因此，我习惯地把流连于这个园地里且又耕耘不辍的人们，列为相知与同好。所以，当联寿函约我为他的《中华对联大典》写序时，我就慨然应允了。

　　就我自己而言，于对联虽然谈不到什么研究，但从我初识字起，它就是我视野所接触的最早也是最习见的"课外读物"，它实在有助于我体味和认识世事与人生，了解中国的文化景观与社会习俗。它再次充当了我的"第二课堂"。因此，我是以一个对联的读者和爱好者的心情来写这篇序文的。这大约就是五十年代风行中国的名言"外行能领导内行"的一种表现形态吧。

　　在传统的中国文化中，对联是一种用汉语来表达人的思想、感情、心态、意念和情绪的文字渠道，一种具有民族风格的文体。它是由我国古诗文对偶句发展下来的，而对句又是律诗的中心构成部分。它又有其独立的文学地位：雅俗共赏，既有实用性，也有欣赏性，更有思辨性，是一种最富有普遍意义的艺术样式。说它是文艺园地里的奇花异卉，并不为过。汉语的文字是方块形，属单音字，有平仄变化，人们利用汉字的构造特点，创作出各种不同类型，多种性质的联语。它用语精练，对仗工稳，庄谐结合，含义深刻，意境高远，韵味隽永，遣词典雅，格律谨严。它种类繁多，诸如寿联、贺联、挽联、名胜联、戏台联、会馆联、会场联、行业联、居室联、题赠联、格言联等等，遍及生活的各个领域和场所。可以称之为应用最广泛的文体，也可说是中华民族独特的文化现象。

作为一种传统的文艺形式，对联总离不开时代的范畴。它有总的历史传统，又有时代特色。在三十年代那个政风败坏，民怨沸腾的时期，林语堂主办的《论语》，曾刊登过一副林语堂自书、据云是某文豪撰写的对联：自古未闻粪有税，如今只许屁无捐（见一九三二年十月《论语》第二期）。同年，郁达夫在上海嘉禾里寓所客厅中，悬挂了一副自书的对联：避席畏闻文字狱，著书都为稻粱谋。这是龚自珍七律《咏史》中的一联（原诗云：金粉东南十五州，万重恩怨属名流。牢盆狎客操全算，团扇才人踞上游。避席畏闻文字狱，著书都为稻粱谋。田横五百人安在，难道归来尽列侯？）一九三九年，贫病中的作家叶紫，又套用上举的下联，自拟上联，书写了一副悬于室中，联云：养病只求心气爽，著书都为稻粱谋。从这些同时代人书题的对联里，不是更充分反映了当时文禁森严，知识分子所受的压抑心态和捐税多如牛毛，民不堪命的时代特色吗！它们的概括力和说服力，绝不下于一篇革命宣言。真是简洁明了，一语破的。

近些年来，坊间联书可谓热门书类。考察这些联书，多半从实用、通用以至于"活学活用"上着眼；还有些，为的是"创收"（这种把学术当成经济手段的做法，只能使人浩叹）。应当指出：不注重出版物的学术品位，就没有其自身的个性和特色。另一方面，已出版的几种大型联书，都是按内容与类别编撰的，尚未出现文人联的大型专集。这主要是长期以来，对文人联缺乏应有的认识，缺乏系统的收集、整理、考订，尤其不重视对作者生平的考察和介绍，这就影响了研究对联的深度和广度，也影响了对联史的整理与编写，影响了对作品进行恰如其分的评析。所以，当我读了《中华对联大典》部分书稿后，觉得此书编撰的本身，就是一个巨大的文化建设工程。这部书既是工具性的读物，又有文献史料价值，并且有很高的欣赏把玩意义，是一部严谨的专题学术性著作，填补了对联类书的一项重要缺门。可以这样说，把对联作为一种文化现象，作为一门学术来观察和研究，当以联寿此书为嚆矢。

关于"文人联"，据我的理解，编著者所指的"文人"，实际上是个广义的指向，即是具有一定的文化，能提得起笔来的人们。由于编著者广阔的文化视野及其所具有的文史素养，所以，收入这部大典的对联作者为数众多（据云有五千余家）。其中，既有文人学士、骚人墨客，即通常所指的"文人"，更有帝王将相、达官名宦、富商巨贾，和以工薪养活家口者，以至市井帮闲及各类社会流品不一的人群。当然，这里面占主导地位的仍是历代的文人学士。他们大都在这方面有自己特有的贡献。可以说多是有感而作，有为而作。那些具有思辨性的联语，尤当作如此观。这里显示了一定的历史社会环境下，他们的生存方式，生活经历，生命追求，文化性格，生活态度和审美情趣。其中既有励志、警世、自策、自警之作，也有仕途多艰、身世飘零的文人学士的自叹自咏，或抗世嘲俗、自甘清贫、傲视王侯的笔墨；也有逢场作戏、酬媚献俗以至歌功颂德、拍马逢迎之作。身世不一，品性各异，真可谓五光十色，各有天地，洋洋乎大观，奇欤胜哉！它出发于生活实际，往往又能超越现实，达到一种哲理性的境界。作为一种文化艺术整体来看，它可以说是中国文人或知识分子的心灵史，精神生活史，甚至是其人格史。从这个意义上说，这部书是很有出版价值的，它保存了许多弥足珍贵的历史文献材料。这也是一部很有欣赏价值和别有趣味的书，它从纵横两个方面向你走来，告诉你许多历史故事，人生哲理，什么叫庸俗与媚俗，什么叫崇高与超越，各种人生境界，生活体验与情趣，美的、丑的、好的、坏的，熔于一炉，让你细心地辨认，慢慢地品味，诚然是一杯浓烈的香茗。

当然，这些文人联散布面广泛，既有载之文集、杂著的，也有见诸各类生活场合的。搜集、整理工作本身，同样是一个繁巨的劳动过程。对于作者，对于题吟赠挽对象，对于写作背景，都得一一详加考订著录，非短期内可以奏效。仅就人物而言，其中固然有青史留名、口碑载道的历史人物，更有名不见于经传，难于查考的小角色。又因为每副对联的背后，都有段历史因由，甚至是一则缠绵悱恻或悲壮热烈的故事。这就使读者不仅知其然，而且也知其所以然。这其中不仅有丰富的密集型的历史信息，也使读者对某些历史人物的才学、人品，多了许多见识。可见，编著者在这些努力成果的背后，更有无数的辛劳与奔走。从保存这一特殊的文体而言，这部书已基本完成了著录文献史料的任务，其中缺失不明之处，当有待于今后的继续寻觅与查找。但从现在它所具有的规模宏大与气势来说，已使人感到惊喜与钦敬。

古人云："学之广在于不倦，不倦在于固志。"观乎联寿的治联精神与业绩，我认为这句古语可谓恰如其分地勾勒出了他的精神世界与治学风格。在这里，作为一个同好者，我愿以这篇拙文做中介，把这部洋洋大观的《中华对联大典》，郑重地推荐给广大的海内外学术界与读书界。

一九九四年九月上旬，上海寓所

注：

① 本书由复旦大学出版社一九九七年出版。

389

上海通俗文艺研究会成立大会开幕词①

　　经过各位同仁的辛苦努力，上海通俗文艺研究会终于成立了。在通俗文艺越来越占据文化市场的今天，在振兴"海派文化"的呼声之下，我们这个研究会的成立，可以说是一件引人注目的大事。

　　通俗文艺并不是二十世纪专利，但它确实是到了这一世纪才得到大发展，开始获得登堂入室的资格。就中国而言，一贯把小说笔记这类文学作品称为"闲书"，从晚清到"五四"一代，这类作品大量涌现于文化消费市场。不过，当时那些被称为"鸳鸯蝴蝶派"或"礼拜六"派的通俗作家，也自认不讳地把自己的作品看成是供读者茶余酒后消闲解闷的东西，是一种"游戏文学"；也因而遭到了新文学家的迎头痛击，斥之为"文丐""文娼"等。其实，这类作品看重文艺的欣赏价值和娱乐性质，从市民文化的角度对传统文学中占统治地位的儒家"文以载道""诗以言志"的正统文艺观加以否定，这正是中国社会由长期的封闭状态走向开放这个历史特征的反映，也是商品经济社会所形成的文化市场开始出现后的一种特征。

　　自晚清海禁洞开以后，西风东渐，近现代工商业的发展，新式教育的普及，市民队伍的扩大，新式印刷出版事业和报纸杂志事业的兴起，这些都为通俗文艺的发展提供了肥沃的土壤。随着科举制度的废除，一些知识分子转而朝另一个方向发展为职业作家，他们开始摆脱了在封闭性的农业经济社会里作家对官府的由人身依附到人格依附的附庸地位，成为具有自己独立人格和自食其力的社会个体，这是一种历史的进步。同纯文学作家一样，近现代的中国通俗作家也是这种历史环境里的产物。"五四"开始的中国新文学运动，虽然一开始就提出"社会文学""平民文学"的口号，而企图达到文学为人生服务，为普通人所接受的目的。但由于它的作家群基本上都是接受西方文化思潮和文学观念的新式知识分子，他们接受的西方对人生和社会的认识态度和艺术表现手法远离中国平民百姓所喜闻乐见的传统民族文学（尤其是民间文学和通俗文学）的规范，因而它的作品流行的范围还常常只能停留在知识分子的圈子里。更由于新文学作家的出身教养的生活世界的局限性，他们作品的取材面也比较显得过于狭小和单薄，笔下的人物也往往不出知识分子与农民这两大类形象。而通俗小说的作者却是另一类的人们，他们在人海中随俗沉浮，其身影与足迹遍及社会生活的各个角落。因此他们笔下出现的生活场景和人物形象的多样性、丰富性和复杂性往往为新文学作家所望尘莫及。比如我们看通俗小说的南派作家，如周瘦鹃、秦瘦鸥、桑旦华、王小逸、周天籁等人的社会言情小说，不仅可以深入窥探江南地区风土民情，对于上海这个"十里洋场"的五光十色光怪陆离的生活和人物，也能尽收眼底。他们广阔的生活视野，多层次地剖析社会生活的能力、生动的世态人物描画，有助于我们比较全面整体地认识和了解我们这个民族那个历史时期的生活现实、社会动态和人情风物。这些珍贵的文化资料，都值得我们认真地去保存、整理和研究。

近现代的通俗文艺，和我们上海有一层格外的亲缘。在过去，上海作为工商金融、报业印刷的中心，作为近现代文化的发源地，也自然而然地成为全国通俗文艺的中心。通俗文艺是"海派文化"的重要组成部分。由于历史的原因，海派文艺逐渐流失，通俗文艺更一度被打入冷宫。改革开放以来，通俗文艺一旦复苏，便获得前所未有的发展，这种情形与当今市场机制的确立是相适应的。近几年来，上海在经济起飞的基础上，其文化的重建也日益为各界所关注，通俗文艺的建设自应是其中重要的一环。在当今文化大震荡、大改组的格局下，通俗文艺仍然承续着鲁迅等"五四"作家倡导的文艺大众化的方向。从某种意义上来说，它甚至接管了纯文学近年来所失去或者说退出的一些传统领地，发挥着过去只有纯文学才具有的某些功能，其面貌特征与传统意义上的通俗文艺相比，有了很大的发展和变化。一个很有意思的现象就是，过去冰炭不相容的通俗文学与纯文学出现了某种合流的趋势：纯文学作家借鉴通俗文学的样式与手法，或者干脆两条腿走路，亦俗亦雅。这对于拓展彼此的文化空间，对于打破在大众文化与高雅文化之间的藩篱，都是有益的。我们热忱希望广大通俗文学作家不断提高自身的素养和作品的品位，也希望纯文学作家和批评家关心并参与通俗文艺的建设和发展，大家共同培育一个多元互补的文化格局。

　　谢谢各位！

一九九五年四月八日

注：

① 原载《上海通俗文艺通讯》创刊号，一九九五年五月二十日出版。

向中学生推荐一本书

——《西游记》

　　我国明代作家吴承恩的小说《西游记》是我国古典小说四大名著之一，它虽然是一部神魔小说，是唐代高僧玄奘（即唐三藏）奉唐太宗之命去西域（古称天竺，即现代的印度和尼泊尔）取回佛经的故事，但它的主题思想和题材却具有丰富的生活启迪意义：1.为人一生应该有志气，有抱负，有事业心；2.还得有体力与坚强的毅力；3.为实现自己的人生理想和追求，还得有百折不回的勇气与坚强的意志力。人生的道路是不平坦的，既受自己主观条件的制约，更受客观条件的影响，因此会有意想不到的困难、危险与灾难，在这个成功与失败的关头，对自己是个严峻的考验，或者半途而废，所谓"知难而退"；或者战胜风险与困难，继续前进，这正是这部小说所揭示的思想意义所在。唐三藏向西天取经的路上，遭受了九九八十一难，这些危难既有自然环境所形成的灾害，如穷山恶水，无垠的荒漠，更有各种兴妖作怪的妖魔鬼怪。他们既有以原形显现的，更有以变化莫测的伪装出现的，或变作道貌岸然的高僧长者，或化为美女向你献媚引诱，要是经不住这些恐吓或诱惑，那就会前功尽弃或毁灭自己。这就是说在人生的征途中，你还需要有一个清醒的头脑。那就要多读书，增加自己的理性思考能力。最后一点，人生一世除了有自己的家庭生活外，还得广交朋友。尤其是一些志同道合的朋友，唐僧取经所以能功德圆满，是因为他有四个同甘共苦、同心同德的"四众"（即孙悟空、猪八戒、沙僧、白马）。总之，这本小说启迪我们，为了自己的信念和理想，要有敢于赴汤蹈火的战斗意志，那种敢于向玉皇大帝挑战、与一切妖魔鬼怪搏斗的大无畏的前进精神与生活毅力，对我们的人生是一种启迪、鼓舞与鞭策的力量。加上这本书描绘的唐僧师徒四人的千里远行，可以开拓我们的眼界，扩大我们的生活视野，对于了解欣赏自然风光与复杂的社会人生，都是大有裨益的。又因为这部小说情节离奇曲折，人物众多复杂，而且各有独特的生活性格与命运，因此它除过有思想教育意义之外，更有趣味性和可读性，它对开始迈进人生门槛的中学生同学，不啻为一部开卷有益的通俗读物。

我少年时读之，老年也读之，越读越觉得有味道，真是百读不厌，我把它看成一部人生教科书。因为我认为吃饭与求偶（即中国儒家所说的"食色性也"）是一切生物对生命的基本要求，但人作为高级动物，食物和美色只能作为一种生命的手段与过程，而非终极目的，人生应追求更高的生活境界——人生的自我价值与意义。

这部古典小说，它给人以大眼光、大境界、大省悟、大触动。啊！人生，它美好而又残酷，壮烈而又平凡，苦中有乐，乐中有苦。因为它无限美好，所以应该全力以赴地追求；因为它残酷，必须以一个战士的勇气和毅力与之搏斗，在奋斗中前进，历经艰险而无悔，才能胜利地实现自己的理想与追求，完成自己的人生意义与价值，才不虚此一生，发出生命的光与热，使这个世界更美好、更纯洁、更理想。

一九九八年十一月初旬，上海

一部拾遗补缺的力作①

——介绍龚联寿新编著的《联话丛编》②

　　经过北京、上海、江西、湖北、福建五个省市学者的通力合作，海内第一部联话专书的汇刊点校本《联话丛编》今由江西人民出版社正式出版发行了，这无疑是一件值得庆贺的事情。

　　中华民族的传统文化有着丰厚的底蕴，也多姿多彩。然而，无论是文化史还是文学史，总有一些缺憾，比如大家都熟悉的楹联就常常受到冷落。究其原因，一是囿于世俗之见，认为"雕虫小技，何足道也"，有点像睁眼瞎，无视它的客观存在；二是随之而来的滞后不前的研究，不少楹联典籍深藏于书库之中，一直没有得到开发和利用，有志于此道的，常受"无米之炊"之虞，因资料匮乏难寻而难以下笔。其实，楹联的发生与发展并不以某些人的意志而转移，到了明清，已经进入了一个鼎盛发展的时期，上自帝王将相，下至平民百姓，都写过不少楹联作品。就中也出现了一批写作楹联的高手，如宋代的朱熹、真德秀，明代的解缙、杨慎、李开先、徐渭、张岱，清代的李渔、蒲松龄、郑燮、孙髯、袁枚、蒋士铨、王文治、彭元瑞、曹龙树、尹秉绶、刘凤诰、阮元、齐彦槐、梁章钜、林则徐、严保庸、曾国藩、左宗棠、何又雄、俞樾、翁同龢、李寿蓉、王闿运、张之洞、吴汝纶、钟云舫、黄遵宪、赵藩等等。楹联别集、总集以及联话专书也有相当数量。只是由于点校整理方面的原因，长期以来，人们只知梁章钜的《楹联丛话》，而不知其余。这种状况，持续了相当长的一个时期，一直未能得到改观。这就直接影响到联语文学研究工作的开展。现在，《联话丛编》汇集了近四十种联话，三百余万字，并加以点校整理，而且同步完成了近三十万字的作者索引，这就大大满足了广大文史工作者和楹联爱好者的渴求。我为此感到欣慰，并致以诚挚的祝贺！

该书主编龚联寿教授，多年来致力于楹联的研究，他把重点放在楹联典籍的挖掘与整理方面，试图首先解决资料匮乏的老大难问题：他还有一个比较明晰的构想，即借助古籍文化的研究体式，来推进这方面的工作。在复旦大学做访问学者期间，他完成了楹联总集《中华对联大典》的修订，并由复旦大学出版社正式出版，我曾为之写有长序。与此同时，他又遍访联话专书，经过几年的艰苦搜寻，依靠众力，完成了现在我们所见到的《联话丛编》，我曾为该书的立项出版写过推荐信。现在，他又启动了《楹联纪事》的编纂工作，并得到吴小如、章培恒、程毅中、白化文等先生的支持与帮助。我衷心希望这一既有联系、又各有突出特点的构想能圆满实现。

江西人民出版社虽然不以整理出版古籍为其专项，但是他们在这方面也做了不少有益士林的工作。现在，该社精心出版了《联话丛编》，据云，前后校订四次，审读两遍，使编校质量有了可靠的保证。这些年来，我与周榕芳、胡涤衷等先生均有过不少交往与接触，对于他们作为出版家的学术胆识与眼光，我很钦佩。我也希望学术界、出版界的有识之士，都能重视这一工作，特别是楹联典籍的整理与出版，为弘扬中华传统文化做出新的贡献。

注：
① 原刊《对联·民间对联故事》，二〇〇二年第一期（上半月）。
② 本书由江西人民出版社二〇〇〇年出版。

近代中国经济社会

序编　清代国家之一般论述

一　起点——封建军事国家

　　威廉·亨特（William C. Hunter）所讽评的鸦片战争①（一八三九年——八四二年），申论清政府的败北，实由于清英两国的军备迥异。虽因观点关系，理由并不正确，然而无论如何，满清政府，察其统治期约近三百年的史实，完全为一典型的封建军事国家，事实极为显著。

　　太祖于一六一八年（清天命三年，明万历四十六年），兴军倒明，于一六四四年（清顺治元年，明崇祯十七年），入关定都北京，以迄明朝正统宗社的完全覆亡，其间经过约三十年间的苦战恶斗。就此中约三十年的战迹言之，可以说是清军以弓矢白刃与明军的西洋炮的技术战争。由于军事技术（即经济发展阶段）的差异，满清胜利的获取，必须需要一个相当长的时间。凡此事实乃有史可考，举例言之，如：（1）清天命十一年即明天启六年（一六二六年）宁远之役，清军大吃败仗，太祖甚至发出了这样的叹声："予自二十五岁用兵以来，战无不胜，攻无不克，何独宁远一城，不能下耶？"②再如：（2）清天聪四年即明崇祯三年（一六三〇年）之永平战役，清军一再蒙受重挫。③凡此败绩，根本说来，实应归咎于弓矢白刃与西洋大炮的军事技术的差异，史家于此已早有论评。④其后，清军

399

始招致明朝工匠，铸造西洋大炮，此乃清天聪五年即明崇祯四年（一六三一年）六月之事。至清天聪七年即明崇祯六年（一六三三年），由于明将孔有德、耿仲明、尚可喜的投降，新式武器的使用渐趋普遍，故能于旅顺之役大破明军主力。而此种军事技术的转机，复由于政治谋略的成功。清崇德七年即明崇祯十五年（一六四二年），明将洪承畴投清，清太宗因此发出"今得一引路者，吾安得不乐哉"的欢呼，原来清初对于汉人颇持优待政策的，清朝历代皇帝，复能恪遵祖训，至少在开国时期是如此。话得说回来，假如清代后期各帝，亦能谨守太宗之训，则或尚不至招来鸦片战争那样的惨败。清朝政府再次认识新武器的重要，一直迟到鸦片战争以后，清末新官僚的先觉者林则徐的出现。嗣后，复经历了太平天国运动（一八五〇年——一八六四年）的教训，促成了曾国藩、左宗棠等人的新觉醒，复由于"洋务专家"李鸿章的倡导，方始蓬勃发展。虽然这种纯技术性的挣扎，亦难救其覆灭的命运。不过此乃后事，此处姑置勿论。

清朝自入关定都北京，以迄宣统三年（一九一一年）覆亡，亘约二百七十年期间内，由于（1）继起不绝的灭满兴汉运动，（2）穷民为生活所迫而发生的地方骚动，（3）维持开辟以来的大版图——大清帝国的构筑，及（4）西方势力东渐以来的对外战争，清朝政府为防御此四种帝国生存的威胁，自必不断支付庞大惊人的军事费用。换言之，大清帝国因此不能不经常全副武装。这样，就决定了有清一代的国家体制。

至于满清未进关迁都北京以前，其在满洲故地，则依照太祖所订的军事政策。《皇朝开国方略》卷十三，太祖谕云，"明国小民自谋生理，兵丁在外另无家业，惟持官给钱粮。我国出则为兵，入则为民，耕战二事未尝偏废。"质言之，清太祖批判地对抗了明朝的兵农分离军制，而采用了兵农合一——出战入耕制的新政策。此种事实，实意味了清太祖已悟出战争胜利之道，恒赖于（农业）生产力的发展来支持的。至于当时其所采用的具体方法，仅仅以旗人为主体的三丁抽一（当兵、差徭、余丁）的军屯政策。此种政策，由太祖创始历经实施。唯此种政策，在清朝进关迁都北京以前，其本质到底如何，天聪八年（一六三四年）正月的上谕，实乃最好之说明。"我国土地未广，民力为艰，若从明例，从官给俸，势有不能。故计功给丁，一等功臣得千丁，其余依次递减。……满洲出兵三丁抽一。"⑤——这就是说，在"土地未广"的满洲经济社会，"三丁抽一"实

400

乃广义国防力的渊源，所谓"计功给丁"（Beneficium）应作如此认识。此种 Beneficium 与 Commendatio（带地投充）同为封建社会根源之一，爱米儿·杜劳勒在《原始财产》一书中已有所论列。总而言之，太祖、太宗的军制，其本质即属如此。换言之，满洲游牧社会，由采集人参与射狩阶段定着于农耕，由于自"不专射狩"阶段的移行⑥，（作为劳动对象的）土地及农业劳动力（壮丁）始次第被重视。其直接结果，即是自游牧社会一跃而入于封建制度阶段。抑有进者，即此种飞跃，实乃由于战争之促成。所以可以这样说，战争促进了满洲封建制度的发达。但我们在此立论的根据，并不以人类社会的发达必然地且时代地要经过狩猎时代、牧畜时代、农业时代三个阶段为前提。此种发展阶段说，直至今日，无论理论的或事实的，早已无从成立。⑦

关于清朝封建制度之论证　为了论证上述的清朝封建制度，作为封建制度根源之一的 Commendatio 必须确认此种理论系以汉人的"带地投充"的形式表示着。质言之，即汉人以其所有地投靠满人权门之下，改事耕作——赋满人以占有权的形态。清初，投充地编入官庄田。至投充之动机，一为处于乱世保持所有权；二为回避地租及徭役。制度之根源，实乃典型的 Commendatio。下文可为例证："顺治元年，时近畿百姓带地来投者甚夥，设乃纳银即为庄头，愿领入官地亩者，亦纳银为庄头，各给绳地。每四十二亩为一绳。其密、苇、棉、靛附纳焉。分隶内务府，镶黄、正黄、正白三旗。奉天、山海关、古北口、喜峰口亦令设立。又令诸王、贝勒、贝子、公等，于锦州各设一庄，盖州各设一庄。其额外各庄皆须退出。"⑧所言事实即如此。顺治元年（一六四四年）带地投充者极多，投内务府者有之，投八旗者有之。总之，纳入银两即为庄头，并分给绳地。不过，其投充动机，除前述二点外，投充后不服官命，横暴之极，且抢掠无辜百姓所有地，此皆投充所生之弊端。虽在顺治四年（一六四七年）颁布投充禁令，然并未见诸实施之证迹⑨——以上所述例证，自 Beneficium 与 Commendatio 之事实言之，清代经济社会之性质为如何，即可明确把握矣。再者，别于此处之法制史的观点，就经济史的观点来做本质的认识，可参照本书《第三编·补论》。

抑有论者，作为兵农合一的 Beneficium，在八旗兵制第二次完成之际，已开始崩溃。所谓八旗兵制，最初出发于牛录制度。明万历十六年（一五八八年）之际，满洲兵游猎时，以"牛录"设编队，不论员数大小，以Sippe 为单位编成之。每人持矢一支，每十人设一长指挥之，称为牛录额真。万历二十九年（一六〇一年）始有以三百人编成一牛录之制度，每牛录置长一人，授以牛录额真之官名。此即为满洲八旗母胎。后改称牛录章京（后之佐领），每五牛录置甲喇额真一人，后改称甲喇章京（后之参领），每五甲喇额真置固山额真一人（后之都统），每固山额真置左右两梅勒额真，后改称梅勒章京（后之副都统）。其后，于万历三十四年（一六〇六年）设黄、白、红、蓝四旗，至万历四十三年（一六一五年），更分四旗为正、镶两组。每旗设总营大臣（固山额真）一人，佐管大臣（梅勒额真）二人，其下即为甲喇额真及牛录额真，分别指挥所属兵丁。[⑩]第一次八旗兵制大要系如此。八旗中之正黄、镶黄、正白三旗定为天子亲军，呼为上三旗，余五旗呼为下五旗。[⑪]然在清崇德七年即明崇祯十五年（一六四二年）六月，八旗兵制虽最后地整编为满汉蒙二十四分旗，唯结果由于明降将洪承畴的献策，禁止旗人生产活动，生产权独落于汉人。此时，明代的兵农分离故习遂告复活。关于此事，《清代轶闻》卷二《名人轶事》下《洪承畴有功汉人》一文中曾有谈及："当汉满一家之日，洪承畴造请崇德，竟建以汉人养旗人，不令旗人营生计之策。从此满汉分居，汉人安于其农工商贾之业，二百七十年来得免受其扰。虽出租税以养之，犹有利焉。"唯此中所纪并不可靠。实际上，作为给旗人土地的代价即禁止旗人营利活动，乃出发于保持八旗军队的强韧之理念而生。况且所予土地之农耕生产活动并不在禁止之例。不过事实上（De Facto）的问题，农耕次第由汉人佃户经营。甚至在顺治七年曾有旗民不交产例（旗地出卖禁令）的颁发，其所以要颁发如此禁令，亦不过由于旗地出卖之旺盛耳。咸丰二年（一八五二年）作为一种缓和汉人政策，方撤废在关内的旗民不交产例，致满洲旗民不交产例的撤废直至光绪三十一年（一九〇五年）奉天将军赵尔巽（张作霖的直奉之战的物的基础的奉天官银号的创办人）时始实施。至此时期，连作为权利的（De Jure）问题的旗人土地独占权始行废止。前所引用的《清代轶闻》一文语中实将 De Jure 问题与 De Facto 问题混合不清。汉人洪承畴就 De Facto 问题，为了汉人的利益，即确立了汉人的务农营商状态，而引起拥护。满清方面，则吝于以汉人土地实行Beneficium 之故，而容纳洪承畴建策，两者利益根本一致，并不冲突。由于此种实际情况，虽然在 De Jure 问题上汉人无土地所有权，然另一方面，却出乎意外地养成旗民游民化，致酿成后来满洲的经济未能发达的素因。进言之，清朝末叶山东、直隶商人的大批进出满洲（地主、窝棚、烧锅经营）的踏脚石，即由此而生。不仅如此，因为旗人的游民化，造成生活穷困，尤以在咸丰、同治朝（一八五一年——一八七四年）以降，至为显著。因此，政府不能不讲求救济之策（赈恤、赏借、给地）⑫，以至更形增加了政府财政的负担。关于此点，在清朝八旗兵制的第二完成时期，到后来清朝二百七十年间的兵农分制作最先开始的洪承畴献策，实形成了极端重要的构成意味。从此以后，清朝军政早已脱离了太祖时代的军屯政策，本来的军制中最关切的生产一面，乃专门移于军事费的补救与支付一面了。

注：

① William C.Hunter,*The "Fankwae" an Canton Before Treaty Days 1824—1844*,Reprinted 1938,Shanghai,P.94.

② 萧一山,《清代通史》,上,页九十三。

③ 萧一山,《清代通史》,上,页一百二十四以下。

④ 萧一山,《清代通史》,上,页九十三、一百二十四。稻叶岩吉,《满洲发达史》,页二百二十三——二百二十五。

⑤《皇朝开国方略》,卷三。

⑥《殊域周咨录》,卷二十四。

⑦ 伊斯德,《世界史的自然的基础》(日本生活社译本),页一百二十九。

⑧ 濂希逸,《中国财政史辑要》(光绪二年刊),卷三,《田制》,下。

⑨ 稻叶岩吉,《满洲发达史》,页三百一十五。

⑩ 萧一山,《清代通史》,上,页五十一。

⑪ 萧一山,《清代通史》,上,页五百十三、七百十三。

⑫ 萧一山,《清代通史》,中,页五百二十一。

二　军事费的容量

有清一代军事费的如何惊人与庞大，列表如下：

经常支出中军事经常费所占比例

年次	军事费（万两）	总经费（万两）	比例（%）
顺治九年（一六五二年）	1,300	1,573	83
康熙元年（一六六二年）	2,400	2,700	88
康熙二十四年（一六八五年）	1,360	1,900	71
乾隆三十一年（一七六六年）	1,780	3,451	51
道光二十九年（一八四九年）	1,682	3,200	52
咸丰一同治间（一八五一年——一八七四年）	5,000	7,000	71
光绪清日战前（一八九〇年—）	4,500	8,000	56
光绪清日战后（一九〇〇年—）	8,500	20,000	43
宣统三年（一九一一年）	10,100	29,800	34

备考：

1. 本表所收系根据《清史稿》所载，引自松井义夫所作《清朝经费之研究》（三）一文。（见《满铁调查月报》第十五卷第一号）

2. 顺治、康熙两朝战费无经常与临时之区分。乾隆以降，只录经常费，临时费在外。故经常、临时两种费用合计之总军事费数额，当极庞大可惊，自可想见。

3. 清朝之重要临时军事费另列如下表，以见一斑。

清代重要临时军事费支出表（单位：万两）

乾隆朝	第一次金川役	（乾隆	十二年——十四年）	2,000	合计 15,052
	准回之役	（同	二十年——二十二年）	3,300	
	缅甸之役	（同	三十四年）	900	
	第二次金川役	（同	三十一年——四十一年）	7,000	
	台湾之役	（同	五十三年）	800	
	廓尔喀役	（同	五十七年——五十九年）	1,052	
嘉庆朝	红苗之役	（乾隆	六十年——嘉庆元年）	1,090	合计 3,390
	教匪之役	（嘉庆	二年——六年）	2,000	
	洋匪之役	（同	十二年——十三年）	300	
道光朝	第一次回疆役	（道光	五年——七年）	1,100	合计 16,350
	鸦片之役	（同	十九年——二十二年）	1,000	
	第二次回疆役	（同	二十七年——二十八年）	730	
	太平天国运动	（道光	三十年——同治三年）	13,520	

上列两表所代表之实际意义，兹加以说明：

（1）顺治到康熙初年，军事费所占岁出总额之比例，近乎 90%，至康熙二十四年，乃大见低下，为 71%，故康熙二十四年实乃最可铭记之一年，不过该年到底为具有如何意味之一年后编自有交代。

（2）乾隆一代，不论经常军事费已增高至绝对额，然在岁出总额中所占比例，不过 50%，较康熙朝低近一半，唯以土建（水利）费、文化（图书撰修）费、奢侈消费（巡行、游狩、宴筵）大见增高，经常费总额亦甚为膨胀，被讴歌为一代盛世的乾隆帝，正是具有着法国路易十四世的意味，此点后编另有所说明。

（3）清末之际，不论经常军事费已增高至如何程度，由于行政费的亦步亦趋的增高，经常费总额亦极为膨胀，军事费所占岁出总额之比例，因此显示低下。像这样的一般行政费的增高，实表现了清末新官僚的"自强运动"（富国强兵）意味。自此际开始，可以看出清代国家的近代化运动，在徐徐开展。详论当见后编。

三 军事费的社会经济史的意义

如上所述的那样庞大惊人的军事费，对于清代经济社会的发展，到底起着怎样的作用，这当然是值得一加探讨的问题。若依据德国学者桑巴特（Werner Sombart）在《近代资本主义论》（*Der Moderne Kapitalismus*）中所说，则军事费（即军队）对社会的发展，特别是近代社会的形成，其所具之意义，实应有极高度的评价。维持着庞大的集团部队的近代军队，对于近代企业的发生和发展，和近代集团精神的养成，起着大的促进作用。分言之，乃是由于（1）兵士的给养，（2）整一的军服的供给，（3）海军必要的船舶的建造，（4）武器的大量生产，为其要因。[①]一般经济史家，动不动的就说是近代社会的始源，只是由于纤维工业的发达，而认为造船事业不过是基于商业上的要求而成立的近代工业之一，实忘却了造船事业在近代社会形成上所具有之重大意义。另一方面，还有军事费的备办，公债之累积的流通，一则促进了资本的形成，二来促进了经济生活的商业化——以上所引述，即桑巴特对于军事费（即军队）评价之要点。

故此，清代的军事费对于其经济社会所形成的一面，必须加由于下列

405

各种事实即可予以证明。

第一　货币地租与矿山事业之关联

　　明正统元年（一四三六年），南畿以下的七省南方地区，依据金花银所制定的田赋银令，是颇有名的一回事实。因之，以"大明宝钞"的强制流通为目的的明朝政府的银流通防止政策，最先即告瓦解，进而至于自嘉靖初年（一五二二年）亘约一世纪间，官方经济著著卷入银（货币机构）的旋涡。这个被称为"落后社会"的国家，在十五世纪初期，即很快地出现了货币地租，确是值得惊异，其说明根据之一，可于军事费一项中见之。在隆庆—万历年间（一五六七年——六一九年）的北边军饷，复加以满族的正在勃兴，为了补救军事费，占全岁出中的70%以上，以致巨额白银北运，日人百濑弘氏在《关于明代的产银与外国银》一文中（见《青丘学丛》第十九号）即早加以指出与论证。以充分理由做出这样的结论：货币地租，系为了补救北边的军事费而被促进和采用的。而且根据明朝一代的银山开发（矿业制造），可以明了。明朝的银山开采，早在永乐年间（一四○三年——四二四年）业已开始，永乐十二年（一四一四年），派官至湖南辰州、贵州铜仁二处督饬开采，征收银税。同时，陕西凤凰山八个处所及福建浦城二个处所亦加开发。永乐十三年（一四一五年），云南的银山开发，十九年（一四二一年）曾派御史监督征收福建、浙江两省银税。至宣德五年（一四三○年）浙江温州、处州两处大银矿加以改革，当时产额空前增加。依上而论，永乐—宣德年间（一四○三年——四三五年）的产银中心地为福建、浙江两省，至四川、云南两省之作为产银中心地带，则属于天顺年间（一四五七年——四六四年）。其间诸况，《天工开物》中曾有所记载云：

　　中国出银之所，浙江、福建有旧坑场，国初或采或闭。江西之饶、信、端三郡，虽有坑而从未开采。湖广则辰州出，贵州则铜仁出，河南则宜阳赵保山、永宁秋树坡、卢氏高嘴儿、嵩县马槽山，与四川之会川密勒山，甘肃之大黄山等皆称美矿。……燕齐诸道则以地气寒而石膏薄，不产金银。然合八省之所生，不敌云南之半。故开矿煎银惟滇中永可行也。云南之银矿，以楚雄、永昌、大理为最盛，曲靖、姚安次之，滇沅又次之。

……采者，穴土十丈或二十丈，工程不可日月计。寻见土内银苗，然后得礁（银矿）砂（砂银）所在。凡礁砂藏深土，如枝分派别，各人随苗分经横空而寻。上桩横板架顶以防崩压。采工篝灯逐径施镶，得矿方止。……出金之所，三百里无银，出银之所，三百里无金。造物之情，亦大可见。

前文所引，前半所叙系指产银地区，后半所叙则系说明生产状况。不过从其说明，并不能窥见其采掘规模。只就"穴土十丈或二十丈，工程不可日月计"之点而言，则其艰难状况，可以推知；而所用工具，亦只及于手工业工具镶之类。惟据马丁氏（Robert Montgomery Martin）在《中国之政治商业与社会》（*China, Political, Commercial and Social*）一书中所称，则迫至十九世纪四十年代末叶，在云南国境与广西国境之银山，常时拥有工人2万人，年产银200万两。准此类推，明代云南银山生产规模，大体将不难推知。但以清末事实而言，若以三百年来之溯变推断其生产状况，则我们又不能不表示怀疑。然而，这种类推总是正确的。因为中国在每一次王朝交迭之际，总有许多大破坏和改变。明末的开矿事业至清初可谓已完全停顿，直至清代中叶由于边境征讨军事费的迫切，清朝始积极地从事银山开发，时当在乾隆朝（一七三六年——一七九五年）。

第二　版图扩大与国内市场形成之联系

清朝开国以来版图构筑的广大，是众所周知的。明代时，被称为苗夷之疆的云南、贵州、湖南、广西及蒙回相争地的新疆等地区，完全为满清皇帝所囊括，此种大帝国在乾隆时已大体构筑完成。在这样的大领土上，无论是不得已地维持消极的不生产的消费，或积极地想获得广大的商品市场，都是一个问题。至于在这些边疆地区，商贩流通情形，可引林则徐《云贵奏稿》卷六的《拿获叠次抢劫焚掳各匪犯惩办折》（见《林文忠公政书》丙集）：

永平之曲硐一带地方（在云南省），为往来永昌大路。每年客商贩运黄丝、棉花等物，驮载络绎。……道光二十七年（一八四七年）十二月初三日，木有才纠众二十六人，各持刀枪，在曲硐地方抢得客商棉花，共一百九十二驮。内计宝隆号九十七驮，合盛号四十驮，美盛号五十五驮。又

407

建昌号之黄丝三十四驮……又，于是月初六日，唐泳受纠众二十七人，在齐屯地方持械抢得引盐九十一驮，内计马增禄二十驮，马体和十三驮，马阿四二十三驮，马定成三十五驮，马定成因识得盗伙马阿三，给银十八两，赎回盐十八驮。……又，于初十日，吴正潮纠众三十四人，在桃源铺，分执鸟枪刀棍，抢得宝隆号棉花一百三十驮及衣物布匹甚夥。……是时，各事主因连起被劫，不敢再行驮运。将在途之黄丝棉花截留于漾鼻地方（云南省），寄存熊姓店内。木有才等闻知，同赴熊姓店内，入室搜劫，抢去棉花一百八十驮，黄丝三十四驮又八十四包，及盐斤、布匹、衣物无算。……

由此，从林则徐的奏章，可以发现重要的几点：

（一）在云南省，盗匪极为猖獗，客商行路备受阻害，实由于交通制度不备，以至治安不保。

（二）棉花、生丝等原料品，由客商自他省大量搬运，在作为与他省贸易的交通要道上，被盗匪所劫。此等原料品又在此地被制为成品，所谓前期经营的家庭手工业，在此多数的分布与发达，则不难想象。

（三）殷实的批发商行，多方地经营棉花、生丝的贩卖和经纪，亦可推想及之。

（四）关于盐商品，在此际可说是特殊存在的事情。奏折中所云盐商马定成与盗匪马阿三相识一节，亦是值得注意之点。这里不仅是在道光朝，且与整个清代与云南盐制亦有关联。关于云南盐制后文自有详论，惟就与此点相关之处说来，则云南盐制向以维持本省自给自足为原则，不仅不运往他省，即他省亦不能运来。云南在当时被称为中国之二大产盐区，至本省之盐自给自足政策，实由于：（1）本省盐区为井盐，一井区之盐产额，由量到质，自然低劣。（2）灶户（盐生产者）为补助家计，在做小规模生产者，自不能期望有大量产品——此二种原因。不过，林则徐奏折所指的道光年间系清代云南盐业最盛时期，史家所谓"就井征税制"（即自由生产——贩卖制度）的时期，被称颂为生产额激增，盐商集中，盐税增收之时期。由于盐业之发展，运输机构必然地相随着有所进步，由原来的手推车时代进至利用动物力输送时代。[②]奏折中所称的盐商马定成与盗匪马阿三相识一节，可断定其为本省人，而其他盐商（马增禄、马体和、马阿四）亦可以推定其为客商。由此可以见出，云南盐业已冲破本省之阀族（Sect）主义，进入自由制度时代，而卷入全国性规模的交换经济中，至于客商的市场开拓热，亦可见一斑。

第三 官营军事工业（吉林造船厂）之创设及因此所引起之若干问题

军事费在近代社会经济史上所具有的意义，比什么都切要，或就Industrie（产业＝工业）真实名义说来，当无逾于军事工业的建设。而且，比较起来，算是最关切的问题的，由政府方面看来，则军事费与官营军事工业的结合，尤属必然。在欧洲亦然。作为军事工业最典型之一的造船业，可以说是最初出现的官营大企业。十四世纪威尼斯的造船业即属于此型。③准此而论，清初最堪注目的关于军事工业的创设，当推吉林造船厂了。吉林造船厂创设于顺治十八年（一六六一年）（关于吉林造船厂创设时日共有三说，一作顺治十五年，一作顺治十八年，一说在康熙年间，当以顺治十八年之说为可靠）。拥有东西159丈6尺，南北18丈的大面积。④这样的吉林造船厂——清军军事力的哺育者，使得康熙帝在与俄国彼得大帝的战争中，获得了二度雅克萨（一六八五年，一六八八年——一六八九年）战役和《尼布楚条约》（一六八九年）的光辉胜利成果。清军在第一次雅克萨攻略中，使用野战炮150门，攻城炮50门，战舰100只（系康熙二十四年正月），在第二次雅克萨攻略中，使用大炮400门，战舰150只（系康熙二十五年七月），反之，俄军使用兵器，不过野战炮8门，旧炮1门，大、小炸弹500个而已，胜败之数，固于战幕开启之日早已决定。换言之，雅克萨的战胜，完全由于军事技术（武器）的优越所致。⑤

这个官营工厂，历经雍正、乾隆二朝，都曾发挥其伟大的军事哺育力。唯在康熙帝时代，因鉴于宁远、永平两役的战败，而特别遵奉太祖、太宗遗训，故其效用，尤其有着最高度的发挥。康熙帝在有名的三藩之乱间（康熙十二年——二十年）于该朝十三年（一六七四年）时，命御用宣教师南怀仁（Verbiest）铸造大、小铁炮120门，轻便神武炮320门，炮成，试放于卢沟桥，对其威力叹服不止。⑥然而，由于三藩之乱，同时表明了八旗兵的无能与无力，若无武器威力相助，战局恐更将迁延。迨乾隆以降，由于文贪武嬉，腐化成风，吉林造船厂的经营，日趋荒惰，由于武备的荒惰，而致在鸦片战争一役，原形毕现。

我们所要探讨的问题是：为何造船厂须建立于吉林这一点。因为无论就劳动力的调用上，或消费地（其最大的需要者系北京宫廷及御林军）与生产地的距离上——或按《工业分布论》的作者韦卜所说的"劳动力指向因子"和"运搬费指向因子"而论，吉林并非具有最理想条件的处所。要解答这样的疑问，除去说是由于吉林背后的吉、黑二大森林地带的原料木料供给（原料地指向），无其他原因可答。在吉林造船厂成立以前，崇德二年（一六三七年）正月太宗于攻略朝鲜江华岛时，曾命劳萨于沈阳招聘工匠，督率八旗兵建造小船 80 只。由此点观之，就原料地指向视点而论，满洲不失为造船业的良好基地。这里，可以下列两点说明之。

（一）当时船舶的主要材料是木材。在十六世纪的英国，建造一只五六吨船只所用之铁量，须使用木材 3,739 吨以上[⑦]，在十九世纪的英国，建造中型战舰一只，需用檞木 4,000 株！[⑧]在十七世纪末的清代社会，船舶中需要使用绝对压倒数量的木材，自毋庸置疑。由此观之，十七世纪的清代造船业，系以木材为主要建造材料自极当然，故造船业必须建立于拥有丰饶的森林产地，亦极当然。至于清帝如何明悉吉、黑二地为广大林木产区，观乎康熙帝东巡时随行的高士奇日记所载，则不难恍然了。

（二）其次，关内的木材资源的业告枯竭，亦是一因。就以地近京畿的山西而论，据《山西通志》所载（手头无原本，兹姑据冀朝鼎氏英译）[⑨]，在十六世纪初期，山西祁县原是森林丰富之区，自从被当作家庭燃料开始采伐后，至十六世纪中叶，更被作为建筑材料而猛烈滥伐，祁县南方诸山，不及一载尽成童山，祁县的财富亦失去 70%。不过，此种记述亦不足完全征信，否则难免有无批判能力之讥。因山西自"黄土时代"（Loessperiode）以来[⑩]，由于偏西风，中央亚细亚吹来的细砂日益沉积[⑪]，除宁武以外，全省皆成黄土地带，至于黄土地带，是否生长树木，学者显然持有异说。不过黄土地带树木枯竭，总是一般的现象，至少在《山西通志》的记述中，关于树木枯竭的经过，最为典型。我们在此可以确定的，是吉林造船厂之所以建厂吉林的原因当有其根据。且清政府为确保原料资源，曾厉行满洲封锁政策。

同时，可以提起我们注意的，由于关内木材的一般枯竭，而造成我国的洪水与饥馑的自然原因，另一方面，造成了石炭（矿业）工业发展的社会根据。

注：

① Werner Sombart, *Der Moderne Kapitalismus*, I.Bd, 1924, S.346, 353, 355, 358, 360 ff.——然而桑巴特氏所列举的这些原因,并未把握着近代社会发生的起点,而不过单是近代社会之速进要因。未能把住全机构的发展经纬,而只列以这些要因,是不能形成近代社会的。我们在此引据桑巴特氏的近代社会的速进要因,不过来表示清代经济社会的构成效果。但是我们不能不将这位被称为社会经济史学派的桑巴特的见解,看作有其明确的限界的。

② 刘隽,《清代云南的盐务》(《中国近代经济史研究集刊》, 第二卷第一期所收)。

③ W.Sombart,*Der Moderne Kapitalismus*, II.Bd.S.779.

④《吉林通志》,卷五十。

⑤ 萧一山,《清代通史》,上,页八,六百十三—六百十五,六百十六—六百二十三——关于雅克萨攻略及《尼布楚条约》的缔结月日,诸说不一。此处姑从萧一山氏所说。

⑥《国朝柔远记》,卷二,《康熙十六年·秋八月命治历南怀仁铸火炮》。萧一山,《清代通史》,中,页二百八。

⑦ W.Sombart, *Der Moderne Kapitalismus*,I.Bd.S.767.

⑧ Derselbe, II .Bd.S.1139.

⑨ Chao-Ting Chi,*Key Economic Areas in Chinese History*,1935,P.22.(本处所引系《山西通志》卷六十六所载。冀氏本书,系编译中国各地通志而成者)

⑩ 华库那,《中国农书》(日本生活社译本),页五十九。

⑪ 伊斯德,《世界史的自然的基础》,页一百七十二。

第一编　清代国家之经济政策

第一章　产业政策

清朝的以军事国家而出现，自亦有其出现的必然性。准此以论，则此军事国家，赖之以生长和发达的经济政策，形态如何，自为我们探讨的主题所在。

一般而论，要增强军事力量，须有二种经济政策，一系产业政策，一系租税政策。唯以清朝来说，因产业政策受到明确的社会限制，故其军事力之补强，势必移注于租税政策，亦即以租税政策为主要的军事费（财政收入）补救力量。至于清朝产业政策所受的社会限制情形如何，且其为补救军事费（财政收入）如何攫取财源，如何经营其经济，凡此皆为问题的中心所在。现在，作为解答这一问题，本章即以矿山业为指标，来分析清朝产业政策的本质。

明代的银山开发政策，为我国亘古以来，王朝交迭时例有的阻止和破坏所影响，至清初而中绝。直至清朝因迫于边境征讨军事费的急增方始复活，而时已在乾隆朝以后。惟被史家评为"圣训未尝许可开矿"的清代矿业政策，其具体情况，如展开讨论，则清朝银山（一般矿山）开发的中绝，实归咎于后列二大要因。

第一节 清朝开矿政策消极化的第一要因

明朝的矿税率，仅正税一项即在 30% 以上①，然实际负担尤不止此数。由于阉寺专权，矿使四出，而勒索中饱等贪污行为，负担尤高于正税，矿政实腐败已极。②迄至清代，因鉴于前代恶例，而严禁开矿，只此一事，实足以代表清代开矿政策消极化的第一要因。不过需要提明的，即在清初，并非全无开矿情事，惟屡加封闭而已。今就濂希逸所辑《中国财政史辑要》（清光绪二年刊）卷三十，《坑冶下》所录自清初至中叶矿山主要开采与封闭情况，制为下表，再行展开分析。

清初至中叶矿山开采事例

年次	矿产名	地名	摘要
顺治元年（一六四四年）	银矿	山东省临朐、招远	顺治八年封闭
康熙二年（一六六三年）	白铜厂	四川省黎汉、红卜萱二洞	旧厂复活民营
十五年（一六七六年）	银	山西省应州边耀山	派官严加监督
十七年（一六七八年）	银矿	陕西临潼，山东莱阳	试采
二十四年（一六八五年）	铁矿	四川邛州蒲江县黄矿山（大处）	民营税率 20% 康熙二十五年封闭
四十九年（一七一〇年）	铜矿	云南昆阳州子母厂 易门县寨子山厂	
五十一年（一七一二年）	银矿	云南大姚县惠隆	
五十七年（一七一八年）	银矿	云南金龙	
雍正元年（一七二三年）	银厂	云南马腊底厂	
三年（一七二五年）	银厂	云南古学厂	
五年（一七二七年）	矿厂	云南黄泥坡厂，贵州威宁府白腊祈子	
六年（一七二八年）	一般矿山	广西	
七年（一七二九年）	铅厂	贵州毕节县大鸡倭	
	铜矿	贵州威宁府猓木果	
八年（一七三〇年）	铜厂	四川建昌府，迤北兴隆宁番县紫古咧砂基九龙	招外省人投资，税率 30%
同	鸡冠石	广西南宁府果化、土州	
十年（一七三二年）	银厂	云南阿发	乾隆十四年封闭
乾隆七年（一七四二年）	铜厂	四川建昌道迤北沙阳紫古咧	
同	铜铅厂	四川川东道云阳奉节县	官督商办税率 20%
同	铅厂	四川永宁道长宁县茶山沟厂	

413

(续表)

八年（一七四三年）	金矿	贵州天柱县相公塘东海洞	税率30%
同	铁矿	湖南邵阳、武冈、慈利、安化、永定、芷江县	
同	铜铅矿厂	湖南郴州、桂州	
同	铜铅银砂	广东	民营税率20%，每矿准由数商合营或独营
十二年（一七四七年）	银铅矿砂	贵州威宁府大化里新寨	税率40%，乾隆十四年封闭
十五年（一七五〇年）	铁	浙江温州、处州	原矿准予再开
二十六年（一七六一年）	硫黄矿	甘肃骚狐泉	因军事需要临时开采
同	黑铅厂	云南通海县逢理山	税率20%
同	白铅厂	云南弥勒州野猪畔	税率20%
三十年（一七六五年）	铁矿	四川江油	税率20%
三十一年（一七六六年）	铁矿	四川宜宾	税率20%
同	铅矿	贵州清平	
同	白铅矿	广西融县	正杂税率共23%

备考：

（一）矿政令颁发情况如下：

1. 开采铜铅例（康熙十四年，准本省人民营，"全国性"）。

2. 开采铜铅例（康熙十八年，准本省人民营，"全国性"，税率20％）。

3. 矿厂事宜例（乾隆三年，因铸造货币，准予开采铜山，惟禁止开采金银及黑铅）。

4. 川省铜铅开采事宜例（乾隆七年，因铸造货币，参照表中所列乾隆七年栏）。

5. 湖南、湖北矿厂开闭事宜例（乾隆八年，参照表中所列乾隆八年一栏并备考（二）11项下）。

6. 广东招商民承采事宜例（乾隆八年，参照表中所列乾隆八年一栏）。

7. 湖南郴、桂二州矿厂事宜例（乾隆十六年，铜铅矿砂税率50％）。

（二）除表中所列封闭情况外，尚有下列各处封闭情形：

1. 山东、山西两省全部矿山（康熙二十二年）。

2. 湖南铅矿（康熙五十年）。

3. 四川各厂（康熙五十七年）。

414

4. 贵州铜山（雍正元年）。

5. 云南中甸铜矿（雍正五年）。

6. 广西苍梧县芋荚山金矿（雍正九年）。

7. 广东全矿山及湖南郴州九架夹黑白银铅（雍正十三年）。

8. 广西怀集县汶唐山临桂县水槽野鸡矿山（乾隆二年）。

9. 全国金、银、黑铅（乾隆三年）。

10. 贵州威宁府白腊银矿，广西苍梧县金盘岭金矿，荔枝山银矿（乾隆五年）。

11. 湖南常宁县龙旺山黑铅厂、沅陵辰溪永顺桑植矿山、绥宁县铜山、会同县金山、宜章县金山，湖北迤南兴国竹山矿厂，云南大姚县惠隆金隆银山，贵州天柱县相公塘东海洞金山，广东海阳县水尾白坟坷、丰顺县李村湾风吹礤、阳春县莫村那软瓦盎等矿山（乾隆八年）。

12. 陕西华阴县华阳川黑铅（乾隆三十年）。

分析（一）自原料资源视点论矿山业意义

清代主要矿区系四川、云南、贵州、甘肃、广西、湖南六省，且富有各种矿产。至山东或明代产银主要地区浙江与上述六省相较，却居于次等的地位。惟上述六省之为矿产地，明代政府亦已知悉，《天工开物》卷下《五金第十四》一章内曾有论及。虽然，上述六省中，除四川外，系于清初始辖入新版图中，然在明代亦有提及。因此，清政府在构筑其新版图的过程中，多少含有确保资源地带的意味，自属明显。至如前文所述，清政府为筹办军事费，而扩大商品的销场，同时，其确保资源地带的措置，自亦不难理解。下列各节，足资论证：

（一）雍正九年（一七三一年），刑部尚书励廷仪疏言："天生五材，铁居其首，用之以备军需，而造器物，所系綦重。"③（军器及器具材料与铁的重要性）

（二）乾隆二十六年（一七六一年），甘肃骚狐泉硫黄矿床，开采时，陕甘总督杨应琚奏请："查磺斤为营伍所必需，例如遇有缺乏，给批赴产磺地方，得购置备用。若开采本地之磺，以供支各营操防之用，实较远处购置节省多多，兹访得骚狐泉磺矿……责成兰州府，招商开采矣。属于筹备本营伍之要需。"④（弹药制造原料与硫黄的重要性）

（三）乾隆七年（一七四二年），《川省铜铅开采事宜例》制定之际，四川巡抚硕色奏言："建昌道所属之迤北、沙沟、紫古咧三铜厂，川东道

415

所辖与云阳界连之奉节县铜铅矿厂，永宁道所辖之长宁县茶山沟铅厂，并无妨碍田园庐舍（必须注意！作为开采许可理由之主点，后文当有论及）。取矿煎试，每矿一斤，可煎净约铅铜三四两不等，实属旺盛，应准其开采。所出铜铅除抽课外，商民得照例收买铜铅，以供鼓铸。"⑤（货币铸造素材铜铅之重要性）

（四）乾隆十六年（一七五一年），政府收买湖南铅斤买价公定之际，湖南巡抚奏请："黑铅系京局鼓铸关系之物，必上不亏帑，下不病民，方可经久。"⑥（货币铸造素材铅之重要性）

由上述四例，即可明了作为军器制造及货币铸造之原料素材，政府攫取矿物及矿山开发利益之情况。反之，当时与国定货币素材之铜铅无关系的金、银矿（但非砂金、砂银）并不许开采。乾隆三年（一七三八年），《矿厂事宜例》制定之际，曾有谕旨："凡产铜系山矿，实有裨于鼓铸，先行结报始准开采，其他金银矿悉行封闭。至黑铅即系银母，亦严禁之。"⑦再则，乾隆八年（一七四三年），制定《广东招商民承采事宜例》，准许开采铜、铅、银砂之际，亦曾有谕旨："金银二矿于鼓铸无涉，悉行停采，其有夹带金砂金屑之铜铅矿，照原定章程准予开采。"⑧依上所列，原则上严禁开采，除非矿山于政府利益有必要者，方可准许开采。并且，不仅如此，为了确保政府之利益与必要，矿产地与军事费之结合，自为必然的举措，此点，尤属切要。

分析（二）清代煤坑业之地位

前节所列表中，煤坑开采事业，全付阙如，此点自有其原因。在开矿之际，无论上谕怎样命令，"准人民开采"也好，"派官吏督励"也好，人民常以土法开采，小规模家计补充式的经营着，政府对此事之默认中，实含有征收矿税之意味，所以在政府默认前，人民之自行开采，可谓属于"私矿"性质，若再规模宏大，简直可说是"盗矿"了。虽然此种"私矿"在政府实行默认前，遵照所谓开矿常规，先由政府派官测量矿床，试行采掘，渐至正式开矿，则可谓绝无仅有之例外。此种人民以补助家计为目的的"私矿"，虽系出于求生之需要，然就人类生活的微妙而必然的智慧（Weis Heit）而论，此间所表示之睿智，实为最原始的社会发展的杠杆。

此处所论之石炭（煤），在我国早就与盐铁二事为"私矿"发展之对象，关于盐、铁二类，早在汉代《盐铁论》一书中，已载及廷臣的可否官营的论议。至于石炭有名的《马可·勃罗游记》中，亦曾论及。马可·勃罗自元朝至元十二年（一二七五年）以来，在华度过二十年的惊异生涯，"燃烧的黑石头"（石炭），被马氏目为一大惊异。马氏记述中曾云："黑石"在中国全国皆有丰富的矿脉，像木炭一样地燃烧而较木炭火力强大，可由早晨燃烧至夜，且价格低廉云云。而十三世纪欧洲商业发展的先锋队威尼斯商人，亦曾大为惊异，从石炭很早即与中国人民生活必需的结合中，可以看出人类生活之适应能力与睿智，尤以石炭开采容易，促成人民生活的安乐。《天工开物》卷中《燔石第十一·煤炭》一节中亦云："煤炭普天皆生……深至五丈许方始得煤……经二三十年后，其下煤复生长，取之不尽。"与深及十丈或二十丈后始得银矿相较，石炭采掘自极容易。再者，由于在早期，一般人民已利用开采石炭作为生活必需品，政府自无改动开采令的必要，且若封闭煤矿，势必夺去多数以采煤为生的人民生活，自亦无必要刺激人民的不平与反抗，而酿成社会混乱。所以在前表中未列煤坑在内。

若依此而论，人类生活之睿智所适应之处的客观根据在哪里，当为问题。而此客观根据，即为木材枯竭。《天工开物》一书中对木材枯竭与石炭关系，在该书卷中《燔石第十一·煤炭》一节中亦曾有云："山无草木者，下即有煤。……煤炭不生于草木茂盛之乡，此可见天心之妙。"所谓"天心之妙"，实即为人类生活的适应能力（睿智）。天心之妙非他，在草木茂盛之乡，自无以石炭代燃料之必要，而无须从事采掘。

此处还要讨论的，是关于前章所说的吉林造船厂所以设立于吉林的理由。如前所述，是因为关内一般的木材枯竭，并为展示关内木材枯竭情况，以山西省示例且附带提及木材枯竭系造成洪水、饥馑等的自然原因。然而，还有没有解决的问题，以山西一省为例，即可概括为一般的全国性的木材枯竭，是否确切呢？关于此点，清末新官僚林则徐曾有明敏的感觉和认识。他说：

> 自陕省南山一带及楚（湖北、湖南）北之陨阳上游，深山老林尽行开垦，栽种包谷。山土日掘日松，如遇有发水，沙泥随下，以致积年淤垫。自汉阳至襄阳，愈上而河愈浅。[9]

此系林则徐在道光十七年（一八三七年）湖广总督任内的奏折，就其在陕西、湖北、湖南三省所见实况，却与《山西通志》所载不约而同。均指出由于山地森林的滥肆砍伐，木材枯竭，而致造成洪水原因，可谓一语道破。且再次地断定关内木材的枯竭。不过我们要更进一步，研究全国木材枯竭的原因所在。这个问题有下列几个答案。

（一）魏马斯在《中国经济农业》一书中称：

黄土地带本质的拒绝植木，植木不可能地带的人类，原缺乏植木思想。再者，汉族系发原于黄河狭谷（黄土地带）而南移，故汉族缺乏植木思想。这或许就是全国木材缺乏的原因罢！⑩

——这样带着保留条件的三段论法。

（二）《马可·勃罗游记》中云：

全国树木稀少，因住民稠密，炊事入浴尽需沸水，不仅如此，因不论何人，每周入浴三次，尤其在冬天，如有可能，每日入浴，享福者，自宅备有专用浴室，故虽柴薪山积，倾即罄尽。木材之供给，自不能应付需要。

——这样的"季候风"（Monsoon）地带入浴原因论。

（三）《山西通志》，如序编所引，系由于用于燃料及建筑而滥肆砍伐。

不过，上引三说，只论及真理的一面，并未触及问题的本质。实际地说来，中国木材枯竭的原因，实基于中国社会经济的未臻发达。木材枯竭并非中国的单独现象，在社会经济的某一定阶段中，即连欧洲亦是如此。这是世界史的现象。原来木材的主要用途，不外：（1）原料（例如建筑用材、器具用材、造船用材），（2）补助材料（例如抽取染料，部分器具用品），（3）燃料。据桑巴特在《近代资本主义论》中所称，欧洲直至十八世纪，森林（木材）尚被广泛地利用。就以近代工业的发展而论，木材实具有大的作用。反之，由于近代产业的高度木材用量，林木必至渐趋枯竭不敷，故如何补给、代替木材的供应，实乃迫切的问题。在欧洲必至以有机的原料素材改用无机的原料素材不为功。因此，随着技术的发展，如建筑用材的铁、石，机械、造船材料的铁，染料用的煤胶（改用安泥林Aniline），由于新的发现，克服了木材枯竭的影响。然而在中国，除去石炭可以代替木材作燃料外，木材的用途还是占着近乎支配的地位，早在十九世纪林则徐所慨叹的滥伐现象，依然变本加厉地进行着。

然而所谓"经济社会未发达"的根据何在，这种原因的原因，先要究明前文提到的清朝产业政策所受的社会限制，亦即是下节我们讨研的主题所在——清朝开矿政策消极化的第二要因。

第二节 清朝开矿政策消极化的第二要因
（清朝产业政策的限界）

A. 分析的素材——有关矿政的六道上谕及奏折

以下所引据之素材，应作为清朝产业政策一般的基本型加以分析。

（一）康熙五十二年（一七一三年）大学士九卿等议奏：

> 开矿一事，除云南督抚及湖广山西地方商人王纲明等各雇本地人民开矿不议外，所有他省之矿，向未经开采者，仍行严禁。其本地穷民现在开采者，由地方官查明姓名记册，听其自开。若有别省之人往开，及本处殷富之民霸占者，即行重处。

上谕批示云：

> 有矿地方初开时，即行禁止。乃久经开采，若系贫民勉办资本，争趋觅利，借可为衣食之计。如忽行禁止，则已聚之民，毫无所得，恐生事端……要在地方官处置得宜，不致生事耳。⑪

（二）雍正二年（一七二四年）两广总督孔毓珣上奏，请开广东省矿山，以救贫民一事，雍正帝上谕：

> 昔年粤省开矿，聚集人多，以致盗贼渐起，是以邻郡戒严，永行封闭。夫养民之道，惟在劝农务本，若皆舍本逐末，各省游手好闲之徒，望

风而至，岂能辨奸良哉！况矿砂乃天地自然之利，非得人力种植焉。不保其生息，今日有利，聚之甚易，他日利绝，散之甚难。尔等揆情度势，必不致聚众生事，庶几可行。若招商开厂，设官收税，以致远近传闻，聚众藏奸，则断不可行也。⑫

（三）雍正五年（一七二七年）湖南巡抚布兰泰奏请开矿时之上谕：

开采一事，目前不无小利，集聚人多，为害甚巨。从来矿徒率皆五方匪类，乌合于深山穷谷之中，逐此末利。今聚之甚易，将来散之甚难也。⑬

（四）雍正十三年（一七三五年），乾隆帝上谕⑭：

广东近年以来，年谷顺成，地方宁谧，若举行开采之事，不免聚集人多。现在劝民开垦，正可用力于南亩，何必为侥幸贪得之计哉？⑮

（五）乾隆八年（一七四三年），户部议覆：

查楚省（湖北、湖南）颇多产矿之地，而开有成效之处甚少。若请悉心筹划，因地制宜，不滥开采，适滋扰累。今湖南常宁县属之龙王山矿厂，曾先刨试黑砂粗铅，且系工本不敷，随经封闭在案。又，沅陵、辰溪、永顺、桑植等县之矿厂、并绥宁县之铜矿、会同县之金矿，宜章县之金矿及湖北迤南兴国、竹山等府州县之矿场，或属苗疆，或有妨田园庐墓，或产砂微细，无人承采，均应饬令地方官严加封禁，其他湖南之邵阳、武冈、慈利、安化、永定等州县之铁矿，俱系供各该居民农隙，以农具自刨（此点证明铁制农具之生产）。产铁旺盛之芷江县间，挑往邻邑售卖，应听商民自便。⑯

（六）乾隆十五年（一七五〇年）户部议覆闽浙总督喀尔吉善疏言：

五金之产，为天地自然之利，果如经理得人，设法开采，原足便民生而资器用，第恐防闲不密，料理未周，每致纷扰滋事，是以向有查禁之

420

例。今据该督等奏称，处州府属之云和、松滋、遂昌、青田四县并温州府属之永属之永属之永嘉、平阳二县及附于平邑、淘洗之泰顺一县，土瘠民贫，以采铁为恒业……应照该督等所请，仍弛其禁，照旧开禁，以济民生。⑰

B. 素材之分析——清朝保守主义的物质的根据

从上文所引述之六条上谕及奏折中，实在可以看出清朝政府对矿业政策的方向与所取态度，同时，亦表明清朝政府一般产业政策的方向与所取态度。在这种精神中，渗透并呈露出的是统治者的温情主义（Paternalism）精神，亦即是中国儒家的精神——统治者对人民的态度和方法。这种Paternalism 表现在这里的，就是不许开矿。而问题的关键所在，就是不放心人民，恐惧人民力量。这些上谕和奏折，用现代的意思表现出来，就成为下列几个要素：

（一）以农业为生产力的唯一的基本，视矿山业不过是"末利"的投机事业（"侥幸贪得之计"）。因投机事业的一时的魅力所吸引，民众不免猬集矿区，以致引起农业生产力不足之后果而有害根本。这在以农业生产为主要生产的清朝，自然是极为忧虑的，所以，一般地不许开采。

（二）因在矿区，各省的失业者（"游手无赖之徒"）猬集，所谓"五方匪类"易于跋扈，以致往往造成地方骚动（"易生事端"，"纷扰滋事"）。而地方骚动，在中国历史中又往往是易姓受命（"改换朝廷"）的导因，所以严禁开矿。

（三）由于矿业知识的浅薄，以为矿脉一旦贫乏化，一定要造成生产费昂贵和利润低下（"工本不敷"）等现象，从而矿业倒闭，进而招致失业问题。而这些矿工，则又"集之易而散之难"，是足以造成地方骚动的因素，所以对于新矿的开采，一向列入不许之例。

（四）若将矿山开采事业，由本省穷民的家计补充式的小规模经营（"借为衣食计"，"土瘠民贫以采矿为业"）换为准许他省人进出，必至造成销路缩小以至丧失诸现象。至于准许本省人大资本的经营，又可能造成市场独占（"本处殷富之民霸占"）现象。如此，必致使本省小本经营者被淘汰吞并，并减少其被雇用的机会，造成失业、对立及骚动。故凡此种场合的新矿开采建议，亦悬为厉禁。

（五）惟开矿事业，如在不破坏农田墓地情况下（"无妨碍民田园庐墓者"），且有益于地方民生（"济民生"，"供农器"，"挑往邻邑贩卖"），亦可勉为通融开采。至于一旦许可开采，在由本省穷民凑资办理，作补助家计式的经营（"贫民勉办资本争趋觅利"），或则由官办（"云南督抚"）或则由民营（"湖广山西地方商人王纲明"），而系在雇用本省人民的场合下，在此两种情况下，因可防止失业，亦一概不予封闭。但如矿脉贫乏化（"黑铅砂粗"，"产砂微细"），以至工本不敷、经营不振，或征税成绩差劣、官吏勒索有加，则断然予以封闭。

上述五点，即系前引六道上谕及奏折的内容。总之，清朝开矿政策消极化的理由，第一是由于对于农业生产力减退的恐惧心理（清朝农业社会的当然理论），第二是由于对失业者发生的恐惧心理（易姓受命思想的当然归结），尤以从后一点，我们可以看出一个真理：一切统治者都不信任人民和恐惧人民、防范人民，以民为理想敌的心理状态和措置。清朝以异族而入主中国，这种心理自然更为浓厚，而这种恐惧心理，就造成了清朝政府对一般产业政策的消极甚至退化的态度，而阻碍了清朝经济社会的发展。所以清朝的保守主义（墨守祖法）的客观根据，最重要的还在第二点的理由上，所谓农业生产问题，倒还在次要。而一般政府所施的慈惠政策，要之亦系为防止人民"滋事"的措举，以之为巩固政权的手段。就如水利事业（治水、灌溉），亦必须作如此理解，方能把握问题的本质所在。这种水利事业，固然系清朝农业社会的维持农业生产力的必要措举，然而更重要的一面意义，却是统治者为了本身的安全，防止"滋事"的失业救济事业。聪明人如林则徐，对此自然有明慧的理解，观其《筹挑刘河白茆河以工代赈折》（见《林文忠公政书》，甲集，《江苏奏稿》卷三），可为证明：

年来，河道愈形淤塞，农田连遭积歉……田畴即渐就荒芜，浅漕亦愈难征。故该两河（江苏省刘河、白茆河）急需开浚，实为目前必不可缓之工……并以上年秋禾为歉，现值青黄不接之时，小民食力维艰，正宜以工代赈，禀请即时兴办。

在林则徐禀折内，道出因连年发水，河道泛滥、农产不作、民生凋敝的情形，故认为此际兴办水利事业，实为不可或缺之事。但所需工事，不

422

用徭役劳动，用募役劳动办法（给资之雇工制），借水利事业与失业救济同时兼收之效。此处所云"代赈"，即是赈恤意义（救贫事业，社会经济史家所谓前期社会政策），这种"赈恤"和"蠲免"，屡次同被用为农民救济的慈惠政策，用作统治者缓和人民情绪的策略之一；而在这种"赈恤"和"蠲免"的骨子里，又可看出统治者对其剥削的惨重所生的后果的非常恐惧，所以这"赈恤"和"蠲免"，实在就是统治者的自行赎命赎罪的政策，不过被眩目而巧妙地利用着罢了。所以林则徐所奏请"即时兴办"的以工代赈的水利事业，重点并不在于水利事业的重要，而实际是失业的救济却重要于一切。而他的以工代赈办法，又要比不生产的赈恤政策聪明多了。要言之，这种救济政策，政治意义实重于经济意义。

更有进者，在林则徐所生逢的清朝末叶，这个失业问题，不仅具有内在的意义，而且更具有可怖的外在意义，含有摇撼清政府的统治基础。因为从鸦片战争以来，清朝政府的"内在的"忧戾以外（对人民的恐惧），更有着外在的忧戾（对帝国主义的恐惧）。换言之，人民的无从生活，不仅要发生内在的地方骚动，而又外在的予帝国主义以政治经济的机会，这点，有现代的中国历史证明。这实在是清末政府的一个严重深刻的政治难题。观乎在此期间，清政府的设立招商局（同治十一年，一八七二年），可为佐证。由李鸿章奏请所成立的招商局，着眼就在于救济中国民船危机的一点上。清末有名的史料书《国朝柔远记》，对这个问题的见解，可谓具有慧眼，其卷十七，《同治十一年冬设招商局》一节内有云：

八荒四极时，自古绝域不通之国，来宾或享互市各海口，李鸿章为中国之利尽为洋商所侵，恐失业之民悉为洋人所诱，因设招商局，自置轮船，分运漕米，兼揽商货，冀清稍可收回原利。

综合说来，清朝政府对失业问题，发生"纷扰滋事"的恐怖感情，为主要的对开矿政策一般的取消极，甚至退后的原因。此点就是前文中所说的清朝政府产业政策的社会的限界之所划的一线，我们必须作如此看法。此种社会的限界，毕竟是清代经济社会发展的唯一的重大的主体的阻滞力量，像开矿政策的消极化，不过是其局部的表现而已。准此而论，像康熙四十三年（一七〇四年）的上谕，则绝对严禁开矿：

开采之事，甚无益于地方。嗣后有请开采者，悉行不准。⑱

在这种上谕里，Paternalism 的精神表现无遗。反言之，假若不是这样的社会限制，则明代产业的归趋和结实——渐渐以转进官营企业为中心，由清代予以按部就班地继承下去，清代矿山制造业的发达，确是颇有期望的。再引《天工开物》卷中，《锤锻第十·冶铁》：

凡炉中之炽铁用炭，煤炭居其七，木炭居其三。

从这种记述里，可以见出远在十七世纪前半期的明末时代，制铁所用石炭的用量比例，已达 70% 以上的高率，较木炭用量高出二倍又半弱，充分说明了制铁业对石炭高度需要的意味。而制铁业的发展又为煤坑业发展的酵母。因之，明末的制铁业，以其已达使用石炭 70% 的发展阶段，亦相应地达到这样的发展阶段，或有可能。在欧洲，由于制铁业的发展在先，而刺激了煤坑业的发展。然在中国，如前之所说的由于木材极度的枯竭，石炭的需用量，自然现出不均等的高度。事实说来，明末以铸造"大将军""二将军""红夷炮"等铁制火器，且有生产铜制火器（西洋炮）的事实⑲，制铁（金属工业）的发展指标或者是够了。明朝在灭亡前的顷刻，因迫于当前将趋灭亡的客观情势，力求推进矿山（金属工业）的建设事业，以图用纯粹的军事技术力量（火力）挽救其覆亡，虽然这结果一定是悲剧的。而明代所遗留的金属工业建设的所以中绝，实由于近三百年的满清政府的军事国家的性格，观乎清代国家的军事建设，在产业政策中，无根据可寻，即可了然。所以租税政策，实在是清代军事费的最后和最大的补救路，这就是我们在下章中所要探讨的主题。

注：
① 百濑弘，《关于明代的产银及外国银》（日本《青丘学丛》第十九号刊）。
② 萧一山，《清代通史》，中，页四百九十七。
③《中国财政史辑要》，卷三十二，《坑冶下》。
④《中国财政史辑要》，卷三十二，《坑冶下》。

424

⑤《中国财政史辑要》,卷三十二,《坑冶下》。

⑥《中国财政史辑要》,卷三十二,《坑冶下》。

⑦《中国财政史辑要》,卷三十二,《坑冶下》。

⑧《中国财政史辑要》,卷三十二,《坑冶下》。

⑨ 魏马斯,《支那农业经济论》(日译本),页一二。

⑩《中国财政史辑要》,卷三十二,《坑冶下》。

⑪《中国财政史辑要》,卷三十二,《坑冶下》。

⑫《中国财政史辑要》,卷三十二,《坑冶下》。

⑬《中国财政史辑要》,卷三十二,《坑冶下》。

⑭ 雍正帝于雍正十三年八月逝世,由乾隆帝继位,规定至年末不改元。

⑮《中国财政史辑要》,卷三十二,《坑冶下》。

⑯《中国财政史辑要》,卷三十二,《坑冶下》。

⑰《中国财政史辑要》,卷三十二,《坑冶下》。

⑱《天工开物》,卷中,《冶铸第八·炮》;卷下,《佳兵第十五·火器》。

⑲《中国财政史辑要》,卷三十二,《坑冶下》。

第二章　租税政策

清朝最初的岁入构成,是义和团事件的翌年即光绪二十七年 (一九
〇一年) 的 Robert Hunt 的岁入改革案和被称为满清王朝最后的挽歌的宣
统三年 (一九一一年) 的预算修正案。原案见下表:

I. 光绪二十七年 Robert Hunt 岁入改革案

项目	收入(单位：千两)	%
地丁	26,500	29.3
漕粮	3,100	3.4
盐课、盐厘	13,500	14.9
关税	23,800	26.3
厘金	16,000	17.7
常关税	2,700	3.0
土药税	2,200	2.4
地方收入	2,600	3.0
总计	90,400	100%

备考：

依据罗玉东《光绪朝补救财政之方案》（原载《中国近代经济史研究集刊》第一卷第二期）。

Ⅱ.宣统三年岁入预算修正案

项目	收入（单位：两）	%
田赋	49,669,858	16.3
盐课茶税	47,621,920	15.6
关税	42,139,287	13.8
正杂各税	26,163,842	8.6
厘捐	47,176,541	15.5
官业收入	47,228,036	15.5
捐输各款	5,652,333	1.9
杂收	35,698,477	11.7
公债	3,560,000	1.1
总计	304,910,294	100%

备考：

1. 贾士毅，《民国财政史》，上册，页二六。

2. 盐课、茶税合计中，盐课占99％，见萧一山《清代通史》，中，页四百五—四百六之表。

上表Ⅰ之田赋、盐税、关市税（关税、厘金、常关税）三项占岁入构成中91.2％；Ⅱ表之田赋、盐税、关市税（关税、厘捐）三项占岁入构成中61.2％。

因从来清朝田赋正税以外的所有财源，或多或少的被充作军事财源，所以要是除开田赋、盐税、关税所占的比例，在Ⅰ表中占61.9％，在Ⅱ表中占44.9％。即是：第一，田赋在16.3％乃至29.3％线上；第二，盐税、关市税在44.9％乃至61.9％线上，这是必须注意的。

第一节 作为军事财源的矿税

清代矿税一项数量的微末，从前列两表中皆未予以独立项目，即可察知。因政府厉行开矿严禁政策，所以矿税征收来源的矿业萎靡不振，事实昭然。据清末史家濂希逸从《大清会典》中所作统计，云南官定银税每年67,300两，金税60两，铜税10,800两，锡税3,000两，其他广东、广西、四川、贵州、湖南、山西诸省未定官额①，不过"尽拨尽解"而已。若据林则徐上奏所列，情形更差，嘉庆十六年（一八一一年）户部所订云南银厂16处课税年额不过26,550两，还有，在嘉庆十九年（一八一四年），白沙厂因亏折而被封闭，须纳矿税的15家银矿，额数亦不过24,114两。②

据此而论，清代矿税率似非常低下，然而不然。清代矿税率以20%为原则，这是从康熙十八年（一六七九年）官定各省铜、铅税率为20%以来③所规定的。这比明朝的30%的矿税率稍低，却是事实。然而，并非无例外的原则，由于时代使然和矿种使然，上述原则20%不断曾被破坏，举例言之。康熙十九年（一六八〇年）各省金、银税率定为40%，康熙五十二年（一七一三年）湖南郴州黑铅厂的分解银税率定为50%，雍正八年（一七三〇年）四川建昌府迤北兴隆、宁番的铜税率定为30%，乾隆八年贵州天柱县的金税率定为30%，乾隆十二年（一七四七年）贵州威宁州大化里、新寨的银、铅、矿砂税率定为40%，乾隆十六年（一七五一年）湖南郴桂二州铜、铅、银税率定为50%，诸如此类。④像这样地提高税率，多少与边境征讨的军事费急增有关，有康熙时代财政制度中未整理就绪的，而乾隆十六年的提高50%，就是为了大金川役（乾隆十二年—十四年）并准喀尔役（乾隆二十年—二十二年）的事后来补办事前的工作，极为明显。

从这样营养不良的矿税中，清朝政府如何指抽军事费，下文我们将引证上谕及上奏以资证实。

A. 分析之素材——关于以矿税充当军事财源的五道上谕及上奏

（一）康熙元年（一六六二年），在贵州开州斗甫厂，关于水银每年征收95斤现物税，闰年加课10斤一事，上谕云：

变价充本省之兵饷。⑤

427

（二）康熙四十六年（一七〇七年），为禁止加征云南矿税，谕令大学士等云：

云南矿税一年征银八万两零，用拨兵饷，数亦不少，若再令加增，不致有累民乎？⑥

（三）康熙五十一年（一七一二年），四川巡抚能泰的奏折批答云：

原任四川巡抚能泰，曾具折奏闻，开矿后又奏称：江中有银，派官监视，捞取以为兵饷。朕以此二事俱不可行。……在此种场合，虽否认以银税充当军事费，然问题本质并未变。⑦

（四）乾隆三十年（一七六五年），当开采四川江油县铁矿时，四川总督阿尔泰奏称：

江油县之木通、溪和、合硐等处，每十五斤矿砂产铁，煎生铁四斤八两，岁可得生铁二万九千一百六十斤，请照例开采，十分抽二，变价拨充兵饷。⑧

（五）乾隆三十一年（一七六六年），四川宜宾县许可开采铁矿之际，四川总督阿尔泰奏称：

宜宾县之滥坝等处，每十斤矿砂产铁，煎生铁三斤，每岁计可得生铁九千七百二十斤，照例十分抽二，按年征收变价，拨充兵饷。⑨

B. 素材之分析

从上所引征之五道上谕及上奏内，可以窥见以矿税"拨充兵饷"的情形，而且，受产业政策社会限界的清朝政府的唯一的支点（Anhaltspunkt），只此而已，余无可得，于此证实。并且清朝政府除田赋正税以外的所有Anhaltspunkt，只不过此一项，亦必须予以注意。至于上引素材的分析要点有下列二端。

第一　实物租税与货币租税之争竞及其社会的根据

清朝征收矿税，系采用实物纳税制及货币纳税制兼并两用，文中所云"变价"，即指实物纳税制而言，即所谓 Vice Veroa。此种实物纳税制与货币纳税制所征收的课税，除非生产课税的牙税、契税、船钞、关市税等以外，凡田赋以下的生产课税皆经并为采用，与官吏给予制度之并行采用俸银制与禄米制遥相对照。[⑩]由此观之，清代社会并非单独立足于现物经济之基础上，同时极明显地具有货币经济时代的特征，其表现就在"西班牙墨西哥洋（银元币）时代"一事上。以下我们具体地说明这个命题。

中国最初铸造银货，应在金朝章宗之时，即是承安二年（一一九七年）的"承安通宝"[⑪]的铸造，惟银高度地作为一般通用力，开始普遍流通，系在所谓欧化东渐的初期，即西班牙占领菲列宾（一五七一年）以后。在这以前，业已完成两件大事。其一是加马奉葡萄牙国王马诺尔之命迁回喜望峰，于弘治十一年（一四九八年）到达印度之加尔各答，开辟了东印度航路；其二是麦哲伦得西班牙王加尔罗斯一世之补助，于正德十四年（一五一九年）通过麦哲伦海峡，开辟了欧亚西南的航路。不过最初发现喜望峰的是加尔士（一四八九年），并名为荒岬（Cabo Tormeutoso），后由葡萄牙王约翰二世始改名为喜望峰（Cabo de Huena Esperanza），还有，由陆路最先到达印度加尔各答的是代·高尔洛扬（一四八七年），加马不过是完成先辈的伟业而已。惟加马的发现东印度航路,可称为对欧洲经济史上划时代的贡献，不能不为一般人所公认。由此，意大利诸都市若威尼斯、热内亚渐趋衰亡，而代之以里斯本的勃兴，欧洲之经济文化中心，一移而至葡萄牙，所以葡萄牙在欧亚的关系上，有了重大的存在意义。[⑫]加马的东印度航路的发现，在欧洲经济史上虽有着划时代的意义，而麦哲伦海峡的开拓者，对于东方经济史上的影响，亦应具有高度的评价。即是，以此为开端，西班牙（墨西哥）洋始行流入。

葡萄牙的中国经略　在西班牙以西班牙（墨西哥）洋开始与中国接触以前，关于葡萄牙对中国之经略，缕列如下：

自东印度航线发现后，一五〇五年，堂·法兰西斯·阿尔马加在高亚（即 Goa，东方的威尼斯）被任命为印度总督，直至一五一一年，达尔包、可尔可占领马剌甲。葡人始初次访问广州，翌年，发尔拿翁·菲立斯、达得拉的率葡船四艘，马来船四艘，奉该国王命到达广州测量港湾，在澳门西南上川岛碇泊。此时，随船来华者，有高亚总督任命的国使杜米·比拉斯，由亡命马剌甲的华人火者亚三相随，共赴北京，呈送准许在广州贸易的国书，由于明廷不理，此等一行遂舍弃广州，至宁波、漳州开始贸易——非法贸易。此二处之非法贸易，由嘉靖初年直至嘉靖二十八年（一五二二年——一五四九年），继续不绝，但是当时宁波并没有葡人的领馆。惟至嘉靖二十八年，该二处之非法贸易，始被明舰队所扫荡，葡人的贸易地遂再行移至广东沿海一带。在此以前，即嘉靖十四年（一五三五年），都指挥黄庆曾受葡人巨额贿赂，准由葡人在澳门设港通商，并约定年纳贡金2万两。抑有进者，葡人因于嘉靖三十六年（一五五七年）时，扫荡海贼有功，由巡海副使汪柏准许将澳门为葡人殖民地，自万历十年（一五八二年）起，年纳租金500两，由香山县征收，此种额定，直至十九世纪四十年代，仍历行不绝。葡人经营中国，以如此状态进展，故葡人来航者日众，嘉靖十六年（一五三七年），葡人在广东沿海，既已以上川岛、电白县、澳门三处为居留地，迨至嘉靖二十一年（一五四二年），遂以电白县为中心，设定殖民地后，更以澳门为其"首府"矣。葡人进出中国，节节奏功，迨嘉靖三十九年（一五六〇年），只电白县一处的葡人，为数已达五六百人以上。⑬

在西班牙占领菲列宾当时的葡萄牙东方经略，已如附论所述；比葡人稍后来的西班牙人，即直接与明朝福建、广东等沿海诸省人民建立贸易关系，而这种贸易，不过是以中国的绢、茶、瓷器为对象的单面贸易，因之，大量的西班牙（墨西哥）洋开始流入中国。此点，葡人亦同。即是以高亚、马剌甲、澳门为据点的葡人，与以马尼拉为据点的西人从当时开港时起，即开始使用西班牙（墨西哥）洋，渐次地，在江南地方建立了高度的一般通用力的基础。然而这种举措，无论如何，对明代货币经济的进展，起了援助和推进的作用。质言之，麦哲伦对明清两代的社会经济进展，尽了侧面掩护推动的功用一语，亦非过言。十六世纪末，葡人领有高亚时，流通之银货为八里拉，但去中国的旅行者，为了需要墨洋，甚至有贴水的传说。这种情形，一五一九年，墨西哥被征服后，西班牙即利用其丰富之银矿，供给欧洲诸国八里拉之墨洋，为用于国际贸易通货所起作用甚大，如葡人为了在东方经营单面贸易亦尽量利用墨洋为流通通货，如出一辙。

墨洋在明末的每年流入量，据日人百濑弘氏所考（见《清代西班牙洋之流通（上）》一文），为 200 万圆以上，若此种论据可靠，则如此巨额的白银流入，对明代的货币经济的发展，则如注入酵素一样的有着重大的意义。明代田赋的银纳制，本实施于南畿以下的南方 7 省，因而国内一般的经济和政府经济，银货必然在货币机构中有着重大作用，我们在前文中曾为提及。而墨洋的大量流入，更加助长和推进了这种作用。不过必须注意的，这是种单面贸易，明朝政府并不赞同，明朝对于出洋贸易的态度，一贯遵从着太祖的遗训："不许寸板下海"，取着极为消极的态度，只是由福建、广东沿海诸省一带的人民，私下经营着非法贸易而已。⑭至于福建广东的人民对于菲列宾及南洋诸国的贸易和侨寓，极为兴盛。在明代的有名的史料书《东西洋考》中，下列片段可见一斑。

（一）吕宋（菲列宾）之例："吕宋在东海中……夷遂决计谋杀诸流寓（华人）……华人在大仑山饥甚不得食，冒死攻城，夷人伏发，竟以铜铳，击杀华人万余，华人大溃，或逃散饿死山谷间，横尸相枕，计损二万五千人，存者三百口而已。"⑮

（二）旧港（苏门答拉地方）之例："旧港古之三佛斋国也……永乐初年，三佛斋竟为爪哇所破废为旧港。是时南海豪民梁道明，窜泊兹土，众推为酋，闽广之流移从者数千人，廷议遣引人谭受胜往招，道明从受胜来归，留副酋施进卿代领其众。"⑯

（三）下港（爪哇）之例："新村旧名厮村，中华人客此成聚，遂名新村，约千余家。村主粤人也，贾舶至此互市，百货充溢。"⑰

不管明朝的出洋贸易态度如何消极，就上文所例举的而言，福建、广东省民（华侨）的进出于西班牙、葡萄牙势力圈内，以此为中介，为机缘，所以中国即无该各国的船舶亲至沿海互市，但墨洋的流入，亦所必然。何况以澳门为根据地的葡人，对此国际贸易通货（墨洋）的使用力，较诸华侨的使用力为尤高，自无疑义。因之明末每年要流入墨洋 200 万，就是这个缘故。

然而，明朝对外贸易的消极主义，至清代而转趋积极化。这种转入积极化的时期，是在康熙二十四年（一六八五年）前文中我们论述清朝军事费容量之际，曾以康熙二十四年为具有如何意味之一年，予以提出，并保留在后文中加以说明之意旨。然而康熙二十四年先就外国贸易一面来说，

431

无论该年是否在清朝史中为由开国以来的文化破坏到复原的一年，确是对外贸易政策转趋积极化的一年。至于积极化的导因何在，后文另有详论。在此处我们只要记住这年是在对外贸易转入积极化的一年已足够了。不仅如此，十七世纪中叶以来，由于荷兰、英国的加入贸易，驾乎前期的西班牙与葡萄牙势力之上。[18]不论这两国的场合，是单面贸易，还是为了茶及绢的换取，银货仍是源源流入不绝。尤其是荷兰，为了获取这两种欧洲的必需品（茶及绢），始终向清廷进呈贡物，甚至连欧洲使臣所不屑为的觐见皇帝的"三跪九叩首"，亦不惜遵行如仪。[19]所以在《粤海关志》中，荷兰、英国以朝贡国列入"贡船"之部，以示优于美国、俄国等的"市舶"，可见一斑。[20]

明末，每年流入 200 万的墨洋。在十八世纪清朝中叶，流入年额高至 500 万至 600 万墨洋[21]，而在贸易的构成上，自然有不少变化。

（一）西班牙本国与清朝的开始直接交易，和马尼拉贸易的衰退同时，西班牙自身的贸易额亦失去昔年的盛势。[22]

（二）自乾隆四十九年（一七八四年）起，美国新加入贸易。如《国朝柔远记》所云，"即于是年，遣船至中国购茶，是为美利坚来粤互市之始。"而贸易的对象，仍为茶。至于美国自华输入之茶，又以其总额二分之一乃至四分之一向欧西输出，至一八一五年，拿破仑战争终结，欧洲和平恢复以后，逐渐减退四分之一乃至十分之一，惟平均每年输出总额仍在 300 万封左右。[23]虽然美国是以毛皮及白檀为输出品，以输入茶类，但美国在单面贸易上[24]，从一七八四年以来，以至十九世纪四十年代，美国支付中国而流出之白银计在一亿圆。[25]美国对中国的白银供给，在十九世纪初期，年额在 200 万以上，数年以后，达到 600 万至 700 万程度[26]，到一八三〇年，美国开始利用伦敦汇兑之后，始行断绝。[27]

（三）最重大的转换起于英国。即自一七九〇年起，英国毛织物输入极为旺盛，反之，英国之银输出锐减。英国最被称道的物产是毛织物和矿石，一七九〇年第一次贸易的转期可以说是羊毛的胜利。所以一七九〇年的英清贸易转期，由英国方向看来，也就是所谓一七七〇年开始的所谓产业革命的胜利，因之，必须加以注意这在英清贸易关系上最早的一个转期，特制表如下。

东印度公司向清国输出之商品及银（单位：镑）

年次	商品（以毛织物为主）	银	合计
一七八五年	270,110	704,253	974,363
一七八六年	245,529	694,961	940,490
一七八七年	368,442	626,896	995,338
一七八八年	401,199	469,408	870,607
一七八九年	470,480	714,233	1,184,713
一七九〇年	541,172	－	541,172
一七九一年	574,001	377,685	951,686
一七九二年	680,219	－	680,219
一七九三年	760,030	－	760,030
一七九四年	744,140	－	744,140
一七九五年	670,459	－	670,459

备考：

本表系自 George Leonard Staunton,*An Authentic Account of an Embassy*,etc.,1797,Vol. Ⅲ.P.487.AppendixⅧ中抽出。

　　随着上述的贸易构成上所起的不少的变化，年额 300 万至 500 万圆的银币流入，直到十八世纪中叶，继续不绝，一九三〇年代末银流通总额，估计在 5 亿圆程度。㉘这 5 亿圆中，虽含有国产纹银及外国银（番银——洋银），然外国银的流通比例，约占 60%—70%，则可以推知。㉙详加论列，外国银又有下列数种：（1）西班牙圆（Pillar Dollar，亦即八里拉银货 Rialles of Eight，Pardawes de Reales）；（2）墨西哥圆（为一八八五年以来广东流通的主要通货）；（3）Crown 银货（法国造）；（4）Duceatson（威尼斯造）；（5）Rixdollar（斯干的那及德国造）等五种。㉚这些各式银货，一般的输入时代，都在一八二五年以后，在这以前，几乎全为西班牙圆 Oed Head（西王加罗斯四世铸造）所控占。㉛除西班牙圆以外，金块及银块亦同时流入，对中国的经济社会，颇有可喜的影响。所以，西班牙圆（即 Oed Head）不仅表里模样相异，且对加罗斯三世圆以 10%—15% 的贴水而流通㉜，至于墨西哥及南美各国所铸造的各式银货，对 Oed Head，则须打

433

3%乃至7%的折扣。因之，一八五四年在广东、福建、苏州各地仿造 Oed Head 时，不仅要对原品有18%的贴水，且模造品本身即有10%以上的贴水，半年以后，甚至要打30%的折扣，而仿造事业失败大吉。还有，一八六六年，香港造币局，以墨西哥圆为标准货币，开始铸造，以10%的折扣流通使用，两年以后，造币局仍关门大吉。[33]凡此诸事实，都是因为 Oed Head 在中国流通最广，信用最著，而中国人对杂式货币（Solution Goed）的轻蔑观念，根深蒂固，最典型地反映了前期社会心理，如若我们的经济生活不能突破这种前期社会的范畴，这种落后经济心理，即用法西斯的暴政手段，也是无法加以消灭和占领的。因之，Oed Head 虽自一八三〇年以来流入激减[34]，但迄至一八五七年，仍作为清代经济社会的国际贸易通货而存在[35]，就是这个道理。

关于墨洋的流通范围，虽然最初由广州流入，迨康熙中叶（一六九〇年）经由福建省而流入江西境，至乾隆朝末期（一七九〇年）始到达长江下流一带。[36]但在华北方面，直到鸦片战争以前，虽然在山东还未见通用，但在北京的巨宦却以之为蓄储的目的物。[37]举例言之，嘉庆四年（一七九九年）被诛杀的大臣和珅，在抄没家财时，有"洋钱五万八千元，地窖内埋藏银一百万两"[38]，据此而论，墨洋在华北被用作蓄储的目的物，当无疑义。至乾隆朝末期，随着墨洋流通的普遍化，在江苏、浙江、福建诸省，即以墨洋完纳田赋。[39]这正是强制通用力的进一步措施。不仅如此，在道光末年（一八四〇年）广东下级文武官吏的俸给悉用墨洋付给，鸦片战争时募兵的饷项，亦用外国银货[40]，这些虽属一时现象，然强制通用力的事实已为众所公认。而此种事实——庶民通用外国货币，政府公认其使用，在客观上正反映了这个国家的经济生活的内容，虽然一方面表示了这个国家商品生产的高度发展，但也说明了外力在一国经济生活中起着怎样的作用，以至这个国家的政治经济社会生活，多少为外力所影响，甚至所左右，渐就会失去了她的独立形态。当时中国银产缺乏，国内银货的供给，自不能适应商品生产的进度，而以墨洋为主的外国通货的大量供给，异常发达了中国的商品制造业——十八世纪江南地方茶绢制造业，是最为重要的一点。

从以上的分析中，可以回到原来的问题。明末以来，由于墨洋的大量流入，中国的货币经济内在的必然日趋进展，以至矿税及租税渐用银纳制，官吏薪给改用俸银制，从此在中国的经济生活中，都有着重大的契机作用，予未来中国的命运，有着很大的影响。而中国人本质的爱银心理，从上述的历史背境和客观条件上加以把握，确是极有兴味的事情。

第二　铸造制钱原料的铜铅及其所引起的诸问题（鸦片战争的开端）

前文中所引用的五道上谕及奏折内的第二要点，"拨充兵饷"的主要对象是铁。严格地说来，与在原则上禁止开采的金银相异，而开采最盛，裨益矿税最大的铜、铅亦非拨充兵饷的对象。这似乎是奇怪的事，但是要理解了清代的货币制度，自然也就不觉奇怪了。要之，作为清代货币制度本质的铜和铅，禁止以其"拨充兵饷"。因为铜、铅即是清代唯一国定铸造通货的原料，若以之"拨充兵饷"，自不如拨送鼓铸局铸造货币较为有利。何况所需要的铜铅很多呢？

银不仅为秤量货币，且亦为个别的商品，被可以用为 G.加塞尔（Gustas Cassel）所称的"计算单位"（Rechrungsskala）的配角。反之，制钱乃清代唯一的国定铸货，以 1 文为单位，实亦是世界最小的货币。[40]制钱与银的交换比率，顺治四年（一六四七年）定为钱 10 文 = 银 1 分（钱 1,000 文 = 银 1 两），只云南一地，制钱 1,200 文 = 银 1 两，直至乾隆元年（一七三六年），皆维持此种比率。但早在天命元年（一六一六年），制钱 1,000 文称为 1 串，这却算是有清一代的定法，但制钱的重量时有变动，1 文之重量，天命二年（一六一七年）为 1 钱 2 分，顺治元年（一六四四年）为 1 钱，顺治二年（一六四五年）为 1 钱 2 分，顺治八年（一六五一年）为 1 钱 2 分 5 厘，顺治十四年（一六五七年）为 1 钱 4 分，康熙二十三年（一六八四年）为 1 钱，康熙四十一年（一七〇二年）为 1 钱 4 分，雍正十二年（一七三四年）为 1 钱 2 分，乾隆一七年（一七五二年）为 1 钱 2 分，在清末则为 1 钱。[42]

至于制钱的原料，完全为铜、铅 2 种，至于历代皇帝为庆祝改元所铸的标准货币，亦不过以铜、铅为主要原料。如天命通宝（太祖），天聪通宝（太宗）、顺治通宝、康熙通宝、雍正通宝、乾隆通宝、嘉庆通宝、咸丰通宝、同治通宝等，在当时都以其为唯一的国定货币而强制通用，至于铸造银币而加以强制通用的，则在渐入光绪朝（一八七五年——一九〇八年）以后。

制钱所含的铜铅比量，由于时代更迭，不免有或多或少的变更。举例

435

言之，在顺治元年，含红铜70%、白铜30%的纯粹铜货，而在康熙二十三年，改比量为铜60%、铅40%，唯在云南一地，因铅产不足，铅价较高，则定为含铜80%、铅20%的比量。在当时，因其所含金属的性质而呼之为黄钱。但在乾隆五年（一七四○年）铸成通称为青钱的制钱，定为红铜50斤、白铅41斤8两、黑铅6斤8两、锡2斤的比量，初次用锡混入通货原料铸造制钱。[43]至于到乾隆朝，以锡混用于铸造制钱的原料中，这一事实，说明了政府自身多少不免因铜、铅的缺乏而苦虑。再则，早在清初，即禁止民间之铜器制造及铜锡私卖。而在康熙十年至十二年时，规定民间所存旧钱及废钱1斤以公定价格6分5厘收回，并禁止5斤以上的铜器制作。乾隆元年，为了购入外铜，曾奖励人民出洋贸易，不征收出洋许可费，所带回之铜，由政府出价收买——这样不得已而为之的苦肉计。[44]

关于为铜钱缺乏而感到苦恼的，实不自清朝始，前代诸王朝，为了这一难决问题，曾有过形形色色的事实表现：

（一）在十世纪至十一世纪的宋朝时代，最为发达的四川益州的"交子"，实乃近世最早和最典型的纸币，流传至三世纪之久，进入元朝时代，连在元做官的威尼斯商人马可·勃罗亦大为赞叹，甚至称皇帝忽必烈是"炼金术家"，可见纸币在当时社会"猖獗"的程度。至于宋朝的交子，实乃唐代"飞钱"的必然的遗传物，其早期发达的原因与先导的任务，虽有种种不同的解释[45]，但就问题的要害而言，亦不过铜钱的缺乏而已。当时，由于铜不足而造成钱荒危机，此种现象的本身，即宋代急速进展的交换经济步筹与铜的供给的脱节，当可无疑。

（二）各王朝时屡次见到的"排佛毁释"运动，虽有其宗教的、观念的原因，但亦包有着不少的经济原因在内，如韩愈在《原道》一文中，即有很多的解释，而许多经济原因中，铜钱缺乏即属其一。举例言之，唐会昌五年（八四五年），武宗所发动的排佛政策，4万佛寺化为乌有，26万僧尼被迫还俗，规模可称浩大，同时，却颁布了铜禁令，则其经济意图自极明显。明白说来，就是铸化佛寺里的铜像、铜钟之类，以救六朝（二二九年—五八九年）以来日趋急迫化的铜钱危机，如此而已。[46]

清朝虽然亦感钱铜缺乏的苦恼，但像宋朝滥发纸币，唐朝排佛运动之类的挽救危机的手段，却未施行，在顺治八年（一六五一年），虽规定每年发行128,172贯之钞（纸币），但在十八年即行废止。[47]而其挽救缺乏之

436

道，则全依靠明末以来巨额流入的墨洋——外币。再则，由于明朝大明宝钞的强制通用的悲惨失败结果，使清朝政府不敢轻易尝试这个失败，而只能求之于外币——墨洋，来挽救其危机了。

但是，清朝对于铜钱的供给并不是毫无办法。如前所说的为了铜铅原料的保持所施的苦肉计；另一方面，即以这些原料铸造铜钱，在各地创设官营鼓铸局。户部所隶的宝泉局、工部所隶的宝源局，早在顺治元年即已创设⑱，这两局即是政府直辖下的各省鼓铸局的总枢，直存在至清末。在顺治十七年（一六六〇年），全国各省会所在地几全设有鼓铸局，历经改废，在乾隆年间（一七三六年——一七九五年），以宝浙局（浙江）、宝苏局（江苏）、宝南局（湖南）、宝武局（湖北）、宝川局（四川）、广桂局（广西）、宝直局（直隶）、宝昌局（江西）、宝晋局（山西）、宝广局（广东）、宝泉局（福建）、顺宁局（云南）、宝黔局（贵州）为地方鼓铸的中心地，至乾隆二十二年（一七五七年），在叶尔羌（西藏），乾隆四十年（一七七五年），在伊犁（新疆）等边区地带亦创鼓铸局。⑲与鼓铸局设立相适应制钱铸造额渐次增大，顺治元年不过 7,000 万串，顺治十八年即为 3 亿串，康熙六十年（一七二一年）4 亿串，雍正九年（一七三一年）则达到 10 亿串。⑳由此看来，财政支出膨大和交换经济发达，在制钱的铸造中，多少也可以看出其扩展的波纹和方向。恰于此时，十八世纪最盛时期的年额 500 万圆的墨洋大量流入，这只远远伸过来的救援的手，大大地帮了清政府的忙，以至在嘉庆年间（一七九六年——一八二〇年），户部所定铸造额锐减至 200 万串。㉑但至道光十一年（一八三一年），铸造额复又昂回 250 万串，而道光朝的再转增铸，实在与清末悲剧的一连串变化灿烂的通俗剧（Melodrama）的前奏曲鸦片战争有关。明言之，道光初期，以一八二〇年为转捩点，印度鸦片输入激增㉒—贸易入超—银流出—银价腾贵—制钱比价下落—制钱物价（庶民物价）昂涨—鸦片战争—败北，有这样一连串的壮美悲烈的运命曲的鸣奏。所以道光朝制钱增铸的复转昂回，实由于银货流出而促成通货不足。再则，自嘉庆朝迄道光朝所增铸的制钱，虽不过 50 万串，然合银要 50 万两。故在该时的增铸制钱，此点实足为重要的指标。这个指标所说明的中国悲剧的旋转，实以一八二〇年代为划期，所以我们必须铭记这重大转换期的一八二〇年，同时，必须把握这是英清贸易关系的第二转型期。具体言之，一直至一八二八年（道光八年），中国贸易虽常为出

437

超,但至一八二九年,开始入超,以至到一八四〇年(道光二十年)之间虽流入之银只 7,303,841 圆,反之,而流出 26,617,815 圆的洋银、25,548,205 圆的纹银和 3,616,996 圆的黄金。[53]而与此相对照的英国银货输入,则如下列表所显示的增大。

英国银货输入（单位：镑）

一八二〇年	2,206,571
一八二六年	4,341,000
一八三〇年	6,735,100
一八三三年	4,890,935

备考:

据 H.B.Morse,*The International Relations*,etc.,Vol.I.P.90.

前列一连串的过程,使当时为政者如何恐惧,在下引二上奏中极端地表现出来。

（一）鸿胪寺卿黄爵滋奏称(道光十八年)：

近年银货高而钱价贱, 每纹银一两易制钱千, 今则兑一千六百有奇, 耗于内地之银, 实由于粤中洋船鸦片盛行, 银漏于外洋也。盖自道光三年鸦片流入中国以来, 每岁漏银数百万两, 其初不过为浮靡纨绔子弟之习, 嗣后, 上至官府缙绅, 下至工商优隶, 以及妇女、僧尼、道士, 随在吸食。……故自道光三年至十一年岁漏银一千七八百万两, 自十一年至十四年岁漏银二千余万两, 自十四年至今, 渐至漏三千万两之多。若合福建、浙江、山东、天津各海口, 亦数千万两……以中土有用之财, 易填海外无穷之壑, 害人之物渐成病口之忧, 日复一日……湖广总督林则徐之奏最为剀切, 言：鸦片若不禁绝则国日贫, 民日弱, 十余年后, 岂惟无可筹之饷, 抑且无可用之兵。[54]

（二）江苏巡抚林则徐奏：

臣等伏查给事中孙兰枝所奏，地丁、漕粮、盐课、关税及民间之买
卖，皆以钱贱银昂，致商民交困，自系确有所见……至原奏，称之鸦片，
由洋进口，潜易内地之纹银，尤大弊之源。比较以洋钱易纹银其害愈烈。
盖洋钱虽有折耗，尚不至成色全亏，而鸦片以土易银，直可谓谋财害命，
如该给事中所奏，每年出洋银数百万两，积而计之，尚可问乎? ⑤⑤

　　从上引之上奏中,鸦片之害,系把握了国民保健和白银流出二视点加以
指发,事实明显。关于第二视点,一般重视经济问题者,主张鸦片可作为药材
而输入,课赋关税,禁止鸦片走私输入,以资防遇白银流出(太常寺少卿许乃
济,总督觉罗吉庆)⑤⑥,还有主张准予在国内公开种植罂粟,以对抗鸦片输入
(白银流出)⑤⑦(总督觉罗吉庆),当时,政府对鸦片之对策,显然未能确立,以
至庙议纷纭,在无论是国民保健的视点或经济的视点中矛盾未决,而自苦的
政府的狼狈形迹,很浓厚地表现出来。而在这许多纷纭的争议中,以林则徐
的信念和英断为媒介,遂尔揭开鸦片战争。然而,我们应该看作这样的爆发,
实在不仅是由于英国经济内部的必然性所驱使,抑亦系清朝经济内部的必
然性所驱使,质言之,通货危机,白银的悲剧,只此二项,在经济史学上,足以
说明鸦片之战的关键所在。因之,迄至鸦片战争爆发前,作为铜货不是救济
的手段,而以银铸造国定货币,并强制通用的运动,乃逐渐而起。如道光十八
年(一八三八年)之"道光年铸足纹银饼"及"足纹通用漳州军饷"⑤⑧皆属之。前
者系模仿墨洋,为给予台湾军队而铸成,后者如名称所示,系在漳州发行,用
之给予军队——不过以补救军事费为目的。继铸此种银货的,是咸丰年间,
上海"号商"(特许钱庄)所请准发行的"足纹银饼"⑤⑨,其直接理由亦是以补助
军事费为目的——"讨伐"太平天国运动。惟这些为军事目的所铸发的银通
货,并未取得一般社会的信用,通用力不高,旋即云散。由此,由于渐渐认识
了近代货币制度的性质,在光绪十五年(一八八九年),始行铸造"光绪元
宝",这种以强制通行铸造的银货,方获得一般的通用。⑥⑩
　　我们还要讨论的是制钱的流通范围所及的问题。作为国定通货的制
钱, 系政府重要的支付手段。政府以之给予胥役、兵士及募役之用。顺治
十二年 (一六五五年), 政府敕令, 以每年二月八日为政府支付日期, 对
于兵饷、役食、俸工、驿站、杂支等的支付规定半分以制钱支付, 半分以
银支付。⑥①至于高级文武官吏, 则支付白银, 下级官吏, 则支付制钱。支

用白银的高级官吏，数额又极微小，因之，于正俸以外又得付予别俸（恩俸、养廉银、公费），而下级官吏的所入尚不足维持生活，其给予系属于世界最小的货币——制钱，连银半钱半单位的给予都不行。这就是一切文武大小员吏的贪污舞弊，工作无效能的根据所在。反之，一般胥役、兵士、募役等下级人员所发放的货币通用力普及一般，真是手段高妙的举措。再者，顺治十二年的前列规定，后来愈趋具体化，至雍正元年（一七二三年），关于兵饷一项规定照银八钱二比例，隔月发给，更于雍正二年令宝源局，就每年所铸制钱中，除生产费外全数解送户部，充当军饷。但距北京辽远的省份，因制钱输送极为不便，雍正七年（一七二九年）另定办法，对于如私铸钱通用的广西省，命顺宁、临安两鼓铸局（皆属云南），每年必须解送制钱 6 万串以充军饷及俸工，其解送额得换为白银，由广西归还广东——这样便宜行事的旨意。更在乾隆三年—四年为便于支付四川、贵州两省的兵饷，官吏养廉银，在四川设宝川局，贵州设宝黔局。另如在乾隆十七年（一七五二年），山西宝晋局重开时，规定该省一应兵饷官俸以银七钱三的比例支付。⑫

综观上述各项经过，有清一代官吏货币给予制度，实已建立了银钱并用之基础。迨嘉庆朝以后，其中银钱支付比例未行规定，虽然在实施中，银支给的比例占 70%—90％的压倒的高势。⑬且不仅官吏如此，举凡一切政府支付的对象如鼓铸局职工、河工、修城的募役，皆通例办理。举例言之，如宝泉局之工资，最初支予制钱，乾隆四年（一七三九年）改为银两制，至乾隆三十八年（一七七三年）再改为制钱给予。⑭而乾隆三十九年，湖南巡抚觉罗敦福的疏言内称，"宝泉局积钱至十七万四千四百余串，已难流通，请于修巴陵县城工内减价易银"⑮，从类此事件中，当不难明了政府支付的银钱并用制，甚至政府以之为支付手段而用银钱的意味所在。故据上而论，清朝庞大的官方经济，虽然一方依赖白银，而尚不能离开铜钱的基础，反面而论，官方经济的货币化，中期以后，渐渐由铜而移至以银为重心，凡此种种事态，原因自极明显。

然而，政府的支付制度与其收入制度，自非表里相应不为功，因之，在顺治十四年（一六五七年），租税征收定例为银七钱三。至于在征收银中，田赋特呼之为地丁银，盐税特呼之为盐课银，漕粮特呼之为漕项银，关税特呼之为关税银，由顺治十四年所规定，京师附近征税时所设计。时户部奏称："直省缴纳之钱粮多系收银，现今钱多壅滞，应令上下流通，请嗣后征收钱粮兼收银钱，以银七钱三为准，永为定例。"⑥清政府即从此请奏，特谕令：凡钱粮在一钱以上者，不得全以制钱交纳，钱粮一钱以下者，得听任自由交纳。⑥这样，银七钱三的征税率，渐为以后的法定而通行。

第二节　作为军事财源的盐税

A. 问题之端绪——云贵总督林则徐奏稿

清末岁入预算中，在表Ⅰ及表Ⅱ中占15％的高位的重要财源的盐税，清政府如何把握之以充为军事费的给源，在下引云贵总督林则徐的奏折中，当不难理解。

> 但思常有国家之经费，曷敢添饷增兵，复于部中正饷之外（临时军事费），另筹拨款。惟当于本省自行筹画，庶足以资久远，而节度支。查滇省盐务课款中，因销数畅旺，于正溢课外，尚有溢余银数万两，道光八年（一八二八年），前督臣阮元奏请按年据实造报，以一半归部报拨，一半留存本省，以备边费，各项之例销不准就此款支销，奉旨允准在案。……准于本省盐课溢余项下，每年尽先动拨银一万两，遇闰加增八百三十二两九钱，用作新添兵饷米折之用，除开此款之外，尚应存之溢余若干，再照奏定章程以一半归部充公，一半留存本省之边费。⑥

从林则徐的奏章中，表明了若行增大临时军事费，仅依本身有限的中央财政到底无从支发，故云南省临时军事费，需在近年增收的云南省盐税收入中正溢课以外的溢余额（额外溢余）中提充。此例不仅云贵总督林则徐就其治下的云南作此提案，还有四川总督岑春煊于光绪六年乃至二十九年（一八八〇年——一九〇三年）间，所施行的四川盐法改革案，亦明显地系出于军事费支出的意图。⑥关于盐，政府所关切之处，并非如何发展盐业，而是如何增收盐税。所以岑的盐法改革实系盐制改革，与现在的盐业改革不能混为一谈。关于此点，在矿山业以至一般产业的场合，皆属相同。

同一道理，在林则徐所治理的云南，亦曾屡次施行盐法改革，清初以至清末，前后有四回改革之多。

关于云南盐制 四回改革系包商制、官专卖制、就井征税制及就井官卖制，兹分别说明之。

包商制（清初—雍正初年） 一种商人包工制度，派提举大使等官于各井户，督令灶户（盐生产者），制盐后，照户部所定税率课税。贩运则依各省长官所发之照票支给，本省商人办理之。在照票支给时，偿清征税。而不论灶户制盐，商人贩运，设有一定之范围，如灶户甲在井户 A 制盐，商人乙将灶户甲所制盐贩往 B 地，井户的生产者及销路皆有定规。然包商制有下列困难：（1）由于云南自然情况而生的运输困难；（2）燃料——生产费的高昂；（3）盐税额高；（4）由于考成制度（租税责任的征收制度）而起的盐官苛索；（5）大资本的缺乏。由于上述诸种困难，故站于资力强大地位的官卖制度，必将取而代之。

官专卖制（雍正初年至嘉庆五年） 由官给予薪本（燃料），灶户制盐。盐一旦贮入仓库，由官办理运搬及贩卖（官运、官销）。于贩卖之盐价中，偿还正课、养廉、薪本费、运赁各项。销路限于省内，且每一井户之销路皆有定规，如有踰越，以私盐论罪处罚。但有州县诉请盐用不足时，特许扩张销场。办理运贩时，依照各州县户口数规定额数，由官雇用人夫贩运之。然此官卖制度亦有其缺点：（1）官吏的勒索。如偷减重量、抬高价格、强征"余盐"等。尤以强征余盐为烈。官吏诛求倍于正课之余盐，而以私盐贩卖，借饱私囊。（2）盐质之低下。灶户以泥沙混入盐内，以节斤量，而取私盐，系由于官吏勒索与薪本腾贵。（3）私盐横行。官吏及灶户所卖之私盐，较官盐价廉而品良，用者争购私盐。官盐销路日趋不振。（4）烟户盐（门户盐）之盛行。官吏因考成责任，尽多收纳盐税，然而由于官盐不秤的恶行，州县官按户强卖，消费者之盐消费却有其限度，而强卖无期无尽，不得不将以前之存盐便宜卖出，再行高价购买。然豪绅勾通官吏，却可便宜买入，以之卖于一般人民，而一般人民若自行卖盐，又被目为私盐蒙受处分。因之，卖妻鬻子买盐的悲喜剧所在皆是。虽在康熙—雍正年间（一六六二年——一七三五年），云南巡抚杨名时，有改革盐法之议，然下吏不遵，私盐愈见盛行。乾隆四十五年（一七八〇年），商民负债达 461,600 两之巨。乾隆五十六年（一七九一年），盐道蒋继勋，以官银将安宁井区等处之私盐收回，图贩运至各州县，需卖之盐累积，州县官仍一袭烟户盐之苛政，且祸害倍于往昔。云南全省人民，不分老幼皆负有征纳盐税之义务。在嘉庆初期，人心动摇，迤西迤南地方迭生变乱。演变至此，至嘉庆五年（一八〇〇年），始行改革。

就井征税制（嘉庆五年至咸丰十年）此可称之为自由贩卖制。由灶户统任制盐、贩卖及搬运。交易对象，完全听凭自由意志。官方原则上不供给薪本，零星细户则给予之。灶户自卖出之盐价中归还官借薪本。盐之贩卖，委诸灶户之自由意志，官不得干涉，搬运亦由商人自行取决，销路限制一时亦告废除。只发给运搬许可证的"井盐照票"而已。征税限于三种场合下征收：（1）制盐时，向灶户征收；（2）商人自灶户收盐，从官支取照票时，向商人征收；（3）商人向官支取"井盐照票"时，向商人征收。在此种自由制度下，各井户所出之盐有生产额多寡之不同，盐质优劣的差异，但由于自由竞争，争夺销路的盛行，劣井不免被淘汰。在此种场合，劣井照传统办法，照例被予封闭，与矿脉贫乏化的矿山命运相同。复由于本省内供给亦发生故障，不得不施行销场协定政策，力救劣井。结局销路恢复前态，以至又行指定销场（限制）。不过实际说来，此种传统的指定销场（限制）办法，对于盐业，实为阻止其自由发展的一大原因。惟实施指定销场（限制）办法，像两淮地方那样巨大的独占商（纲商）当无从出现。而实施结果，生产额增大—商人猬集—销场扩张—私盐根绝—盐税激增，产生诸如此类的成绩。直至回乱勃变的咸丰五年（一八五五年），可称为云南盐业的鼎盛时期。虽然一般说来，盐制对于盐业的发展多少不无关系。林则徐督云贵时，正逢此种兴盛时期，因而想起军事费与国内市场形成的关联，而奏陈就盐税溢余中支付地方临时军事费的计划。

就井官卖制（同治七年至清末）同治七年（一八六八年），回乱平定，清政府立即着手恢复盐业，至同治十二年（一八七三年）正月，创痍渐愈，盐务始行就绪。同年，钦许试办盐道三年，其间，因灶户逃亡过多，废除官吏考成，缓和盐税征收。乃由提举大使管理井务，一面招致逃亡，由官给薪本，以黑元永琅阿之五井试行就井官卖制，其他井户亦次第仿办。灶户制盐、官买、民运、民销。但在边区地带，因安南盐、缅甸盐之私贩甚夥，再则边地之运销者并非专业，多系零星副业，故起始实施官运制，运赁官给。但至光绪十七年（一八九一年）为对抗盛行之私盐，遂普遍地改为官运制度。[20]

443

现在我们回到原问题上。林则徐总督云贵时代，系在嘉庆五年乃至咸丰十年的第三回改革施行期中（就井征税制），这时期系云南盐业的鼎盛期，因此，在他的上奏中称："滇省盐务课款中，因销数畅旺，于正溢课外，尚有溢余银数万两。"

然而，云南盐业生产——商业机构，极为微小，与出现了睥睨一世的巨大盐商（纲商）的两淮地方相较，自不免有大巫与小巫之别。

关于两淮之纲商　纲商系继引商而起的盐商形态。"引"者，系指称宋代开始的一种交易证券。广义之"引法"经过二种发展期，即引法与纲法。宋初，盐由官专卖，后改为许可商人搬运及贩卖之制度，庆历（一○四一年——一○四八年）末年，范祥始创盐钞，功用如纳税证券。商人纳税时，给以盐钞，始得搬运，贩卖。次至崇宁年间（一一○二年——一一○六年）蔡京复改盐钞为盐引，而盐引即系钞引。

元朝至元年间（一二六四年——一二九四年）盐引制定，始废钞名。盐以引为计算单位，灶户照生产引额，向官纳税，官照引收买盐斤，付给灶户代金。无论灶户商人，私行买卖，悉行禁止。商人于贩运时，得先向政府买引，即所谓引价。商人携引至盐场，经官检定后，始可收买。其时，支给商人"水程"，商人以此"水程"，方得销售。引有效期间只限于一次使用。综言之，灶户生产，官收买，商人运销（民制、官收、商运）之三段制，系生产者与消费者连系之线索，称之为《官专卖引法》。

明朝承继元制，中叶以后，盐政腐败，官停止收买，听任灶户商人直接交易。因之，引山积，《引法》成为具文。万历四十二年（一六一四年），作为盐法紊乱的救济策，而有《纲法》事系由巡盐御史龙遇奇提议以旧引兑换新引，预计于十年间完成此一计划。作为兑换之手段，而设纲册，共十纲，每年以一纲使用旧引，九纲发行新引。纲册创设后，以之作为恒久的窝本（登本）。凡纲册登记之商人（纲商），方给予新引，以限制登记，得行使永久权益。未被登记者，不得享有权益，造成窝商与利权之争夺。嗣后，由《引法》建立了一种特权制度（引商专岸制），独占盐商，由此起源。

清朝继承明制，用《纲法》招致商人给窝（认窝），各销路之引设有定额，认引多者为总商，认引少者为散商（注意：总商、散商之称谓，在后书中考及广东十三行时，亦有此一说），散商认引，由总商名义给予，此系出于租税征收之便宜与保证责任制度。（注意，此种政策，系清朝基本的精神态度所产生者）引之发给，由户部办理。盐以引为单位计算之，引之大小各区相异。按引征税是为盐课，亦即额课。盐课之轻重随区而异，户部所发之引，按年分纲记账。故引盐亦称纲盐，引商亦称纲商，盐岸亦称纲岸，卖盐亦称食引，贩地亦称食岸。商人取领引时，以窝单为证据，是为根窝。生产场废弃官收制度而立场商，设公垣为贮盐场。贩盐权悉归引商，收盐权全归场商。场商将所收之灶户盐转卖引商，引商纳税领引运盐再卖予零售商及个人，所以称之为商收商运制。而生产者与消费者连系之线索，即灶户—场商—引商—（零售）—消费者。政府只按引征税而已。因之，商人权限极大。而变质之《引法》称之为《纲法》或称之为《商专卖引法》⑦，与云南盐制之形态大为背异也。

云南盐业生产规模与两淮地方相较，极为微小，盐商的资本的基础亦极脆弱，问题症结，应归咎于：（1）政府急于盐制整备（盐税征收），对于盐业自身的发展，政府未能予以积极的关切；（2）受云南自身的自然的社会的各种条件所限制。关于第一点，并非单独云南盐业的命运如此，实系清代一般产业界的原则性的共同命运，惟第二点云南盐业所遭受的本身的特质的限制（自然的与社会的）我们需要研讨，因之，我们先行分析阻碍云南盐业的诸种自然的及社会的条件如下。

B. 云南盐业的形态及其约制发展之诸要因（清代盐业之另一方向）

第一　生产规模

云南与四川同属于井盐地区⑦，与两淮、长芦之海盐，宁夏、山西解池的池盐不同。因之，因系井盐关系，生产技术极为困难，生产费亦极高昂，且与无尽藏之海盐相较，盐源枯竭为早。所以云南盐业，从自然条件所受的不利很大。仅由于自然条件的约制来看，云南、四川两省的井盐地带，自不是培养像两淮地方那样巨大的盐商的土壤，当是一大要因。再以云川两省相较，虽同属井盐地带，四川的自然条件尤属不利，且云南像四川那样大规模的固定设备，亦不必要。两省的制盐历程，有如以下所述的相异处。⑦

凿井　四川盐井的深度为 100 余丈，较浅者亦有数十丈，故凿井工事往往需时数年，凿井工费自极巨大。而云南盐井深度不过十数丈，浅仅一丈。

汲卤 凿井工竣，即须汲卤，所谓排水。四川利用竹筒，以 10 余竹筒插入地中，再用牛力，地上装置回转的辘轴。辘轴一个，需役使牛 2 头至 6 头，排水 3 回需换牛 1 次。惟浅井户，低辘轴，短竹筒情况下，不使用牛力。若井口狭小，不过汲出盐水 1 石乃至 2 石，即利用人力。而云南汲卤时，只需投牛皮袋于井内，利用地上装置之辘轴，即可汲出盐水。大牛皮袋的容量为 100 斤至 200 斤，小牛皮袋之容量，亦可有五六十斤。

置枧 四川汲出盐水后，在煎煮以前，如井户与盐场距离远时，利用枧户——用水车将盐水注入高数十丈之掌盘（槽），盘与枧（竹筒）相连通，而送至相距十数里之灶户煎场，而云南只需人力担运牛皮袋即可。

煮盐 煮盐过程中，完全为依赖工具的手工生产，工具以灶、锅、木瓢、铲、木桶、卤槽、卤池、缸、沥甄等为主要。

灶系石制之发火具，灶上置锅。大灶可置锅 40 只，称之为大灶，中灶置锅 17 或 18 只，有者 14 或 15 只，小灶置锅 6 或 7 只。燃料用薪炭。

锅系铁制之煮盐工具。云南所用之锅，重量有 100 斤，70 斤乃至 80 斤，10 斤乃至 20 斤，与四川相较，可称为小焉者。四川所用之锅，口径四尺余，重量 1,000 余斤，深 4 寸及至 5 寸，底厚 2 寸。煮盐时需要相当时间。

木瓢系盐水分离器。

铲系铁制之盐渣分离器。

木桶系盛水器。

卤槽、卤池系盐水贮藏器，有木制和石制（石砌卤池）者。

第二 生产者

从上节的叙述中，四川云南两省相比较，可以看出云南盐业的生产规模如何过小，生产技术如何手工化。虽同属井盐地带，四川生产技术虽较为困难，而生产规模却较大，云南正因为生产技术较易，所以常常走入家计补充式的过小副业规模。这是因为云南的灶户，系于农耕余暇，方从事制盐劳动的农民，全为家计补充的季节劳动性质。[?]这是自然条件加惠于云南的副业的家计补充的道路，而云南农民如何必然地要走向这条道路（矿山业与盐业同属如此型类），林则徐说得明白："滇人生计维艰，除耕种外，开采是其所习。"⑦然因矿山业的严禁开采，故盐业是一条较易通引的道路。惟这样副业农民的过小规模的经营，亦是自然条件上云南盐业不能大规模发展的阻力。尤其在农耕全然不可能的井区，虽有专业灶户，然每年应征 2,000 两盐税都不可能，否则，灶户倒闭，生产者逃亡，相继不绝，以至乾隆四十四年（一七七九年）有过免征及许人民自由开采的事实。⑦这样证明专业灶户的经营无成绩可言，亦说明了云南盐业所起的恶劣条件。而这八面不通的恶劣条件，就是天下周知的云南"盗匪"的发生根据。而这一切全要清朝的统治负责。云贵总督林则徐的《云贵奏稿》中全十卷，则充满了"匪"的报道。因为农民在黑暗政治统治下，"生计维艰"时，会自己走一条比兢兢业业难维一饱的什么"煮盐"要有出息的道路的。

第三　生产费

云南盐业灶户，制盐时，以薪炭为燃料，然因本省一般的木材枯竭，得来不易，因之，不绝的负担薪炭搬运费的云南盐业实苦于燃料的增高（生产费）。而以副业规模经营的零星灶户，必然地要自官方借贷"薪本役食井费"。在康熙三十八年（一六九九年），业以官本 6 万两充作此种费用，在官专卖制度最盛期的乾隆十六年（一七五一年），薪本役食井费规定 40 万两，其中除既定的官本 6 万两外，所余三四万两，改为于借贷翌年偿还官方。至嘉庆五年（一八〇〇年）以降，作为自由制度的代价，一切生产费由灶户自理，仅贫穷灶户得由官借薪本。不过各井区之"提举"（直接管辖长官）却令各富裕柴户（薪炭商）以薪炭供给灶户。自翌年起，一年分为四期，灶户得自盐价中，偿还官方借贷之薪本费。如未能偿清，由经放人负责赔偿。嘉庆二十五年（一八二〇年）以后，改为每春发给，一年分为四期，偿还期自翌年夏季起算。像云南二大井区之黑盐井及白盐井，在嘉庆年间（一七九六——一八二〇年），渐次地陷于借贷官方薪本费（燃料——生产费）27,000 两的苦境。⑦且于原本以外附加利息，因之，甚至生产旺盛之矿区，亦痛感借贷官本之苦恼，由此可见井盐地区的云南如何苦于燃料（生产费）的高昂。凡此皆系云南盐业发展不利的限界，由下表中可予证明：

燃料（生产费）官借额与生产规模之关系

	官借薪本费(A)（两）	设备灶数(B)（个）	一日产盐额(C)（斤）	百斤之燃料(D)（斤）	井户深度(E)（丈）	百斤之盐价(F)（两）	百斤之总生产费(G)（两）
黑盐井	7,000	65	10,000	*300	*10	2.8	0.932
元兴井	5,000	} 99		*300	*10		1.046
永济井	3,000						
白盐井	3,500	45	22,000	*300	1—4	1.6—2.5	
乔后井	2,500	80	1,000	*300	10		
石膏井	2,000	6	8,400	*300	16		
磨黑井	3,000	26	24,500	*300	15	1.6	1.187
抱母、香盐井	2,000	46	7,370	*630	*10		
按版井	3,000	104		*300	*23	1.3—1.5	0.800
琅盐井	600	115	2,600	*300	16—17	2.6	2.092
安宁井	500	69	700			} 1.9—2.5	2.006
阿陋井	600	15	*1,700				
总计	32,700						

备考：

1. 本表系据刘隽《清代云南的盐务》（《中国近代经济史研究集刊》第一卷第二期）第三表、第四表、第五表作成，其中（A）项出于《清盐法志》卷三七六，（B）（C）《盐政辞典》及《云南盐产纪要》，（D）（E）《乾隆云南通志》及《续云南通志稿·井地》，（F）（G）《清盐法志》卷二八一。

2.（A）之年代为宣统元年（一九〇九年），（F）（G）之年代为雍正十一年（一七三三年），其他年代不一致。

3. ★代表"以上"的意思。

4. 各井中，黑盐井官借薪本费（A）最高，百斤之盐价亦最高，而百斤之总生产费（G）亦最低。因之，燃料（薪本费）在生产费中占有如何重要的构成要素，其备办偿还之负担如何，当可明悉。按版井，井户深度（E）最高，而百斤之总生产费（G）及百斤之盐价（F）最低，且其设备灶数（B）最高，从此可以看出其生产规模过小，可作为家计补助副业的典型。白盐井，一日产盐额（C）占第二位，井户深度（E）最低，设备灶数（B）中等，故其生产技术较易，一灶户之生产额为多，生产费及其盐价，亦为低廉，然其百斤之盐价（F），百斤之总生产费（G）皆相当高度，所以其官借薪本费

（A）占第二位之高度，当亦为对照之现象。总言之，燃料费之重要性及其备办之负担，从此表所说明中当可了然。

　　但是，不得已而负官债，非特云南盐业如此，即如两淮盐商，在号称繁荣期的乾隆时代，亦陷于多额负官债的泥潭之中。虽然一面不断地向政府要求免除盐税，而两淮地方的举借官债，亦和云南相同，非由于生产过程中的技术限制，实由于清朝的政治形态所造成，亦即所欠官债之利率累积太重。再进一步说，两淮地方的负债累积，不特两淮地方如此，亦不特盐商如此，这是一种必然性的现象造成，广东十三行负债至而破产的，亦属于这种必然性。这个问题，后文自有详论，此处仅就关系所及，将两淮盐业负债到达如何巨额，列表说明，借以与云南盐业相比较，可见两淮盐业举借官债之规模，在云南十倍以上。而被讴歌为一代豪富的两淮盐业，尚且不免负债—税金滞纳—破产，与云南无异，可见政治形态与工业制造关系的重大了。

乾隆嘉庆两朝两淮盐商官借帑本表（单位：两）

年代	借发帑银
乾隆十三年(一七四八年)	600,000
二十七年(一七六二年)	300,000
二十九年(一七六四年)	112,000
三十年(一七六五年)	100,000
三十一年(一七六六年)	37,756
三十五年(一七七〇年)	100,000
三十六年(一七七一年)	300,000
四十六年(一七八一年)	10,000
五十年(一七八五年)	400,000
五十八年(一七九三年)	50,000
嘉庆五年(一八〇〇年)	100,000
六年(一八〇一年)	200,000
总计	2,309,756

备考：

本表见刘隽《道光两淮废引改票始末》（《中国近代经济史研究集刊》第一卷第二期，原典出于《嘉庆两淮盐法志》卷十七，《借帑》）。

第四 市场

有清一代盐制，虽不免因时因地而有所变动，然有一个原则始终未变，即是销场的指定（限制）。行施销场指定的根据，系由于盐为普遍的民食这一理由。盐的成为生活必需品，意义在米麦以上。我国南北民食因米麦而相异，约在淮河—秦岭山脉相接处雨量 800 毫米之线为米麦地带分界处，而无论米麦地带，非盐不可。自林则徐看来，在十九世纪中叶每人每日食盐消费量平均为 3 钱㉖。因之：（1）盐的供应断绝，必惹起重大民生问题，而就前期社会的生产技术而论，不易保障盐的定量生产，故一定地区之需要，必须指定一定数量的供给。（2）因盐为民食所必需，以课税对象而论，最为简便，且可得收税之实。因之，盐必须置于政府直接统制之下。由于上述二种理由，盐之销场（限制）被指定，而此种销场指定，结果使盐业发展被局限于一定之范围中，如前所言，以云南而论，盐以本省内自给自足为原则，仅接壤四川之昭通、东川，乾隆十六年（一七五一年）以来，被指定为川盐消费地区，与广西省境接壤之广南、开化，乾隆九年（一七四四年）以来，被指定为粤盐消费地区，算是例外㉗。此种限制办法，致使各处（云南在内）私盐旺盛，因超过法定量的生产额不能不寻求市场也。然而，若行撤销合法的销路限制，则为担保销路的扩张，对云南盐业的更发展又须考虑约束的办法。事实上，在"就井征税"的自由时代，曾昙花一现的实行撤除，既已如前所述。然因遂引不彻底，销场竞争的结果，以致劣井受淘汰、倒闭等等纷扰滋事，层出不已，而这就是 Paternalism 的最大威胁。因之，限制销路，不论何时何地，都为有清一代的定法。下表可予证明。

然而，在政府所指定的一定的产区和销场的桔梏中不安分的生产者，其生产品（私盐）就以私盐的形式被官方解决了。如道光十七年（一八三七年）湖广总督时代的林则徐，即曾报呈没收私盐 100 万斤以上，虽然，和江苏地方相比较，没收额仅不过数分之一而已㉘，由此可见私盐的如何猖獗了。

清代各省盐区销境表

产盐地	销场	产盐地	销场
长芦	直隶、河南	福建	福建
两淮	江西、湖南 湖北、安徽 江苏、河南	广东 广西	广东、广西 贵州、福建
山东	山东、江苏	四川	四川、湖北 贵州
河东	山西、陕西 河南	云南 甘肃	云南 甘肃
两浙	浙江、安徽 江苏		

备考：

本表系依照萧一山《清代通史》，中，页三百七十一——三百七十二所制（原典出自《熙朝纪政·直省盐课表》）。

第五 总结

在如上述诸条件上立足的云南盐业，发展上皆或多或少的遭受约制，就连"就井征税"的自由制时代，云南总督林则徐所称的"该民（指白盐井）以煎盐为业，众多殷实"[⑪]。这样的状态下，亦系如此。然而这又可看作云南盐生产者的幸运，因为如他省所出现的独占盐商（纲商），由于云南缺乏培养独占商的环境而没有出现。如广东，巨大的独占盐商与官府相互勾通，"亦官亦商"，甚而"凡商人之业皆官之业，凡商人皆为官之人"[⑫]，盐业如此被垄断，又如两淮地方，亦有纲商专岸（销场独占）之弊害。故此，两淮地方，不堪此种弊害，不得不逐次施行盐法改革，淮北系在道光十二年（一八三二年），淮南系在道光三十年（一八五〇年），此即所谓票法制度。票法亦限制销场，以引为计算单位，关于民制商收商运一点，与《纲法》无异，其意义不过转化为《引法》之形态，但无纲商那样的把持窝本的独占之弊。纳税领票，始许贩运，而与《纲法》显然不同之点，在于一年一票。票法为票之根本，不限定商人资格，此点意在打破从来的独占形态。此种革新仅只废止了独占制度，销场指定（限制）依然

451

存在，所谓《引法》的形态如此而已。史家刘隽亦认为票法非根本改革之法。[83]两淮票法将有某种程度的改革效果，恰值咸丰三年（一八五三年）太平天国陷江宁，于是又不得不回复旧制。这正和云南的就井征税制正在蓬勃实行之际，回乱勃发，一瞬间烟消云散，如出一辙。嗣后虽有曾国藩、李鸿章的盐法改革，然不仅未能打破两淮盐商的传统的独占制度，且只激成此种制度的发展。[84]然而，云南盐业若除开税金较他省为重一点外，像就井征税的民营自由制度，得以施行五十年余，确是因其内在的条件不利而化为有利的。

云南盐业亦系军事费补救的给源。同治朝以降（一八六二年），盐课正税以外，外加盐厘、加派、盐捐、羡余等新项目，达正课数倍之多。征收正课以外的盈余，额外盈余，始自雍正十年（一七三二年），正课28万两，附加盈余，额外盈余7万两，总计35万两，为清初顺治时代（一六四四年）的14万两的2.5倍，被称为空前的盐税收入。[85]然而，清末征税的苛重与税目的烦多，较此甚甚。下列表中即可看出光绪、宣统二朝云南盐税中纯军事费所占比量。作为军事费财源的盐税，其意义如何，当可明白。

光绪宣统二朝云南盐税中军事费比量表（单位：两）

光绪年间（一八七五年——一九〇八年）

税目	收入实额	军事费比量
加价	4,930	3,400（边防费）
盐捐	1,041,500	430,410（团费） 169,660（练兵经费）
盐厘	161,000	30,000（团费）
总收入	1,702,334	633,470
百分比	100%	37.2%

宣统二年（一九一〇年）

税目	收入实额	军事费比量
正杂课	309,266	9,000（边防费） 30,000（团费）
溢课	122,723	40,000（购置外国武器费） 22,397（团费、俸饷）
总收入	480,834	101,397
百分比	100%	21%

备考：

1. 据刘隽《清代云南的盐务》作成（原典光绪年间系自《云南财政说明书》第三类第一款，宣统二年系自《故宫文献档案》）。

2. 总收入一项内包括其他税目。

从上表看来，云南小民在应纳租税内，仅纯军事费一项的负担，在光绪年间为40%，宣统二年为20%。这点，前文所提的四川岑春煊所行的盐法改革，同样如此。⑧⑥

清朝这个军事国家，在灭亡前，还在挣扎图存，不顾一切的可怜相，这里当可窥见一面。

第三节　作为军事财源的关税

A. 分析素材第一段——关于设置税关目的的六道上谕

清末岁入预算中，在表Ⅰ中占47%，表Ⅱ中占29.3%，为税目中最高位的关市税，以何种目的而征收，且其征收机关的税关，以如何意图而设置，我们在考查清代关税问题时，初以此为问题出发点。这得先从论及这个问题的六道上谕研究。

（一）顺治六年（一六四九年）圣谕：

设关征税，原寓稽查奸宄之意，非专与商贾较锱铢。⑧⑦

（二）康熙四年（一六六五年）圣谕：

各省关钞之设，原期通商利民，以资国用。⑧⑧

（三）雍正元年（一七二三年）圣谕：

国家之设关税，所以通商而非累商，所以便民而非病民也。⑧⑨

（四）雍正二年（一七二四年）圣谕：

从来设关榷……利商便民之至意也。⑨⑩

453

（五）乾隆二年（一七三七年）圣谕：

国家之设立关隘，原所以查察奸宄，利益商民，并非为收税员身家之计也。⑨

（六）嘉庆十九年（一八一四年）圣谕：

关市之设，所以通商便民，成法极为详备。⑨

上引六道上谕中，各皇帝反复强调设置税关的目的，旨在"稽查奸宄"，"通商便民"。"稽查奸宄"与"通商便民"之间有如何的理论的关系，其必然性虽然不易明了，要之，政府的主观的意图不管表面上的口实，是如何出发于 Paternal 的慈惠"至意"，实际上，从上谕（二）中正式讲明的"资国用"，我们不难明白，其真实立意，全为补救财政收入。而表面上予以第二义的存在，似乎无关紧要，其实这种把主要意图退为背境的手段，是中国政治技术精义的所在。所以，清代开设税关，意在以关税收入而"资国用"，纯然出于经济要求，且以清朝关税政策看来，此种要求还极为强烈。况且，在所谓"资国用"的意图中，以关税收入充当军事财源，表现极为确实。

以上是供我们分析的第一段素材，以下我们再看可供我们分析的第二段素材。

B. 分析素材第二段——关于以关税充当军事费的二道上谕

（一）康熙三十八年（一六九九年）圣谕：

向因军需繁费，关差官员欲于正额外，以可得之盈余交纳，充用。⑨

（二）康熙二十三年（一六八四年）圣谕：

向令开海贸易，谓有益闽粤边海之民生。且此二省之民用充阜，财货

454

流通，则各省立俱有益。夫出海贸易，本非贫民之所能，富商大贾懋迁有无，薄征其税，以充闽粤兵饷，复可免腹地省份之转输、协济之劳……故令开海贸易。[94]

上谕（一）中，证实以关税额外盈余充当军事补助费，因之，关税亦系军事财源之一的说法，无可置疑。上谕（二）中，证实以福建的出洋贸易税充当本省的军事费，其中实含有重大因素。下文我们当以此为机缘，展开问题之研讨。

C. 素材之分析

第一　出洋贸易担当者的二阶层人民

分析素材第二段（二）中的第一要点，系以为出洋贸易，"非贫民所能"，仅有富商大贾来从事。然而，譬如为了获取生活资料，小商人贫民之属，亦有从事出洋贸易的；如《国朝柔远记》所称："富者为船主、商人，贫者为头舵水手，一船几及百人。"（见该书卷三，《雍正五年·春开闽省海禁》），有这样形态的出洋贸易。因之，出洋贸易企业即属富商大贾之独占事业，故"一船几及百人"的具有宏大规模，只此而论，以出洋贸易税资国用，充当军事费的意味，大有理由。虽然这些出洋贸易群中，不见得能生长几个了不得的巨富，但其中像有名的荷印华侨建源或同治年间（一八六二年——一八七四年）上海巨商叶澄衷那样大小的成功者，确有其人。[95] 然而，富商或大贾一人出洋贸易的大企业，需要贫民从业者100人，这些贫民，多系福建、广东一带水田耕作限界外溢出的剩余农民，这和北方干田耕作限界外溢出的剩余农民走向满洲开垦，恰相辉映。而这可称为"一将成功万骨枯"的出洋贸易者，全系水田耕作限界以外的剩余农民，雍正五年（一七二七年），闽督高其倬的疏言说得最明白：

福兴漳泉汀五府，地狭人稠，自台湾平定以来，生齿日繁，山林斥卤悉成村落，无田可耕，流为盗贼，势所不免。臣再四思维，惟广开其谋生之路，如开洋一途前经严禁（关于清朝禁止出洋贸易，海禁之事，后当叙及）……开洋似有益于地方，请弛其禁。[96]

在这个疏言中，政府明白了福建农业已经达到了一定的社会界限，对于限外溢出的人民，请求解除海禁，许可出洋贸易，以为救济之策。这当然系出于 Paternal 的对人民慈惠政策而发，而这种慈惠政策的根据，当然亦系 Paternal 的恐惧人民因生活苦而致纷扰滋事，不利政权。与此政府主观的意图不同，另外还有一个许可出洋贸易的客观根据。缘在雍正二年（一七二四年），广东十三行商人，因逃避官吏苛税，逃至厦门，于该地创立公行（Guild），政府对其力量无可奈何，结果，解除福建海禁，唯此问题，此处姑置不表。

这种水田耕作限界以外的剩余者，其最大的特征表现，即是南洋华侨。今日之南洋华侨，其侨居原因，出于经济穷困原因的正确科学数字，陈达氏已有调查。（见陈达《南洋华侨与福建广东社会》一书）

南洋移民离国主因表

类别	家数	百分数(%)
经济困难	633	69.95
南洋姻渊关系	176	19.45
天灾	31	3.43
从事扩张	26	2.87
不正行为	17	1.88
地方不安	7	0.77
家庭不和	7	0.77
其他	8	0.88
总计	905	100.00

备考：

1. 本表系制自陈达《南洋华侨与福建广东社会》。
2. 本表系汕头附近一华侨区的实地调查。

从上表中，可以看出现代华侨的原因，70％系出于经济困难，且系出于清朝南方经济社会，可断定系水田耕作限界外的剩余者无疑。过去时代，南洋华侨的原型，系唐代踏上探求真理之旅的佛僧，其念佛唱名之声音早与荒海之藻屑同时消失⑰，而水田耕作溢出的剩余者则最果敢地继承了这一原型。英人牧师 A.史密斯（Auther Smith）的话来说，他们系为了家族怀了一攫千金的梦想踏上漂泊旅途的 Chinese Enoch Arden。⑱然而英国的 Enoch Arden，由逆旅迄临终，始终信仰"为了神的光荣"（In Majorem Gloriam Dei），而中国的 Enoch Arden，还在欧美产业的社会的中产阶级有了新教（Protestantism）以前的伦理世界中，为了千金的探求而漂泊。因之，自清末鸦片战争迄至一八五九年，这个在世界史上有名的惨淡的苦力贸易，继续展开不绝——我们应把握上述的出洋贸易者群的二种阶层性。

第二　军事费本省自办主义

分析素材第二段上谕（二）中的第二要点，系以许可出洋贸易所征收之关税，规定充当本省之军事费。此即素材第一段（二）上谕中所表露的"资国用"的最本质的目的所在。亦即特以关税充当本省之军事费这一问题。原来清代定法，为避免起运——协饷上的输送繁重和危险，特规定应征银的存留（拨储）办法，文中所谓"可免腹地省份之转输协济之劳"，殆即此意。这个谕令，对于理解清朝地方税制，意义很大。

清代各省收入银两中，留之充任本省经费谓之存留，其存留共有五种：（1）封储，由藩库（省银库）留之，以充任临时经费；（2）分储，由各省府库留之，以充任州县之临时经费；（3）留储，由各州县库留之，充当经费，系存留中最重要者；（4）解储，省所辖各州县，将一切所收之赋银送解藩库，由藩库保管；（5）拨储，各省兵备道库及河道库，每年将由本省布政司所拨给及邻省所协拨之兵饷银，岁修银，官兵饷俸银存留之，以充任特种机关之特种经费。除上述五种存留分外所余之部分，得输解户部及他省，谓之起运，其中解输户部者谓之京饷，各省相互间解输者谓之协饷。京饷更分为二类：（1）原定京饷，全国并未一体推行，如陕西、甘肃、四川、云南、贵州等收入薄少之省份，乾隆时代，一律予以蠲免；（2）额外京饷，为补救原定京饷之不足部分，由清朝中叶起创设，以为军事费用度。再者，协饷又称协解，由户部指定，由一省解输以补助经费不足之他省，此即各省经费自办主义的本旨所在。仅对东三省、热河、伊犁三特别区，由户部直接协解补助外，其他省份，概委诸各省相互扶助。⑲

上谕中所称"可免转输，协济之劳"，系为避免起运（协饷）之劳，

457

以贯彻军事费本省自办之主义。因为在输送机构整备不周的清代社会，解输银两，危险殊甚，不仅要派官押送，还要着兵役护送，定为银1万两，护送兵2名，役4名，途次如遇损失，酌量当时情形，分为十分之五，十分之三，十分之二等赔偿办法。⑩在《水浒传》那样的社会做皇帝，最聪明的办法，莫如省却这种"保险的损失"，这使我们想起前面提起的林则徐以云南盐税留充本省军事费的上奏。

第三　关税充当军事费之意味的根据（外国贸易国家管理之必然性）

如上所述，清朝政府以关税充当军事费之先，必须先行"令开海贸易"。该时，在清政府，必须将外国贸易置于国家管理之下。然而清政府仅只管理外国贸易，并非禁止外国贸易。这是因了军事费的补给和支出问题，所以没有禁止外国贸易。这更非封锁，虽然清政府有海禁（限制海外渡航）之律，论者所谓清致府"闭关自守"（禁止外国贸易）殆即指此而说。其实最典型的实行闭关政策的，莫如日本的德川幕府对于外国贸易及海外渡航并行严禁，其根据就在于一旦开放对外贸易，边境诸地俱可输入武器，幕府的存在基础，将大受威胁，所以幕府禁止外国贸易，在其维持自身政权之点来说，为绝对必要之举，至于禁止海外渡航，亦是为加强和增加禁止外国贸易这一工事的构筑。但在清朝来说，却无禁止外国贸易的必要，这还是为了补救军事费的目的。虽然清朝在三藩撤镇以前，其处境正如日本德川幕府，对于处于边境形同封建领主的三藩，一面由贸易积蓄利润，一面购入新式武器，觉得强大对抗势力的危险，未尝没有"闭关自守"之感。

三藩之乱与撤藩的史的评价　明将孔有德、耿仲明、尚可喜投降清朝，在《序编》中已曾论及，另有明将吴三桂"丈夫一怒为红颜"，不仅降清，且引清兵入关定都。清朝对于这批"汉奸"，自然优赏有加。耿仲明于顺治六年（一六四九年）七月战死江西吉安，由子继茂承袭其位，孔有德于顺治九年（一六五二年）战死广西桂林，因无子而绝。残余三将，吴三桂被封为云南王，尚可喜、耿继茂共封为广东王，继茂后封为福建王，死后由耿精忠继位。此即所谓三藩。其中以吴三桂兵力最为强大。彼等之行政不受吏部、兵部掣肘，财政不为户部过问，本质实为封建领主。云南王吴三桂之藩财政年在900万两以上，广东王尚可喜、福建王耿精忠之藩财政合在200万两以上，虽有赖于江西地方之租税。至而达到如顺治

458

十七年（一六六〇年）户部劾奏中所称"天下财富，半耗于三藩"那样的状态。迨清朝国基渐固，对于三藩的兵力、财力自然大感威胁，且开国时以汉制汉的政略此时亦成过去，现在所考虑的，不过除去三藩的时间问题。渐至康熙十二年（一六七三年）三月，以广东王尚可喜的家庭纠纷为开端，同年七月，云南王吴三桂叛变，翌年三月，耿精忠响应，康熙十五年二月，尚可喜之子之信附和，遂成历史上所谓三藩之乱。清廷平定三藩，直至康熙二十年（一六八一年）十月，费时数载。三藩即系封建领主，故清廷的"扫荡"三藩，在政治上，深具强化中央集权意味。乱平（撤镇）以后，康熙帝开始了他的划时代的政治手段：一面迅速地剥夺地方权力，同时强化中央权力。其具体办法，即：（1）籍没藩产，以充中央军事经费；（2）藩兵收回北京；（3）以八旗兵驻扎福广荆诸州；（4）废除土地及兵权世袭制（此点关系重大，天聪五年六月太宗所订之"功臣爵职世袭例"，至此否认，等于完全否认了 Heneficium 制度）；（5）大官功臣一律移居北京，此点为后来清朝 230 年的 Mandarinen- Feudalismus（无土地领有权的官僚制）建立的基础。以此而论，三藩之乱，在清史上意义甚为重大，可以说是清代经济机构的一大转型期。对于如此强大的三藩势力，清政府和日本德川幕府处于同样的危惧地位，下文所举例中可以证明。

（一）平南（广东）王尚可喜的独占广东贸易——横筑财政基础

尚可喜依从盐课提举白万举互市利益的劝说⑩，任命中国商人 Hunshunquin，特许为王商（The Kings Merchant），代行独占广东贸易，当时，这个受命的王商凭借广东王力量，积成巨富。⑫尚可喜没落后，他仍以既成势力，凭借北京宫廷支撑，无视一般商人的切齿反感，依然独行阔步，左右广东贸易商品价格。康熙三十八年（一六九九年），英船 Macolesfield 号航抵澳门时，船长 Robert Dougless 因与一般商人无从议价，特趋赴广州拜会 Hunshunquin 始与 Hunshunquin 单独商定价格⑬，此事在尚可喜没落以后很久，由此可见特许商人在外国贸易中潜势之大与利润之丰，这个商人的经济力，自然是大有可观的一种力量。而这商人即曾为平南王的王商，平南王所得的贸易利润，当更在商人之上。像这样的边境领主的积蓄经济力，当然招徕中央政府的危惧，而构成了撤藩的动机之一。撤藩完成三年以后，康熙二十四年（一六八五年），创设粤海、闽海、浙海、江海四榷关，于澳门、漳州、宁波、云台山等处，特许任命官商

459

(The Mandarin's Merchant) 代行管理政府贸易，利润直接收揽于政府手中。由于设置粤海关，遂成了日后广东十三行发展的张本。

（二）平西（云南）王吴三桂之经营边境贸易——输入武器

三藩之中，兵力、财力最强大的吴三桂，其生活腐化情况，兹就《清朝野史大观》中引述二则，以见一斑。

（1）三桂即以永历（明朝最后一帝永明王）所居之五华山作新府，重楼复道，拟大内规制。又于西郊外为园，名安阜园……以歌舞自娱。（见该书卷五，《清人逸事·三桂新府》）

（2）后宫之选，不下千人……召幕中诸名士讌会……则珠玉金帛堆置面前，诸宫人憧憧攘取，三桂顾以为笑乐。（见该书卷五，《清人逸事·三桂之奢淫》）

吴三桂的这种穷极淫奢的生活，是增征盐税，创立关市税，开发矿山等事业经营之结果。[⑩]下列表中，可为明证。

云南省盐税收入（单位：两）

年次	征额	史料
顺治年间（一六四四年——一六六一年）	146,109,360	
康熙元年（一六六二年）	144,809,360	
三年（一六六四年）	147,809,360	康熙《大清会典》卷三十三
四年（一六六五年）	172,559,360	
二十一年（一六八二年）	147,809,360	
三十四年（一六九五年）	142,049,360	雍正《大清会典》卷五十

备考：
见刘隽《清代云南的盐务》（《中国近代经济史研究集刊》第二卷第一期）。

在上表中，吴三桂系于康熙四年封云南王，与前年（康熙三年）相较，盐税一举增加20%弱，撤镇后，在康熙二十一年，由巡抚王继文奏请，盐税降至以前（康熙三年）水准，仅以此事而论，当不难察知吴三桂经管云南的全豹。而由此所表现的经营用意，不外为了构筑军事力量而确立物的基础。与此相联带的他的外国贸易，不仅积蓄了大量的利润，而输入武器亦复不少。他与达赖喇嘛通使，在北胜州开市，以茶马互易，西番、蒙古马匹经由西藏入云南者，年在 1,000 万匹以上。[105]马在前期社会中，作为战争技术，实为最重要的武器，清政府对马匹的蓄殖、输入亦煞费苦心，力图经营的。在《第三编》中，再为详论。就吴三桂的场合，对外贸易，自增加收入（关税）后购买武器两种观点来看，利益极大，在他发动对清政府叛逆时，立予证明。康熙二十年（一八六一年）正月平远、盘江之役，吴三桂驱使象群参加战斗，清军望而溃走[106]，我们虽不知道吴三桂是否研究过迦太基名将汉尼拔的战法没有，但这象群是来自缅甸、安南，当亦系由对外贸易而来无疑。象据说是唐朝由安禄山、史思明所输入中国，明朝弘治八年（一四九五年）北京修筑象房[107]，所以入关以后的满族，不能说完全不知道象，因此对于溃败于吴三桂的战法，只可解释为入北京以后的满人只知道作为玩赏物的象，对于集团的象，作为战争技术而存在，自然是生疏的，只好实行溃散了。

三藩撤镇以前，清政府正如日本的德川幕府，对于边境领主由外国贸易而获得军事财政力量的强大十分危惧，然在撤镇完成以后，与政府的中央集权政策更迈前一步，同时，危惧立解。政府对于贸易的利益，自身感到兴趣，而认为有管理的必要。这就是前文提过两次的康熙二十四年（一六八五年）的转型期。割据台湾二十余年的明朝遗民郑氏一族（海富，商业资本家），既在康熙二十二年（一六八三年）八月投降，沿海一带初归平静，至十月，所谓"迁界令"[108]终告废除，海禁（禁止海外渡航）亦同告开放，外国贸易，遂入于国家管理时代。

然而清朝与日本德川幕府恰恰相反处，在于清朝对于禁止海外渡航问题实较禁止外国贸易尤为重视，这是因为在明朝时沿海一带备受倭寇侵略之患，致清政府有所传承前朝的遗宪。虽然国家管理对外贸易，直至鸦片战争终了时，而海禁亦屡见复活，如在康熙五十六年（一七一七年），既早已宣布《南洋渡航禁令》[109]，在雍正五年（一七二七年）再告解禁。[110]征诸此种事实，可见清政府对于禁止海外渡航所持的慎重态度。因之，即在转型期的康熙二十四年，固由于客观的根据——台湾郑氏的败北，亦由于清政府主观上的自信。清初本无海禁，由于郑成功的沿海攻略，顺治十三年（一六五六年）始行海禁，至顺治十八年，形势尤为严重，福建、浙江、江南等地出洋贸易商船，概行厉禁⑪，至郑氏败北，清政府始行解禁，康熙二十三年（一六八四年）上谕中，意义极为明显：

> 百姓乐于沿海居住，原因海上可以贸易捕鱼。先因海寇（郑氏海上活动），故未开海禁，今海氛廓清，更何所待……今海外平定，台湾、澎湖立设官驻扎，直隶、山东、江南、浙江、福建、广东各省，先定海禁处分之例，应尽行停止。⑫

准上而论，清朝因国基渐固，以康熙二十四年为转期，渐渐进入由国家管理外国贸易时代，全是为了补救军事费，才有管理外国贸易的必要，换言之，也就是不禁止对外贸易的理由。至此，对于这就是康熙二十四年所包含的意义，亦可了然。

清朝的管理外国贸易，他的具体政策有二：（1）指定（限制）外国贸易的必要道路——港场；（2）特别任命特许商（Licenced=Privileged Merchants）作为管理外国贸易的代行机关。准此二种政策行事。转型期当初的贸易国，以荷兰为首要，次为葡萄牙、西班牙、法国、意大利等⑬，此中情形，《国朝柔远记》述之如下：

> 时沿海居民，虽复业（迁海令之撤废），尚禁商舶之出洋互市，施琅（水师提督，攻略台湾名将）等屡以为言，又荷兰曾以助剿郑氏，首请通市，许之。而大西洋诸国，因荷兰得请，于是凡明以前未通中国，而为勤贸易操海舶生涯者，皆争赴疆。臣因开海禁，请设粤海、闽海、浙海、江海四榷关于广州之澳门、福建之漳州、浙江之宁波府、江南之云台山，置吏以莅之。⑭

荷兰于康熙二年（一六六三年），由协助清政府扫荡郑成功之功，许可二年内贸易一次，至康熙八年（一六六九年），改为八年一次⑮，在康熙二十二年海禁解除后，始以密切而且常则地与清朝建立了公然的贸易关系，英人亦复相同。英国与清朝建立贸易关系，在康熙二十二年，访问定海榷关为始。再以史料引证之。

462

英吉利货船时往来澳门、厦门，复北泊舟山（即定海县），宁波海关监督屡请移关定海县，部议未许。至是盐督张圣绍，以定海港澳阔深，水势平缓，堪容番船，亦通各省贸易，请捐建衙署移关以便商船，当增税银万余。绍乃于定海城外道头街西建红毛馆一区，以可安置夹板船水艄人等。此英吉利商船来定海之始，然虽时通市，亦不能每岁来华也。⑯

由此可见，转期当初的英国，尚未能与清朝建立紧密的而且常则的贸易关系，但是必然地要进入这样的关系的，那是以雍正七年（一七二九年）为起点。⑰

现在，总括问题：由康熙二十年撤三藩，二十二年解海禁，二十四年设粤海、闽海、浙海、江海四榷关，始行建立了国家管理外国贸易的基础与体制。且由国家管理外国贸易目的全为补救军事费，具体的管理政策有二点。就其所采目的与方法看来，清朝并非采用闭关政策（禁止外国贸易）。且以康熙二十四年系清朝贸易政策（国家管理）方向的转变起点来看，意义极为重大，至方向转变的主要对象，为荷兰，十九世纪大悲剧的主角英国，直至雍正七年始在这个东方最大的舞台上脱离了龙套的地位，而正式地走入中国历史。

分析（一）国家管理外国贸易之再论证（清代闭关说评判）

康熙二十四年的转型期以后，清政府对于关税收入之关心，忽形提高。政府因极度恐惧关税收入减低，故徘徊于一种踌躇政策之中，而认为若提高各个单独的税率，恐外船来航减少，结果官定关税收入将不能如所预期，不若降低各个单独税率，使来航外船拥挤，结果关税总收入当可增高。由此可见康熙中叶时外国贸易不振的情况，再看康熙三十七年（一六九八年）的上谕：

广东海关之收税人员，搜检商船货物，概行征税，以致商船稀少，关税缺额，且海船亦有自外国来者，如此琐屑，甚觉非体，著减广东海关额税银三万二百八十五两。⑱

463

这个上谕即系康熙三十七年所颁，当时欧洲政情，已陷动乱，来华船只减少，自属当然之事，然康熙帝不明国际局势，以为来航船只减少（"关税缺额"），应归咎于高率关税。但亦由此可见清政府对于关税收入期望之殷厚，而政府开放海禁，由国家管理对外贸易的财政根据，于此可见。反之，清政府未尝禁止外国贸易的说明，根据也在这里。

这里我们所要讨论的是清政府如此期待的关税，其利用情形。先列表说明关税收入情况。

如下表所示，粤海关（广州）占压倒的地位，至少是乾隆二十二年（一七五七年）以降的现象，其兴盛原因，系基于下述事情。原来康熙二十四年设置四榷关，其管理外国贸易的具体方法之一，即是指定贸易路线（限制），而其对于指定港的限制，适等待遇，并无格别的差别待遇情事。举例言之，乾隆二十年（一七五五年）英商 James Flint（华名洪任辉）前赴宁波经营贸易之际[⑩]，曾经有与该地商人 Hanguan、Suguan、Sequan、Wanguan、Shingy-Quan、Teuern-Quan 等的谈话。[⑫]此处先要加以解释的，是这些宁波商人，全系国家管理外国贸易的第二具体方法之表现所指定的特许商人，由其商号皆带 Quan 字既为明证。Quan 所含特许的意义，后文自有交代，现在只需知道这是特许贸易商人的通称即可。由此可以证明宁波亦有特许商人，可见宁波的指定港地位和特许商人的存在，实在具备了国家管理外国贸易的条件，而实现了清政府外国贸易的政策。不仅如此，甚至并未指定为对外贸易港的厦门，于雍正二年（一七二四年）创设公行，后由于获得福建出洋贸易解禁令（见前节《出洋贸易担当者的二阶层人民》一节），而具备了清政府所规定的二种条件，亦实现了管理外国贸易的目的，这都是典型的情况，至于广州，亦如宁波、厦门，自然具备了上述二条件，而成为对外贸易地区，然而在乾隆二十二年（一七五七年），外国贸易路线，突然由于必要理由，只限于广州一地[⑫]，嗣后，再未有许可他港通商或任命特许商人。因之，十九世纪清代外国贸易只可说是广州一港，同时，亦可说广州就是清代外国贸易的全般。这就是粤海关在道光年间关税收入占压倒的情况的理由。

清末关税收入表（单位：两）

关名	所在地	官定额	实征额		
			道光二十一年 （一八四一年）	道光二十五年 （一八四五年）	道光二十九年 （一八四九年）
江海关	上海	65,980	57,046	79,821	72,997
天津关	天津	88,156	83,618	82,528	53,547
浙海关	宁波	79,908	79,908	78,018	79,908
闽海关	福州	186,549	199,465	185,955	193,012
粤海关	广州	899,064	864,232	2,362,162	1,429,766
户部贵州司 二十四关计		3,989,223	3,915,106	5,238,897	4,401,508
工部五关计		363,985	292,589	272,548	303,366
二十九关合计		4,353,208	4,207,695	5,511,445	4,704,874

备考：

1. 据王庆云《石渠余纪》，卷六，《纪关税》节作成。

2. 粤海关为最大之海关，在户部二十四关收入中其所占比例，自表端顺次读下为22.5%、22.0%、45.0%、32.4%，占压倒的高位，英加入工部五关，为 20.7%、20.5%、42.8%、30.4%，依然占最高位。现在占第一位的上海关（江海关），当时不过尔尔。然在道光二十二年，由于鸦片战争失败的结终，开广州、福州、厦门、宁波、上海五口自由通商，广州不仅失去往年的地位，被上海取而代之，上海且较战前广州地位尤高，此点至堪注意。

据此而论，仅自关税收入一点而论，难免有人误以为这就是清代的闭关政策，然从康熙三十八年的上谕来研究，仅仅 30,285 两的广州关税收入，至道光二十一年增大至 86 万余两，高进 30 倍，道光二十五年，复增至 236 万两，高 80 倍弱，道光二十九年，为 143 万两，增 50 倍弱，由这种趋势来看，若以闭关而论，恰巧禁止贸易而贸易增加，似乎不通，那么闭关之说，当属无稽之谈。再据道光十一年（一八三一年）二月两广总督李鸿宾的关于船舶出入只数的报告，官自身决无禁止对外贸易之事，昭然若揭。李之报告有云："乾隆年间，至粤各国夷船不过三四十号，今则多至七八十号，百十号不等。"[12]所以不论由任何观点来研究，清代绝无闭关之事。但以为清代开放自由贸易，亦同属无稽。这只要看鸦片战役后，准许五口通商，广州地位的下降，即可知道。因五口通商后，往年对外贸易指定港广州，以近代贸易港成立条件的指向因子而论，自然被上海取而代之。这是十九世纪六十年代所出现的事情，为一加比较，特列表如下：

上海与广州地位交迭说明表

	关税收入（单位：海关两）		输出入额合计（单位：上海两）	
	同治二年	同治十一年	同治七年	同治十一年
	（一八六三年）	（一八七二年）	（一八六八年）	（一八七二年）
上海	2,526,621	3,295,746	87,545,450	101,311,133
广州	950,558	1,057,799	18,336,507	20,304,894
总计	8,509,525	11,678,636	140,346,571	161,786,318

备考：

据《国立中央研究院社会科学研究所专刊》第四号《六十五年来中国国际贸易统计》第十四表及第十七表作成。

总之，自康熙二十四年的转型期以至鸦片战争，清朝贸易政策系规定由国家管理，实为最正确与公正的断定无疑。

分析（二）海关之对外勒索＝苛税（鸦片战争之一祸根）

清代关税分为船钞与货税两种，船钞即相当于所谓 Measurement fees，决非近代的 Tonnage duties。[⑫]货税即输出入商品税。[⑭]从此两种关税，皆由广东十三行为海关代理征收，算为十三行的特权与义务。至其纳税手续，非常繁剧。外船以每年五六月来航，十月归国为常例，来航时，先行停泊澳门，粤海关监督亲自或派代理赴澳门，加以检定，丈量完毕后，始许进入黄埔。进入黄埔时，外船由引水人 2 名引导，起虎门鸣放礼炮[⑫]，至此，与引水人之契约告解除。嗣后，船员留于船内，由船长或副船长往谒海关监督及副监督，再行候准停宿广东十三行商居馆之监督命令，监督发下许可时，船长副船长始得与十三行办理交易，最后，由十三行以粤海关代理资格征收外船出入口税。[⑭]

但是，这里成为问题的是在正式关税以外，还有种种名目的额外加征这一事实。清初时，虽征收附加税 30%，但后来增至 40% 时，惹起不少外人的反对，迫至康熙四十七年（一七〇八年），增至 60%，雍正六年（一七二八年），再于 60% 原基数外又增 10% 时，引起了正面的激烈抗争[⑫]，所增加的 10% 的附加税，称为"缴送"，至乾隆初年（一七三六年），因"朕加惠远人之意"，遂行废止。[⑬]尚有可加注意的一事，即《粤海关则例》所定的所谓"规礼银"的存在，这实在是当时中国特有的官许贿赂，为征收极为繁重的恶税。外船入口时，先行缴纳官礼银，次及书吏、家人、通事、头役等皆须贿送。其名目为规礼、火足、开舱、押船、丈量、贴写、小包等几及三十种。外船出口时，复由书吏等勒索验舱、放关、领牌、押船、贴写、小包等各色名目苛索三十八种。[⑭]外人不堪此种诛求无厌的勒索，因之纷纷向指定港以外的地区求活路，前述英商 James Flint 之所以赴宁波经营贸易，即系出于逃避粤海关的勒索（规礼银的苛压）。清政府聪明之极，名为不忍坐视洋人受苛，依据广东巡抚兼粤海关监督杨文乾奏请，于雍正四年（一七二六年），规定征收洋银 1,950 两为改收规礼，由税吏腰包抢入皇帝腰包。[⑮]至乾隆二四年（一七五九年），始依新柱、朝铨、李侍尧等奏请，全形废除。[⑯]但正式关税以外的一切勒索实并未删除，尔后改变形式为"行用钱"，公然通行。所谓行用钱，依《国朝柔远记》来讲，"每价银一两奏抽三分，以给洋行商人之辛工也。继而军需出其中（!），贡项出其中，各商之洋货搬迁，亦出其中。遂分内用外用之名目。此外尚有官吏之要求，与间游之款，亦皆出于入口出口长落之货价，以故洋利渐薄"（见该书卷七《嘉庆十五年·英商请减用银不许》节），例如棉花，一包当价 8 两，正税 4 钱（5%），行用钱即为 2 两（25%），英船长 Roberts 曾请求广东巡抚韩崶酌减行用钱数额，批示不许。[⑰]因之，清政府关税正额虽较欧洲为低[⑱]，然正税以外的杂税及勒索，殊非一般商人所能负担。如英国的东印度公司，十八世纪时蒙受损害不浅[⑲]，这自然一半应归咎于英国羊毛商品世界征霸力的早期未熟性，但海关的勒索与商人的前期式的苛取，责任亦大。而这也就是执着于自由贸易的英国人挑开鸦片之战的"私怨"之一，可以断言。

分析（三）清朝的外国贸易思想（世界经济观念）

由上述诸考察中，当然会出现一种疑问：清朝的国家观念，换言之，

467

其世界经济观念，较具体地说来，其外国贸易思想，到底具有如何性质？贸易，虽然只是经济社会的极为表面的现象，但亦系社会发展的极为重要的契机。假若一般文化系由化合，继承而生成、发展，则贸易实系一般文化的化合，继承的经济的表现之本身。英国古典学派所谓的国际分业——比较生产费说（The Comparative Cost Theory），实意味了文化交流论在经济学方面的适用。

清代社会的外国贸易，并不能作这样的论断。在某种程度上，清代外国贸易，自系为了利用关税收入以补救军事费，但夸称地大物博的清政府主观的意图，其外国贸易的表面口实，认为对外贸易仅只是对洋夷所行的一种慈惠政策，不过"天上帝国"（The Celestial Empire）皇帝的"朕柔远之至意"的表现。康熙二十四年（一六八五年）上谕有云：

外国之私自贸易，或可税其货物，若进贡者亦概税之，殊乖大体，且非朕柔远之意。⑬

一面恐惧关税缺额的康熙皇帝，一面又视外国贸易为一种天上帝国皇帝的慈惠政策，这就是典型的阿Q作风。故嗣后身及外国贸易典盛期的皇帝及官吏，一直保有这种根本观念，不足为奇。乾隆五十七年（一七九二年），英使马加得尼伯爵偕同史丹得男爵，因要求开放自由贸易至澳门，翌年八月十日至北京万寿园呈递国书时，当时隆昌达于极点的清朝乾隆帝，对英回答竟是如此程度的：

"咨尔国王，远在重洋，心向倾化。特遣使恭赍表章，航海来庭，叩祝万寿，并备进方物，用将忱悃。朕披阅表文，词意肫恳，具见尔国恭顺之诚，深为嘉许。所有赍到表贡之正副使臣，念其奉使远涉，推恩加礼，已令大臣带领瞻觐，锡予筵宴，叠加赏赍，用示怀柔……尔国王此次赍进各物，念其诚心远献，特谕该管衙门收纳，其实天朝德成远披，万国来王，种种贵重之物，梯航毕集，无所不有。"⑬及"天朝物产丰盈，无所不有，原不假外夷货物，以通有无，特以天朝所产之茶叶、瓷器、丝斤为西洋各国及尔国王必需之物，是以恩加体恤，并得在澳门开设洋行，资有日用，俾沾余润。"⑬

468

从这种诏书中，可以看出清政府帝国理念的性格，是如何昧于世界情势而妄自尊大。立于这样小宇宙主义的孤立帝国，足以说明其对外贸易思想。这种态度，不仅对英国如此，对其他各国，均系如此，如乾隆五十七年（一七九二年），与俄国改订《恰克图条约》五款时，亦出于同一态度。[139]然而清政府的始终沉醉于尊大感中，自有其必然性。因各国自清输入品，系绝对的生活必需品，而各国之对清输出品，例如美国之皮毛及白檀，俄国之皮毛，英国之毛织物，多非清代社会的生活必需品，清朝在贸易关系上即系商品单面贸易者，自然形成其优越感与自大性。如嘉庆十九年（一八一四年）十月，两广总督蒋攸铭的对英牵制政策，即系奏请对英停止输出，公然地表示了绝对的尊大和自信；其言有云："呢、羽、钟表等物中华尽可不需，而茶叶、丝在该国断不可少，倘一经停止贸易，则其生计立穷。"[139]又，前文所提及的英船长 Roberts 请求免除行用钱时，广东巡抚韩葑正和总督蒋攸铭的态度相同："洋人无利可获，或可杜其偕来。"[140]言外意示了清朝尽可不必要与外贸易之意。虽然当贸易一度衰退时，由于关税减少，康熙帝为了军事费目的大为惶惑，然在极盛期以降的清政府，对于外国贸易是完全充满了自大与自信的。

但是，每一个问题总是多方面的。清朝虽在文字上极为尊大，但乾隆帝在热河行宫接见马加得尼伯爵时，态度极为殷勤，有马加得尼的日记为凭，萧一山《清代通史》中亦有同样记载，可见前面所录的上谕，多少系碍于公文格式，渲染中含有不少夸张气氛。觐见前最为问题的是所谓"三跪九叩首"礼。依马加得尼日记看来，并未执行这种"大礼"，他要求与对英国皇帝相同，行半屈膝礼及接吻御手礼，结果，省去接吻礼，只行半屈膝礼。但是，事实上，这种"大礼"，往往常为清政府与外国使臣郑重争执的问题，至而鸦片战争，就是这种礼法问题另一种解决办法——武力解决。而这种叩头礼在清代社会实为一意义重大之问题，如《红楼梦》中，权门子弟贾宝玉，责令下层子弟金荣向其同性爱人秦钟道歉时，即执着必须叩头谢罪方可。可悲的是在儿童的环境中，尚且以叩头礼为解决问题的通则，实在说明了这个封建社会的奴隶性格。

但在另一方面，欧洲使臣又认为这是一种屈辱问题。嘉庆二十一年（一八一六年）六月，印度总督阿姆哈斯特，继马加得尼前来要求开放自由贸易，拜谒北京宫廷时，惹起了一幕悲喜剧。因叩头问题未能与清廷取得妥协办法，以至在觐见当日，连随同副使，皆以称病缺席，这大大丢了清政府的"面子"，皇帝"赫然震怒"，发出了如下的上谕：

> 朕降旨令尔使臣于七月初八日瞻觐，初八日于正大光明殿颁赏赐宴，再于同乐园赐食，初九日陛辞，并于是日赐游万寿山，十一日在太和殿颁赏，再赴礼部筵宴，十二日遣行，其行礼日期仪节，我大臣俱已告知尔使臣矣。初八日瞻觐之期，尔使臣已至宫门，朕将御殿，尔正使忽称急病，不能动履，朕以正使猝病之事，或有之，因只令副使入见，乃副使二人亦同称患病，其为无礼，莫此之甚……尔国王恭顺之心，朕实鉴之……并赐尔国王白玉如意一柄、翡翠玉朝珠一盘、大荷包二对、小荷包八个，以示怀柔。⑭

像上面所引述的这样的外国贸易思想，这样的世界经济观，这样的帝国理念，构成了清朝的侮外自尊糊涂根据。虽然这样的思维方法，在农工生产的原始性的统一社会中，夸称地大物博，以至因果颠倒，表现为孤立的小宇宙主义的观念，当不足为怪。且因限制于这样的观念支配中，对于由合化、继承所生长、发展的经济文化，自然亦无从了解与适从，而仅仅传统的陶醉和倒行。并且，这是经历唐、宋、元诸朝发展而来的，将中国经济发达的原素阻滞于一定限界中的结果。故所谓经济交流，不过被认为是收入关税的给源这种观念。斯坦当（Sir George Thomas Staunton）在《中国杂记》（*Miscellaneous Notices Relating to China*）一书中说得好，"像这样的国家，是生活必需品依存于国内资源，而布示禁止奢侈的国家。对于珍奇和侵入的拒否完全出于偏见，连效用如何也不管的国家。在这里，限于听任自然的进行，英国的工业制造品或原料（Manafactures or Products）无希望获得广大的一般消费"。

为了打破这种观念，外在的契机（世界资本帝国主义的发达）绝对的必然要转化为内在的必然性。这样的"不幸"终于轰然而至，时间系鸦片战争，人物系左宗棠，由于鸦片战争，将沉醉于独断的假寐中的亚洲大陆上的"天上帝国"渐次惊觉，对于外国贸易的本质，系由于比较生产费而来的国际分业这样的英国古典学派的意味，始得正当的认识和把握，怀着这种新的觉醒和把握的只是左宗棠一个人。甚至称为清代"先驱者"的林则徐和"洋务专家"李鸿章，也没有足够的认识和把握，左宗棠可说是这

470

方面的嚆矢。像林则徐是仍然极浓厚地固守着外国贸易的慈惠政策观。观其《使粤奏稿》可见他的"眼界"的一般。

　　"至茶叶大黄两项……实为外夷所必需……果能悉行断绝，固可制死命而收利权……惟现在各国之夷商……准其照常应市，以示怀柔。"（卷一，《附奏夷人现缴鸦片请暂缓断绝茶叶大黄片》）及"况如茶叶，大黄外国所不可一日无也，中国若靳其利而不恤其害，则夷人何以为生？又外国之呢羽，哔叽非得中国之丝斤不能成织，若中国靳其利，夷人何可图利？其余食物自糖料姜桂而外，用物自绸缎、瓷器而外，外国之所必需者，曷可胜数？而外来之物，皆不过以供玩好，可有可无，既非中国之要需，何难闭关绝市，乃天朝之茶丝诸货，悉任其贩运流通，绝不靳惜，无他，利与天下公也。"（卷四，《拟谕英吉利国王檄》）

　　林则徐的根本观念，和历代清帝毫无异样，虽然林则徐是一个早期的新官僚，然因生长于传统的遗习中，所以易于囿于旧见，不易超越、跨步，不足为怪；而号称"洋务专家"的李鸿章，则依然安居于古老的观念中，与他所感受的惊异的同时措施，不过是如何将摇动的清代的经济社会的牢固的深根予以巩固，所谓换汤不换药的粉饰门面办法。试看《李文忠公全集·奏稿》十九，《同治十一年五月十五日覆议制造轮船未可裁撤折》：

　　臣窃惟欧洲诸国百十年来，由印度而南洋，由南洋而中国，闯入边界之腹。凡前史未载之所，亘古未通之所，无不款关而求互市。我皇上如天之度，以概与立约通商，以之牢笼。合地球东西南朔九万里之遥，胥聚于中国，此三千余年之一大变局也。

　　在李鸿章的上奏中，无疑的是在阿谀动摇的趋势上，粉饰古老的政治，而他之所以不得不做这些讳疾忌医的阿谀工作，是因为新官僚的他的性格不能不被局限于一种明确的界限，不能跨越。至于左宗棠，虽然他的出生性格不能不受当时社会的界限，但比他的同僚李鸿章却远为开明而进步。且看《左文襄公全集·书牍卷》二十二，《答王夔石少宗伯》：

471

开办通商一事，彼此均有利益（达到这种见解的限度，是一大进步！），惟陆运极难，非舟航之便利可比（这就是后来创设福州船政局的根据），劳费多则成本重，销路滞则利息微，必然之势也。

再看《全集·书牍卷》二十二，《上总理各国事务衙门》一节：

甘肃向阳之腴地，均宜草棉，乱后荒废，无人业此。每净花一斤，市值大钱七八百文，皆由川陕转贩而至，吐鲁番所产向较内地为佳，本由哈密行销，内地乱后，贩销者无，民苦无衣，甚于无食，老弱妇女多不蔽体。数年前刊发棉书，教民种植，近始稍有成效。……上年净花每斤值钱四百内外而已，吐鲁番花价每斤亦须三百文上下，即内地转贩，亦无甚利，将来或听外人销售，并非不可。（比较生产费用说支持！）

左宗棠认为外国贸易，有交换的利益，必须不能只满足于内地的自给生产，而须输入生产费较为低廉的外国制造品。凡此，均系对满清末时即已被帝国主义者撕破的小宇宙主义的客观情势要求，左宗棠实具有看破客观情势的慧眼，而要求适应和改革，虽然其目的亦不外维持和巩固这摇坠的封建异族政权，但较林、李诸辈的死硬派，却大胆而开明得多了。

然而，该时，鸦片战前的诸政客，都以银问题为中心展开的重金＝货币差额思想，在左宗棠的先觉的慧眼中，已渐次地转入次期的蛹蜕准备，只此一招，殊值注意。因之，仅从贸易思想的内质的展望中，清末经济社会发展的蛛迹，历然感知。

分析（四）外国贸易通路——广州一港限定的社会根据

前文中所说的乾隆二十二年（一七五七年）外国贸易的通路，只限于广州一港，这里作专题的研究。

这问题的理由所在，清政府自身有其解答。

乾隆二十年（一七五五年），前文所说的英人 James Flint 自与宁波互市以来，宁波、厦门等地经营贸易的外国商人，日渐众多。同时，广州贸易亦渐呈不振之状。[48]乾隆二十二年，两广总督杨应琚，请设浙江海关税，以图抵制[49]，征诸此种事实，可见清政府对于广州的格别的偏爱的执着。

杨应琚的措置，即于同年十一月，由上谕敕令，继承限定贸易港限于广州一港的政策，迄至鸦片战争，亘八十五年间，除恰克图外，广州在文书上作为管理对外贸易通路的独占地位，因而确立。且广州的贸易特许商（十三行），占有异常高的地位。至于当时说明贸易通路限于广州一港的理由的上谕，所举约有四个要点。

(1) 粤省地窄人稠，沿海居民大半借洋船为生，不独行商（十三行商）二十六家而已。(2) 且虎门、黄埔在设有官兵，较之宁波之可以扬帆直达者，形势亦异，自以仍令赴粤贸易为正本。年来，洋船虽已照上年之则例办理，明岁赴浙之船必严行禁绝。但此等贸易细故，以无重烦纶音，传谕杨应琚，可以己意晓谕番商。该督前任广东总督时，以兼管关务，深悉尔等情形，凡番船至广，即严饬行户（行商），善为料理，于尔等并无不便之处，此该商等素所知，今调任闽浙，在粤在浙均所管辖，原无分彼此。(3) 但此地（闽浙）向非洋船聚集之所，将来止许在广东停泊交易，不得再赴宁波，如或再来，必令原船返棹至广，不准入浙江海口，豫令粤关传谕该商等知悉。(4) 若如此办理，于粤民生计并赣（江西）韶（福建）等关，均有裨益，而浙省海防亦得肃清。看来，番船连年至粤，但洪任辉（James Flint）等，不利于避重就轻，宁波地方必有奸牙（汉奸行商）串诱，并当留心查察，如市侩设有洋行，并图谋设立天主堂等事，皆当严行禁逐，则番民无所依托，其来路庶可断耳。[14]

上谕中所揭绪的四种理由，要之，不外归于以下两点：

第一　国防的见地

就国防的见地而论，这种措置，显系由于清政府对于向所担心的纷扰滋事的杞忧。清政府在谕文中所具的理由，系因广州为要塞地带，福建浙江并无防守，这种国防的见地，自然值得相当重视，但就清政府说来，对于海防有无之恐惧，实在比恐惧国内情势的泄露要差。而且，若单以无海防而虑，厦门、福州、宁波自亦可建造海防，当无杞忧必要。事实绝非如此，盖广州距北京较为僻远，国内情势泄露海外的恐惧可能自然较少，仅是由于地理条件，就是指定广州为唯一的贸易港的原因所在。后来，在嘉庆十年（一八〇五年）十二月俄船要求广州通商来访时，在拒否的谕文中，更明白地指出了这种真的恐惧处所：

兹据那彦成（两广总督）奏称：俄罗斯僻在极北，向止在恰克图一带通商，今请来广贸易，恐奸商贪利私售，且熟悉来往海道及内地情形，亦多未便等语。那彦成办理此事与朕意相符，所见甚是。那彦成有此一节可嘉。[145]

这个谕示中，表现了只许由南来北的欧洲诸国来广贸易，对于由北来南的俄国，则不许来广贸易，全为了恐惧俄国在沿途中窃取关于国内情势之传闻。再则，乾隆朝以前，在准许外国人居住国内的场合，或则令集居澳门（雍正元年）[146]，或则令集居广州（雍正二年）[147]，不仅如此，非特不许外国人居住内地，与这个政策同时，亦禁止内地人随意走入外国船内（雍正三年）[148]，其理由为，"凡外洋人往来贸易，不许久留，并不许勾通内地奸民为匪，则地方安静，庶不致有意外之虞。"[149]及"外洋远来贸易，宜令其怀德畏威……洋船到日，止许正当商人与行客公平交易，其余水手人等俱在船上等候，不得登岸行走，拨兵防卫看守，如定十一、十二两月内，乘风信便利，将银货交清，遣令回国，则关税有益！而远人感慕，亦不致别生事端矣。"[150]这样极端的监视态度，系出于努力防遏纷扰滋事，不难明白。仍不仅如此，即准许在广州居留之外人，其行动途径亦甚狭小，多方掣肘，亦不过是恐惧国内情势的泄露（纷扰滋事）。这种掣肘外人的政策，至乾隆二十四年（一七五九年），以两广总督李侍尧所创定的"防范外夷章程五条"[151]的规定为基本点，逾后愈益扩大强化。该种政策的要点，节略如下：（1）不准外国人冬季居住广东省，五、六月来广贸易毕，必须于九、十月内即刻归国，其有清算手续未了者，得居住澳门，并无妨碍。（2）外国人在广登陆，必须居住行商馆内，事无巨细，必须听命行商，不得自由出入。（3）外国人不准雇用内地人充任跑街（Messenger），听差（Boy），系防行走内地，搜集情报。（4）外国人不得雇用汉人（注意！特别指明汉人）仆婢。系恐相互勾通，造成"汉奸"。（5）外国人不得乘轿。（6）外国人不得舟游河面。（7）外国人不得携带妻女。（8）外国人限于每月八、十八、二十八三日内带同通译十人，准至海幢寺花园游散，但必须日落前归馆，并不得饮酒滋事。（9）外国人住所不得改建或装修。（10）

474

外国战船准停泊外洋，不得驶入内洋。（11）向政府诉愿时，得以禀经由行商提出⑰——所有这一切规定，全系为了恐惧国内情势的泄露，换言之，系为了恐惧由外而来的纷扰滋事而采取的政策。由此可见清朝这个专制国家，神经衰弱（纷扰滋事恐怖症）到如何程度！而这就是一切专制的统治者所共具的愚蠢而滑稽的特征。专制政治，真是一种最可怜的政治。

这种政策的结果是广州虽早已开为对外贸易港，而外来文化的波及范围，著著被限制于狭小的界限内，外国资本最早进入的广东省，甚至较江苏、浙江两省还未能程度地克服其内在的经济发展的落后性（Lag），较之北方的土地共有制（原始财产）为外来的文化消失其畸形，广东亦无打破其畸形的残余的力量。广东由"兰学事始"的先驱者容闳，而洪秀全，而康有为，而孙中山，这一连串的进步性，都系鸦片战争以后所赢得的成就。

第二　经济的见地

由经济的见地看来，这种措置，亦应归咎于纷扰滋事恐怖症的发作。据谕文说明而论，广东因过小农耕的狭隘的生产力，而丧失了人口收容力，指定其为沿海的对外贸易港，诚为不可缺的予人民以副业的活路办法。同时，福建、浙江、江西接邻诸省，皆为输出商品的输送通路，人民生计及关税收入均两占其益。因之，输出商品，并非单独广东一省之土产，从远处内地诸省搬输而来的当复不少，谕文的说明中说得很明确。故广州实为输出商品的一大集散地，无需赘词。此点，为了便利后来的考察，必须铭记。

问题的起点在于广东系农业社会，仅以农业不可能维持生计。原来，福建、广东两省，为有数之贫省，"夫闽、粤地狭人稠……"的表现，几乎已到公式的通用力程度。沿海省份，特以从这两个省份出来的南洋华侨时间最早，数量最多，亦系基于同等原因。申言之，福建、广东两省的狭隘的水田耕作——农业生产力的界限以外剩余的零细饥饿的耕作者，不得不走向"海"，和北方土地耕作的界限以外的直隶、山东两省剩余的农民不得不走向"陆"，恰成对照。早在唐代，即有如"中国即广州，摩阿（大）中国即洛阳"⑱这样深刻的等置语，早在太平洋航线发现以前的时代，其航海技术，因以广东为对外交流的通路的关系，自有"外在的"必然性，而广东的内在经济性格，再因其省民担当了对外交流责任，而赋予

475

了"内在的"必然性。所以广东省民系之于海，以海而生，实为必至的道路。像林则徐所说的那样适切："缘广东民人以海面为生者，尤倍于陆地，故有渔七耕三之说，又有三山六海之谣，若一概不准其出洋，其势即不可以终日。"⑭这样渔七耕三——三山六海的现实，即已公许其居民出洋贸易，则指定广州为海外诸国来舶贸易的通路自极自然。这就是"天上帝国"皇帝的 Paternalism 的救济贫省的表现，恐惧穷民因生活苦而纷扰滋生的防预策——如此而已。

注：

①《林文忠公政书》，丙集，《云贵奏稿》，卷九，《查勘矿厂情形试引开采折》。

②《林文忠公政书》，丙集，《云贵奏稿》，卷九，《查勘矿厂情形试引开采折》。

③《中国财政史辑要》，卷三十二，《坑冶下》。

④《中国财政史辑要》，卷三十二，《坑冶下》。

⑤《中国财政史辑要》，卷三十二，《坑冶下》。

⑥《中国财政史辑要》，卷三十二，《坑冶下》。

⑦《中国财政史辑要》，卷三十二，《坑冶下》。

⑧《中国财政史辑要》，卷三十二，《坑冶下》。

⑨《中国财政史辑要》，卷三十二，《坑冶下》。

⑩但俸银、禄米两者俱发者，只限于在京文武官员，外省官吏只发俸银。至于官吏的给予制度，给予额，给予名目等，可参照下列书籍：

萧一山，《清代通史》，上，页五百三十五——五百三十八；中，页三百八十四——三百九十四。松井义夫，《清代经费之研究》，(三)，(《满铁调查月报》第十五卷第一号刊)。

⑪田中萃一郎，《墨银考补遗》(《田中萃一郎史学论文集》页五三)。《中国财政史辑要》，卷二十二，《钱币四》。

⑫J.L&B,Hammonds,*The Rise of the Industrial Development 3*.ed 1927.P. P.18,21.

⑬田中萃一郎，《东邦近世史》(日文《岩波文库》版)，上卷，页三一、三二、三三。

萧一山,《清代通史》,上,页五百六十六—五百六十七、页五百六十九—五百七十。

成田节男,《华侨史》,页一百〇一、一百〇二、一百〇三。

矢野仁一,《近代支那的政治及文化》,页一百三十六。

⑭ 成田节男,《华侨史》,页一〇七——但运成化八年(一四七二年),有泉州、明州、广州三市舶司,同年,泉州市舶司移设福州,另设漳州市舶司,这种措置,不仅用在征税,而且具有许可出洋贸易的意义在内。

⑮《东西洋考》,卷五,《东洋列国考·吕宋》。

⑯《东西洋考》,卷三,《西洋列国考·旧港》。

⑰《东西洋考》,卷三,《西洋列国考·下港》。

⑱ 荷兰的东方进出史——由创设荷兰东印度公司(一六〇二年),建置巴达维亚(一六一九年),攻略澳门失败(一六二二年),占据台湾澎湖岛(一六二四年),获得日本德川幕府之特许贸易(一六三八年),获得清朝的特许贸易(一六五六年,顺治十三年)等诸事迹,可参考下列各书:

(1) H.B.Morse,*The Chronicles of the East India Company Trading to China*,1926,Vol.I.P.3.

(2)《粤海关志》,卷二十二,《贡船二·荷兰国》。

(3)《国朝柔远记》,卷一,《顺治十三年·荷兰表请修贡》。

(4) 萧一山,《清代通史》,上,页五百七十—七十二。

(5) 田中萃一郎,《东邦近世史》,上卷,页九十四—一百〇六。

英国的东方进出史——由创设英国东印度公司(第一期一五九七年,第二期一六〇〇年,系两者合并,号称 United East India Company),伊利沙白对明朝遣使的失败(一五九六年,万历二十四年),英人沃得尔来航至广州——与明朝开始贸易(一六三七年,崇祯十年),东印度公司船舶赴厦门失败(一六六四年,康熙三年),轮船 Banardistona 号由伦敦直航厦门(一六八一年,康熙二十年),组织的对清贸易开始划期(一七二九年,雍正七年)等诸事迹,可参考下列各书:

(1) H.B.Morse,*The Chronicles*,etc.Vol.I.P.P.14—30,45,47.

(2)《粤海关志》,卷二十三,《贡船三·英吉利》。

(3)《国朝柔远记》,卷四,《雍正七年·英吉利复来通市》。

(4) 萧一山,《清代通史》,上,页五百七十二—五百七十三。

（5）田中萃一郎,《东邦近世史》,上卷,页一百一十一——一百一十五。

⑲ 萧一山,《清代通史》,上,页五百七十一。

⑳ 据《粤海关志》,卷二十二,《贡舶二》;卷二十三,《贡舶三》;卷二十四,《市舶》等编。

㉑ 百濑弘,《关于清代西班牙圆的流通》,(一)。

㉒ 百濑弘,《关于清代西班牙圆的流通》,(一)。

㉓ Sir George Thomas Staunton,*Miscellaneous Notice Relating to China*, 1822,P.P.287,323.

㉔ H.B.Morse,*The Chronicles*,etc., Vol.IV,1929,P.P.384—385 ——由一八〇四年至一八二九年的美国对广州贸易表中包括贸易对象后贸易总额。

㉕ R.M.Martin,*China*,etc., Vol.I.P.176.

㉖ 百濑弘,《关于清代西班牙圆的流通》,(一)——该氏系据 Lotaurette 氏著作引用。

㉗ 矢野仁一,《近代支那的政治及文化》,页四百一十五。

㉘ R.M.Martin,*China*,etc.,Vol.I.P.176.

㉙ 百濑弘,《关于清代西班牙圆的流通》,(一)——该氏系引用魏源《圣武记》,卷十四《军储篇一》而立论。

㉚ H.B.Morse,*The Chronicles*,etc.,Vol.I.P.68.

㉛ W.C.Hunter,*The Fankwae*,etc.,P.36.

㉜ W.C.Hunter,ibid,P.36.

㉝ 田中萃一郎,《墨银考》(《田中萃一郎史学论文集》), 页四十八——五十。

㉞ 百濑弘,《关于清代西班牙圆的流通》,(下)。

㉟ H.B.Morse, *The Chronicles*,etc.,Vol.I.P.47.

㊱ 百濑弘,《关于清代西班牙圆的流通》,(二),(《社会经济史学》第六卷第三号载)。

㊲ 百濑弘,《关于清代西班牙圆的流通》,(二),(《社会经济史学》第六卷第三号载)。

㊳《清朝野史大观》,卷三,《清朝史料·查抄和珅家产清单》。

㊴ 百濑弘,《关于清代西班牙圆的流通》,(二)。

㊵ 百濑弘,《关于清代西班牙圆的流通》,(二)。

㊶ R.M.Martin,*China*,etc.,Vol.I.P.176.

㊷《中国财政史辑要》,卷二十二,《钱币四》。

㊸《中国财政史辑要》,卷二十二,《钱币四》——惟据萧一山《清代通史》,中,页四百七十七所载称,清政府直辖之鼓铸局、宝泉局及宝源局所铸制钱含有原料成分比例如下:

	铜	白铅	黑铅	银	锡	铁	砂
宝泉局	56.11%	36.50%	4.42%	0.04%	1.09%	1.16%	0.22%
宝源局	56.88%	39.40%	2.38%	0.03%	0.52%	0.66%	0.15%
乾隆时期	50.10%	39.88%	5.64%	0.04%	3.11%	0.98%	0.25%

㊹《中国财政史辑要》,卷二十二,《钱币四》。

㊺陶希圣、鞠清远,《唐代经济史》,页一百〇九——一百一十一。田中忠夫,《支那经济史研究》,页五十四、二百〇九、二百二十一——二百六十。

㊻玉井思博,《唐时代的社会史的考查》,(二),(《史学杂志》第三十四编第五号刊载)。

㊼《中国财政史辑要》,卷二十二,《钱币四》。

㊽《中国财政史辑要》,卷二十二,《钱币四》。

㊾《中国财政史辑要》,卷二十二,《钱币四》。

㊿清初的制钱铸造额,据萧一山《清代通史》,中,页四百七十八——四百七十九所载(单位:千串):

顺治朝	铸造额	康熙朝	铸造额	雍正朝	铸造额
元年	71,664	四年	295,880	元年	499
二年	443,752	十年	290,476	四年	675
四年	1,333,384	二十年	231,399	五年	723,528
八年	2,521,664	三十年	289,925	六年	746,304
十二年	2,413,879	五十六年	399,167	八年	757,865
十八年	291,585	六十年	437,326	九年	1,048,760

51嘉庆年间至道光十一年(一七九六年——一八三一年)户部所定各省制钱铸造额,据萧一山《清代通史》,中,页四百七十九——四百八十,如下(单位:串):

北京	899,856	直隶	60,666
江苏	111,804	浙江	129,600
陕西	87,360(附加 43,204)	四川	179,259(附加 14,868)
广东	34,560	江西	41,928
湖北	84,000	广西	24,000
云南	94,860(附加 84,924)	贵州	94,860
湖南	47,880	山西	17,472
伊犁	1,122		
总计	2,052,222		

(52) 关于鸦片累年输入额，可参考 H.B.Morse,*The Chronicles*,Vol.IV.P. 383.惟众说不一，如 Staunton,Serget,Eitel 等，即 H.B.Morse 本人，在其另一本书 *The International Relations of the Chinese Empire*，卷一，页一百七十四、二百〇九、二百一十上所列数字亦与 *The Chronicles*,etc.，一书中所列相异。

(53) J.B.Eames,*The English in china*,1906,P.248 注。

(54)《国朝柔远记》，卷八，《道光十八年·夏四月鸿胪寺卿黄爵滋禁食鸦片行保甲连坐法》。

(55)《林文忠公政书》，甲集，《江苏奏稿》，卷一，《会奏查议银昂钱贱除弊便民事宜折》。

(56)(57)《筹办夷务始末·道光朝》，卷之一。

(58) 加藤繁，《关于道光咸丰年间在中支那铸造洋式银货》(《东方学报》，东京第二册)——惟据加藤氏称，传闻在道光年间浙江曾铸造重量一两之银货。

(59) 加藤繁，《关于道光咸丰年间在中支那铸造洋式银货》(《东方学报》，东京第二册)——惟据加藤氏称，传闻在咸丰年间，香港曾铸造一两重银货。

(60) 加藤繁，《关于道光咸丰年间在中支那铸造洋式银货》(《东方学报》，东京第二册)——惟据加藤氏称，光绪八年(一八八二年)，吉林机器局曾铸造重量 1 两及 0.5 两之银货；十年，铸造 1 两、7 钱、0.5 两、3 钱、1 钱，5 种银货。

(61)《中国财政史辑要》，卷二十二，《钱币四》。

(62)《中国财政史辑要》，卷二十二，《钱币四》。

(63) 加藤繁，《关于道光咸丰年间在中支那铸造洋式银货》。

(64)《中国财政史辑要》,卷二十二,《钱币四》。

(65)《中国财政史辑要》,卷二十二,《钱币四》。

(66)《中国财政史辑要》,卷二十二,《钱币四》。

(67)《中国财政史辑要》,卷二十二,《钱币四》。

(68)《林文忠公政书》,丙集,《云贵奏稿》,卷九,《迤西移改协营添设泛兵折》。

(69) 吴铎,《川盐官运之始末》(《中国近代经济史研究集刊》第三卷第二期刊载)。

(70) 刘隽,《清代云南的盐务》(《中国近代经济史研究集刊》第二卷第一期刊载),另参照曾仰丰,《中国盐政史》。

(71) 刘隽,《道光朝两淮废引改票始末》(《中国近代经济史研究集刊》第一卷第二期刊载)。

(72)《天工开物》,卷上,《作咸第五·井盐》。

(73) 吴铎,《川盐官运之始末》。刘隽,《清代云南的盐务》。

(74) 刘隽,《清代云南的盐务》。

(75)《林文忠公政书》,丙集,《云贵奏稿》,卷九,《查勘矿场情形试引开采折》。

(76) 刘隽,《清代云南的盐务》。

(77) 刘隽,《清代云南的盐务》。

(78)《林文忠公政书》,乙集,《湖广奏稿》,卷三,《整顿鹾务折》。

(79) 刘隽,《清代云南的盐务》。吴铎,《川盐官运之始末》。

(80)《林文忠公政书》,乙集,《湖广奏稿》,卷三,《整顿鹾务折》。

(81)《林文忠公政书》,丙集,《云南奏稿》,卷二,《甄别盐提举州县各员折》。

(82) 刘隽,《道光朝废引改票始末》。

(83) 刘隽,《道光朝废引改票始末》。

(84) 刘隽,《道光朝废引改票始末》。

(85) 刘隽,《道光朝废引改票始末》。

(86) 详情可参照吴铎之《川盐官运之始末》一文,但未能举出具体数字。

(87)《粤海关志》,卷一,《皇朝训典》。

(88)《粤海关志》,卷一,《皇朝训典》。

(89)《粤海关志》,卷一,《皇朝训典》。

(90)《粤海关志》,卷一,《皇朝训典》。

(91)《粤海关志》,卷一,《皇朝训典》。

(92)《粤海关志》,卷一,《皇朝训典》。

(93)《中国财政史辑要》,卷二十六,《征商下》。

(94)《大清十朝圣训·圣祖仁皇帝圣训》,卷二十一。

(95)《清代轶闻》,卷九,《货殖记·大实业家叶澄衷小传》。

(96)《国朝柔远记》,卷三,《雍正五年·春三月开闽省海禁》。

(97) 成田节男,《华侨史》,页十三以下。

(98) Arthur H.Smith,*Village Life in China*,1889,P.318.

(99) 松井义夫,《清朝经费之研究》(一),(《满铁调查月报》第十四卷第十号刊载)。

(100) 松井义夫,《清朝经费之研究》(一),(《满铁调查月报》第十四卷第十号刊载)。

(101) 梁嘉彬,《广东十三行考》,页五十八。

(102) H.B.Morse,*The Chronicles*,etc.,Vol.I.P.P.90,100,101.

(103) Do,ibid,P.P.87,89,90.

(104) 萧一山,《清代通史》,上,页四百十。

(105) 萧一山,《清代通史》,上,页四百十。

(106) 萧一山,《清代通史》,上,页四百三十四。

(107) 敦崇,《北京年中行事记》。

(108) 关于迁海令,可参考下列诸书:(1)萧一山,《清代通史》,上,四百十六—四百十九。(2)成田节男,《华侨史》,第七章第二节。(3)田中克已,《清初之支那沿海》(《日本历史学研究》第六卷第一号刊载)——在田中氏研究中,所可注意之一点,系田中氏认为郑成功氏之反清复明运动的经济根据,系把握了海贼——商业资本家的要求,而撤废迁海令(解除海禁)。公许自由贸易的过程,系沿海商业资本的请求——清政府与商业资本家的妥协过程——此处姑存此一说。虽然事实的说来,彼时并未有公许的自由贸易,只不过对外贸易,置诸政府管理下而已。

(109)《中国财政史辑要》,卷三十五,《市舶·互市下》。

(110)《国朝柔远记》,卷三,《雍正五年·春三月开闽省海禁》。

⑪ 矢野仁一,《关于支那之开国》。

⑫《中国财政史辑要》,卷三十五,《市舶·互市下》。

⑬《国朝柔远记》,卷一,《顺治四年·秋八月佛朗机来广东互市》;卷一,《顺治十三年·荷兰表请修贡》;卷二,《康熙二年·夏六月荷兰入贡》;卷二,《康熙九年·意大利亚入贡》。《粤海关志》,卷二十二,《贡舶二》《荷兰国》《意达里亚国》。

⑭《国朝柔远记》,卷二,《康熙二十二年·夏六月开海禁》。

⑮ 梁嘉彬,《广东十三行考》,页五十九。

⑯《国朝柔远记》,卷二,《置定海榷关英吉利来互市》。

⑰《粤海关志》,卷二十三,《贡舶三·英吉利》。《国朝柔远记》,卷四,《雍正七年·英吉利复来通市》。

⑱《大清十朝圣训》,《圣祖仁皇帝圣训》,卷二十七。

⑲《国朝柔远记》,卷五,《乾隆二十年·英人来宁波互市》。

⑳ H.B.Morse,*The Chronicles*,etc., Vol.V.1929.Chap.XCⅦ.

㉑《国朝柔远记》,卷五,《乾隆二十二年·冬十一月禁英商来浙互市》。
H.B.Morse,*The Chronicles*,etc., Vol.I.P.297.

㉒《粤海关志》,卷二十九,《夷商四》。

㉓《粤海关志》,卷二十九,《夷商四》称:澳门同知王衷驳于嘉庆十五年(一八一〇年)八月,上奏船钞标准。据此,船钞初来与再来时相异,初来分三等级,再来分四等级。

初来,长阔相乘至 15 丈 4 尺以上作为头等,每尺钞银 6 两 2 钱 2 分 2 厘 2 毫 2 丝 2 忽。长阔相乘在 15 丈 4 尺以下,作为二等,每尺钞银 5 两 7 钱 1 分 4 厘 2 毫 8 丝 5 忽。长阔相乘 12 丈 2 尺以下作为三等,每尺钞银 4 两。并无四等船例。另澳例:新船规定收银 70 两。

再来,长阔相乘至 16 丈零作为头等,每尺 1 两 5 钱。长阔相乘至 14 丈作为二等,每尺 1 两 3 钱。长阔相乘至 10 丈零,每尺 1 两 1 钱。长阔相乘至 8 丈者作为四等,每尺 9 钱。

另据萧一山《清代通史》,中,页七百八十九称:前柁至后柁谓船长,中柁谓船阔,船钞以长阔相乘之一定单位为标准定之,分三等。一等船,一单位 7 两 7 钱 7 分 7 厘,二等船 7 两 1 钱 4 分 2 厘,三等船 5 两。纳税后,给予船钞(纳税证明书),许至黄埔碇泊。嘉庆十五年,船长 79.5Cahits 船阔 25.9Cahits

之一等船舶，正税 1,328 两 4 钱 6 分 3 厘，附加税及手续费 1,950 两，合计 3,278 两。

⑭ 据 H.B.Morse,*The Chronicles*,etc.,Vol.I.P.P.93,106,称：一六九八年之输入税率及输出税率。如下：

输入税率

广幅织物	10Cahits(141 吋)付	0.50 两
细幅织物	”	0.50 两
Perpetts	”	0.15 两
Cell	”	0.15 两
Camllett	”	1.00 两
铅	1 担付	0.30 两

输出税率

生丝	(120 — 160 两)	1 担付	1.800 两
绸布	(250 — 350 两)	1 担付	2.200 两
麝香	(13 两)	1 担付	0.200 两
药草	(150 两)	1 担付	0.100 两
大黄	(10 — 18 两)	1 担付	0.100 两
铜	(11 — 12 两)	1 担付	0.400 两
砂糖	(1.20 — 2.30 两)	”	0.100 两
茶	(25 — 50 两)	”	0.200 两
亚铅	(3.90 两)	”	0.300 两

备考：

（1）输入品非清朝必需品；输出品系诸外国之必需品，此点必须注意。

（2）本表所举系英船 Macclesfield 号来时之例。

⑫《国朝柔远记》,卷四,《雍正十年·秋七月禁来粤洋艘停泊黄埔》称：外船原碇泊虎门口外，康熙五十年（一七一一年）改碇泊黄埔，惟来船所发大炮声音惊惶居民，自雍正十一年（一七三三年）起，命碇泊原通行之澳门。

⑫《粤海关志》,卷二十五,《行商》;卷二十八,《夷商三》。梁嘉彬,《广东十三行考》,页六十一、七十二。

⑫ H.B.Morse,*The Chronicles*,etc.,Vol.I.P.P.106,189.

⑫ 梁嘉彬,《广东十三行考》,页八十七。

484

H.B.Morse,*The Chronicles*,etc.,Vol.I.P.249.

⑫ 梁嘉彬,《广东十三行考》页八十六——记有种种苛取外人之事迹。

(1)萧一山,《清代通史》,中,页七百八十九称:外船自澳门碇泊至进入黄埔,对官吏行贿 325 乃至 400 两,行水人及曳船费 150 两,翻译人一人 175 乃至 250 两(如系兼任庶务职,另行报酬),进入黄埔后,调度食物,雇用独占的杂货商人,需 50 乃至 260 两,关于进入虎门后,受海关丈量,先由海关监督发给十三行商照会,行商派翻译员及买办至船上,再以小船迎监督至船上,监督在船上休息时间内,由翻译员及买办办毕丈量。

(2)H.B.Morse,*The Chronicles*,etc.,Vol.I.P.181 称:一七二一年(康熙六十年),英船 Macclesfield 号再度来广时,通译费用 250 两,买办的费用 150 两,船钞 3,250 两。(但后减低为 2,962 两)

(3)梁嘉彬,《广东十三行考》,页一百〇七——一百〇八称:乾隆二十四年(一七五九年),新柱之奏请:丈量洋船收火足雇船银 32 两。官礼银 600 两。通事礼银 100 两。管事家人丈量开舱礼银 48 两,小包 4 两。库房规礼银 120 两,贴写 10 两,小包 4 两。稿房规礼银 112 两。掌按贴写 4 两,小包 2 两 8 钱。单房规礼钱 24 两,贴写 2 两,小包 1 两。船房丈量规礼银 24 两,小包 1 两。总巡管丈量楼梯银 6 钱,规银 1 两。东炮台口收银 5 两,小包 7 钱 2 分。虎门口收银 5 两,小包 1 两 3 钱 2 分。押船家人银 8 两,四班头役银 8 两 3 钱 2 分。库房照抄银每两收银 1 钱。算房照抄银每两收银 2 分。(以上进口时)——管事家人收验舱放关礼银 48 两,小包 4 两。库房收礼银 120 两,贴写 24 两,小包 4 两。稿房收礼银 112 两,贴写 24 两,小包 2 两。稿房收领牌银 1 两,小包 2 钱。承发房收礼银 24 两,贴写 8 两,小包 1 两。票房收礼银 24 两,贴写 6 两,小包 1 两。算房收礼银 1 两,小包 5 钱。柬房收礼银 16 两,贴写 1 两 5 钱,小包 7 钱 2 分。签押官收礼银 4 两,小包 2 钱。押船家人收银 8 两。总巡管水手收银 1 两。虎门口收银 5 两,小包 1 两 3 钱 2 分。东炮台口收银 2 两 8 钱 8 分,小包 7 钱 2 分。西炮台口收银 2 两 8 钱 8 分,小包 7 钱 2 分。黄埔口收银 5 两,小包 7 钱 2 分。

⑬ 梁嘉彬,《广东十三行考》,页六十六、八十六。

⑬ 梁嘉彬,《广东十三行考》,页八十六。

⑬《国朝柔远记》,卷七,《嘉庆十五年·英商请减行用银不许》。

⑬ H.B.Morse,*The Chronicles*,etc.,Vol.I.P.106.

⑬㉔ Milburn,*Oriental Commerce*,Vol.Ⅱ.P.475.

萧一山,《清代通史》,中,页七百八十九。

⑬㉟《大清十朝圣训·圣祖仁皇帝圣训》,卷五十八。

⑬㊱《国朝柔远记》,卷六,《乾隆五十八年·秋八月英吉利来朝贡》。

《粤海关志》,卷二十三,《贡船三·英吉利》。

⑬㊲《粤海关志》,卷二十三,《贡船三·英吉利》。

⑬㊳《恰克图条约》,即在雍正五年(一七二七年)缔结,至乾隆二十九年(一七六四年),由于俄人非法收税(原约两国皆不收税),一时停约,迄乾隆三十三年(一七六八年)定《恰克图条约追加条款》,改定国境,开放贸易。后再行停约,乾隆三十七年(一七七二年)再开;乾隆四十四年(一七七九年)再停,系由于俄人隐匿清朝逃犯。后再开,乾隆五十年(一七八五年),由于国境寇掠纠纷,再度停约,至乾隆五十七年复开。其五个条款之第一款原文为"恰克图互市,初与中国无益,大皇帝普爱众生,不忍尔国小民窘困,又因尔萨那特衙门之吁请,以是允行,若复失和,罔再希冀开市"。虽然言语之间充满一种自信之气,而其第五款,实于俄国以领事裁判权之利益,此当为中国领事裁判权之嚆矢。事非出于俄人之强请,而系出于清朝之自由意志,真可谓咄咄怪事。至葡萄牙人租借澳门,亦属同类性质,足见清廷之糊涂无知,缺乏领土观念。故《恰克图条约》在清代之外交史上实为最可注目之条约。——可参考下列诸书:

(1) 萧一山,《清代通史》,中,页四百七十四以下。

(2)《清代轶闻》,卷四,《外交小史·恰克图条约之怪诞》。

⑬㊴《粤海关志》,卷二十九,《夷商四》。

《国朝柔远记》,卷七,《嘉庆十九年·冬十二月申定互市章程》。

⑭㊿《国朝柔远记》,卷七,《嘉庆十五年·英商请减行用银不许》。

⑭㊵《粤海关志》,卷二十三,《贡舶三·英吉利》。

⑭㊶ 梁嘉彬,《广东十三行考》,页八十四、八十七。

⑭㊷ 梁嘉彬,《广东十三行考》,页八十七。

⑭㊸《国朝柔远记》,卷五,《乾隆三十二年·冬十一月禁英商来浙互市》。

⑭㊹《粤海关志》,卷二十四,《市舶·嗒呕国》。

⑭㊺《国朝柔远记》,卷三,《雍正元年·安置西洋人于澳门》。

⑭㊻《国朝柔远记》,卷三,《雍正二年·冬十月安置西洋人于广州》。

⑭《国朝柔远记》,卷三,《雍正三年·秋九月禁民入番船》。

⑭《国朝柔远记》,卷三,《雍正二年·夏六月定来粤洋商船额数》。

⑮《国朝柔远记》,卷三,《雍正二年·冬十月安置西洋人于广州》。

⑮《粤海关志》,卷二十八,《夷商三·部覆两广总督李侍尧议》(乾隆二十四年)。

⑮《粤海关志》,卷二十六,《夷商一》;卷二十八《夷商三》。

摩斯,《中国基尔特论》(日译本生活社版),页一百〇一——一百〇四。

H.B.Morse,*The Chronicles*,etc.,V.P.P.17—18.

W.C.Hunter,*The Fankwae*,etc.,P.P.17—18.

⑮梁嘉彬,《广东十三行考》,页三百五十七——据梁称系引用唐义净作《求法高僧传》卷上。

⑮《林文忠公政书》,乙集,《两广奏稿》,卷一,《覆奏曾望颜条陈封关禁海事宜折》。

第二编　清代社会构成

第一章　清代商人之范畴

第一节　清代商人之类型及其致富与伦理

具有军事国家一般性格的清代社会，同时，商人势力亦极度膨胀为社会上之一巨大机构力量。商人势力的二大丛源，一即两淮之盐商，一即广东之十三行。后来之所谓买办，直至鸦片战争，尚未形成确实的基础。买办之勃然兴起，系在鸦片战争以后，由于《南京条约》第五条之规定，十三行丧失了管理贸易的特权，由茶商变质而成。①更确切地说来，由于第二次鸦片战争（一八五六年——一八六〇年），十三行的洋行 Hong 尽行烧尽，化归乌有②（一八五六年），代之而起的，方为买办之出现。然而实在说来，连广东十三行的前身，亦多系盐商③，由此可知盐商实为明清两代之资本的胚子。这三种商人——广东十三行，两淮盐商和买办，就商人的一般范畴而论，尚有明确的、时代的、典型上的相异处，则必须明白地认识。大致说来，广东十三行商人，开始即具有商人—官吏的性格；两淮盐商，性格中则具有商人—地主的性格；而买办，在性格中则具有商人—产业家的性格。要之，仅这三种商人的表现于清代的经济社会，就不难了解

488

由巨变中的清代经济社会的内容，而这种纷乱的内容，就是军事国家的清代政治所产生的后果。不过，在有清一代中，资本力最雄厚，最富于理想型的商人，当推广东十三行商人。因之，对广东十三行的分析工作，即可将清代商人身份的范畴予以类型的把握，故以广东十三行为主题来研讨。

第一，清代商人的富力的积蓄如何巨大，其所表现的生活态度如何极端奢侈，必须先予以证明，再展开问题。兹引《清朝野史大观》中的描写，以见一斑：

潘仕成（十三行商同孚行潘启官）盛时，姬妾数十人。造一大楼处之，人各一室，其窗壁悉用玻璃，彼此通明，不得容奸，又不使下楼，有所需则婢媪致之。潘另住一处，夜间欲召何人侍寝，则呼其行第，使人召之。（见该书卷六《澳东潘氏》）

其花园名海山仙馆，颇具丘壑……仕成……奢汰愈甚。后缺国课不能缴，家被籍没，园亦入官，此同治季年之事也。园价昂，一时无人能购，乃用开彩法售之，共三万条，每条银钱三枚，数日即满额，逮开彩时，为香山一蒙师所得，此人本寒士，骤得巨产，以故恣意嫖赌。全园不能即售，则零碎折售，先售陈设之古玩具物，次售假山石，次拆门窗售之，次锯树售之。（见该书卷七《海山仙馆》）

同孚行潘仕成为有名的广东十三行商人，他的"海山仙馆"的邸宅，不仅是表现了他个人的财产的基础，而且是广东十三行的一般的财产基础的集中地表现。进言之，十三行商人的一般富力蓄储，亦并未完全集中的表现于此一人之身，潘仕成以外的其他行商，亦或多或少地建筑了这样奢侈的生活基础。举例言之，十三行商的另一人伍沛官，在他死前的九年，一八三四年，拥有资产 2,600 万圆（600 万磅），称为世界最大豪富。[④]威廉姆斯在其《中国》（S.Wells Williams, *The Middle Kingdom*, 1889）一书中亦曾举一例以说明十三行商的财富及豪华。"在行商的独占时代，广州主要商人之中，在其行馆中皆附属有工程浩大，各式具备的花园。其中有变化万千的全部玻璃造成的亭榭。此种可惊之建筑物，不闭外户，亦无从侵入。"这样的奢侈浪费，不过仅属于住居问题；其饮食，亦极尽奢侈豪华之能事，宴客的筵席上，据另一英国人说，有价值 4,000 墨洋的自爪哇特运来的鸟卵。⑤这使我们想起拥资 9,000 万圆，以在莺舌与真珠的醋渍摆上食桌大嚼的尼罗皇帝解放的奴隶 Narciesus。这样追求快乐的前期社会的都市贵族，和前期资本主义社会的企业家的资本集积冲动大相径庭。

然而，广东十三行商人的透彻的享乐的消费的生活态度，其意义如何？确是具有重大意义的问题，需要一谈。若依伟卜在《新教主义的论理与资本主义的精神》一书中所称的近代新教的职业伦理——通过节制（禁欲），为了"神的光荣"（In Majorem Glorian Dei）而奉仕，换言之，与这个资本主义的辩护家所称的，"以追求合法的利润为天职的近代资本主义的精神态度"（见伟卜书，梶山力日译本，页五〇）相较，广东十三行商显然缺乏了这样的伦理的精神态度，亦即近代资本主义的精神。此事依伟卜说来，广东十三行商系生于"商人的冒险心与无关心于个人的道德之气质"，再依《近世资本主义的起源》作者波里达诺的话说来，系生长于"黄金的渴望"（Auri Sacra Fames）（见日本田中善治郎译本页，一百七十一），这就是广东十三行的精神根据。要追溯这种新教主义以前的精神态度所由生的根据，则不能不归咎于始终桎梏于传统精神的框子内的财主（Verleger）范畴，此种解释亦系伟卜理论的当然归结。总之，通过广东十三行发生及消灭的历史，彻头彻尾地固守着 Verleger 范畴。

以上列举之事实及分析，不仅适用于广东十三行商人，盛极一时的盐商，亦脱离不了这个真实。兹引雍正元年上谕一则，借见一斑：

而奢靡之习莫甚于商人。朕闻：每省盐商，内实空虚，而外事奢侈。衣物屋宇，穷极华靡；饮食器具，备求工巧。俳优妓乐，恒舞甜歌；宴会嬉游，殆无虚日。视金银珠宝为泥沙，甚至悍仆豪奴之服食起居，同于仕宦。越礼犯分，罔知自检；骄奢淫逸，相习成风。各处盐商皆然，而淮扬为尤甚。⑥

商人资本的巨大的积蓄，作为原则论、抽象论，虽已屡屡言及，即事实上，由上所举例中亦自被证实不谬。而且，这种财富基础，在有清一代间，由于所谓强制"捐输"，为补救政府之军事费的财政手段，亦屡被动员捐用。惟这种财富基础的构筑方法及过程，自极需要研究，兹以广东十三行为例，实证之。

490

第二节　广东十三行

（一）本质的做官志向

广东十三行的滥觞当求之于何处，自可因观点而异。然在机能的方面，当求之于隋朝的交市监，唐朝的市舶使，宋元两朝的市舶司；制度的方面，当以明朝的官设牙行为其最直接的起源。具体说来，明代的外国贸易系以官设之牙行为媒介而经营，官牙则系市舶提举之代行机关而掌握征税事务。彼时，以广东之牙行最为隆盛。至而福州、泉州、徽州等地商人亦争聚广州，万历年间（一五七三年——一六一九年）以后，被称颂为所谓"广东三十六行"之繁盛。[7]该时的广东三十六行，其意即为有三十六个官设牙行存在，而广东十三行之称谓，即系沿此而来。缘明初时，外国船舶之来航者，恒在十三四个国家，屈大均之《广东新语》中称："正德四年，来贸易……凡十二国，皆尝来往广东者。"（见该书卷十五，《货语·诸番贡物》）又称："诸番之直至广东者，曰婆利，曰古麻利，曰狼牙利，曰占城，曰真腊，曰爪哇，曰暹逻，曰满刺加，曰大泥，曰蒲甘，曰投和，曰加罗希，曰层檀，曰赤土。"（同前注）自可明了。且当时系一牙行负责一外国船事宜，此种制度，迄康熙五十九年（一七二〇年）废止时尚历行不绝。[8]据此，十三四个国家的外国船舶当然有十三四个官牙，而称广东官设牙行为十三行，可谓由于一般的通用。[9]然而进一步考察，《广东新语》中所称十二个国家，或十四个国家，和十三个来船数又不相符，不过这种合理精神的阙如，在复式簿记以前的社会，数量的观念极为薄弱[10]，加以这个喜欢玩文字魔术的国家，由于求文字之美而埋没了事实的特征，正确的计量自然极难。在此种场合下的广东十三行名称，追溯说来，所谓"行"者，实含有基尔特（Guild）意味，最初在隋朝（五八九年—六一六年）的记录上出现[11]，至宋朝（九六〇年——一二七九年），册籍中有所谓一百廿行、三百六十行等的名称，单以此种记载而论，行的实在内容当无从解释，仅仅可作为近似值，或作多数代名词来用，这样的勉强解释。尤其是卅六这个数字，若以中国文学上习用的老调如三十六宫、三十六著、三十六坡等来习用[12]，则其相乘积的因子四和九的合数十三，当亦系文字魔术中只顾其习惯美而埋没事实的应用，复式簿记以前的习惯魅力的表现。不过，广东十三行的名称，和明初的外国船舶数，即交涉对象的官设牙行数，表现了近似的符合。这种解释当较妥善。因之，清朝康熙二十四年（一六八五年）设置粤海关时，将管理国家贸易的代行机关的官商命名为十三行，全系模仿明代。证之《粤海关志》卷二十五，《行商》一节所云"国朝设关之初，番舶入市者，仅二十余柁，至则劳之牛酒，令牙行主之。沿明之习，命曰十三行"，则万历年间业已有三十六个数目之官设牙行，尚沿明初通称为十三行，故清初，数目不足之场合，或后来超越为二十家的场合，均以十三行呼之，原因就在于习惯性，不难明了。

清代十三行，通称洋行（洋货行之意），十三行商人通称洋商，而此种通称，建筑物曰（官设）牙行，或官行⑬，人曰（官设）牙商，或官商。此处之洋行，洋商名辞的源泉，有官行、官商之称谓，正足以说明广东十三行的社会的性格。因十三行商人（洋商）于取得行商资格时，有时要交纳功果钱 3.4 万两，有时 20 万两，方可自户部取得部账。⑭这功果钱就是特许权利金，这就是他们以特许商而存在的所以然，而开始发生了他们的国家贸易的管理代行权。并且，这种管理贸易代行权的发动，一方面出现了关税（船钞、货税）的征收，一方面出现了贸易独占。至于行商由于交纳功果钱而取得管理贸易代行权的纹章，就是官位。结果，由于收买官位，行商始得开始为行商。

这种献金买官制度，本是中国传统的社会习惯，在商人势力膨胀的汉代⑮，曾有发布禁令的事实看来⑯，渊源自极久远。此种古习，非特商人社会如此，在前期的产业社会亦曾出现。唐宋交替之际，五代后周之显德帝时代（九五四年—九五九年），《清异录》曾有如此记录：

皇建僧舍之旁，有糕作坊……其盛不可言，入资为员外官，盖显德中之事也。……初因尚袭旧业（即以官吏身份仍兼行经营糕作坊）……都人呼之为花糕员外。⑰

这种古典时期的倾向，在元明两朝（一二七九年——一六四四年），尚为盛极的一般社会现象，财富与官位的结合，所谓"官商合一"，宁为必然。因之，广东十三行商人，最初以献金取得官位，并赢得了对外贸易权，这亦不过普通的社会现象之一而已。故他们的身份呼之为官商（The

Mandarins Merchant），他们的营业所呼之为官行（Kwang Hong），如
Suqua、Hangua，即系如此。故，Qua 乃公民权及尊敬之名辞，据英人看来
类乎 Mister 或 Sir 之意义。⑱实际上，Qua 就是"官"的南方讹音。⑲然而，
商名同时以官称而出现，换言之，得以官称而不以行商称，此点正足以说
明广东十三行的本质的性格，即是作为商人以官吏而出现的必然性。为更
加具体地阐述这一问题，换言之，通过广东十三行商人的兴亡盛衰历史，
如何以商人而实现官吏身份，兹构成下列一表。

广东十三行商一览表

行号	姓名	商名
资元行	黎光华	Khoigna（Coiqua，Khigua）
同文行	潘振承	Pnankhequa Ⅰ（潘启官）
	致祥	Puankhequa Ⅱ（潘启官）
同孚行（改号）	仕成	Puankhequa Ⅲ（Pontingqua）（潘启官）
义丰行	蔡昭复	Seunqua
泰和行	颜时瑛	Yugshaw
裕源行	张天球	Kewshaw
丰进行	倪文宏	Wayqua
逢源行（改万和行）	蔡世文	Munqua（文官）
广顺行	陈	Cowqua
源泉行	陈	Chowqua
而益行	石中和	Gonqua（Shy Kinqua）
	伍国莹	Honqua Ⅰ（浩官）
怡和行	敦元	Honqua Ⅱ（Puiqua）（沛官）
	受昌	Honqua Ⅲ（浩官）
	崇曜	Honqua Ⅳ（浩官）
源顺行		Geowqua
——	吴昭平	Eequa
广利行	卢观恒	Mowqua Ⅰ（茂官）
	文锦	Mowqua Ⅱ（茂官）
义成行	叶上林	Yanqua（仁官）
东生行	刘德章	Chunqua（章官）

(续表)

行号	姓名	商名
达成行	倪秉发	Ponqua
丽泉行	潘长耀	Conseequa
会隆行	郑崇谦	Gnewqua
西成行	黎光远	Pakqua(Exchin)
福隆行	关成发	Manhop(与邓兆祥 Mqua 合办)
万成行	沐士方	Lyqua
天宝行	梁经国	Kingua(经官)
东裕行(改东兴行)	谢嘉梧	Goqua
万源行	李协发	Fatqua(发官)
茂生行	林应奎	Lingqua
兴泰行	严启昌	Sunshing
中和行	潘文涛	Mingqua(明官)
顺泰行	马佐良	Saoqua
仁和行	潘文海	Pwanhoyqua
孚泰行	易元昌	Kwangqua
同顺行	吴天垣	Samqua
福顺行	王大同	
东昌行	罗福泰	Jamqua
安昌行	容有光	Takqua
隆记行	张殿铨	Tingqua

备考:

1. 据梁嘉彬《广东十三行考》第三章《广东十三行名人名及行商事迹考》作成。

2. 表中所列, 大部皆系康熙五十九年 (一七二〇年) 以后情形。至于康熙五十九年具有如何意味, 后文自明。

3. 表中以同文行 (同孚行) 及怡和行资格最老, 且最有名。同孚行的潘仕成, 前文曾述及, 再在本书之《第三编》中, 亦将述及, 故须注意。至其他行商, 大多起灭于一代中。

各行创设及倒闭年月, 因与此间无直接关系, 故一概省略。详情可参考梁嘉彬之著作, 及 H.B.Morse, *The Chronicles*, etc., 5Vols.

4. 商名中几全部称 qua，中有 Yngshaw，Kewshaw 等之 shaw，即 "秀"，有科举合格的秀才意义，系南方讹音。要之，此亦一种明了的官位的表示。

5. 表中所列行商中，至第二次鸦片战争时尚存继者之子孙，后多转入纯粹的官吏群中。

伍氏子孙——秉埔（湖南岳阳澧道）。

元芳、元崧、崇曜、云藻（举人）

潘氏子孙——正炜（举人）、正常、宝璜（翰林）、宝珩（举人）

马氏子孙——仪清（翰林）

易氏子孙——□澜（江苏苏松太道）、学清（进士）

吴氏子孙——□□（浙江道员）

谢氏子孙——鸿恩（廪生）

梁氏子孙——同新（翰林，顺天府府尹）、肇煌（翰林，顺天府府尹、江宁布政使、护理两江总督）、肇晋、肇修、庆奎、庆榆（举人）、庆桂（举人，内阁侍读）、庆锵（举人）、广照（法部举叙司员外郎）、广谦（武举人）——（梁嘉彬，《广东十三行考》，页四百一十四）。

像以上所述的本质的出发于 "坐官志向" 的十三行商人，若背后无特殊的背境势力相结附，自无实现可能。事实说来，此种背后势力，不问系属于文官或武官，与行商互相结合，在十七世纪末，具体说来，康熙三十八年（一六九九年），英船 Macclesfield 号来航广州时，至少有四种背后势力，与行商取得特殊关系。[20]

（1）王商（The Kings Merchant）（如平南王尚可喜之私商 Hunshunquin）；（2）总督商人（The Viceroy's Merchant）（由两广总督任命颇具势力的如 Shimea）；（3）将军商人（The Tatar Jeneral's Merchant）（任命者为将军）；（4）抚院商人（The Fuyen's Merchant）（任命者为广东巡抚）。英船 Macclesfield 除与此四大官商贸易外，不得与任何人贸易。然而，接着出现了新的对抗势力，那就是康熙四十一年（一七〇二年），由盐商而转入广州厦门参与独占贸易的皇商（The Emperor's Merchant）。当时广州官商之中最有势力的为 Lcanpua，由于此君的猛烈的阴谋、策划和活动，在二年以后，皇商不得不败退。[20]一方面在厦门，康熙四十三年（一七〇四年）有名为 Kimco、Thahang、Chanqua 之三个贸易商人，其中以常充外国贸易的通译的 Chanqua，在厦门代表皇商的地位。这个新皇商 Chanqua，与取得其地位的同时，为确保其既得权益，以厦门商人为一团体，开始运动创设基尔特。九月十五日，以拥有八人乃至十人的成员所创设之基尔特，得到海关监督及提举的允许。目的在掌握对外贸易的管理权，这可说是广东公行（CoHong），即十三行基尔特的先鞭。㉒追踪此种先迹，康熙五十九年（一七二〇年）八月二十二日，由于广东贸易界巨头 Lingua 之死，后数个月，即同年十月二十六日（阳历十二月二十五日），成立了广东公行。㉓原来本质上出发于"坐官"的行商，由于与官的分裂及对抗，更有不统一且不安定的特殊势力的干涉的苦恼，再加以强大的皇商的出现，十三行商人痛感有成立自主的统制机关的必要，以此为机缘，而结成了基尔特。所以基尔特的发生，可以说是系根据于行商自体中的性质，要言之，系生于行商自主的自己防卫之要求。自此以后，广东十三行商人的管理贸易代行权，通过基尔特而益加强韧。由此观之，康熙五十九年，可以说是广东十三行发展的一个划时代。

（二）公行之基尔特统制（清代基尔特之一方向）

公行行规，全文由十三条组成。㉔兹鉴于问题的重要性，摘录全文如下：

第一条　无论本国人及外国人俱属于同一家属成员，其一切所有物，应为皇帝所有。

第二条　不得以私害公，以期万人协调。

第三条　无论外国人或本国人应立于对等之条件上，若外国人高价卖出低价买入而成功，则本国人被损失结果，无异挂羊头而卖狗肉。故基尔特之成员，必须与外国人协定协商价格，有恣意行事者时，必予处罚。

第四条　如有自内地他处来与外国人贸易之商人时，基尔特成员应协助之，且须决定不使卖主失去公正利润之价格。若恣意定价，或秘密购入，必予处罚。

第五条　价格协定完成，品质判别终了之场合，如交付外国人恶劣货品，必予处罚。

第六条　为防遏私行交易，货物运往外国船时，必须登记，一切违法行为或不法行为，必予处罚。

第七条　扇、漆器、刺绣、绘画等零星小手工业制品，店主得任意贩

496

卖之。

第八条　瓷器为专门知识，任何人不得自由交易，但交易有成者，不问其利益及损失，须付基尔特30%。

第九条　绿茶之纯量数目，必须正确报告，否则，必予处罚。

第十条　自外国船搬运货物，且已与该船立定搬运契约时，外国船须缴付款项。然后，为完成其投资，须予以充分的管理。如有违者，必予处罚。

第十一条　若外国船选定一商人为交易对手时，该商人当得该船之贸易额半数，其他半数须分配于基尔特成员。如独占一船全部之贸易，必予处罚。

第十二条　基尔特成员间，凡责任重大且经费巨大者，对于外国贸易应有一股，其他成员，分半股，或四分之一股。

第十三条　一股所有第一级者有五行，第二级者五行，第三级者六行。新加入基尔特者，须纳付经费1,000两，并应属于第三级。

上引十三条公行行规，规定了基尔特统制的方向，包含了甚多的重要问题。第一，在第二条中，先阐明了团体优先性为公行存立的基本观念；第三、第四两条规定了价格统制；第六、第九两条规定了贩卖统制；第十一条中，规定了销路协定——利益均分的办法。尤其特色的是这第十一条，将从来的一行商独占一船舶，数行商集中一船舶，或一行商独占数船舶这样不定不平状态，初次地统一改变过来。以上诸条件，就是基尔特统制的中心和基干的机能所在。

第五条中，宣誓"正直系最良政策"的近代的先期的资本主义社会的商人道德，努力于维持和确保对外信用。这种新式商人道德的建立，公行所做的功绩，应予以注意，兹列举两事，可作一证据。在一七〇四年十一月，公行成立以前，赴黄埔的英船 Stretham 号船长 Lockeyer 谨推赞广州三个行商为"好人"，"Leanqua 系一极正直之男子，Anqua 和 Puiqua 亦不失为中国人中之正直人"⑤。换言之，该英商认为广州一地，仅 Leanqua 为一"完全"之"好人"，其他二行商——Anqua、Pniqua，只算"部分"的"好人"，反言之，这三个人以外的广州商人，必为不正直之"坏人"，但是在一八二五年——一八四四年间来往于广州的美人 Hunter，则极口称誉十三行商人，"作为团体的行商，交易时信实可敬，忠实于契约，度量亦宏达"㉖。这两个相距一百年的关于广州行商的记录，其间在事实上所差之距离，就是十三行基尔特在中国商业史上的贡献之一——由于新式商人伦理的建造，因而增大了对外信用。

第十二条，系关于基尔特的统制规定的成员权限。成员的权利以股份为表象，所谓合股办法。股分三等，有力者的最大股系一股，其下为半股，四分之一股，遂次减低办法，而所谓股份实系人格权的表象，与近代的股票不同，此点极堪注目。因为中国的经济社会，在未能发达前（生产方式），不易脱离这种老式的股份观念。迄清末，制定《钦定大清商法公司法》一百三十一款时，其中的股票观念，依然充满古老的股份观念。其第一百款有云，"总会之际，有一股票者，有一个议决权，但公司预定规则，定为一人得有十股以上之议决权数"㉗。因之，十股以上之所有者，其超过份之一股，不得行使一股之所有权，所有权之绝对性，埋没于股份观念的古典性中，而不能贯彻。清末之国家银行大清银行之运营，亦反映了这种古老的股份观念。其股票权利之行使，有如下之限制。

一至十股	每股有一投票权
十一至一百股	超过基本数十股以外之股份，每十股有一投票权
一百零一股以上	超过一百股以外之股份，每二十股有一投票权

即是：十股所有权者，得行使十个投票权，十一至二十股所有权者，得行使十一个投票权，一百八十至二百股所有权者，得行使二十四个投票权，如此规定。㉘而民国二年（一九一三年）四月《中国银行则例三十条》公布时，其二十三条亦如此规定"股东总会会员之投票权，十股，每股一票，但百股以上，每五十股递增一票"㉙。这样，作为近代的所有权的集中的表现的股票，其观念之未臻发达，实反映了其基本的经济社会之未发达，因之，近代的企业精神当亦无从表现，而古老的股份观念之残留，取支配态度，原因就在这里。广东公行行规系康熙五十九年的股份观念，迄嗣后二百年时，由于中国经济之停滞性，仍然取有支配力，当不足为怪。

第十三条系关于成员之加入资格。新加入者，须缴纳1,000两功果钱，开初只能充当第三级股（四分之一股级）。由此点推测，可见新加入者，当属不少。且此时之行商数共十六家，与清初仅仅为数家之情况相较，不

498

难推知十三行之发展情形。

第七、八两条，规定了公行统制以外的商品。所谓统制以外的商品，系为了与闲散商人的交易商品划一界限。因之，从本条规定中可以察知贸易品中，十三行统制商品和散商贸易商品间之对抗状态之存在。在本条中，统制以外的商品，系止于手工业制品如扇、漆器、刺绣、绘画及需要特别鉴定知识之瓷器二大类，但在后来，统制以外的商品，范围愈形扩大。据道光八年（一八二八年）六月之改正规定，可知公行的统制对象为如何。[30]

行商输出统制品：明矾、绸缎、肉桂、樟脑、菝葜根、吧嘛油、生姜、雄黄、真珠贝、生丝、大黄、茴香实、砂糖（该时，砂糖系输出品）、茶、白铜、朱。

行商输入统制品：琥珀、阿魏、蜜蜂、槟榔子、海参、燕窝、樟脑、冰片、丁香、洋红、棉花 Cutch、药品、黑檀、象牙、鱼肚、燧石、人参、玻璃器、黄蔻花、金属类、没药、肉豆蔻、乳香、真珠贝、胡椒、金青、木香、水银、藤、沙谷米、白檀、苏方、鱼翅、皮、花金青、毛织。

上述的统制范围，绝对不可犯越，虽然散商屡加侵犯，然在原则上，据上开统制规约而论，可见输出大宗品如茶、丝等，输入大宗品如棉花、金属、毛织物等皆为公行指定统制的对象。虽然，在同时，如前述的手工业品、瓷器、绵布等输出品，作为统制以外的商品，由散商交易。不过，对于许可散商营业的范围，公行又利用背后的官宪势力，多方掣肘，或禁与外国人直接贸易，或对瓷器输出以贩卖价格之20%，茶输出以贩卖价格40%强要缴纳公行。[31]像这样的由十三行包办对外贸易，行商大发"洋财"，自属必然现象。至于一般散商，对于十三行的霸揽状态，并非常站在驯服的地位，听任摆布。事实上，散商对于基尔特的斗争，极为果敢。如一七二一年七月二十二日，英船 Macclesfield 号访问黄埔时，有散商名 Cumshaw 及 Cudgin 两人，趋访船长，言明茶由公行设定独占价格情形，并教唆英商，如能使公行制度破坏，则茶价自可降低，可向总督诉愿，发动破坏运动。英船长对公行之存在正感不满，同月二十六日，严行拒绝海关派员丈量船身，且从两散商之议，请愿排斥公行。总督因恐关税收入减少，于七月三十日，招致公行代表，怂恿与散商取得妥协办法，公行无奈，准予两散商附带条件参加贸易。[32]因之，公行独占机能一时中绝，公行组织亦告瓦解。这是对基尔特斗争的极为有效而且稀少的一个例子。后来，公行再行复活，自乾隆二十五年（一七六〇年）起，机能强化与正式制度的公行，地位再见昂扬。且自乾隆初年以迄十九世纪初叶，确立了散商交易品不经行商之手，不得出船的完备体制。

然而，散商的经济机能，在这种"完备的体制"中亦愈见扩大，其交易额亦渐次达到巨额。先前，散商的供给品多限于外国人个人使用（Private use）之必需品为原则，后来供应品的范围渐次扩大，直至绸、床被、南京木绵、绵布、草衣（Grass-Cloth）、衣类、伞、草帽、扇、鞋等物。㉝

此外，十三行商人与散商的机能，有本质的而且决定的一点区别。行商系以纯粹的捐客（Zwischenhandel）姿态而出现，反之，散商则兼备生产者的机能，如绸、南京木绵等，散商即该商品的生产者。职是之故，散商的积蓄财富能力自无从与行商匹敌。㉞以此点而论，散商异于代表的广东商人型类，毋宁与后来的买办较为近似。这样的散商，在十九世纪初期可以举出 Washing、Gamwa、Linshong、Wo-Yan、Yeeshing、Keet-Chong 等人为代表。虽然，据传说，像 Keet-Chong 家族，亘八百年间，为 French Island 地方最大的地主兼富豪。㉟

十三行商人，即本质的以商人—官吏的性格出现，而且始终的以捐客姿态活跃，因之，彼等为维持地位，增强势力，舍强化公行外，无他途可寻。最终，他们走了这条唯一的路线。康熙五十九年创设公行，翌年一时的停止机能。但在雍正六年（一七二八年），创设了"总商"制度，较之以统制价格与独占对外贸易更向前一步，而以强化机能为第一要务的姿态出现。所谓总商，据浙江总督李卫奏请所称："于各商中选身家最殷实者数人，立为商总，凡由内地往贩之船，责令伊等保结，方许给官牌县照，置货验放，各船之人货，即着商总不时稽查，如有夹带违禁货物及到彼通同作奸者，令商总首报，于出入口岸处所密拿，倘商总徇隐，一体连坐，事有责成，庶几可杜前弊。"㊱这种总商制，系由浙江总督李卫的意志，并行商的推动而成立，要之，于行商中选出财力信用皆为殷实者数人，以连带责任制，负责检阅及监督外国船只及外国人。全系官方统制的一种表现。在某种程度上，以行商看来，代行更广泛的官之机能，仅此一项，即足以扩大并强化其本身机能；以官看来，不过利用行商之组织而已。原来

500

出发于商人自由意志之基尔特，次第染上了浓厚的官僚色彩，这种转化过程，极为明显。而且，自此以后，公行益加利用官宪势力，以为已助。所以，关于中国基尔特性质的论争，说是民主的，可谓一种抽象论，从它本身看来，百分之百的官僚势力无疑。至于这种自发自主的基尔特，其官化的转化过程，并其何故非转化不可的根据，只可向具体的历史现实去寻究，方有着落。简言之，这是受中国特有的历史现实所规定。就事实说来，十三行商人原出发于"坐官"的志向，其转化于官僚，无他，亦不过十三行商人本质地据有商人—官吏身份而已。不仅十三行如此，举凡中国一般的基尔特，由于内在的，外因的政治的无力之特质，不仅不能作为对抗官权的机能，而且不能不更进一步地完全溶解于官权之中，构成官权之一。这就是中国基尔特的特质，演化到作者写作本书时的廿世纪五十年代，这种特质抑且变本加厉，不堪闻问，这真是值得哭泣的事。

这种总商制度，在盐制中亦以同一姿态出现。要之，这种制度，系一种连带保证责任制，具有清代保甲制度的性格，亦即保甲制度的雏形，出现于前期社会中，为官僚统制的一个方向和据点。这种责任制度，在清朝社会的无论哪一面都可见到。兹抽出若干事例，以资证实。

（1）提议成立十三行总商制的浙江总督李卫，于雍正六年，复就两淮盐场，复有类似的责任制度。

一、各灶烧盐之处，公举商人之干练殷实者，按其场灶，酌用数人，并设立灶长巡役，查核其盐之多寡，令尽入商垣，以杜灶丁私卖之弊。二、凡州县之场司，俱设立十家之保甲，令互相稽查，遇有私贩，据实明首，将本犯照例治罪，诬者治以反坐之罪，倘有徇隐等情，被旁人告发，该州县之场司官，照失察私盐例，俱应参处。㉛

（2）道光十八年（一八三八年），鸿胪寺卿黄爵滋，提议保甲连坐法，以为断绝吸食鸦片政策：

各督抚严饬府州县，清查保甲，预先晓谕居民，定于一年后，取具五家互结，仍有犯者，准令举发，给予优奖。倘有容隐，一经查出，本犯照新例处死外，互结之人照例治罪。㉜

十三行商人的总商制无疑的由前引的连带责任制所发现。这样，外面虽然看到基尔特的机能大加强化，然而，行商的负担又如何呢？结局，后来行商的负债破产，完全是政府巧妙地以总商制利用行商的结果，非常明了。

这种总商制精神的更加强化，进一步推进的成绩，有所谓保商 Security Merchant 制度。所谓保商，原发端于一二行商保证外国船只的私行制度，初无公法的正式制度用意。然而，自雍正朝（一七二三年——一七三五年）起，由于行商的穷困——起于负债破产㉟，再加以由于租税收入不足而起的恐惧，乾隆十年（一七四五年），两广总督兼粤海关监督策楞，乃选行商内财力信用皆具者立为保商，用以统一纳缴租税。渐至乾隆十五年（一七五〇年），政府始正式发令，将从来惯例上由通译纳缴之船钞及规礼银改由保商缴纳。保商制度，始告确立。更于乾隆十九年（一七五四年），政府责成一二保商，负责将所有外国船之船钞货税、行商及通译之手续费，与向经督抚奉呈之朝廷御用品等，统行办理。至乾隆二十年（一七五五年），又下令禁止未属于基尔特之商人与外人贸易。㊵此种措施，虽全属政府为确保租税收入的利用行商政策，然就行商方面说来，不能不说是一种划时期的变动。此种保商制度，在嘉庆朝（一七九六年——一八二〇年），行商因苦于重税压迫相继倒闭，政府用强化其体制的补救办法，另行改革。因由于行商之倒闭，行商数目渐减，管理贸易事务大受障碍，政府针对现实，寻求对策，嘉庆十八年（一八一三年）依据海关监督德庆奏言，因"如将稍乏之商概行革退，另招新商，则一时难得其人，且生手不谙夷情，更恐办理不善"，故"于各洋商中，择其身家殷实居心公正者一二人，饬总理洋行事务，率领各商，与夷人交易货物，按照时价，一律公平办理，全不得任意高下，私向争揽"㊶。即以此为准则，办理保商。因之，由总商制演变到保商制的政策精神，可谓全是彻底的警察行政。

此外，在乾隆二十四年（一七五九年），行商家数廿余家，保商才五家以上，另有八家称为"海南行"㊷。翌年，同文行潘启官等九家，请求依照新规设立外洋行之公行。所谓外洋行系以对欧洲贸易为对象。对此，成立了"本港行"，专司爪哇之朝贡，贸易及纳税事宜，海南行的福潮行，则掌管潮州及福建人民之货税征收事宜。㊸因之，掌管欧洲、南洋、内地之贸易，以外洋、本港、福潮三行分别行之。然因本港行财政基础脆弱，朝贡、贸易不振，而相继倒闭，至乾隆六十年（一七九五年），准由外洋行兼理本港行事务。复于嘉庆元年（一七九六年）五月，改由福潮行兼理本港行事务，至嘉庆五年（一八〇〇年），依准粤海关监督佶山奏请，方决定了最后的而且永远的由外洋行并合兼理本港行事务的办法。㊹因之，不仅对外贸易，一切的一切，全归十三行商人掌管和包揽了。

在这种情势确立以前，乾隆三十六年（一七七一年）一月，公行再度由两广总督予以裁撤。一方由于英商的请愿，一方复由于同文行潘振承接受了英国东印度公司银 10 万两贿送总督所致。㊺英商之希望裁撤公行意义不难理解，而行商亦尽力活动要求裁撤，则不外乎公行全为官方所利用，仅由官方责成办理事务。事实上，由外洋行成立迄公行撤废之十年间，由于课税繁重，行商相继倒闭。然而，乾隆四十年（一七七五年），外洋行商人，由于总督及大官之援助，三次组织公行。此次，不管东印度公司如何高唱反对，公司与以外商英国私商利害如何不一致，海关敢再行宣告组织公行，总算真正地建立了确立不拔的十三行基尔特。㊻而此时行商之性质，可谓特征了以上所论述的总部。

(1) 外国船来广州时，选十三行商人中之一人应为保商，由保商提供外人“夷馆”（Factory）。夷馆系保商——实际上就是怡和行伍氏及同文行（同孚行）潘氏的个人财产㊼，外人以赁贷形态用之㊽，年纳借赁六百两。㊾

(2) 行商对于外国商人及水手之行动全部负责，甚至犯罪行为。故外国商人亦以全部责任付托保商，货物只准卖予公行，不得与一般散商直接交易。保商并得代外国商人保证雇佣使用人等。外国人不准在夷馆自由进出，由于外商与外界交通不可能，对于物价变动自无从知悉，而予保商以利益垄断机会。保商以任意价格将外商货物买入自己仓库，市价昂贵时再自行抛出。㊿

(3) 行商对外国商人之债务，对政府之纳付课税，及船钞货税之纳付，负一切连带责任。(51)因之，得预先自外商征收行用钱（The Consoo Fund），以充基金。(52)

(4) 行商虽得任凭个人自由意志选定外船交易，但须负外商与官吏间之文书（禀帖）呈请转递责任(53)，至保证外商之生命财产安全，行商亦须负责。政府课税如遇变更，由行商传达外人。但是，除这些一般的事务责任外，行商尚得负起监视外人行动的警察的机能。再如夷馆发生火灾时，行商得出动火烛船（防火用船舶）及火烛队（消防队），担任援救。外人往来澳门、广州间时，由行商代外人商请通行证。㊴

（5）行商，除由散商贸易之商品外，凡一切商品之贸易，由政府准许独占经营。外国船虽立保商一人，但与保商以外的交易亦准通过保商与其他行商或散商买卖。例如象牙，外人于卖予专门象牙店时，须有行商之保证。㊵

如上所引述，行商之对外贸易权愈益巩固。且此时复由于责任制的强化，官方的利用态度，亦即官僚方向的益趋浓化，尤加明显。因之，行商始终只限于掮客买卖的性质，而未能去获得实为政治的支配权（Hegemonie）之母胎的生产者的基础，实为当然之归结。在某种程度上，行商虽在嘉庆年间，基于两广总督蒋攸铦、海关总督祥绍之怂恿，创设了粤海关官（！）银号㊶，不仅进一步经营金融事业，至而连土地、船舶等不动产的投资亦在进行。㊷然而奇怪的是，行商对于生产事业，甚至他们独占贸易的对象的茶丝生产过程的掌握，却未见有所真正发展。这不能不归咎于他们初发时的商人—官吏的性格，而这种本质的做官志向，他们倒是始终求其贯彻的。

第三节 买 办

买办的发生，可谓极为古典的事。明代册籍中既已出现。如《明会典》云：“（万历二十六年）又，考顺假买办之名，杂然以金珠、宝玩、貂皮、名马进贡，帝甚以为能。”

买办当系 Comprador 一词的 Pigeon English㊳译名。起源于葡萄牙语 Compra（等于 to buy）㊴，这种语源本身实极包罗了买办的社会机能。买办原系受佣于夷馆，为外人买办食物及料理薪水者，不过外人的日常生活的使用人而已。嘉庆十四年（一八〇九年），两广总督百龄上奏云：

查夷商所需食用等物，因言语不通，不能自行采买，向设有买办之人。㊵

在这个奏文中，买办的起源及机能，表现无遗。外人在夷馆中既不许自由出入，则其食物及薪水的买办料理事宜，自非有专人照应不为功，这种情形，当然促成了买办的发生。同时，买办又是政府用以监视外人的警察手段，这是很重要的一点。故像行商被许为特许商一样，买办亦要官许㉙，选择土著中有信用者充当。关于此种情形，嘉庆十四年两广总督百龄的上奏说得很明白：

> 由澳门同知发给印照，近年改由粤海关监督给照。因监督远驻省城，耳目难周，该买办等唯利是图，恐不免勾通内外商贩，私买夷货，并代夷人偷售违禁货物，并恐有无奸民影射，从中滋弊？嗣后夷商买办应令澳门同知，选择就近土著殷实之人，取具族长保邻切结，始准承充，给予腰牌印照。在澳门者由该同知稽查，如在黄埔，即就近交番禺县稽查。如敢于买办食物之外，代买违禁货物及勾通走私舞弊，并代雇华人服役，查出照例重治。㉚

要之，由百龄奏折中，买办的社会性格，可归纳为下列数点：（1）系自土著中选出之有信用者；（2）由官发给特许证；（3）官方运用连带责任之保甲制而桎梏之；（4）赋以为外国人任薪水之劳之机能；（5）除薪水之劳外，为外国人之一切代理行为严禁等等。像上文所说的监视外人政策及连带保证责任制度，政府像对付行商一样的，如出一轨地严密责成买办。但和行商比较起来，由于买办机能的关系，社会地位自较行商极低。但无论如何，就因为这种不可或缺的机能，买办亦成为广东商业界中不可或缺的存在，而为夷馆中的重要华人。作买办的第一要条，虽为官许，然其具体的手续，则又需要行商的保证。即行商对于买办一般的服役条件，关于存善意的管理，人品正直，能力胜任等事，皆须保证，这又构成了作买办的第二要件。㉛可是，嘉庆年间不准买办代夷馆雇用华人的禁令，至道光十一年（一八三一年）撤废㉜，之后，买办对于雇用于夷馆中的一切本国人，作为自己的责任，保证其善行与正直。至于夷馆中雇用的买办以外的华人，有事务长，仆役及厨夫，苦力等，皆系买办本身"以内"的存在者，而买办则系曾经自行宣誓过其忠正的人物。㉝这种三个阶层的保证关系——行商—买办—买办以外之华人雇役——的确立理由所在，一般公认系为维持广东商业界中的安宁和秩序的政府企图。道光十一年二月，两广总督李鸿宾的上奏中，曾说明其所以：

> 夷商之雇请民人服役，应稍变通也。查原定章程（嘉庆十四年两广总督百龄之规定），夷商住居馆内，除设置买办、通事外，民人如受雇服役者，严查禁止等情……惟近日各国夷商来者益众，其看货、守门及挑水、挑货等项，在在需人，而夷商所带之黑鬼奴，性多蠢暴，若令其全用黑鬼奴，诚恐集聚人多，出外与民人争扰，转致滋生事端。应请嗣后夷馆应需之看货、守门及挑水、挑货人等，均由买办代为雇请民人。⑥

在这个上奏中，政府之主观意图所以要扩大并强化买办机能，还是恐惧"纷扰滋事"为其有力导因。而且，政府的发动这种意图，是政府认识了买办的机能及地位之日渐增高，才从而利用之。事实说来，买办在夷馆内的责重任大，实出意想以外，不仅监视店员及出入商人，料理馆主食事，而且为馆主、外国船长的个人欲望而忙碌。且夷馆营业金库亦托买办保管。在金库中存有之现金及贵重品，有时超过 100 万圆价值之巨。而且背信负托的买办，据美人 Hunter 所称，竟无一人。仅在一八二三年时发生过一次"不幸"的事件，亦不过买办因投机失利的窃盗行为而已。即在此种场合，该买办的保证人 Honqua（怡和行伍氏）当夜即照赔原损失金 5 万圆。⑥由此观之，在广东一角，作为对外交流的媒介，"正直乃最良之政策"的近代的资本主义前期的商人道德，亦即新教的伦理观，渐次酿成。然而，这又是中国的不幸：由于这种伦理观念的培养，使帝国主义在华寻得了"代理人"的基础，而根植并扩大了经济侵略，造成中国经济的破灭和混乱。所以这种外国人可赞称的买办道德，在我们现代中国人看来，是一种最无耻的奴才道德，随旧中国之灭亡，必须予以肃清。

买办的年薪，约在 250—300 圆之间，但此外有更大的"好处"，那就是临时收入。临时收入的来源，有：（1）由于每年流入的大量墨洋的鉴定。鉴定工作虽由专门的鉴定商（Shroff）来担任，但买办从中拿取介绍费。如鉴定墨洋 1,000 圆，鉴定商收入十分之一，买办收入介绍费五十分之一。如以每年流入墨洋 500 万圆计算，买办的全体收入当在 10 万圆。（2）手续费（Commission）。支付 1,000 圆以下，由支付人每圆付手续费制钱 5 文。至于散商与外国人间之交易，两方皆须付给买办介绍费。（3）散商预

506

先借用款项及超额支用款项时，亦须向买办"送钱"⑧。

买办在做买办前，必须为拥有资产之"殷实者"，而在做买办后，更加有了积蓄资产的机会。因之，买办在广东商界建立了牢不可破的地位。造成后来的中国之祸患。而以第二次鸦片战争为契机，买办即以其手腕，信用及传统的资力，取十三行而代之，成为对外商业的包办者。他们较十三行商人跨前了一步：从最初出发的捎客买卖，渐次关心投资于产业部门。清末时际，随着清朝的最后的挽救其封建政权的挣扎而出现的军事工业勃兴期，买办资本虽极怯懦地参加了原来的民族资本，然以买办出身的上海商人祝大椿，即以10万圆投资，在上海最先创设了源昌机器五金厂。这虽是光绪九年（一八八三年）的事，然而这说明了中国的要走向悲剧将来。以至后来买办政权出现于中国的历史，使中国成了"洋人"的中国。但是这属于中国现代史的范畴，不再申论。

注：

① 梁嘉彬，《广东十三行考》，页十四、十七。

② 梁嘉彬，《广东十三行考》，页十四。

③ 例如广东十三行商人中最有名的同文行潘氏亦为盐商，从下面记述中即可明了："粤东盐商潘氏，最称富盛……潘之嗣名仕盛（即同文行第三代潘仕盛，但改号称同孚行）者……"云云。（《清朝野史大观》，卷七，《海山仙馆》）

④ 摩斯，《支那基尔特论》（日译本）页十三。

W.C.Hunter,*The Fankwae*,etc.P.29.

⑤ W.C.Hunter,*The Fankwae*,etc.P.24.

⑥《中国财政史辑要》，卷二十八，《盐法》。

⑦ 梁嘉彬，《广东十三行考》，页十九、二〇、二十一、二十二。

⑧ H.B.Morse,*The Chronicles*,etc.,Vol.I.P.164.

The 11th Article of Co-hong Regulations.

⑨ 此种推理，见梁嘉彬《广东十三行考》，但保留结论。

⑩ W.Sombart,*Der Moderne Kapitalismus*,Vol.II.S.1030.

⑪ 全汉升，《中国行会制度史》，页二十九。

⑫ 加藤繁，《论唐宋时代商人的"行"及清代会馆》（日本《史学》第十四卷

第一号）。

⑬ 所谓行,指十三行商人的营业用建筑物,与会馆、夷馆指称为基尔特及外国商人建筑物相同。不过"行"于建筑物一义外,尚有代表组织意味的场合。(1)据加藤氏称,"行"在唐代有三种意味:即(A)同业商人公会,(B)同业商店街,及(C)定期市。但自北宋中期(十一世纪初期)市制崩溃后,"行"与"定期市",及"行"与"同业商店街"必不一致。"行"成为纯粹且严密的同业商店公会的指称。(加藤繁,《论唐宋时代商人的"行"及清代会馆》)(2)据陶希圣、鞠清远称,"行"有工业技术的种类(注,如铁行、针行、金银行等,工业内部的特殊分业)。工厂内的分部(注,一作业场内的个别分业),意味与"作"相同,为工业组织之指称,故加藤氏之商业行会说,解释失之广义,"行"不过仅代表工业行会的意义而已。(陶希圣、鞠清远,《唐宋官私工业》,页一六八——一七二)但两说争点,非此处所论的问题。问题系"行"除建筑物一义外,实含有商业的、工业的公会组织的意义这一点。必须记明此点,后来作为问题的公行(Co-hong),并非建筑的意义,而是代表十三行基尔特组织的事实,与此关联。

⑭ W.C.Hunter,*The Fankwae*,etc.,P.22.梁嘉彬,《广东十三行考》,页七十四——七十五。

功果钱在后来增高了。Hunter 的居留期间(一八二五年——一八四四年)平均皆 20 万两,34 万两已经不见了——Hunter 的书中有如此记录。

⑮ 春秋战国时代(前七七〇年——前二二一年)由于商人势力增大,商人与政权的关系,非常密切。如春秋时卫文公复兴卫国,齐桓公、晋文公经营霸业,都注意通商。春秋初郑桓公利用商人财力建立新郑国,订约不侵犯商人利益。晋国苟莹被楚俘获,郑商人想藏他在货车里逃出楚境。越国上将军范蠡弃官经商,致富数千万,孔子弟子端木赐买贱卖贵,家累千金。富商地位甚高,可与诸侯卿相交接。战国时代,商业尤其发达,商人做大官的魏有白圭,秦有吕不韦,买官制度在有些国家中流行,商贾兼做大小官员的一定不少。《史记·货殖传》记载各地大小都会很多,可见当时国内外贸易的发展和商业的繁荣。因为商业继续扩大,商人势力增大,自然有要求国内市场统一的运动,反映在政治上的,就是政治上要求中国统一,废去各国间的关梁禁限。秦始皇的统一,就是把握了这种客观要求而成功的。两汉尤让商人自由发展。(参考范文澜编《中国通史简编》,页五七、七六、七九、一〇七)

⑯ 两汉时代商业发展，富商大贾，生活奢侈，不下王侯，他们囤积货物，放高利贷，利息有时百分之一千，普通是百分之二百。他们不仅剥削农民，而且剥削贵族，甚至剥削到皇帝的权益，所以统治阶级对商人取憎恶态度，斗争激烈。农村流氓出身的刘邦做皇帝，限制商人生活享用，重加租税，只可说是对商人的一种报复行为。后来陈豨造反，就有很多商人参加。（参照范文澜主编《中国通史简编》，页———、——六）

⑰ 鞠清远，《唐宋官私工业》。

⑱ Hunter, *The Fankwae*, etc., P.20.

⑲ 梁嘉彬，《广东十三行考》，页三。

⑳ H.B.Morse, *The Chronicles*, etc., Vol.I.P.P.88,101.

㉑ Do, ibid, P.P.135—145.

㉒ Do, ibid, P.P.131,132.

㉓ Do, ibid, P.163.

㉔ Do, ibid, P.P.163—165.

Eames, *English in China*, P.67. 但此处所引译之 13 条，系照 Morse 氏书中所载译出，在 Eames 氏书中，全文只 12 条，Morse 氏书中之第 12 条及第 13 条，Eames 书中并为一条，讲明赏罚规定。其他与 Morse 氏文意相同。

㉕ H.B.Morse, *The Chronicles*, etc., Vol.I.P.104.

㉖ Hunter, *The Fankwae*, etc., P.24.

㉗ 东亚同文书院编，《支那经济全书》，第四辑，页一百一十三。

㉘ Jules Geory, *Notes on the Chinese Government Bank*, 1908, P.15.

㉙ 贾士毅，《民国财政史》。

㉚ 梁嘉彬，《广东十三行考》，页一百三十三。

㉛ H.B.Morse, *The Chronicles*, etc., Vol.I.P.166.

㉜ Do, ibid, P.P.166,167—168.

㉝ Hunter. *The Fankwae*, etc., P.21.

㉞ Do, ibid, P.21.

㉟ Do, ibid, P.65.

㊱《国朝柔远记》，卷四，《雍正六年·冬十一月立洋商总》。

㊲《中国财政史辑要》，卷二十八，《盐法》。

㊳《国朝柔远记》，卷八，《道光十八年·夏四月鸿胪寺卿黄爵滋禁食鸦片

行保甲连坐法》。

㊴ H.B.Morse,*The Chronicles*,etc.,Vol.I.P.176.

㊵ Do,ibid,P.P.247,260,268,289,296.

㊶《粤海关志》,卷二十五,《行商》。

㊷《粤海关志》,卷二十五,《行商》。

梁嘉彬,《广东十三行考》, 页九八、一〇〇、一百二十六——一百二十七——但行商20家,系《粤海关志》所称,据Morse氏称则为十一家,《国朝柔远记》称则为26家。

㊸《粤海关志》,卷二十五,《行商》。

㊹《粤海关志》,卷二十五,《行商》。

㊺ H.B.Morse,*The Chronicles*,etc.,Vol.I.P.301.

㊻ 梁嘉彬,《广东十三行考》,页一百二十九——一百三十。

H.B.Morse,*The Chronicles*,etc.,Vol. Ⅱ.P.13.

㊼ 梁嘉彬,《广东十三行考》,页三百六十五。

㊽ 据Hunter,*The Fankwae*,etc.,P.P.12,14,21,74,76称,Factory一语起源于印度,东印度公司的商馆,即如此称呼,与代理店Agency同义。夷馆所占处所,距珠江300呎,距澳门80哩,冷汀60哩,距虎门40哩,黄埔10哩,东西约有1,000呎,夷馆中不许女性出入,并不准携带火药、武器。但在一八三〇年四月四日初次有英美妇女数名自澳门来夷馆,在同月三十日被令离广州。

㊾ H.B.Morse,*The Chronicles*,etc.,Vol.V.1929.P.87.

㊿ 摩斯,《支那基尔特论》(日译本),页一百〇五。

(51) 梁嘉彬,《广东十三行考》,页一百三十一。

(52) 关于行用钱可参考下列各书:

(1)H.B.Morse,*The Chronicles*,etc.,Ⅲ.1929,P.P.309,311.

(2)Morrison,*China*,Vol. Ⅱ.P.15.

(3)Eames,*The English in China*,P.P.97—98.

(4)矢野仁一,《鸦片战争与香港》,页二十六。

(5)Martin,*China*,etc.,Vol. Ⅱ.P.15.

(53) 矢野仁一,《鸦片战争与香港》,页三十一。

(54) 梁嘉彬,《广东十三行考》,页一百三十二。

(55) 梁嘉彬,《广东十三行考》,页一百三十二。

(56) 梁嘉彬,《广东十三行考》,页一百六十一。

(57) Hunter,*The Fankwae*,etc.,P.29.

(58) Pigeon 系 Business(商业)的转讹音,所谓 Pigeon English 即 Business English(商业英语)的意思。这是英人来广州以前,广东人所创造的葡萄牙语与印度语的混合型语言。一百年以后,英语来访后,始转入定型化。其他葡萄牙语起源的字语,还有:Mandarin(官僚),系自 Mandar(等于英语 to order)而来,Junk(木船)则系葡萄牙人最初贸易的东方海岸的方言 Chueng 的葡音转讹而来。由印度语起源的字语,如 Bazar(市场,英语的 Market),Shroff(银钱商,英语的 Money-dealer),Tiffin(点心,英语的 Luncheon),及 Cooly(苦力,英语的 Labourer),Bangalow(草屋,英语的 Cottage),Kaarle(咖喱粉,英语的 Curry)等等。这都是在清政府禁止华人教授外人华语,及不许自洋人学习外国语的命令下,人民为了需用的便利创造出来的。代表了敏捷的商业民族的睿智(参照 Hunter,*The Fankwae*,etc.,P.P.37—38)。还有,卡叽色军服的起源,即系印度语的 Kyak,意为尘埃,土砂。十九世纪侵略印度的英帝国主义军队,原著白色制服,因易为瞄准目标,故改着保护色的卡叽色。十三世纪马可·勃罗所艳羡的黄金色东方,由于十九世纪英帝国主义侵入,而变为卡叽色矣。(参照平濑己之吉《近代支那经济史》,页二五〇)

(59) Hunter,*The Fankwae*,etc.,P.37.

(60)《粤海关志》,卷二十八,《夷商三》。

(61) Hunter,*The Fankwae*,etc.,P.62.

(62)《粤海关志》,卷二十八,《夷商三》,及卷二十九,《夷商四》载有澳门同知王衷驳与百龄用意相同的上奏。

(63) Hunter,*The Fankwae*,etc.,P.32.

(64)《粤海关志》,卷二十九,《夷商四》。

(65) Hunter,*The Fankwae*,etc.,P.32.

(66)《粤海关志》,卷二十九,《夷商四》。

(67) Hunter,*The Fankwae*,etc.,P.32,33,34.

(68) Do,ibid,P.33.

第二章 清朝的政治形态

第一节 起 点

若依外国史家所评定的俄国罗曼诺夫王朝政治形态说来，清朝的政治形态，无异于罗曼诺夫王朝，是一种"被阴谋支配的专制政治"。清朝专制政治，发端于第二代太宗以皇八子之身用奸计即位之时，后十年，于天聪十年（一六三六年）四月八日，称帝号，改国号为大清，年号为崇德时，确立其基础。太祖原有十六子，虽皆怀有嗣承大位之志，惟太宗得以奸计成功，初则与有功各宗室以合议政治行事，以代善（太祖第二子）、阿敏（太祖弟舒尔哈齐长子）、莽古尔泰（太祖第五子）为辅政大臣，权宜一时，实际则无时无刻不在排斥合议政治，力图一人称帝专制，削去宗室权力。天聪四年（一六三〇年），以阿敏败于永平之役为借口，加罪十六条予以幽闭，为太宗运用其权术之开始，至崇德五年，阿敏忧愤而死，这不仅是太宗削去宗室权力政策的第一步，同时亦为清朝一代宫廷生活特质的骨肉相残的嚆矢。莽古尔泰亦于天聪六年（一六三二年）暴死，至天聪九年，复被科以生前谋逆罪状，削除宗籍。这样以阴谋开始的清朝专制政治，遂一意地向强化中央统制权的方向推进。如：（1）顺治十一年（一六五四年），创设十三衙门，以戳灭明朝以来的十二监势力，强化中央政权①；（2）康熙二十年，三藩撤镇前后所施诸政策，意义所在，前文曾有说明；（3）雍正元年（一七二三年），令内廷禁地由内府护军直辖，夺去下五旗旧权，意在强化帝权，以便独裁②；（4）雍正八年乃至十年，创设军机处，将政权从向来的内阁手中直接收归皇帝之手。③至此，清朝一代的中央集权的政治基础，全然确立矣。

这种专制政治，一方面固竭力削去宗室、权臣的权力，一方面复竭力对汉人压制。天聪初年（一六二七年）制定的对汉人俘虏贱役制度的"包衣旗"④为压迫汉人的第一招；其次，由入关至迁都北京以后，顺治二年（一六四五年）五月的颁布"剃发令"⑤为第二招。剃发令系根据于"因分别顺降之民，故剃发以分顺逆"这样的见解，故"自今布告之后，京城内外限旬日，直隶各省自部文所到之日亦限旬日，尽使剃发，遵依者为我国之民，迟疑者同逆命之寇，必置重罪"⑥。所谓"留头不留发，留发不留头"。人民认定蓄发是汉族的标识，剃发是奴隶的记号，因之，在全国尤其是江浙一带地方发生了广泛的反剃发的流血大暴动。清廷则到处镇压，彻底执行，令剃头匠挑担巡行街市，见蓄发者即令剃去，如不从命，即斩头悬担头示众⑦，现在我们读起鲁迅先生的《发的故事》是感慨万千的。复次，在顺治十七年（一六六〇年），发布集会结社禁令为第三招。清朝文化统制的工作基础从事建立。而在这基础上，自康熙朝以后，屡屡发生令人发指的文字狱⑧，对于将反清思想的汉人知识分子的笔祸事件，极尽其残杀的能事，至雍正朝以降，尤属严峻，清朝皇帝一副凶手面孔，血淋淋的站于全中国人面前。与这种虐杀作家，毁灭图书的屠夫政策相对照，另用诱骗政策，怀柔功夫，以图消灭民族思想、麻醉人民意识，诱骗许多无聊帮闲文士，大规模编纂图书，改削册籍，作为文化政策的另一面。如雍正七年（一七二九年）九月，有名的《大义觉迷录》的颁布，即为最直接的表明。至康熙帝⑨、乾隆帝，更编纂了无数量的官撰图书，以图以文化建设导致反清思想。后世的帮闲人物，甚至曾发出奴性的感服，认为清朝的统治基础，就建立在一部《康熙字典》上，而鼓吹统制文化。正因为这样大量地出版御定图书，所以在乾隆朝的文化岁支费，异常增高，以至直接军事费在总岁出中所占的比例反倒显得低下。其实，这种"文化费"，何尝不可列入军事费呢？因为它们的功用都在削平和征服。配合图书大量出版的另一招，是积极的焚书政策。举例言之，如乾隆四十一年（一七七六年），据江西巡抚海成的上奏，仅江西一地的焚书数，在 8,000 余部以上。据兵部的报告，在乾隆三十九年—四十七年（一七七四年——一七八二年）间，满清治下的中国共举行焚书运动 24 回，焚书 538 种，13,862 部以上。⑩这兵部报告，不仅说明了清朝的文化虐害的疯狂，而且由兵部参加办理，是军事工作的一部分。具体地证明了清朝的军事国家性格。

在阴谋、虐杀、征服、麻醉的疯狂的另一面，是清朝宫廷的穷极奢欲的生活场面。尤其乾隆朝，在有清一代中，是最绚烂的权力开花时代。原来，奢侈的生活，是以权力为尺度的。乾隆帝的奢侈生活，甚至使乔治二世所派的马加特尼伯爵联想到《圣经》中所记载的"所罗门的荣华"⑪，西人兰克在所著《强国论》中关于路易十四的描写，可以移用于这一代豪奢的清朝皇帝，"路易十四的好战动机，据云系出于无限制的领土欲，战胜结果，王则闯入占领都市，然后即行归返宫廷，仅此威风堂堂的凯旋行列，就是路易最为得意之处。王对于由征服及交战在他周围所涌出的灿烂的荣光，甚为关注"⑫。——路易十四的"灿烂的荣光"，比之六次南巡、四次东巡、五次西巡、木兰秋期狩猎、避暑山庄（康熙四十二年建于热河）出游等，每次需用在20—30万金的乾隆帝的"威风堂堂的行列"，可谓相互比美。祖帝康熙的六次南巡，据说目的在于视察治水，模仿康熙的乾隆皇帝，以每次十倍于康熙帝的用费，不仅以千百巨舟与官员夸耀一时，而且据说连泛滥的地方都没去看一下，虽然为表现他的"仁爱宽大"，敕令减免沿途州县小民30%的租税⑬，然小民不仅未受实惠，反予官吏利用为勒索的机会。江苏视学尹会一以"上两次南巡，民间疾苦，怨声载道"⑭地方实情来奏请，却触了皇帝之怒，几乎送命。还有对于他的豪奢的热河避暑山庄的出游，据《清朝野史大观》载称，民间的俗谚称之为"皇帝真在山庄避暑，百姓仍在热河也"。（见该书卷一，《清宫遗闻·避暑山庄》）他的太原行宫，镂刻金银珠玉，一直保存，使得逃义和团事件（一九〇〇年）之难的西太后，大为叹赏，认为在宫中都没见过的豪奢。⑮仅举此数例，就足以说明乾隆皇帝与路易十四的无分彼此了。不过乾隆和路易十四有根本不同之点，在于他的国家观。路易十四曾说"朕即国家"，阐明了启蒙期的绝对主义之本质，反之，家族共同体社会的乾隆皇帝，则立脚于另一种国家理念，他说："且此天下并非朕之天下，乃祖宗之勤劳所创建"⑯，这就是儒家的国家观的反映，一代荣光的清朝皇帝，尚且局限于儒家国家观之中，则十七、十八世纪绝对主义的法国与清朝专制主义之质的不同，当然决定于它的经济构造的不同。所以乾隆皇帝和路易十四还是各有千秋的。

乾隆皇帝的奢侈生活，历经各朝，至西太后时发挥尽致。西太后所常住的圆明园的豪奢，使得第二次鸦片战争时，一八六〇年九月廿一日占领圆明园的英法联军指挥官法将摩托班，呆然若失。他写道："欧洲没有这样豪奢的所在，描写它的庄丽到底非我所能，仅能惊叹地看看，使我呆然若失。"⑰

以如此奢侈的消费生活所表现出来的清朝专制政治，在乾隆时代，还有绚烂之光，但在西太后时代，则充满了腐臭。例如行宫颐和园的经费3,000万两，不管军事费的亟须，而将海军费建设了"乐园"。太后驻园时，据说一日经费需银1万两。⑱这种宁肯牺牲国家而不愿放松自己享乐的生活原理，促成了清朝专制政治的必须崩溃。人民对于清朝专制政治的反抗，可谓不绝如缕，有时波澜壮阔，有时细水长流，康熙朝既有三合会、哥老会运动的兴起，嘉庆朝以后，"教匪"（白莲教、天理教、回教）滋扰尤其蔓延，至太平天国运动而达于反抗的顶点。而结束清朝命运的，则是孙文的兴中会。而且，以太宗的阴谋开始的清朝专制政治历史，至第十二代宣统帝三年（一九一一年）达到终局时，复以袁世凯的阴谋而完结。总之，二百数十年间，皇帝、宗室、重臣，全在阴谋中生活。而这以阴谋始复以阴谋终的清代政治社会本身，就是它的社会关系的最直接的反映。

第二节 清代政治骚动的三种型态

清代政治社会的阴谋，有三种形态：皇位继承所引起的阴谋、重臣层的古典的权力争夺阴谋，及旧势力与近代的改革派的关于政治斗争的阴谋。

兹分别论述之。

（一）皇位继承骚动

清代的皇位继承，以宗祧相续为本旨。因为政治与祭祀的一致的封建国家（Flaecchenstoat），政治的负责人，须先是祭祀祖先的祭祀主，而祭祀主——宗祧相续者，又必须要一个男子。所以为确保祭祀主——宗祧相续者的产生，必然要发生一夫多妻或一妻多夫（Polygamy）现象。然Polygamy的现实的结果，又和祭祀主——宗祧相继者只限于男子一人的事实相互反拨，于是常常发生了所谓家庭骚动，根据就在于这种现实和事实的矛盾结果。这是宗法社会的悲剧根源。清朝历代皇帝，多以多产闻名，Polygamy的结果，宫廷间开始酝酿着皇位继承的阴谋活动，为明了其间经过，先将宗社权力强大的清初时代，因逆谋罪（多少与政治权力有关）被处罪，及死后被追罪的宗室，制表列下：

515

宗社诛罚表

字名	姻岁关系	罪科	字名	姻岁关系	罪科
褚英	太祖长子	万历四十三年死于禁所	巴布海	太祖十一子	崇德八年伏诛
莽古尔泰	太祖五子	天聪六年暴死、九年宗社除籍	阿济格	太祖十二子	顺治八年禁锢处死
德格类	太祖十子	天聪九年宗社除籍	多尔衮	太祖十四子	顺治八年死除籍，乾隆年特旨昭雪
费扬子	太祖十六子	天聪九年伏诛除籍	岳乐	阿巴泰四子	康熙二十九年降爵
常阿岱	满达海长子	康熙四年降爵	岳托	代善长子	崇德三年降爵
多铎	太祖十五子	顺治九年降爵，乾隆四十三年追复……	勒尔锦	勒克德浑四子	崇德十九年罪削
			察尼	多铎四子	顺治十九年罪削
多尼	多铎二子	顺治十八年降爵	洛托	察桑子长子	康熙八年罪削
豪格	太宗长子	顺治五年削爵，八年追复	温齐	屯齐长子	康熙十六年降爵
			屯齐	圆伦长子	顺治十一年罪削
喇布	济度二子	康熙二十二年罪削	博洛	阿巴泰三子	顺治十六年罪削

备考:

据萧一山《清代通史》，上，页九四—九六及三七七—三七九作成。

　　如上表所示的宗室阴谋，就照半面的真理说来，同起于皇帝的猜疑，又为 Polygamy 的当然的结果。被歌颂为一代圣君，宫中用度较之明室极为省俭的康熙帝，尚且免不了从 Polygamy 所产生的苦恼。关于比明室费用省俭一节，康熙四十九年谕大学士的自夸里，有云：

　　明朝费用甚奢……一日之费今可抵一年之用。其宫中之脂粉钱四十万两，供应之银数百万两……明季之宫女达九千人，内监至十万人……今，则宫中不过四五百人而已。[19]

　　这四五百人的宫官，系如何构成的？观乎康熙帝的皇子，为数在二十三人的事实，自可明了。这二十三个皇子，各结党羽，窥窬帝位，演成骨肉相克的惨剧。[20] 自嫡长子（第二子）胤礽，惹起皇储废立问题后，康熙帝虽最为嘱望第十四子胤禵，后来却由第四子胤禛即雍正帝，以阴谋手

516

段，改窜遗书，夺去帝位。㉑不管这种传说是否真实，谨就被当作秘闻传闻一点而论，足以说明实际上清朝阴谋政治的本体。果然，雍正帝继位后，对于骨肉，大肆杀戮，且其施政方针中充满了极度的猜疑与权谋，厉行特务政治。㉒

不仅如此，帝位的争夺战中，必须有划策的权臣，来推波助浪。比如，顺治帝六岁而继位，就有摄政王多尔衮的专权横断，至于如雍正帝的继位，实系权臣年羹尧拥立之功。虽然，顺治七年，多尔衮死后，曾加以死后处罚，没收财产，削去爵号，甚至谄附多尔衮的大臣，亦受重刑。㉓至于年羹尧则早在雍正三年（一七二五年），因牵连山西盐商送贿案，被很残酷地处死了。㉔

以上所述，为皇位继承骚动的基本形态，清政权在上升期间，虽然不绝地展开这种纯粹形态的阴谋，但在其国基渐固，与其下降期的开始同时，此种基本形态，已渐次不能维持，而是糅合了复杂的诸要素，另行展开。虽然如此，作为专制政治的基轴的展开，仅就其强化意图的方向而论，依然不失其真实性。

（二）重臣层的权力争霸

先看乾隆五年（一七四○年）四月所颁发上谕：

从来臣工之弊，莫大于逢迎揣度。大学士鄂尔泰、张廷玉乃皇考简用之大臣，为朕所倚任，自当思所以保全之。伊等谅亦不敢存党援庇护之念。而无知之辈妄行揣摩，满人则思依附鄂尔泰，汉人则思依附张廷玉，不独微末之臣，即侍郎尚书中亦所不免。……朕临御以来，用人之权从不旁落。试问数年中，因二臣之荐而用者为何人？因二臣之劾而退者为何人？……若如众人揣摩之见，则是二臣为有大权势之人，可以操用舍之柄，其视朕为如何主乎？……鄂尔泰、张廷玉乃皇考与朕久用之大好臣，众人当成全之。使之完名全节永受国恩，岂不甚善？若必欲依附逢迎，日积月累，实所以陷害之也。朕是以将前后情节彻底宣示，深欲保全之，二臣当更仰体朕心，益加敬谨，以成我君臣际遇之美。㉕

以上系乾隆帝对满人大臣鄂尔泰、汉人大臣张廷玉二重臣的权力争霸所发的悲鸣，一方面又是满汉两族相互轧轹的佐证。从清朝一代权力最丰的乾隆帝尚且要发出这样的悲鸣一点看来，可见重臣争霸之根如何深，满汉轧轹之祸如何大。虽然这样的权力争霸，又往往系统治者的"二的作风"的权谋术数所引起的。历来的自信力强大的统治者，往往是挑起权力斗争，把握权力斗争，而从斗争中取得统治的胜利，因为他自己自信在斗争中可取得平衡作用，借免大权旁落的。在清朝，为督察官吏，准许上书劾奏，察吏则往往借口设陷，闹出了不少纠纷、混乱和悲剧。事实真不胜枚举，兹引述一最为适切之例，即清末名臣，一代的人格者林则徐，他以"窃惟立政之道，察吏为先"作前提，引出了"查白盐井（云南省）提举李承基，人本平庸，井地系其专管，平时不理民事"[26]，而劾奏之，又"为奏甄别才不称职及衰庸有疾之知府、同知、知州，分别请旨降补勒休，以肃吏治，恭折奏祈圣鉴事。窃臣等仰蒙恩命，畀任边疆，首以整顿吏为要务。业经两次奏请，甄别州县提举等员，分别降革勒休在案"[27]而上奏弹劾。当然，以林则徐的人格，我们不能怀疑他的举措本旨在整肃吏治，如视之为一般污吏的圈套诬告行为，不免冒渎他的品格，但察吏的劾奏之途一开，往往又被利用为诬告陷阱的工具。事实上，如林则徐，可谓守正不阿，尽守职分的清家奴才，但由于鸦片战争的败北，被保守派的满人大臣穆彰阿作为借口而劾奏他，终使他在险恶的宦海中跌倒了。[28]再如太平天国之战中，克复要冲金陵的战功赫赫的奴才曾国荃，因功高望重，又不免为诸将嫉妒，诽谤、谗言布满宫廷，新官僚左宗棠都参加了这个对曾国荃打击的阴谋，讲一点战友之爱而缄默的不过李鸿章一人而已。[29]总之，阴谋与嫉妒就是重臣层争霸的表里两面。

此外，乾隆帝谕文中所说的重臣争霸，恰以满汉对立的形态而出现，这满汉官僚间的斗争，本是清朝政治的一个特色。本来满族的入主中国，汉奸出力最大。除一切不愿做奴隶的善良人民此仆彼起地和满族斗争外，一切文武官僚、大小地主、八股儒生，纷纷卖身投靠，为满人效忠。但在满人侵略目的大致完成后，对于这批各式奴才，渐渐就不客气了。原来的优遇政策，在顺治帝——多尔衮摄政时代，既已停止，如顺治帝亲政后，陆续杀戮了明降臣谭泰（吏部尚书）、土国保（江苏巡抚）、陈名夏（大学士）等，向骄横恃功（投降功）的汉奸们示威[30]。在乾隆朝，督抚大臣满人占 80%，至于总督根本无汉人之份，与这种露骨的差别待遇同时，又禁止满汉间的通婚㉚。满人蔑视汉人为"蛮子"，汉人侮呼满人为"达子"，两者对立渐渐地表面化了㉛。至于朋党之弊的表面化，系以康熙朝为起点，像诸皇子的朋党一样，重臣之朋党争霸，足以转化重大的政治问题。例如，康熙朝树党专权之尤者，有鳌拜（满）、明珠（满）、徐乾学（汉）——朋党对立之尤者，有索额图、噶礼（皆满人）。甚至连康熙十八年七月京师连发大地震时，这种自然现象的说明根据，也是归咎于诸大臣的树党专权所致。左都御史魏象枢、副都御史施继翰有云：

今百姓困苦已极，而大臣家益富。地方官吏剥民媚上，督抚司道又转馈政府。小民愁苦之气，上和于天，招致水旱、日食、星变、地震之异。又辄会推动徇私，将帅复无纪律，蠲免钱粮灾民不沾实惠。刑官鬻狱，豪吏为奸，皆可忧可危之事㉝。

这两个御史的奏章中，说明了由于重臣之树党专权，以至政治行政怠荒，乃使天灾地变频仍。但在这里，还说明了别的重大的事实，即官吏的私曲——渎职。实言之，这就是官吏树党专权的经济的理由。因树党专权，最容易达到经济的财富获取的目的。例如此中集乾隆帝宠遇于一身的有名的大臣和珅的实例，就是一个最标本的说明。至于奏章中将自然现象的说明根据，求之于社会政治现象之中，与其说是这两个御史的科学知识的荒唐，毋宁评为他们实在巧妙地把握了自然现象与社会现象的相关关系，在"天人合一"的封建社会，这种把握方法是最能惊心动魄的利刃。就事论事说来，重臣的朋党玩弄政治，关系实在重大。像乾隆帝，在乾隆十四年（一七四九年）十二月，不堪党弊，不能不发出这样的隆叹：

大臣等分别门户，衣钵相传。此岂盛世所有之事耶？我大清朝坐揽乾纲，朕临御十有四年，事无大小，何一不出朕之衷自独断？㉞

这样一代的盛世，这样一代的权力者，尚且有这样的隆叹。然而，恰以此时为转期，清朝一代的官吏具有的特质，如清末的暴露小说《官场现形记》型的腐败官吏，层出不穷。这意味了乾隆朝系清朝官吏性格的形态的确立期，必须切记。

519

（三）改革骚动（戊戌政变）

清朝政治形态之本质最明显地表现出来的，是戊戌政变。戊戌政变，系以改革派的光绪帝—康有为的变法自强运动开端，由保守派的西太后—荣禄的阴谋而闭幕，为清末近代国家运动史的最后的失败的一出悲剧。这是在由下而上的以改革为志图的洪秀全—李秀成的太平天国运动，因自身的内部分裂及其目标的早激性失败以后，孙文的兴中会，以全国的统一的规模的国民运动展开以前，一度由清朝政府的一角自上而下的以改革为志图而自保的常识的事变，也就是自光绪二十四年四月二十三日至八月六日间的光绪帝—康有为的变法自强运动——百日改革。然而，就连这自上而下的极为常识的改革，也完全失败。达到如黑格尔所说"这种抗争是准备他们迅速灭亡的"结果。清朝无力于近代国家的改建被证明之时，孙文的国民运动，必然地要昂扬而至。这就是戊戌政变的重要意义所在。

康有为的变法自强运动，早在光绪二十一年（一八九五年）四月，由于清日战争的败因深刻，上书"改革变法"之时为起点。光绪帝的师傅翁同龢，深加赏识康有为，与康合议，同年六月，虽由光绪帝发布维新令十二条，但因西太后反对，毫无结果㉟。自此，康的民众启蒙运动，方行开始。如创设《万国公报》（北京），开讲强学会（北京），在上海设置强学分会等等。这样一连串的新事业的志图，翻译东西书籍、发行新报、开设图书馆、创设博物仪器院、建立政治学校等，深受南洋大臣张之洞的赞助。在中国说来，可为官认言论、结社的嚆矢㊱。

不过，康有为的运动，本格的发展，当在光绪二十三年（一八九七年）十二月德国占领胶州湾之时。康的运动，原向民众及政府两面活动。他的民众运动，系先在京师开办粤学会、蜀学会、闽学会、陕学会，最值得注目的是在粤东会馆开第一回保国会，制定"保国章程三十条"㊲，保国会和前文所提的强学会同为康的民众运动的基干部分；第二回在崧云堂，第三回在贵州会馆开会，会众常在百人以上㊳。以此为序端，尔后，保浙会、保滇会相继创设㊴，并以梁启超为总教习，在保守的摇篮湖南省开设了鼓吹新意识的湖南时务学堂㊵。另一方面，康对政府的运动，自上开始力促急速的改革机缘之成熟。由于他屡次地向光绪帝上奏实行变法自强，遂使帝有百日改革的决意。兹先就康的上奏中所表现的基干的思想，归约之。

(1) 必须变法的理由：

我今无士、无兵、无饷、无船、无械，虽名为国，而土地、铁路、轮船、商务、银行惟求听敌之命容取，虽无亡之形而有亡之实矣。……夫方今之病，在笃守旧法……今祖宗之地即不守，何有于祖宗之法乎？夫使能守祖宗之法，而不能守祖宗之地，与稍变祖宗之法，而能守祖宗之地，孰得、孰失、孰重、孰轻，殆不待辨矣。[41]（光绪二十四年一月八日上奏）

(2) 变法之精神：

一曰，下诏求言……二曰，开门集议……三曰，辟官顾问……四曰，设报达聪……五曰，开府辟士。[42]（光绪二十一年五月八日上奏）

第一策曰，采俄日法，以定国事……第二策曰，大集群才，而谋变政……第三策曰，听任疆臣各自之变法……[43]（光绪二十三年十二月上奏）

若夫美法之民政，英德之共和，地远俗殊，变久迹绝。故臣请皇上以俄之大彼得之心为心法，以日本之明治之政为政法也。[44]（光绪二十四年一月八日上奏）

(3) 变法之具体策：

用日本之例，于内廷开制度局，选天下之通才任之，皇上亲临，日共商榷，其有变法之折，并拟下旨制度局商议施行。然而挈领振裘，目张纲举，可见新政，自有强效。臣所请之开制度局者，此也。[45]（光绪二十四年五月一日上奏）

至于明世，治法尤密，以八股取士，以年劳累官，务困智名勇功之士，不能尽其学；一职而有数人，一人而兼数职，务为分权掣肘之法，不能尽其才。[46]（光绪二十一年五月八日上奏）

每省三万人，而令加训练之，购大铁舰，沿海须数十艘，而以习海战。[47]（光绪二十三年十二月上奏）

总括以上所引述，康的变法的出发点，先在富国强兵，当属明了。故有实施君主立宪政治，创设制度局，登庸人材，振起洋学，废止八股文等办法。惟就目标只限于富国强兵一点而论，实与清末自林则徐为始的一串新官僚曾国藩、左宗棠、李鸿章、张之洞等的结论相同。虽然达到目标的方法论，两者完全异趣。新官僚的方法论，为殖产兴业＝增强军事生产力，反之，康的方法论，乃变法即改革制度。富国强兵＝殖产兴业与富国强兵＝变法。两者间根本的方法论如何有异，在康的对新官僚的方法论痛烈批判的文句中完全明白地表示出来：

"今天下言变者，曰铁路、曰矿务、曰学堂、曰商务，非不然也，然如是者，变事而已，非变法也。"⑱又"近者设立海军、使馆、招商局、同文馆、制造局、水师堂、洋操、船政，而不净根本，百事皆非。故有海军而不知驾驶，有使馆而未储使才，有水师堂、洋操而兵无精卒，有制造局、船澳而器无新制，有总署而未通外国之掌故，有招商局而不能驰驱外国。"⑲

自康看来，新官僚的殖产兴业政策，单是变事，非真的变法，变事的累积，到底达不到富国强兵的目标。换言之，富国强兵＝经济社会发展，无过于先行改革制度，而以君主立宪政治为基底，非如此行事，不足以言变，不能从增强（军事）生产力开始，而且，这样行，也办不通。这就是康的方法论的基调。批评地说来，照当时中国的现实说来，康的见解，亦是一种谬误之说。康系将民主主义的主张披上封建外衣，妄想达到革新的一个人。在当时多少不无进步的意义。如他的保国会及各地分会，实为中国近代的政党的先河。但就他的思想说来，是资产阶级民主主义的革命的思想的一种变种。康的著作如《大同书》（二十七岁时著），是一本描写空想的社会主义的理想社会的著作，和圣西门、傅立叶、欧文等的欧洲空想家的思想相贯通，这正是近代工业未发达的中国的思想上的反映。他的以《礼记·礼运》篇的大同说为基调的乌托邦思想，实在昧于现实社会进化的历程，而康就根据他这种幻想中的理想社会思想，用之于现实的"变法自强"的改革运动，而一步不通，康的失败，却是一个大教训。㊿但是新官僚的方法论，单以工业建设达到富国强兵＝增强生产力的目标，亦系一种谬误，这还不如太平天国所采行的农业改革有真理性。可先看太平天国的农业纲领《天朝田亩制度》一节：

凡田分九等，田一亩，早晚二季可出一千二百斤者为尚尚田，可出一千一百斤者为尚中田，以下递减……可出四百斤者为下下田……凡男妇每一人，自十六岁，以上受田，多逾十五岁以下，一半。如十六岁以上，分尚田一亩，十五岁以下则减半，分尚下田五分……如一家人，三人分好田，三人分丑田，好丑各一半。⑤

在这些语句中，实有创出"公产"（Propriete Pafsanne）的志图。但这种政策，在拿破仑成功，在太平天国失败，则是拿破仑时代的法国在事实上的已告存在，反之，在太平天国社会的事实尚未存在，而成了早激的观念的产物。但太平天国的这种观念运动，是极堪注目的。太平天国的实际上的领导人李秀成离苏州时，人民痛哭流涕，绝非偶然。⑫可是，增强生产力＝经济社会发展的杠杆如太平天国的农业改革政策，清末的新官僚却未能有所见，比太平天国运动的指导者还输一筹。不仅如此，就是他们倡导的船政局、机器局等等，也并未收到富国强兵的基础作用，康有为的批判竟告言中。

康有为幻想的变法运动，以翁同龢为媒介，经光绪帝的现实的采用执行，不旋踵而失败。但是这个从光绪二十四年四月二十三日开始的百日改革，无论如何，对于崩溃前的清朝政治机构，多少吹送了一股新鲜的生命，如：

（四月二十三日）宣言变法自强；（二十七日）谕道州府县大臣子弟入学大学堂；（五月二日）谕废止科举制度；（五日）发布官吏登庸新制；（十六日）谕采用新法农业，"农务为富国之根本……兼采中西各法，切实兴办……上海近日创设农学会……着刘坤一查明该学章程"。（十七日）谕开发新产业，"各省士民著有新书，及创行新法，制成新器，果系资堪实用者，宜为以悬赏劝之"。（二十一日）谕创设新式军队制度；（二十二日）谕弘布新式学校教育。谕信教自由；（二十八日）谕改革财政；（六月一日）谕科学试验采用泰西实学；（八日）谕改上海《时务报》为官报，由康有为主持，开民众政治之端；（十一日）谕送新知识者于各省学校，谕国定成文法；（十九日）谕振兴华侨教育制度；（二十三

523

日）谕增强海军力、铁路、矿务，一以普及学校教育；（二十九日）谕创设农工商局；（七月十日）谕创设上海翻译学堂，努力输入泰西知识；（十三日）谕开设各省商会，上海总商会，上海、汉口试办商务局；（十四日）谕奖励农村副业。谕察史。谕改革官吏制度；（十六日）谕准人民上书直奏，以图下意上达。谕各衙门公文形式简易化；（二十日）谕改修河道、道路。谕登庸人才；（二十二日）谕昭信股票、公债，禁止强卖人民；（二十三日）谕兴木工工事代赈，为救贫事业。谕创设医学堂；（二十五日）谕淘汰冗官；（二十六日）谕为图输出大宗茶丝，创设茶务学堂，蚕桑公院。（二十九日）谕为打开旗人生活穷乏，应就产业！（八月一日）谕公开国库财政经理。㊿——以上即光绪帝改革法的主要内容。

　　这样的改革法，虽不过极为微温的东西，但对于在墨守祖法的传统的壳内屏息的清朝政治社会，发扬了炸弹式的改革精神。所以在改革的进行中，引起了保守派的西太后，北洋大臣荣禄及一般顽固分子的阴谋废立光绪帝活动，至八月六日，阴谋遂告爆发。光绪帝被幽囚，西太后再行垂帘听政，改革派六君子（康广仁、杨深秀、杨锐、林旭、刘光第、谭嗣同）遭逮捕，一一发生。西太后政治复活，改革的热闹完全消失，清朝政治复行回到它的古旧轨道上运行。即八月十一日，詹事府衙门及各省冗官一体恢复，禁止士民上书，禁止官报局，废止各省府州县中学小学，八月二十四日，复活八股文制度，废止经济特科，废止农商总局，封闭全国报馆，逮捕报馆主笔。八月二十六日，禁止设立学会，并逮捕学会会员，复活冗官制之一的漕运，及广东、湖北、云南三巡抚，以武术试验的科举取士复活等等㊿——一连串的反动措置和挣扎。

　　百日改革即戊戌政变的败因，应归咎于客观的及主体的两种原因。客观的原因，第一，是清代社会和他的保守性，西太后和荣禄不过这种保守主义的凸出的代表人物而已；第二，是由于被改革淘汰下来的各式失业者的发生。失业者群中，包括（1）官制改革下的退役官吏；（2）八股文废止的一万人的试生；（3）寺院被改变为学校时失掉糊口之资的和尚、尼姑。这些渣滓势力，当然要向改革派反扑，保守派就利用这种社会势力，和改革派斗争。主体的条件，第一，系受光绪帝所托，革新派的假设的武力基础的袁世凯，背信负托，出卖取利㊿；第二，系由于革新派的内部分裂。如推荐康有为的翁同龢，评康为"此人居心叵测"㊿，向帝进言，可以推见这种内部意气，实亦失败的导因之一；第三，系关于光绪帝本人的评价。如梁启超对帝当然推崇备至，将其进步性与爱国心及能力神格化了[57]；不过像南通的纺织王张謇，对帝的评价，据其子张孝若称，光绪帝单只是一个好人，并无才干[58]，这两个评论的正确与否，不能遽加决定，因为两人和这位"天上帝国"的皇帝，由于身份关系所生的距离，对于作为人的光绪帝的人格，自不能把握真切。甚至改革派中和光绪帝最为接近的谭嗣同，不仅连西太后一派反宣传的帝的疾病的有无却不知道[59]，就连最基本的西太后和光绪帝间的不睦的事实，亦不知道。[60]事实说来，因光绪帝和西太后并非母子关系，西太后为满足自己的权力欲[61]，才将醇亲王的五岁幼子抱来继位，立为光绪帝，其结果，在日常生活上，多半展开了继母的虐待战[62]，所以百日改革，一面又是被侮辱和虐待的继子光绪帝的复仇战，以图脱去继母的霸绊的反抗运动，作为进步的改革帝王者，不能不存有疑问。康有为不过为光绪帝的主观意图所利用而已，所以有人评他为"吴下阿蒙"。

然而这回戊戌政变，却是最明鲜地表现出了被阴谋所支配的清朝政治的本质。六君子的血虽然流于这种阴谋中，但这血的惊觉使中国老百姓明白了不少事情。这六个人死得可怜，但他们还是带了来日的希望死去的。据说，六君子中之一的康广仁和改革派的之一的程式谷，同被投狱时，曾这样谈话：程式谷："外国变法皆前者死，后者继，今我国之新党甚寡弱，恐我辈一死，后继者无也。"

康广仁："八股已废，人材将辈出矣，何患无继哉！"[63]

这种程式谷的杞忧，在著者写作本书时，已将快成为历史了。

充满阴谋的戊戌政变，产生了两粒种子：（1）西太后本欲趁变政失败，废立光绪帝，由于华侨及外人反对，遂不克实现，然西太后由此积怨于外人，遂有攘夷＝义和团之变。义和团的结果，是八国联军进北京，清朝政权的动摇，革命势力的膨大，这又使高唱"宁送外人，不送家奴"的西太后，一面媚外，亲外，加紧出卖人民利益外，一面又想用伪装的"改革"来掩挡革命洪流，在光绪二十七年（一九〇一年），挂起了着手立宪的招牌，如在同年创设督办政务处，二十九年（一九〇三年）创设商部，三十二年（一九〇六年），革命势力更形巩固，于是又赶快下诏预备立宪，虽然预备期间要九年，但支票开出去了，至宣统元年（一九〇九年），又公

525

布了宪法二十二条。[64]这种实际上要权还控制在满人皇族手中的伪装立宪，到底不能有何成就，至一九一一年，虽然已经下诏罪己了，但抵抗不了历史的命运，三百多年的统治草草地垮台了。（2）在一九一一年，由戊戌政变而爬起来的袁世凯，历经北洋军阀巨头、直隶总督、政务处等，遂被委为清朝全权委员，与新政府订定清室退位条件八条[65]，用阴谋完成了他的"盗国记"。

第三节　清代官吏论

（一）私财之积蓄及其泉源

中国的官吏及官吏的地位，以带有"命令者"的意味的洋泾浜英语Mandarin 一字来表现，最为象征而巧妙。以欧洲语感看来，Mandarin 一字，有"畏怖与权威的象征"的含义，欧洲诸文明国的 Magistrate 及 Officer 到底不能表示出它的超绝的机能于万一。[66]事实说来，中国的 Mandarin 像又是官吏，又是地主，又是商人的三种机能的并合体。Mandarin 的权威，就是这三种机能的综合的表现和发挥。一部清朝史，简直就是一卷 Mandarin 的兴亡史。这个理论最为典型的事例，无过于嘉庆四年（一七九九年）被诛杀的大臣和珅。和珅出仕乾隆朝二十年，继鄂尔泰、张廷玉之后，为乾隆一代炙手可热之人物，诛杀后，抄查财产在 8 亿两以上。这 8 亿两资产的构成，为一般奢侈品、贮藏之金银、不动产投资三类。不动产投资的构成，为土地投资及商业经营二者。虽然不动产投资占全资产总数才 25%而已。兹据查抄官进呈之清单内，抄出有关土地及商业投资两部门数字：

（1）店铺类——当铺 75 座（资本银 3,000 两）。银号 42 座（资本银 4,000 万两）。古玩铺 13 座（资本银 20 万两）。

（2）田地类——地亩 7,000 余顷（占银 800 万两）。

嘉庆四年正月十七日上谕称：和珅家产共一百零九号，内有八十三号尚未估价，已估二十六号，合算共计银二万二千三百八十九万五千一百六十两。[67]

投资对象的主要形态，或是土地，或是商业，或是生产事业，或是证券，就是社会发展程度的指标。和珅倾其资产 25%投资于土地及商业，不仅可看出当时一般投资的主要形态，同时亦说明了资本的积蓄与土地及商业的密切关联。所以官吏和珅，同时又是地主和珅，又是商人和珅。和珅真可谓清代乾隆以降官吏的最为鲜明的版型（Stereotype）。清末的"洋务专家"李鸿章，就是没有脱出和珅型官吏的轨道。他是上海、南京等主要都市的当铺、银号的投资者或经营者，招商局、电报局、开平矿务局、中国通商银行等清末新产业的大股东，产业中投资于商业者在数百万金以上，所以他是大实业家[69]；在安徽芜湖信阳一带他所置土地极广，所以他又是一个大地主。[69]太平天国运动澎湃时，同治元年（一八六二年）二月，他率领了八千壮勇，成立了和曾国藩的湘军相抗拒的淮军，假借爱国名义，扑灭太平天国革命势力，就是为了保护他的庞大的私产。换言之，与太平天国作战的官吏李鸿章，系受地主李鸿章及资本家李鸿章的指挥和命令。

这里所要讨论的，是这些资产积蓄的所由来，它们的源泉。这要在官吏这一机构中去寻。俗谚有称"千里做官只为财"，"官久自富"，就是这个意思具体的说明。《红楼梦》中的贾政，因为耿直（其实，他的祖产已很可观），所以"为官清廉"，连跟他的书吏长班，都皱起眉头来咒他、劝他、希望他，落了一场上下不讨好，掉了差事的结果。换言之，官吏资产积蓄的泉源，系以收贿及勒索为由来。如和珅，由于树党专权，就能结党营私，是将收贿勒索最为效果地实行了的代表人物。连乾隆朝的河水泛滥之连发、急增，也都是和珅树党营私的灾难[70]，而嘉庆时的"官逼民反"的大动乱，也都是吏风颓败的后果。[71]

乾隆朝，是官吏勒索规模极大、组织细密、行事巧妙的一个时代。前文中曾指出这是清代吏风的确立期，就是这个意思。在此时期，大疑狱事件，接踵继续而起，最为轰传，遂使乾隆帝发出"朕将何以用人，何以信人？"[72]（乾隆二十二年山西省税饷大疑狱事件）及"从来未有之奇贪异事！"[73]（乾隆四十六年甘肃米捐大疑狱事件）这样愤怒得近乎绝望的声音。不过贪官污吏的存在，并不以清代为始，其来源极为古典，即在清初，即已萌露端倪，有若干事例可以证明。如康熙帝在四十八年（一七〇九年）所发的上谕说："州县官取一分火耗（正税外加征者），此外一分不取，便称好官。"[74]这个上谕，等于公开承认额外勒索。因之，好官的标准，即官吏的勒索，限于轻度，即算好官，作为公然的秘密，为皇帝所宽容，社会所公认。而且有许多的勒索动机及行为，系出以皇帝的恩赐，作为补助（调剂）大官的家计生活的慈惠政策，或救贫事业。清末李伯元的《官场现形记》中，提供了不少的素材。如奉派巡视地方的中正使，就是现任兵部大臣兼内务府大臣的满人，因为"格勒精励"，侍奉君侧有年，才能获得外出的差事，一则借以"小休"，一则找点好处，精神物质两种待遇，兼而有之，而这却亲出于"圣上"的"御口"公许，夸为他的"大好机会"。

这样勒索的机会的获致，在有清一代的任何官吏看来，都是该有的权利，就连李鸿章，也出不了这个腐败官界体系以外。李鸿章在游英期中，据传有一个轶事。某日，李参观某大工厂，李与该厂的工厂长有这样一段谈话⑮：

李鸿章："你负责这个大工厂，一年的收入有多少？"

工厂长："全靠薪水罢了！"

李鸿章："嗳，那你的钻石哪里来呀！"

李鸿章的询问思想，当然产生于他的官界体系，在李看来，钻石自然是勒索来的，凭薪水当然不可能买钻石。自这点看来，李鸿章还未越出古老的勒索型官吏的范畴一步。不过，李的质问中，包含一种前提，那就是清代官吏待遇的菲薄，像李那样大的官儿，正式所入，大概还不够买一个钻石。清代官吏的俸给，虽在雍正三年（一七二五年）及乾隆二年（一七三七年）都经过调整增给，但仅靠正俸，依然无从生活，又势必给予别俸（恩俸、养廉银、公费），正别两俸，为数依然微薄，所以私征落地税、规礼银、火耗等又成必然之势。规礼银及其弊害，在《第一编》之《第三节》中已有说明。清初，在落地税这一名目下所设的国内通过税，为官吏私征之尤者。沿袭前明故智的落地税，并非正式国税，而系地方经费的一种私税，为后世地方税的滥觞。⑯虽名为地方经费，实以充实官吏的荷包为对象。至而生产用具、家庭用品、食料品皆为课税对象。其存在，多少与皇帝的"朕轸恤商民之至义"⑰不符，盖可明了。早在乾隆即位之时，落地税虽有被限制、减轻之说，然其所及于人民的负担及官吏的脑满肠肥，可自下边引的雍正、乾隆帝的上谕里，判断之。

528

（1）雍正八年（一七三〇年）户部奉谕旨：“各地之落地税银，大多为地方官吏侵渔入己……落地税银非正项钱粮……各省落地税及税契银两，若搜求需索，以盈余之数，致倍于正额。或将数十年以前置买产业苛索扰累者，令该督抚题参革职。”㉘

（2）雍正十三年（一七三五年）乾隆帝谕：“朕闻：各省地方，于关税杂税之外，更有落地税之名，凡耰锄、箕帚、薪炭、鱼虾、蔬果之属，其值无几，必查明上税，方许交易，且贩自东市，既已纳课，货于西市，又复重征。至乡村僻远之地，有司耳目有所不及，或差胥役征收，或令牙行总缴，其交官者甚微，不过饱奸民猾吏之私囊，而细民已重受其扰矣。着通行内外各省：凡市集之落地税，其在府州县城内人烟辏集贸易众多且易于官员之稽查者，照旧征收，但不许额外苛索，亦不许重复征收；若在乡镇村落，则全行禁革，不许贪官污吏假借名色巧取一文。”㉙

说是这个“天上帝国”的皇帝，出于“关怀”，解除小民痛苦也好，说是出于 Paternal 的恐惧“滋扰生事”，保护政权安稳政策也好，但自断然要禁恶税的一点观之，这种官吏企业体的残民以肥的事实，历然如绘。但这并不是说皇帝绝对清高，爱民如子，世界上没有这个目的的皇帝。就如抄办和珅的嘉庆皇帝，就把所抄的和珅资产和大臣们分肥，如庆郡王永璘得和珅住宅，成亲王永瑆得和珅花园，一般分到的亲贵们皆大欢喜，而分不到汤喝的官员（自然限于满洲亲贵），不免吵吵闹闹，如副都统萨彬图奏请准令本人提讯和珅家掌管金银内帐使女，发掘和珅宅中窖埋金银，被斥不准，嘉庆还于四年四月二十六日下了一道上谕，镇压说：“本案已经定案，断不许再起纠纷，朕不是贪利的人主，想来诸臣也不想这样做。”云云，丑态毕露，当时民间有“和珅跌倒，嘉庆吃饱”的谣歌，这又是分肥不到的官员，对皇帝很不满意，造出来的流言，以示抗议。㉚就以所引的乾隆的上谕里说，一边认落地税为非法，一边又要通行内外各省，准予照旧征收府州县城的落地税，只是不许额外苛索，这是变非法为合法，由皇帝把啃在官员口中的鱼肉抢到自己嘴里而已的一种坐收渔人之利的办法。再如皇帝每每施行蠲免、赈恤等慈惠政策于人民时，官吏也竟敢借机营私，变为发财机会。清朝一代中最聪明的乾隆帝，最肯用这种慈惠政策，引诱人民，利用人民，来安定人心，巩固统治。如乾隆三年（一七三八年）四月与内阁的上谕说：“朕思养惠斯民之道，以轻徭薄赋为先，凡各省田粮，偶有些微偏重之处，悉已陆续查明豁免，以纾民力。"⑧出发于这种精神所施行的蠲免至乾隆三十一年（一七六六年）正月达到"（上谕内阁）……朕……自御极以来，所逮蠲赐，不下千万亿"⑧。至于在皇帝做这种"爱民"功课的场合，官吏的浑水摸鱼，再看下引皇帝上谕，即可证明。"赈恤饥民，当如救焚拯溺，朕断不有所吝惜也。但使民受实惠，而吏不中饱。"⑧及"所称赈民银两为数已少，若其间更有官侵吏蚀，百姓不得实惠……务使百姓一无所失，方救荒之良法，可也。"⑧

在这种预防性的训令中，隐然说出官吏中饱的事实，可见皇帝为了自己的安稳想到百姓的灾难，有一点"恩赐"的时候，在中间如何经过官吏层层的折扣和改变，俟到百姓面前，质量全变。嘉庆十四年，淮安府报灾办赈，江南总督铁保派候补知县李毓昌往查，山阳县（淮安府首县）知县王伸汉捏报户口，浮冒赈款3万两，毓昌查得实情，伸汉贿巨金，毓昌不受，知府王谷代说情，又不听。伸汉令仆人包祥与毓昌仆人李祥、顾祥、马连升合谋，置砒霜于茶汤中，给毓昌饮，毓昌夜中腹痛起来，李祥等用腰带缢死毓昌。王伸汉烧毁毓昌查赈文件，送王谷银1,000两，报称李毓昌发疯自缢，草草了事。⑧英使马加得尼伯爵，对中国的官场，尤不胜其惊异与轻蔑之感。这事记在他的一七九二年十月十日的日记中——公使一行由广州赴北京途次，中外随员乘用船只40只，从者数千人，清朝皇帝批准应接费一日5,000两，但因款额不足，命沿途地方官临时支应。至在北京一日费用越1,500两，但这只是公式上的名目上的实费，其实，规定的消费额中，因官吏中饱，大部都被吃掉，实际消费额，只是少数的少数。例如，在广东遭洪水时，皇帝下赐内帑金5万两，礼部中饱2万两，递次下层官吏经手时，又一万五千地被吃掉，结果难民所受实惠，不足2万两！这个英人不禁叹息道：中国孔孟子孙，不过欧美的权利神而已！⑧和英官惊异侮蔑的感情相对照，清末新官僚曾国藩的惊异与赞叹，极有趣味。咸丰三年（一八五三年），上海陷于小刀会手中时，上海海关税收，一时归外人管理，越二年，上海收复时，外人将管理时税收70余万两，移归清政府，曾国藩大加赞叹道："咸丰三年，刘丽川攻上海，至五年元旦克复。洋人代收海关之税，犹交还七十余万，监督吴道与国藩尝叹，彼虽商贾之国，颇有君子之行，即令沪、镇、浔、汉凡有领事官之处，皆我国令管关者，一体稽查，一体呈验，正税，子税，较我厘金之科则，业已倍

530

之三之，在彼固自谓仁至义尽矣。"⑧——近代的新教的伦理业已确立的大官，和前期的宗法（Hierarchies）国家的大官，两者的惊异的不同，正是我们应该把握的根源。

（二）官吏企业体之国家的限界

从上节叙述中，我们可以判明：官吏的勒索、中饱等贪污行为，在事实上被默认，且作为小代价，屡被实行，有时简直是被施赐的一种行为；但在法理上则悬为禁例，且蒙受处分——是这样微妙的一种东西。至于放任与处分间的界限以何为准则，这就需要研究了。大体说来，官吏勒索中饱的界限，在以不减少国库收入，不破坏官营企业，简言之，以不侵害皇帝的一定利益为准绳，这就是官吏和皇帝间的协定界限。如乾隆朝的大疑狱事件，起因便是由于官吏侵犯了这个默定的国家界限，才被揭发。兹引据上谕数则，以见所谓国家界限，政府如何重视。

（1）雍正二年（一七二四年）圣谕："大抵关差之弊，皆惟知目前小利，恣意侵渔……商贾畏惧，裹足不前（阻害商品流通），行旅彷徨，越关迁道。则困商实所以自困也（关税收入减少）。故关差……使舟车络绎，货物流通，则税额自足。"⑧

在这个谕令中，禁止关税的勒索，其禁止动机，在于畅达商品流通，以资培养财源。故为"税额自足"，"使舟车络绎，货物流通"为不可或缺乏要件。因关税收入，为清代财政的重要母胎，故受政府重视，且关税最多摩擦，易于作为间接税的增税对象，官吏勒索自易下手。雍正帝的谕令中，即指明这点要害，以促进商品流通，确保关税收入，为国家的界限，而不容许勒索，本例非常明了。

（2）乾隆三年（一七三八年）五月上谕大学士鄂尔泰等："近闻：南方织造（苏州、杭州、南京官营丝织工场）盐政等官内，指称内廷之需，用优童秀女，有广购行觅者。并闻：有勒取强买等事，深可骇异（下略）。"⑧

上一谕令中，禁止官营丝织工场及盐政监督官的勒索私买行为，亦说明了政府不予以支持的官吏私曲的国家界限。而且，又证明了官营企业日趋腐败的情况，是一道意味极为深重的谕示。关于后一点，后来在清末时，日人山内吴太郎在丝织厂见习时所写的报告书中，亦曾深刻地证明：

531

"杭州局有三百架机台，南京局有百九十台，运转中者六分之一。在南京机场如能看到的事物，杭州则不堪一看。器械及制品与坊间无轩轾，职工又乱离，工厂机械亦不修理，虽经费充足，只交定额上纳品，不接民间定货，此之谓局机。官吏浮收为多。"[90]另一在江西景德镇皇窑实习的日人日比野新七亦在其报告书中指出康熙以来制品的质的低下，不聘用名工，无美术品产生，而只见生产费增高的事实。[91]

(3) 乾隆五年（一七四〇年）八月上谕内阁："东南沿海一带，如山东、江南、浙江、福建、广东、广西等省。俱设有战船，以为海防之备。今承平日久，官办渐觉疏忽。朕闻船只数目竟有报部之虚名，而十分之中，无不缺少二三，至于大修小修之时，每因船数太多，难以察核。该防营办及州县人员，通同作弊（注意此点）！将所领帑银侵蚀入已。报修十只，其实不过七八只，而又涂饰颜色以为美观，仍不坚固。且更有不肖之官办，令子弟亲属载贩外省，或赁与商人前往安南日本贸易取利者，以朕所闻如此，虽未必各省皆然，亦难保其必无。"[92]

上谕系对船政废弛所发的训诫，说明了官吏的极为勇敢的腐败行为，和无法无天的营利行径。船政（海军力）的整备，为国家不可缺的要求，如吉林造船厂就曾在康熙朝担负了军事胜利的历史，因之，政府必须贯彻此种要求，但以乾隆朝为转期，说明了这个要求开始废弛的事实。所以康熙朝与清末海军力的相差悬殊，招来了道光朝的由于海军力不备的鸦片战败，这是一定的道理。自此点看来，乾隆这一谕令，殊堪重视。

但是，与国家的要求相背驰，官吏不以国家危机为重，只顾个人营私发财，其最为极端的典型事例，可摘录二种史实：

(1) 十九世纪的悲剧鸦片战争，其导因之一，就是官界堕落。关于鸦片烟的贩卖，雍正七年（一七二九年）被禁止，在嘉庆元年（一七九六年），禁止鸦片私卖及吸食者的罚则规定，明令发布，鸦片当成国禁。[93]但这正给予官吏创造了发财机会。李鸿宾督两广时代，水师巡船，在道光六年（一八二六年）当时，每月收贿 36,000 两，放任鸦片走私输入，至如水师副将韩肇庆，道光十七年（一八三七年）以后，结托外人，以巡船援助走私，其代价，为由船主赠予鸦片，韩即以外人赠予之鸦片，作为走私没收品，报告宫廷，结果，因获私有功，赏戴孔雀翎。[94]这真是滑天下大稽的事。韩虽后来为林则徐揭发，遭受革职[95]，然一般官吏心理，认为揭发之忧并不足以影响或阻止其恶行，因所谓揭发与否，全决于个人幸或不幸的命运形态。与韩的绝对侵犯国家的要求而蒙赏戴孔雀翎的幸运相对照的，有乾隆二十九年（一七六四年）的闽浙总督杨廷璋，因勾结外船，年收贿1万两被举发，忽遭不幸的革职命运。⑧这种对照的事实，官吏的幸与不幸，全系检察制度不完备之过，而其所以极不完备，就是官界颓废（通同作弊）的指表。再谈回韩肇庆一派的例子，连对外贸易的负责者十三行商，除麦同泰（Poonequa）一人外，别人皆未参与鸦片走私输入⑨，由这点看来，官吏的国家观念不如商人远甚。以至太常寺卿许乃济发出这样悲壮真实的声音："法令者，胥吏、棍徒借以为利之所。法愈峻，则胥役之贿赂愈丰，棍徒之计谋愈巧。"⑱这种官吏不顾禁令的发财观念，是鸦片走私输入兴盛的唯一原因，扩而论之，清廷＝林则徐的对英开战的决意，亦以此为引点。所以鸦片战争战败的责任，应该由这种贪污政治来负。

（2）日本幕吏山口举直等，来访上海时，正值太平天国运动热烈之际，山口在其报告书《黄浦志》中，对于清代官军的腐败情况，描写很好：

> 支那（该书称中国时称唐，时称支那）因全国不正之风习，发匪灭亡之期无望。其故在于国贼（指清军）赖赠予发匪（太平军）以欠缺品（指军用品）而取高利。且如早速了事（指战争终结），则厌恶出阵临事之俸禄的失去，故好征而迟伐。我虽获胜（我指清军），然必缓进，缓兵以便授予发匪以欠缺品，而保护之。彼若败北（彼指太平军），则窘缩以俟时日。此说自法人处所闻也。⑲

因之，清朝政治腐败所产生的太平天国运动，更因其腐败的原因，太平军得有十多年的生命。然终亦逃不过灭亡的命运，太平天国五十年后，这个满身腐乱的政权，到底寿终正寝了。

然而，这样的和国家的要求相背驰，以至于这样的干犯国禁的清代官吏的通行私曲，究竟是这个国家的官吏观念所胚胎。即是以官吏为企业的深固观念。官吏企业，民国以后，又复生出同种的军阀企业。这种企业在中国利润最大，同时又是投机性最大的企业。并且，因为这种企业的投机性格，故通同作弊，最为需要。通同作弊的作用，在于分散危险的保险作用。而企业规模之大小，又决定通同作弊的广狭性。要之，这种官僚冒险事业（mandarin adventurers）直可和近世初期的欧洲商人冒险事业（merchant adventurers）相伯仲。这种私曲暴露，则身命不保，万一成功，则利润极丰。所约束的一代的投机事业，初期开始时，需要莫大之投资。在这群人们中，有不少是把一生押入官界进出这一赌注的。有名的讽刺暴露小说《儒林外史》《官场现形记》中，就有许多具体的说明。此处兹引据乾隆帝上谕一则，此中也提供了不少极具兴味的事实。

乾隆五十七年（一七九二年）九月上谕："顺天卿试诸生，年届八十以上者郑元谟等三名，七十以上者姚熊思等二十七名……本年山东乡试诸生，年届八十以上者刘家修等五名……本年湖南乡试诸生，年届八十以上者单士拔等六名，七十以上者秦法等四名……山西省本年乡试年逾八十宋守祀等五名……本年贵州乡试诸生内，在年八十以上者杜大章等三人……江西省乡试诸生，年八十以上者周经等六人……甘肃省八十以上王栋等八人……广西省梁如炽八十五岁……浙江省八十岁以上来寿昌等十一名……"[⑩]

中国历代所施行的考试制度，不仅是一种愚民政策，而且是一种奴役政策，此处姑勿申论。唯考试制度为官僚学的张本，事实昭然。在乾隆帝这道上谕里，说明全国各地，有70—80岁以上的乡试生这一事实。虽然乡试生并非最终的登庸试验，受过乡试的，还要等到翌年春天京师的会试！但通过这一充满滑稽意味的悲壮严肃的事实，可以看出执着于官界的思想如何强烈，和官吏企业的魅力如何伟大！这种事实，使写《中国乡间生活》（*Village Life in China*）的神的使徒史密斯（A. H. Smith），当然大为惊异。史密斯对于排除万难，不顾一切，对文官位以难以抑压的渴望盲目向前迈进的这个国家知识人的千篇一例的动机，大为惶惑不解，结局，才恍然大悟这个动机是出于对于名声及权力的欲望！[⑩]

（三）官吏的根源（中国知识分子的史论）

在上节中我们说明考试制度为官僚学的张本。这里补论之，因为在中国社会的构成上，知识分子（士大夫）占有重要的地位，且为官僚的后备军或就是官僚的本身。

中国产业不发达的阻因之一，就是这种"劳心者治人，劳力者治于人，治于人者食人，治人者食于人，天下之通义也"（孟子）思想下所产生的知识阶级（士大夫）或官僚阶级的存在。[102]

中国士大夫掌握政治，产生官僚阶级，当以开始封建制度以后的周末为始。中国建国之初，原以各氏族部落散居各地，自行治理，其后因发达关系，始有大小强弱之分，而以大氏部落为中心，绕以无数的小部落，他们公选大氏部落中勇健能战公平解决争讼的人做大人（统治者），没有世袭，大人以下，各有畜牧治产，不相徭役，这就是依照历史一般的发展规律所存在的原始公社制度（也称为原始共产制度）。由于生产力的进步，及在战争中俘虏的增加（劳动力），私有财产制度逐渐发生。在夏代（前二一九七年（？）—前一七六六年（？））私有制度继续发展，在政制上，传子制度确立了，开始征收田租十分之一为政费，渐至破坏了原始公社制度，而建立了奴隶占有制度。有了阶级，有了压迫，有了世袭制度，统治者凭武力享受奢侈放荡生活。自周时（前一一三四年（？）—前七七一年）封建制度开始，经过列国兼并时代的春秋战国，由于王室衰微，诸侯相互兼并，内外战争剧烈，有了养士制度。士大夫以出策划计为统治者帮闲，开始在政治上取得力量。在富贵人看来，养士和养狗意义相同，但在士大夫看来，这就是进身富贵之阶。谁给士衣食，士就给谁出力卖命，这是士的特征。孔子聚士讲学，有"三千门弟子，七十二贤人"，其中七十二贤人，都经孔子的宣扬介绍，分在各国做官受爵。孔子本人则一以做官为目的，"三月无君，则惶惶然"，他奔走列国，以求禄位。春秋末年，墨子是士的大师，大师有介绍弟子做官的义务，做了官的应该招待同学送钱给大师，士成了一种特殊地位。加上地方上的任侠之徒，成了一种支配阶级，这就是官僚阶级的发生开始。至秦始皇统一中国，官僚主义的中央集权的封建制度遂告成立。秦禁私学，想做官必须"以吏为师"，学习法令，这样，确立了官僚制度。虽然士大夫不免蒙受抑压影响，但至秦灭汉兴，由于官学发达，对读书人用征辟制度（大官号召有才能的读书人给自己做属员），官僚主义特别发达。但它的反面结果，则是仕途大抵为世家子弟所垄断，三国时期，士族与寒门形成严格区别，对立尖锐，不让寒门分润政治上的权利。曹丕依据这种习惯，创立"九品中正"制度，明为表示读书人的做官机会平等，实为压迫寒士的工具。但士族至此在法律上取得了特权，取得了统治权的士人，有了朝代改换，士人地位无变的特征。如南朝士人，重家不重国，重孝不重忠，种族思想更无。又因士族大抵庸碌无能，一遇国家剧变，寒士才得借军功参与政权，军功较大的也就篡夺帝位，创立新朝，如篡晋的刘裕、齐高帝萧道成、梁武帝萧衍等。至隋朝杨广因鉴于选举及九品中正制度，只使少数士族把持政治，妨碍皇帝用人自由，改用明经进士两科取士，是为中国考试制度的滥觞。唐承隋制，尤重进士科。至于这一考试制度的功用，唐太宗李世民曾登宫门见新进士试毕鱼贯出门，大喜道："从此天下英雄，入我笼中矣！"赵嘏诗："太宗皇帝真长策，赚得英雄尽白头！"是一种出色的奴役制度，也是一种愚民政策，这种制度行到明朝时，朱元璋就更加以严厉的应用，由刘基发明了八股文程式，规定在朱熹注《四子书》及宋元人注《五经》中出题，绝对不许自由发挥意见。而考试的人，只求取得官职，不顾任何廉耻。这是朱元璋专制政治下的产物。而清代灭明的最大资本——汉奸，却又是这种专制政治的考试制度下的产物：知识分子在考试时，即凭行贿、钻营得中而取得官位，一旦失意时，就都纷纷投奔新兴的满洲了。这是中国知识阶级（官僚阶级）传统精神的更高的发扬。清朝入主中国，定都北京后，于顺治二年（一六四五年）开科取士，一切悉照明朝旧制，惟满人乡、会试，在清初另立一榜，止考翻译（用满文译汉文一篇）称为翻译科举。雍正以后，旗汉人一体考试，形式上似乎公平待遇，事实却大谬不然。汉人虽中额较满人多多，但在授官上，如京官名额中，汉人所占比例远不逮满人，虽然汉人出身又大多高于满人，清朝利用科举，限制汉人仕进，汉人欲求仕进，则又必须抛掉一切学艺，专司八股学习，这真是最聪明的愚民政策和奴役制度的混合应用。[103]

在中国历史的发展中，知识分子（士大夫）＝官僚阶级，它的促进和改变历史作用，在制度演变的桎梏下，少于它的妨碍和倒退作用。这一面又要归咎于所谓"官学"之弊。

中国古代的学问，原立足于实际，所谓道由艺入。《礼记》称："作者谓之圣"，可见学问注重于实践之一般。自周末春秋战国以后，学问始远离实际生活，因时势混沌，社会面临革变，诸子争鸣，思想蔚为巨观。然这发生于个人社会之一角的思想言论，多崇高理想与空谈，孔子之孙子思负气而作《中庸》，造成了后儒的喜谈性与天道。子思之学传而至孟子，犹排斥空谈，所谓"不以规矩不能成方圆，不以六律不能正五音。徒善不足以为政，徒法不足以自行"。然与时代潮流无补。虽然孟子本身仍带有战国游士的作风，他一面痛斥空理空言，讲求务实，一面又大骂厉行躬耕主义的许行，在矛盾的旋涡里打滚。中国在原始共产社会前后，王者有躬耕的传说，自入战国后，多少舌辩智勇之士，避开利益微小的农业，竞相游说诸侯，以获卿相富贵，学问之事自然远离实学。孟子当然沾染了这种时代风气，一面痛斥自我勤劳不贪无义之禄的陈仲子，一面又将当时倡导极端自我主义的杨朱及博爱主义的墨翟批为无视道德法律的禽兽主义，而以法律由君（统治者）出，道德由父赋予的社会伦理说为结论。但痛斥杨墨的孟子，是一个聪明人，他又窃去杨墨思想的余唾，孟子认为生产的效果，并非全凭筋肉劳动者，"或劳心，或劳力，劳心者治人，劳力者治于人，治于人者食人，治人者食于人，天下之通义也"。这种精神劳动和肉体劳动的分工说，而强调精神劳动者（劳心者）的社会领导地位和专业化。子思作《中庸》时即已陷入高远的理想主义中，孟子虽倡"必有事焉"的实务练习，宋钘以后的儒者，却更埋头于以读书与静坐为日课，混乱于性命天人的问题中。孟子不失为时代儿的政客作风，游历各国，以求录用。孟子以后的宋明儒者，更出入于王公大人之门，运用一切可能手段，以求一官半职。以艺能术智为基础，与学问的本旨完全违背，堕为官僚学。更由于历代统治者的统一思想政策，罢黜百家，尊崇儒学，于是儒学一变而为官僚学的本质，这种官僚学，以不自然的仪饰、俗恶思想、伪善为其构成内容，完全远离实际和实践，压抑人性，有关产业的学术和自由思想，完全被排斥。这就是中国官僚主义的精神根据，专制政治的护身符和安定剂。这紧抓着中国经济社会的新生，摧残了中国的进步。⑭

中国知识分子，在传统的麻痹和自傲中，理想的职业，当然是做官，"学而优则仕"，为一切读书人的最终目的地。一切知识技艺，如鲁迅先生所论，完全成了做官的敲门砖。官吏是骑在人民头上的存在，官吏地位的尊严，唐代的"儒者"韩愈在《送李原归盘谷序》中有出色的描写："其（大丈夫）在外则树旗旄，罗弓矢，武夫前呵，从者塞涂，供给之人各执其物，夹道而疾驰。"这固就唐代而言，然以后一切官的威风，还不脱这个范围，甚至有所增添其排场，其仪式。如清代，督抚出门鸣锣开道，执事侍官列队而前，骑马者谓之顶马，多者三人，持伞者一人，奏乐者一队，余多执牌，上书官衔，同于出会。轿前尚有戈士哈（满语卫士），督抚坐于轿中，四人舁之，左右有戈士哈护卫，轿后置一箱，中有衣服，人民称为罪箱，也是一种仪式。后复有骑马者相随，侍从凡百余人，威严非凡。其下各官视其品级，侍从依次递减，州县官出衙，亦得鸣锣开道，持肃静回避牌者在前，皂隶头戴竹编高帽，色分红黑，手持长板，官坐于轿中，人民闻锣让道，准立路旁观看。州县为亲民之官，去时或由人民自动或由官吏暗中活动，由治下人民送万民衣，或万民伞，或立去思牌，或脱换其靴置于城上，官得万民赠物，认为莫大光荣，人民则认为官得万人赠品，将来因案参革，得免于死。⑩

这种威严的外场，莫大的经济利益，使这一阶级存在的基础日益巩固和扩大，成为中国政治经济改革的一大阻力和泥沼。至其能一直存在下来的道理，归纳起来约有数种理由：

（1）这个阶级不绝地有新分子补充，社会愈混乱，工商愈破产，则其成员额益增大，它不像欧洲的贵族阶级在年代变迁中渐就衰落。并且由于社会的特性，中国阶级的流动性很大，上下层分子不断互相流动，这一阶级的分子，皆有其各自的来源和道路，而纠合成一个控制社会的力量。因为分子变动性大，所以不时注入新鲜的空气。

（2）这个阶级非常富于迎合性（无耻无行），其保存自己的方法非常巧妙。南朝时，他们的社会特权形成后，也形成了它们一个体系的人生观。即重孝不重忠，重家不重国，种族观念更无。他们原视统治者——人主为神舆，原不问其清浊是非，如蒙古族或满洲族征服中国后，不能以马上取得的天下而马上治之，在天下统一后，复渐由汉人官僚阶级助理统治。所以不管中国统治权，历经改变，官僚阶级并无何等改变。他们自以为是一种超然的技术存在，"有奶便是娘"，他们对环境的变化有可惊的变动性。一方面，这又是他们内心脆弱性的表现。所以他们又最富于动摇性。

（3）官僚阶级为保持其阶级性，过着和一般人民隔离的生活，以自外于人民为其光荣。和一般劳动人民不通交际婚姻，居乡时，即为乡绅阶级，即所谓土豪劣绅。他们的阶级经由科举考试而巩固其阶级门户，阶级间的结合，横的为婚姻的血缘关系，纵的有亲分干分的因缘的存在。

（4）这一阶级因其在政治经济两方面的存在性，其阶级势力极为巩固。他们以知识阶级而占有文化，以官吏身份垄断政权，在乡更以官僚地主的活动，兼并土地，结托官宪，伸手于一切利益，把持乡曲。像一般人民的孜孜劳动，他们是不屑为不必为的，且以此为耻。

在上述四种条件具备存在并发展的官僚阶级，大体又有上下两层之分，其特性多少有所不同。下级即所谓胥吏，系非正式科举出身，而具有土地，虽不能说是代代以官为业，然征收租税等实际事务全由他们办理，这是因为他们是地方势力，明了地情的关系。他们的地位很少变动，而其积弊亦最深，且改革不易。他们这一阶层的固定性最大，变动性最小，在历代易姓革命中，上层阶级虽有新陈代谢的变动，他们这一阶层却大抵固定。至于上层阶级，在大变动中，恒处于变动地位，因为这种"换气法"，所以弊害较浅。另外，这个阶级还有朝野之分，在朝为官吏，在野为乡绅，从此互相勾结，共以剥削人民为目的。

总之，官僚阶级的本能，即在于以榨取人民，肥大自己。他们是朝廷与人民间的中间人，坐取中间利益，所谓"中饱"阶级。⑩

（四）官吏身份的浮动性

这种官僚阶级的成员——官吏的身份，由于这个国家的本质，又极为脆弱，且具有浮动性。在某种程度说来，牧民官的官吏，仅对人民是 Mandarin 的存在，对于命令他的皇帝，他不过一个奴仆而已。中国对官吏的称谓中，有"臣妾""臣工"等说法，就是标明这种身份性格的。他们常受捐输、减俸、革职三种威胁和恐惧。现抽出若干事例，以资证明。

第一　捐输

道光年间，江苏省白河茆河治水工事费 11 万两中，官界捐输额，据《林文忠公政书》甲集《江苏奏稿》卷四《会奏白茆河挑工验收并出力人员请奖折》载称："臣陶澍、臣林则徐各倡捐银一千两，藩司陈銮捐银二千两，苏松粮道陶廷杰捐银三千两，苏松太道吴其泰捐银五千两，前任苏州府知府沈兆沄、署常熟县事试用知县蓝蔚雯各捐银一千两，昭文县知县张绶组捐银六千两……安徽候选道章廷榜所捐二万两。"

道光年间，江苏省宝山县筑堤工事费 20 万两中，官界捐输额，据《林文忠公政书·江苏奏稿》卷七《验收宝山县海塘工程折》载称："升任藩司陈銮捐银三千两，解任苏松太道杨金城捐银三千两，护理苏太道苏州府知府汪忠增捐银三千两，太仓州知州李正鼎捐银三千两，宝山县知县毛正坦捐银六千两，署上海县事元和县知县黄冕捐银三千两，署嘉定县知县王锡九捐银一千五百两。"

道光年间，为补救云南省军事费，官界捐输额，据《林文忠公政书》丙集《云贵奏稿》卷九《迤西移改协营添设泛兵折》中载称："大理府知府唐惇培捐银二千两，准升蒙化同知汪之旭捐银一万两，腾越厅同知彭崧毓捐银三千两，共银一万五千两。"

如例所示，举凡水利、土木、军事等种种财政支出的补救中，不断地强要官吏捐输，这不仅是一种讽刺，而且关系重大。如前面曾提及的甘肃米捐大疑狱事件，就是以官吏的捐输为机缘而发觉的。原来甘肃前任藩司王亶望，捐输筑堤工事银 5,000 两，在年俸 4 万两中，捐输如此巨额当不可能，因之为庙议所疑惑，遂敕使前往查勘，而举发了连坐百数十名的大疑狱事件。[⑩]

捐输制度，原创始于康熙朝三藩之乱时补助军事费的需要。[⑩]只以这种侵害生活的制度来说，官吏的私曲就不能免除。虽然，捐输额巨大，又造成官吏倾身的诱因，如甘肃米捐例。所以捐输不可，不捐输又不可的尴尬场面中，充分显示了这个国家的官吏身份的脆弱性。

第二　减俸

咸丰三年（一八五三年），太平天国运动之际，曾一时中止支给别俸式的养廉银，减俸额甚为巨大[⑩]，因为这时的养廉银原较正俸为多。[⑩]可看下例：

武官三品以上　二成支给（八成移当军事费）

文官一品至七品　六成支给（四成移当军事费）

第三　革职

同一官吏，由于皇帝，而评价各异。如顺治帝的摄政多尔衮在顺治八年（一六五一年）卒时，因生前功勋，追谥尊号，后由于谗者诬陷，谥号及宗籍悉被剥夺，至乾隆四十三年（一七七八年），再被昭雪后，赠予谥号的事实。[⑪]又如雍正帝所信赖的治水名臣田文镜，雍正九年（一七三一年）卒后，赐赠谥号，乾隆帝时贬下的事实。[⑫]

至于对属于外来的不可抗拒的事件，则稍有瑕疵，不仅立加革职，而且用流谪的酷刑处置。如嘉庆十三年（一八〇八年），关于有名的英舰澳门袭击事件，两广总督吴熊光，革职发遣伊犁的事实。[⑬]如印度总督阿姆阿斯特的招待缺席事件，嘉庆帝大加震怒时，负责接待的工部尚书苏楞额、户部尚书和世泰、内务府大臣广惠等，立即革职的事实。[114]如道光年间，鸦片对策纠纷之际，许乃济的许可鸦片输入提案，遭邓廷桢等反对，忽庙议一变，许乃济被革职的事实。[115]最为酷薄的待遇，无过于林则徐一人负担鸦片战争失败责任，道光帝从满洲大臣穆彰阿之议，遣发林则徐去伊犁的事实。

以上诸例，说明了这个国家中并无官吏身份保障制度，官吏的升降黜陟，一凭皇帝的喜怒哀乐，臣工们时时战栗于"伴君如伴虎"的恐惧中。这种特殊的政治形态，弊害自然极大。官吏身份，常暴露出危机，成为脆弱而且浮动的存在。仅此而论，现职官吏的私财积蓄，一旦为应付急需，就有被皇帝"抢劫"之虞，化作骑人的马刺一样的东西。然而，这又构成一种恶性循环，这时，官吏们做官并不计及俸给多寡，只是拼命地为私蓄而积蓄，皇帝取之官吏，官吏又向民众补回损失，羊毛出在羊身上，倒霉的还是老百姓。因之，官吏企业，成为清代经济社会中最为典型的营利活动——利润积蓄形态。在下引的乾隆帝的上谕中，可以推见这种理论：

> 恒文、良乡、蒋州、高积、钱度，以收敛赃私，自应按律治罪……乃近日复有李侍尧贪赃营私，汪圻竟有馈送金银之事。昨据和珅查奏，李侍尧勒索属员之银两累千累万……督抚养廉丰厚，岁入一二万金，何有不足，而复贪饕无厌……[116]

所以，百日改革的志士康有为，在其改革意见中有"以厚俸禄，养廉耻，止捐输"[117]之言，可谓洞悉官吏企业的本质及其弊害，发而为中肯切要之论。

第四节 官吏企业体与民间资本
（官界对于民间资本的本质的嫌忌）

官吏企业体，因为对于民间一般资本长成的嫌忌，一般民间资本不仅受不到官方的保护，育成的照料，反而受到摧残和压抑，使中国产业发达处于一种萎缩、破灭的不幸状态。早如顺治初年，京师富豪李三，被借口奢侈而遭诛杀[118]，这不仅是廷室大权集中政策的示威表现，而且是官界对一般民间资本本质的嫌忌的好例。这种极端的事例的表征，是有清一代对于民间资本的不断的摧灭，这种摧灭的契机，就是苛税＝勒索和强制捐输。如南通的纺织王张謇，就是这种明见，认为若不和官界联携，任何事业计划都无法办成，这自然也是张謇本人亦官亦商的缘故。所以当他创设近代的纺织工厂于南通时（光绪二十五年四月），和两江总督刘坤一密切相连。[19]但是，和官界的联携，虽为企业发展的必要的条件，而并不算充分的条件。清末群起的官督商办企业的纷纷失败的事实就是证明。从古以来，所谓官商频频破产的道理也在这里。可先看下引林则徐的上奏：

为奏苏省办铜官商赔累难支，恳请酌复旧章。窃照苏省官商承办直隶、陕西、湖北、江西、浙江、江苏六省鼓铸洋铜事宜。前于嘉庆二年（一七九七年），奏定金商王履阶承办，每百斤价例给银十三两五钱九分三厘，每年额办六省之洋铜共五十万五千九百六斤，历给价银六万八千七百七十八两七钱八分，豫给一年帑本。嗣王履阶之弟王日桂接办十有余年，铜帑两清，从无贻误。迨嘉庆十三年（一八〇八年），程洪然自愿减价投充官商，愿每百斤只请价银十二两，并先缴铜片，后领帑项。其意只图邀准，未计赔亏。自此更改旧章，不久因力乏告退后，商汪永增接办。仅止四年，亦即乏退。复奏举充旧商王日桂之子王宇安，以资熟手。当据该商禀请，复还旧制，未经准行，仍照减价后帑之例办理。王宇安连年赔累，屡次求退。因无人愿充，着令勉力承办。嗣据苏州府详据，现商王宇安、前商程洪然，率请改易章程，以减价后帑连年亏累，致资本全空，禀求恢复旧章，仍领十三两五钱九分三厘之价，预请一年帑本，俾得源源办运等情……查苏局之洋铜，为六省鼓铸之需要，若不酌复旧章，必致缺误。[20]

上奏文中，老实地说出了江苏省鼓铸洋铜的官商的经营困难的实情。作为中国的普遍的支付手段，唯一的国定货币铜钱的铸造，是冠冕堂皇的国家企业，所以，民间包工业者的官商，当系赋有特权的官商。然而在林则徐的奏文中却说明了由于官商的经济穷乏，不得不屡次更选经营者的事实，却由于铸造手续费——企业利润过少，反言之，即企业成本的过高这一原因。官商，就连典型的国家企业货币铸造的包工制官商，亦不得不在苛税的重轭下，停止其合理的经营。苛税之对于企业的合理的发展，更推广来说，对于经济社会的合理发展，起如何桎梏作用，由林则徐所奏一事中，充分证明了。

然而苛税的在近代的租税制度以前的本质，最明显表现出来的，就是它的形态转化而来的捐输。这种对官吏自身流用的强制捐输，在清代Hievarchie 的国家中，渐又转化为对一般民间资本的流用。清代的二大商人资本，两淮盐商及广东十三行商人，亦不免为这种重轭所苦。甚至在两淮盐票最为典隆的乾隆期，由于这种强制输捐，而变成了两淮盐商最为痛苦的时代。兹依据史实制成两淮盐商捐输额一表列上，于此可见两淮盐商在强制捐输中如何繁重而且过大。

两淮盐商捐输额（单位银两）

年次	军需报效	助赈报效	助工报效	备公报效	总计	摘要
乾隆三年(一七三八年)	—	174,476	300,000	—	474,476	贵州苗乱江南水利
六年(一七四一年)	—	71,049	—	—	71,049	永定河工
七年(一七四二年)	—	300,000	—	—	300,000	
九年(一七四四年)	—	—	—	310,000	310,000	
十一年(一七四六年)	—	200,000	—	300,000	500,000	大金川役
十二年(一七四七年)	—	—	—	160,000	160,000	
十三年(一七四八年)	800,000	—	—	200,000	1,000,000	大金川平定
十四年(一七四九年)	—	—	—	1,000,000	1,000,000	
十八年(一七五三年)	—	300,000	—	—	300,000	
二十年(一七五五年)	1,000,000	—	—	—	1,000,100	准噶尔役
二十二年(一七五七年)	—	—	—	1,000,000	1,000,000	准部平定
二十三年(一七五八年)	1,000,000	—	—	—	1,000,000	叶尔羌回教乱
二十四年(一七五九年)	—	21,826	17,600	—	39,436	回部平定
二十五年(一七六〇年)	—	—	—	100,000	100,000	廓尔喀部泥波尔部役
二十六年(一七六一年)	—	—	—	1,000,000	1,000,000	
三十二年(一七六七年)	—	—	—	1,000,000	1,000,000	缅甸役
三十六年(一七七一年)	—	16,960	—	2,000,000	2,016,960	小金川役
三十八年(一七七三年)	4,000,000	—	—	—	4,000,000	小金川役

（续表）

年次	军需报效	助赈报效	助工报效	备公报效	总计	摘要
四十五年(一七八○年)	—	—	—	1,000,000	1,000,000	
四十六年(一七八一年)	—	19,120	—	—	19,120	甘肃回乱
四十七年(一七八二年)	—	—	2,000,000	—	2,000,000	
四十九年(一七八四年)	—	—	—	1,000,000	1,000,000	甘回平定
五十一年(一七八六年)	—	3,920	—	—	3,920	台湾叛乱
五十三年(一七八八年)	2,000,000	1,000,000	—	—	3,000,000	台湾役
五十五年(一七九○年)	—	—	—	2,000,000	2,000,000	安南役
五十七年(一七九二年)	4,000,000	—	—	—	4,000,000	廓尔喀役
六十年(一七九五年)	2,000,000	—	—	—	2,000,000	贵州苗乱
乾隆朝计	14,800,000	2,107,351	2,317,600	9,270,000	28,494,951	
嘉庆四年(一七九九年)	2,000,000	—	—	—	2,000,000	四川教匪乱
五年(一八○○年)	500,000	—	500,000	—	1,000,000	永定河泛滥、四川湖南教
六年(一八○一年)	2,000,000	100,000	—	—	2,100,000	匪役、教匪乱平定
七年(一八○二年)	—		—	—		
八年(一八○三年)	1,000,000	—	1,200,000	—	2,200,000	
九年(一八○四年)	—	200,000	1,400,000	—	1,600,000	讨平浙江沿海海贼
嘉庆朝计	5,500,000	300,000	3,100,000	—	8,900,000	
乾隆、嘉庆两朝合计	20,300,000	2,407,351	5,417,600	9,270,000	37,394,951	

备考：

1. 本表据刘隽《道光朝两淮废引改票始末》（原典系《盐法志捐输》作成；摘要栏据萧一山《清代通史》作成）。

2. 军需报效系军事费补助，助赈报效系赈恤费补助，助工报效系土木费补助，备公报效系一般国库补助（如帝室之诞生，祝寿等项）。其中须注意者，为军事费补助一项在捐输中占最高数额。

由于上列这样庞大数额的强制捐输，使两淮盐商极度疲惫，道光年间的两淮盐法改革的动机之一，就是从此形成的。虽然在改革法案以前已经预发官给帑银，而且不得不屡屡减免盐税，少给盐商以喘气机会。[20]在这种场合，减免税政策实与苛税互成表里，所谓减免税者，不过像对受刑濒死的人给予一碗开水喝喝，以暂安定休养其精神，为下一步的刑法做准备工作而已。事实说来，由于苛税及减免税这一种政策的两种方式像红白血球似的在盐业的血管中恶性循环不已，盐业的发展完全被窒息了。而且这种恶性循环，不仅盐业受祸如此，举凡清代一切产业都为其祸害，仅此而论，清代产业绝无发展的余地。

广东十三行商，当亦不免遭此劫运。康熙五十九年（一七二〇年）为数十六家的行商，乾隆三年（一七三八年）为十一家，四十四年（一七七九年）为八家，四十六年（一七八一年）为四家，四十七年（一七八二年）为九家，五十六年（一七九一年）为五家，五十七年（一七九二年）为十二家，嘉庆十八年（一八一三年）为十家，道光十七年（一八三七年）为十三家，道光十八年（一八三八年）为十一家[21]，这种增减无常的现象，一直到鸦片战争爆发。在行商增减数中则意味了旧商破产与新商参加的新陈代谢作用。道光九年（一八二九年）粤海监督延隆的奏文中，可以说明这个道理：

> 窃照粤省外洋行，从前共有十三家。在西关外……向称十三行街，至今独存其名，惟近年只存怡和等七行，其余六家，或因经营不善，或因资本消乏，陆续闭歇。自应另招新商，随歇随补，方可以复旧观。[22]

政府所以补充新商，常需保持行商定数的原因，不过为严密贸易管理行政，力防走私贸易[23]，所以不断补入新商，以为继续。至于陆续倒闭的行商，无论是由于经营不善，或资本消乏，倒闭总是事实。然而实际考查起来，以对外贸易而常博巨利的行商，其所以新陈代谢的最大原因，实非由于资本消乏，而全系由于苛税＝捐输所致。这都是有稽可征的实事。例如：嘉庆初年，英船秘密输入羊毛之际，其保商丽泉行潘长耀，被课以百倍之罚金，该行因之开始经营困难的事实[122]，嘉庆六年（一八〇一年），同文行潘启官被海关监督勒索 50 万两，经与其家属暗中协议，准减额为 10 万两，监督则坚持非 30 万两不可的事实。[123]同年，海关对各行商加征 294 种之货物税的事实[124]——凡此事实，都说明了行商经营困难＝破产的原因所在，这些例子不过是聊供参考的小例而已。现再将行商如何供给巨大的强制捐输事实，制表于下：

广东商人捐输额（单位：万两）

年次	捐输额	捐输者	理由
乾隆三十八年(一七七三年)	20	行商　盐商	金川役
五十二年(一七八七年)	30	潘启官	台湾役
五十七年(一七九二年)	60	蔡世文　盐商	廓尔喀役
嘉庆四年(一七九九年)	40	潘启官　盐商	苗乱
五年(一八〇〇年)	50	行商　盐商	川陕匪乱
六年(一八〇一年)	15 50	行商　盐商 潘启官　盐商	祝川陕匪乱平定 永定河工
八年(一八〇三年)	20	潘启官　盐商	祝教匪平定
九年(一八〇四年)	40 12	行商　盐商 潘启官　盐商	河南衡家楼河工 海船建造
十一年(一八〇六年)	20	行商　盐商	海贼讨伐
十四年(一八〇九年)	12 8	行商 盐商	嘉庆帝五十岁祝寿
十六年(一八一一年)	60	卢观恒	南河河工
十九年(一八一四年)	24 16	行商 盐商	军事费
二十五年(一八二〇年)	60 40	行商 盐商	武陟土木费
道光六年(一八二六年)	60 40	伍敦元 盐商	新疆回乱
十二年(一八三二年)	10 11 10	伍沛官 行商 盐商	广东瑶乱
计六十年(只限于行商)	395		

547

备考:

1. 据梁嘉彬《广东十三行考》页四〇四—四〇八作成（原典出于《两广盐法志》）。

2. 盐商系指广东广西盐商。两广盐商亦因资本雄厚，成为捐输对象。

3. 潘氏为同文行，蔡氏为逢源行，卢氏为广利行，伍氏为怡和行。

像这样程度的征收苛税，难怪嘉庆帝不得不说出这样近乎良心发现的话："该处洋商向有十三行，现只存八家，其积年消乏可知，且该商等捐输报效已非一次，自当培养商行，令其家道殷实，方不稍形疲累……至增备贡银一节……勿庸加增，以示体恤。"⑫

这种因苛税＝捐输而来的资本消乏，必至使行商负债累增。惟行商的债权人为外国人，这点是行商与国内一般产业界相异的特质。因之，行商对外贸易独占达到最高点的乾隆时代，却又因对外负债，而成为行商破产频仍的时期。据《粤海关志》所载，乾隆四十二年（一七七七年）三月丰进行倪文宏的破产（货币及商品负债总额 11,000 两余）。四十五年（一七八〇年）七月泰利行颜时瑛、裕源行张天球的破产，四十九年（一七八四年）九月义丰行蔡昭复的破产（货币负债 166,000 两余），五十六年（一七九一年）吴昭平的破产，六十年（一七九五年）七月而益行石中和的破产（货币及商品负债计 598,000 两余），嘉庆十五年（一八一〇年）福隆行邓兆和的逃亡，可见一斑。⑫

再有，行商一旦陷于负债的深渊，由于对外贸易的特殊方法，多数到了不能自拔的境地。因为外国人定为八、九月来广，十、十一月必须归国，其残余未卖商品，须委托行商经理，而其下次来广须有数年以后，这样，必至达到"其本银即按年起利，利银又复作本起利，以本利辗转积算，愈积愈多，商人因循负累，久而偿无"⑬这样狼狈的境地。仅就乾隆二十四年（一七五九年）曾明令严禁行商对外借债一点看来⑬，可见利息率高昂所及的影响。例如乾隆四十四年（一七七九年）即有八家行商多少不免负债，泰和行颜时瑛、裕源行张天球、义丰行蔡昭复、广顺行陈 Cowqua 四行负债原本在 1,078,976 圆以上，计算复利，本利合计即为 3,808,076 圆。⑬政府有鉴及此，为防止因此而惹起的外国人祸患，禁止外国人放债（乾隆四十五年七月），更规定每年贸易清算残存不得逾十万两余（乾隆六十年）。⑬虽然这样，然行商负债已成为机构的必然现象，这样一片旨令，到底无从贯彻。起初，政府尚以传统的慈惠政策精神准对外负债，用官本代为偿还⑭，后以破产层出不穷，政府的慈惠政策亦宣告破产，改用行商的连带责任制，只求利用。在前章中所论及的总商＝保商连带责任制度，就是在这种情势的要求下设立的，是政府的最为精密的利用政策。所以总商＝保商制度，并非出发于行商自体的自主的意志，而是政府的利用政策的运用中由官设立的。可是，不图这种连带责任制，竟使一般行商皆卷入连带的破产旋涡中⑮，生出一匹马一次发狂千匹马跟着发狂的悲哀现象。

而且，一度宣告破产的行商，再无参加资本活动的机会。他们照"交结外国诓骗财物例"，被发遣伊犁充军，去服军屯苦役。官吏流谪地的伊犁，广东人呼为"Colo Country"（Colo 系 Cold 的洋泾浜英语）的未知地，不图行商于数年后竟前来陪伴，从此再要回到生身地的故乡，除非是为了要埋葬祖茔，尸骨的还乡。⑯这就是象征清末一般民间资本的悲剧的终结。但这也说明了与其积蓄资本还不如趁肥吃掉资本的军事封建性格的清朝政治形态的本质。

注：

① 萧一山，《清代通史》，上，页三百六十五以下，另参照《清朝野史大观》，卷三，《清朝史料·十三衙门》。

② 萧一山，《清代通史》，上，页七百十四。

③ 萧一山，《清代通史》，上，页七百十五以下，并参照《清朝野史大观》，卷三，《清朝史料·军机处》及《军机沿革》两篇。

④ 萧一山，《清代通史》，上，页二百二十七。

⑤ 萧一山，《清代通史》，上，页二百六十五，另参照《清朝野史大观》，卷三，《清朝史料·剃发之令》。

⑥ 萧一山，《清代通史》，上，页二百九十四。

⑦ 范文澜，《中国通史简编》，页六百二十九。

萧一山，《清代通史》，上，页三百六十四。

⑧ 康熙朝文字狱——庄廷铙的"明史狱"（连坐者七十余人）。沈天甫之狱，朱方旦之狱，戴名世之狱（连坐者数百人）。

雍正朝文字狱——吕留良之狱,曾静之狱,汪景祺之狱,查嗣庭之狱,谢济世之狱,陆生柟之狱——据野史传称,雍正十三年(一七三五年)八月二十一日雍正帝之暴卒,系吕留良之孙女所弑。

　　乾隆朝文字狱——胡中藻之狱,杭世骏之狱,鄂昌之狱,彭家屏、段昌绪之狱,齐国华之狱,徐述夔之狱,世臣之狱,王锡侯之狱,智天豹之狱,尹嘉淦之狱,程明諲之狱,方国泰之狱。查禁书,有钱谦益之《初学集》《有学集》,屈大均《翁山诗文集》,金堡《遍行堂集》,谢世济《梅庄杂著》,陈建《喜逢春传奇》等书。(参照萧一山《清代通史》,上,页七二五、七四五—七五〇、七五一—七五八;中,页一七—二〇、二四—二九。《清朝野史大观》卷一及卷三。范文澜,《中国通史简编》,页六七九以下)

　　⑨ 康熙帝(玄烨)为要提高自己的智力,求学非常勤勉。五岁读书,到老不休,上自天象、地理、历算、诗文、音乐、法律、战术,下至骑射、书法、医药、蒙古、西域、拉丁文书字母,无不精读熟研,他是从古少见的一个博学的统治者。(参照范文澜《中国通史简编》,页六八)

　　⑩ 萧一山,《清代通史》,中,页四十。

　　⑪ 萧一山,《清代通史》,中,页七百五十八。

　　⑫ 兰克《强国论》(日本《岩波文库》版本),页十九。

　　⑬ 参照《大清十朝圣训·高宗纯皇帝圣训》,卷一百三十八—一百六十一。

　　⑭ 萧一山,《清代通史》,中,页六十二—六十三。

　　⑮ 萧一山,《清代通史》,中,页六十二—六十三。

　　⑯《高宗纯皇帝圣训》,卷二,乾隆十三年六月。

　　⑰ 引自摩斯《极东国际关系史》(日译本),卷上,页二百八十八。

　　⑱《清朝野史大观》,卷一,《清宫遗闻·颐和园经费》。

　　⑲《清朝野史大观》,卷一,《清宫遗闻·康熙朝与前明宫中费用之比较》。

　　⑳《清朝野史大观》,卷一,《清宫遗闻·清代骨肉之惨祸》《兄弟阋墙》。

　　㉑《清朝野史大观》,卷一,《清宫遗闻·清世宗袭位之异闻》。

　　㉒《清朝野史大观》,卷一,《清宫遗闻·兄弟阋墙》《胤禵惨死》《雍正时逻察之严二则》。

　　萧一山,《清代通史》,上,页七百十、七百三十二以下。

　　㉓范文澜,《中国通史简编》,页六百四十一。

㉔ 萧一山，《清代通史》，上，页七百二十—七百二十三。

《清朝野史大观》，卷三，《清朝史料·年羹尧案》。

㉕《高宗纯皇帝圣训》，卷一百八十五。

㉖《林文忠公政书》，丙集，《云贵奏稿》，卷二，《甄别盐提举州县各员折》）。

㉗《林文忠公政书》，丙集，《云贵奏稿》，卷五，《甄别知府各员折》）。

㉘ 萧一山，《清代通史》，中，页八百三十二—八百三十四。

㉙ 梁启超，《中国四十年来大事记》(一名《李鸿章》)，页二十六。

㉚ 萧一山，《清代通史》，上，页三百六十二。

范文澜，《中国通史简编》，页六百四十九。

㉛ 萧一山，《清代通史》，中，页二十一。

㉜ 萧一山，《清代通史》，中，页十八。

㉝ 萧一山，《清代通史》，上，页六百五十四。

㉞ 萧一山，《清代通史》，中，页十六。

㉟ 梁启超，《戊戌政变记》，页一—二。

㊱ 梁启超，《戊戌政变记》，页一百二十六。

㊲ 梁启超，《戊戌政变记》，页七十四以下。另参照左舜生辑《中国近百年史资料续编·戊戌保国会章程》一节，页四百一十七—四百二十。

㊳ 梁启超，《戊戌政变记》，页七十五。

㊴ 梁启超，《戊戌政变记》，页七十六。

㊵ 梁启超，《戊戌政变记》，页一百三十。

㊶ 梁启超，《戊戌政变记》，页十一。

㊷ 梁启超，《戊戌政变记》，页一百二十二—一百二十四。

㊸ 梁启超，《戊戌政变记》，页九。

㊹ 梁启超，《戊戌政变记》，页十二。

㊺ 梁启超，《戊戌政变记》，页十八。

㊻ 梁启超，《戊戌政变记》，页一百一十六。

㊼ 梁启超，《戊戌政变记》，页八。

㊽ 梁启超，《戊戌政变记》，页十八。

㊾ 梁启超，《戊戌政变记》，页一百一十七。

㊿ 佐野袈裟美，《支那近百年史》，下卷，页二百五十四—二百六十三。

○51《天朝田亩制度》(《太平天国丛书》,民国二十五年复刻,第一辑第四册),并参照陈恭禄《中国近代史》,页一百七十七。

○52 梁启超,《中国四十年来大事记》,页二十六。

○53 梁启超,《戊戌政变记》,页二十一——五十五。

○54 梁启超,《戊戌政变记》,页八十七——八十九。

○55 参看袁世凯《戊戌日记》(左舜生选辑《中国近百年史资料初编》所收,页四百九十三——五百)。

○56 孙师郑,《翁同龢与袁世凯康有为之关系》(左舜生选辑《中国近百年史资料初编》所收,页五百一十五)。

张孝若,《南通张季直先生传记》,页六十四。

○57 梁启超,《戊戌政变记》,页一百四十七——一百五十七。又,容闳,《西学东渐记》中与梁启超意见相同(见该书,页一百四十三)。

○58 张孝若,《南通张季直先生传记》,页五十七。

○59 梁启超,《戊戌政变记》,页六十三。

○60 梁启超,《戊戌政变记》,页一百○七。

○61 关于西太后的人物评价,虽众说不一,然关于她的权力欲的权化一点,所见皆同。关于她的事迹、人物,可参酌下列各书:

(1)陈怀,《中国近百年史要》,页一百四十六、一百四十九、一百五十、一百五十二、一百五十四、二百四十。

(2)梁启超,《戊戌政变记》。

(3)《清朝野史大观》,卷一,《清宫遗闻》。

(4)田原祯次郎,《清国西太后》。

(5)德龄,《御香飘渺录》。

○62 梁启超,《戊戌政变记》,页五十七以下。

《清朝野史大观》,卷一,《清宫遗闻·德宗被虐》。

德龄,《瀛台泣血记》。

○63 梁启超,《戊戌政变记》,页九十七。

○64 陈怀,《中国近百年史要》,页二百二十九、二百三十、二百三十二、二百三十五——二百三十七、二百四十九以下。

○65 陈怀,《中国近百年史要》,页二百六十九——二百七十。

○66 *Chinese Repository*, Vol.5, 1836, *Description of the Agricultural*

Implements Used by the Chinese, P.486.

⑥⑦《清朝野史大观》,卷三,《清朝史料·查抄和珅家产清单》《和珅家产之籍没》;卷六,《清人逸事·和珅之家财》。另参照范文澜《中国通史简编》,页六百五十五。

⑥⑧ 梁启超,《中国四十年来大事记》,页八十五。

⑥⑨ 田中忠夫,《革命支那农村的实证的研究》,页八。

⑦⑩ 萧一山,《清代通史》,中,页一百九十一——一百九十八、二百六十七。《清朝野史大观》,卷六,《清人逸事·和珅纳财》。

⑦① 范文澜,《中国通史简编》,页六百五十五——六百七十四。

⑦② 萧一山,《清代通史》,中,页一百九十九。

⑦③ 萧一山,《清代通史》,中,页二百二。

⑦④ 萧一山,《清代通史》,中,页三百三十一。

⑦⑤ 梁启超,《中国四十年来大事记》,页八十五。

⑦⑥ 萧一山,《清代通史》,中,页三百八十二——三百八十三。

⑦⑦《粤海关志》,卷一,《皇朝训典》。

⑦⑧《中国财政史辑要》,卷二十六,《征商下》。

⑦⑨《高宗纯皇帝圣训》,卷七十。

⑧⑩ 范文澜,《中国通史简编》,页六百五十六。

⑧①《高宗纯皇帝圣训》,卷七十三。

⑧②《高宗纯皇帝圣训》,卷一百六十一。

⑧③《高宗纯皇帝圣训》,卷一百三十八,《乾隆元年十一月》。

⑧④《高宗纯皇帝圣训》,卷一百三十八,《乾隆元年十二月》。

⑧⑤ 范文澜,《中国通史简编》,页六百五十六。

⑧⑥ 萧一山,《清代通史》,中,页七百六十三。

⑧⑦《曾文正公全集书札》,卷九,《覆毛寄云中丞》。

⑧⑧《粤海关志》,卷一,《皇朝训典》。

⑧⑨《高宗纯皇帝圣训》,卷一。

⑨⑩ 山内英太郎,《清国染织业视察复命书》(农商务省,明治三十二年,引自平濑已之吉,《近代支那经济史》,页二百二十五——二百二十六)。

⑨①日比野新七,《清国陶器业视察报告书》(明治三十九年,引自平濑已之吉,《近代支那经济史》,页二百二十六)。

㊒《高宗纯皇帝圣训》,卷九十一。

㊓梁嘉彬,《广东十三行考》,页一百六十七。

㊔梁嘉彬,《广东十三行考》,页一百九十七——一百九十八。

㊕萧一山,《清代通史》,中,页八百六十五。

㊖《国朝柔远记》,卷五,《乾隆二十九年·七月罢闽浙总督杨廷璋》。

㊗梁嘉彬,《广东十三行考》,页四百〇二。

Hunter,*The Fankwae*,etc.,P.P.38—39.

㊘《筹办夷务始末·道光朝卷》之一《道光十六年许乃济奏》。

㊙新村出,《元治七年幕吏的上海视察记》(引自平濑己之吉,《近代支那经济史》,页二百二十八—二百二十九)。

⑩《高宗纯皇帝圣训》,卷二百五十。

⑩ A.H.Smith,*Village Life in China*,P.132.

⑩长野朗,《支那资本主义发达史》,页七。

⑩长野朗,《支那资本主义发达史》,页八。

范文澜,《中国通史简编》,页二十六、七十一——七十三、九十六、一百〇七、一百八十——一百八十一、二百、二百六十八、五百一十八、六百四十六—六百四十八。

陈恭禄,《中国近代史》,页七百七十。

⑩长野朗,《支那资本主义发达史》,页十三—十七。

⑩陈恭禄,《中国近代史》,页六百六十八。

⑩长野朗,《支那资本主义发达史》,页九—十二。

⑩《高宗纯皇帝圣训》,卷六,《乾隆五十九年七月》。

萧一山,《清代通史》,中,页二百——二百二。

⑩《清朝野史大观》,卷三,《清朝史料·开捐之始》。

⑩松井义夫,《清朝经费之研究》,(三)。

⑩萧一山,《清代通史》,中,页三百八十四——三百九十三诸表比较之。

⑪萧一山,《清代通史》,上,页九十六、三百五十五——三百五十九。

⑫萧一山,《清代通史》,上,页七百二十九。

⑬《国朝柔远记》,卷七,《嘉庆十四年·夏四月吴熊光谪戍伊犁》。

梁嘉彬,《广东十三行考》,页一百五十三。

萧一山,《清代通史》,中,页二百六十六。

⑭《国朝柔远记》,卷七,《嘉庆二十一年·秋七月苏楞额和世泰广惠等降革有差》。

⑮梁嘉彬,《广东十三行考》,页二百〇六。

⑯《高宗纯皇帝圣训》,卷一百九十二,《乾隆四十五年三月》。

⑰梁启超,《戊戌政变记》,页七。

⑱萧一山,《清代通史》,上,页三百六十四。

⑲张孝若,《南通张季直先生传记》,页六十八—六十九。

⑳《林文忠公政书》,甲集,《江苏奏稿》,卷四,《会奏官铜商办运洋铜请复旧章折》。

㉑关于减免盐税,可参照下列书:(1)《高宗纯皇帝圣训》,卷七十—八十五、卷一百三十八—一百六十一。(2)《中国财政史辑要》,卷二十八,《盐法》。

㉒梁嘉彬,《广东十三行考》,页二百二十一—二百二十二、三百七十。

㉓《粤海关志》,卷二十五,《行商》。

㉔《粤海关志》,卷二十五,《行商》。

㉕H.B.Morse,*The Chronicles*,etc.,Vol.Ⅱ.P.P.283,360—362,365.

㉖H.B.Morse,*The Chronicles*,etc.,Vol.Ⅱ.P.P.283,360—362,365.

㉗H.B.Morse,*The Chronicles*,etc.,Vol.Ⅱ.P.P.283,360—362,365.

㉘故宫博物院编,《嘉庆外交资料》,卷一,《嘉庆六年谕》。

㉙《粤海关志》,卷二十五,《行商》——惟在 Morse、梁嘉彬两氏著作中,更举有详细的事例。

㉚《粤海关志》,卷二十五,《行商》——惟在 Morse、梁嘉彬两氏著作中,更举有详细的事例。

㉛《粤海关志》,卷二十八,《夷商三·部覆两广总督李侍尧议》(乾隆二十四年)。

㉜H.B.Morse,*The Chronicles*,etc.,Vol.Ⅱ.P.P.44—45。

㉝《粤海关志》,卷二十五,《行商》。

㉞《粤海关志》,卷二十五,《行商》。

㉟梁嘉彬,《广东十三行考》。

㊱Hunter, *The Fankwae*, etc.,P.24.——在本书中,Hunter 氏对于行商流谪模样,有很好的描写,兹节译如下:

"出发准备完成后,公役来,行商与其他罪人一齐乘船。亲友前来告别。船自夷馆解缆。亲友信件交犯人,信内述及同情之意,并由同辈商人及亲友送银若干,银额大小,政府或户部皆不干预。当时,需款在万圆,因旅行非数月不可。下船后,在旱路上,或乘竹椅,或乘驴马或徒步,一直到目的地。"

第三编　清末产业的诸系列

第一章　清末的制造业

第一节　茶　业

A. 茶业考察之经济史的意义

茶商品在中国经济史上所具的意义，应该予以明确之认识及把握。

第一　市场的形成及发展

明末学者顾炎武有云："茶字自中唐始变作茶……茶有三……苦菜也……茅莠也……陆草也。"（见《日知录》卷之七《茶》）据此而论，茶字之由茶字变成独立的存在和意味的中唐，并以实体之茶业而论，亦系由其中部诸省（湖北、湖南、河南、浙江、江苏、江西、福建、广东、安徽、陕西、四川、贵州）发祥地扩大其销路至华北以至塞外，成为普遍化的大众生活必需品的划期时代。①宋代纸币"交子"的先驱者"飞钱"的最早的出现，及江西省浮梁县（最主要产茶地）大商人"浮梁之商"的出现，亦都是对应茶市场形成的唐代产物。②因之，茶商品和盐都是以中国交换经济中最古的和最大的担当者及促成者的姿态而出现者。一方面，由于茶被采为课税对象就是一个旁证。即在唐建中元年（七八〇年），经户部侍郎赵赞

557

的议奏，为补救军事费用，茶与漆、竹、木三者同时被课税 10%③，而开后来茶税之端，仅以此事看来，茶在当时商品化的程度及交易旺盛情况，亦足资说明。与这种现象相表里的是明代的以茶支付官吏俸给。如洪武三年（一三七〇年），以茶发付河州军兵饷，洪熙元年（一四二五年），四川省发茶以代官俸，正统六年（一四四一年），甘肃官俸以茶代发，正统八年（一四四三年），甘肃官俸军饷皆以茶代发。④这种方法，清代因袭应用，如在乾隆二十四年（一七五九年），经内阁学士钱齐奏准，甘肃省五镇宫，以银七茶三比例发给军饷。⑤其中道理，分析起来，不外：（1）为省却米、帛、绸等远距离输送之劳；（2）为恐官茶日久变质；（3）由于茶业生产之日趋高度，官茶增收的结果；（4）因茶交易之普遍化，在任何场合可与一般物等价通用，以至茶由交换价值而获得使用价值⑥——这些原因。

清代茶商品，背负了这种历史背境而出现。所以在清代时来访中国的外国人眼中，对于社会各阶层的饮茶习惯，达到可叹观止的渗透度的情形，非常奇怪。例如，十八世纪末叶，随马可托尼伯爵来华的史坦顿（S. G. L. Staunton）的记录⑦，十九世纪四十年代末马丁（R. M. Martin）所写的报告⑧，十九世纪末叶威廉（Wells Williams）所写的著作⑨，都可见这种批评和赞叹。甚至如马丁氏，竟有这样的议论，以为营养不足的菜食民族，由于过度的饮茶习惯，因茶所特有的刺激神经系统作用，当然有害肉体，而必然地染上吸食鸦片的恶习。⑩——这虽是对英帝国主义以鸦片毒化中国人的辩护，而将英帝国主义的败德无耻行为，轻轻地归罪于中国人的生理必然作用，但亦同时说明了清代饮茶习惯的渗透于各阶层民众的深度，以至帝国主义的学者顺手拿来作为侵略行为的辩护武器。由此而论，当可推知清末茶市场的广泛的分布情形，仅以这种国内市场的广泛性而论，当又可推知清末茶业制造的发展可能性。

不过，就市场的形成一面而论，较国内市场盛况有加无减的是国外市场。在阿拔斯王朝（Abbas）创立之时（七五〇年），随其经济活动的扩大化，阿拉伯商人之出入于唐代的南海诸港，就是因为早已注目于中国之茶。⑪至于茶的最大顾客欧洲人之注目于这一世界商品，则属于所谓欧化东渐期以后。在《马可·勃罗游记》中，未尝一言论及关于茶的事情，可见该时欧洲人对于茶贸易尚无若何关心，足资明证。中国茶的欧洲介绍人，是一六〇二年创设荷兰东印度公司后的荷兰人。⑫再者，tea 一字系起源于中国音，由最初茶的输出港厦门的方言 toy 转讹而来。⑬但北京和广州叫茶为 cha，上海叫 dzo，福州叫 ta——有这些讹音的存在，俄国人及葡萄牙人叫 cha，西班牙人叫 te 或 tay，意大利人叫 te 或 cha——有这样的应用。⑭据此以观，由于这种表现历史社会生活的言语的同一性的应用，可以明了茶实在是中国与欧洲间的纽带性事物。可是这种纽带的最大的极度，是十九世纪鸦片悲剧的主角英国。英国开始出现关于茶的记录，是一六六〇年英国议会条令上有关于茶的议决的出现⑮，一六七〇年英国输入茶仅 79 磅，至一六八五年而 12,070 磅，一七二五年大不列颠的消费量至 375,000 磅以上。⑯故英国对清茶输入的飞跃的增大，系在《交换令》(Commutation Act) 发生以后。换言之，在一七八七年，英国始压倒其他竞争诸国的输入总计，而达到独占的地位。下表表示得明白：

英国船只及外国船只自清国输出茶统计

年次	英国		外国		计	
	船只	磅	船只	磅	船只	磅
一七七六年	5	3,402,415	12	12,841,500	17	16,243,915
一七七七年	8	5,673,434	13	16,112,000	21	21,785,434
一七七八年	9	6,392,788	15	13,302,700	24	19,695,488
一七七九年	7	4,372,021	11	11,302,300	18	15,674,321
一七八〇年	—	—★	10	12,673,700	10	12,673,700
一七八一年	17	11,592,819	10	11,725,600	27	23,318,419
一七八二年	9	6,857,731	5	7,385,800	14	14,243,531
一七八三年	6	4,138,295	16	14,630,200▲	22	18,768,495
一七八四年	13	9,916,760	21	19,072,300▲	34	28,989,060
一七八五年	14	10,583,628	18	17,531,000▲	32	28,114,728
一七八六年	18	13,480,691	13	16,410,900	31	29,891,591
一七八七年	27	20,610,919	14	11,347,020	41	31,957,939
一七八八年	29	22,090,703	15	14,328,900	44	36,425,603
一七八九年	27	20,141,745	15	11,064,700	42	31,206,445
一七九〇年	21	17,991,032	21	10,267,400	42	28,258,432

(续表)

年次	英国		外国		计	
	船只	磅	船只	磅	船只	磅
一七九一年	25	22,369,620	10	3,034,600	35	25,404,280
一七九二年	11	13,185,467	12	6,294,930	23	19,480,397
一七九三年	16	16,005,414	19	9,403,200	35	25,408,614
一七九四年	18	20,728,705	12	5,436,930	30	26,165,635
一七九五年	21	23,733,810	14	5,577,200	35	29,311,010

备考:

1. 本表据 S.G.L.Staunton,*An Authentic Account of an Embassy*,etc.,Vol.Ⅲ.Appendix Ⅶ. 及 S.G.T.Staunton,*Miscellaneous Notices*,etc., 两书作成。

2. 有★记号者，系前年到达；▲记号多的原因系 *Commutation Act*（act., 1784）生效时先行到达者。

3. "外国"一项中，主要为荷兰、美国、瑞典、丹麦、法国。

4. "英国"一项中包括个人。

这样，英国成为清国茶输出的独占国了，这时，英皇派遣马加得尼来华有了必要。虽然，这时也投下了鸦片战争的阴影。该时的英国不仅是茶的消费者，而且成为茶的再输出者，一七一〇年——一八一〇年之一百年间，"不仅经营买卖，更进而支配印度命运"（威尔斯语）[⑰]的东印度公司贩卖额 750,219,016 磅之中，再输出额占 15%，即 116,470,675 磅[⑱]，形成了清代最大的茶业市场。茶商品之所以充任了清代经济史的悲剧的主角，真实就在这里。

原来之茶输出路线，即在江南地方，亦系以福建（红茶）、安徽（绿茶）、江西（两种）为产地，以江西省河口为集散地，由此沿赣江南下，至大庾岭，再由人力运至莫林关，便由南雄沿北江而至广州黄埔。由茶山至输出港距离在 2,400 余里，费时一二个月。但在嘉庆十八年（一八一三年），英国夷馆，自福州用船运茶 1,019,720 磅至广州仅需时十三日。在嗣后三年中，由船舶输送之茶，达八九百磅。由此，陆路运输远不及海上运输为便的道理，非常明白，而十三行商人基尔特之存在，成了茶商品自由调度的障碍。所以道光十九年（一八三九年），有 George Larpent，在伦敦向英国政府要求撤废十三行商人基尔特，并开港福州、厦门之举。[⑲]至此，悲剧勃发。虽然，悲剧的序幕闭幕后，在新悲剧的第二幕开启之时，茶叶作为主角的庄严地位，渐次失却，锡兰茶已经抬头。关于此时的茶商品输出外国市场情形，列表于下：

清末茶输出所占之地位（单位：千海关两）

年次	茶	总额	%	年次	茶	总额	%
一八六八年	34,266	61,826	55	一八八六年	33,505	77,027	43
一八七〇年	27,617	55,295	49	一八八八年	30,293	92,401	32
一八七二年	40,211	75,288	53	一八九〇年	26,663	87,144	30
一八七四年	36,826	66,713	55	一八九二年	25,984	102,584	25
一八七六年	36,647	80,851	46	一八九四年	31,855	128,105	24
一八七八年	32,013	67,172	47	一八九六年	30,157	131,081	23
一八八〇年	35,728	77,884	46	一八九八年	28,879	159,037	18
一八八二年	31,332	67,337	46	一九〇〇年	25,445	158,997	16
一八八四年	29,055	67,148	43				

备考：

据《六十五年来中国国际贸易统计》作成。

因之，十九世纪六十年代末，占输出总额 55% 比率；二十世纪初头，尚占 16% 的地位的茶，一方面又控制着庞大国内市场的茶，关于其在清末的生产形态如何，当然具有必需考察的意义。仅此而论，即构成了茶在清末制造业中为重要的一环之理由。

第二 作为军事武器——马之交换手段的茶

自马其顿之王腓立（Philip）创设骑兵以来，马在前期社会中，作为军事武器，地位重大。穆罕默德的子孙——阿拉的信徒阿拉伯人，在中世纪侵入欧洲，建立回教大帝国（七一一年）和回教文化的基础，其重要资本之一就是依赖于军事武器的阿拉伯马。至于法兰克王国的宰相加里·马得耳（Charles Martel），以中世纪之日耳曼佣兵，大破侵略者回教徒于都尔（Tours），将克罗维斯（Clovis）所建之墨罗温王朝（The Merovingian Dynasty），正式篡夺于其子丕平（Pepin），则赖之于其雄厚财力所发挥的筑

561

城技术。故马与筑城技术可谓中世纪社会的二大支柱。又如在北美平原土人的生活中，时时惹起激变的，亦种因于马。可见在机械以前的社会，马在军事生活中地位的重要。

中国之关于军事武器的马的重视，不下于任何时代的任何国家。先引乾隆帝上谕一则：

乾隆二年（一七三七年）十月上谕总理事务大臣："国家马政，最关紧要。必平时牧养蕃息，斯可用以备缓急。从来用兵之时，需要马匹，俱发帑采买，为数甚多……夫牧养马匹，必须经理得宜，俾孳生蕃息，庶日见其多，方为有益。"⑳

乾隆帝的这种轸念，不仅代表了有清一代诸皇帝的轸念，亦代表了清朝以前的诸王朝的轸念。如在庄园制度开始确立的唐代，对于庄园时代的典型武器的马，曾有痛切的需要。在贞元三年（七八七年）七月，进献外交政策于德宗的李泌奏章中，有明显的证明：

臣愿陛下，北和回纥，南通云南，西结大食、天竺。如此则吐蕃自困，马亦易致。㉑

但是，帝王们所轸念的马的输入问题，并不是完全为了作为军事武器的应用，农业社会的当然要求，还有役畜这一原因。况且在清时，马的输入尤较牛、驴的输入价廉，故对于这种便宜的生产手段的马的输入，更属切要。这种情形，乾隆二十六年（一七六一年）三月阿桂的上奏中，说得明白：

购办内地牛、驴，较之哈萨克马价，一牛可值马四匹，一驴可值马二匹。现在伊犁、乌鲁木齐之贸易，马匹即多，且原属可用耕作，请将内地购办牛驴之处停止。㉒

上奏文中，说明了农业社会对于廉价的生产手段的马的需要。这里放下不论，来专门研讨军事武器的马的问题。

中国的军事武器，并不全凭赖马，而是还利用其他的火药及机炮以为武器。例如十一世纪，北宋仁宗时代，已用渗有硝石的火药及猛火油，"北宋军备渐重火器，是一个大进步"㉓，元朝至元十年（一二七三年），忽必烈军攻击襄阳时，曾用火药抛射石弹，这种抛石机可使 300 斤的重石自远方飞来，元军因得大捷。㉔可是宋代火药，仅能用作爆炸，至于发射火药的利用，大约在元末经阿拉伯人自欧洲再输入和传授而来㉕，因之，进于明代，渐有金属制火器的应用，散见各种记载中，而此时传来的佛郎机炮（正德末年，葡萄牙船到广东白沙，中国学得制法）及鸟枪（初由葡人传来，后由倭寇再输入而普及），在中国火器的发达史上成为划期。这些武器在实战中屡屡奏功，在十六世纪二十年代（正德末—嘉靖初），开始在广州制造佛郎机炮，嘉靖二年（一五二三年），由军器局制造大型佛郎机炮 32 副以供试用，嘉靖八年（一五二九年），准右都御史汪铉奏请，颁布制造大、小佛郎机炮令。㉖至明末，与清朝侵入危机的迫切同时，如《天工开物》所传，火器制造尤呈一时之盛，且式样众多，如西洋炮、红夷炮、大将军、二将军、佛郎机、三眼铳、地雷、混江龙等。㉗如西洋炮，"熟铜铸就，……引放之时，半里之内，人马受惊死。"㉘红夷炮则"为铁铸之，身长丈许，用以守城，中藏铁弹并火药数斗，飞激二里，膺其锋者为齑粉"㉙。都有这样大的伟力。这种火器的伟力，虽然并没有挽救了明朝的灭亡命运，但延迟了清朝的胜利三十年，因为清朝当时的军事武器，还以弓矢白刃为基础，即仅止于马的阶段。但明朝终竟灭亡了，这和南宋亡于蒙古人时，火器优于蒙古人而终于灭亡相同。优秀的军事技术并不能完全决定战争的命运，这是政治的责任。胜利了明朝的清朝虽然亦努力于新式武器的制造和经营，但在 300 年后，一九一一年，腐乱的政治到底敌不过人民的力量而灭亡了。想凭军事力量挽救其腐败统治的任何时代任何统治者，没有不遭到灭亡的惨败的。

再有，历朝的武器改良＝新军事技术采用，多在战争危机迫近的时候，尤其是文化阶段较低的国家，多半糊涂地将武器改良认为救急策，他们迷信武力万能，而基本上仍脱离不了马技术的基本线。这固然有限于当时的政治经济形态，但他们的专制性格所养成的盲目的自信力，亦负大半责任。在急需改良武器以应付当面危机的时候，也就是他们的顽固的自信力表面上在扩张实际上却是在萎缩的时候，而这种军事性范围以内的觉悟，当然丝毫无补于其覆亡。如在第二鸦片战争时，据当时目击圆明园的破坏者说，英国乔治三世派马可托尼来朝的时候，曾赠乾隆帝炮车1架，12磅之榴弹炮2枚，但当时清朝政权还在表面繁盛期，清廷对于这种后来鸦片战争英帝国主义用以侵略领土的"赠物"，不仅未加警惕，予以研究应用，而且视为玩具，毫不介意③，当然，这个专制的王朝，当时并未想象到不久的将来他的子孙会为这种"赠物"弄得惊惶失措的表情面孔的。

由上所述，足见清朝及其先前的王朝，对于前期技术的马，视为重要军事武器的道理。不过，这种重要的军事武器并非散布全国的存在，而是只能依靠北方——塞外的供应。至于马的散布在北方的事实，系自然条件的限制。自动物史的见地来考察，世界的原产马地，有北美，第三纪时代，该处产生许多种属的马类。惟至第三纪时代末叶，南北美两大陆为一地峡所联结，而北美大陆与亚细亚大陆又为一地峡所接续，因之，马以该二地峡为通路，向南北移动。然因美洲大陆在出现人类的活动舞台以前，马由于不明的原因而死灭，至以白令地峡为通路移动的马，则逐渐自北东亚细亚南下分散生存于大陆地带。③然又因自亚细亚大陆南下的马，在黄河及长江二大河川间的冲积土，即沼泽地带迷路，这个在自然斗争中的困难重重的洪水温床，一八五六年太平天国军北进所阻的天险，阻止了马的南下。这就是今日在雨量800毫米以下的旱田地带，马作为役畜的主要形态的原因之一。南方稻田地带的役畜的主要形态的牛，则系自亚细亚南部所来。观之水牛起源于印度的通说今日已被证实，当为不谬。③

因之，为确保这样重要的军事武器——马，历代王朝所采行的政策，发生了以下两种可注目的政治经济现象。

（一）奠定北方为首都与基本经济地带的构成

中国历代王朝的首都，除过极稀少的例外，常在北方奠定首都，这种事实，当然与马分布于北方有必然性的关联，所以首都才被限制于有牧草地＝牧马厂的干燥地带的北方。这是前期社会要求生活与战斗的统一性的必然的措施。可看清代牧地分布情形：

清代牧地＝牧马场表

属别	所在地	面积
镶黄旗	武清县、实坻县	东西 70 里南北 90 里
正白旗	天津	西北东北 42 里西南东南 65 里
正红旗	(1)瓮山(2)卢沟桥	(1) 15 顷 (2) 27 顷 60 亩
镶白旗	通州	24 顷 80 亩
镶红旗	顺义县天笠马房村	35 顷 28 亩
正蓝旗	丰台王兰村	东西 30 里南北 50 里
镶蓝旗	(1)落草桥(2)庙房	(1) 10 里 (2) 18 里
杨柽木牧厂	锦州广宁县彰武台边门外	东西 19 里南北 250 里
御马厂	独石口东北抟罗城	东西 130 里南北 197 里
元部牧厂	张家口西北察哈尔园察罕城	东西 46 里南北 65 里
太仆寺左翼牧厂	张家口东北喀喇呢	东西 130 里南北 50 里
太仆寺右翼牧厂	张家口西北齐齐尔罕河	东西 150 里南北 65 里
镶黄正白镶白	张家口西北诺穆罕	东西 130 里南北 250 里
正蓝四旗牧厂	搏啰山	

备考：
据萧一山《清代通史》，中，页四百四十一——四百四十二作成。

上表中所表现的事实是：牧地设于八旗所在地，八旗则为内廷禁近畿的护军设于皇帝所在地，皇帝之所在地则设于北方牧马的地带，北方的马与北方的牧草，当然是自然条件上的必然的结合。然而，又如上表中所见到的事实，牧地设置，事实上又不能完全仅限于京师附近，于是乾隆帝不得不发出下面的忠告：

　　至于京师亦需要马匹，而厂地多在口外，未免离京稍远……京师附近之密云、热河诸处，如有可安设马厂者，亦宜酌议安设，则调用更属近便。③

据上所论，可以认识前期社会对马如何着重与垂涎。因之，机械以前，马军事技术阶段的社会，不得不在北方奠定王朝的首都。

再有，由于上述事实，当然生出一种结果，即政权中心地的北方，无论在何种世代，由于又构成为政权的基本经济地带（Key Economic Area），而成了表示最大的威力，夸示，同时又是慈惠的场所。换言之，王朝的维持政权的政策，首先是在北方巩固集权化的基础，最为切要。冀朝鼎氏所谓的"基本经济地带"，虽由于时代关系，渐渐向南移动，但常常离不开关心北方的道理，就是这种历史的根据。就水利为指标来研究基本经济地带的构成，亦可看出其与首都所在地的紧密关系，而证实了上述的论断。

水利事业与首都所在地之关联表

王朝 / 省别	春秋	战国	秦	汉	三国	晋	南北朝	隋	唐	五代	北宋	南宋	金	元	明	清
陕西	▲1		▲1	▲18	2			▲9	▲32	4	12	4	4	12	48	38
河南	▲1	▲3		▲19	▲10	▲4		4	11	▲	▲7		2	4	24	●843
山西	1			4	1	1	1	3	32		25		14	●29	●97	●156
直隶				5	1	2	3	1	24		20		▲4	▲2	▲22	▲542
甘肃				1	1				4					2	19	19
四川		1		1	1				15	1	2	4		1	5	19
江苏	3	2		1	3	▲2	▲8	1	18	1	43	74		28	234	62
安徽	1			1	3	4	4	1	12		7	9		2	30	41
浙江		2		4	2	3	2	2	44	1	86	▲185		87	480	175
江西				1		1	1		20	1	18	36		13	387	222
福建									29		45	63		24	212	219
广东						2		4		4	16	24		35	302	165
湖北									4	4	4	14		6	143	528
湖南				1	2	1		2	7	2	5			3	51	183
云南				1			1		1					7	20	292

备考：

1. 据 Cho-Ting Chi,*Key Economic Area in Chinese History*,1935,P.36.作成。（本书系据各年代地方志编译者）

2. ▲表示王朝所在地。春秋战国形式上在河南洛邑。秦、前汉在陕西省长安。后汉、三国之魏、西晋在河南省洛阳。东晋、南朝在江苏省建康。隋、唐在陕西省长安。五代在河南省洛阳及开封。北宋在河南省开封。南宋在浙江省临安。金、元、明、清在直隶省燕京。可见首都多设北方。且首都所在地，特别注重水利以构成基本经济地带，当无疑问。所以北方成为集权的政治力的结晶点，而这种结晶点，系以马为杠杆而成立，则必须铭记。

3. ●系表示因记录上有缺陷而不确实的数字。例如，清朝河南省为843，虽然为数巨大，而规模狭小。

4. 唐朝浙江省为44，显示出南方初次追越北方，并注意首都所在地陕西省及唐王故乡山西省的数字。南方地位的向上，表示了基本经济地带的变动。总之，唐朝时为南方经济圈的抬头期，由本表中即可表明。

5. 元、明、清三朝表示出基本经济地带向长江流域移动，而且广东省的重要性增大。但尤须注意该三朝对首都所在地直隶省的重大的顾虑性意味，方能把握本节之论点。

6. 本表需仔细揣摩，与中国历史发展对照观察，当可看出中国经济的发展趋势，及每个王朝的经济状况与其兴衰的里因。

（二）茶马市场的设定

军事武器＝马所引起的第二政策，是出现了将马从产马地的塞外地域直接输入的方法。而在塞外地域所选用的马的交换手段，就是本节所论的茶。"以茶易马"是在唐代以来所行的传统方法，尤其在宋代，这种茶马贸易，达到极高度性的国家紧要措置地位。但在宋初，河东、陕西、四川三路，为吐蕃、回纥、党项等地输入马的通路，马价系以铜钱支付。㉞惟因恐惧铜钱支出影响兵器铸造的关系㉟，故在太平兴国八年（九八三年），改用茶及布帛支付㊱，更于熙宁七年，以银、帛、度牒等支付，然因银、帛非塞外诸族生活必需品，遂自元丰六年（一〇八三年）起，专以茶支付。㊲因之，在陕西省秦州、凤州、燕河有茶马司的设置。㊳宋朝之茶马司政策，明朝继承下来，永乐三年，创设辽东茶马司及西关诸地（四川、陕西）之茶马司。㊴上述的史实中自身说明了其意义，原来西藏已经传染了

568

唐代的饮茶风习，蒙古亦在明代陷入了这种汉习的深渊。⑩中央政府有鉴及此，而巧妙地以茶为手段，把握了四种效用：（1）马的交换手段；（2）塞外怀柔手段；（3）市场的扩大；（4）补助财政收入（茶税及茶专卖）等。而肉食者的塞外诸民族，由茶补给维生素 C 乃绝对的生活必要，以故他们不得不屡屡为中央政府的利用政策所牵引。茶在中国，是这样的一种具有如此伟力和历史的意味的商品！正因如此，历朝才屡次实施官茶专卖（私茶禁止）政策⑪，并为了试图增加生产，又特别地实行了绝对免除茶户的徭役（一三八一年）及无主茶园由军队经营的对策。⑫

上所引述的前代诸政策，处于同一经济阶段的清朝，当然即刻继承下来。如顺治二年制定陕西茶马事例，顺治十八年在北胜洲与达赖喇嘛及根部台吉协定"以茶易马"协约，康熙三十四年特派官开始管理茶马事务及频发私茶贸易禁令等⑬，及在乾隆二十二年，以许可贸易为条件要求哈萨克献马。⑭——从这些措置中，可见其注意力的一斑。而且，还把握了"马政事关紧要"⑮（康熙三十四年给事中裴元佩条奏）及"以茶易马，柔远之义"⑯，这样与前代毫无差异的用意。只需以有这种以茶易马的对塞外政策而论，清朝在政治上又须有前进一步的举措，如很早地将西藏并入版图，强制蒙古王侯的年班（交替参觐）等。⑰

然而，茶商品系工业生产物，由于生产技术的发展，增产自有可能，至于劳动对象的马，增殖率却自有一定的自然界限。故在时间的进展中，茶马的交换比率，使前者不得不陷于吃亏境地。下列表中即可明了这种不利的情况：

茶马交换比率（马匹与茶的交付额）

年次马种	明初	一三八四年	一三八八年	一四九〇年	一六四四年	一七二七年
上马	100 斤	40 斤	120 斤		120 斤	120 斤
中马	70 斤	30 斤	70 斤	平均 100 斤	90 斤	90 斤
下马	50 斤	20 斤	（驹）50 斤		70 斤	70 斤

备考：

1. 据田中忠夫《塞外茶贸易史论》(《支那经济史研究》)，页一三一——一三二作成。

2. 若再考虑到茶之品质由粗茶改良为细茶的事实，则实质上茶的交换比率之低下，较本表之表面数字更加低下。

由茶马交换比率，我们必须这样理解：在长期趋势中，自然的增殖率固定的马与金、银情形一样，价值尺度只能算是一种参考，换言之，它的价值系无尺度，所以在这种场合下，茶交换在比率的低下，不能解释为马价的腾贵，反之，只可认为系茶价的下落。而茶价的下落，则系由于生产技术或生产组织的进步，或生产费的低下及大量生产的促进所生的结果。所以，现在我们也从这一方面来考察清末茶业的生产形态有如何情形。

B. 生产形态

视点＝（一九〇〇年代）（湖北省蒲圻县羊楼峒）

长江一带，为清国茶业之冠，尤以汉口即因为茶之集散市场而成名。汉口集散之茶的生产地，亘羊楼峒、崇阳、威宁、通山、宜昌（属湖北省）、安化、桃源、长寿、平江、高桥、聂氏、云溪、湘潭、浏阳、醴陵（属湖南省）、宁州、武宁、吉安（属江西省）、婺源、祁门、建德（属安徽省）诸地，尤以傍近汉口的原始市场羊楼峒，使终点市场的汉口复具有初级市场的二重身份。且与生产红、绿茶的江西、安徽两省相对应，湖北、湖南两省则专一生产红茶，羊楼峒当然亦限于生产红茶。⊕

茶出市场前的生产行程，以长江流域所见一般的现象而论，分茶芽、粗茶、精茶三个行程。第一行程之茶芽生产，当然出于农家。即是以本来为米作农家的兼营形态的茶户，来担当。不过，在这种手做原料茶的基础上，第二行程的粗茶行程，亦由茶户担当。这时，他们系以农主工从的农家副业形态，为补助家计，来从事家内劳动的姿态而出现。以米作农家的兼营形态而生产的茶芽，由于与原料基础的结合性，开始担当粗茶生产的副业农家——茶户，因不能超越最次出发点的家计补充性的限界，其经营规模，当然不免狭小。例如，下引的记述所称：

中国之茶生产业者……几乎全是称为茶户及贩户的农家的副业的（实为兼业的）经营，并未实行大规模的茶园及组织的栽培法，因而一户以极小的产出量各自独立地直接卖予市场，并不能有收得充分利益之能力，而又无如生产者的共同贩卖法一类的处理法，此间自不能不为中间商人所乘，以至利润之大部分为商人所剥削，生产者收入被大为减轻，而农家所生产之粗茶，由茶号及茶栈予以加工精制放进市场。⑭

如上文所剖示，由农家以狭小规模所生产之原料茶，经同一农家之手实施粗茶加工，经过这个阶段，即离开农家而移于纯粹的企业经营。精茶行程，就是这样。羊楼峒即是以这样的集散市场（＝初级市场）形态驰名当代。此处，即以羊楼峒作为抽出事例，以下开始考察第二行程、第三行程。

粗茶行程⑮

萎凋 由茶山采摘之茶芽，搬入农家天井中，撒布于薄竹制之网席上。席长约 15 尺，宽 10 尺，两端横缀以圆竹以资便利搬运。席一张可撒布生叶 400 两（等于一个搬运笼之分量）。席上生叶，用日晒行萎凋作用，时间约需 50 分，席上温度，为 110 度乃至 120 度，生产减水量约 30%。萎凋作用终了，立即进入搓揉行程。

搓揉 第一次在席上用手轻揉 5 分钟，再行撒布席上吸受阳光。俟外部干燥后，移于屋内搓揉台，用足搓揉。此台装置为横 6 尺纵 18 尺，敷以木板，两侧各立木柱 4 根或 6 根，于高三尺处用细木棒设以栏杆，俾两手把扶，用足向后搓揉。约 20 分钟，俟液汁渗出后，用手摊开茶块，需时约 10 分钟，再行足搓揉。然后再以同一方法，同一时间，重复施行一次。

酸酵 搓揉完毕，次即将茶撒布原竹席上，以俟水干，在温度 130 度内，放置席上 40 至 50 分钟。茶叶渐由茶褐色变为暗褐色。再装入茶掬箕或笼，覆以棉被，压以小石，炎天时暴晒，是为罨蒸。气温 122 度内外，需时 2 句钟 40 分，酸酵即告终了。

焙烘 罨法完毕后，由日光处移于向阴处。再将完全干燥之茶叶装于盛量 600 两之布袋内，搬入精制工厂。布袋系向精制工厂预先领取者，编有号码。自此，粗茶即由农家交付特约工厂。

粗茶工程时，有用雇佣劳工者。男工 1 人，制茶能力 300 两者，日给价 18 分乃至 20 分。至装填 600 两容量布袋时，需男工 2 人之工作能力。如上为述，可见其生产行程完全为手工业的，除过手与足的劳动外，并未使用完备的工具。因之，清末以前的制茶形态，由此自不难想象。

精茶行程[51]

精茶行程担当者为茶庄（茶店）。诚如其称号所示，茶庄（茶店）乃商人形态，并非产业家。或谓，在此种场合，商人兼有产业家的机能。补助家计的副业规模之茶户，因自身缺少以精茶与市场直接联系的经营基础，而无作为产业家的自主的机能，故势必以其家内劳动，来充作茶庄的外业部的机能不可。因之，在羊楼峒，这样的茶庄 = 精茶工场，备有 70 余所的拣撰所、收入所、砖茶工厂，宛然成"一大城郭"。最大之茶庄，有 17 座分庄，且各自附有精茶工场。这些茶庄对特约生产农家所提供的粗茶，先行验货，再定收买价格。然并无验查场的设置，而只在简单的验查台上验查。其验查方法为以二合大的茶碗投入茶叶 2 钱，碗口覆以铅板，经 10 秒钟后，鉴定茶质。收买之粗茶，按其充分干燥程度，分别贮入贮藏库。

贮入贮藏库以前的干燥法，系用焙炉烘干。焙炉深埋地上 1 尺深处，炉上堆置高 3 寸广 5 寸之结实黏土堆。炉与炉之间保持 2 尺 5 寸距离。干燥程度适于可用筛分筛时为止。每炉投入量为 150 两，火焙温度为 90 度内外。时间最长 1 小时。经过如此手续，始行贮入贮藏库。开始精茶行程时，即自库中提出茶叶。

精茶器具　精茶器具不过为单纯的工具。以竹制之筛具，筛撰用之人力风车及手箕（网制，拣撰用）为主。然所用简单工具，颇为细密化，如主要用具之筛，即有花筛、灰末筛等 21 种以上。各茶庄皆备有所需用之各种筛器。

精制方法　初用花筛或须筛，两者筛眼皆为 1 寸平方。筛之大者横 3 尺，长 5 尺乃至 7 尺，深 1 尺。以一细木棍斜置筛下井字形之木架上，筛之两侧各有一竹制把手，以便两人筛茶时扶用。此种手续，称为"蔓切"。茶成为良质时，即用筛眼细密之筛，由一人筛之（筛约 1 尺 5 寸），每次筛量为 1 斤。筛毕实施干燥后，再筛第二次，更用风车扇过一次。其间，用以除去茶茎之方法，则用"银筛""生末"等筛眼细密之筛具，用手掬取。未能除去之茎及其他茶叶，则由女士拣撰。

572

分业则由性别决定。男工从事焙茶、分筛、风撰等项，女工从事拣撰。各茶庄作业职工达数百人，现出"工场内充满男女杂闹"的光景。

由以上所述，可以明了在清末之羊楼峒精茶工场，实已达到机械以前的工具与手工业劳动的大型制造业阶段。惟据马丁氏（R. M. Martin）记载称，距此半世纪以前，即十九世纪四十年代末，在广州以北数里处，亦有茶叶制造业（Tea Manufactory），使用男女幼工达 500 人。[32]且其生产形态，与此处所列举之羊楼峒相同，即是与手工劳动样式——机械以前的生产技术，完全相符。因之，可以断定，南方诸省茶业诸地域之茶叶制造业，在十九世纪中叶，业已达到一次的发展阶段，渐至清末，转而勃兴，以近代工场的外业部形式而存在，从制造业的本身中未生出机械化＝近代工场化的形态来。而这种茶业的制造业的推转，乃属于行庄型的商人，自属当然的归结。现在为证明这个断定，采用下列二种事实。

（1）羊楼峒茶业考察后的十年，关于同地的记述，是另一种形态：

职工在每次茶季，即自五月初旬，聚集此地，各制茶家雇用工人男女合计四五百人，制茶繁盛时季达千余人之多。女工自其住宅或客栈中来从事专门撰茎工作，男人在制造所内起居，从事火干、分筛、搬运等工作，并有夜班。三等职工概属农人，过半自江西地方前来，薪银不论男女，日给百文乃至百六十文，男工供膳，女工则不供膳。[33]

在这个报道中，当时职工使用额达 1,000 人以上，以此类推，其生产规模较十年前自为扩大，然其生产技术＝组织，依然徘徊于工具与手劳动的机械以前的阶段，向机械化转换的痕迹毫无。茶业制造的内在的发展，在十九世纪中叶，只有一次的扩张，完全了然。

不过，还有补注的一点：若明白了上引用文中从事精茶行程中有离开田地的农民的存在，并有薪银给予到现物给予制（Trucksystem）的存在等情况，则可以正确地断定，后面展开的棉、绸、瓷器制造业的状态，在十年以后，与一九〇〇年代羊楼峒的茶业制造相同，有过上引用文中所说的同一事实的存在。

（2）羊楼峒的终点市场汉口，在一九〇〇年代，业已出现了近代砖茶机械工厂。例如：有广东人所经营的兴亚茶业公司。[34]该公司为 50 圆的合股公司，拥有 50 万圆之公司债，500 人之职工及 3 万立方尺之场基。其规模如下：二层楼工场 1 栋、干燥场 1 间、仓库 4 间、公事房 2 间、汽锅室 1 间，工厂二楼则作为制品干燥场。原动力为 30 马力之汽锅 1 架，装置以为压榨器、熬鳌、损物破碎器、分筛器、尘取器等一切运转之用。有压力 12 万两之破碎器 3 架。拔砖器在压榨器左侧面 9 尺处，并有将拔就之茶砖立送二楼干燥室之装置。压榨器 1 架装置蒸器 6 个。水面下装置有深 1 尺 5 寸，直径 2 尺 2 寸之木箱，用直径 3 寸之铁管 6 根与各釜相连络，以便输送蒸汽。损物破碎器 1 架，系铁制。将损伤之砖茶三四片碎裂后，自损物破碎器上部投入，经回转后，即行粉碎。分筛机 4 架，有二段式及三段式者，各机皆有每一阶段用以选别之装置。筛上剔出之茶叶，由侧面所设之沟形铁板，落入另置之容受袋内。最下部，则为由金属制的板装入受箱之装置。制茶干燥室利用二楼，共 300 立方尺，周围绕以 10 寸之铁管，中央更有一管相通，以便室内气温上升，使砖块之茶干燥，温度为摄氏 40 度——这种历然的近代机械工场，既已存在于自十九世纪中叶以来停止发展的制造业旁边，而且这种近代工场，越过由茶庄与特约生产农家所结托的布袋，而支配了地场，初级市场，原始市场的茶庄及特约生产的农家。⑤只以这件事实而论，即可证明茶庄不过被编成为近代工场的外业部这一事实。再有，在汉口的该公司，因系广东人经营，证明了南方资本向北方动员的事实，关系极为重要。

第二节　棉　业

A. 清末棉业前史

"臣谨按：棉古书绵……调查古书，吉贝当之。或称古贝。《禹贡》扬州条有'厥篚织贝'，注有贝即吉贝，棉布之精巧者之说。……"⑤这是乾隆三十年（一七六五年）直隶总督方观承写给敕撰《御题棉花图》之跋文。棉花系极古传来一事，跋文中说得明白。然而该时之棉，不过作为朝贡品而输入者，棉花栽培的始点，实属于宋朝。其发挥地在中国文化交通的媒路南海。在元祐年间（一〇八六年——一〇九三年），福建、广东已栽种棉花，经营纺织，宋时方勺《泊宅篇》有明了的记录。开始北渐扩向江南地方，在元朝之至元年间（一二六四年——一二九四年），以江苏省松江

574

为起点。⑤⑦而至《天工开物》刊行的明朝崇祯时代（一六二八年——一六四四年），棉布不仅成为全国的必需的衣料，而且有了地域的分业，走上专业化的道路。"凡棉花寸土皆有，而织造尚松江，浆泉尚芜湖。"⑤⑧解言之，在全国的棉布生产中，江南植棉的起点江苏省松江以织布著称，安徽省芜湖以染色著称的事实，上引的《天工开物》叙述得非常明白。而且，由此而论，当代的棉业基地仍在江南地方，当亦无疑。还有，在此100年后即乾隆三十年，《御题棉花图》出现时际，华北在该时亦成为有力的棉花基地。尤其直隶省，全耕地面积的20%—30%，充当棉花栽培。再引《御题棉花图》的记述：

直隶肥美广大……生棉部分约占二三成，岁岁满余，移出四方。⑤⑨

准此而论，直隶省之棉花，不仅可以本省自给，而且向四方开拓销场，棉花的商品化率，著著高升的事实，盖可断定。实际上，棉花商品，直隶省农民为90%的生产者，其销路开拓情况在今日所能想象的以上。再看下文：

臣奉职直隶，谨观察冀赵深定诸州管下农民，栽培棉花，占十之八九，生产不仅较东南丰富，而其织布之精巧，今足与淞江、太仓匹敌……不仅此也，且其剩余，移出黄河南北，若云依山负海之地，外运朝鲜，以交易之恩惠，用供纸布。⑥⑩

像这样的棉花的商品生产化，及他省甚至外国的广泛市场之存在，当然是由于流通机构之扩大化。在棉花登场时期，地场商人及客商纷纷麇集直隶。由《御题棉花图》可以证明：

新棉上市之际，远近商人群集，甚呈混杂。行店开店受入，行商引车回旋，村人纷纷运送，或易货币，或易米谷。⑥⑪

因之，从棉花商品来看乾隆朝，可以判明当时已达到货币、商品经济的异常的昂扬期。然而，问题在于棉花何以当时能走向商品性？上论中固

575

已有一部分答复，然而尚嫌过于笼统，兹据直隶总督方观承的话，予以概括分析：

(1) 价格的安定性。"棉有定价，不因丰凶而增减……"⑥²

(2) 副产物的利用可能性。"棉核压出之油，夜间可以照明，其滓可作肥料。其茎可供炊事亦有火力。无无用之部分。"⑥³

(3) 价廉＝市场之广泛。生活必需品。"麻之织物不能防御冬寒，丝绸、丝棉温暖而贫贱莫及。唯棉之利用，功广而利遍，不仅可补蚕桑之所不及。……"⑥⁴

(4) 补充家计＝副业的家内劳动至便。"其（棉）锄耕灌溉全与谷作相始终（注：原棉生产过程与麦作之表里关系），盖可合耕织（注：农主工从的小农民之家计补助），而并双方之勤劳。……"⑥⁵

从这位直隶总督的观察中，很明显地说明了惹起为政者对于棉业逐渐关心的事实：一方面系促进了乾隆朝商品生产的进展，他方面是副业的家内劳动的利益性，结合而成了官方的政策的出发点。以至乾隆帝为直隶总督敕撰《御题棉花图》也不过是调查农民生活实态，奖励副业（制造小农政策）为基础，为出发。兹另引甘肃巡抚黄廷桂奏言，再次证明乾隆朝为政者的关心政策所在，以助更进一步的了解：

> 甘肃土地不宜种桑，棉纺织概置不讲，布帛较别省为贵，现饬有司购买棉子试种，制造纺车，延女师教习妇女，其不能种棉地方，雇觅工匠，教民织褐。⑥⁶

这种官方奖励副业政策（＝制造小农政策），其根据的详细的剖明，暂留在本编《补论》中论述。关于纺绩、织布技术，南方实较北方大为进步。如在下述三点中，即可明了其进步的事实：

(1) 经纱行程之贯卷。"纺车……竖木载车，横木挟链，纺者位置车前，左手握长棉块，右手回转车轮，链随车轮动，纱口自然引出，与纺绢纱时相同，此所谓纺线，引一支四日可得一斤，是为织线，合二三支而成缝纱。……苏州松江地方所谓纺纱，用足动车，单手同时引三支五支，劳动固可减轻……"⑥⁷

(2) 整经行程。"处理纱口缠绕之'经'，此时南方用经床。立锤八

576

个，下之四车必须顺回转。北方手持木框，引锤合络……一框可容数锤……此经床简便而且效用（注：但应解为装置单纯之意）。"⑱

（3）织布行程。"南方之织坊有纳文、绉积等巧艺，直人不尚。专求致密均齐，志虽称：'肃宁人家，凿穴仓自檐端作窗，织布，比敌松江之中品。'现今保定、正定、冀赵深定诸处生产之布，多属精巧，非中品。又并非全在穴仓中作者。"⑲

以上南北技术比较之三点中，特须注目者，是最后的织布行程，在直隶省有穴仓生产。这在牧师 Auther Smith 的十九世纪末的报告中见到⑳，近人方显廷氏一九三五年在高阳区实际调查时，亦曾见到。缘因在华北干燥地带，由于湿气不足，怕纱线中断，作为防全之计，而在地下实施穴仓生产。在方观承之典据中，既已有这种事实的存在，可见穴仓生产，原系极为古典的存在而传承迄今。据方显廷调查称，穴仓建造费约 40 圆至 50 圆之谱，可是这种从自然的条件所生的经济的，技术的制约，尤其在清代技术稚拙的社会，对于华北小农的补助家计式的经营，多少不无障害。北方棉业小农及棉业制造之发展所以不如南方，其理由之一，就在这里。反之，南方棉花生产及产业生产（形态），较北方达到甚为高度的阶段，其根据也在这里。对于这种理念，请看以下的事例：

（一）广东省

广州之印棉输入与南京木棉输出表

	一七八六年	一七九〇年	一七九五年	一八一九年	一八三三年
印棉输入 （单位:担）	93,572	172,224	145,704	252,095	442,640
（内）英国（同）	93,250	170,381	135,292	233,946	442,640
南京木棉输出 （单位:担）	372,020	509,900	1,005,000	3,359,000	40,600
（内）美国（同）	33,520	166,700	685,000	2,932,000	

备考：

1. 据方显廷氏《中国棉业》作成。

2. 英国一项内包括东印度公司及个人，惟东印度公司占压倒的势力。

3. 印棉输入系由英国独占，反之，南京木棉输出，则以美国为主要顾客。

上表中，（1）印棉输入额有如何意义一层，系由于小农之家内劳动及棉业制造业在南方的广泛的展开，以至除土产棉花外，需要如此多量的棉花输入这一事实。（2）南京木棉输出额，迄一八一九年，达到最高额的事实足够认识南京木棉的世界商品地位。然在一八三〇年，所谓英国产业革命完成，一八三四年，英国棉业已占世界棉业王座时，南京木棉的世界征霸力，就如莫斯科战败后的拿破仑一样地开始溃败了。像上表中所载一八三三年所出现的输出减退，就是说明。然而，反过来讲，若就产业革命以前的英国视点而论，在十九世纪以前机械征服世界以前的清代经济社会，凭借小农的吃亏的低廉劳动力，竟以输出棉布走上世界史的竞争舞台，英国的劣弱性则非常显著。更足以说明中国人民工作能力潜伏量的伟大。中国人民是充满了希望的光辉的人民，在未来的完善政治领导下，当能建造一个富强康乐的国家。笔者谨在这里，祷祝这个幸福的时代的迅速降临。

抑有言者，南京木棉之世界征霸力丧失以后，据海关《中外统计贸易年刊》（一八五九年初刊，一八六四年具有全国性的规模）的确实数字来看，以致有每年必须输入莫大的棉制品这一可惊的事实。迄一八八七年，价值尚在 2,000 万海关两，在一九〇一年，初次突破 5,000 万海关两，一九一九年以来，则成了经常地保持 1 亿海关两的情势。与这种情势恰相对应的是棉花，至一八八七年的依然继续入超（仅有一八七四年是例外的出超），一八八八年为转期始行转向出超。然而复又转入经常的入超——这种与南京木棉输出全盛期的本质迥异的入超，起点则是一九二〇年。⑦

（二）江苏省

道光年间，林则徐关于江苏省棉业小农的奏文，供给我们一个关于南方棉花生产及棉业生产较诸北方著著进化且普遍的素材。

今太仓、镇江、嘉定、宝山四州县，地处海滨，收成本属最迟，每俟立冬以后，始可刈获。且向来多种木棉、纺织为业，小民终岁勤劳，生计全赖于棉。⑦

这里说明了以植棉为专业的农民的存在，并且也描绘出这种专业棉花的农民系自植原棉与"纺织为业"间的极为素朴地结合在一起的小农影

578

子。而且这种小农占全农家户数 50% 以上，他们一旦遭遇凶年，由于自植原棉的供给杜绝，只有失业、饿死，这也就是家计补助式的副业经营的本色。再看林则徐的又一上奏：

> （江苏省）属各沙地，只宜种植木棉，男妇纺织为生者十居五六。连岁棉荒歇业，生计维艰……小民无资纺织，率皆停机坐食。[73]

在"男妇纺织为生者十居五六"，农村织布工业极为广泛地展开的江南地方，亦产生不出如英国的 Yeomarny 或德国西南部的 Bawerntum 那种形态的自主的自营农民。仅以此而论，这就构成了南京木棉世界征霸力丧失的根因。

B. 生产形态

视点＝（一八九〇年代——一九〇〇年代）（上海近乡浦东）

当代棉业基地的中部诸省，富有质良量多的棉产。举例说来，江苏省有上海棉、通州棉、南翔棉，浙江省有余姚棉、宁波棉，湖北省有通称为家乡花（孝感、麻城）、大皮（黄州、麻城、武昌、新堤、天门、沔阳）、友花或籽花（天门岳家仙桃镇），四川省产棉量亦极丰富。这样好的地利条件下，以自作原棉为起点，小农的家内劳动，作为补助家计的副业而经营。在这种小农补助家计的劳动上建立了棉业制造业。

原料棉花[74]

农家所收获的自作原棉，在入于加工行程前，有两途可走。第一系被经纪人收买，第二系由农家立即加工。

第一途，即被经纪人收买之场合，亦因有实棉及纺棉之分，方法亦相异。新棉登场时，经纪人巡回乡中各农家收买，其时如农家立即卖却，即为以实棉形卖出。如农家打算赚取工力钱而施行纺棉时，因上市时期已过，农家即直至经纪人处，自运其纺棉卖却，尤其于定期市集时，自行装运前往卖却。至在定期市集上农家交易之对象，已不是经纪人，而系棉行。例如上海南北两定期棉市，一年限开三期（第一期，九月乃至十二月；第二期，一月乃至四月；第三期，五月乃至八月），届时棉行设庄收买，交易额达 500 万两以上之巨，颇盛极一时。宁波、通州两棉市，情形亦同。⑦⑤

惟经纪人尚有下列三种形态：（1）独立性经纪人——到处皆有，大者设行庄。（2）兼业买集人——系最为一般的形态，布店、粮行、杂物店等皆有经营者。其所收买之棉花，转手集中发送于大经纪人。（3）行庄兼经纪人——系大规模经营，拥有巨资，兼业棉纱、棉布。

独立性经纪人及兼业买集人，转卖其所收买之棉花于棉行。交易为现金制度。但兼业棉纱之棉行，有交换棉纱之便利。经纪人与行庄之交易制度亦有两种，分特约交易及普通交易。前者可向行庄通融资金，后者与行庄无涉，资金完全自理。

行庄自经纪人手中所收买的实棉形棉花，即送其自备的作坊内，实施纺棉工作。行庄固须实施纺棉工作，然行庄内自备足踏机数十部者甚少。以上海为例，备有规模较大作坊之行庄，为数只27家，所有机数共682部，规模最大者如隆茂垣拥有机数120部，规模最小者如沈垣泰所有不过12部而已。⑦⑥

纺棉行程完毕，由行庄将纺棉托付专业之打棉工匠，实施打棉。打棉工匠使用职工一二人打棉，打毕篠卷后，送归行庄，受取工资。至此，始行成为纺绩用之棉，业经作为商品＝交换价值，由行庄向市场卖出。

第二途，即由农家自身从事加工的场合，由农家自行实施纺棉工作后，再托打棉人打棉。打棉工匠与农家间之交易关系，与打棉工匠与行庄间之交易关系相同。只不过作成棉绩用之棉，在此种场合，由农家自行进入加工行程，变为交换价值。

*原料纱*⑦⑦

农家为赚取拈赁，而完成棉纱。以7乃至10支之手拈纱为主。拈纱行程系用极为笨重之拈纱车（俗称纺车），原则上由农家自行，很少委托专业拈纱者代办。如委托专业拈纱者，由拈纱者使用女工拈之，然后送归农家，受取工资。惟在纱拈好后，尚有三种途径可走。第一途，是卖予定期市之棉纱店，第二途，是农家以其做原料继续织布行程，第三途，是卖予织房。

第一途，即卖予定期市之棉纱店，以一月至三月间为最盛期，这种场合，上海乃为集散市场。近傍土产纱一旦集中上海后，再分设向长江华北一带寻取销路。⑦⑧

580

第二途，即农家之织布行程，属于补助家计的过小的经营，每户自必备有一部织机。这种家族劳动式的经营，在完成织布行程后，以无从与直接市场联系，往往不得不作经纪人的从属品，或作为棉布行庄及织坊外业部的存在，为其服务，受其居中剥削。虽然另有备有数部织机的小经营者，已开始逃脱行庄资本的密网，以独立生产者的姿态，与市场直接交易。这类从事制造的小农，自运所织棉布，多则20匹、30匹，少则4匹、5匹，径赴上海市场。上海棉纱市场，有桂香庵、杨家渡、西门外三私立市场，形成了半径十里以内的农民的交易市场。他们在市场中以卖布所得现金购入棉纱归家，复又从事再生产行程。

第三途，即将纱卖予织房的场合，由织房开始织布行程。以下考察的对象，就是这一行程。

织布行程[79]

农家卖给织坊的棉纱，由织坊交给经玉业者，开始经玉行程。此辈经玉业者，系乃补助家计为生的小农。系将纺织用的生线（未经煮浆者），自顾主取来，加以施浆工作，此种工作，因其屋内窄小，多在户外进行，经玉业者即凭此种施浆工作，取得工资。他们的主顾，有织坊，有经玉贩卖业者。（1）经玉贩卖业者，有兼营棉纱及棉布经纪人的纯粹行庄资本，此种场合，经玉业者，乃系收买资本及经纪人等商家的从属品。（2）然而若系受织坊之雇用，而从事工资劳动的场合，则此辈经玉业者，乃织坊制造业的外业部式的存在，从事全工作的部分工作劳动者。

可是在（2）的场合，织坊如属规模较小者，无力雇用经玉工资劳动者，则经玉业者以帮忙方式工作，由主人供以酒食，作为酬劳，是一种家族协业式的劳动。在此种场合，织坊在事实上不得不渐变为行庄的从属品，为工资而劳动者。而且这种过程渐趋普遍化，所以才出现了经玉贩卖业者。换言之，经玉贩卖业者的出现，就是这种过程普遍化中的部分表现。

举例来说，福州棉布行庄和织坊的关系，就是上述这种过程的典型的表现。以福州为中心的机场（织坊）为数约有500家，分散在市内及近乡一带，尤以距市区40里地的尚干乡为数最多。大机场备机有30部，小机场亦备有数部，皆系雇用织工制织。年产额，大机场1万匹，小机场500匹以上。工资男工一日织3匹者，为每匹合钱75文，女工一日织2匹者，每匹合钱 60 文。⑳

然而这些机场实系受棉布行庄委托，从事制织。即由行庄将原料棉纱分送各机场制织，织成之布，再交回行庄，由行庄送交染坊，施行染色行程后，再贴本庄招牌发卖。㉛其时，织坊不过由行庄配发原料从事劳动的取得工资的织工而已，从这里可看出商人资本，已达到最高支配形态。这样的行庄，福州市内共有 30 家，尤以恒昌、恒盛、协来、金泰、彩文等家最为出色。㉜

染色行程㉝

染色行程的工场，普通都是"规模虽小，而营业广大，使用职工四五十人的工场"㉞，尤可注目者，乃其分工制度极为发达。不仅在一个作坊内有个别的分业，而且走上漂白，原色深青，素色深青，有色深青，电光等特殊技术的分业，且更"有专染红色者，有专染深蓝色者的染房，又有专司褪色者"㉟这样由染色所分的专业。例如在下列的抽出事例中，可以了然其规模，及其分业化的程度：

（1）在上海城外南方三里马路桥的洪昌漂白坊，设备有釜场、灶场及打石场，釜场中并列有直径 4 尺，深可 2 尺之釜十数个，同时可煮棉布数十匹。与此相呼应，灶场中亦有灶十数个。棉布运来时，浸入温水一夜，再洗以河水，打石数次后，再将布 30 匹与染色同时投入釜中，煮沸 2 小时以后取出，再用水洗之。其所用职工，为定年之童工，定年期中，只给以衣食及零用钱，定年期满后，方得享有职工待遇，给予薪金。然其所得，每年仍不过 20 圆至 40 圆。故其雇佣制度，仍多以沾有基尔特精神的色彩。

（2）上海城外大南门码头之德大染坊，拥有职工数十名，有灶场、浆场、印花、染色及成工部等五种分业制。印花职工之薪银，平均每日四五钱，每尺棉布合工银 1 厘，每日三餐由雇主供给，每人一日的工作量，有长 20 尺的 20 匹乃至 55 匹不等。

（3）上海城外东坊大境的倪永盛坊，专司整理行整（电光），设有简单之整理机十数部，职工一人，管理机器一部。

最后，关于本问题，尚需注意两点：

（1）福州棉布，以地域分业而有白木棉及柳条木棉的专业，尤以白木棉，占总生产额 70% 至 80%。㊱而白木棉的生产，由于行程的技术的性格，制造化上最属迟缓，因之，才有如前所述之制造业的历然而成立的事实，

582

此点必须注意。

（2）由于外国机制纱（洋纱）的输入，土纱始渐受压迫。即由家作原棉所生的手拈纱，在市场上敌不过日本纺及印度纺的 12 乃至 20 支（上海）⑧、16 乃至 20 支（福州）⑧机制纱，而被排除。由之，在原料关系上，不免须支出现金，以此之故，连与市场直接往来的独立经营农家，由预借原料的关系一变而为经纪人的从属品，复不得不变作行庄外业部化的存在。在福州的制造业中，早已提供了明了的证迹。

第三节　绸业

A. 绸业的地位

与棉业北进相对照的是绸业南进。绸原为华北产物，两汉—三国时代（前二〇六年—二六四年），以山东及河南东部为杰出，四川次之。长江流域开始兴起绸业生产，系在南北朝（四二〇年—五八九年）以后，至于江苏、浙江则以唐代为起点。因之，至于宋代两浙之江南四川，河北之京东地方为绸织三大中心。尤以为绫之产地的直隶省，质量俱优。⑧元朝华北绸业的盛大，《马可·勃罗游记》中曾有记载，然至明朝中叶以降，华北绸业始渐就衰落，至于明末，江苏之苏州宜阳，湖南之零阳名始大噪⑨，而江南绸业生产技术的优越，《天工开物》中曾有记录。⑨更下至清代，如直隶省，绸业形近绝迹，代之而兴的是苏州、杭州，奠定了今日繁荣的基础。⑨北方绸工业如何没落？其实不外乎下列三种原因：（1）其出发点的植桑事业，在北方的寒冷的自然条件下，蒙受不利；（2）水质的不适；（3）植棉＝纺织家内劳动，把握了北方小农——这三种条件。直隶总督王文韶在其撰修的《蚕桑纺织器图说》（光绪二十一年十月）叙文中，针对此点而有明确的认识：

> 国朝康熙三十五年（一六九六年）御制耕织图，民赖其利，富庶日增。惟北方地寒鹹多，蚕利未兴……夫胡棉之利，兴起种植纺织，功省事便，民赖其用。而产蚕之产，日就耗减，惟江、浙、川、蜀之俗，尚茧丝。⑨

上引用文中，所称"北方……鹹多……"，即指绸工业的自然条件上的缺陷而言。何况，如姚继广在《广蚕桑记》（同治二年刊）中所云，"缫丝之水，选溪间之极清者取之，自石罅流出者尤佳。勿用井水，用井水者丝不亮"——有这样的要求！以井水为活的华北，只此而论，就成为建立绸工业的极为不利的自然的限制。尤以华北之水井，一般多浅，据 Auther Smith 所见，有 10 呎者 30 呎者，至 50 呎者甚少⑭，井中自然有不少挟杂物。

北方绸业虽处在这样不利的自然的和社会的限制中，然官方则奖励不遗余力，如李鸿章总督直隶时，即曾云，"北方实非不宜树艺，未讲求故也"⑮。而于光绪十八年（一八九二年）于直隶省保定创设蚕桑局⑯，开拓桑田，栽植自四川购入之桑种，翌年即光绪十九年，得桑叶 100 万斤，后年即光绪二十年，则据报称得桑叶 400 万斤，丝茧数十万斤。⑰

至于政府对于没落的华北绸工业，何以如许关心，倡导再建运动，则系一需要考察的问题。华北绸工业的没落，就其本身上讲，固已使政府痛心，而尤以因之使农民丧失其副业基础，则更招来政府的 Paternal 的恐惧。乾隆朝时代，既已如前节所云，是小农民的家内劳动渐趋普遍化的时代，政府原系把握了家内劳动＝副业劳动为其救济农民生活苦痛的一种方法，以安定统治力。以故这种可称为创造小农民的政策，政府自身促进、助长的形迹极浓，绸工业当亦是这种政策下的构成存在之一，政府的植桑＝奖励养蚕，其根据就在这里。例如，乾隆帝曾宣示了"至蚕桑树艺，尤为政之本"⑱这样多角经营的意图。再如陕西巡抚陈宏谋，亦曾表明了自上而下的劝奖政策，包括了由原料生产到制织的绸业全行程："陕省邠岐旧地西同、凤汉、邠乾等府州，皆可养蚕，近令广植桑株，雇人养蚕，并于省城制机，觅匠织缣，今年务蚕桑者更多，通省增种桑树已及数十万株，其牧养山东山蚕之法，现令各属导民试养。"⑲

再者，养蚕之作为创造小农民政策之一的所以备受重视，是可以化无所事事的女子为劳动成员，而无害于本来的农耕生产，这是最被重视的一点。再看下引文：

况农事系男子专责，而养蚕则女子亦得分任其劳，计男女二人可养蚕蚁一两五钱，如遇蚕丰之年，可收茧三百斤。除少开销桑叶外，若自家有桑，何等便易耶！⑳

然而不拘这自上而来的劝奖政策，将绸业之利说得如何动听，并不能挽回受自然的和社会的限制的华北绸业的颓运，反之，江南地方的绸业，于今已确立其无可动摇的王座地位，虽一度受太平天国运动的影响，稍萎一时，然并无根本妨碍，自全国观点视之，展开了最为发展的生产形态。[100]所以，一八八〇年代，据 Robert Hunt 氏自海关报告实况调查，其时华北绸业，除河南外，已经衰落到不能供应本地方需要的程度[102]，反之，苏州、杭州、湖州等地，小规模的绸业制造，如雨后春笋。例如，杭州市内外有织机 3,000 部、拈丝车 1,300 部，宁波有织机 850 部，绍兴有织机 1,600 部、拈丝车 205 部[103]，湖州有织机 4,000 部，绸业劳动者 2,040 人（农家农闲期以外的织布未计）[104]，苏州有 300 至 400 家染色工厂[105]，以盛泽为中心周围 25 里地内有织机 8,000 部[106]——这样灿烂的展开和活动。而且，如所举例之湖州，除农家以副业形式经营者外，专业劳动者既已散见各地，杭州的缎生产，200 部织机全由专业劳动者担任，苏州亦有专业织匠的存在。[107]再有上海附近输出品的丝带（Ribbon）生产，120 户的农家，各自备有织机 3 部乃至 5 部，虽然机器的价格每部不过 2 圆 2 角 5 分，乃至 3 圆的低级物品，然自其设备机数及老幼妇女总动员以从事生产诸点观之[108]，可以窥知早已非单纯的副业经营，已次第走上专业化的道路。

　　更为重要的一点，是出现了地域的分业这一事实，如无锡几全部以纬丝生产为专业[109]，上海、苏州、嘉兴、湖州则少从事拈丝者[110]，湖州之织机 4,000 部，全数从事洋绉（即湖绉）生产。[111]

　　故至一八六二年，在上海初次出现了设备外国机器的近代制丝工厂。这种具有能力 100 hassines 的工厂，因经营不良，于一八六六年倒闭，同年复以 10 hassines 之能力复工，讵于数个月后，又遭倒闭，机器卖予日本。至一八七八年，方以 200 hassines 能力三次复工，而渐次走上经营顺利的轨道。[112]

　　像以上所述的事实中所反映的客观情势，清末江南地方的富强基础，竟由绸业发展而奠定，却绝非偶然而致。可看下引文：

　　　当今五州通道，丝之获利尤丰，闻从前鲜茧贱时每斤一角五分，贵亦不过三角，今则七八角不等，即贱亦须四五角之谱。试观浙省杭、嘉、湖、宁、绍诸处，富饶甲于他郡，虽由其地人善居积，亦蚕桑之利普耳。计嘉湖丝价，每年所得不下数千万元，农田之外，又博此厚利，焉得不富！⑬

　　据此而论，则江南地方绸业发展的基础当在何处？是又一个我们所要问的问题。若加以解答，则不外由于商品市场的广泛耳。然则丝织品在本国市场中具有如何地位？可看下面的叙述：（1）"苏州以织物著名……苏缎消费最多，贩卖全国……以满洲居第一，广东、福建、浙江、江苏、湖北等省次之。"⑭（2）"中国……原为绸布生产之地，且由于原料劳动两较低廉，故在本国使用，最为实惠。"⑮（3）"中国人嗜以绸布做衣服材料。……恐为世界第一……尤以南方广东地方，夏时炎热如焚之际，如苦力、轿夫、船夫及耕田农夫之劳动服，并商工业者之常服，悉皆用绸布及麻布制成。如用作劳动服之薄绸，加以纤纹，涂以漆黑之涂料，不仅富有耐久力，吸收汗液，且使身体密藏，故极凉爽，极实用。……"⑯

　　在上叙的日本人的客观的研究看来，丝织物在清代经济社会中所占地位甚大，堪与棉布勃兴以前的羊毛在英国制造业中的地位并肩。至于丝织物"贩卖全国"，"苦力、轿夫、船夫、商工业者的劳动服及常服"的被采用，这种程度的占领广泛的国内市场，实由于"原料劳动两较低廉"这种客观的基础，为其里因。正是立脚于老幼妇女总动员体制上的以家族劳动为收益机会的家计补助的养蚕＝制丝，为形成国内市场要因的起点。即：（1）以"未另筑蚕室……极为狭隘不洁之住宅"⑰及"因乏于资力，极为笨重的蚕具"⑱充当固定的资本，且系"全然以养蚕为农家副业，其饲育蚕儿之数量"极为少数⑲之过小的养蚕农家，生产规模及（2）入于座缫制丝行程时，以"名为座缫，其实是一次缫及二次缫的极为粗糙的足踏机器"⑳为生产手段，且完全不知茧的杀蛹、干燥法，因由生茧制丝，故要在收茧后发蛾前十日内外完了，而"除一家之劳力及薪炭外，不需任何费用"㉑的生产方法，仍是器具阶段的家族协业式生产形态——仅以利用这种低廉价格的生产费所产生的原料生丝而论，绸业制造占有广泛的国内市场当无足为异。

　　同时，绸业的国外市场，亦极堪注目。中国绸业的国外市场，占有古典的重要性。蚕之绍介与欧洲的最初的记录，应追溯至公元五五〇年时。

586

其时，景教僧二人，带蚕卵自殷归国，养蚕、制丝的知识逐渐普及希腊全土。⑫虽至十八世纪，中国在欧人生活中已由"茶国"代替了原来的"丝国"，而绸在欧洲依然具有魅力。下表就是专为证明这事而制的：

丝类输出及在输出总额中所占之地位（单位千海关两）

	茧	生丝	丝织物	计(A)	输出总额(B)	%(A对B)	摘要
一八六八年	92	22,786	1,866	24,744	61,856	40	
一八七六年	252	31,402	4,158	35,812	80,851	44	绸业最盛年
一八七八年	130	20,246	4,750	25,126	67,172	37	广东绸质低下
一八八二年	208	18,691	4,938	23,837	67,337	35	日本竞争开始
一八八三年	183	19,076	4,679	23,938	70,198	34	绸衰落开始
一八八四年	119	18,187	4,876	23,182	67,148	34	绸衰落中
一八八五年	60	15,196	4,745	20,001	65,006	31	绸衰落中
一八八七年	619	23,988	7,083	31,690	85,860	37	日本竞争力增大
一八八八年	501	23,264	8,415	32,380	92,401	35	日本生丝进出欧洲
一八八九年	792	27,850	7,760	36,402	96,948	37	绸衰落愈甚,丝质未改良
一八九五年	1,083	37,641	11,963	50,687	143,293	35	上海机制丝增大,广东开始检查输出
一八九七年	835	43,626	10,790	55,251	163,501	33	广东绸业发展
一八九九年	1,116	70,250	10,572	81,893	195,785	41	杭市政府计划科学管理

备考：

1. 数字系据《六十五年来中国国际贸易统计》作成，摘要采用 *Maritime Customs, Silk*,1881,P.205.

2. 机制丝输出，以一八九四年上海白丝为起点，黄丝机制丝输出始期乃在一九一二年。

生丝、丝制物及茧合计的丝类输出，在国外市场足与茶相匹敌的事实，于上表中可以见知。

至于如上所述的作为广泛的国内外市场的杠杆的清末绸业制造，在下文中当逐一展开讨论。

B. 生产形态

视点＝（一八九〇年代——一九〇〇年代）（江南地方）

地域的分业

原料生丝，南浔、震泽有七里丝，嘉兴、绍兴、杭州、无锡、漂阳有大蚕丝[123]，至于丝织物，除苏州、杭州具有全种类（绸、锦、缎、绉、罗、绢、绫）以外，南京、荆州有缎，广东出产绸类，湖州、嘉定有绉类，顺庆有绫子，成都有蜀锦。[124]且南浔、震泽专业拈丝，苏州无拈坊，而仰赖于上两地。[125]南京则需要杭州、湖州、宁波之土丝为原料。[126]所以，地域分业＝商品分业的明确的姿态的存在，深堪注目。

分业的协业行程[127]

自丝行买入原料生丝后，绸缎行之帐房（即机坊）即在其作业场中，施行拍丝（辨别生丝细肥之作业）工作，完毕后送入料房（拈坊）。在料房中，有受机坊雇用的拈业工资劳动者。在拈业工资劳动者中，有具有拈车2部，使用缫返锤卷工11人至12人的零碎制造家。至拈坊之雇佣职工，劳动极为苛烈，工作时间不定，甚至有在油灯下工作至夜深者。每日工资，分1角8分、1角5分及1角三种，由拈房供给伙食。缫返锤卷工中尚有11岁至12岁的童工，多为邻近儿童，日夜操作，定有学徒时期，在学徒期中仅供给伙食。这种种雇佣制度，完全是基尔特精神的产物。

但丝行程终了后，再送回机坊，由机坊又送至染坊。染坊在其包揽之练房中施行练白行程，再行染丝，由染房向机房领取染资。故染坊不过系机坊的部分劳动者。但如纺、绸、罗等生丝织物，则由机房直送练纺。在这种场合，练坊当然不是染坊的雇佣劳动者，而是机房的雇佣劳动者。

次即属于纬丝场合，因需要捶纬，而送至专业家的捶纬业者，至此，纬丝行程告一段落。在经丝场合，因有络丝工作，这一工作，专有农家女子担任，乃副业的家内劳动工作，故迄"大路小卷到处闻缫丝音"为止，一切活动，全以制造业的外业部形式而展开。经丝送返机坊后，由机坊将拣经职工招来自家作业场，实施拣经工作。以故拣经行程及前提之拍丝行程，在行庄转化为产业家的途上，是初见的在其场内的分业劳动（个别分类）的萌芽。在这最后的行程完毕后，由机房将经丝纬丝送至其赁用的机房，开始织布行程。

588

机房乃系一从属于行庄式的机坊的工资织业者。在织布以前，经丝的拣经工作，由机房施行接头（引通经为开织以前的准备工作），纬丝则由机房自行缫丝。但这种工作由机房另行委托他人经营之场合，缫丝费由机坊付给。（注意！机坊事实上已是产业资本家的存在）总之，机房乃系规模零细的劳动者，不过备有高机（无纹织）及空引机（模样织）七八部乃至一二部而已。而且，还有由机坊租织机与机房者，即所谓出机组织。所以"机房开始时，不用资本，常向行庄租用一切，只论每尺织资若干。织工悉由女工充任（但此处所指为苏州情形，杭州则用男工），织机多者有二十部，少者亦有二三部，普通多为五六部，几全部为专业经营，内部组织并无任何分业，职工薪银由机房支与，伙食则由行庄负担"⑫⑧。这样的形态，至此，行庄由事先贷与机器，原料，到支配织房制造业，显出了事实上的产业资本家最后的和最高的形态，所以必须看作这是产业资本家的事实上的已告成立这一事实。

机房织工，苏州为女工，杭州为男工，已如上述。高机一部只需职工一人，然空引机则需要代造（织工）、拉花、玩花（引纹）与帮机（机前切断经丝者）数人。其雇佣形态，分日雇、年期雇及学徒三种，入场皆需有人介绍，始被雇佣。寄食机房者为多。劳动条件极为苛刻，机场系以居宅之一隅充任，日光不足，空气恶劣，饮食亦极粗恶，住室不洁之极。或在机器下为寝室，或在屋角栖息。工作时间，由天亮前至日落，至于工银，因行庄实际上已具有资本家的机能，所以虽然行庄支给工银如每尺最高3角最低8分2厘，然当转由机房实际支给职工时，代造1尺给银1角乃至7分，拉花1角乃至5分8厘，帮机不过每日1角而已。由此可见行庄经纪人变相的机房，实较纯粹的工场组织对职工更多一层剥削关系存在。最后必须附说的是关于大制造业的存在的以下三例。

（1）杭州之韩炳渭机房，有机器3部，织工3人，绫工3人，缫经工3人，管卷31人。该房亦作染色工作，其染色种类达50色，1色又分3种。其各部分行程，在一个作业场内有分业的协业。⑫⑨

（2）沙市之张积盛机房，为荆州缎老铺，机7，再缫工16人，转摇大车工（拈丝工）2人，转摇小车工（将拈丝置于小络车上者）1人，经纬线工（管卷）3人，迁经用工（延丝）每日1人，染坊工2人，织机工每张2人，拉花工若干。丝价低廉时，雇佣职工达100人。⑬⑩

589

（3）山东省龙泉汤之柞蚕大制丝家，备有 100 部至 180 部的座缲器械，尤以和兴、义兴盛、金生、同泰盛、复盛著名。[130]——附带一说：山东之柞蚕地区，李鸿章早已注目，一八七五年，近代柞蚕机械制丝工场的华丰缲丝厂创立于芝罘，以德商泰斯洋行与清国绅商以股份合办形式组织，但因经营不良，让由当时道台盛宣怀接办。复因经营不良，一八九四年，让与顺泰商号接办，顺泰经营得法，购地 38 亩，建基 26 亩，蒸茧釜数 38，法国制缲丝机 550 部，缲丝工 550 人，剥茧工 26 人，修挽手 21 人，作业规模扩大。顺泰商号又于一八九九年另行建造华泰缲丝厂，一九〇一年五月开业。有英国汽制机原动力 32 马力，价值 2 万圆，法国制生丝缲丝器 8 部，蒸茧器 28 部，缲丝机 530 部，购地 20 亩（中有空地 6 亩，建基 14 亩），建筑费 5 万两，规模亦甚宏大。[131]这两个缲丝厂，以当时的时代观点来看，是首屈一指的山东芝罘地方的近代制丝工厂。

第四节 窑 业

A. 瓷器的地位[132]

英国第二任广东贸易总督台维斯（Sir John Francis Davis）在其所著《中国概观》（*China, A General Description of That Empire and Its Inhabitants*. 1857.）第二卷中有云："绸与瓷器为中国人之二大发明品，仅此而论，中国人民既已保有其在世界国民中的高位。"中国瓷器输出，与西方交易，形成极为古老的历史。在埃及与小亚细亚所发现的古代瓶说明了在九世纪乃至十世纪，中国早已向西方诸国输出瓷器的事实。[133]瓷器制造技术的开始介绍与欧洲属于一七二二年[134]，而其所具之艺术品格，永远惹起欧洲的注目。瓷器之呼为 China Ware 绝非偶然。清末《燕京岁时记》作者曾咏叹道："旧瓷器类甚寥寥，已多为海外买去矣！"[135]说明了欧洲对于 China Ware 的关心如何炽烈！

然而，瓷器的原来欧洲语为 Porcelain，系自 Porcellana 一字而来。这是葡萄牙人所与的名称，得自卵谷与鱼皮的结合观念。原以其貌似螺钿（Cypraea or Porcellana）而得名，恰如华语呼 Gum 为橡皮，系取其外观上的类似一样。[136]至于螺钿之呼为 Porcellana，系因其表面的凹形，原得名于 Porcella（小猪），取近似猪背上的凸形之意。[137]虽然时至今日，瓷器已不称为 China Ware 了。一七二二年欧洲渡华以来，由于欧洲瓷器制造技术的不断的改良发展，瓷器在文字上通称为 Porcelain，反之，这表示了中国瓷器品质及美观的退步和停滞，中国瓷器已失掉了 China Ware 的真实意味了。仅此而论，瓷器即可作为中国与欧洲的经济发展阶段交替的表征。在研讨窑业生产形态时，自可了解。

江西省景德镇系中国窑业的名迹，天下周知。该地在宋朝时开窑，元朝加以整理，至明朝而完成。成化年间（一四六五年——一四八七年），皇窑（官营窑场）制品的优良，著称于世。其次，则属于宣德（一四二六年——一四三五年）制品。万历年间（一五七三年——一六一九年），以上釉、五彩绘画驰名，入于清朝至康熙朝而达顶峰。㉝然而至太平天国运动，景德镇窑业制造大受打击㉞，由清末以迄今日，愈形一蹶不振状态。至其销路，一部至欧美，大部则运销国内市场，尤以广州、北京、天津、上海等地为最，尚有一部运销南洋华侨。

B. 生产形态

视点＝（一八九〇年代——一九〇〇年代）

景德镇为窑业独一文物（Monoculture）的聚落场所，所以其总生产行程，为划一的分业＝专业制度。即（1）做瓷业；（2）烧工业；（3）画钵厂；（4）彩工业——的专业分化形态。

原料除窑具的画钵土一部以外，完全仰赖邻近供给。原料产地，以星子、明砂、贵溪之黏土，砒果、祁门、三宝蓬、余干、银坑坞、寿器坞、陈湾之石为主。采掘业者在以上各地采掘土石，卖予专司粉碎精制业的水车业者，水车业者将土、石粉碎精制后，卖予白土行（土行）。景德镇的做瓷业者（瓷器生产者）自白土行购入精制之原料土石后，即开始其生产行程。

做瓷业者以购入之原料，制作坯土（瓷器模型），调成釉药，造坯，施釉完毕后，即委托给专业者的烧工业者烧成之。烧工业者有窑设备，受做瓷业者委托烧成，取得烧资。其时，窑及作为其一部的画钵，由专业者制作而成。烧成之物，即为白瓷或青花品。不要彩画时，做瓷业者即直送瓷行（瓷器商人）卖却，如需要彩画，由彩工业者饰以彩色，至彩画业者，有 3 种形态：（1）受做瓷业者委托而做者；（2）受瓷行委托而做者；

（3）彩工业者自行购入素瓷施以彩画者。经过上述过程完成的瓷器，由瓷行收买贩卖。以上的分业形态，乃一人专营一业，罕有兼业情形。[141]

做瓷行程[142]

坯土调整　做瓷业者自白土行购入原料土石后，即将土石混合破碎。先以 3 种或 5 种土块调合。[143]投入木制解桶中。解桶盛水，水中张以粗的金属网制之篮，土块通过篮而破碎，分散水中。然后取去篮，用搅拌锹搅拌，用铁杓将上部浮游之泥水，漏过马尾毛制之筛，移入并置解桶左右之漉桶内。迨漉桶中移满泥浆水，再将泥浆水移入木制之沉淀桶内使泥浆沉淀，一方将沉淀之澄水抛去，只将浓泥移入漏水钵。漏水钵内之泥土，或直送土练场，或为更使水分排除，移入木制之除水框。除水过后的泥土，即送土练场。土练场普通设于工场的边隅，以砖铺，有 18 平方尺，24 平方尺乃至 30 平方尺、36 平方尺的面积，或因泥土尚含有未净之水分，故混入干燥之土或瓦片以便适于坯土制作，再行捏炼。捏炼的方法，以铁制之锄或锹反复拍打，再用足在上踩践。

造坯　次即进行造坯行程。造坯使用陶车工作。职工蹲坐，手摇陶车回转，进行造坯。普通 1 人足用，惟大型陶器，则需要 3 人帮助摇车，有时更要 6 人。[144]

试以碗类造坯为例：分做坯、印坯、利坯、刹坯、剐坯、庄坯 6 行程，悉为分业的工作。（1）做坯，为最初的制型工作。为防过度地干燥，特设有防燥室。（2）印坯，系接做坯行程后的箴型工作，即整型行程。印坯之原型，用景德镇附近所产的淡褐色土，由专业者制成。（3）利坯，系用钢刃完成削修外部的行程。（4）刹坯，系接利坯行程后，内面的施釉行程。（5）剐坯，系完成削修碗底之高台的行程。（6）庄坯，系将削修后的细孔，加以补修，使肌理绵密，并为除去附黏土，用毛刷擦去的最后行程。

但不能使用陶车的制品，则用模型。任何模型都不能在陶车上施用。

旋釉　造坯完成的制品，即行涂药。施釉法分赞釉、荡釉、交釉、刷釉、吹釉 5 种。

烧工行程[145]

筑窑由专业者办理，窑的构成之一部分的画钵，亦系由专业者办理。画钵制造业者聚集于景德镇东隅，为数有 90 户。画钵工场系极为湫隘的陋屋。

592

烧成工作由做瓷业者委托烧工业者办理，烧窑所生之损害，原则上由做瓷业者担负。一次烧成时间为 36 个小时，烧成后，需要 12 个小时的冷却时间，入窑及出窑总共需时 3 日。通共 5 日，全部作业即可完成。烧成工作时，每窑有七八名工人（把压、陀坯、架表、掇匣钵、招脚、打杂、小挟子）从事工作，以半数每次 4 小时轮流交替。窑总数为 140 个，其中 90 多个用作瓷器，其他充当涂药用。[146]燃料，用松柴时称为柴窑，制造精良品时应用。用杂木时称为毛柴窑，制造杂品时应用。但因景德镇附近，由于木柴滥伐的结果，全仰仗他地供给。一部系经由饶州自鄱阳湖，一部系乘浮梁河自安徽省，皆由福建而来。柴窑，需柴 800 担余，燃料费 270 至 280 圆，最高额在 1,000 圆内外，故燃料费占生产费中 27%到 28%。燃料市价，1 圆合 3,700 两至 3,800 两，一年统计在 70 万两至 80 万两以上。[147]

彩工行程[148]

釉上颜料全部为国产，不使用外国原料。擂磨（涂绘）有专业者担当。多系以残废者及老人在家内工作为主轴，亦有妇女从事者。一日仅得工银七八分，普通品二日内可完成，矾红则需时四五日。最高工银，一日为 2 角至 2 角 5 分。[149]

着画法，全用笔画法。但绘草底时，有利用一种可复写四五次的转写纸者，极为劣等的红瓷着画，用橡皮印板者，用敲彩色或吹彩色者，皆有若干的存在。釉上着画炉总数为 700 个至 800 个。亦有属于个人者，亦有属于共同者。在讲定一窑烧成出价几何后，使用职工烧成。工银行市为大窑工 6 角，小窑工 3 角至 4 角。[150]引火工用薪材或其他，燃料只能用木炭，烧成时间，中形炉需时 10 个小时。

如上所述，景德镇窑业的生产方法，系极为原始的生产方法。其生产时间，并有季节性。开窑期限定为自四月至十一月，十一月至三月因气候寒冷，则为闭窑期。至做瓷业者，瓷行的大经营家，属于他乡人[151]，职工亦系季节性的集散。[152]职工数、苦力、人夫以外，在 12,000 人至 13,000 人以上，其中四五千人，为着画工。景德镇瓷器年产额号称 400 万圆，其中之半，即 200 万圆，落于彩工之手。[153]大部皆为男工，女工上釉着画者甚属少见。

工银支付制度，除伙食由雇主供给外[154]，平均日给，最高为 2 角至 2 角 5 分，低级劳动者则在 2 角以下。[155]

总括　制造业之型类及其发展之法则与限界

清末制造业，以极为零细的规模，徐徐地在发展轨道上前进，如以上的诸例证所引述，盖可证明。兹再据马丁氏（R. M. Martin）十九世纪四十年代末期的观察，将上论所述予以概括的综述。

广州制造业为数尚多。制品多在西去广州数哩的大都市佛山制造。该处丝织业从业员男女少年合计不下一万七千人。织机极为简单，而工作整然有序。棉布制织从业员越五万人，工场有二千五百家。一工场平均使用二十人，妇女则从事刺绣。[154]

马丁氏论虽如此，然明白中国制造业早有久远历史的论客，则对于清代制造业的发展，在徐徐状态中进行，甚至是在停滞状态中匍匐的状况，依然会感到一种惊异。例如，我们回想起唐代一庄园＝寺院工业之碾硙（制粉业）的异常发达[155]，宋代官吏私人经营之制造业（例如彩帛铺）[158]及被形容为汗牛充栋的印刷业[159]、丝织业[160]等等的发达，元代杭州的12种工业的存在[161]，《天工开物》中所描绘的明末诸产业的发展阶段——我们看到继续前代的清代经济社会，竟是如上述诸论证所称而是在徐徐的状态中进行，确是一大惊异。这种惊异，并非单是文学的惊异，以从事分析清代经济社会的本书，前述各篇中，明眼的读者当已能找到答复。总之，阻害清代经济社会发展的诸要因，乃由于必然地要制约制造业发展的机构所规定。现在，不殚繁复，仅就其重要各点，摘要述及限制清代制造业的诸特色。

（一）苛税（保护政策＝外在的发展要因的缺乏）

北京的要冲——崇文门在有清一代，其苛税＝勒索最为有名。[162]北京因系宫廷都市的关系，所以是最大的消费都市。在马可·勃罗关于元代的记述中，据称运载丝绸的马、车，通过北京城门，每日为数在 1,000 匹辆以上；据马丁氏记载，清代，尤其在十九世纪四十年代末，北京之商品流通，十分发达，只自江苏、浙江两省每年运载绸、缎、天鹅绒、衣服之船舶去北京者，在 300 只船以上[163]，这还是因为有崇文门一层苛税的关系，所以商品的流通，不无畏却情况。换言之，这种苛税，实在阻害了华北商品流通的发展。试以德国为例，据德国经济学者桑巴特氏（W. Sombart）称，在十九世纪，德国因有国内关税的存在，商品流通大受阻害，但在一八三四年乃至一八三五年，由于德国关税同盟的成立，大大刺激并促进了德国经济社会的发展。⑩而且不仅崇文门有极为酷薄的苛税，但凡都市之间的出入，都有入市税和勒索存在。这又使我们想到前书所论及的落地税。这种全国性的入市税，尤其是勒索的存在，对于制造业的立地条件——单是都市＝消费地指向，大为不利，亦就是制造业不能不离开大消费地都市的原因。而且中国亦有像欧洲所具有的都市制约，即恶意的基尔特强制（Zunftzwang）的存在，基尔特对于违反其制约的分子，往往以恶辣手段对付。例如广州某制丝业者自法国购入新式机器，以资改良并节约时间、劳资及品质，而且大收成效，模仿某制丝业者的基尔特成员，竟招来同业者的愤怒，结果，机器被捣毁。⑩因之，制造业者为逃避基尔特制约，只有逃向农村的一途，然而，制品由农村（工场所在地）运往消费地＝都市，又苦于国内通过税的苛索，势又不能不恐惧商品价格腾贵＝销路清淡的结果。尤其在太平天国运动的高潮中，自咸丰三年（一八五三年）九月，刑部侍郎帮办军务雷以诚，为补救军事费，在江苏开办有名的厘金税以来，国内通过税已普及全国⑩，作为正税之一，深加商品生产者以过重的负担。这种事实，日本人高濑花陵于清末旅行华北后，在其游记《北清见闻录》中曾为浩叹道："出城之北门，门额上刻有居庸关三字，溪桥右处，仍有厘金局，与城内外仅有三四条街之隔。中国人之困苦繁苛不难察知矣。"再如在视察景德镇窑业的日本人记录中，亦曾记有景德镇受二重课税所苛扰的事实：不仅瓷器搬运他省时需要上税，即原料陶土自产地搬入景德镇时亦须课税。⑩厘金又有从量税与从价税之别，税率因地而异，这种无异于落地税的苛索，以一切种类的日用品及制造品为课税对象。⑩就我们曾论及的丝织物而论，一八八〇年时之厘金，在杭州每匹为0.45两，在苏州为0.43两，在湖州为0.34两。⑩这种国内通过税的存在，当然妨害地域的分业的成立，然而如前书所见，竟有原料丝的地域的分业存在的事实，我们不能不赞叹中国人民活力的充沛和强韧了。

像上述的因国内通过税的存在，而逃避到农村立厂的制造业，早晚又不得不回到都市。一八七〇年代的湖州的丝织业，提供了这样的实例。⑩原来湖州的丝织业者，逃出市外后，生产手段的织机亦被开始课税，对于这种追踪而来的苛扰，除过对抗外，再没有办法。结局，由于请愿撤废课税的激烈手段，才笑着回城了。这种事实，代表了两种意味：(1) 所课苛税，不仅限于生产物，对于极为细小的生产手段亦然。这种事例，仅就一八八〇年代来说，如苏州市内织机，大者月课 2 圆，小者月课 1 圆 5 角。[171] 嘉兴即因每部织机月课 1 圆的关系，生产者不堪其扰，市内原有机器 2,000 部几全部移至盛泽，市内仅余 6 部。[172] (2) 和官宪对抗的团体运动的展开。人民明白了团结的力量，亦因此取得了斗争的胜利。例如，太平天国运动之际，两江总督左宗棠为补助军事费，新发盐票 15 万道，由于两淮盐商反对，结果只发行 3 万道的事实；再如，湖广总督张之洞为补助财政收入，实施鸦片专卖，由于湖北鸦片商人的反对而告中止的事实。[173]

团体抗议运动，亦有由基尔特出面而收效果的事实。因厘金局于检查货物及发给通过证明书时，趁机苛索暴敛，由基尔特董事与厘金局总办交涉的结果，双方成立了妥协：对于检查出入货物，议定了按年税额，并获得了货物自由通行证，及自由输送许可权。[174]但这些团体运动中，最值得注意的，还是湖州丝业生产者的对抗官宪运动，那种强硬的办法，是准会使贪婪的中国官僚恐惧和让步的。

综观上述诸例，苛税的存在自是一种严重的事实，然而这不过是清朝政府产业政策的一般的态度的部分表现。以此而论，就给清朝的制造业划了一个发展的限界，当无毋赘述。值得我们惊叹的是在这种国定划界中的清朝制造业，竟并未消灭，而在徐徐的发展前进的事实。在这种意义上清末的制造业的史的意义实应予以极高的评价。因为由于自身本来的性格，存立基础极为薄弱的制造业，结果被苛税消灭的史实很多。例如十七世纪的西班牙就是典型的示例。[175]

(二) 家计补充的副业规模（生产力发展＝内在的发展要因之缺乏之一）

建立在未能越出前期的器具阶段一步的小手工业的技术基础上的，以补助家计而从事副业的家内劳动为主轴而展开的，清末的零细的制造业，因其缺乏内在的生产力发展的要因，而阻害了制造业的扩大规模。因之，清国的生产力的发展，不能不牛步化了。

（三）国内市场的狭隘（内在的发展要因之缺乏之二）

国内市场的扩大，实乃生产力发展的杠杆。但在中国，由于国内市场的萎缩，生产力的发展不得不禁闭在狭隘的框子内。因为在制造业的发展上，国内市场的作用极重于国外市场。如真能使国内市场扩大，则制造业的发展基础，自能屹立不拔。以英国为例，在十八世纪初期，英国国内市场消费率高于国外市场的比率由 6 倍进到 20 倍[⑩]，在某种程度上，茶、绸、棉、瓷器等的衣料食料关系生活必需品生产部门，拥有广泛的国内市场，英国羊毛制造业的发展因有广大的必要性，才能变得广大。质言之，因奢侈欲望的增大而来的消费能力＝购买力的发展，才使市场不会静态地停止于必要的限界，而需要不断地、动态地、充分地扩大再生产。反之，清代国内市场却非常萎缩，经济社会的一般购买力，正如前书所引的乾隆朝的俗谚，"皇帝之庄真避暑，百姓仍在热河也。"和康熙朝左都御史魏象枢的咏叹："今百姓困苦已极，而大臣家益富。"最为象征。换言之，购买力极为低度。英使马可托尼和法将摩托班所赞叹的奢侈生活，那只是上层社会的购买力的泛滥发挥，极属有限。以绝大多数农民为主轴的清代经济社会，其绝大多数的消费力＝购买力自然有其必然的界限，在这种条件下的清代市场，制造业当然丧失了必要而且充分发展的条件，而陷于萎缩状态。

（四）商人的产业支配（内在的发展要因之缺乏之三）

总之，在中国由于商人基尔特与行业基尔特（Merchant Guild and Craft Guild）的差异，即后者比前者过小的状态[⑰]，商人资本力对产业家构成了压倒的优势。而且因制造业的推展形态，由于生产者的零细性，故不得不向商人兼资本家的道路上发展，再由于商业的大规模经营性，商人之直接支配生产，又成为不可避免的必然道路。因之，制造业未能变革旧有的生产方法，而趋向保守的退守的性格，虽然这又是清朝政府的本身的性格而来的主体条件＝产业政策的产物。作为中间阶段的制造业的发展机能就不能不愈趋萎缩了。

综上所论，由制造业打倒其原来的狭隘的技术基础，使用机械，从其自身中分泌出原生的产业革命的道路，归结当然是不可能。虽然，此时，

597

在这古老的制造业旁出现了茶叶及绸业的新式制造业，但这并不是制造业本身的昂扬，这全是与此无关的外在的发展，才迅快地创立了近代机械工场。这不仅是一般中的特殊，而且是特殊的特殊。虽然，鸦片战争以来，清朝政府仅只为了克服国际的及国内的环境挣扎图存，必至走上创设和扶植官营军事工厂的道路，但从这里也就暴露出了由老式制造业走向工场工业的途中，清末产业构成的畸形的脆弱性。

补论 十八世纪中叶以降奖励农村副业＝普及家内工业的根据

耕地面积及人口增加表

年次	耕地面积(顷)	比率(%)	人口(人)	比率(%)
顺治十六年(一六五九年)	5,493,576	100	21,068,609	100
康熙二十四年(一六八五年)	6,078,430	110	23,411,148	111
雍正二年(一七二四年)	6,837,914	124	25,284,818	120
乾隆十八年(一七五三年)	7,081,143	128	127,500,000	605
乾隆三十一年(一七六六年)	7,414,495	134	★209,839,546	995

备考:

1. 据《中国财政史辑要》卷三《田制》及卷十八《户口丁》中《赋役》作成。

2. ★为乾隆三十二年。

上表中，表示出由十七世纪中叶至十八世纪中叶一百年间，相对于耕地面积增加34％，人口增加达10倍的事实。乾隆朝人口的突然大激增，需要四种注释：（1）从来调查户口时，人民为逃避课税，多不申报。但自康熙五十年（一七一一年），制定了有名的《滋生人口永不加抽税例》，规定不论人口如何增加，不得征收定额以上的课税，次于雍正初期，废除丁银（人头税），编入地赋（土地税），制定所谓"丁随地起"之法，因之，至乾隆朝，全国才消失了加征人头税之弊。以此为机缘，人口实数的报告始渐趋正确。这是人口突然大激增的第一原因。（2）从来奴隶贱户并不列入户籍，但由于雍正帝实施怀柔政策，屡屡发布贱民解放令，如雍正元年山西、陕西两省的教坊乐籍解放，浙江省绍兴府的隋民解放，雍正五年，江南徽州府的伴当，宁国府的世仆的解放，雍正八年，江苏省苏州府、常熟、昭文的丐户解放，及江西、浙江、福建三省的棚民解放，广东省的蛋民解放等，此等被解放的奴隶贱民一律被编入保甲。这是至乾隆朝人口突然大激增的第二原因。（3）官吏对于人口申报的严密管理，严防虚报，这是第三原因。（4）从来因系按照户口课服徭役，故老幼妇女并不计入户口内，乾隆帝以人口增多自夸盛世，将前所未计之老幼妇女概引编入户口，这是第四原因。⑱——我们虽有了上述四种注释，还要明了乾隆朝时绝对的人口增加，遥为凌驾于耕地面积增大，而相对地发生了土地不足的现象。乾隆朝又系集约农耕的转期，意味就在这里。不过乾隆朝时土地不足现象，更是重大的问题。以下我们考察土地如何渐告不足。

清初以来，因为生产穷乏，加以洪水、蝗害、旱灾等自然的灾害，农民屡屡舍弃土地逃奔他乡，清政府对于这种逃散农民，施行了种种的慈惠政策。例如下文所述：

（雍正五年川陕总督奏）外省人民挈家入川者甚多，皆称系上年湖广（湖北、湖南）、广东、江西、广西等省逃荒之人，请设法安插以为生计。（谕曰：）此等远来多人莫辨良奸，若不行稽查其中游手无赖之徒，必转为良民之扰……其令四川州县，逐一稽查入川人户姓名籍贯，果系无力穷民，即令其留川开垦，所用牛种口粮，目前将公项给发，即著本籍州县官照数补还，如此则游惰之民不敢冒混……（九卿等会议）湖广、江西、广东、广西四省之人挈家远赴四川，散住各府州县，听其为佃种佣工糊口之计，各府州县稽查其姓名籍贯，如实系穷民，造册申报……民人有愿回籍者，量予盘费口粮，给以印票。其愿在川开垦者，测人力多寡分给荒地五六十亩或四五十亩，给以牛种口粮，其所用各项银，著落本籍各府州县官赔补。⑲

上文中说明了在雍正朝对逃散农民所采行的二种慈惠政策的事实。第一，在逃散地（该时的四川）给予土地30亩至60亩，着其定居，并给予生产手段，使其从事耕作的方法。第二，给予交通费，使其"回籍"至原籍地，给以与第一方法中相同之土地使从事耕作的方法。官方之采用如此慈惠政策的必要，一者，如文中所见，系为恐惧逃散现象之发生地方的纷扰滋事，二者，系遵从"夫农为国本"的根本原则，经常地确保定数农民（Leiheigene）乃为必要。这种Leiheigene，是封建制度社会下最本质的和基

599

底的生产者，众所周知。

再者，前文中的逃散、定居、回籍事例，在前代康熙朝屡有发生，次代乾隆朝则更发生了极大规模的逃散现象。试举一例，乾隆五十二年（一七八七年）四月，安徽省农民龚文奇率领一族男女30余名逃散四川，官方令其回大文县原籍。[180]这个例子，官方还示以回籍的慈惠，在乾隆十四年（一七四九年）五月，浙江省平阳县农民100户，逃散至福鼎县，近邻农民开始相随逃散时，官方就不客气了，"流移至一百户之多，岂可听其往来！"[181]断乎禁止逃散了。不仅此也，在乾隆三十一年（一七六六年）五月，"川省荒地业经认垦无余，嗣后各地人民，由籍赴川垦地者，必不给票，并转饬沿途关津，查无照票者，即行沮回。"[182]官方竟至否认定居，回籍的政策了。该时否认的根据，系"荒地……认垦无余"，即是由于土地不足的关系，谕文中已自行说得明白。有这种规模极大的逃散运动，又是极为必要施行定居，回籍慈惠政策的乾隆朝，竟又是开始显现土地不足的时代，定居、回籍无从实施的时代。

然而，如果逃散是机构的必然性所产生，则政府对此自不能不讲求救济之策，而当面所选最为应急和最为效果的方法，只有"赈恤"一途了。

乾隆二十八年（一七六三年）二月上谕内阁："户部议覆，御史顾光旭条奏，资送贫民回籍一折……此等灾民如果本籍自有田庐，固不当听其播迁失业，今经久日体验，悉流民中谋生者系故土并无田庐……救荒无奇策，惟体恤民隐为要。"[183]

上文中说明了因故乡无地可耕，流民才成为流民，若使其回籍故乡，仍还是流民，故回籍无用，救贫莫如赈恤为佳云云。从乾隆帝这种明快的见解中，可以看出土地不足的现象日趋严重的情形。因之，相对的土地不足，使 Leiheigene 维持政策，受到一次打击。以至原来的慈惠政策，移行依存于赈恤为主要形态。例如乾隆五十七年（一七九二年）乾隆帝谕示内阁称："前因直隶省京南被旱，各州县无业贫民，至京就食者日众，并多有出口觅食者……此时京城各厂领赈者已不下二万人。"[184]可以明了已施行了大规模的赈恤政策。

假如说赈恤政策是逃散的治疗策，则其预防策就要算是农村副业＝农民家内劳动的奖励，即是创出小农政策。仅此而论，乾隆朝的奖励棉作、植桑，根据就在这里，亦就是丝布家内劳动普及的原因所在。

附带注记以下四点：（1）别于自上而来的劝奖政策，作为农民自体的打开穷境策，有华侨的出洋；（2）回籍事件迄清末仍在赓续施行，在林则徐的上奏中可以找到事实⑱；（3）赈恤政策迄清末，渐已成为例行公事，在前书所引林则徐上奏中，可以窥见一斑；（4）农奴解放，自宣统元年（一九〇九年）公布《禁革买卖人口条款》十条，有了划期的表现。⑱

注：

① 矢野仁一，《关于支那茶的历史》（《近代支那的政治及文化》所收），页二百五十一、二百五十三、二百六十五。

② 田中忠夫，《支那茶业史论》（《支那经济史研究》所收），页五十四、七十一、六十七。

③《中国财政史辑要》，卷三十，《榷茶》上。

④《中国财政史辑要》，卷三十，《榷茶》上。

⑤《中国财政史辑要》，卷三十，《榷茶》下。

⑥ 平濑已之吉，《近代支那经济史》，页二百六十六—二百六十七。
田中忠夫，《支那茶业史论》，页一百〇九。

⑦ S.G.L.Staunton,*An Authentic Account of an Embassy*, etc.,Vol. Ⅲ.P.237.

⑧ R.M.Martin,*China*,etc.,Vol. Ⅱ.P.168.

⑨ Wells Williams, *The Middle Kingdom*.1889,Vol. Ⅱ.P.P.53—54.

⑩ R.M.Martin,*China*,etc.,Vol. Ⅱ.P.168.

⑪ 矢野仁一，《关于支那茶的历史》，页二百六十二。

⑫ R.M.Martin,*China*,etc., Vol. Ⅱ.P.153.——但据 W.Williams 之 *The Middle Kingdom*,Vol. Ⅱ.P.51 称，荷兰初次介绍茶于欧洲，为一五九一年云。

⑬ Hunter,*The Fankwae*,ete., P.55.
W.Williams,ibid,Vol. Ⅱ.P.40.

⑭ W.Williams,ibid,Vol. Ⅱ.P.40.

⑮ R.M.Martin,ibid,Vol. Ⅱ.P.153.

⑯ W.Williams,ibid,Vol. Ⅱ.P.51.

⑰ H.G.Wells,*The Outline of World History*.(商务印书馆译本，页七百三十)

⑱ R.M.Martin,ibid,Vol. Ⅱ .P.155.

⑲ 萧一山,《清代通史》,中,页七百九十四。

⑳《大清十朝圣训·高宗纯皇帝圣训》,卷一百八十。

㉑《资治通鉴》,卷二百三十三,《康纪》四十九。

㉒《高宗纯皇帝圣训》,卷一百八十一。

㉓ 矢野仁一,《关于支那之近世火器传来》(《近代支那之政治及文化》所收),页三百二十七。鞠清远,《唐宋官私工业》,页一百四十二。范文澜,《中国通史简编》,页三百七十二。

㉔ 见《马可·勃罗旅行记》——但据矢野仁一《近世火器传来》一文称,抛石机在勃罗以前,勃罗兄弟系应用对重法(Counterpoise)而操纵人力机云。

㉕ 矢野仁一,《关于支那近世火器之传来》, 页三百三十九——三百四十三。

㉖ 矢野仁一,《关于支那近世火器之传来》,页三百四十三、三百四十九、三百五十一、三百五十五、三百五十九、三百六十一、三百六十三、三百六十八。

㉗《天工开物》,卷下,《佳兵第十五·火器》。

㉘《天工开物》,卷下,《佳兵第十五·火器》。

㉙《天工开物》,卷下,《佳兵第十五·火器》。

㉚ Gideon Chen,*Tseng Kuo –Fan,Pioneer Promoter of the Steamship in China*,1935,P.11—12.

㉛ 康拉多、加尔里尔,《家畜系统史》(日本《岩波文库》版),页一百——一百一。

㉜ 康拉多、加尔里尔,《家畜系统史》(日本《岩波文库》版),页一百三十三、一百三十四、一百三十五、一百四十一。

㉝《高宗纯皇帝圣训》,卷一百八十,《乾隆二年十月》。

㉞ 矢野仁一,《关于支那茶的历史》,页二百六十五。

㉟ 矢野仁一,《关于支那茶的历史》,页二百六十五。
田中忠夫,《塞外茶贸易史论》(《支那经济史研究》所收), 页一百二十九。

㊱ 矢野仁一,《关于支那茶的历史》,页二百六十五。

㊲ 田中忠夫,《支那茶业史论》,页八十七。

田中忠夫,《塞外茶贸易史论》,页一百二十九。

㊳ 田中忠夫,《支那茶业史论》,页八七。

㊴ 稻叶岩吉,《满洲发达史》,页一百八十二。

㊵ 矢野仁一,《关于支那茶的历史》,页二百八十三、二百九十三。

㊶《中国财政史辑要》,卷三十,《榷茶》上。

㊷ 田中忠夫,《支那茶业史论》,页一百〇六——一百〇七。

㊸《中国财政史辑要》,卷三十,《榷茶》下。

㊹《国朝柔远记》,卷五。

㊺《中国财政史辑要》,卷三十,《榷茶》下。

㊻《中国财政史辑要》,卷三十,《榷茶》下。

㊼ 稻叶岩吉,《满洲发达史》,页一百八十五。

㊽ 据平濑己之吉,《近代支那经济史》,页二百八十三所引,明治四十二年山田繁平《清国茶业调查复命书》。

㊾ 安原美佐雄,《支那的工业与原料》,第一卷,下,页九百〇九。

㊿ 据平濑己之吉,《近代支那经济史》,页二百八十三所引,以山田《调查复命书》为主轴而构成。

(51) 据平濑己之吉,《近代支那经济史》,页二百八十三所引,以山田《调查复命书》为主轴而构成。

(52) R.M.Martin,*China*,etc.,Vol.Ⅱ.P.165.

(53) 安原美佐雄,《支那的工业与原料》,页九百六十—九百六十一。

(54) 据平濑己之吉,《近代支那经济史》,页二百八十三所复引,山田《调查复命书》。

(55) 据平濑己之吉,《近代支那经济史》,页二百八十三所复引,山田《调查复命书》。

(56) 方观承,《御题棉花图》。

(57) 原颂周,《中国作物论》,页二百三十九。

(58)《天工开物》,卷上,《乃服第二·布衣》。

(59)《御题棉花图》,第七图《收贩》。

(60)《御题棉花图·跋文》。

(61)《御题棉花图》,第七图《收贩》。

(62)《御题棉花图》,第七图《收贩》。

63《御题棉花图》,第十五图《织布》。

64《御题棉花图》,第十六图《练染》。

65《御题棉花图》,第十六图《练染》。

66《高宗纯皇帝圣训》,卷二百九,《乾隆九年二月》。

67《御题棉花图》,第十一图《纺线》。

68《御题棉花图》,第十二图《挽经》。

69《御题棉花图》,第十五图《织布》。

70 A.H.Smith, *Village Life in China*, P.276.

71 比较对照《六十五年来中国国际贸易统计》之第四表及第五表。

72《林文忠公政书》,甲集,《江苏奏稿》,卷二,《太仓等州县帮续被歉收请缓新赋折》。

73《林文忠公政书》,甲集,《江苏奏稿》,卷二,《江苏阴雨连绵歉收情形片》。

74 据平濑已之吉,《近代支那经济史》,页三百所引小柴藤四郎《清国织物视察报告》(日本农商务省工局临时报告),明治三十二年第五册。

75 日本外务省通商局,《清国商况视察复命书》,明治三十五年刊,页一百六十四——一百六十六。

76 绪方二三,《清国商工业视察报告》,明治二十九年刊,《后编》页二十四。

77 据平濑已之吉,《近代支那经济史》, 页三百所复引, 平濑书页三百〇二。

78 外务省通商局,《清国商况视察复命书》,页一百六十一。

79 据平濑已之吉,《近代支那经济史》, 页三百所复引, 平濑书页三百〇三。

80 高桥正二,《清国福建浙江两省铁道沿线踏查报告书》,三井物产厦门出张所刊,明治三十四年,页二十一。

81 高桥正二,《清国福建浙江两省铁道沿线踏查报告书》,三井物产厦门出张所刊,明治三十四年,页二十一。

82 高桥正二,《清国福建浙江两省铁道沿线踏查报告书》,三井物产厦门出张所刊,明治三十四年,页二十二。

83 据平濑已之吉,《近代支那经济史》, 页三百所复引, 平濑书页三百〇四。

⑭ 外务省通商局,《清国商况视察复命书》,页一百八十一。

⑮ 外务省通商局,《清国商况视察复命书》,页一百八十一。

⑯ 高桥正二,《清国福建浙江两省铁道沿线踏查报告书》,三井物产厦门出张所刊,明治三十四年,页二十一。

⑰ 据平濑已之吉,《近代支那经济史》,页三百所复引,平濑书页三百〇六。

⑱ 高桥正二,《清国福建浙江两省铁道沿线踏查报告书》,三井物产厦门出张所刊,明治三十四年,页二十一。

⑲ 加藤繁,《关于宋金贸易之茶钱及绢》(日本《东亚经济论丛》第一卷第一号所收)。

⑳ 加藤繁,《关于宋金贸易之茶钱及绢》(日本《东亚经济论丛》第一卷第一号所收)。

㉑《天工开物》,卷上,《乃服第二》。

㉒ 加藤繁,《关于宋金贸易之茶钱及绢》。

㉓ 王文韶,《蚕桑纺织器图说》,《富强斋丛书》第三九册。

㉔ A.H.Smith,*Village Life in China*, P.44.

㉕ 李鸿章,《蚕桑纺织图咏》,光绪二十一年夏四月,《富强斋丛书》,第三九册。

㉖ 王文韶,《蚕桑纺织器图说》。李鸿章,《蚕桑纺织图咏》。

㉗ 李鸿章,《蚕桑纺织图咏》。

㉘《高宗纯皇帝圣训》,卷二百九,《乾隆六年三月》。

㉙《高宗纯皇帝圣训》,卷二百十,《乾隆十一年四月》。

⑩ 李向庭,《蚕桑述要》,光绪二十九年刊。

⑩ *Maritime Customs*, *Silk*, 1881, reprinted 1917, Shanghai, P.P.59, 61, 63, 64,70.

⑩ Do,ibid,P.20.

⑩ Do,ibid,P.P.82,112.

⑩ Do,ibid,P.77.

⑩ Do,ibid,P.P.70,74.

⑩ Do,ibid,P.80

⑩ Do,ibid,P.P.81,112.

⑯Do,ibid,P.83.

⑲Do,ibid,P.62.

⑩Do,ibid,P.P.70,75,112

⑪ Do,ibid,P.P.112,116.

⑫ Do,ibid,P.70.

⑬ 李向庭,《蚕桑述要》。

⑭ 外务省通商局,《清国商况视察复命书》,页二百四十七。

⑮ 宫崎骏儿,《清韩商况视察报告》,日本横滨税关刊,明治三十九年,页十一。

⑯ 松下宪三郎,《支那制丝业调查复命书》,日本农商务省刊,大正十年,页五。

⑰ 紫藤章,《清国蚕丝业一班》,日本农商务省刊,明治四十四年刊,页三十四、一百八十一。

⑱ 紫藤章,《清国蚕丝业一班》,日本农商务省刊,明治四十四年刊,页三十四、四十八、一百八十一。

⑲ 紫藤章,《清国蚕丝业一班》,日本农商务省刊,明治四十四年刊,页四十七。

⑳ 紫藤章,《清国蚕丝业一班》,日本农商务省刊,明治四十四年刊,页六十。

㉑ 本多岩次郎,《清国蚕丝业调查复命书》,日本农商务省刊,明治三十二年刊,页一百一十八。

㉒ R.M.Martin,*China*,etc.,Vol.I.P.87.

㉓ 峰村喜藏,《清国蚕丝业大观》,明治三十七年刊,页二百五—二百六。

㉔ 峰村喜藏,《清国蚕丝业大观》,明治三十七年刊,页二百四十六。

㉕ 峰村喜藏,《清国蚕丝业大观》,明治三十七年刊,页二百四十八。

㉖ 峰村喜藏,《清国蚕丝业大观》,明治三十七年刊,页二百四十九。

㉗ 山内英太郎,《清国染织业视察复命书》,日本农商务省刊,明治三十二年。

㉘ 峰村喜藏,《清国蚕丝业大观》,页二百四十八。

㉙ 峰村喜藏,《清国蚕丝业大观》,页二百四十七。

⑬ 峰村喜藏,《清国蚕丝业大观》,页二百五十一。

⑬ 峰村喜藏,《清国蚕丝业大观》,页二百八十四。

⑬ 峰村喜藏,《清国蚕丝业大观》,页二百八十五——二百八十六。

⑬ Sir John Francis Davis, *China, A General Description of That Empire and Its Inhabitants*,1857,Vol. Ⅱ .P.200.

⑬ Wells Williams, *The Middle Kingdom*,Vol. Ⅱ .P.27.

⑬ Do,ibid P.23.

⑬ 敦崇,《北京年中行事记》。

⑬ W.Williams,ibid,Vol. Ⅱ .P.22.

⑬ J.F.Davis,ibid,Vol. Ⅱ .P.205.

⑬ 日比野新七,《清国陶器业视察报告书》,明治三十九年刊。
北村弥一郎,《清国窑业调查报告书》,日本农商务省刊,明治四十一年。
敦崇,《北京年中行事记》。

⑭ W.Williams,ibid,Vol. Ⅱ .P.23.

⑭ 北村弥一郎,《清国窑业调查报告书》,日本农商务省刊,明治四十一年。

⑭ 北村弥一郎,《清国窑业调查报告书》,日本农商务省刊,明治四十一年。

⑭ 日比野新七,《清国陶器业视察报告书》,明治三十九年刊。

⑭ 日比野新七,《清国陶器业视察报告书》,明治三十九年刊。

⑭ 北村弥一郎,《清国窑业调查报告书》,日本农商务省刊,明治四十一年。

⑭ 日比野新七,《清国陶器业视察报告书》,明治三十九年刊。

⑭ 日比野新七,《清国陶器业视察报告书》,明治三十九年刊。

⑭ 北村弥一郎,《清国窑业调查报告书》,日本农商务省刊,明治四十一年。

⑭ 日比野新七,《清国陶器业视察报告书》,明治三十九年刊。

⑮ 日比野新七,《清国陶器业视察报告书》,明治三十九年刊。

⑮ 日比野新七,《清国陶器业视察报告书》,明治三十九年刊。

⑮ 北村弥一郎,《清国窑业调查报告书》,日本农商务省刊,明治四十一年。

⑮ 日比野新七,《清国陶器业视察报告书》,明治三十九年刊。

⑮ 北村弥一郎,《清国窑业调查报告书》,日本农商务省刊,明治四十一年。

⑯ 日比野新七,《清国陶器业视察报告书》,明治三十九年刊。

⑯ R.M.Martin,ibid,Vol. Ⅱ.P.277.

⑰ 鞠清远,《唐宋官私工业》,页六十八。玉井是博,《唐时代的社会史的考察》(二)(日本《史学杂志》第三十四编第五号)。那波利贞,《关于中晚唐时代之敦煌地方佛教寺院的碾硙经营》(日本《东亚经济论丛》第一卷第三号)。

⑱ 鞠清远,《唐宋官私工业》,页六十一——六十二、六十三。

⑲ 鞠清远,《唐宋官私工业》,页六十一——六十二、六十三。

⑯ 鞠清远,《唐宋官私工业》,页六十一——六十二、六十三。

⑯《马可·勃罗旅行记》。

⑯《清代轶闻》,卷七,《崇文门关吏需索之苛》。《清朝野史大观》,卷十二,《清代述异·崇文门兵役苛索》。

⑯ R.M.Martin,ibid,Vol.I.P.86.

W.Sombart,*Die Deutsche Volkswistschaft.*

⑯ etc.,S.S.38.ff.

⑯ 全汉升,《中国行会制度史》,页二百○二。

⑯ 罗玉东,《厘金制度之起源及其理论》(《中国近代经济史研究集刊》第一卷第一期所收)。

⑯ 日比野新七,《清国陶器业视察报告书》,明治三十九年刊。

⑯ 罗玉东,《厘金制度之起源及其理论》(《中国近代经济史研究集刊》第一卷第一期所收)。

⑯ *Maritime Customs,Silk*,P.P.74,77,81.

⑰ Do.ibid,P.77.

⑰ Do.ibid,P.74.

⑰ Do.ibid,P.80.

⑰ 根岸佶,《支那基尔特之研究》,页二百五十二。

⑰ 全汉升,《中国行会制度史》,页一百六十四——一百六十五。

⑰ 大冢久雄,《欧洲经济史序说》,页四十一。

⑰ 大冢久雄,《十八世纪初头之英国市场》(日本《社会经济史学》第十一卷第二号)。

⑰ 全汉升，《中国行会制度史》，页一百二十一。

⑱ 萧一山，《清代通史》，上，页七百十四—七百十五；中，页二百五十七、四百六十一—四百六十二。

⑲《清朝文献通考》，卷十九，《户口》，一。

⑳《高宗纯皇帝圣训》，卷八十四。

㉑《高宗纯皇帝圣训》，卷七十七。

㉒《高宗纯皇帝圣训》，卷八十。

㉓《高宗纯皇帝圣训》，卷七十九。

㉔《高宗纯皇帝圣训》，卷八十五。

㉕《林文忠公政书》，甲集，《江苏奏稿》，卷一，《附奏资送流民片》。

㉖《清朝续文献通考》，卷二十六，《户口》，二。

第二章　清末的新产业

第一节　近代的旋回（起点＝林则徐）

清代社会近代化的端绪，当然要算鸦片战争的冲击。道光十九年二十八日（一八三九年）九月，第一次鸦片战争的勃发，至二十二年（一八四二年）七月二十一日由于镇江陷落第三回的结局，八月二十九日，《南京条约》缔结后，这使三百年的"天上帝国"的清朝政府，从独断的昏睡中渐次惊觉以后，以先驱者林则徐为起点，开始了清末新官僚的近代的旋回。

虽然战前的林则徐，曾对本国的军备有绝对性的自夸自大。如在其《政书》乙集《使粤奏称》卷二，《覆奏查察虎门排练炮台折》中云：

设不应夷船进口，有遇顺风潮涌，妄图闯入（虎门），虽驾驶如飞，到一排练（虎门炮台）之前，势难绕越。即谓夷船坚厚，竟能将铁链冲开，而越过一层尚有一层阻挡，就令都能闯断，亦已羁绊多时，各台炮火连轰，岂有不成灰烬之理？

可是这种满意的自信，在卜尔米得（Bremed）率领 31 艘舰队攻陷厦

609

门定海①，第一次战败确定后，他又改变成慎重的海防论了：

> 但粤东关税即比他省丰饶，则量通夷之银以为防夷之用，从此制炮必求极利，造船必求极坚，似可以酌筹经费，即裨益实非浅鲜矣！②

即是林则徐主张以粤海关收入，充海防费而严军备。但这并非以关税收入来补充军事费的清朝政府的传统政策的公式的继续，这是因鉴于自国军事力的薄弱，亲身体验到需要的新官僚对这种传统政策的加强和执行。事实上，林则徐在虎门要塞的保卫战中，曾购入了 200 挺以上的外国枪械。③但是作为"先驱者"——"先知先觉者"的他，有一种新的认识和信心，他以为真正做到国防力的充实，不仅要购入外国武器即可了事，尤其要紧的是国内生产新武器。④他根据这种信念，在战争中，建造过欧洲型的史克那（Schoner）船（有 2 樯至 4 樯的小帆船）⑤，制作过安南轧船的模型⑥，研究过 8 种的战舰的模型⑦——做过这许多实践工作。再者，他在被由流谪地伊犁召还，作陕甘总督，从"平定"回变的途次，在一八四六年，制造了自动轮炮与爆发药，后者曾被道光帝传令嘉赏。⑧凡此事实，使林则徐不失为新官僚中的先驱者。

林则徐所启发的新事物，当系使极为保守的清朝政府尤其是道光帝觉醒的提示的存在。自此，道光帝才屡次发表战争中自国军事力的薄弱及海军力增强的必要的上谕。先看下文：

> 道光二十二年九月谕："朕思防海事宜，总以船坚炮利为要。各省修造战船竟同具文，以致临时不能运用，深堪愤恨！"⑨

这里，道光帝以造船、制炮为军事力基底的见解，竟由于官吏的怠荒而削弱，这个生在自己头上的老疮疤，这时自己才觉得痛疼和"愤恨"。再看下文：

> 道光二十二年六月谕："逆夷犯顺以来，恃其船坚炮利，横行海上，荼毒生灵，总因内地师船大小悬殊，不能相敌，是以朕屡降谕旨，饬令将军、督抚……两载以来，迄无成效，推原其故，由于无巨舰水师之与接战，

其来不可拒，而其去不可追。故一切夹攻埋伏，抄前袭后之法，皆不能用，以致沿海州县屡经失挫……因思逆夷所恃者，中国战船不能涉达外洋与之交战，是以横行无忌……前据奕山奏，广东省捐造大船一只，颇能驾驶出洋，可见木料人工，随地皆有，急公好义，不乏正人。嗣后，如有捐资制造战船炮位者，该督抚查明保奏，朕必照海疆捐输人员，从优鼓励。"⑩

这里，道光帝痛切地认识和反省出鸦片战争的败因实由于英清军备迥异，尤其是海军力的绝对相差这一事实。因之，为增强海军力，制炮造船当然是不可缺的要求，在这种场合，又拿出传统的以奖励强制为手段的捐输政策了。当时，为建设海军，备办军舰、水手、枪炮，只责成广东一省，道光二十二年一月乃至九月间，广东被强制所出捐输额达 45 万两余。⑪在上引之谕文中所提及的大船捐造事例，系指十三行巨商同孚行潘仕成的捐输而言，即是这种捐输政策业已实施的实例。潘仕成早在一八四一年，即捐输私费 19,000 两，建造船长 133 呎，收容能力 300 人的新舰一只。⑫不仅此也，他还献纳洋式枪炮的铸造的资金⑬，并雇用美籍官吏从事制造水雷。⑭而早在战前，道光十五年（一八三五年）时，广东十三行商人，已捐输铸造大炮 40 门的经费 14,800 两，铸造弹药费 52,000 两（但当分三年交纳）⑮，这应该看作广东十三行商人对这方面的贡献。此时政府迫于燃眉的危机，特任命潘仕成负责监督加紧进行造船制炮事业，政府对这种新事业的进行，意志如何巩固，只看它不信任自己的官吏，并严禁官吏干涉经营，而授责于一商人的事实，即是明证。在下文中可见这种措施：

道光二十二年九月谕："将来均需粤省制造分运各省。据奏：潘仕成所捐之船坚实得力，以后船只制造，着该员（潘仕成）一手经理，断不许官吏涉手，所需工价，准其为官发给，并不必限以时日……广东海口为夷船经由要道，必应加意防范。战船现已制造……"⑯又"其一切制造事宜统由潘仕成一手经理，毋许官吏涉手……两湖四川大臣咨商购备坚实木料造大船……一并发潘仕成监制。俟造就三十只后，是否足用，再行酌量办理。并另造小号战船三四十只，跟随大船，作为羽翼。"⑰

如上所述，保守的清朝政府，由于鸦片战争的冲击，渐渐转化为面目

611

一新的装备。这种转变，在战争以后，道光二十四年（一八四四年），在所谓"列代圣训未尝许开矿"的传统的矿业政策上，亦有新的改换一事，又得一旁证。该年曾谕令奖励开矿（而且是民营！）发有如下之谕文：

即如开矿一事，前朝屡行，而官吏因缘为奸，久之而国与民俱受其累。我朝云南、贵州、四川、广西等处，向有银厂，每岁抽收课银，历年以来，常照纳输，并无丝毫扰累于民，可见为官经理不如为民自行开采，是亦藏富于民之一道。因思云南等省，除现在开采外，可采之处尚多，著宝兴、桂良、吴其濬、周之琦体察地方情形，相度山场，民间情愿开采者，照现开各省一律办理，断不可假手吏胥，致有侵蚀滋扰、阻挠诸弊……期于民生国计而有裨益，方为妥善。⑱

是故，近代的旋回点，当系道光朝鸦片战争，一八四二年。而做成这个起点的，该是林则徐特应铭记。林则徐的精神射辐，则由邓廷桢、颜伯焘、龚振麟、易长华、长庆、吴健昌等官吏，及许祥光、潘仕成、丁拱辰等资产阶级予以体验发射。⑲事实上，当时一般军事武器技术的大为进步，一八四一年八月二十六日厦门战后，已足使英军司令官卜尔纳得（Bernard）大为惊叹。⑳

第二节　官营军事工业的勃兴

（一）新官僚的旋回观点（左宗棠、曾国藩、李鸿章）

林则徐的遗产，鸦片战争的热狂煽醒后，至道光朝末期，虽有多少反动逆流袭来，但并未全然被遗忘。不仅为《南京条约》的当事人耆英所继承，至而保守派的头领满洲大臣穆彰阿亦予以协力，以至耆英、穆彰阿运动一时成为旋回的原动力㉑，给灭亡前的清朝以落夕前灿烂的一照。此种原动力的发挥，第二次鸦片之战时，一八五七年十一月—十二月，使占领广州的英国海军少将桑摩（Sir M. Seymour）对于较鸦片战争时大为强化的广州军备大为惊叹㉒。又，一八六〇年八月，占领大沽炮台的英军对于模仿英国武器的才能亦为置叹㉓——诸如此类的进步。

然而，林则徐起点的旋回，无过于二十年后左宗棠、曾国藩、李鸿章这三个官僚的出现。由他们三个人所发意，创设的官营军事工业，就是以林则徐起点为指表的新运动。而左、曾、李的近代的旋回＝官营军事工业的勃兴，最为直接的机缘，是由太平天国运动所促成。他们开始奉了"讨伐"太平军的敕令，准备为满清作忠实的鹰犬，并为自己的地主利益而战，即着手开始筹备和建立其惊人的"事业"，左宗棠于一八五二年由湖南巡抚张亮基相辅练成海军㉔，曾国藩于同年以同巡抚资格在故乡湖南纠合地主力量，办理团练㉕，李鸿章于一八六二年以八千淮军戡定上海㉖，在这之间，他们常常痛切地想到确立林则徐所萌芽的军事生产力的必要。所不同的，林则徐系导因于直接对外战争，他们则是直接于"戡定内乱"，保护自己利益。然而，所可明了的是军事生产力的确立＝创设官营军事工场，导因不外两点，其一，对外防卫，其二，防止革命，总之，意在挣扎图存，挽回覆亡颓运。清末的自强运动意义，其精华就在这里。至于他们对自强运动如何痛切的"觉醒"到，并对于作为这种运动的物的表现近代军事工场的创设，如何视为重大，最好引摘他们自己的话来证明。

(1) 李鸿章："西人专恃其枪炮轮船之精利，故能于中土横行。中国向用之器械不敌彼等，是以受制于西人。居今日而曰攘夷，曰驱逐出境，固虚妄之论，即欲保和局守疆土，而亦无能保守之具……臣愚以为，国家诸费皆可省，惟养兵设防、练习枪炮、制造兵轮之费万不可省。……"㉗

(2) 左宗棠："臣愚以为，欲防海之害而收其利，非整理水师不可，欲整理水师，非设局监造轮船不可。"㉘及"制造轮船，实中国自强要著。"㉙

(3) 曾国藩："目今添造轮船、运河、堤工，万不容缓之事。"㉚及"上海已设制造局，不如购其机器，自行制造经费较省，新旧悬殊。"㉛

综观说来，清末为克服其国际的（帝国主义者的加紧侵略）、国内的（人民起义力量的澎湃）诸情势，以至才在向近代社会的旋回中，改良装备，妄图以新式武器击退新式时代，是挣扎求活的哀声。所以，最初出发于增强军事生产力的自强运动，其必然的发展法则，就是次第移行于一般的殖产兴业政策。至于其所表现的发展法则为如何，可看下表：

官营军事工业发展表

年次	创设者	名称	摘要
咸丰四年（一八五四年）	左宗棠 骆秉章	会城制造局（1）	船舶 大炮
十一年（一八六一年）	曾国藩	安庆军机所（2）	船舶 武器
同治元年（一八六二年）	李鸿章	上海机器局（3）	武器 枪炮
三年（一八六四年）	曾国藩	南京军机所（2）	安庆支局
四年（一八六五年）	李鸿章	南京洋式机器局（2）	武器（Dr. Macardney 为顾问）
同	曾国藩 李鸿章	上海江南制造局（4）	枪 时计农业机械
五年（一八六六年）	左宗棠	福州船政局（1）	船舶（5 年 16 只）
同	李鸿章	天津机器局（5）	枪药 枪炮
十年（一八七一年）	左宗棠	兰州机器局（1）	枪炮（一八八二年关闭）
十一年（一八七二年）	李鸿章	轮船招商局（6）	（资本 50 万两官商合办）
光绪三年（一八七七年）	李鸿章	开平矿务局（7）	石炭（资本 80 万两官商合办）
六年（一八八〇年）	左宗棠	兰州织呢厂（1）	毛织物（机械 4,000 部，一八八四年关闭）
八年（一八八二年）	李鸿章	上海洋布局（8）	织布（资本 40 万两官商合办）

备考：

1. Gideon Chen, *Tso Tsung T'ang.*

2. Do, *Tseng Kuo-Fan.*

3. 《李文忠公全书》，奏稿二十六，《上海机器局报销折》，光绪元年十月十九日。

4. Gideon Chen, *Tseng Kuo-Fan*, P.P.43—45,49.

《国朝柔远记》，卷十六。

《李文忠公全书》，奏稿九，《置办外国铁厂机器折》，同治四年八月初一日。

容闳，《西学东渐记》。

上海江南制造局，一般见解皆以为系李鸿章于一八六七年创设，事实却是曾国藩受留美耶鲁大学学生容闳建议以机械千架，资本八万六千两，由李鸿章＝丁日昌借用上海外国工场，开始操业。但在一八六七年，于上海市南部，扩张设立新工厂。

5. 《李文忠公全书》，奏稿三十二，《四成税留充机器局经费法》，光绪四年七月初二日。

天津机器局设立，通例之见解，以为系一八六七年，惟据李之《全书》则为同治五年。

6. 《国朝柔远记》，卷十七，《同治十一年冬设招商局》。

《李文忠公全书》，奏稿四十，《查覆招商局参案折》，光绪七年二月十一日。

轮船招商局，以伊敦、福星、永清三船开始营业，于上海设总局，牛庄、烟台、福州、厦门、广州、汕头、宁波、镇江、九江、汉口、天津设分局。并另于香港、长崎、横滨、神户、新加坡、槟榔屿、安南、吕宋亦设分局，分局共计十九处，以朱其昂、盛宣怀、许钤、唐廷枢、徐润、叶廷眷等专任。

7.《李文忠公全书》，奏稿四十，《直省开办矿务折》，光绪七年四月二十三日。

开平矿务局之创设，通例之见解，以为系一八七八年，惟据李之《全书》称，系光绪三年八月。

8.《李文忠公全书》，奏稿四十三，《试办织布局折》，光绪八年三月初六日。

上海洋布局，依通例见解，系设于一八九〇年，据李之《全书》称，乃光绪八年。故在衣料部门中，民族资本之参加近代工场的起点，非一八九〇年，而是比这还早的一八八二年。此点关系重要。

如上表所见，初以狭义的确立军事生产力为出发点的新运动，渐或并设衣料生产部门的羊毛工场、织布工场，或为增产食料，着手生产农业机械，或踏进整备运输体系的第一步，设立轮船招商局。由此以观，他们并非单是武断主义者（Chauvinist），至为明白。再用他们自己的话来证实。

（1）左宗棠："窃惟东南大利在水而不在陆，自广东、福建而浙江、江南、山东、直隶以迄东北盛京，大海环其三面，江河以外，万水朝宗。无事之时，以之（船舶）筹转漕，则千里犹在户庭，以之筹懋迁，则百货萃诸廛肆，匪独鱼盐蒲哈足以业贫民，舵艄水手足以安游众也。有事之时，以之筹调发，则百粤之旅可集三韩，以之筹转输，则七省之储，一水可通。匪特巡洋缉盗，有必设之防，用兵出奇，有必争之道也。"㉜

左宗棠在上文前半段，以船舶平时的必要，在求贸易之利与运输之便，后半段，以船舶兵时的必要，在求对外战争与维持治安，系以这样的综合的观点而建造船舶，设立船厂，不容怀疑。中国以商业目的开始用轮船，以一八五五年海上送米之时为划期㉝，以对外战争目的开始用轮船，以鸦片战争之时为划期㉞，次即为一八八四年因安南而惹起的中法战争。㉟以维持治安目的开始用轮船，以一八五三年"讨伐"太平军为划期㊱，次即是一八五六年上海宁波商人扫荡海贼㊲，左宗棠本人，一八六二年借用美国汽船四只扫荡广东海贼，一八六四年，借用福州法国海关税务司汽船，扫荡温州台州海贼，以及湖州之战，皆曾利用轮船。⑧

左宗棠并曾把握了主要产业与补助产业之间有不可避的结合性这一观点。他于一八八五年十一月，上奏开发福建省穆源铁山，江苏省徐州铁＝煤山，并请创设制铁所，又上奏创设福建砂糖工场。⑨可谓正确地理解了造船与煤、铁等生产手段的生产部门与消费生产部门之间的相互关联＝发展之关系。他在这种立意之下的部分的实践工作，有甘肃省兰州织呢机器厂的创设，又于一八八〇年在甘肃省平凉县就泾水利用军队实施机械灌溉及道路改修事业。⑩

(2) 李鸿章："臣维古今之国势，必先富而后能强，尤必富在民生而国本乃可益固。溯自各国通商以来，进口洋货日增月盛，核计近年销数价值已至七千九百余万余两之多，出口土货年减一年，往往不能相敌，推原其故，由于各国制造均用机器，较中国土货成于人工者，省费倍蓰，售价既廉行销愈广，非逐渐设法仿造，自为运销，自不足以分其利权。……查进口洋货以洋布为大宗，近年各口销数至二千二三万余两，洋布为日用所必需，其价又较土布为廉，而民间争相购用，中国洋钱耗入外洋者，实已不少。臣拟遴派绅商，在上海购买机器，设局仿造布匹，冀稍分洋商之利。……估需成本银四十万两，分招商股足数，议有合同条规，尚属固妥，经批准先在上海设局试办，派龚寿图专办官务，郑官应专办商务，又添派部中蔡鸿仪主事经元善道员李培松会同筹办。……自应酌定十年以内只准华商附股搭办，不准另行设局……如由上海径运内地及分运通商他口，内地输入均应照洋布花色在上海新关完一正税，概免内地沿途税厘，以示体恤。"⑪

上所引关于上海洋布局创设的批准奏请，其自身就说明了江南制造局及天津机器局的创始人李鸿章不止以军事生产为满足的事实。虽然在这个批准请奏中，同时又说明了下列诸重要的事实：(1) 外国棉布与土布的生产费相较，后者当属高昂，这一论断，足证李鸿章在理论上，把握的正确。(2) 为妨遏奏请中所行的事实而生的入超＝银流出，提议采用机械，"冀稍分洋商之利"，这点，表现出李鸿章是素朴的重金＝货币差额主义者，这和将贸易的本质，由比较生产费而把握了国际分业的理论的左宗棠根本相左，可以认知。(3) 奏文归结是提议创设近代织布机械工场，然而选用的方式，是半官半民的形态，这点和以船舶平时之利为"鱼盐蒲哈以

616

业贫民"的左宗棠视点，在范畴中显示出不同。这是因为官吏的李鸿章又是江南大商人的李鸿章，他的半官半民的视点，由他的官＝商身份说来，自然是合理的想念。故他的新事业，多系官商合办形态，绝非偶然。（4）该工场以外，至少在十年间，不许创设其他织布工场一节，则表示了独占的保护，育成政策的理想。（5）该工厂之生产品，请求免除国内通过税一节，证明了国内通过税的存在，如何成为产业发展的阻因。而且，此点的被提出，开了免税特典工场的先例，具有划期的意味，值得铭记。

再有，李鸿章关于开发矿山之意义的把握，亦极为正确。再看下文："窃惟天地自然之利乃民生日用之资，泰西各国以矿学为本，中国金银煤铁各矿，胜于西洋各国，只以风气未开，菁华闷而不发，利源之涸，日甚一日，复岁出巨款，购用他国煤铁，实为漏卮之一大宗。"[42]并从国际收支的顺逆观点提出开发国内铁、煤矿山的必要，呈请："天津机器各局制造子弹、药帽等项，所需铜料购自外洋，转运艰而价值贵，且恐不可常恃，自应就中国自有矿产，设法开采，以期省费便用。"[43]断定"从此中国兵商轮船及机器制造各局用煤，不致远购于外洋，庶一旦有事不为敌人所把握，亦可免利源外泄。富强之基，此为嚆矢。……开煤既旺，则渐可以图炼铁，开平局务振兴，则他省人材亦必闻风兴起，关系于大局似非浅"[44]。如上所述，显示出新官僚最为应景地把握了军事生产与原料资源的结合性，尤其是煤生产之起点的重要性，原料资源自给的急务——这些理论。而且，另一方面，他还没忘记掉为振兴输出，申请减低煤输出税这一事实。[45]

（二）新产业的经营

新产业的视点虽属正确，而其实际经营，则成功有限。最为明白的失败例子，可举左宗棠所创立的兰州机器局及兰州织呢厂。左宗棠在陕甘总督任内，所设立的这两个近代工场，开始时，所把握的立场条件即告不利。不仅订购之外国机器由汉口运至兰州需时数月[46]，兰州之制品搬运至海岸地带所需运费亦远与欧美制品搬入海岸地带所需运费相爵。[47]这是指失却运费指向的立场条件而言，再有用水的缺乏，且又含有盐质[48]，和相对的资本缺乏——在这三种缺乏（运费指向、水、资本）条件下，兰州机器局只维持了10年的寿命至一八八二年关闭[49]，兰州织呢厂则只有4年寿

617

命，于一八八四年即行关闭。(50)

左宗棠在兰州所创立之近代工场命运如此，至于资本困难，则为一般经营中都会碰到的暗礁。例如曾国藩为安庆军械所及江南制造局的资本困难而浩叹，奏请以海关收入20%充当经费，一八六七年，下赐40万两的事实。(51)再如，福州船政局之财源，虽以福州关税充当，然月额不过4万两(52)，而一八七二年当时的实际经费月额七八万两以上，因之有当时恰在“讨回”任内的左宗棠，奏请从其军事费月额5万两中划拨2万两补救船政局经费的事实。(53)又如，一八七七年，御史董俊翰劾奏招商局亏损月额五六万两以上，李鸿章答辩称为企业创始期的亏损，乃属必然性的事实。(54)仅以上举这些例则来看，可知在新事业的经营困难中，资金不足的情况。然而，亦有得到成功的新事业。安庆军械所于一八六三年一月二十八日造成船长28—29呎，时速25—26里之小汽船，曾国藩曾乘坐泛航长江中流，航行八九里。距福尔敦（Robert Fulton）于一八〇七年驾驶克利孟号（Clermont）试验航行于哈得逊河（Hudson River），为时不过56年以后的事实。(55)江南制造局于一八六八年——一八七一年之间，建造成功汽船5只，由行将就死的曾国藩命名为恬吉、威静、操江、海测，另一只建造成功时，曾国藩已不及见。(56)

再有，福州船政局于一八六九年六月十日至一八七四年二月三十日间，造成万年青（运输船）、湄云（炮舰）、福星（炮舰）、伏波（运输船）、安澜（运输船）、镇海（快速炮舰）、扬武（Convette型）、飞云（运输船）、靖远（快速炮舰）、振威（快速炮舰）、济安（运输船）、永保（运输船）、海镜（运输船）、琛航（运输船）、大雅（运输船）15只，完全系照预定计划完成制造，北京宫廷为此初次恩赏船政局顾问Giguel，do’Aiguehelle及其他法籍技工15万两，并授予爵号。(57)

至于李鸿章创立的天津机器局及江南制造局成果尤大。天津机器局，批准以津海（天津）东海（芝罘）两海关税收40%充当财源。江南制造局，则于一八六七年始由曾国藩奏请，准许以江海关（上海）税收10%充当财源，继至一八六九年，复由马新贻、丁日昌奏请，准以20%充当(58)，因之，不仅两局经费困难得以解决，且以每年所生前期复利加入活动，业务发展日见充实。由下列表中，可明了天津机器局经营收支情况。

天津机器局历年经营收支表（单位：两）

项目	前期复利	收入	支出	后期复利
同治十三年—光绪元年	18,218	329,333	575,494	27,341
光绪二年—三年	27,341 193,000	484,119	522,463	182,097
光绪四年—五年	182,097	461,543	482,593	163,101
光绪六年—七年	163,101	671,667	643,757	232,011
光绪八年	232,011	297,768	266,969	60,810 205,000
光绪九年	60,810	313,418	277,078	97,169
光绪十年	97,169	389,067	454,468	40,768
光绪十一年	40,768	356,679	294,066	103,381
光绪十二年	103,381	320,332	296,212	127,501
光绪十三年	127,501	300,201	345,966	81,736
光绪十四年	81,736	367,321	396,800	152,257
光绪十五年	152,257	358,706	383,074	127,889
光绪十六年	127,889	317,113	328,679	116,923
光绪十七年	116,923	421,572	316,419	222,076

备考：

1. 据《李文忠公全书》，奏稿二十八、三十三、三十九、四十六、四十七、五十四、五十八、六十一、六十三、六十六、七十、七十三、七十五、七十七各卷之《机器局报销折》作成，各卷之顺序与前表年次一致。

2. 两以下之钱、厘、毫、丝、忽，完全舍去，计数上并无多少误差。

3. 收入一项中，系以津海、东海两关税40％构成，极小部分，由卖予地方驻军武器弹药及修理外国船舶收入构成。

4. 支出包括：自外国购入原料（硝石、硫黄）费，自外国购入完成品（火药、武器），自外国购入补助材料（涂料）费，支付外国技工薪金，由内地购入原料（铁、煤炭、木材）费，内地职员、职工、夫役薪金、医药费，工场修理费及保险费等项。

5. 因非复式簿记制，且各年报告形式各异，收入、支出、滚存之概念，系由于划一的整理，故颇有不合理之处。尤以无公积金，收益等项目报告，故近代的分析方法，全不适用。再有，由于金额并非表示生产额、原材料、燃料、劳资之细目，缺乏具体性，故生产费的把握，甚难。

6. 附加说明一点，天津机器局系同治五年创设，上表系以同治十三年为起点，则因无经营报告可据，与光绪十七年以后情形相同。这可看作光绪二十一年中日战争以前李鸿章的全盛时代情形，因李自中日战争负败责而没落。暨其报告中，自光绪十二年以降，渐趋粗杂简单，亦殊堪注意。此点，与上表所示以光绪六—七年度为经营内容的顶点一节相关联。在下文中可以见到，光绪六年为报告十五年间生产量总计的一年，该时，为其经营热心到达顶点的时代，可以考知。

7. 天津机器局的事业，其意图与福州船政局、江南制造局相同，系以培养练习工、技术工及派遣留学生，以推广洋式军事教育为本旨。

天津机器局生产何种武器及其具有如何生产量一节，奏稿中每年都有详细报告，兹为避免繁杂，将开局以来至光绪六年（一八八〇年）间 15 年间生产量总计的总报告抄下：天津机器局分为 2 局，设于城东贾沽家者称为东局，城南海光寺者称为西局。东局生产额据报为：洋火药 437 万磅余，钢帽 23,860 万颗余，前后膛大、小枪弹 364,700 颗余，林明敦中针枪 520 支，林明敦枝格林炮子 8,468 颗余，各式拉火 95 万支余，500 磅药碰雷 28 枚，1,000 磅药沉雷 34 枚，700 磅乃至 750 磅药撞雷 122 枚，棉火药、电线、电箱多数。西局生产物据报为：克鹿卜炮弹、改造土乃得后门枪、弹子、炮车、各种新式机器、电线、电箱、电引、行军桥船 130 只余，130 马力 7 丈螺轮船 2 只。⑲所产武器，因天津机器局并非营利事业，系应全国各军营需要，由政府负担分配之。其供给能力优胜与武器性能的改良发达情形，李鸿章曾自负地说：

造出洋火药、铜帽、子弹等项……拨给直防淮练各军及奉天、热河关外征防诸军需要随时应付无误。臣逐加试验，均属精利合用，与外洋军火无别。⑳

文中虽不免多少有自夸自赞的成分，然他系初次出发于认识了本国武器性能的劣弱，从而反复强调迎头赶上外国武器，能在实践上达到这种程度的成功，其广言邀众的情绪，当有可原。在他的奏稿中处处露出他的热情的爱注，使天津制造局才能从"随时应付无误"（武器供给能力增大）到"与外洋军火无别"（武器制作技术发达，武器性能改良），而得确立与发达。

他所创立的江南制造局，情形与天津机器局相同。本局设于黄浦江左岸高昌庙，分局设于龙华镇的江南制造局，立场于泰西技术的输入通路的上海，自较天津机器局的立场条件为有利，李鸿章如何精到地哺育它的发展，如何不断地采用输入的泰西进步技术，如何有贡献于该局的发达——从清日战争前一年来访该局的日本陆军中将川上操六加以赞叹的事实中可以窥知：

上海江南制造局创造的西洋新式的枪炮，卓著成功，有裨军需……以近日泰西各国枪炮之利争雄角逐，日异月新，现新出之连株快枪及金钢快捷大炮尤为行军守口利器。……李鸿章以前上海机器局所造枪支，均是旧式仿造，英厂新式南夏枪亦不适用，因于十六年（一八九〇年）秋间，饬令专就漫利夏（奥大利制）、新毛瑟枪（德制）讲求仿造……至枪炮所需钢料购自外洋，价值既昂，运费又贵，该员等复仿照西法炼成纯钢炮管枪筒并卷成大小钢条，精纯坚实与购自外洋者无殊。……就中，以自产之煤铁炼西式钢料，制成多种新式机器，以备各营领用，不必资取外洋，实为自强根本，至计其裨于军实者，诚非浅鲜。……上海机器局为各省制造最大之厂，该局员等苦思力索，不惮繁难，奋勉图功，竟能于数年之间创造新式枪炮，与西洋最精器无异，为中国向来所未有。今年五月间（一八九三年）日本陆军中将川上操六游历来沪，试放此枪，动色叹美，谓彼国中村田大厂所造殊不能及，乞取两支以为标准。是该局员等创制之军械实与外洋一律。[61]

日本村田枪的创设（明治十三年），系日本军器发达史上一划期的成就，日本人的川上操六竟以高于村田工场的荣誉赠予上海制造局，可见李鸿章在军器事业上的热情。这自然是他的出发点政治热情的反映。他对于他的"利益"如何热爱，他深刻认识人民起义力量如何值得惊惕恐惧，从他充满了对军器制造如此倾爱与热情中，可以了解。

像上所述的清末的近代旋回中，成功与失败的光色与暗影交迭互映，表现出清朝政权在挣扎中的得失波涛。至于张之洞、盛宣怀、刘坤一、张謇等则是左、曾、李的旋回远心力所放出的余光。自此以后，官营、官督商办诸企业一齐并兴。

然而，本来的民族资本转化为产业资本，遥在官营军事工业兴起以后，不论官商合办性质的事业如招商局，开平矿务局系由商股参加者，而以独自的意志创立新式实业，当以一八八三年上海买办祝大椿以资本金10

万圆创设源昌机器五金厂为起点。换言之，买办资本对于民族资本所具的重大性意义，必须注意。同时，民族资本的怯弱性（清代封建社会的停滞性），即为理解官营企业的早期必然性的出现及其深远的史的意义之关键。至如梁启超评论清末新产业的败因，应求之于其所具的官僚的性格中[62]，亦系出发于这种理解的必然性论断。对于清末新产业的败因之理解，只要有这种基本的把握，即可进一步研讨。而将这种怯弱的民族资本集中动员，转化为产业资本，并以资发展产业，当然不可避免地要创设近代银行。如张謇亦明了地把握了这点："中国内地风气尚未尽开，资本又不充裕……应集一银公司。"[63]

因之，清末新产业的必然性产物，既为唤起了近代金融机关以中国通商银行为基石的近代银行经营，使一般社会认识了这种事业的有利性，如天津海关员 Jules Gory 所称的"银行热"（Bank Boom）[64]现象，风靡各省。这种事业的最大结集品，无过于大清银行。自此清末的新产业始又踏入另一阶段。

为表示其发展状况，兹表列中央政府系银行的设立状况。

银行名	设立年次	资本银(万两)	股数	监督官厅	经营形态
中国通商银行	一八九六年	500		户部	半官半民
户部银行	一九〇四年	400	40,000	户部	半官半民
交通银行	一九〇七年	500	50,000	邮传部	四官六民
大清银行	一九〇八年	1,000	100,000	度支部	半官半民

备考：

1. 据《财政年鉴》，民国二十四年下篇，《第一回　中国年鉴》。贾士毅《民国财政史》下册，东亚同文书院《支那经济全书》第六辑作成。

2. 中国通商银行实收资本 250 万两。

3. 户部在一九〇六年中央官制改革时改称度支部，银行名亦因之改为度支部银行。

第三节　新产业的发展限界及其主体的条件

清末新产业，虽呈蓬勃之势，然其自身实有其发展的限界。其发展限界，不待言，是受清代经济社会性格，即其客观的基础所设定。现在，试就其主体性方面加以检讨，以为总括。

（一）官吏企业体的保守性

由于中国封建社会的停滞性，对新产业的发展，并无事先的充分的准备，由自力更进，非常吃力。在帝国主义经济侵略和军事进攻中，当然受到刺激，但这种刺激的力量所及于中国的影响，因中国资本的原始的积蓄不易和无力，仅由一部分官僚企业体所生的官僚资本和国家资本来还击。至于民族资本所起的作用尤其微弱。但作为主力军的官僚资本和国家资本，勿论其能力的大小，不易起改换控制作用，即是这种官吏企业体所具的保守性，对于官营企业（官僚资本和由官僚指导的国家资本）的发展，实具有大的制约性。结果，中国这片混乱的空场，成为外国资本的驰骋场所，它的劳动力，动力资源及原料富藏为帝国主义所利用，服务于外国资本的利益，使这个封建社会更深入地具有半殖民地性格，而沉入了悲惨深渊。

至于这种官吏企业体所具的保守性如何制约新产业的发展，兹抽出若干事例以作证明。

鸦片战争时，目睹近代汽船威力的清代人士，惊怖地呼其为"魔船"⑥。虽至一八七〇年代，汽船已在中国成了一般的运输手段，一部分官场，依然视之为魔船，例如，在中国提倡建造汽船的曾国藩遗体，以其所爱之3只汽船及2只汽帆船，由其嗣子曾纪泽护送于一八七二年二月到达故乡湖南时，就受到当地官界的冷遇。⑥再如，福州船政局因经费增高，一八七二年由宋晋弹劾上奏封闭，当时远在陕西"讨回"军中的左宗棠对抗上奏，拥护船政局。⑥又如前书曾提及的上奏弹劾招商局，李鸿章出而对抗辩护的事实。由此足见初期官营企业如何受到保守势力的打击和冷视。并证明保守势力的强大。至于保守派的主张根据，有下列二点理由。

（1）以为利用汽船，易于惹起外人的干涉和容嚎，这种惧外心理，是保守派理论的第一根据。例如，一八五六年宋晋既出发于这种见地，高唱反对利用汽船。⑥这种思维态度，亦打击到左、曾、李的旋回远心力所放射的余光张之洞头上。湖南巡抚陈宝箴对于在湖南省内河航行小轮船的湖广总督张之洞说："中国十八省惟湖广无外国人足迹。今行一小轮船，则外人将接踵而至矣。"⑥——由此以观，可以明了陈宝箴的杞忧点，在于采用汽船易惹起对外纷扰事件。假如把汽船的采用看作新产业政策的一般的象征，则这种恐惧对外惹起纷扰的保守的杞忧，实为构成一般新产业发展的阻因，不容疑惑。清政府的新产业政策，原由对外战争的危机而备，在对外战争危机一度为过去后，则弃之如弊履，依然顽固保守。新官僚与保守的政府分子苦战，结局消磨了自己。

（2）以为利用汽船，必使水上生活者失业而易滋纷扰，这种恐民思想，是保守派理论的第二根据。[70]以米盐为主的漕运，属于清代社会的一大事业，清末，从事漕运船只在数千以上，水上生活者为数不下数万。[71]然而，这些水上生活者，立于巩固的帮组织上，不断发生杀伐性的械斗，在治安维持上，政府颇为辣手。[72]所以若"经采用汽船"，不啻夺去这些水上生活者的生活基础，如此，则由于失业，而纷扰滋事，而易姓受命——这一连串可怖的后果，在与人民对立的存在的政府看来，当然是战慄的存在。政府的神经衰弱的杞忧，原因就在这里。这种思维态度，对于铁道敷设，食盐输入，皆曾恐惧。这又是构成官营工业发展的重大阻因。

而且，这第二个理由，甚至连曾国藩也拥护。他只赞成利用汽船为对外战争及维持治安的军事手段的应用，一般商业性——运输手段的应用，他也因恐惧招致海上生活者的失业，而反对应用。以同一理由，他反对敷设铁道，反对外国人在国内居住营业（招致中国商人失业的恐惧），反对输入食盐（制盐业者的失业的恐惧）。[73]左宗棠亦是这种顽固态度，他认为采用外国技术，一定要发生"必要的恶果"[74]，所以身为福州船政局创建人的他，竟严禁妻子乘坐汽船。某次，其妻自河北省赴浙江省途中乘用汽船，竟遭到他的严厉的叱责。[75]不仅此也，左宗棠对一般新式武器的观念，实与原始人的神物崇拜（Fetischismus）观念无异。可看下文：

> 大炮有神，喜洁净而忌污秽。若管炮之人，未能虔诚祷告，间或，人不洁之手，随便摩挲，往往施放无准……用此等神器……故名曰天炮。[76]

这种精神态度，与天启六年（一六二六年）明朝熹宗命孙元化铸成西洋炮，封炮为"安国全军平辽靖虏将军"，并隆重献祀的拟人化态度，及清朝太宗于天聪五年（一六三一年），开始制作西洋炮时，赠炮为"天佑助威大将军"的偶像崇拜心理，全然如出一轨。[77]距此200年以后的左宗棠，竟然全未从这种传统的观念中脱化。这最能表现出保守的原始的左宗棠的一面。

624

总之，如上所述的新产业发展的阻因（惧外与恐民），原是清朝封建社会的矛盾性的表露，这些新官僚在这种扩大性矛盾中，一则以喜，一则以惧的矛盾表情，就显示出这个政权不久必须崩溃的里因。至于如曾、左这些巨头官僚，原是在一定限制以内的存在，以故他们的新事业，恕道地说，还是范仲淹在《岳阳楼记》中所说的"士当先天下之忧而忧，后天下之乐而乐"的帮闲的儒教伦理的发露和结晶。他们当然不能成为"通达"的新士人＝近代性的官僚的。

（二）近代的国民国家观念未成熟（一九一一年的出现的庄严意义）

　　清朝觉醒于王朝危机的思想的人多，而发现国民国家观念的人，即在清末对外危机之际，亦甚寥寥。但据梁启超所称，则光绪皇帝尚具有近代君主的资格，他的变法运动，系出发于"吾变法但欲救民耳，苟能救民，则君权之替不替何计焉"的志气。[78]不过，据我们看来，光绪帝是否已真的自王朝思想中蝉脱，还是以救民为饵，而企图挽救其"先人余业"，则因他的运动的悲剧的结果，不能置断，所以受知于光绪帝的梁启超的论断，也只能姑妄听之。至于梁启超称为"英雄"的李鸿章[79]，在签订《马关条约》遇刺之际，虽然昂然而言什么"国步艰难，和局之成刻不容缓，予焉能延宕以误国乎？"及"予舍命而于国有益，亦所不辞！"[80]慨慷激昂似乎李鸿章真的发现了"国家"，而是目击对外危机，觉醒自强的当代贤达，但是像他的伟大事业之一的天津机器局，竟是以供给以他自己为首领的北洋军阀武器为创设的主题，他的新事业，不过他的权势与虚饰和经济利益的混合体。他的目的是以壮大自己而保卫自己和自己的生命线清朝政权。天津机器局与北洋军阀的必然的关联，他自己就明白地说明了：

　　臣查津局承造军火，供给北洋海防诸军兼备各省。[81]

　　即是以供给北洋军阀为第一义，至于供给其他诸军，则有作为第二义的意味。所以他倾注其精力和热情的武器改良热，就出发于这种自利观念。至于招商局的办理，从他死去到由盛宣怀继承办理，全是北洋军阀的"食物"，其资金不足，经营困难，亦是由于这个缘由。所以清代的所谓国家事业的官营企业，实系官吏的私人事业，不难明白。至于袁世凯则更是一个标准的自私动物。他也振兴过新产业，那就是采用新式技术，经营天津监狱的犯人织布，不惜每年投入十万金，这好像是发现"国家"的证据吧？而一般通俗的论客，是都认为清末新官僚群的振兴产业，是出发于"爱国运动"的。然而在南方革命势力高涨之际，袁因恐惧革命势力波及北方，竟图保护北京的旧基尔特，以便提高北京入市税，抓住了旧基尔特来维持自己的政权。㊿所以他的新产业开发意图，仍脱不出李鸿章的意图范围，不过化为袁个人的私产，一以夸示其权势与虚饰，一以积蓄财力，为其来日着想。清末新产业开发的内容，就是这样的于中国人民毫无益处的东西。

更有，在新事业中，有许多场合，蠢动着政敌们的嫉妒敌对感情和政权争夺欲的丑态。李鸿章与左宗棠这两个"中兴名将"，曾因互相嫉妒争夺，闹出不少轶闻。左宗棠之创设福州船政局即系出于对李鸿章的江南制造局的妒心。㊿与此相对应，由于左宗棠于一八六七年自上海外商借款 20 万两开外债之嚆矢，左的外债政策李上奏弹劾，骨子里就是出发于对左的兰州事业的妒心。㊿阴谋政治是以权力欲为表，嫉妒敌对感情为里的。因之，国家事业的官营企业不断发生创口，而乌烟瘴气矣。

关于李鸿章，尚有一言。他的营业年度报告之"机器局报销折"，虽一再有力地强调"实心体察，虽丝毫不私"，然这种"此地无银三百两"的当然解释，就是蓄积遗产 4,000 万两的李鸿章渎职的事实，这不是他的"实心"所能掩饰了的。李的文意的扩张解释，就是官营新企业中，渎职普遍存在的现象。向上司公式报告中一再有力地强调的解释，就是中国官场的传统的滑稽性的精彩处，而这种滑稽竟在清代社会中白昼公然通行，这就是清朝政府悲剧的落幕的征兆。

以上所述的清代新官僚的丧失国家观念，最为标准的例子，要以张之洞最为凸出。一八九七年德国占领胶州湾时，湖南某人走访张之洞，问张："列国果实行分割之事，则公将何以处乎？"张答："虽分割之后，当亦有小朝廷，吾终不失为小朝廷之大臣也。"

以上所论，新官僚的主体性，保守主义与丧失国民国家观念，就是其新事业的结果的歪曲和萎缩的原因所在，当可明了。这是一个矛盾，也是一个悲剧。所以这些历史的重压，"时势所造的英雄"（梁启超语），他

626

们以在矛盾中打滚作为对于新时代的抗争，而这种抗争，正如黑格尔所说"是准备他们迅速灭亡的"。（见《历史哲学纲要》）他们所代表的王朝不能不走向悲剧的闭幕，而中国新历史的第一章一九一一年的意义，就是跨过这个自我腐乱的尸身而出的！

注：

① 萧一山，《清代通史》，中，页八百七十七以下。

②《林文忠公政书》，乙集，《两广奏稿》，卷四，《密陈夷务不能歇手片》。

③ Gideon Chen, *Lin Tze-Hsu, Pioneer Promoter of the Adoption of Western Means of Maritime Defense in China,* 1934, P.11.

④ Do,ibid,P.P.18,20.

⑤ Do,ibid,P.19.

⑥ Do,ibid,P.20.

⑦ Do,ibid,P.21.

⑧ Do,ibid,P.P.16,17.

⑨《筹办夷务始末·道光朝》，卷之六十一。

⑩《筹办夷务始末·道光朝》，卷之五十四。

⑪ Gideon Chen, *Lin Tze-Hsu,* etc.,P.36.

《筹办夷务始末·道光朝》，卷之六十四。

⑫ Gideon Chen, *Lin Tze-Hsu,* etc.,P.36.

⑬ Do,ibid,P.39.

⑭ Do,ibid,P.44.

⑮ 梁嘉彬，《广东十三行考》，页一百九十七。

⑯《筹办夷务始末·道光朝》，卷之六十一。

⑰《筹办夷务始末·道光朝》，卷之六十四。

⑱ 萧一山，《清代通史》，中，页八百三十六以下。

⑲ Gideon Chen, *Lin Tze-Hsu,* etc., P.P.32,34,35,36,37,39,40,46,49.

⑳ Do.ibid,P.32.

㉑ Gideon Chen, *Tseng Kuo-Fan,* etc.,P.P.1—5.

㉒ Do.ibid,P.9.

㉓ Do.ibid,P.11.

㉔ Do,*Tso Tsung T'ang, Pioneer Promoter of the Modern Dockyard and the Woollen Mill in China*,1938,P.6.

㉕ 田中萃一郎,《东邦近世史》,中卷,页六十。

㉖ 梁启超,《中国四十年来大事记》,页十六。

㉗《李文忠公全书》,奏稿十九,《覆议制造轮船未可裁撤折》,同治十一年五月十五日。

㉘《左文襄公全集》,奏稿卷十八,《拟购机器雇洋匠试造轮船先陈大概情形折》,同治五年五月十三日。

㉙《左文襄公全集》,奏稿卷四十一,《覆陈福建轮船局务不可停止折》,同治十一年三月二十五日。

㉚《国朝柔远记》,卷十六,《同治六年·夏四月筹造轮船经费》。

㉛《国朝柔远记》,卷十六,《同治三年·遣人出洋采办机器》。

㉜《左文襄公全集》,奏稿卷十八,《拟购机器雇洋匠试造轮船先陈大概情形折》,同治五年五月十三日。

㉝ Gideon Chen,*Tseng Kuo-Fan*,P.32.

㉞ Do,*Lin Tze-Hsu*,P.19.

㉟ Do,*Tso Tsung T'ang*,P.P.43—44.

㊱ Do,*Tseng Kuo-Fan*,P.P.28,29.

㊲ Do,ibid,P.P.32—33,34.

㊳ Do,*Tso Tsung T'ang*,P.P.8,9.

㊴ Do,ibid,P.P.77,78.

㊵《左文襄公全集》,奏稿卷五十七,《行抵西安起程北上日期折》,光绪六年十二月二十四日。

㊶《李文忠公全书》,奏稿四十三,《试办织布局折》,光绪八年三月初六日。

㊷《李文忠公全书》,奏稿四十,《直省开办矿务折》,光绪七年四月二十三日。

㊸《李文忠公全书》,奏稿四十,《请开平泉铜矿片》,光绪七年四月二十三日。

㊹《李文忠公全书》,奏稿四十,《直省开办矿务折》,光绪七年四月二十三日。

㊺《李文忠公全书》,奏稿四十,《请减出口煤税片》,光绪七年四月二十三日。

㊻ Gideon Chen,*Tso Tsung T'ang*,P.P.60,61.

㊼ Do,ibid,P.63.

㊽ Do,ibid,P.63.

㊾ Do,ibid,P.56.

㊿ Do,ibid,P.72.

51 Do,*Tseng Kuo-Fan*,P.P.45—46.

52 Do,*Tso Tsung T'ang*,P.26.

53《左文襄公全集》,奏稿四十二,《请敕闽省酌拨轮船经费片》,同治十一年十月十五日。

54《李文忠公全书》,奏稿三十,《整顿招商局事宜折》,光绪三年十一月二十五日。

55 T. S .Schapiro,《欧洲近代史及现代史》(中译上册, 王信忠、杨凤歧译),页三十一—三十二。 Gideon Chen,*Tseng Kuo-Fan*,P.41.

56 Gideon Chen,*Tseng Kuo-Fan*,P.51.

57 Do.*Tso Tsung T'ang*, P.P.36—37,41—42.

58《李文忠公全书》,奏稿三十二,《四成税留充机局经费片》,光绪四年七月初二日;奏稿二十六,《上海机器局报销折》,光绪元年十月十九日。

59《李文忠公全书》,奏稿四十二,《机器局请奖折》,光绪七年八月初二日。

60《李文忠公全书》,奏稿二十三,《机器局动用经费折》,同治十三年五月初六日。

61《李文忠公全书》,奏稿七十七,《上海机器局请奖折》,光绪十九年六月十六日。

62 梁启超,《中国四十年来大事记》,页三十九。

63 张孝若,《南通张季直先生传》,页三百〇二。

64 吴承禧,《中国银行论》。

Jules,Gory,*Notes on the Chinese Government Bank*,P.6.

65 Gideon Chen,*Tseng Kuo-Fan*,P.P.27—28.

66 Do,ibid,P.P.39—40.

⑥⑦《左文襄公全集》,奏稿卷四十二,《请敕闽省酌拨轮船经费片》,同治十一年十月十五日。

⑥⑧ Gideon Chen,*Tseng Kuo-Fan*,P.34.

⑥⑨ 梁启超,《戊戌政变记》,页六十九。

⑦⓪ Gideon Chen,*Tseng Kuo-Fan*,P.58.

⑦① 《林文忠公政书》,甲集,《江苏奏稿》,卷四,《弹压水手情形片》。

⑦② 《林文忠公政书》,甲集,《江苏奏稿》,卷四,《各属拿获凶盗要犯分别审办情形片》。

⑦③ Gideon Chen,*Tseng Kuo-Fan*,P.57,58.

⑦④ Do,*Tso Tsung T'ang*,P.38.

⑦⑤ Do,ibid,P.81.

⑦⑥ 《左文襄公全集书牍》,卷十七,《答刘毅齐》。

⑦⑦ 萧一山,《清代通史》,上,页一百二十九。

⑦⑧ 梁启超,《戊戌政变记》,页一百五十六。

⑦⑨ 梁启超,《中国四十年来大事记》,页五。

⑧⓪ 梁启超,《中国四十年来大事记》,页五十四。

⑧① 《李文忠公全书》,奏稿三十九,《机器局经费奏报折》,光绪六年十月二十六日。

⑧② 全汉升,《中国行会制度史》,页二百〇四。

⑧③ Gideon Chen,*Tso Tsung T'ang*, P.18.

⑧④ Do,ibid,P.58.